# Kein Tag ohne Kino

Schriftsteller über den Stummfilm

Textsammlung
herausgegeben von Fritz Güttinger

Deutsches Filmmuseum Frankfurt

Schriftenreihe des Deutschen Filmmuseums Frankfurt, herausgegeben von Hilmar Hoffmann und Walter Schobert
ISBN 3-88799-006-4
© 1984 by Deutsches Filmmuseum Frankfurt am Main

Fotos: Sammlung Güttinger
Titelbild: Asta Nielsen in „Hamlet" (1921) mit Hans Junkermann als Polonius
Gestaltung: Günter Illner, Philipp Teufel
Gesamtherstellung: Druckerei Hugo Haßmüller, 6000 Frankfurt 56

# Inhalt

*Verzeichnis der Abbildungen* . . . . . . . . . . . . . . . . . . . . . . . 7
*Zu den Texten* . . . . . . . . . . . . . . . . . . . . . . . . . . . . . . . . 9

Hanns Heinz Ewers, Der Kientopp . . . . . . . . . . . . . . . . . . . 12
    Schlangenfang auf Java . . . . . . . . . . . . . . . . . . . . . . . 14
    Vom Kinema . . . . . . . . . . . . . . . . . . . . . . . . . . . . . . 20
    Geleitwort zu „Der Student von Prag". . . . . . . . . . . . . 25
Max Brod, Kinematographentheater . . . . . . . . . . . . . . . . . 33
    Kinematograph in Paris . . . . . . . . . . . . . . . . . . . . . . . 35
Alfred Döblin, Das Theater der kleinen Leute . . . . . . . . . . . 39
Ferdinand Hardekopf, Der Kinematograph . . . . . . . . . . . . 44
Berthold Viertel, Im Kinematographentheater . . . . . . . . . . 48
Karl Hans Strobl, Der Kinematograph . . . . . . . . . . . . . . . . 51
Alfred Polgar, Das Drama im Kinematographen . . . . . . . . . 57
    Klage um einen Abgeschiedenen . . . . . . . . . . . . . . . . 61
Peter Altenberg, Das Kino . . . . . . . . . . . . . . . . . . . . . . . . 63
Paul Ernst, Kinematograph und Theater . . . . . . . . . . . . . . 66
    Möglichkeiten einer Kinokunst . . . . . . . . . . . . . . . . . . 69
Victor Klemperer, Das Lichtspiel . . . . . . . . . . . . . . . . . . . 76
Walter von Molo, Im Kino . . . . . . . . . . . . . . . . . . . . . . . . 88
Friedrich Freksa, (Vom Werte und Unwerte des Kinos) . . . . 98
    Die künstlerische und kulturelle Bedeutung des Kinos . 100
Alfred Baeumler, Die Wirkungen der Lichtbildbühne . . . . . 106
Egon Friedell, Apologie des Kinos . . . . . . . . . . . . . . . . . . 115
Theodor Heinrich Mayer, Lebende Photographien . . . . . . . 119
    aus: Begleitmusik . . . . . . . . . . . . . . . . . . . . . . . . . . 129
Ulrich Rauscher, Die Welt im Film . . . . . . . . . . . . . . . . . . 133
    Das Kintop-Epos . . . . . . . . . . . . . . . . . . . . . . . . . . . 137
    Der Bassermann-Film . . . . . . . . . . . . . . . . . . . . . . . 140
    Die ersten Christen in Berlin . . . . . . . . . . . . . . . . . . . 142
    Die Kino-Ballade . . . . . . . . . . . . . . . . . . . . . . . . . . . 143
    Kintop . . . . . . . . . . . . . . . . . . . . . . . . . . . . . . . . . . . 149
Kurt Tucholsky, aus: Rheinsberg . . . . . . . . . . . . . . . . . . . 156
    Moritz Napoleon . . . . . . . . . . . . . . . . . . . . . . . . . . . 157
    Erotische Films . . . . . . . . . . . . . . . . . . . . . . . . . . . . 158
    Deutsche Kinodämmerung . . . . . . . . . . . . . . . . . . . . 160
    Tragödie der Liebe . . . . . . . . . . . . . . . . . . . . . . . . . 162

Robert Walser, Kino ................................. 168
    Das Kind ........................................ 169
    Über einen Film I/II ............................. 171
Willi Bierbaum, „Quo Vadis" ......................... 178
    „Heimat und Fremde" ............................. 179
    „Mutter" ........................................ 180
    Plauderei ....................................... 181
    Der Film „Violantha" ............................ 184
Walter Serner, Kino und Schaulust ................... 189
Georg Lukács, Gedanken zu einer Ästhetik des Kino ... 195
Willy Rath, Was will das Volk? ...................... 202
Karl Bleibtreu, Theater und Kino .................... 208
    Filmkritik (12 Texte) ........................... 248
Walter Hasenclever, Der Kintopp als Erzieher ........ 282
Julius Hart, Kunst und Kino ......................... 287
    Der Atlantis-Film ............................... 292
Kurt Pinthus, Quo Vadis – Kino? ..................... 299
    Dr. Mabuses Welt ................................ 301
    Nochmals: Dr. Mabuses Welt ...................... 305
    Tragödie der Liebe .............................. 306
    Das Zeichen des Zorro ........................... 308
Franz Blei, Kinodramen .............................. 310
Ernst Bloch, Die Melodie im Kino .................... 313
Eduard Korrodi, Paul Wegener im Kino ................ 322
    Golem – Wegener – Poelzig ....................... 323
Ludwig Thoma, Das Kino .............................. 328
    Bildung und Fortschritt ......................... 330
Carl Spitteler, Meine Bekehrung zum Kinema .......... 336
Paul Wegener, Neue Kinoziele ........................ 341
Manfred Georg, Die Hände der Maria Carmi ............ 352
Ferdinand Avenarius, Vom Schmerzenskind Kino ........ 357
Isabella Kaiser, Kinobrief .......................... 364
Carl Hauptmann, Film und Theater .................... 369
Kasimir Edschmid, Silberner Vampyr .................. 378
    aus: Das Bücher-Dekameron ....................... 380
Carlo Mierendorff, Hätte ich das Kino! .............. 384
Rudolf Leonhard, Zur Ästhetik und Soziologie des Films ... 401
Friedrich Sieburg, Die Transzendenz des Filmbildes .. 417
    Die Magie des Körpers ........................... 419
Hans Siemsen, Zwei Postkarten ....................... 428
    Die Filmerei .................................... 430
    Deutsch-amerikanischer Filmkrieg ................ 435
    Buster Keaton ................................... 439
    Eine Filmkritik, wie sie sein soll .............. 440
    Asta Nielsen .................................... 443
Hugo von Hofmannsthal, Der Ersatz für die Träume .... 446
Willy Haas, Pola Negri als Sappho ................... 452
    Sprechbühne und Lichtbildbühne .................. 454
    Warum wir den Film lieben ....................... 456

Walter Muschg, Filmzauber . . . . . . . . . . . . . . . . . . . . . . . . . 462
      Ein Filmwunder . . . . . . . . . . . . . . . . . . . . . . . . . . . . . 467
Robert Musil, Eindrücke eines Naiven . . . . . . . . . . . . . . . . 469
Béla Balázs, Die Tragödie der Liebe . . . . . . . . . . . . . . . . . . 474
      Verzeiht! . . . . . . . . . . . . . . . . . . . . . . . . . . . . . . . . . . 475
      Musik im Kino . . . . . . . . . . . . . . . . . . . . . . . . . . . . . 477
Arnolt Bronnen, (Nachruf) . . . . . . . . . . . . . . . . . . . . . . . . 479
      Die Stabilisierung des Films . . . . . . . . . . . . . . . . . . . 481
Roland Schacht, Filme . . . . . . . . . . . . . . . . . . . . . . . . . . . 485
      Der Film und die Gebildeten . . . . . . . . . . . . . . . . . . . 486
      Das Problem der deutschen Filmproduktion . . . . . . . . 489
Thomas Mann, Kino (aus: Der Zauberberg) . . . . . . . . . . . . 496
      Über den Film . . . . . . . . . . . . . . . . . . . . . . . . . . . . . 497
Friedrich Kayssler, Meine Einstellung zum Film . . . . . . . . . 502
Alfred Kerr, Das Verhältnis zum Film . . . . . . . . . . . . . . . . 506
Klaus Pringsheim, Filmmusik . . . . . . . . . . . . . . . . . . . . . 512
George Grosz, Das feine Milljöh . . . . . . . . . . . . . . . . . . . . 520

*Verlag und Herausgeber danken* . . . . . . . . . . . . . . . . . . . 525
*Literaturverzeichnis* . . . . . . . . . . . . . . . . . . . . . . . . . . . . 527
*Personenregister* . . . . . . . . . . . . . . . . . . . . . . . . . . . . . . 545

**Verzeichnis der Abbildungen**

Paul Wegener als „Student von Prag" . . . . . . . . . . . . . . . . . 24
Lilian Harvey . . . . . . . . . . . . . . . . . . . . . . . . . . . . . . . . . . . 31
Max Linder . . . . . . . . . . . . . . . . . . . . . . . . . . . . . . . . . . . . 42
Blanche Sweet in „Judith of Bethulia" . . . . . . . . . . . . . . . . 55
Ludwig Trautmann, Lotte Neumann in „Die Jugend" . . . . . . 65
Asta Nielsen als „Waisenhauskind" . . . . . . . . . . . . . . . . . . 74
Erna Morena, Fritz Kortner in
    „Die Lieblingsfrau des Maharadscha" . . . . . . . . . . . . . 86
Harry Liedtke . . . . . . . . . . . . . . . . . . . . . . . . . . . . . . . . . . 96
Fritz Rasp in „Jugend" . . . . . . . . . . . . . . . . . . . . . . . . . . . 104
Ernst Lubitsch in „Der Blusenkönig" . . . . . . . . . . . . . . . . . 113
Albert Bassermann in „Die Zwillinge" . . . . . . . . . . . . . . . . 131
Douglas Fairbanks in „Die eiserne Maske" . . . . . . . . . . . . . 154
Ossi Oswalda, Gustav Püttjer in
    „Die vierte von rechts" . . . . . . . . . . . . . . . . . . . . . . . . 166
Mady Christians in „Die Finanzen des Großherzogs" . . . . . . 176
Friedrich Fehér, Erika Glässner, Rudolf Forster in
    „Die rote Hexe" . . . . . . . . . . . . . . . . . . . . . . . . . . . . . 187
Grete Mosheim, Wolfgang Zilzer in „Primanerliebe" . . . . . . . 205
Hans Albers in „Primanerliebe" . . . . . . . . . . . . . . . . . . . . . 206
Marcella Albani in „Dagfin" . . . . . . . . . . . . . . . . . . . . . . . 246
Ruth Weyher in „Die keusche Susanne" . . . . . . . . . . . . . . . 247
Emil Jannings in „Nju" . . . . . . . . . . . . . . . . . . . . . . . . . . . 280
Valery Boothby in „Mädchen am Kreuz" . . . . . . . . . . . . . . 285
Werner Fuetterer, Hilde Maroff in „Kubinke" . . . . . . . . . . . 297
Rudolf Klein-Rogge in „Dr. Mabuse der Spieler" . . . . . . . . . 303
Otto Gebühr in „Der alte Fritz" . . . . . . . . . . . . . . . . . . . . . 312
Carol Dempster . . . . . . . . . . . . . . . . . . . . . . . . . . . . . . . . 320
Paul Wegener in „Der Golem" . . . . . . . . . . . . . . . . . . . . . 324
Carl Miller, Lydia Knott, Edna Purviance in
    „A Woman of Paris" . . . . . . . . . . . . . . . . . . . . . . . . . . 333
Adolphe Menjou . . . . . . . . . . . . . . . . . . . . . . . . . . . . . . . 334
Lon Chaney . . . . . . . . . . . . . . . . . . . . . . . . . . . . . . . . . . 351
Bessie Love in „Schmiede des Hasses" . . . . . . . . . . . . . . . 355
William S. Hart . . . . . . . . . . . . . . . . . . . . . . . . . . . . . . . . 363
Conrad Veidt in „Flucht in die Nacht" . . . . . . . . . . . . . . . . 367

Henny Porten in „Monica Vogelsang" ................ 376
Buster Keaton ...................................... 382
Charlie Chaplin / Harold Lloyd ...................... 400
Betty Compson ..................................... 415
Lee Parry in „Die Frau mit dem Etwas" ............... 426
Anna Q. Nilsson in *„Vanity's Price"* ................. 445
Warwick Ward, Lya de Putti in *„The Informer"* ...... 450
Gloria Swanson .................................... 461
Anny Ondra in *„Blackmail"* ........................ 472
Carmen Boni, Hans Junkermann in „Scampolo" ....... 483
Greta Garbo in „Der Kuss" .......................... 494
Friedrich Kayssler in „Ein Lebenskünstler" ........... 500
Brigitte Helm in „Die Liebe der Jeanne Ney" ......... 504
„Im Schatten des Yoshiwara" ....................... 509
Alfred Abel ........................................ 518
Anna May Wong in „Großstadtschmetterling" ........ 524

**Zu den Texten**

Was Filmschaffende und Filmkritiker geschrieben haben, wird gesammelt und herausgegeben; gehört zu werden verdient aber auch der Kinobesucher – soweit er von sich hören ließ. Hier wird daher vorgelegt, was Schriftsteller zur Zeit des Stummfilms über das Abenteuer „Kino" zu Protokoll gegeben haben.

Entscheidend für die Auswahl war, ob ein Text etwas zum Thema „Schriftsteller als Publikum" beiträgt, das heißt, ob er uns ins Kino mitnimmt, so daß wir etwas darüber erfahren, wie es sich mit dem Stummfilm verhielt. Wirkungsgeschichtliche Zeugnisse also, unter die sich auch ein paar Beiträge zur Kino-Kontroverse eingeschlichen haben. Kulturgeschichte, wenn man so will. Filmgeschichte bloß nebenher. Materialien, soweit greifbar, zum Verhalten der Schriftsteller dem Film gegenüber. Kein Name wurde nur symmetriehalber aufgenommen (Gerhart weil Carl, Heinrich weil Thomas, Bertolt weil Arnolt). Brauchbar waren dagegen auch erzählerische Texte. Wenn man wissen will, wie das damals im Kino war, dann können auch Stellen aus Romanen Auskunft erteilen.

Alle Texte sind ungekürzt und, wo nichts anderes vermerkt, im Wortlaut des Erstdrucks wiedergegeben. Man darf aber einem Autor das Recht einräumen, seinen Aufsatz nachträglich zu verbessern. Alleinseligmachend ist der Erstdruck nicht. Die Frage nach dem besten Text erhebt sich,
- wenn die erste Fassung so flüchtig hingeworfen war, daß nicht einmal grammatisch alles stimmt (wie bei Spitteler);
- wenn ein Aufsatz zuerst um mehr als die Hälfte gekürzt erschien (Mierendorff);
- wenn es ein Stück aus einem Roman in leicht veränderter Form als Sonderdruck gibt (Thomas Mann);
- wenn Erstdruck und Buchausgabe sprachlich voneinander abweichen, wobei nicht immer klar ist, von wem die Änderungen stammen (Willy Rath, Willy Haas, Paul Ernst, Kurt Tucholsky, Hans Siemsen, Robert Walser);
- wenn (wie bei Kerr, Wegener) verschiedene Aufsätze in Wirklichkeit nur Durchgangsstationen ein und desselben Textes darstellen;

- wenn es sich beim Erstdruck bereits um eine verbesserte Fassung des etwas später im Druck erschienenen Urtextes handelt (Regina Ullmann);
- und ganz allgemein, wenn in der Ausgabe letzter Hand eine vom Autor bereinigte Fassung vorliegt (Friedell, Polgar).

Will man den filmgeschichtlich (nicht literarhistorisch) besten Text bieten, kommt man nicht darum herum, die verschiedenen Fassungen zu vergleichen und von Fall zu Fall zu entscheiden, welche den Vorzug verdient. Die Reihenfolge ist chronologisch; die genauen Quellenangaben finden sich im Anhang.

## Hanns Heinz Ewers

*Geboren am 3. November 1871 in Düsseldorf. Studierte in Berlin, Genf und Bonn (1894: Dr. jur.); wirkte anschließend als Referendar. Dann Überbrettl-Dichter, Romanschriftsteller und Weltreisender. Schrieb, aus Indien zurückgekehrt, nicht nur ein Buch („Indien und ich", 1911), sondern auch ein Ausstattungsstück, „Der unsichtbare Mensch", für den Zirkus Schumann. „Seine ‚Alraune' war 1913 das Buch des Jahres, jeder sprach darüber" (George Grosz). Schuf mit Wegener zusammen „den unvergeßlichen ‚Studenten von Prag', um dessentwillen Hanns Heinz Ewers manches verziehen werden wird" (Kurt Tucholsky). Hielt sich 1914 bis 1921 in den Vereinigten Staaten auf, wo er 1917 interniert wurde. Schrieb 1932 den Horst-Wessel-Roman (1933 von Franz Wenzler verfilmt, jedoch erst nach vollständiger Umarbeitung unter dem Titel „Hans Westmar" zur öffentlichen Vorführung zugelassen). Starb am 12. Juni 1943 in Berlin.*

*Hanns Heinz Ewers hat nicht nur zahlreiche Filmstoffe geschaffen, unheimliche Geschichten in der Nachfolge E.T. A. Hoffmanns und Edgar Allan Poes („Der Student von Prag", 1913/ 26/35; „Die Eisbraut", 1913; „Alraune", 1919/28/30/52; „Fundvogel", 1930), er war auch selber ein unverbesserlicher Kinogänger und Kinoeröffner, der sich – „eine wandelnde Reklamesäule für alle Rollfilminstitute" – schon ganz früh dafür einsetzte, als das Programm noch „ein echtes Leipziger Allerlei" war. Auch mit Ausdauer: sein Aufsatz „Der Kientopp" (1907) tauchte alle Jahre wieder in einer anderen Zeitschrift auf.*

*Ewers' Begeisterung galt dem Kino schlechthin. In der Deutschen Montags-Zeitung vom 12. Januar 1910 nahm er es in Schutz gegen den Vorwurf, es stifte zu Verbrechen an. Ein weiteres, höchst aufschlußreiches Bekenntnis, „Vom Kinema", stand am 18. Juni 1910 in der Lichtbild-Bühne. Und denen, die das Kino ein Theatersurrogat schalten, hielt er 1913, als der „Student von Prag" entstand, boshafterweise entgegen: „Was mich reizte: die Möglichkeit, endlich, endlich einmal des ‚Wortes' entraten zu können, dieses ‚Wortes', das dem Dichter bisher alles war und ohne welches er gar nicht denkbar schien. Des ‚Wortes' – das dennoch für alle tiefste Empfindung nur ein vages und nie voll ausschöpfendes Surrogat war!"* Ob es Ewers mit Stolz erfüllte, wenn die Branche glaubte, „ihn zu den unsrigen rechnen zu dürfen", ist allerdings fraglich, in Anbetracht dessen, wie er 1930 rückblickend von den Filmleuten redete, den „Leuten, die jeden geistigen und künstlerischen Wert mit Hohn ablehnen."

**Der Kientopp**

Wenn ich im Caféhause die Zeitungen durchblättere und unter und über Strich tagtäglich ein langes und breites über allerlei Kunst gedruckt sehe, überläuft es mich. Gänsehäutlich. Theater, Variété, Kunstausstellungen, Konzerte, Vorträge, Bücher – aber wer spricht vom Kientopp?

Ja, sind denn alle diese Preßleute blind? Und wissen sie nicht, daß der Kientopp ein Kulturfaktor ist, so erstrangig, so durchschlagend, wie nicht einer der andern? Daß er der Gutenbergischen Erfindung, der wir Bücherschreiber unser Leben verdanken, getrost an die Seite zu stellen ist? Ich bitte: ein Vitalitätskoeffizient.

Der Kientopp! Ich hörte dies Wort zum erstenmal, als ich jetzt wieder nach Berlin zurückkam, und habe mich sofort darin verliebt. Vier Jahre lang bin ich auf drei Kontinenten in den verlassensten Löchern in – „Kinematographentheater" (greulich!) gegangen, von jetzt ab gehe ich nur noch in „Kientöppe". Und ich liebe die Berliner, daß sie dies Wort gefunden haben: ein Volkswort, das schlagend ihre Liebe zu der guten Sache beweist.

Es gibt keinen Punkt, von dem betrachtet der Kientopp nicht mit lautem Beifall zu begrüßen wäre!

Erzieherisch: wo anders lernst du so leicht, so spielend tausend Dinge, die weit, weit ab von deinem Horizont liegen? Welches beste Buch ist imstande, dir einen solchen Begriff von fremden Ländern zu geben? – Vater, schicke deine Kinder in den Kientopp! Er ist besser wie die Sonntagsschule! – Und gehe selbst hinein!

Amüsierend: das sind die *circenses* des 20. Jahrhunderts! Der Kientopp kostet 10 Pf. Eintritt, kein schlechtes Tingeltangel ist so billig. Und in keinem besten ist es so lustig. Welcher Banause ist so bis auf die Knochen verphilistert, um sich nicht über die köstlichen Pariser Burlesken zu freuen.

Hygienisch: es wird nicht geraucht noch getrunken. Und die schlechte Luft ist immer noch viel besser als in den Bierkellern und Schnapsbudiken. Der Kientopp ist ökonomisch für die Lunge wie für den Geldbeutel.

Und so weiter! Aber was nutzt es, wenn ich in diesem Blatte für den Kientopp Reklame trompete und mich an Schichten wende, die es doch nicht lesen? Ich will also den Schlapphut ablegen und den Zylinder aufsetzen und nun den Intellektuellen predigen: Geht in den Kientopp!

Nicht als ob sie nicht auch da vieles lernen könnten, jede Woche etwas anderes. Aber sie können noch, so als Zugabe, ganz merkwürdige Genüsse hier aufsammeln. Ganz raffiniert zum Beispiel ist der Genuß der aufgehobenen Kausalität. Es ist nicht ganz leicht, sich da hineinzuleben, unser ganzer dummer Verstand steht ja immer unter dem tyrannischen Einfluß von Ursache und Wirkung. Da kommt der Herr Kientopphausknecht und steckt seinen Film von rückwärts in den Scheinwerfer. Eine kleine Handbewegung – und sie wirft die ganze Weltgeschichte um: die Wirkung wird Ursache, die Ursache Wirkung.

Das einfachste Exempel: ich nehme eine Zigarette, stecke sie in den Mund, zünde sie mit dem Streichholz an und rauche. Die Zigarette dampft, wird kleiner, die Asche fällt herunter, das Papier verbrennt, schließlich werfe ich das Stümpchen fort. Nun arbeitet der Rollfilm von hinten: Von der Erde fliegt mir ein brennendes Zigarettenstümpchen in den Mund. Ich rauche, die Zigarette wird immer länger davon, die auf der Schale liegende Asche fliegt mir an die Zigarette und wandelt sich in Papier, bis meine Zigarette wieder ganz ist. Daran halte ich ein schon heruntergebranntes Streichhölzchen, das auch wieder ganz wird, und dessen Flamme in dem Augenblicke erlischt, als ich es an der Schachtel anstreiche.

Michel ißt und die Knödel kommen ihm aus dem Munde heraus, seiner armen Frau aber kriecht das Kind aus den Armen der Hebamme wieder in den Mutterleib zurück! Wer sagt noch, daß die Propheten ausgestorben sind? War nicht der prächtige August Kopisch ein großer Prophet, als er sein Gedicht vom großen Krebse schrieb? Und, bitte, man phantasiere ein wenig. Man nehme Situationen, Handlungen, Geschehnisse, was man will. Und man mische, induktive und wieder deduktive Methode. Ein wenig Übung und man wird der wundervollste Topiker, der sich selbst auf den Kopf stellt.

Wie alle junge Kunst, so schreibt auch die Kientoppkunst einstweilen in der Hauptsache noch von der Natur ab. Und das ist bisher das beste, was sie bietet. Was der Mensch ihr bisher gab, ist zum Teil greulich, wie die albernen Zauberszenen, zum Teil wohl lustig und amüsant, wie die Pariser Burleskszenen, aber doch einem feinen Geschmacke meist ungenügend. Wo bleiben die Dichter und Maler, die für den Kientopp schaffen? Manche taten es, unbewußt – die besten. Shakespeare: sein dritter Richard würde im Kientopp verständlicher und besser gegeben werden als auf mancher Bühne. Hogarth: man lasse seine Szenen verbindend spielen und schnurre sie auf dem Film ab, da wird man sehen, wie dieser Künstler lebt.

Wir aber kennen den Kientopp und können bewußt für ihn schaffen. Hier ist ein neues Feld für die Kunst, ein junger Acker – wer hilft ihn pflügen? Und, verehrter Herr Zensor, der du soviel Dummheiten gemacht hast und noch machst, tu einmal etwas, wofür man dir danken darf. Da du nun doch einmal die Oberaufsicht führst, so nimm dir einen künstlerischen Beirat und einen recht guten, kein Mensch verlangt ja, daß du selbst von Kunst etwas verstehen sollst! Und wenn dann die Künstler kommen und dir ihre Kientoppstücke einreichen – und sie werden kommen! – dann laß die Spreu vom Weizen scheiden und unterdrücke den Kitsch und hilf der Kunst! Wenn du das tun willst, will ich dir ein erstes Kientoppstück schreiben, in dem du selbst der Held bist. [1907]

## Schlangenfang auf Java*
aus: DER ZAUBERLEHRLING ODER DIE TEUFELSJÄGER

Es war ein Viertel nach neun Uhr, als er zum Markusplatze ging. „Ich kann heute nicht warten," dachte er, „so mag sie es tun."

Lotte Lewi kam ihm mit langen Schritten entgegen. „Ich weiß!" rief er ihr zu. „Übrigens war es Absicht und nicht Nachlässigkeit. Ich war den ganzen Tag unter Menschen. Ich mochte nicht allein sein heute, auch für Minuten nicht. Das war es."

Sie bot ihm ihren Arm. „Angst?"

Er zuckte die Achseln. „Wie Sie wollen. Vielleicht. – Wo wollen wir hingehen?"

„Es ist mir gleich," seufzte sie. „Schlagen Sie nur vor."

Sie schritten unter den Lauben der Procuratien. Er zeigte auf ein Plakat: „Zum Theater Goldoni? – Novelli spielt da."

Sie nickte: „Wie sie wollen."

Er las den Zettel – Hamlet. „Nein," sagte er, „nein! Das ist ein furchtbares Stück."

„Hamlet?" Sie sah ihn erstaunt an.

Er zog sie fort. „Ja," sagte er – „heute – für mich."

Sie gingen durch die Merceria. Sie schwiegen, blickten in die Menge, die dicht sich drängte. Oder in die hellen Schaufenster, vollgepfropft mit billigem Fremdentand.

„Plaudern Sie doch, Lotte," bat er.

Sie blieb stehen, sah unverwandt auf eine große bunte Affiche – der Graf von Monte Christo, wie er im Sack ins Meer geworfen wird.

„Ein Kinema!" rief er vergnügt. „Wollen wir hingehen, Lotte? Ach, wie lange habe ich keinen Rollfilm mehr gesehn!"

Sie sagte: „Wie Sie wollen." Es klang tonlos, unendlich gleichgiltig. Und doch schien ihm, als läge irgendeine Absicht in dieser Gleichgiltigkeit. Er sah sie an, aber sie erwiderte seinen Blick nicht.

Sie traten ein, setzten sich vorne in eine Loge. Sie sahen Blériot, wie er über den Kanal flog mit seinem Vogel. „Ach, prächtig!" flüsterte Frank Braun. „Prächtig! – Übrigens müssen wir Ihren Vater herführen, er interessiert sich zur Zeit für Aviatik."

* Titel vom Herausgeber eingesetzt.

Sie antwortete nicht. – In der Pause bat sie ihn, ein Programm zu besorgen, und las es aufmerksam durch.

Dann kam der Clou des Kinema: die Geschichte des Grafen von Monte Christo. Frei nach Dumas Vater. Ein Riesenfilm von Gaumont, der durch zwanzig Minuten lief. Ein wenig sentimental und bürgerlich romantisch, aber prachtvoll gespielt an Ort und Stelle und mit packenden Einzelheiten, die keine Bühne der Welt entfernt erreichen konnte. Diese Landung auf Chateau d'If –

Er freute sich, war ausgelassen wie ein Knabe. Er erzählte ihr von seinen Besuchen bei Gaumont und Pathé, sprach entzückt von diesen gewaltigen Etablissements, setzte ihr auseinander, wie man alles mache und erklärte ihr hundert gute Tricks. „Ach, der Kientopp!" rief er begeistert. „Es ist das Herrlichste, was unsere Zeit schuf! Ich weiß nicht, wer ihn erfand – sagen wir Thomas Alva Edison in dubio! Aber mir ist der Mann lieber als Marconi und Zeppelin und Röntgen und Koch und Cook und hundert andere!

Der Kinema läßt uns Reisen machen in alle Länder, er ist der beste Historiker, ein Fanatiker der Wahrheit, der keinen Irrtum kennt. Und zugleich ist dieser selbe Kinema der echte Alchemist, der schlägt in Stücke, was die Vernunft predigt und ist der einzige Zauberer der Welt. Er macht Gegenwart zur Vergangenheit und Vergangenheit zur Zukunft, macht die Ursache zur Wirkung und die Wirkung zur Ursache. Ist das nicht herrlich? – Haben Sie schon einmal einen Film rückwärts laufen sehen? Warten Sie, ich will nachher mit dem Besitzer sprechen! Also nehmen Sie ein einfachstes Beispiel! Sie, Lotte, sitzen da und rauchen eine Zigarette: dies kleine Genrebild kinematographiere ich! Sie sehen dann auf dem Film die Lotte, die ein Streichholz nimmt, es anzündet an der Schachtel, die Zigarette in Brand setzt und das Streichholz wegwirft. Dann raucht sie und schlägt die Asche in den Becher; die Zigarette wird kürzer und kürzer. Endlich drückt sie sie aus und zieht die leere Hand fort. – Nun aber, Lotte, lassen wir den Film rückwärts laufen. Was geschieht? Die Lotte streckt die leere Hand zur Aschenschale, drückt die Zigarette – an – nicht aus – und führt sie zum Munde. Sie raucht – das heißt: rings aus der Luft fliegen hübsche runde Kringeln in Lottes runden Mund. Aus dem Aschbecher fliegt die Asche heran, setzt sich vorne ans Feuer, die Zigarette wird länger und länger. Endlich hat sie ihre ursprüngliche Größe, dann fliegt ein brennendes Streichholz vom Boden auf und löscht sie aus. Das Streichholz aber führt Lotte zur Schachtel, reibt – und die Flamme verschwindet. Dann marschiert die Zigarette in ihr Etui und das Streichholz in seine Schachtel und alles ist aus! – Nun, kluge Lotte, ist das nicht Zauberei?"

Sie saß schweigend, aber er bemerkte es nicht. Lachend plauderte er weiter.

„Oder, Lotte, ich esse Maccaroni. Der ganze Teller ist voll und ich nehme Löffel und Gabel und futtere auf Napolitanerart. Ich greife sie mit der Gabel auf, drehe sie hübsch in den Löffel und lasse sie verschwinden zwischen den Zähnen. Nichts bleibt übrig, glatt leer wird der Teller – ich esse sehr gern Maccaroni, wissen Sie!

So, nun wenden wir den Film. Da steht der leere Teller und ich führe die Gabel zum Mund. Sie kommt zurück, voll von Maccaroni. Die rolle ich im Löffel ab, führe die Gabel zum Teller, dann leer wieder an die Lippen und hole eine neue Portion heraus. – Unästhetisch? – Aber keine Spur! Meine Maccaroni sind so sauber und appetitlich, als wären sie nie zerkaut und verschluckt worden. Und am Ende sitze ich wieder vor meinem hohen Teller mit Maccaroni – die ich doch längst aufgegessen habe.

Aber das sind kleine Spielereien, Lotte, die wir jeden guten Tag machen können! Lassen Sie uns nun ein bißchen unbescheidener werden. Nehmen Sie an, ein Kinematograph begleitet Sie Ihr ganzes Leben hindurch. Er ist fürstlich bezahlt von Ihrem Vater, der will, daß seiner einzigen Tochter Leben allen späteren Geschlechtern im Bilde erhalten bleibt. Der Mann ist also immer um sie; wenn er müde ist, vertritt ihn einer seiner Vizereservekinematographen. Also: die verflossene Baronin Kühbeck, damals aber – entsetzlich – einfache Frau Ludmilla Lewi schenkt ihrem Siegfried das erwartete Kindlein. Zwei Ärzte holen es und eine Wehmutter und der guten Frau Ludmilla ist gar nicht recht wohl dabei, sie schwört leise, daß es ganz gewiß das letztemal sein solle. Aber Lotte wächst, wird ein Mägdlein und ein Backfisch, ein Jungfräulein, ein Fräulein und eine junge Frau. Dann eine ältere Frau und eine noch ältere und eine ganz alte am Ende. Bis sie stirbt und begraben wird – nein, verbrannt wird sie, nicht wahr? Bah, Lotte, es würde ein hübscher, interessanter Film werden, und die liebe Nachwelt möchte allerhand nette Sachen erfahren.

Ich aber, Lotte, der ich noch zwanzig Jahre älter werden will wie Sie, nehme den Film und lasse die Lotte rückwärts leben. Aus der Asche, Zauberlotte, wird im Feuer ein richtiger Leib, ein recht alter, krummer, verhutzelter freilich, aber doch ein Menschenleib. Und die Tote wird zur Lebenden, und die Greisin zur alten Frau. Die alte Frau wird zur jungen und die junge Frau zum Mädchen, zum Kinde und zum Säugling. Und wieder stehen die klugen Leute an Frau Ludmillas Bett, aber sie holen keine Lotte mehr! Der Herr Medizinalrat reicht das frischgewaschene Baby der Wehmutter zurück, die wäscht es: da wird es schmutzig. Und dann nimmt sie es – und Lotte kriecht wieder in der Mutter Bauch, woher sie einstmals gekommen.

Die Lotte ist weg, weg, als ob sie niemals auf der Welt gewesen sei!

Ach, kann man besser ad oculos demonstrieren, daß alles Leben nur eine große Lüge ist?"

Sie sah ihn an, ihre schmalen Lippen zogen sich hinauf. „Sie sind ein lieber Junge," sagte sie. Dann erhob sie sich schnell, schüttelte den Kopf, als wollte sie irgendeinen Gedanken wegjagen. „Kommen Sie," fuhr sie fort, „wir wollen gehen."

Aber er bat sie: „Ach, Lotte, nur eine Nummer noch. Eine, bitte schön! Ja? Nachher tue ich alles, was Sie haben wollen."

Sie seufzte und setzte sich wieder. Sie nahm ihren Hut ab, strich leicht das rotbraune Haar aus der Stirne. Sie wandte den Kopf, daß er ihr Gesicht nicht sehen konnte, starrte über die Menge.

Dann war die große Pause zu Ende. Das Licht erlosch, auf dem weißen Vorhange leuchtete der Name des nächsten Films: Schlangenfang auf Java.

Das Bild zeigte einen Laden in Batavia; ein hübsches Liplapmädchen legte einem weißen Herrn ihre Waren vor – Fabrikate aus Schlangenhaut. Der Herr war sehr kauflustig, er erstand Portemonnaies, Briefmappen, Portefeuilles, Peitschen, Stöcke und entzückende kleine Pantöffelchen. Es war ganz gewiß ein sehr feiner Herr, er fragte gar nicht nach den Einzelpreisen, ließ sich nur die Summe nennen, zog ein Scheckbuch und schrieb ihr einen Scheck. Dann gab er ihr die Adresse seines Hotels, zog höflich den Hut und ging.

„Nun werden wir sehen, Lotte, wie alle die hübschen Dinge gemacht werden," flüsterte Frank Braun.

Einen Moment war es dunkel, dann leuchtete ein ander Bild auf. Malaien strichen durch eine Lichtung des Dschungels, immer zwei und zwei, sie schlugen mit großen Stöcken in das hohe Gras, um die Schlangen aufzuscheuchen. Dann fanden sie eine und flogen wie Katzen auf sie zu. Der eine betäubte den Python mit einem starken Stockschlag auf den Kopf, der andere warf ihm eine Schlinge um den Hals und zog sie fest zu. Dann hoben sie vorsichtig das gut zwei Meter lange Tier auf und trugen es zu einem großen Korbe. Bald fingen sie ebenso eine zweite Schlange; andere Burschen brachten noch mehr heran. Sieben bunte, herrliche Pythonschlangen fingen sie. Sie umschnürten den Korb, luden ihn auf einen starken Esel und zogen ab.

Dunkel auf einen Augenblick. Er fühlte Lottes leichten Atem, dicht bei seinem Ohre. Er wollte irgend etwas sagen, aber schon leuchtete ein neues Bild auf.

Ein Hof, rechts eine Bambushütte der Eingeborenen. In der Mitte war ein großes Reck, daran hingen regungslos, am Halse angebunden, die sieben Schlangen; der Schwanz schleppte ein wenig auf dem Boden. Aber sie lebten wohl, eine – die zweite war es von links aus – hob den Schwanz, kletterte an sich selbst in die Höhe, verschlang sich und wand sich in festem Knoten oben um das Reck. Dann kamen ein paar Burschen heran, es waren dieselben, die vorhin im Walde den ersten Python griffen. Einer trug ein langes Messer in der Hand, er trat an das Reck und näherte sich einer der Schlangen. Er machte einen Kreisschnitt rings um den Hals und einen andern vom Halse bis hinab zur Schwanzspitze. Dann nahm er das Messer in den Mund und setzte alle Finger in die kreisrunde Wunde. Und während zwei andere das Tier am Schwanze griffen, festhielten und streckten, zog er mit aller Kraft der Schlange die starke Haut vom Leibe.

Rasch ging er zur zweiten Schlange und zur dritten, in wenigen Minuten waren die sechs Schlangen geschunden. Nur die letzte, die zum Knoten verschlungen oben am Reck hing, ließen sie dort hängen.

Und ein Leben kam in die sechs Schlangenleiber. Sie sahen schneeweiß aus auf dem Bilde, leuchtend weißer, wie irgend etwas, das es gab. Und im langsamen Todeskampfe arbeiteten die gewaltigen Muskeln der Tiere, sie wanden sich, drehten sich, sahen aus wie die schlanken, gewundenen Marmorsäulen, die man in maurischen Palästen sieht.

Sechs nackte, hautlose, schneeweiße Schlangenleiber –

Die Malaien traten zur Seite, nahmen die Häute und reinigten sie. Aber er sah nicht hin, was sie machten, sah nur auf die sechs lebenden Schlangenleiber, die sich zu Marmorsäulen wanden –

– Einmal – als er ein Sekundaner war, war er ins Affenhaus gekommen im Zoo. Fünf Kinder lachten vor dem Gitter, Buben und Mädchen. Er trat hin und sah, daß sie den Affen kleine Frösche hineinwarfen. Und die Affen griffen die zappelnden Frösche und zogen ihnen lebendig die Haut ab. Das war so possierlich und die Kinder lachten und freuten sich. Er schlug mit seinem Stock nach den Affen, daß sie ihre Beute fallen ließen; er strich mit dem Stock die verstümmelten Frösche heraus aus dem Käfig und zertrat sie in Wut und Angst mit dem harten Absatz. Und dann fiel er über die Kinder her – oh, er erinnerte sich gut, wie jede starke Ohrfeige, die er austeilte, ihm unendlich wohl tat, und wie mit den Schlägen der dumpfe erstickende Druck schwand, der ihm Hals und Kehle zuschnürte.

Er dachte daran –

Hier aber konnte er niemanden schlagen. Es war ja nur ein Bild, das er sah, nur ein Bild. Und nichts gab es, das ihn befreien und ihm Luft schaffen konnte.

Und das Bild, das er anstarrte, war schön, wunderbar schön. Sechs herrliche, weiße, marmorne Säulen.

Und sie lebten –

Es war entsetzlich – es war entsetzlich –

Und so schön war es –

Ihre heiße Hand legte sich auf seine. Er fühlte, daß ihr grüner Blick auf ihm ruhte. Er drang durch das Dunkel und drang durch seine Schädeldecke. Er kroch in sein Hirn und trank sich satt an alle dem, was seine Seele fühlte in diesem Augenblicke –

Ihre kleine Hand streifte über seine Wange. Sie berührte leicht sein Ohr und ihr Finger fuhr unendlich weich rund um seinen Hals. Und es war ihm, als griffe sie in die offene Haut und zöge sie hinab, als hinge er selbst dort, eine nackte, weiße, hautlose Pythonschlange, die sich nun wand zu einer marmornen, lebendigen Säule –

Seine Zähne gruben sich in seine Lippen, er schloß die Augen –

* * *

Es ward hell im Saale; sie standen auf und gingen. Vor der Türe fragte er sie: „Warst du schon einmal hier?"

Sie nickte.

„Das also war es?" fragte er. Und sie nickte wieder.

Sie schritten durch die enge Gasse, dem Kanale zu.

„Der Film ist von Pathé," sagte sie still. „Zur selben Stunde läuft er nun jeden Abend in tausend Städten. Und viele hunderttausend Menschen sehen ihn. Sehen ihn – wie sie jeden andern sehn. Ich aber wußte –"

Sie brach ab. Sie blickte zur Seite, zupfte an dem Seidentuche, das sie in der Hand hielt. „Darum führte ich dich hin."

Er fragte: „Und – ?"

Sie lachte kurz auf. „O, es ist schon gut so. Ich bin zufrieden."

Er rief durch die Nacht: „Gondola! Gondola!"

Sie stiegen ein, schweigend fuhren sie durch Venedig. Das sommerfaule Wasser der Kanäle stank, dicker Unrat schwamm überall. Mücken und Motten standen darüber in ungeheuren Mengen, deckten fast die Fläche, wie ein feiner Totenschleier. Hoch hoben sich zu beiden Seiten die Paläste, leuchteten wie nackte Totenschädel im trüben Scheine der Laternen. Attrappen, herrliche Fassaden, die tagsüber einen Schein des Lebens logen. Aber nun blickte aus tausend toten Augen ihre schmutzige Leere, grinste aus allen Ritzen der faule Moder einer verschwundenen Pracht, die längst der Wurm fraß.

Und er dachte, daß Venedig eine einzige gewaltige Leiche sei. Längst war das Fleisch verfault, nur die harten Rippen und Knochen standen noch aufrecht. Zerbrochen hie und da, angenagt, morsch und zerfressen, aber doch aufrecht. Sie aber schwammen in diesem toten Riesenleibe, glitten lautlos einher durch seine verfaulten Adern.

Ein Geruch der Verwesung brach aus den Fetzen dieses Fleisches, hauchte seine giftigen Fieber in die Nacht. Feiste Ratten liefen über die Grundmauern, sprangen ins Wasser und tauchten zwischen den Gondelpfählen. Häßliche Aaskrabben flohen seitwärts über die ausgebrochenen Treppen, große schwarze Asseln krochen aus ihren Löchern.

Ausgefressen war längst das Gehirn und das Herz und die

einstmals atmenden Lungen. Wie Maden hausten die Menschen immer noch in diesem faulen Aase, dessen Moderduft weither alles heranlockte –

– Eine Gondel kam ihnen entgegen, ein schwarzer, schwimmender Sarg, wie alle andern. Sie war gedeckt, unter dem schwarzen Baldachin saß eng aneinander gepreßt ein junges Paar.

„Hochzeitleute," dachte er. „Ein Pärchen von den vielen Tausenden, die Jahr um Jahr durch die Lagunen schwimmen." – War es nicht, als ob der Maden Brunst eine heißere würde in dieser Luft, die die Verwesung schwängerte?

Dann fühlte er ihre Hand. Sie war feucht und sehr kalt, aber diese Kälte brannte in sein Fleisch.

Sie sagte: „Frank Braun, ich will ein Kind haben." Ihre Stimme zitterte; sie sah ihn an und ihre Augen glühten in seltsamer grüner Glut.

„Von dir!" sagte sie – [1909]


## Vom Kinema

Es gibt Menschen, die nie in Kinemas gehen. Es gibt auch Menschen, die nie ins Bad gehen. Beide Sorten sind mir höchst unsympathisch, es sind atavistische Kümmerlinge, die in jene Zeit gehören, die alle Esel die „gute alte Zeit" zu nennen pflegen, jene Zeit, die sich bei Tranlampen wohlfühlte und Biersuppen aß.

Was nun mich betrifft, so gehöre ich gewiß nicht in diese Zeit. Ich bin seit einem Dutzend Jahren eine wandelnde Reklamesäule für alle Rollfilminstitute, und wenn die Herren Kintoppbesitzer nur ein wenig Liebe für die deutschen Dichter hätten, so hätten sie mir schon längst eine Pension ausgesetzt oder mich wenigstens zum Ehrenmitglied des Vereins deutscher Kinematographen-Theaterdirektoren (ein herrliches Wort!) ernannt! Ich mache tagtäglich für den Kintopp Proselyten und darf mich rühmen, selbst höchste und allerhöchste Herrschaften dazu bekehrt zu haben. – Und das ganz umsonst – kein Ausrufer kann so billig arbeiten!

Wie gesagt, ich bin ein Afficionado. Und wenn ich an den Kinemas doch eine Kleinigkeit auszusetzen habe, so ist es, daß sie sich nämlich mit Vorliebe „Theater" nennen. Jeder kleinste verräucherte Kintopp ist einen Besuch in jeder Woche wert, ist ganz – ernst gesprochen – kulturell von ungleich höherem Wert als die Bühnen, die mit Schwänken und albernen Possen das Publikum belästigen. Und die Leute, die heute noch auf das Kinema schimpfen, sind genau dieselben, die früher auf das Fahrrad, dann auf das Auto und jetzt auf den Aeroplan schimpfen: es sind die Dummköpfe. – Wenn ich bedenke, wie gut es unsere Enkel haben werden, so wird mir die Erinnerung an meine Schuljahre, die mir immer höchst fatal ist, erst recht erschreckend. Was für ein grenzenloser akademischer Esel war es doch, der sich einbildete, auf unserem Gymnasium Geographieunterricht geben zu können, bloß weil er auch darin sein Examen gemacht hatte. Dieser menschenfreundliche Herr ließ uns den Daniel auswendig lernen und klopfte uns auf die Finger, wenn wir nicht wußten, wie viele Einwohner Potschappel hatte und wie viele Meter der Popokatepetl hoch war. Solche Geographiestunden waren eine Qual, und nur eine Hoffnung ließ uns arme Schüler sie überstehen: die Gewißheit nämlich, all das dumme Zeug sofort wieder vergessen zu können. Für unsere Enkelkinder aber wird die Erdkunde eine große Freude sein: da wird der Schulsaal dunkel gemacht und sie sehen auf der weißen Wand alle fremden Länder. Sie reisen herum, ohne sich vom Flecke zu rühren, und sie lernen dabei im Spiel, während wir dumm und stumpf Zahlen fressen mußten. So ist der Rollfilm von ungeheurem erzieherischem Wert, und unsere Massen, die sich immer mehr daran gewöhnen, regelmäßig die Kinemas zu besuchen, erweitern ihren Gesichtskreis und bilden sich – ohne es zu merken. Und ich bilde mich also auch – wie nett, wenn man so etwas von sich sagen kann!

Freilich muß ich gestehen, daß ich durchaus nicht um der Bildung willen Kinemas besuche. – Der Grund, weshalb ich hingehe, ist ein ganz anderer – und es hat lange gedauert, bis ich mir darüber klar geworden bin. Nun aber kenne ich diesen Grund und ich glaube, daß er derselbe ist, der so viele andere Leute dorthin zieht. Man will den Alltag vergessen.

Ich kam ganz plötzlich darauf. Ich ging wieder einmal in meinen besonders beliebten Kinema abends gegen neun Uhr. Da stand eine junge Frau vor dem Eingange und schaute sehnsüchtig die Bilder an. An jeder Hand hielt sie ein Kind; sie war häßlich, krumm, unterernährt und überarbeitet. Ich hätte ihr gern Geld gegeben, aber ich schämte mich, es ihr anzubieten. Und so, in der Verlegenheit, wie ich das wohl anstellen könnte, fragte ich sie, ob sie nicht hineingehen wolle. Die Frau schwieg, aber ihre Augen leuchteten. Und die Kinder schrien und drängten sich an mich – da nickte die Mutter. Ich saß dann neben ihnen, und in den Pausen sagte mir die Frau, daß es nichts Herrlicheres gibt in der Welt als einen Kintopp. Jetzt sei sie schon lange nicht mehr darin gewesen, da der Mann keine Arbeit habe – und gerade jetzt sehne sie sich so darnach. „Warum gerade jetzt?" fragte ich. Sie sah mich groß an: „Das ist doch natürlich! Hier vergißt man doch alles – und wenn Sie wüßten, wie es bei uns zugeht!"

Ja, das ist es: man vergißt alles. Man sitzt im dunklen stillen Saale und sieht eine fremde geheimnisvolle Welt. Auf der Bühne des Theaters reden die Menschen, zwingen mich, achtzugeben auf das, was sie sagen, ihren Gedanken zu folgen. Im Kinema aber kann ich träumen. Ich lebe in der Welt des Wunderbaren, und diese Welt ist doch nur lebendig durch meine Träume.

In Venedig traf ich einmal im Kinema einen Engländer. Er saß neben mir, und aus der Art, wie er sich gab, merkte ich, daß auch er ein Afficionado war, so gut wie ich. So sprach ich ihn an und wir plauderten zusammen. Dann kam ein Rollfilm, der den schönen Namen führte: „Belohnte Tugend"; da winkte er mir, zu schweigen. Und er sah dieses Stück nicht – er trank es mit seiner ganzen Seele. Es war eine etwas larmoyante Sache: eine junge, sehr hübsche Schauspielerin spielte darin. Und dann sagte mir der Engländer, daß er in diese Frau verliebt wäre. Er reise nun schon seit fünf Wochen diesem Rollfilm nach, den er zuerst in Turin gesehen habe, er verfolge ihn durch alle italienischen Städte. Am Ende einer jeden Woche erkundige er sich bei dem Kinemabesitzer, wohin der betreffende Film nun gesandt würde – und dahin reiste er. Ich fragte ihn, warum er dann nicht lieber versuche, das Original kennen zu lernen, er brauche ja nur nach Paris zu reisen und sich bei Pathé nach der Adresse der jungen Dame zu erkundigen; so könne er in spätestens drei Tagen seiner Angebeteten zu Füßen liegen Doch er schüttelte den Kopf – nein, nein, er liebe das Bild und nicht die Frau. – Vor einigen Wochen jedoch schrieb er mir von seinem Landhause in Devonshire einen überaus glücklichen Brief: er hatte sich einen Kinematograph gekauft und einen einzigen Rollfilm dazu: „Belohnte Tugend" von Pathé. Nun kann er, wenn er nur will, mit seiner Geliebten allein sein, mit ihr träumen im Dunkeln. Ich bin ganz gewiß, daß er so sehr viel glücklicher ist, als er je mit dem Original, der hübschen Madeleine Daumont vom Odéon in Paris, hätte werden können.

Das Kinema, das ist die Augenweide unserer blinden Sehnsucht. Und wenn jemand nicht glauben will, daß unsere Zeit romantisch ist, den führt in das Kinema. Die Masse will Romantik – und das Kinema gibt sie ihr. Die Bühnen mögen sich in acht nehmen: nie ist ihnen eine solch ungeheure Konkurrenz geworden, wie in diesen Tagen, und sie werden das immer mehr in ihren Kassen merken. Heute schon leeren sich die Galerien – und es dauert nicht mehr lange, so werden sich auch die Parketts leeren, dann mögen die Theaterleute allein Don Carlos ansehen oder Ibsen. Das Publikum dankt und läuft in die Kinemas.

Man wolle bedenken, welch ungeheurer Entwicklung die Kinemas noch fähig sind. Heute noch ist ihr Programm ein echtes Leipziger Allerlei, sehr Gutes, wild durcheinander gewürfelt mit äußerst mäßigem Zeug. Glänzende Länderbilder, dann alberne Zauberpossen, unglaubliche komische Pariser Tricks und grandiose amerikanische Szenen. Aber man wird sich spezialisieren. Man wird Kinemas haben, die sich nur auf die Erdkunde legen, jede Woche uns ein anderes Land zeigen, das wir in zwei Stunden gründlicher kennen lernen als aus einem Dutzend Bücher. Andere, die den Pariser Trick pflegen, wahnsinnige Narreteien, die alle Wirklichkeit auf den Kopf stellen und das Allerunmöglichste zum Selbstverständlichen machen. Wieder andere werden das Drama pflegen: um wenige Groschen wird man die ersten Schauspieler der Welt in kurzen packenden Szenen sehen. Und jeder einzelne Fortschritt der Kinemas ist ein neuer Dolchstoß für die Theater. Der Berliner Theaterdirektor a.D. Lautenburg, der viel über diese Fragen nachgedacht hat, und in seinem alten Theaterherzen die Gefahr richtig erkannt hat, gab zwar, ein modern gebildeter Cato, den Rat: *Et cétéra je cense, qu'il faut délendre le pot de Kine,* auf lateinisch: *Ceterum censeo, Kintoppium esse delendum* – aber ich glaube, der Kintopp läßt sich nicht zerstören. Und die Theaterkonsuln mögen zusehen, wie sie ein Mittel finden, dieser Gefahr zu begegnen, die ihnen wie ein Vacuumreiniger in mehr oder weniger verstaubtem Raume die Plätze leeren wird. – Und erst die Kassen!     [1910]

Paul Wegener als „Student von Prag" (Stellan Rye, 1913)

### Geleitwort zu: „Der Student von Prag"

Unzählige Male hat man den Versuch gemacht, erfolgreiche Werke von einer Kunstgattung in eine andere zu übertragen. Aus Romanen hat man Theaterstücke gefertigt, auch Opern und noch mehr Filme; auch das Gegenteil hat man gelegentlich versucht. Man erhoffte eben auf anderm Gebiete einen neuen Erfolg mit dem gleichen Stoff und hat ihn bisweilen, wenn man's geschickt genug anfaßte, auch erzielt.

Dagegen ist wenig zu sagen, wenn auch meine persönliche Auffassung vom künstlerischen Schaffen sich gegen solche Ummünzung sträubt. Mir will scheinen, daß Inhalt und Form eng zusammengehören, daß jeder Stoff seine ihm eigentümliche Form bedingt und sich nur in seltensten Fällen einer ihm fremden Form leiht. Auf alle Fälle aber scheint mir, wenn schon eine solche Umgießung vorgenommen werden soll, der Autor selbst hierzu die ungeeignetste Person zu sein: er wird stets mit künstlerischen Hemmungen zu kämpfen haben, die das notwendige rücksichtslose Zufassen verbieten. Darum habe ich es immer abgelehnt, an eine derartige Arbeit heranzugehen, die Dramatisierungen und Verfilmungen meiner Romane „Alraune", „Zauberlehrling" usw. vielmehr andern überlassen. So auch hier: weder die epische noch die musikdramatische Fassung meines Filmes „Der Student von Prag" stammen aus meiner Feder.

Vielleicht ist hier der Platz, ein paar Worte über den Film zu sagen. Die Filmindustrie, nicht nur bei uns, sondern überall, ist in Händen von Leuten, die jeden geistigen und künstlerischen Wert mit Hohn ablehnen. Sie wollen Geld verdienen, nichts sonst, und dazu ist ihnen jedes Mittel recht. Daher das Wettrennen nach erfolgreichen Stoffen. Irgendein Theaterstück, irgendein Roman hat einen großen Erfolg erzielt – sogleich streckt die „Branche" (welch scheußliches Wort!) ihre Finger danach aus. Man weiß: dieses Werk, dieser Titel ist der großen Masse bekannt; was die Leute in Hunderttausenden von Büchern gelesen, in unzähligen Aufführungen auf der Bühne gesehen haben, das werden ja wohl noch zehn- und hundertmal mehr Menschen auch im Kino beklatschen. Und also kaufen die Filmleute für teures Geld ein Los und warten gläubig auf einen Haupttreffer.

Denn sie sind, alle, innigst davon überzeugt, daß sie genau wissen, was man braucht, um den großen Erfolg herauszuschlagen. Jeder einzelne hält sich für den wahren Propheten und blickt mit mitleidigem Lächeln auf die Konkurrenz – es sei denn, daß dieser gerade ein glücklicher Stern ein großes Los beschert hat. Dann freilich wird aus der Verachtung ein Neid; aber man tröstet sich: es war nur Zufallswind, der dem andern den Erfolg ins Haus wehte.

Und das ist richtig, immer und überall: es ist – was den Hersteller betrifft – wirklich nur der Zufall. Erfolge werden gemacht durch gute Manuskripte, durch kluge Regisseure oder glänzende Schauspieler; nie aber durch den Filmfabrikanten, der doch für seine Firma die Ehre wie das Geld stets gerne einheimst. Wohl aber bringen es diese jahraus jahrein fertig, trotz bester Schauspieler, trotz eines erstklassigen Regisseurs oder auch eines vortrefflichen Filmbuches – ja manchmal trotz allen diesen zusammen! – minderwertige Ware auf den Markt zu werfen. Der gute Stoff wird elend verhunzt, der treffliche Spieler an falsche Stelle gestellt, der Spielleiter nach besten Kräften gehemmt.

Denn, um die Wahrheit zu sagen, die Herren von der „Branche" verstehn von ihrem Geschäft genau soviel, wie ich von dem Bau eines Unterseebootes.

Natürlich gibt's Ausnahmen – wo gäbe es die nicht? Ich habe persönlich ein paar Leute kennengelernt, die anständige Menschen waren, obwohl sie zur „Branche" gehörten. Aber in keinem Geschäftszweig ist der Prozentsatz der Weißwestigen so erschreckend niedrig, wie beim Film.

Immerhin: das mag man gern mit in den Kauf nehmen. Man weiß, daß das einmal so ist, und kann sich, so gut es geht, dagegen schützen. Keinerlei Schutz aber gibt es gegen die Dummheit dieser Leute, die nie im Leben lernen werden, wo der liebe Gott wohnt. Sie ganz allein bewirkt, daß in Amerika wie in Deutschland, in England wie in Frankreich, alljährlich viele Millionen in die Luft geworfen werden – und das, obwohl sich mehr und immer mehr die Massen der ganzen Welt in die immer größer und zahlreicher werdenden Kinohäuser drängen. Pleiten rechts und Pleiten links; es gibt keine Filmgesellschaft, die, wenn sie im Augenblick auch noch so großartig und gesichert dasteht, nicht im nächsten Jahre mit Glanz zusammenbrechen könnte.

Der Tonfilm endlich hat eine solche Verwirrung angerichtet, daß heute unter den Filmherstellern keiner mehr aus und ein weiß. Was bisher der Tonfilm zeigte, war recht jämmerlich, aber es brachte, zum Teil wenigstens, eine Menge Geld. Die Folge ist, daß sich alles sogleich auf den Tonfilm stürzt; das ist ja ihre einzige Weisheit, dem Erfolge immer wieder nachzulaufen. Hat irgendein Kostümfilm Glück – gleich macht man in der ganzen Welt Kostümfilme; strömt der Mob zu einem solch trostlosen Film, wie „Ich hab mein Herz in Heidelberg verloren", gleich werden alle albernen Schlager in Filme umgesetzt, von „Ich küsse Ihre Hand, Madame", bis zu dem „Käse, der zum Bahnhof gerollt wird" und zu dem „Papagei, der keine harten Eier fressen will". Ein guter Schneeschuhfilm oder Zirkusfilm zieht gewiß ein Dutzend schlechter hinter sich, ein Darsteller oder Spielleiter, der irgendwo Erfolg hatte, wird sogleich von der gesamten „Branche" umworben und dann meist vor Aufgaben gestellt, die ihm durchaus nicht liegen.

In einem aber sind die Herren des Films stets fest: in ihrer Abneigung gegen alles, was Kunst heißt. Zwar führen sie dieses Wort stets im Munde, reden sich selbst und jedem, der's hören will, vor, daß gerade sie große und ganz große Kunst dem Volke vermitteln – so sehr, daß sie das oft genug selbst ganz ehrlich glauben. In Wirklichkeit aber ist ihnen jede wahre Kunst ein Greuel: sie glauben heiß, daß sie der sichere Tod jedes Geschäftes sei.

Und doch ist es durchaus möglich, auch im Film mit reiner Kunst klingende Erfolge zu erzielen. „Der Student von Prag", glaube ich, ist ein Beispiel dafür.

In sagengrauen Filmzeiten, im dreizehner Jahre, besuchte mich eines Tages ein Filmmensch, der den unerhörten Gedanken hatte, künstlerische Films herzustellen. Erich Zeiske hieß er; er war der Leiter der damals größten Herstellungsfirma, der „Deutschen Bioscope", aus der später die „Dekla-Bioscope" wurde, die sich dann mit der „Ufa" vereinigte. Um das gleich vorauszuschicken: dieser anständige, kluge und tüchtige Mann brachte es nicht weit; der Krieg riß ihn aus der Arbeit heraus und führte ihn durch Jahre ins Feld – als er zurückkam, fand er seinen Posten besetzt, seine Firma längst verschachert; er hat nie wieder recht Fuß fassen können. Schade um ihn, er hätte dem deutschen Film viel nützen können. Zeiske nahm mich mit hinaus in seine Ateliers nach Neubabelsberg, damals die besten der Welt. Ein paar kleine Regisseure drehten dort mit kleinen Schauspielern und Statisten Zehnminutenfilms, zu denen sie selbst die Texte schrieben, die an Kindlichkeit ihresgleichen suchten. (Es wäre ungerecht, wenn ich verschweigen wollte, daß einer von ihnen, Obal, weit über das Niveau hinausragte und seither manchen erfolgreichen Film inszenierte.) Der Betrieb da draußen war in ausgezeichneter Ordnung: zwei große Ateliers, eine Kopieranstalt, eine große orientalische Stadt im Aufbau, eine Schar fest engagierter Statisten, treffliche Kameraleute, darunter Guido Seeber und sein Schüler Karl Hasselmann. Kurz, es war alles da, was nötig war; nun sollte, zum ersten Male überhaupt, ein wenig Geist und Kunst in den Film gebracht werden.

Es wurde ein wirklich großzügiges Programm ausgearbeitet und, so gut es ging, auch gleich in die Wirklichkeit umgesetzt. Man bedenke, daß damals sich noch kein Dichter und kein Schauspieler von Rang für den Film hergab; man betrachtete das als tief unter seiner Würde. Dieses Eis wurde erst durch mich und Paul Wegener gebrochen; nach unserm Vorgang schlossen in kürzester Frist eine Menge erstklassiger Autoren und Spieler mit der „Bioscope" Verträge ab. Binnen wenigen Wochen standen mir zur Verfügung: Wegener, Moissi, Clewing, Biensfeldt, die Höflich, die Durieux, die Wiesenthals, ferner eine Reihe der ersten Kräfte des Kaiserlich-Russischen Balletts und des Moskauer Künstlertheaters. Zeiske erkrankte dann schwer und mußte für lange Monate fort; so kam es, daß ich von heute auf morgen den ganzen Betrieb übernahm und leitete.

Arbeit genug; aber ich darf sagen, daß diese Arbeit eine sehr erfreuliche war. Der Gedanke, der heute vom Herrn Film-Obergeneraldirektor bis zur letzten Schrubbfrau sich längst durchgesetzt hat, daß der Film nur dazu da sei, damit jeder, der seine Finger im Pudding hat, möglichst viel herausholen soll, dieser Gedanke war uns allen damals völlig fremd. Nirgends ein Gegeneinanderarbeiten; ganz von selbst bildete sich in den einzelnen Zweigen des großen Betriebes eine Art Führerschaft, die sich trefflich untereinander verstand und einander nach besten Kräften half: Paul Wegener, Guido Seeber und ich. Natürlich gab es täglich Meinungsverschiedenheiten, doch waren sie fast immer fruchtbar; wir lernten rasch, was da zu lernen war, und konnten bald beginnen, aufzubauen.

Selbstverständlich hatten wir Rückschläge im Anfang. Ein Film, den Obal (mit Theodor Loos) nach meiner Geschichte „J. H. Llewellyns Ende" drehte, wurde uns von der Zensur verboten, die damals genau so blöd war wie heute; mein erster Film, den ich mit Paul Wegener machte, mißfiel uns so gründlich, daß wir ihn vernichteten, als er eben fertig geworden war. Dann aber schifften wir mit vollen Segeln, wußten, was wir wollten, und arbeiteten nach Herzenslust. Wie sehr wir alle bis zum letzten Requisiteur voll Arbeitslust waren, mag folgende Tatsache erhellen. Ich hatte den ausgezeichneten Regisseur Stellan Rye, den wir inzwischen aufgegabelt hatten, nach dem Spreewald geschickt, um meinen Film „Ein moderner Sommernachtstraum" zu drehn. Die heiterphantastische Handlung verlangte Sonne, Sonne, Sonne – und es regnete in Strömen im Spreewalde. Stellan Rye saß, schwer unter Whisky, wie immer, mit seinen Schauspielern und Statisten da unten und lauerte auf Sonnenschein – wir lauerten auf den Film in Berlin. Schließlich kam er doch zurück mit dem fertigen Film, für den Guido Seeber und er die wenigen Sonnenstunden gut ausgenutzt hatten. Aber: er brachte daneben noch einen zweiten Film mit, „Der Ring des schwedischen Reiters", den er inzwischen im Spreewalde gerade für die Regenstimmung geschrieben und gedreht hatte. „Sonst hätten wir's da nicht ausgehalten!" meinte er. „Und außerdem hätte es auch zu viel Geld gekostet. So haben wir zwei Filme für *ein* Geld!"

Warum aus dem außergewöhnlich begabten Stellan Rye nichts wurde? Nun, er nahm im nächsten Jahre, als früherer dänischer Gardeoffizier das Kriegshandwerk gewohnt, als einfacher Soldat die Knarre über die Schulter, zog ins Feld und fiel bald darauf in Flandern.

Wir gingen ins Große mit unserer Arbeit – aber mit dem Gelde, das wir verbrauchten, hätte man heute auch nicht einen nur einigermaßen anständigen Film herstellen können. Die orientalische Stadt, die der treffliche Dietrich baute, wurde fertig; auch hatte ich mittlerweile, unter Leitung des Malers Max Tilke, des besten lebenden Kostümkenners, der dann später seine grundlegenden Werke bei Wasmuth herausgab, eine große Schneiderwerkstatt eingerichtet. Zu einem Film mit der Destinn benötigten wir ein paar Löwen; durch einen Zufall fanden wir einen Löwenbändiger mit zweiunddreißig prachtvollen Tieren, der „keinen

Anschluß" hatte. Er blieb monatelang, nur für das Kostgeld für sich und seine Löwen; jeder von uns, der Lust hatte, drehte zwischendurch einen kleinen Löwenfilm. Ich hatte den wilddressierten Tieren als Laufkäfig ein halbes Atelier eingeräumt; wir waren schließlich so an sie gewöhnt, daß ich mittags mich auf einem Haufen von Löwen ausstreckte, um ein Schläfchen zu machen. Doch hatten wir Schwierigkeiten, nachdem wir ihnen in einem Film Lyda Salmonowa, Paul Wegeners Frau, in Gestalt einer fleischgefüllten Puppe zum Fraße vorgeworfen hatten: von nun an durfte sich kein weibliches Wesen mehr den Gittern nähern; sie glaubten fest, daß das weibliche Geschlecht nur zum futtern da sei.

Als der „Student von Prag" 1926 zum zweiten Male gedreht wurde, kostete die Herstellung etwa 360 000 M. – das erste Mal hatten wir, dreizehn Jahre früher, ganze 20 000 M. ausgegeben. Dabei waren wir entsetzt über diese Summe, glaubten sie der Firma gegenüber kaum verantworten zu können und wurden erst ruhiger, als wir sahen, daß der Film über die ganze Welt verkauft wurde und ein großes Geschäft machte, trotz der „ungeheuren Kosten". Dieser Film war damals wirklich ein Ereignis – auf das wir uns nichts einbildeten und das auf uns selbst nicht den geringsten Eindruck machte –, er bot eine ganze Reihe von Dingen zum „ersten Male". So war es das erstemal, daß ein Dichter für den Film selbst schrieb und ein Kunstwerk für die Leinwand herstellte, das erstemal, daß ein Schauspieler ersten Ranges, eben Paul Wegener, seine Kunst dem Film zur Verfügung stellte. Es war das erstemal, daß ein Kameramann, Guido Seeber, den Gedanken in die Tat umsetzte, denselben Spieler auf demselben Bilde gegen sich spielen zu lassen, ein Trick, der dann Tausende von Malen nachgemacht wurde. Es geschah zum ersten Male, daß ein deutscher Film sich den Weltmarkt eroberte und mit einem Schlage die deutsche Filmindustrie zur führenden machte. Und es war auch das erstemal, daß zu einem Film eine eigene Musik komponiert wurde; ich betraute damit Professor Josef Weiß, der unter schwierigsten Umständen nicht, wie man's heute macht, zusammengesuchtes Zeug aneinanderflickte, sondern ehrliche und anständige Musik schrieb.

Natürlich war er ein Esel; er verdiente damit gerade soviel, daß er während der Arbeit davon leben konnte. Und Esel waren wir alle – denn wir machten's genau so; keinem von uns kam auch nur der Gedanke – der heute selbstverständlich ist –, sich beim Film nach bester Möglichkeit die Taschen zu füllen. Als wir zu den Aufnahmen nach Prag fuhren, hatten wir uns für die besondern Kosten natürlich Tagesgelder ausgemacht – keiner ließ sie sich auszahlen, sondern nur, was er wirklich ausgegeben hatte. Alles das, was heute beim Film die Hauptsache ist, war uns vollkommen gleichgültig – nur auf das eine kam es uns an, den Beweis zu erbringen, daß man auch beim Film gute und ehrliche Kunst zeigen und damit auch in den allerweitesten Schichten einen großen Erfolg erzielen könne.

Ich glaube, wir haben ihn erbracht.

Genutzt hat freilich diese Erkenntnis der Filmindustrie herzlich wenig. Nach wie vor und bis heute wurde immer, mit ganz geringen Ausnahmen, im besten Falle nur billigstes Mittelgut hergestellt. Billig – in bezug auf den künstlerischen Gehalt, gewiß nicht, was die Kosten betraf, die nicht hoch genug sein konnten. Gewiß hat Lubitsch – der sich übrigens auch bei mir in Neubabelsberg seine ersten Sporen verdiente – ein paar prächtige Filme geschaffen, inhaltlich aber hat selbst er es nie gewagt, sich an große Kunst heranzumachen. Wenn das, hier und da, doch geschah, so war es gewiß, daß dann auch der genialste Stoff durch die Filmproduzenten so lange „bearbeitet" wurde, bis die fadeste Wassersuppe daraus entstand.

Dreizehn Jahre nach dem ersten „Studenten" wurde er zum zweiten Male gedreht. Nicht etwa, daß sich die großen Filmfirmen darum rissen, im Gegenteil, keine wollte etwas davon wissen. Erst nachdem einige Kritiker, denen das Zeug, das sie täglich besprechen mußten, schon zum Halse heraus hing, immer wieder nach einer Neuverfilmung des „Studenten" geschrien hatten, kam eines Tages ein tüchtiger Agent, Nikolaus Deutsch, zu mir; er lief unermüdlich Monate lang treppauf treppab von einer Firma zur andern und wurde überall höhnisch abgewiesen, bis es ihm schließlich doch gelang, eine bis dahin kleine und wenig bekannte Firma, Sokalfilm, zu überreden. Der Film wurde von neuem gedreht; Herr Sokal ging mit Überzeugung daran und scheute sein Geld nicht. Statt Paul Wegener setzte er Konrad Veidt ein und neben ihn keinen geringeren als Werner Krauss. In manchem ist dieser zweite Film dem ersten weit überlegen, namentlich in allem dem, was man für Geld und Zeit haben kann. Leider verzichtete der Regisseur völlig auf die prächtigen Ausschnitte des alten Prag, die in dem ersten Film so wundervoll waren; dazu fällt eine an sich gut inszenierte und gespielte Kneipenszene – die einzige übrigens, die der Regisseur, Henrik Galeen, hinzugedichtet hat – völlig aus Stil und Rahmen. Auch fehlt die durchaus nötige Schlußszene, die das ganze erst künstlerisch abrundet: Scapinelli zerreißt den Vertrag über Balduins Leiche. Sie wurde gedreht – aber die beiden Spieler, des guten Weines allzu voll, verdarben sie gründlich; sie waren dann später nicht mehr zusammen „greifbar". Dennoch: auch dieser zweite Film ist ein starkes Kunstwerk und bewies zum zweiten Male, daß auch beim Film reine Kunst großen Erfolg haben kann.     [1930]

Lilian Harvey

# Max Brod

*„Ich war damals ein ziemlich einflußreicher junger Mann, denn ich kannte Max Brod",* schreibt Willy Haas über seine Schulzeit in Prag. *„Max Brod ging in die siebente Gymnasialklasse, als ich in die erste kam."* Zu den Pennälern jener Jahre gehörten auch Werfel und Kafka, Hans Janowitz, Otto Pick und Ernst Deutsch. Der Prager Kreis. Von der Zeile *„es werfelt und brodelt, es kafkat und kischt"* behauptet Brod, Egon Erwin Kisch habe sie in Umlauf gesetzt, um sich interessant zu machen.

Max Brod, am 27. Mai 1884 in Prag geboren, besuchte dort auch die Universität, schloß 1907 mit dem Dr.jur. ab, arbeitete zunächst im Staatsdienst, dann als freier Schriftsteller und Redakteur am *„Prager Tagblatt."* Lieferte 1913 einen Beitrag zum *„Kinobuch"* von Pinthus, in dessen Neuausgabe (1963) es von Brod heißt: *„Seit 1904 ungewöhnlich vielfältige und fruchtbare schriftstellerische Tätigkeit: Gedichte, Dramen, Musik, Essays, Biographie, Übersetzungen, Religionsphilosophie, besonders Romane und Erzählungen."* Stets ist es die Fülle, die hervorgehoben wird: *„Die Atempausen seines Schaffens scheinen von verschwindend geringer Dauer"* (Manfred Georg). *„Max Brod hört (lyrisch und episch) ungern auf, wenn er einmal angefangen hat"* (Ulrich Rauscher). Was ist geblieben? Der Roman *„Tycho Brahes Weg zu Gott"* (1916)? Kafka betrachtete ihn als eines der persönlichsten Bücher seines Freundes, *„eine peinigend selbstquälerische Geschichte."*

Seit 1913 überzeugter Zionist, wanderte Max Brod 1939 nach Palästina aus, wo er in Tel Aviv als Dramaturg wirkte. Wenn er hebräisch vorzutragen hatte, schrieb er es sich phonetisch auf, natürlich von links nach rechts, so daß für die Zuhörer zwar die Laute stimmten, nicht aber die Kopfbewegungen. Nach dem Krieg autobiographische Veröffentlichungen: *„Ein streitbares Leben"* (1960), *„Der Prager Kreis"* (1966). Gestorben am 20. Dezember 1968 in Tel Aviv.

Wie sein Freund Kafka, dessen Nachlaß er herausgab, war Max Brod ein eifriger Kinogänger gewesen, was aus dem Buch *„Liebe im Film"* (mit Rudolf Thomas, 1930) nicht unbedingt hervorgeht. Wenig Erlebnis, statt dessen reichlich Anweisungen *(wie in so manchen Filmbüchern der Zeit). Über einen frühen Besuch im „Kinematographentheater" berichtete Brod 1909 in der „Neuen Rundschau"; seine Begleiter bei dem Pariser Kinoabend vom Sommer 1911 waren sein Bruder Otto und Franz Kafka gewesen.*

**Kinematographentheater**

Mitarbeiter der Firma *Pathé frères,* Paris, stelle ich mir so etwa vor: nach neuen kinematographischen Ideen ausstreifend durch die bekannt-schöne Umgebung von Paris kommen sie, beispielsweise, zu einer Sandgrube. Sofort ruft einer: Voilà! usf., auf französisch natürlich, zu deutsch ungefähr heißt es, daß seiner Ansicht nach hier die beste Gelegenheit für eine neue Aufnahme wäre, die man dann „Drama in den Goldminen Kaliforniens" nennen könnte. Und schnell werden die notwendigen Utensilien herbeigeschafft, wie breitkrämpige Hüte, Revolver, Seile für Goldlasten, Kurbeln, Patronengürtel, quer um die Brust zu schnallen, und los, man spielt schon unter Aufsicht des gigerlhaften Regisseurs Wildwestmanieren auf den Film ... Oder ein flaches Magazindach gibt diesen Romantischen Anregung zu maurischen Zitadellen, ein Sumpf zu Ritten durch die Wüste Gobi, ein vorbeifahrender Kulissenwagen zu allen Szenerien der Erde ... Und nicht als Tadel sage ich das, nein, es entzückt mich ja, daß gerade durch diese Edisonerfindung, die anfangs nur nüchtern kopiertes Leben sein wollte, so viel phantastisches Theater in die Welt gekommen ist ... Nun sitze ich manchen Abend vor der weißen Leinwand und, nachdem es mich schon beim Eintritt jedesmal belustigt hat, daß es hier eine Kassa, eine Garderobe, Musik, Programme, Saaldiener, Sitzreihen gibt, all dies pedantisch genau so wie in einem wirklichen Theater mit lebendigen Spielern, nach dieser, wie mir scheint, witzreichen Beobachtung macht mich das leise Sausen des Apparats siedend vor Erwarten. Ich habe die Liste studiert, ich weiß, welche Nummer „belehrend", welche „urkomisch", „sensationell" oder „rührende Szene aus dem wirklichen Leben" sein wird. Und bald verfinstert sich der Saal zu einer „Reise nach Australien". Ich sehe Straßen, Menschen, die vorbeigehen, sehr schnell trotz aller Behaglichkeit, manche bleiben stehn und unbeteiligt schaun sie unter ihren australischen Mützen her zu mir. Grüß dich Gott, Mensch, du siehst mich nicht, vielleicht bist du schon tot, einerlei, sei mir gegrüßt! Sodann erlebe ich eine Feuersbrunst, Alarm, die pflichtübertreue Löschmannschaft im Ansturm. Es kommt mir vor, als hätte ich denselben Brand auch auf einer Reise durch Chicago schon erlebt, aber vielleicht täuscht mich da mein kinematographisches Gedächtnis. Überdies bin ich nicht nach Australien gekommen, um nur Brände zu sehn; gleich werde ich durch zwei Schienen überrascht, die auf mich zugleiten, ich sitze nämlich in der Lokomotive eines Blitzzuges, ich erfreue mich an Bergen, Flüssen, Eingeborenen, an dem absoluten Nichts im Tunnel. Typen aus dem Innern des Landes; wie immer bei exotischen Aufnahmen fehlt der Raseur nicht, nicht der eingeseifte Schwarze, der Grimassen mitteleuropäischen Varietéstils schneidet. Schluß, überraschend, ach warum schon? Aber das folgende ist nicht schlechter. Die Wissenschaft hat ihr Recht bekommen, jetzt zappelt das Fröhliche an die Reihe und mit Adagiobegleitung eines Wiener Liedes die Tragik. Da sind die Zaubereien, geduldig kolorierte tausend Photographien, Verwandlungen der Blumen in Ballettmädchen, Brahminen mit langen Bärten, Übeltäter, denen der Kopf abfällt wie nichts, Schwebende, Reisende zum Mond, Gottheiten, der Teufel. Geschehnisse des Alltags wollen nicht fehlen. Falschmünzer werden entdeckt, Verbrecher nach langer Verfolgung gefangen genommen, arme Kinder gefoltert, Familienväter unschuldig verurteilt, gerettet im letzten Augenblick. Ich kenne das auftretende Personal schon ganz genau, genau den Knaben, der sich vor Lachen kaum halten kann, immer wenn er weinen soll. Dieser betrogene Gatte war gestern ein nicht zu rührender Bruder. So erfüllt sich die Gerechtigkeit, über die einzelne Tat hinweg. Dies bewundere ich; noch mehr aber, wie durch Gesten die kompliziertesten Voraussetzungen deutlich gemacht werden. Man sieht: „dich hasse ich" oder „warum hast du gestern meinem Onkel gesagt, daß ich um halb sechs Uhr noch zu Hause war?" oder „auch der Sohn dieses Mannes hat mich vor zwanzig Jahren bestohlen". Und nur das eine erscheint mir rätselhaft, da gewöhnliches Sprechen schon durch so starke Gesten dargestellt wird: wie man kinematographisch jemanden andeuten würde, der in einem fremden Lande gestikulierend sich verständlich macht oder der von Natur aus zu heftigen Gebärden neigt. Indes zu Nachdenken ist nicht die Zeit. Denn die zweite Abteilung überschüttet mich schon mit Bildern „zum Kranklachen", wie das Programm sie nennt, mit betrunkenen Briefträgern, Naturmenschen, Galanen, die in einen Kasten sich verstecken und dann die o! so lange, so zum Kranklachen lange Reise im Speditionswagen, auf der Eisenbahn wippend mitmachen müssen. Matratzen werden lebendig, ein Klebestoff ist unübertrefflich, der Stiefel zu eng, Teller zerkrachen lautlos in Staub, Megären heulen, Witzbolde lachen. Und ganze Versammlungen von Menschen, die einander prügeln, ganze Kolonien von Leuten, die unter jeder Bedingung einen davonlaufenden Pintscher einfangen wollen... Die Lebendigkeit, mit der so viel geschieht, hat mich schließlich aus meiner halbschlafenden Daseinsart aufgeschüttelt. Nun auf dem Heimwege werde ich zum Erfinder, denke mir selbst neue Bilder für den Biographen aus: eine Verfolgung, in der einmal statt Automobil, Lokomotive oder Dräsine zwei Schiffe miteinander Wettlauf machen, ein Kreuzer und ein Piratenschiff, über die weite Meeresfläche hin verringert sich immer mehr im wütendsten Schießen ihr Abstand . . . Das wäre allerdings ein teurer Film. Um so billiger der zweite, darstellend einen Dichter in einsamer Kammer, der über die Schwierigkeiten eindringlicher, doch rückhaltender Darstellung in verzweifelte Wut gerät. [1909]

**Kinematograph in Paris**

Gerade an dem Abend, den wir nach so vielen nächtlichen Mühseligkeiten zum Rastabend bestimmt hatten, zu einem bescheidenen Nachtmahl zwischen Hotelwänden und Früh-zu-Bette-Geh'n, gerieten wir auf dem Boulevard an ein mit Glühlämpchen besetztes Portal und einen nicht eben eifrigen Ausrufer, dessen Mützenaufschrift uns aber magischer anzog als alle seine Worte es gekonnt hätten: Omnia Pathé . . . Hier also standen wir an der Quelle so vieler unserer Vergnügungen, wieder einmal im Zentrum eines Betriebes, dessen Ausstrahlungen so heftig die ganze Welt überleuchten, daß man beinahe an das Vorhandensein eines Zentrums nicht mehr glauben will: ein Gefühl übrigens, das für unsere Pariser Stimmung typisch war; denn mit überraschender Gewalt bestürmen hier gewaltige Zentralfirmen (wie Pneu Michelin, Doucet, Roger Gallet, Clément Bayard u.a.) das Herz des Neulings. Wir verzichteten auf den Rastabend wieder einmal (verdammte Stadt!) und gingen hinein.

Einem verdunkelten Saal kann es nur schwer gelingen, sich von anderen verdunkelten Sälen zu unterscheiden. Uns aber, die wir immer fest entschlossen sind, in allem Pariserischen etwas Besonderes und etwas Besseres als anderswo zu finden, fällt schnell die Geräumigkeit auf – nein, das ist noch nichts – dann, daß die Leute durch eine dunkle Türe im Hintergrunde verschwinden und daß ein kühler Luftzug diese stetige Bewegung des Publikums zu regulieren scheint – nein, so ist es ja auch bei uns, ununterbrochene Vorstellungen, eine Eingangs- und eine Ausgangstüre – jetzt aber fassen wir schon festeren Fuß: Diese Freiheit der Leute, sich überallhin stellen zu dürfen, wo eben Platz ist, auch in den Gang zwischen den Bankreihen, auch auf die Stiege, die im Hintergrund zum Apparat hinaufführt, ja auch neben den Apparat, ist entschieden etwas Republikanisches, das würde eine andere als die Pariser Polizei nicht billigen. Ebenso republikanisch ist freilich die Freiheit der zahlreichen Säulen im Saal, den Zuschauern die Aussicht beliebig verstellen zu dürfen . . .

Ein Mädchen in der Uniform eines Operettenmilitärs, auf der Mütze die diesmal übeldeutige Inschrift „Omnia", geleitet uns auf unsere Sitze, verkauft uns ein (nach gut Pariser Sitte ungenaues) Programm. Und schon sind wir von der blendend weißen zitternden Bildfläche vor uns verzaubert. Wir stoßen einander an. „Du, es wird hier besser gespielt als bei uns". Natürlich, in Paris muß ja alles besser sein. Obwohl offenbar hier genau dieselben Films wie bei uns abgewickelt werden, nur vielleicht als Premièren hier: es wird ebenso offenbar besser gespielt. Sollte sich auch ein Film bei der Première, vor den Rezensenten, besonders zusammennehmen? Zuerst behaupten wir es, dann glauben wir es, mit jener ironischen und doch so wahrhaftigen Bewunderung, die wir für Paris hegen. Unser Glauben ist nämlich von einem Nichtglauben kaum zu unterscheiden und doch grundverschieden; plötzlich seh'n wir überrascht, daß sogar etwas Wahres an unserer Bemerkung war . . . Der Film spielt wirklich besser, er wird nämlich rascher abgerollt. Und nun begreifen wir den romanischen Schwung dieser ganzen Vorführung, ihren edlen Stil, der sie mit so richtiger Erkenntnis von jedem Naturalismus distanziert. Alles überstürzt sich, alles amüsiert, jeder Schauspieler hat Nerven und Muskeln für drei. Hier ist der wahre Kinema-Stil gefunden, da haben wir also doch etwas Neues gelernt. Das Tempo, das bei uns nur vorsichtig akzeleriert wird, ist hier absichtlich zur erdfernen Raserei gesteigert. Eine Expedition englischer Damen, die phlegmatisch zu einem Trip über die Seen Neuseelands aufbricht, stürmt hier außer sich wie der Chor eines großen Opernfinales in den Vordergrund, dabei alle lachend, fast unbeteiligt, noch am schnellsten Abspielen ihrer Bewegungen sieht man die Behaglichkeit, mit der diese Bewegungen in Wahrheit ausgeführt wurden, hier aber braut der Kinematograph aus Lässigkeit und Leidenschaft eine ganz neue Mischung zusammen, etwas marionettenhaft Erstarrtes in jeder Zuckung, die Gesichter vergrößern sich zum Erschrecken, werden rissig und, wenn sie in das kurze Dunkel vor dem nächsten Bilde endlich zergangen sind, behält man sie noch lange wie Mienen erzürnter Sibyllen im Gedächtnis, ja man sieht sie, den Kreisen hinter einem Stein im Wasser ähnlich, gespensterhaft zart über die nächste helle Begebenheit hin sich immer noch erweitern. . . Und all das entstanden aus den armseligen Wangen einer faden Miß!

O, wir Provinzkenner des Kinematographen, wir fanden hier genug zu bestaunen. Die Erhitzung und Aufstachelung der Bilder schlägt zu schönen Leistungen empor. Da sah'n wir die „Islandfischer" nicht nur unter Begleitung der auch bei uns üblichen Lärminstrumente im rauschenden Meer ihr Geschäft betreiben, wir sah'n auch dieses Meer von einem ganz übertriebenen, unwahren und daher so schönen Sturm ergriffen, und erst bei näherem Hinblicken wurde die Maschinerie klar: Der ganze Film nämlich wogte, besser gesagt: wackelte, und nur, wenn man nebst dem armen Schiffe auch die unverrückbare Horizontlinie auf- und abschlingern sah, konnte man einigermaßen über das Los dieser unglücklichen Seeleute beruhigt sein. Zum Schluß kam als Höhepunkt dieser Fischerbilder – o, kein Bild mehr, etwas viel Anschaulicheres, Höheres– Literatur! Ein einfacher Zettel, geschrieben in der bekannten Schrift des Leibkalligraphen der Firma Pathé, meldete ganz einfach: „Und so setzen tagaus tagein die Islandfischer ihr gefährliches Handwerk fort, unbekümmert um usw." O, ein paar sehr gute Zeilen, die mein Schriftstellerherz höher schlagen machten, denn endlich sehe ich der Sprache, meinem Liebling, den bloßen Worten, offensichtlich den Oberrang über Photographien und alle modernen Techniken zuerkannt. O, ihr guten Leute, habt ihr es endlich eingeseh'n, was mir seit jeher die Brust bewegt! Die Sprache, die Dichtung, das ist mehr als alles, das krönt und übertrifft in seiner himmlischen Wirkung diese doch so effektvolle Bilderserie, das wird mit Recht als stärkste Macht an den Schluß gestellt. Literatur, o so fern der Heimat, so weit von Deutschland weg mußte dein Jünger kommen, um dich endlich den gebührenden Platz einnehmen zu seh'n; o, wenn auch weit vom Vaterlande entfernt, es tut wohl, ja es tut wohl . . .

Wir sahn, ja wir sahn sehr viel – nach Analogie der *Comédie,* die acht Akte fast ohne Zwischenpausen auf die Bretter stellt. Wir sahn den Arzt das arme kranke Kind besuchen und sich in der Türe nochmals melodramatisch, mit deutlich bemitleidender Miene umdrehn. Wir sahn die Güte irgendeines englischen Königs, handkoloriert, zwischen Theaterrüstungen und einer Ruine (die man aus einem abgebrannten Vorstadthäuschen hergestellt hatte) sich ausleben. Wir sahn die Bilder, die man in wenigen Wochen überall sehn wird. Aber auch manches, was vielleicht seinen Weg in die Welt nicht machen wird. So eine Vorführung aus dem „Wunderreiche der Elektrizität", die sich aber im Wesentlichen auf die Hollundermarkkügelchen- und Glasstangenversuche des Untergymnasiums beschränkte. Es erfüllte mich mit Staunen, mit welcher Spannung die Leute Dinge kinematographiert verfolgten, die sie genau so schön in Wirklichkeit auf jedem Katheder sehn können. Sollte ich hier, ganz zufällig, an eine Urquelle künstlerischer Freude geraten sein? Tatsache ist: der Film wirkte.

Zum Schluß, nach den üblichen Revolverschüssen, Verfolgungen, Boxkämpfen, kam das Aktuelle. Natürlich fehlte sie nicht, die man jetzt auf allen Reklamen, Bonbonnièren, Ansichtskarten in Paris sieht: Mona Lisa. Das Bild begann mit der Vorführung des Herrn Croumolle (jeder weiß, daß es „Homolle" bedeutet und keiner protestiert gegen die Gassenbüberei, mit der man dem greisen Delphiforscher zu Leibe rückt). Croumolle liegt nämlich im Bett, die Zipfelmütze über den Ohren, und wird durch ein Telegramm aufgeschreckt: „Die Gioconda gestohlen". Croumolle kleidet sich, bitte der Delphiforscher – aber ich protestiere nicht, ich habe ja so gelacht – kleidet sich mit clownartiger Behendigkeit an, steckt bald beide Beine in ein Hosenrohr, bald einen Fuß in zwei Strümpfe. Zum Schluß rennt er mit nachschleifenden Hosenträgern über die Gasse, alle Passanten dreh'n sich nach ihm um, selbst ferne in dem von Pathé offenbar nicht bezahlten Hintergrund. . . Es ist eine Sehnsucht, die seit Aufkommen des Kinema mit der Heftigkeit meiner ehemaligen Kinderwünsche in mir lebt: ich möchte einmal zufällig in eine Straße einbiegen, wo so eine gestellte Kinematographenszene gerade vor sich geht. Was könnte man da improvisieren! Und jedenfalls welch ein Anblick!... Doch weiter. Die Geschichte spielt im Louvresaal, alles trefflich imitiert, die Gemälde und in der Mitte die drei Nägel, an denen die Mona Lisa hing. Entsetzen; Herbeirufen eines komischen Detektivs; ein Schuhknopf Croumolles als falsche Fährte; der Detektiv als Schuhputzer; Jagd durch die Pariser Kaffeehäuser; Passanten gezwungen, sich die Schuhe putzen zu lassen; Verhaftung des unglücklichen Croumolle, denn der am Tatort gefundene Knopf paßt natürlich zu seinen Schuhknöpfen. Und nun die Schlußpointe: während alles durch die Louvresäle läuft und sensationell tut, schleicht der Dieb herein, die Mona Lisa unterm Arm, hängt sie wieder an ihren Platz und nimmt dafür die Prinzessin von Velasquez mit. Niemand bemerkt ihn. Plötzlich sieht einer die Mona Lisa, allgemeines Erstaunen, und ein Zettel in der Ecke des wiedergefundenen Bildes besagt: „Pardon, ich bin kurzsichtig. Ich wollte eigentlich das Bild daneben haben" ... Croumolle wird, der Arme, freigelassen.

Dann noch das „Journal Pathé". Und damit auch alles recht wie eine Zeitung ausschaut, wird zuerst der Titelkopf und „Dritter Jahrgang" ernsthaft projiziert. Wir sehn französische Teuerungsmanifestationen, die wie von Pathé arrangiert ausschauen, alles lacht ins Publikum her. Ein andermal ist der Apparat auf einem Kriegsschiff des Toulaner Manövers aufgestellt und die Matrosen in Paradestellung werfen neugierige Seitenblicke auf den Photographen, ihre Aufmerksamkeit ist geteilt. Peinlich wirkt auch die kurze Aufnahme König Peters von Serbien, plaudernd im Kreise seiner Minister, des „Potentaten, der demnächst unser Gast sein wird". Der Patriotismus geht nicht leer aus: außer den Manövern sieht man das Begräbnis eines Tapfern in Marokko, die neue Uniform *couleur reseda,* an verlegenen Leutnants demonstriert, Triumphe der französischen Aviatik und, tot nach diesen lebhaften Bildern, das Schlachtfeld von Sedan auf dunkelbraunen Photographien, ohne Bewegung, so daß schon dieser Gegensatz von Photographie und Kinematograph alle Herzen traurig rühren muß. Doch werden wir nicht zu ernst, zwischen die zerschmetternden Erinnerungen sind die neuesten Hutmoden eingeschoben. Zur Abwechslung: Kaiser Wilhelm, pomphaft einreitend in Stettin – und bei diesem Bilde wurde mir klar, daß der Pomp aller europäischen Höfe dem französischen sehr klug nachgebildet ist, ohne innere Herzensnötigung, während Paris aus sich selbst heraus und mit kindlichem Vergnügen pompös ist, daß also die andern Nationen den Franzosen dieses Prachtzeremoniell nur deshalb nachmachen, um nicht gar zu sehr von den Franzosen verachtet zu werden, wie eben ausländische Barbaren von Franzosen verachtet werden müssen.

Mit diesem Gefühl kehrte ich auf die Boulevards zurück und am nächsten Tag, in Versailles, verstärkte es sich beinahe schmerzhaft... [1912]

# Alfred Döblin

*Nach der „Ermordung einer Butterblume" (Erzählungen, 1913), nach dem Roman „Die drei Sprünge des Wang-lun" (1915), entstanden in den leeren Wartezeiten, die dem jungen Dr. med. seine Praxis im Berliner Osten anfänglich ließ, nach dem Zukunftsroman „Berge, Meere und Giganten" (1924) hätte man einen filmisch zurechtgemachten Roman wie „Berlin Alexanderplatz" (1929) von Alfred Döblin (1878–1957) zu allerletzt erwartet. Es ist sein Hauptwerk geblieben, man mag sagen, was man will. Die im Exil entstandene „Amazonas"-Trilogie (1937/38, 1947/48) und die mehrbändige Romanchronik „November 1918" (1939–1950) wurden seinerzeit und nach dem Krieg wenig gelesen. „Der Ruhm des Ungelesenen wirkt problematisch, paradox" (Hans A. Wyss).*

*Das Kino sah Döblin mit dem klinischen Blick, mit dem er alles, auch sein eigenes Schaffen, durchschaute („Die Welt ist nicht zum Begucken da"). Als er 1909 in der Zeitschrift „Das Theater" darüber schrieb, nannte er es „Das Theater der kleinen Leute" – eine Redensart, „die dadurch nicht richtiger wurde, daß man sie häufig zu hören bekam" (Rudolf Leonhard). Später (1922) legte Döblin Wert auf die Feststellung, der Film sei „ein Zufallsprodukt der gegenwärtigen Technik", das „nicht gleich auf ‚Kunst' drängen" sollte. Kinoverächter war er deswegen nicht. Den Romanautoren empfahl er das Kino (1913!) sogar als Vorbild: „Die Darstellung erfordert bei der ungeheuren Menge des Geformten einen Kinostil. In höchster Gedrängtheit und Präzision hat ‚die Fülle der Gesichte' vorbeizuziehen ... Rapide Abläufe, Durcheinander in bloßen Stichworten ... Das Ganze darf nicht erscheinen wie gesprochen, sondern wie vorhanden."*

## Das Theater der kleinen Leute

Der kleine Mann, die kleine Frau kennen keine Literatur, keine Entwicklung, keine Richtung. Sie pendeln abends durch die Straßen, stehen schwatzend unter den Eisenbahnbrücken, sehen sich einen gestürzten Gaul an; sie wollen gerührt, erregt, entsetzt sein; mit Gelächter losplatzen. Der stärkste Toback steht bereit. Es handelt sich um die Erreichung von Folterkammern, Seetieren, eventuell um Beteiligung an Revolutionen.

Gegeben sind die Anatomietheater, Panoptika, Kinematographen. Sie pflegen das höchst Verwunderliche und durchaus Gräßliche. Die Güte der Darbietung steht in direkter Proportion zur Stärke der erzielten Gänsehaut. Der Besucher eines Panoptikums ist beim Eintritt im Zweifel, ob er erst einer grimassierenden kaiserlichen Familie seine Reverenz erweisen oder die Daumenschraube besichtigen soll, taumelt zwischen Ehrfurcht und Entsetzen. Da sieht er eine „Mundbirne": „dieselbe wurde dem Delinquenten in den Mund gesteckt und dann auseinandergeschraubt; sie öffnete sich nach vier Seiten und dehnte den Mund so stark auseinander, daß die Unglücklichen nur winselnde Töne hervorzubringen imstande waren und denselben oft die Mundhöhlen zersprengt wurden". Der Fremdling staunt einen schlottrigen Fürsten Bismarck an, eine Riesenkartoffel; nimmt den aufgeschnittenen Leib eines weiblichen Störs zur Kenntnis, welcher Kaviar, die beliebte Delikatesse, produziert; sieht eine geistig umnachtete Mutter ihr eigenes Kind unter Nr. 486 in einem Kessel sieden. Halbtot schleppt er sich vor einen Poenitenzkäfig aus der Gegend von Eisleben; wie ein Schlag trifft den Entsetzten noch am Schluß der Anblick der Württembergischen Stiefel; der Höhergebildete ist nämlich an den Füßen sehr empfindlich.

Der Situation ist er nicht gewachsen; schwer geht es ihm ein, daß diese Institute ein wechselndes Bild der fortschreitenden Kultur geben; und er trinkt ein Glas Bier zu zivilen Preisen.

Nunmehr schwärmt er in die Kientopps. Im Norden, Süden, Osten, Westen der Stadt liegen sie; in verräucherten Stuben, Ställen, unbrauchbaren Läden; in großen Sälen, weiten Theatern. Die feinsten geben die Möglichkeiten dieser Photographentechnik zu genießen, die fabelhafte Naturtreue, optischen Täuschungen, dazu kleine Spaßdramen, Romane von Manzoni: sehr delikat. Oh diese Technik ist sehr entwicklungsfähig, fast reif zur Kunst. – In den mittleren Theatern leuchtet schon der „Brand Roms", hetzen schon Verfolger Menschenwild über Dächer, Straßen, Bäume.

Erst die kaschemmenartigen im Norden haben aber ihr besonderes Genre, sind weit über dem Niveau des bloß Künstlerischen. Grelle Lampen locken über die Straße; in ihrem Licht sieht man meterhohe bunte Plakate vor der Türe hängen, eine Riesenorgel tobt: „Eine Mordtat ist geschehen." Den Korridor zum Saale füllen ausgestopfte Untiere hinter Glas, Vergnügungsautomaten. – Drin in dem stockdunklen, niedrigen Raum glänzt ein mannshohes Leinewandviereck über ein Monstrum von Publikum, über eine Masse, welche dieses weiße Auge mit seinem stieren Blick zusammenbannt. In den Ecken drücken sich Pärchen und lassen entrückt mit den unzüchtigen Fingern von einander. Phthisische Kinder atmen flach und schütteln sich leise in ihrem Abendfieber;

den übelriechenden Arbeitern treten die Augen fast aus den Höhlen; die Frauen mit den muffigen Kleidern, die bemalten Straßendirnen beugen sich vornüber und vergessen ihr Kopftuch hochzuziehen. *Panem et circenses* sieht man erfüllt: Das Vergnügen notwendig wie Brot; der Stierkampf ein Volksbedürfnis. Einfach wie die reflexartige Lust ist der auslösende Reiz: Kriminalaffären mit einem Dutzend Leichen, grauenvolle Verbrecherjagden drängen einander; dann faustdicke Sentimentalitäten: der blinde sterbende Bettler und der Hund, der auf seinem Grabe verreckt; ein Stück mit dem Titel: „Achtet die Armen" oder die „Krabbenfängerin"; Kriegsschiffe; beim Anblick des Kaisers und der Armee kein Patriotismus; ein gehässiges Staunen.

Deutlich erhellt: der Kientopp ein vorzügliches Mittel gegen den Alkoholismus, schärfste Konkurrenz der Sechserdestillen; man achte, ob die Lebercirrhose und die Geburten epileptischer Kinder nicht in den nächsten zehn Jahren zurückgehen. Man nehme dem Volk und der Jugend nicht die Schundliteratur noch den Kientopp; sie brauchen die sehr blutige Kost ohne die breite Mehlpampe der volkstümlichen Literatur und die wässerigen Aufgüsse der Moral.

Der Höhergebildete aber verläßt das Lokal, vor allem froh, daß das Kinema – schweigt. [1909]

Max Linder

# Ferdinand Hardekopf

„Der sympathische, stets höfliche, zurückhaltende, sehr gepflegte Hardekopf wurde im Berliner Café des Westens besonders von der Jugend leidenschaftlich verehrt" (Paul Raabe). Geboren am 15. Dezember 1876 in Varel (Oldenburg), war Hardekopf 1900 nach Berlin gekommen, wo er sich bis 1916 als Reichstagsstenograph über Wasser hielt. Er gehörte schließlich zum Kreis um Pfemferts „Aktion", ohne selber Aktivist zu sein; „Aeternismus" hieß der gemeinsame Nenner. Hardekopf hatte das betont antibürgerliche Manifest aufgesetzt. Den Abscheu der Expressionisten vor der „Kinopest", wie er in der „Aktion" zu Wort kam, teilte er nicht; im Gegenteil, von seinen häufigen Pariser Aufenthalten hatte er eine Vorliebe für den cinéma mitgebracht; so hießen die Kinos dann auch in der deutschen Schweiz, wohin Hardekopf 1916 übersiedelte. Abgesehen von einem nochmaligen Aufenthalt in Berlin 1921/22 lebte er fortan in der Schweiz und in Frankreich. Er starb am 24. März 1954 in Zürich unter betrüblichen Umständen.

Ein Band von etwas mehr als hundert Seiten faßt Hardekopfs „Gesammelte Dichtungen" (Zürich 1963), herausgegeben von Emmy Moor-Wittenbach: „Der Abend / Ein kleines Gespräch" (1913); „Lesestücke" (1916), Gedichte und kleine Prosa, die ursprünglich in der „Aktion" gestanden hatten; „Privatgedichte" (1921). Allerdings ist ihm in Frankreich während des Krieges das Manuskript eines großangelegten Werkes über die „Dekadenz der deutschen Sprache" abhanden gekommen. Außerdem schrieb er für viele Zeitschriften und Zeitungen, so für das „Pariser Tageblatt", die „Neue Zürcher Zeitung", die Basler „National-Zeitung", und übersetzte aus dem Französischen, darunter so schwierige Autoren wie C.-F. Ramuz. Übersetzungsproben nebst kurzen Einführungen erschienen jeweils in Max Rychners Monatsschrift „Wissen und Leben" (Neue Schweizer Rundschau), ebenso ein längeres Gedicht „in didaktischen Stanzen" über Zacharias Werner.

*„Alle liebliche Erfahrung*
*In ein dichtes Wort zu pressen*
*Und der wildesten Gebarung*
*Knappste Kleidung anzumessen . . ."*
das war es, was Ferdinand Hardekopf vorschwebte. Kurt Hiller nannte ihn einmal „den Verfasser der kondensiertesten deutschen Prosa, den Michelangelo des ‚kleinen Formats' . . . Seid ermahnt, in alten Nummern lebender und verschollener Zeitschriften zu kramen, nach Opalen dieses Erlauchten." Nun, das ist geschehen; was dabei zum Vorschein kam, ist ein kostbarer Erlebnisbericht aus Paris, den Hardekopf 1910 unter seinem Decknamen Stefan Wronski in der Zeitschrift „Nord und Süd" veröffentlichte.

**Der Kinematograph**

Die Berliner haben ihn als „Kientopp" ihrem Herzen näher gebracht. Ich kann mich zu diesem Worte nicht entschließen und bitte, die französische Bezeichnung: *„cinéma",* die knapp und gut ist, übernehmen zu dürfen.

Man schilt den *cinéma* trivial und blutdürstig; er verflache das Volk, wie ein leichtsinniger Journalismus, und er mache es zu Verbrechern, wie die bunten Nick-Carter-Bücher. Ich glaube nicht daran. Denn der *cinéma* bietet nicht Alltäglichkeit oder Verbrechertum an sich (falls er diese Gebiete einmal abwandelt), sondern alles das in der Verzauberung der Kunst – immerhin noch einer Kunst. Man weiß, daß es zwei Arten kinematographischer Sujets gibt: ungewollte und gewollte (oder natürliche und präparierte, gefundne und erfundne – Leben und Arrangement, Rohstoff und Kunst). Bei der ersten Art spielt der *cinéma* nicht viel mehr als die Rolle des Berichterstatters, des Journalisten, eines sehr zuverlässigen Präzisionsreporters. Wie diese illustrierte Ergänzung der Tageszeitung da etwa über das heutige Automobilrennen, über den neuesten Aufstieg Wilbur Wrights, über die Monarchenbegegnung vom Vormittag berichtet, das bleibt durch die Disziplin und Bewußtheit der angewandten Technik, durch eine starre Zweckmäßigkeit, durch den kühlen Amerikanismus bewundernswert. Und wenn etliches manchem zu parteiisch, zu „konservativ" erscheinen sollte: nun, so stünde auch einem demokratischen, einem skeptischen *cinéma* nichts im Wege. Ich habe in Paris, auf einer Messe in der Gegend des Löwen von Belford, einen ausgesprochen sozialdemokratischen *cinéma* gesehn, der nicht ohne Geschick Parteipolitik trieb und, zum Beispiel in einer ulkigen Szenenfolge: *„La journée d'un nongréviste"* die Existenz des Streikbrechers dem Gelächter eines proletarischen Publikums preisgab. Diese tendenziösen Werte des *cinéma* könnten noch unendlich ausgedehnt und bereichert werden. Man denke an die Möglichkeiten etwa im Falle einer Reichstagswahl . . .

Damit sind wir bei der andern Sorte der Filmsujets: bei den arrangierten. Hier tritt das Moment der Kunst, der Verzauberung, weit mehr hervor. Es ist geistige Arbeit, die dem Publikum durch ein neues Reproduktionsverfahren übermittelt wird. Man sieht Erlebnisse, Schicksale, Glück und Unglück, Grotesken, Skizzen, Romane. Die optische Manier der Erzählung. – Eine optische Wirkungsart soll die des *cinéma* ausschließlich bleiben; und es erscheint mir als eine Entartung des *cinéma*-Gedankens, wenn die dargestellte Bewegung durch akzentuierte akustische Mittel (Gesang, gesprochnes Wort) erklärt wird. Diese Art von „Gesamtkunstwerk" ist aufdringlich-verständnismäßig und zwingt den Betrachter aus dem neuen phantastischen Land brüsk ins Tageslicht zurück. Natürlich darf sich die Klavierbegleitung der Stimmung der Szene anpassen –; auch ist es ganz hübsch, wenn man beim Zusammenkrachen eines hinpolternden Küchenschrankes das Geklirr von tausend zerbrechenden Porzellantellern vernimmt; oder wenn bei einer wilden Fahrt durch die Rocky Mountains das nervenpeitschende Stampfen der Pazifik-Lokomotive ertönt. Das sind akzidentelle Reize, gefühlsmäßige akustische Erregungen, die die Illusion nur steigern. Alles Weitere, was durchs Ohr ginge, wäre vom Übel; hier ist das Zauberreich des Auges, des Visuellen, der Visionen. Die kluge Firma *Pathé frères,* der sich übrigens im Verlauf alle übrigen angeschlossen haben, gibt deshalb auch alle diejenigen Handlungsteile, die nur vermöge des Wortes vermittelt werden können (Briefe, szenische Bemerkungen) nicht durch die Stimme eines Aufsehers, sondern durch das gedruckte oder geschriebne Lichtbild dem Publikum zur Kenntnis.

Das Charakteristikum der *cinéma*-Phantasien ist die Rapidität und die Konzentration der Handlung. Die Autoren dieses neuen Theaters sehn sich einem nervösen Visorium (ist das Wort, als Gegenstück zu „Auditorium", gestattet?) gegenüber, einem Publikum, das in gedrängten Minuten viel und vielerlei sehen will. Daraus ergibt sich die Notwendigkeit der Stilisierung. Die Personen, die vor der Linse des Aufnahmeapparates agieren, dürfen gemeinhin nur eine Eigenschaft haben – eben jene, die ihre Erlebnisse herbeiführt und verwirrt. Die *cinéma*-Menschen sind entweder nur verliebt oder nur trunksüchtig oder nur edelmütig – die „Totalität" ihres Wesens, wie Goethe gesagt hätte, sich entfalten zu sehn, dazu hat ihr Publikum keine Zeit. Befreit von allen Nebensächlichkeiten soll hier ein Schicksal sich in drei Minuten aus der Gleichgewichtslage ins Tragische (oder Tragikomische) wenden und irgendwie moralisch seinen Abschluß finden, seine Schlußformel. Ein bißchen (und, wie ich gestehe, noch nicht in höhern Sphären) wird hier zur Wirklichkeit, was jener Herzog bei Huysmans, dessen Urbild der Graf von Montesquiou war, als das Kunstbedürfnis seiner kranken Nerven ersehnte –: der auf wenig Sätze kondensierte Roman, der den Gehalt von vielen hundert Seiten in sich bergen sollte. (Ehrlicher: dieses bleibt eine Sehnsucht, die sich an den *cinéma* knüpfen ließe, ein Ideal, dem der Demokratismus der Entwicklung wohl immer entgegenstehn wird.) Diese Zusammendrängung ermöglicht äußerst prompte Wirkungen. In einem *Montmartre-cinéma* geschah, in rapider Entwicklung, folgendes: ein reiches Kind wird geraubt, von Zigeunern zum Räuber erzogen, muß bei den eignen Eltern einbrechen –, erkennt die Mutter wieder, fällt ihr zu Füßen, schießt den Brigantenhauptmann nieder. Als im Saale wieder Licht wurde, sah ich in den Augen meiner Begleiterin die hellen Tränen blinken; kaum verbarg ich die eignen. Zwei Minuten später, bei einer Ulkszene, krampften wir uns im Lachschauer. Wer täte es der Präzision solcher Reaktionserzeugung gleich? Wer hetzte uns so aus Kalt in Heiß, aus Erbauung in Wildheit, wie dieses eilfertigste Varieté? Elektrischer Wechselstrom; und, trotz allem, ein quellender Reichtum an Gesten in einer bewegungsarmen Zeit ...

Der *cinéma* ist moralisch. Nur wenn es sich um Liebesirrungen handelt, so gibt der französische und italienische *cinéma* auch der schuldigen Frau recht. Seine Sympathien stehn galant auf Seiten der sündigen Genießerin. Und im Duell siegt oft der Liebhaber über den legitimen Ehemann. Aber ich habe zum Beispiel eine Kinematographisierung von Zolas Roman: *„L'assomoir"* gesehn. Ein beredteres Plaidoyer gegen den Alkoholismus läßt sich nicht denken. Die Handlung war durch Mitglieder erster Pariser Bühnen dargestellt worden; und diese Bilder, in denen soziale Alltäglichkeiten mit solcher Gewalt auf eine grandiostypische Romantik zurückgehn, wirkten oft wie Zeichnungen von Steinlen. Kein Theater konnte aufregender sein; und nichts eine größere Lockung, sich dem Werke Zolas selbst zu nähern ... Und dann diese heroischen Bilder aus der napoleonischen Legende! Zwar wars ein eitler Kitsch-Mime, der den Dämon posiert hatte; aber diese Arbeiter und Kleinbürger von Clichy, die gewiß keine Bonapartisten waren, saßen mit verzückt klopfenden Pulsen da. Zum Schluß brauste das Meer gegen den einsamen Felsen von St. Helena; dem kleinen Mann im Mantel erschien eine himmlische Vision: auf hügeligem Terrain ein Reiterangriff seiner Garden. ... Er will seitwärts weitergehn; da versperrt ihm der rote englische Wachtposten mit vorgehaltnem Bajonett den Weg. Victor Hugo hatte geschrieben: „Ein englischer Korporal schrie ihm zu: halt!" Dies war die Illustration... In diesem Augenblick wären alle diese Progressisten und Syndikalisten für den Mann aus Ajaccio durchs Feuer gegangen ...

Also: man unterschätze nicht die Wirkungsmöglichkeiten dieser Säle. Hier erobert sich eine neue Form von Publizität ihr Terrain. Und anstatt den *cinéma* zu schelten, genieße man ihn lieber, naiv und empfänglich, als eine dem Leben nahe Verzauberung, auf die Einfluß zu gewinnen, der gute Geschmack alle Aussicht und alles Interesse hätte. [1910]

## Berthold Viertel

*Christopher Isherwood hat ihn in seinem Roman "Praterveilchen" (1945) in der Gestalt des Filmregisseurs Dr. Friedrich Bergmann gezeichnet: "Ich kannte das Gesicht. Es war das Gesicht Mitteleuropas . . . Der Kopf war großartig – wuchtig wie behauener Granit. Der Kopf eines römischen Kaisers, mit uralten dunklen Asiatenaugen, den dunklen, spöttischen Augen seines Sklaven, des Sklaven, der die Fabeln von Tieren und Menschen schrieb." Berthold Viertel (1885–1953) drehte damals, in den dreißiger Jahren, in England drei Filme; derjenige, für den Isherwood zusammen mit Margaret Kennedy das Drehbuch verfaßte, hieß "Kleine Freundin" (1934), nach Ernst Lothars Roman.*

*Zuvor hatte Berthold Viertel vier Stummfilme geschaffen: "Nora" (1923), "beinahe besser als das Drama" (Roland Schacht), "Die Perücke" (1925), "Die Abenteuer eines Zehnmarkscheines" (1926), "The One Woman Idea" (1929). Für F. W. Murnau hatte er außerdem (mit Marion Orth) das Drehbuch zu dem Film "Our Daily Bread" geschrieben, der unter dem zutreffenderen Titel "City Girl" herauskam; er handelt davon, wie ein Bauernsohn, der aus der Stadt eine Kellnerin als seine Frau nach Hause bringt, sich allmählich gegen seinen Vater durchsetzt, und nicht etwa, wie Salka Viertel in ihren Erinnerungen meint, vom "Niedergang einer amerikanischen Weizenfarm." "City Girl", als Stummfilm gedreht, kam mit zusätzlichen Sprechszenen heraus und hieß in Deutschland "Unser täglich Brot (Die Frau aus Chicago)", doch die stumme Fassung allein ist erhalten geblieben.*

*Berthold Viertel hat dann in Amerika noch sieben Tonfilme gedreht. Im übrigen war er vor allem als Spielleiter an zahlreichen Bühnen tätig, in Wien, Dresden, Berlin, Düsseldorf, London, New York, Zürich und zuletzt wieder in Wien. Zwischendurch schrieb er auch Verse:*

> *"Wenn der Tag zuende gebrannt ist,*
> *Ist es schwer nach Hause zu gehn,*
> *Wo viermal die starre Wand ist*
> *Und die leeren Stühle stehn."*

*"Eine Künstlerpersönlichkeit, die durch vielseitiges Wirken die theatralische, literarische und filmische Entwicklung des 20. Jahrhunderts mitbestimmt hat . . . ein Europäer, dessen Weltbürgertum nicht eine Folge des Exils ist", wie es 1948 in einem Interview hieß.*

*Seine Beschreibung eines Kinobesuchs im Jahre 1910 hat dokumentarischen Wert; einem zwei Jahre später entstandenen Artikel, „Das Kino", fehlt der Erlebnischarakter.*

## Im Kinematographentheater

Es sind schon wieder Wochen vergangen seither, und man darf diesen Augenblick als bereits gewesen bezeichnen, aber der begnadete Moment hatte eine solche Reinheit der Symbolik, eine solche anschauliche Kraft, daß die Phantasie nicht müde wird, seine wundersame Gegenwart immer wieder neu zu erzeugen. Jeder Mensch, der Erinnerungen zu haben versteht, wird es bestätigen, daß die grob materielle Fülle der Ereignisse, mit ihrem Nährgehalt an dräuender Lebendigkeit, meist nur allzu gespenstisch sich verflüchtigt. Während gewisse schattenspielartige Beobachtungen, die unser Dasein als abstrakt und schlechterdings sinnbildlich erscheinen lassen, sich mit sonderbarer Zähigkeit erhalten. Gewöhnlich hat die Perspektive den rein praktischen Wert der Orientierung. Man gebraucht sie, ohne sie zu bemerken. Aber manchmal wird die Perspektive zu einer Ironie des Auges. Man blinzelt und sieht ab, statt zuzusehen. Das kann übrigens skurril wirken und erhaben, erheiternd und erschütternd, komisch und grauenhaft, je nachdem. Die wichtigtuerische Geste der Menschlichkeit wird Marionette, das lebendige Herz empfindet sich selbst als einen blutlosen Doppelgänger. Aber gerade dieses Gespenst des Lebens erhält sich in der Seele, als wäre es des Lebens wesentlicher Sinn.

Die liebe Zeit, da der Deutsche Kaiser, unser großer Bundesgenosse, Wien symbolisch besuchte, ist nun auch vorbei. Vieles Gute geschah in diesen wenigen Tagen, vieles, das des ewigen Gedächtnisses wert wäre. Unser Rathaus, sonst nur der Ort der häßlichen Herzlosigkeiten kleinbürgerlicher Politik (und welch klägliche Szenen bot es in den Tagen Hrabas des Voreiligen), öffnete sich gastlich dem besseren, menschenwürdigeren Gefühl. Der Kellermeister stand in altdeutscher Tracht bereit und bot einen Ehrentrunk. Ein Huldigungsbild, in der keuschen Neuheit seines Wunders, ließ sich besichtigen. Herren wurden vorgestellt und einer symbolischen Plauderei gewürdigt. Schöne Worte der Verbrüderung, echt herzliche Worte der Liebe erklangen und wurden mitstenographiert. Der Photograph durfte. Man begab sich zu ihm in den Arkadenhof. Und nachmittags fünf Uhr wurde der Regierungsakt in die Jagdausstellung verlegt.

Und doch scheint mir dieses alles schon wieder vorbei. Nicht einmal die historische Gewißheit, daß der Parkring nicht mehr der alte Parkring ist, vermag die respektlose Zeit aufzuhalten. Bald werde ich vergessen haben, warum die Straße jetzt anders heißt. Aber jener Moment, da die beiden Monarchen im Kinematographentheater ... Sie sahen dort sich selber zu. Sie sahen ein getreues Abbild ihrer selbst, welches zu sprechen, zu grüßen oder zu lachen schien. Und das Publikum im Bilde applaudierte. Und das Publikum im Zuschauerraum applaudierte auch. Und die Monarchen im Bilde dankten. Und die wirklichen Monarchen dankten in der Wirklichkeit. Aber plötzlich riß ein Film, und es ward dunkel. – Bei dieser Stelle des Berichtes lief es mir kalt über den Rücken. Wie? ging dieser Riß auch durch die Wirklichen? Und mit Entsetzen fragte ich mich: ja, wer ist denn hier der Wirkliche?

Ich bringe es nicht mehr aus dem Bewußtsein, dieses furchtbare Doppelgängertum der Repräsentation. Der auserwählte Eine, der einfach dadurch, daß er geht und spricht und grüßt, und zwar möglichst typisch geht und spricht und grüßt, den Völkern ihre Existenz zur Evidenz bringen soll – doppelt?! Darf man die Gnade so frevelhaft vervielfältigen? Ist es nicht zuviel für einen Moment, zwei, nein vier Könige? Dort oben, im Bilde, erfüllt einer seine hohe Pflicht, und unten, im Zuschauerraum, sitzt derselbe einfach als Mensch, der sich am Konterfei seiner Würde menschlich ergötzt? Oder erfüllt er dadurch wieder nur seine Pflicht? Wo beginnt, wo endet die Repräsentation? Und das Volk, hier zweimal vorhanden, und darum zweimal glücklich, seinem eigenen Jubel zujubelnd, sein naives Volk-Sein im Spiegel begrüßend. Ist das nicht gefährlich? Könnte das Volk nicht erschrecken, als ob es sein eigenes Gespenst erblickte? Könnte es nicht irr werden an seiner instinktiven Funktion?

Ach nein, es jubelt. Wenn der Film reißt, wird er wiederhergestellt. Die Gefahr existiert nur in der Einbildung der Grübler und Tiftler, die ohnehin zum naiven Volkssein verdorben sind. Und auch sie müssen schließlich reumütigst eingestehen, daß die Gesten der Politik sich für den Kinematographen vortrefflich eignen. – Alles andere ist Spuk, der vor der Gnadensonne zerstiebt. [1910]

# Karl Hans Strobl

*Geboren 1877 in Iglau, Mähren; gestorben 1946 in Perchtoldsdorf bei Wien. Studierte in Prag (Dr. jur.), war zuerst Finanzkommissär in Brünn, gab dann in Leipzig den „Turmhahn" heraus, in dessen Nr. 2 (1914) sich Otto Ernst über die „Kinokatastrophe" auslassen durfte. Wirkte 1915–1918 als Kriegsberichterstatter und danach als freier Schriftsteller. Umfangreiches Gesamtwerk: mehr als siebzig Novellen und Romane.*

*Ursprünglich wurde er „ein Dichter des Grauens" genannt. Ähnlich wie nach ihm Hanns Heinz Ewers begann Strobl 1901 mit phantastisch-grotesken Spukgeschichten (ein Vetter seiner Großmutter war der letzte Scharfrichter von Iglau gewesen). Bekannt wurde er durch seine Prager Studentenromane, „Die Vaclavbude" (1902); „Der Schipkapass" (1908, neu aufgelegt 1932 unter dem Titel „Die Flamänder von Prag"). Später trat Strobl als Sudetendeutscher in zahlreichen zeitgeschichtlichen Romanen für den Reichsgedanken ein; 1934 wurde er wegen „staatsgefährlicher Betätigung" aus der Tschechoslowakei ausgewiesen. Schrieb viel zum eigenen Lebenslauf, von einer „Autobiographischen Skizze" (1914) über die „Verlorene Heimat" (1920) bis zu: „Die Weltgeschichte und das Igelhaus" (1944, 3 Bde).*

*Seine Novelle „Das Frauenhaus von Brescia" (1911) wurde 1920 verfilmt (Regie: Hubert Moest); sie behandelt einen historischen Vorfall aus dem 14. Jahrhundert: die Internierung einer gefangenen deutschen Kaiserin in einem italienischen Bordell, wobei ihre Hofdame Leib und Tugend für sie opfert. Warum man den Film um 400 m kürzen mußte, bevor er der Zensur vorgelegt werden konnte, und warum er dann 1923 im Widerrufverfahren doch noch verboten wurde, geht aus der Anmerkung in Lamprechts Stummfilm-Katalog leider nicht hervor.*

*Von Strobls Schreibweise hat man gesagt: „vielleicht allzu bildhaft in der Sprache, gar zu sehr das Gefühlsmäßige ins Schaubare übersetzt" (Kurt Münzer, 1914). Also wie gemacht zur Verfilmung. Weitere Stummfilme nach Werken von Karl Hans Strobl: die umstrittene Richard-Oswald-Produktion „Nachtgestalten" („Eleagabal Kuperus", 1920), „Die vier Ehen des Matthias*

Merenus" (1924), alle mit derselben Frau, und andere mehr. Der Unterhaltungsroman „Aber Innozenz" (1935) kam 1936 unter dem Titel „Der schüchterne Casanova" als Tonfilm heraus.

Karl Hans Strobls Aufsatz über den Kinematographen (1911) ist datiert aus Brünn, wo Strobl von 1901 bis 1913 nebenbei als Theaterkritiker tätig war; daher wohl die unbeteiligte Kennzeichnung des Kinos als Zeiterscheinung, der Ruf nach Reform.

**Der Kinematograph**

Die Welt wird immer raffinierter in ihrem Bestreben, Zeit zu ersparen. Das behagliche Schlendern sieht man nur noch in den stillen Straßen abseits gelegener Landstädtchen, es gehört schon fast ausschließlich zu Giebelhäusern und Fachwerkbauten. Das gemütliche Stehenbleiben auf der Straße hat im Bereich des Eisenbetons und der gigantischen Warenhäuser keine Stätte. Wenn es eine Statistik darüber gäbe, so würde sie uns belehren, wie sehr der Bedarf an Schlafröcken, Pantoffeln und langen Pfeifen, diesen Symbolen der Gemütlichkeit, zurückgegangen ist. Das sind Dinge, die bedeuten, daß man Zeit hat und sich Zeit lassen will. Wo aber die Straßen des Weltverkehrs laufen, wo sich die Wege der Milliarden kreuzen, wo Ware in Geld und Geld in Kraft umgesetzt wird, an diesen Knotenpunkten der menschlichen und wirtschaftlichen Beziehungen, da ist stete Bereitschaft notwendig. An Stelle der Beschaulichkeit, die darin besteht, daß man den Geist spazieren gehen läßt, weil man ihn nicht zur Hand haben muß, ist hier die stete Geistesgegenwart getreten.

In den Riesenstädten des zwanzigsten Jahrhunderts wirken wie in jedem natürlichen und künstlichen System Zentrifugal- und Zentripetalkraft gegeneinander. Der ungeheuren Ausdehnung dieser Anhäufung von Wohnstätten und Geschäftsstellen, den riesigen Entfernungen wird durch die Beschleunigung des Verkehrs begegnet. Aber auch für das Vergnügen hat man Beschleunigungen ersonnen. Da ist das Grammophon, das Fünfminutenkonzert des gehetzten Großstädters, und da ist vor allem der Kinematograph, das Theater im Galopptempo.

Wir haben nicht mehr die Zeit dazu, uns wie die Griechen bei Sonnenaufgang ins Theater zu setzen und bis Sonnenuntergang darin auszuharren. Man hat die dramatische Muse dahin gebracht, sich bis nach Schluß der Geschäftszeit zu gedulden. So aber muß sie sich auch mit dem Rest an geistiger Fähigkeit und Nervenkraft begnügen, der nach der aufreibenden Tätigkeit eines ganzen Tages übrigbleibt. Man weiß, wie schwer es ist, sich am Ende eines Arbeitstages etwa eine der endlosen Wagneropern anzuhören, die wie für ein Geschlecht von Riesen, von vollkommen Unerschöpften geschaffen scheinen. Die kleinen Formen drängen sich in den Vordergrund, das Lustspiel, die

Komödie für die literarisch noch nicht ganz Indifferenten, die Operette, die Revue, die dramatischen Belanglosigkeiten des Varietés für die große Masse.

Vor allem aber ist das Kinematographentheater das Automatenbüfett der Schaulust. Es gewährt die Möglichkeit, auch während des Tages, während einer Viertelstunde das Erholungsbedürfnis zu befriedigen. Es ist fast ununterbrochen im Gange. Man bedarf keines langen Wartens auf den Anfang, keines Drängens an den Kassen, man betritt es hastig und verläßt es zwanzig Minuten später und hat zwischen zwei Geschäftsgängen eine Anzahl von bunten, tollen Szenen in sich aufgenommen wie einen schwedischen Gabelbissen und ein Glas Bier bei Aschinger.

Der Kinematograph ist einer der vollkommensten Ausdrücke unsrer Zeit. Sein hastiges, fahriges Tempo entspricht der Nervosität unsres Lebens, das unruhige Flimmern, das Huschende seiner Szenen ist der äußerste Gegensatz taktfesten Schreitens, zuversichtlichen Beharrens. Man merkt vor diesen einherrasenden Bildern, daß die Gegenwart für die Idylle keine Organe hat. Die technischen Bedingungen des Kinematographen gestatten kein Verweilen, alle Vorgänge werden aufs Allerunerläßlichste zusammengedrängt, die Bewegungen der Menschen sind wie auf seltsame Weise verkürzt und ruckartig, so daß sich manchmal eine puppenhafte Ungelenkigkeit als geheimer Sinn aufdrängt. So erhält man nur Extrakte der Ereignisse, Stenogramme des Lebens, zurechtgemachte und -gestutzte Wirklichkeiten. Das amerikanische Prinzip: „Der ganze Ochs im Tiegel Fleischextrakt", das Peter Altenberg für die Literatur proklamiert hat, ist auch das Prinzip des Kinematographentheaters.

Und auch das stimmt ganz ungemein mit dem Geist unsrer Zeit überein, daß man dem Wort keine Rolle zuteil werden läßt.

Man wählt Vorgänge, die sich selbst erklären, Handlungen, die keinen Augenblick stillestehen, damit nirgends das Bedürfnis nach einem erläuternden Wort aufkomme. Von allen Kunstmitteln ist das des Wortes unsrer Zeit am gleichgültigsten. Die edelste aller Ausdrucksmöglichkeiten ist das Stiefkind unsrer Kultur. O, es gibt Wortkünstler, Artisten und Stilisten, feine Ziseleure, denen unendlich zarte, leuchtende, geschmeidige Gebilde gelingen, Dichter, die imstande sind, einen guten, förderlichen Gedanken zu verschweigen, wenn sie ihm nicht seine eigne, vollkommene Form finden können. Aber ihre Wirkung ist beschränkt auf die oberen Vierhundert des Intellektes. Die große Masse des Publikums weiß diese Feinheiten nicht zu schätzen, sie versteht sie einfach nicht, und wenn sprachliche Eigenart gar einen Zug ins Absonderliche zeigt, so lacht sie höchstens darüber. Die Verwilderung und Verwahrlosung des Wortes in jener Literatur, die den größeren Teil unsrer Leserwelt beherrscht, ist zuweilen erschreckend. Selbst in Büchern, denen große Erfolge beschieden sind und die einer ernsthaften Kritik standzuhalten scheinen, ist dieser Jammer zu Hause. Abgenutzte, schmierige

Wortfolgen, ungepflegte Satzkonstruktionen, schamlos prostituierte Beiwörter, vernachlässigte Vergleiche, die Ungeheuerlichkeiten des Geschäftsstiles. Die erste Bedingung für ein gutes Buch: ein gutes Deutsch, scheint nur hier und da einer zu kennen.

Der Kinematograph drückt diese Gleichgültigkeit unsres Publikums gegen das Wort unzweideutig aus. Lediglich auf das Stoffliche kommt es an, und in seiner Wahl offenbart sich, wie vortreffliche Psychologen die großen Firmen leiten, von denen unsre Kinematographentheater mit Films versorgt werden. Die Verzeichnisse ihrer Neuheiten geben uns eine vollkommene Seelenkunde der großen Masse. Der Zuschauer, auf den das Programm eingerichtet wird, ist ein eifriger Zeitungsleser mit ausgeprägtem Tatsacheninteresse, das manchmal, in seiner besten Form, zu einer echten Verehrung für die großen technischen und naturwissenschaftlichen Errungenschaften unsrer Zeit wird. Dieser Zuschauer hat Sinn für prunkvolle Aufzüge, Entfaltungen militärischen Glanzes, Begegnungen von Fürstlichkeiten, er läßt sich gern imponieren, aber er lacht auch ebenso gern, er liebt kleine Pikanterien, und schließlich verlangt es ihn auch nach der edlen Aufwallung gerührter Empfindungen.

So haben wir also im Programm des Kinematographen vor allem den Bericht über die Ereignisse der Woche, die flimmernde Vorführung des letzten Stapellaufes oder Schaufluges, des letzten Empfanges eines gekrönten Hauptes, Anlässe zu patriotischer Begeisterung, die Ergänzung der Zeitungsnachrichten, den Ersatz für alle, die nicht dabei gewesen sind. Wenn ein Grubenunglück stattgefunden hat, so bringt der Kinematograph wenigstens den Leichenzug der Opfer, bei einem Eisenbahnzusammenstoß zeigt er die ineinandergeschobenen, aufgebäumten Lokomotiven und das ratlose Getümmel an der Unfallstätte. Seltener sind die rein naturwissenschaftlichen Themen, die Reisebilder, die technischen Vorgänge in Industrie und Landwirtschaft, die, so sehr sie von innerem dramatischen Leben erfüllt sind, nichts von der Sensation des letzten Tages an sich haben. Dafür aber ist den lustigen Szenen ein um so größerer Raum gegeben. Diese Gruppe ist durch einen tragischen Zug ins Läppische gekennzeichnet, sie erneuert mit Glück die Komik der Friseurwitzblätter. Hier zeigt sich deutlich der Tiefstand des Sinnes für Humor. Diesen Bastarden des lendenlahmen Witzes mit der Langeweile antwortet nicht Lachen, sondern sein mißgestaltetes Zerrbild: das Gelächter. Am wohltuendsten berühren hier noch der Amerikanismus der Groteske, die ungeheuerlichen Übertreibungen, die Humore, die mit den Kriegsfarben bemalt sind. Jedenfalls steht deren gesunde Brutalität ästhetisch und ethisch haushoch über den abscheulichen Sentimentalitäten, die einen nicht geringen Bruchteil der Nummern im Kinematographen bilden. Diese rührseligen Geschichten von Kindesentführungen, von verlorenen Söhnen und Töchtern, von treuer Liebe und brennendem Haß, diese „Zehn Jahre später", diese melodramatischen, zumeist von Klaviergewinsel begleiteten Moralpredigten sind die äußersten Armseligkeiten der Programme. Aber, zwischen zwei lustige Szenen, zwischen den „Bauer beim Zahnarzt" und den „Ungeschickten Bräutigam" gestellt, befriedigen sie ein tiefgefühltes Bedürfnis der Volksseele. Erwähnen wir noch kurz die Ausstattungsstücke, die Ballettpantomimen mit den Serpentinentänzerinnen, die kinematographischen Indianergeschichten und Kriminalromane, und wir haben den psychologischen Aufriß der Masse vor uns.

Über alledem soll aber nicht vergessen werden, was in dieser Einrichtung an Neuem und Förderlichem steckt. Das Kinematographentheater könnte aus seiner Gleichgültigkeit gegen gut und böse leicht zu einem Instrument der Volkserziehung erhoben werden. Es ist eine durchaus demokratische Einrichtung und schon als solche ein wertvolles Gegengewicht gegen alle Kulturbestrebungen und Kunstbetätigungen, die als erste Bedingung den Smoking erfordern. Das Kinematographentheater stellt keine Toiletteansprüche. Es hat keine Logen„ränge". Der Arbeitsrock und die Straßentoilette sind durchaus zulässig. Es gibt in Deutschland nur eine gleich demokratische Institution – das Münchener Hofbräuhaus. Neue Kräfte wirken im Geflimmer des Kinematographen. Die erstaunliche Schnelligkeit der Berichterstattung, die Erweiterung des Gedankenhorizontes, die Erschließung neuer Gebiete der Technik. Es bedürfte nur der Ausscheidung aller Banalitäten, aller Schauerszenen, aller Sentimentalitäten, aller Befriedigungen des Lakaieninstinktes. Schon mit dieser negativen Arbeit wäre etwas geleistet. Wir haben in Deutschland Ausschüsse für die Auswahl guter Jugendschriften, für die Verbreitung guter und gesunder Volkslektüre. Wie wäre es, wenn sich jemand der Reform des Kinematographenprogrammes annähme? [1911]

Blanche Sweet, Kate Bruce in *„Judith of Bethulia"* (D. W. Griffith, 1913)

# Alfred Polgar

*Geboren 1873 in Wien als Alfred Polak. Wandte sich „nach einem etwas unklaren Bildungsgang" der Journalistik zu, trat mit 22 Jahren in die Redaktion der „Wiener Allgemeinen Zeitung" ein, war Feuilletonist und Theaterkritiker (von 1905 an auch für die „Schaubühne"), ab 1925 in Berlin, von wo er dann über Prag, Zürich und Paris nach Amerika emigrierte. Von Hollywood sagte er, es sei ein Paradies, über dessen Eingangstor die Worte stehen: „Ihr, die ihr hier eintretet, laßt alle Hoffnung fahren", womit er den Zwiespalt vieler Emigranten auf eine treffende Formel brachte. Nach seiner Rückkehr wirkte er wieder als Theaterkritiker, bis zu seinem Tod 1955 in Zürich.*

*Seine witzigen Randbemerkungen zum Zeitgeschehen (von 1925 bis 1953 in neun Bänden gesammelt) hat man als eine Art „Enzyklopädie des Zeitgeistes" bezeichnet, „menschlich, geistig, schriftstellerisch von erstem Rang" (Oscar Loerke). Sein Anliegen? „Den großen Worten dahinterkommen" (Ulrich Weinzierl) – ja, das auch. So war Polgar einer der wenigen, die an Chaplin nichts von Menschenfreundlichkeit erkennen konnten. Er brauchte überhaupt kein gesellschaftskritisches Alibi, um das Kino einer ernsthaften Betrachtung würdig zu befinden; schon 1911 kümmerte er sich darum. Entsprechend hat er dann die Verdrängung des Stummfilms bedauert. Auf eine Umfrage der „Neuen Zürcher Zeitung", „Welches halten Sie für den besten Film?", nannte er 1934 vier Titel, alles Stummfilme, und fügte hinzu: „Auch sonst bleibt aus dem goldenen Zeitalter des stummen Filmes noch vieles unvergeßlich, das ich leider vergessen habe."*

*„Das Drama im Kinematographen" (1911) ist eines der schönsten und aufschlußreichsten Zeugnisse der Frühzeit. Stefan Grossmann brachte es zuerst in der Zeitschrift der Wiener Freien Volksbühne, die er damals leitete, und dann 1927 nochmals als Herausgeber der Wochenschrift „Das Tage-Buch", wobei er einleitend bemerkte: „Die sechzehn Jahre haben dem Aufsatz nichts von seiner Schlagkraft genommen." Ganz scheint er der „Schlagkraft" Polgars allerdings nicht getraut zu haben: es fehlt die Beschreibung des Films „Die kleinen Vögel", so daß alles,*

*was Polgar daran anknüpft, in der Luft hängt; außerdem hat sich auch sonst einiges geändert („Romeo und Isolde", zum Beispiel, sind verschwunden).*

*„Klage um einen Abgeschiedenen" hieß ursprünglich „Zum Thema: Tonfilm" („Weltbühne" vom 30. Juli 1929); seine endgültige Form erhielt der Aufsatz erst in dem Sammelband „Bei dieser Gelegenheit" (1930), verkürzt um Stellen, wo Polgar ausfällig geworden war gegen den (anfangs noch unzulänglichen) Tonfilm, das heißt, auf den Charakter eines Nachrufs getrimmt.*

**Das Drama im Kinematographen**

Ich kann nicht umhin, den Kinematographen mit dem Leben zu vergleichen. (Es ist nicht originell, aber immerhin ein würdiger Anfang dieser Betrachtungen.) Nämlich: Da ist, im dunklen Saal, eine weiße Leinwand oder ein Stück eingerahmter, glatt getünchter Mauer. Und aus einer mystischen, unsichtbar regierten Lichtquelle quillt, unter bescheidenem Geräusch, eine Fülle von Lebendigkeit auf diese Leinwand. Graue Lebendigkeit oder kolorierte Lebendigkeit. Dinge und Menschen, Stadt und Land, Vergangenheit und Gegenwart und sogar Zukunft, Phantastereien und sogenannte Wirklichkeit, ungeheure Schicksale und ungeheure Lächerlichkeiten, Leidenschaften finsterster und hellster Sorte, Heldentaten und Schandtaten, die Mikroben im Wassertropfen und der sturmgepeitschte Ozean, die Eroberung Trojas und „Max empfängt seine Schwiegermutter". Kurz: die Welt! Oder das, was wir so nennen. Wenn es aber wieder hell im Saal, so sieht man, daß all dieses graue oder kolorierte Leben nicht die geringste Spur auf der Leinwand zurückgelassen hat. Rührend weiß, ganz und gar unberührt erscheint sie nach wie vor. . . . So spurlos, o Freunde, wischt unsere Existenz über die Zeit hin! Ein Strahl aus einer mystischen, unsichtbar regierten Lichtquelle. (Dies, wie gesagt, nur wegen eines würdigen Anfangs.)

Eigentlich aber wollte ich von einem Drama erzählen, das ich kürzlich im Kinematographentheater sah, und das „Die kleinen Vögel" hieß.

Erstes Bild: Da sitzt der alte Musikant im Wirtshaus und verzehrt behaglich sein Mittagbrot. Wie er fertig ist, den Rock um hat und schon weggehen will, wendet er sich noch einmal dem Tisch zu, nimmt einen kräftigen Brotrest, der dort liegt, betrachtet ihn zärtlich und steckt ihn in die Tasche. Auch von den anderen Tischen sammelt er die übriggebliebenen Brotrinden und birgt sie in seinen großen Säcken, die jetzt schon recht drollig-weit vom Mantel abstehen. Die Umsitzenden im Wirtshaus machen, das merkt man, allerlei scherzhafte Bemerkungen über den alten Herrn. Er erwidert etwas Gutmütigspaßiges. Und man sieht förmlich den Gedanken der amüsierten Gäste: „Ein wunderlicher Kauz!"

Zweites Bild: Im Park. Auf einer Bank hockt der alte Musikus, zerkrümelt seine Brotreste und streut den Spatzen Futter. Der Spatzenchor spielt seine Rolle, als wenn Reinhardt sie mit ihm einstudiert hätte; so zwanglos und doch so stilvoll. Nun aber geschieht etwas Merkwürdiges. Mit einem Hui fliegen alle Vögel auf und davon, und wie der Mann sich umsieht, wer denn seine Lieblinge verscheucht habe, sieht er ein kleines Mädchen, das von rückwärts sich herangeschlichen hatte und nun die Hand nach einer auf dem Boden liegenden Brotrinde ausstreckt. Ein zerrissenes, armes, verhungertes Geschöpfchen. klappernd vor Angst und Kälte. Man denke: eine Bettlerin, die bei den armen Tieren bettelt! Nun, der gute alte Musikus macht nicht viel Federlesens, er wickelt das Kind fest in seinen Mantel – und fort mit ihm nach Hause.

Drittes Bild: Der Musiker sitzt an seinem Klavier und beschäftigt sich musikalisch. Das Kind lehnt in einem Stuhl und verzehrt gierig sein Stück Brot. Aber plötzlich läßt es Hand und Brot sinken, der Kopf wird ihm schwer und es schläft ein. Arme Kleine! Wie müde muß sie sein, daß nicht einmal der Hunger sie wach zu halten weiß! Die brave alte Haushälterin kommt eilfertig, und das Mädchen wird ins Bett gebracht.

Viertes Bild: Im Haus der berühmten Tänzerin. Der Alte akkompagniert ihren Tanz auf dem Klavier. Er hat seine kleine Schutzbefohlene mitgebracht, die bescheiden in einer Ecke sitzt und neugierig zusieht. Die Modistin kommt mit zwei riesigen Hutschachteln, und die Tänzerin zieht sich sehr interessiert für ein Weilchen zurück. Während der Alte automatisch auf sein Klavier weitertrommelt, schleicht sich jetzt das Kind hervor, ergreift den liegen gebliebenen Schleier der Tänzerin und imitiert deren Tanz. Da tritt, unbemerkt, die Dame wieder ins Zimmer. Sie ist höchst entzückt von dem Talent der Kleinen; so entzückt, daß sie sich alsogleich erbötig macht, das Mädchen mit sich zu nehmen und zur Künstlerin ausbilden zu lassen. Schweren Herzens stimmt der alte Musikant zu.

Fünftes und sechstes Bild: Drei Jahre später. In Montecarlo. Das Kind ist eine berühmte Tänzerin geworden und eine viel umworbene Dame. Ach, wie schön sie tanzt! Wie ihr alles hofiert, wie sie sich der vielen Blumen und Huldigungen kaum erwehren kann! In der fernen Heimat aber sitzt der alte Mann und sehnt sich krank nach seinem Liebling. Er ißt nicht, er schläft nicht, er spielt nicht mehr Klavier. Er lebt nicht mehr recht. Und wenn er sich unbeobachtet glaubt, nimmt er aus der Schublade die alten zerfetzten Kinderkleider, in denen ihm damals das hungrige Mädchen erschien, drückt sein Antlitz in sie und weint. Das kann die alte Haushälterin nicht mehr ruhig mitansehen; sie telegraphiert dem Fräulein: „Vater Ewald schwer erkrankt." Und die junge Dame rechtfertigt die Erwartungen, die wir in sie gesetzt. Sie zögert keinen Augenblick, Triumphe und Freunde sein zu lassen, und nach Hause zu kommen.

Siebentes und achtes Bild: In der Wohnung trifft sie ihn nicht; aber ihre alten Kinderkleider findet sie auf dem Tisch ausgebreitet; und ahnt, was vorgeht. Sie weiß auch, wo sie ihn finden wird. Im Park, dort, wo sie ihm zum erstenmal als kleine Bettlerin erschienen ist. Richtig, da sitzt er, den Kopf in die Hände vergraben, und friert; denn es ist kalt draußen, die Bäume entlaubt und die Spatzen ohne Futter. Und jetzt ist sie es, die dem alten Mann ihren Pelz zärtlich um die Schultern legt und ihn, der ganz selig und beglückt unter Tränen lacht, nach Hause geleitet.

Ist das nicht hübsch in seiner rührenden, himmlischen Einfachheit? „Die Güte" und „die Sehnsucht" und „die Liebe" (eine bessere Liebe als die zwischen Romeo und Isolde) walten und wirken. Auf ihr Elementarstes gebracht; ganz klar und unverwirrt, gewissermaßen in einer kristallinisch knappen Ausprägung. Ein reines Spiel seelischer Kräfte ist es. (Dadurch wird es eben zum Drama.) Eine allereinfachste Gefühlsmechanik sieht man im Gange. Und es ist, obzwar von Menschen und menschlichen Verhältnissen handelnd, doch ein „Naturschauspiel".

Jetzt frage ich: Warum wäre das im Theater unerträglich, albern und läppisch? Und ist im Kinematographen so hübsch, von so beruhigender, freundlicher Sentimentalität? Weil im Kinematographen – das ist der unendliche Wert, den er vor der Bühne voraus hat – alle lästige Realität weggelöscht erscheint. Weil das „Bild des Lebens", wie es die Bühne gibt, die Phantasie des Zuschauers bindet und beschwert. Während diese „Bilder von Bildern des Lebens", die der Kinematograph an die Wand wirft, unsere Phantasie lockern und befreien. Das Störende weg-, das Vervollkommnende hinzuzudenken ist dem Zuschauer des Kinematographendramas ein leichtes. Denn seine Sinne haben gar keinen Ballast zu tragen. Und seine Phantasie spürt den Reiter nicht, der sie spornt.

Solcherart scheint mir der Kinematograph als optisches Phänomen etwas durchaus Verwandtes dem akustischen Phänomen, das wir „Musik" nennen. Die Musik setzt nur einen einzigen Nerv in Schwingung; aber diese Schwingung hat die mysteriöse Kraft, unseren ganzen inneren Menschen in Bewegung zu setzen; die geheimsten Tore der Seele aufspringen zu machen. Und jedem Ton, der in unser Bewußtsein tritt, folgt aus diesen Toren eine gewaltige Suite von Bildern, Farben, Gefühlen, Vorstellungen. An unserer Einbildungskraft wird gewissermaßen die vierte Geschwindigkeit eingeschaltet: hemmungslos trägt sie ihren Passagier durch Himmel und Hölle.

So kraß ist nun die Geschichte beim Kinematographen nicht. Aber immerhin tritt etwas Ähnliches ein. Eine ähnliche Befruchtung aller übrigen Sinne durch die Reizung des einen optischen Sinnes.

Die Wiese im Kinematographentheater duftet besser als die auf der Bühne, weil ja der Kinematograph eine wirkliche, echte Wiese zeigt, der ich den Duft ohneweiters zutraue und ihn nun so vollkommen, als die durch nichts gestörte Phantasie sich ihn erträumt, meiner Nase suggeriere. Sie duftet aber auch besser als die natürliche, lebende Wiese, weil diese niemals so lieblich und unvermischt Extrakt duften kann wie meine blühende Wiese, die ist und doch nicht ist. . . . Nur im Traum und im Kinematographen gibt es eine Wirklichkeit ohne Schlacken. Für beide sind die Naturgesetze aufgehoben, die Schwerkraft erloschen, das Dasein ohne Bedingtheit. Und für beide hat das rätselvolle Wort des Gurnemanz Sinn und Gültigkeit: „Du siehst, mein Sohn, zum Raum wird hier die Zeit."

Zu den allerschönsten Flügen aber reizt der Kinematograph den akustischen Sinn des Zuschauers. Nicht einmal das Pianoforte, das mitdudelt, stört da. Was für ein grandioser Baß rollt aus des Helden Kehle, wie sanft und melodisch singt es von den Lippen der schönen Frau, wie abscheulich krächzt der Bösewicht! Wie schrecklich bläst der Sturm, wie höllisch faucht und zischt die gereizte Woge! Wie schön spielt der alte Musikus in den „Kleinen Vögeln" Klavier, wie harmonisch und hell klingt das Lachen der heiteren Gesellschaft in Montecarlo (und wie witzige, scharmante Dinge sprechen die befrackten Herren!), wie prachtvoll spielt das Orchester zum Tanz des Fräuleins, und wie fein und zärtlich knirscht der Sand des herbstlichen Parkes unter ihren kleinen Pariser Schuhen.

So ist die kinematographische Welt: eine Welt mit einer vierten, aber ohne dritte Dimension.

Und da möchte man Theaterdirektor und Schauspieler sein. Was für ein Leben! *Einmal* spielt der Schauspieler und damit auch zugleich hunderttausendmal. Und immer genau so gut wie bei der Première. Und in zweihundert Städten zu gleicher Zeit. Und in sämtlichen Kultursprachen der Erde. Und wenn der Film lang genug dauert, erlebt der Mime das Wunder der ewigen Jugend. Sitzt als alter Mann in seinem Palais Unter den Linden und entzückt zur selben Zeit als Bonvivant und Springinsfeld die jungen Mädchen von Adelaide und Budapest. Nie wird der Sänger heiser, nie der Komiker unlustig, nie wird eine Vorstellung gestört, weil die Soubrette dem Liebhaber eine Ohrfeige gegeben hat. Man gastiert mit vollem Personal und ganzer Dekoration in allen Städten der Welt und braucht gar keinen Möbelwagen, nur eine kleine Schachtel. Immer klappt alles, wie es das erstemal klappte. Ging der Revolver bei der Première los, so ist die Gewißheit da, daß er bei jeder Vorstellung losgehen wird. Welche Disziplin in jeder Aufführung, welch rascher Szenenwechsel, welches gesunde, herrliche Tempo!

Peinlich wird die Sublimiertheit der kinematographischen Welt im Hinblick auf die vielen netten Mädchen, die da auf der weißen Bildfläche sich herumtummeln und ins Publikum lächeln. Es hat gar keinen Sinn, zurückzulächeln. Und es hat gar keinen Sinn, hinter der Leinwand auf die jungen Damen zu warten, bis das Theater aus ist. Sie kommen nicht. Gott Filmdreher hat sie bis auf weiteres zu sich genommen. Und was für hübsche, zierliche Frauen! Zum Beispiel diese junge Tänzerin in den „Kleinen Vögeln". Wie graziös und anmutig ist sie, was für große, erschrockene Kinderaugen kann sie machen, und wie niedlich moquiert sich ihr kluges Lächeln über den Eifer der huldigenden Herren. ... Hier ist dem Zuschauer ehrlich leid um die abhanden gekommene dritte Dimension. [1911]


**Klage um einen Abgeschiedenen**

Es ist große Freude darüber, daß der Film seine Stummheit verloren hat. Aber wer, der ihn liebte, trauerte nicht um sie? Falsche Zungen reden ihr nach, daß sie der Mangel des Films gewesen sei, daß er an ihr gekrankt und gelitten habe und nun erst, befreit von der fatalen, sein rechtes schönes Leben begänne. Wie bald wird dieser Trost als eitel entlarvt sein, wie bald werdet ihr euch zurücksehnen nach der süßen Hingegangenen, die nicht, wie Unverständige schmähen, eine Schwäche des Films war, sondern dessen eigentlichste Stärke, seine magische Stütze, die Wolke gewissermaßen, die ihn trug und hochhob in ungemeinere Sphäre und erlöste vom Übel der Schwerkraft. Dahin nun die wundervollen Texte, die wir von lautlosem Munde ablasen, die leidenschaftlichen Schweigereden der Liebenden, die strahlende Witzigkeit, die den Komikern von stummen Lippen floß! Nicht mehr haben die schönen Frauen im Film die schönen, die edlen Männer die edlen Stimmen, die wir, sie nicht vernehmend, vernahmen, nicht mehr geht das Gesprochene (dank seiner Sublimierung durch die Unhörbarkeit der Sprechenden) geradezu ins Herz, allen höchsten Sinnes voll, den die Phantasie der Hörer ihm zu schenken vermochte, sondern jetzt geht es, arm, dumm, gering, wie Gesprochenes in hundertundein Fällen von hunderten eben ist, ins Ohr, jetzt hören wir exakt das Gezwitscher der Liebenden und den Humor der Komiker, und dieser wie jenes sind zum Kotzen. Vorbei mit der vollkommenen Melodie, die wir den holden Frauen des Films auf die Lippen legten, denn jetzt, wenn sie den Mund aufmachen, kommt leider etwas heraus. Vorbei auch mit der Musik der Elemente, mit dem Heulen des Sturms, dem Geprassel des Feuers, dem Donner der Meereswoge (die wir so groß hinzu imaginieren durften, wenn wir Sturm, Feuer, Meer im bewegten Bilde sahen), denn die Elementargeräusche, mit denen der Tonfilm die Arbeit unserer Einbildungskraft zunichte macht, sind zwiefach vorgetäuscht: die echten Stimmen der Natur kann er nämlich gar nicht wiedergeben, weil sie sich in seiner Apparatur kläglichst verwandeln, er muß sie, um halbwegs glaubwürdige Farben auf seine Geräusch-Palette zu bekommen, erst nachahmen, mit Wind- und Regenmaschinen arbeiten, ganz wie das hilflose Theater.

In der Stummheit des Films lag ein wirkender unerschöpflicher Zauber, da waren die Wurzeln seiner Kraft, die Ratio für das Irrationale der bewegten Schattenbilder, die Rechtfertigung für das Fehlen einer dritten Dimension. Nun, da seine Stummheit endete, endete mit ihr seine beispiellose Beredsamkeit. Schallwelle bricht nun die Kraft der Lichtwelle, an die Schwingen der optischen Phantasie hängt sich, hinabziehend schwer, das Gewicht der Klang-Realität.

Gewonnen wird (und wenn schon) „Natürlichkeit". Weiter: Annäherung an das Theater; von dem sich zu entfernen, der Weg des Kinos ist, wenn es zu seinen eigensten Möglichkeiten kommen will.

Einigen Vorteil vom Tonfilm haben die Blinden, die nun auch ins Kino gehen können. Dafür aber sind die Tauben wieder schlechter dran. Am schlechtesten freilich die Vollsinnigen. Die Vorstellung, daß der Kretinismus, der bisher stumm an Kino-Wänden sich austobte, nun auch klingen und sprechen soll, hat etwas Apokalyptisches. [1929/30]

# Peter Altenberg

*Eigentlich Richard Engländer (1859–1919), Jungwiener, Kaffeehausgenie (in Kürschners Literatur-Kalender gab er das Café Central als Wohnadresse an), „zunächst ein Lebenskuriosum, dann erst ein Dichter" (Soergel). „Ein Geringes seiner Fülle ist in den zehn Büchern Altenbergs gesammelt", bestätigt Alfred Polgar, „der Großteil in vielen tausenden Briefen und Reden verschenkt, in übermütigen, verzweifelten, verzückten Episteln, in Tischgesprächen von tyrannischem Überzeugungswillen ... Die saubere Dreiteilung – Leben, Reden, Schreiben – schien da völlig umgestürzt und aufgehoben." Franz Kafka nannte den von ihm geschätzten Altenberg einen Dichter, „der die Schönheiten der Welt wie Zigarettenstummel in den Aschenbechern der Kaffeehäuser findet."*

*Selber hat Altenberg seine Hervorbringungen gekennzeichnet als „Extracte des Lebens. Das Leben der Seele und des zufälligen Tages, in 2-3 Seiten eingedampft, vom Überflüssigen befreit wie das Rind im Liebig-Tiegel!" Er liebte „das abgekürzte Verfahren, den Telegrammstil der Seele", und schrieb, was man weniger wohlwollend auch als „lyrische Lokalspalte" (Nadler) bezeichnet hat. Über den Kinematographen gab Altenberg schon 1908 eine Glosse an die „Schaubühne". Sein Bannfluch gegen die Kinoverächter (1912) ist ein regelrechter Altenberg-Extrakt, gleich maßlos in Huldigung und Haßrede, was sich bis in die Satzzeichen hinein auswirkt.*

## Das Kino

Ich schleudere hiermit meinen Bannfluch gegen alle jene, die, in „bestgemeinter Absicht" oder aus Geschäftsinteresse, sich in neuerer Zeit gegen die Kinotheater wenden! Es ist die beste, einfachste, vom öden Ich ablenkendste Erziehung, besser jedenfalls, tausendmal besser, als die bereits als „freche Gaunerei" entlarvte „Kunstdarbietung", ausgeheckt in ehrgeizigen, verdrehten Gehirnen und präpariert für den „seelischen Poker-Bluff"; infame Düpierung einfach-gerader Menschenseelen! Im

Kino erlebe ich die Welt; und selbst die erfundenen Sketches sind schon, der Natur der Sache nach, auf edel-primitive Wirkung hin gearbeitet, Seelenkonflikte à la „3 und 2 macht 5", nicht aber absichtlich 6 oder 7! Das Volk soll sich erheben für die Kinotheater und sich nicht neuerdings in kleinsten und belanglosesten Angelegenheiten beschwatzen und betören lassen von den „psychologischen Clowns" der Literatur! Meine zarte 15jährige Freundin und ich, 52jähriger, haben bei dem Natursketch: „Unter dem Sternenhimmel", in dem ein armer französischer Schiffzieher seine tote Braut flußaufwärts zieht, schwer und langsam, durch blühende Gelände, heiß geweint! Wehe euch, deren „trockenen Geist" wir „trockenen Herzens" angeblich begeistert genießen müssen! Wir müssen und wollen nicht!

Ein „berühmter Schriftsteller" sagte zu mir: „Wir sind jetzt unter uns, was finden Sie eigentlich Besonderes an den Kinovorstellungen?!?"

„Nein," sagte ich, „wir sind nicht unter uns, sondern Sie sind unter mir!" [1912]

Ludwig Trautmann und Lotte Neumann in „Die Jugend" (Paul von Woringen, 1917)

# Paul Ernst

*Paul Ernst (Dr. rer. pol., 1866–1933) – eine Stimme, die sich erst spät Gehör verschaffte. War zuerst politisch tätig („Die Arbeiterschutzgesetzgebung und ihre internationale Regelung", 1890), dann freier Schriftsteller („Zusammenbruch des deutschen Idealismus", 1918; „Zusammenbruch des Marxismus", 1919, erweiterte Ausgabe unter dem Titel „Grundlagen der Gesellschaft", 1930). Als Theoretiker und Bühnenschriftsteller Abkehr vom Naturalismus und Hinwendung zu klassisch strenger Form („Der Weg zur Form", 1906; „Ein Credo", 1912). Geht zur Erklärung dessen, was ein Drama ist, „von der Wirkung auf die Seele des Zuschauers" aus. Schrieb Dramen und Lustspiele, Hunderte von Novellen, „Komödianten- und Spitzbubengeschichten" (1920), „Erdachte Gespräche" (1921), Romane, Versepen („Das Kaiserbuch", 1923–28), alles in allem ein Gesamtwerk (1928 ff) in 21 Bänden.*

*Dazu erschien postum ein „Tagebuch des Dichters" (1934), das auch den Aufsatz „Möglichkeiten einer Kinokunst" (1913) enthält. Vom Erstdruck im Berliner „Tag" unterscheidet sich der Text da insofern, als sämtliche Fremdwörter ausgemerzt wurden, wobei nicht ersichtlich ist, von wem; hier folgt der Aufsatz deshalb im Wortlaut des Erstdrucks. Schon ein Jahr zuvor hatte sich Paul Ernst mit „Kinematograph und Theater" befaßt. Auch Filmszenarien, entstanden 1914/16, offensichtlich angeregt durch Wegeners Märchenfilme, fanden sich in seinem Nachlaß.*

## Kinematograph und Theater

Von den verschiedensten Seiten wird geklagt, daß die Theater unter der Konkurrenz der Kinematographen zu leiden haben, und von der Berechtigung der Klagen wird sich jeder überzeugen können, der in Berlin sieht, wie die meisten Theater zu den verzweifeltsten Kunststücken ihre Zuflucht nehmen müssen, um Zuschauer zu bekommen, indessen beim Kinematographen sich die Menge derartig an der Kasse drängt, daß mancher traurig abziehen muß, ohne eine Eintrittskarte gelöst zu haben. Schon wird aus größeren Städten berichtet, daß Theater, deren Besitzer oder Pächter zugrunde gegangen sind, in sogenannte Lichtspielhäuser verwandelt werden; und nach der Ansicht der Kundigen ist der Tag nicht mehr fern, da auch in Berlin der erste derartige Übergang geschieht.

Da alles, aber auch alles, was mit dem Theater zusammenhängt, in Lügen und in Aufschneidereien von Kunst und Kultur verwickelt ist, so kann eine nüchterne Betrachtung der Vorgänge wohl nichts schaden.

Ich bin selber dramatischer Dichter, und wenn unser Theater wirklich das wäre, was es vorgibt, zu sein, so wären die Dichter wohl die ersten, welche diese Wandlung zu beklagen hätten. Aber ich glaube, wenn man die paar wirklichen Dichter nach ihrer Ansicht fragt, so werden sie alle erklären, daß der Dichtung, dem Drama, zum mindesten kein Schaden geschieht, und daß sogar die Möglichkeit vorhanden ist, daß die Verhältnisse sich bessern.

Unser Theater ist in unserer klassischen Zeit entstanden aus allerlei vorhandenen Institutionen, welche einem banalen Unterhaltungsbedürfnis dienen sollten. Unsere großen Dichter meinten, daß sie diese gemeinen, rohen und albernen Possenreißereien, welche damals einem ungebildeten Publikum vorgeführt wurden, verbannen könnten, und daß es möglich wäre, eine Bühne zu schaffen für ihre eigenen Werke und die Werke der großen dramatischen Dichter der Vergangenheit. Die Ideale unserer großen Dichter haben nachgewirkt, gewisse äußere Umstände, wie das Bestehen der kleinen Höfe mit ihren subventionierten Theatern, die schandehalber das allertiefste Niveau doch meiden mußten, halfen dazu; so ist es gekommen, daß in Deutschland das Theater nicht durchaus den Weg genommen hat wie in den anderen Kulturländern, wo es eine mehr oder weniger stupide gesellschaftliche Unterhaltung geworden ist – das *Théâtre français* in Paris ist ein ehrwürdiges Überbleibsel aus früheren Zeiten –, sondern daß auch der ordinärste Theaterunternehmer sich doch verpflichtet fühlt, zuzeiten einen Klassiker aufzuführen, einmal ein Stück eines zeitgenössischen Dichters zu versuchen und beständig von Kunst und Dichtung zu reden. Diesem, in der heutigen Kulturmenschheit durchaus exzeptionellen Zustand haben wir es zu verdanken, daß Deutschland das einzige Land ist, in welchem eine lebendige dramatische Literatur existiert; im neunzehnten Jahrhundert hat kein Volk außer dem deutschen Dramatiker gehabt: nach den Klassikern Grillparzer, Kleist und Hebbel; und auch Ibsen ist doch schließlich durch die deutschen Verhältnisse ermöglicht; die anderen Nationen haben nur mehr oder weniger läppische Bühnenskribenten hervorgebracht. Es tut dabei nichts zur Sache, daß man bedeutende Dramatiker bei ihren Lebzeiten nicht aufzuführen pflegt; die bloße Möglichkeit genügt, das Vorhandensein einer Bühne, welche die Werke aufführen kann. Noch weiter: die vorige und vorvorige Generation in Europa hat große Erzähler hervorgebracht, und nur

Deutschland ist ohne Talente gewesen; wenn nicht alles trügt, so drängen die Probleme, welche von diesen Dichtern episch dargestellt wurden, heute zu dramatischer Gestaltung; und wieder ist es Deutschland allein, von dem man das neue Drama zu erwarten hat, das moderne europäische Drama, welches den Romanen Dostojewskis und Flauberts entspricht.

Nun ist die eigentümliche Verbindung von Dichtung und Possenreißerei, wie sie von allen unseren Theatern gepflegt wird, jedenfalls ein ganz unnatürlicher Zustand; nur weil wir ihn so gewohnt sind, kommt uns das nicht zum Bewußtsein; wie wären wir erstaunt, wenn etwa in unseren Kirchen die Sonntage abwechselten mit Predigten und Seiltänzerkunststücken, wenn in unseren Museen neben den antiken Marmorstatuen der Inhalt eines Wachsfigurenkabinetts aufgestellt wäre, oder wenn in einem Raum, wo wir Bach und Beethoven zu hören pflegen, zur Abwechslung die neuesten Gassenhauer vorgetragen würden! Stadtverwaltungen, welche sich nicht durch besonderen Scharfsinn auszeichnen und sich durch den Instinkt des harmlosen Bürgers bestimmen lassen, sichern ja auch die Konsequenz dieses wunderlichen Zustandes, indem sie die Produktionen des Tingeltangels und die Aufführung der „Iphigenie" mit der gleichen Lustbarkeitssteuer belegen.

Wenn das Edle und das Gemeine zusammengekoppelt sind, so wird unbedingt immer das Edle den Schaden tragen. In der letzten, augenblicklich wohl zu ihrem Ausgang eilenden Phase des Berliner Theaterlebens, bei der Reinhardtschen Theaterleitung, war die letzte Konsequenz gezogen: man führte scheinbar Dichtwerke auf, aber die Art der Aufführung war so, daß vom Dichtwerk nicht viel mehr zu spüren war und nur eine Belustigung für den Zuschauer übrigblieb, die sicher turmhoch über dem gewöhnlichen Theateramüsement steht, aber durchaus nicht qualitativ verschieden von ihm ist; da, wie schon gesagt, in Theaterdingen immer gelogen wird, so wurde diese positive Unkunst denn gar als Gipfel der Bühnenkunst gepriesen. Offenbar ist eine Weiterentwicklung hier unmöglich, und Reinhardt selber zieht ja auch schon die Konsequenzen, indem er Pantomimen und ähnliches aufführt; wäre hier wirklich eine Entwicklung der dramatischen Kunst und nicht ein Übergreifen von Bühnenkitsch ins Drama, so müßte ja die letzte Stunde des Dramas geschlagen haben.

Wenn man nun alles zusammennimmt, was das heutige Theater an gemeiner Unterhaltung bietet, so muß man sich sagen: Alles das kann der Kinematograph auch bieten, zum Teil besser bieten, jedenfalls aber immer billiger; und die Billigkeit der Herstellung ist ja besonders bei großstädtischen Unternehmungen meist von ausschlaggebender Bedeutung. Die Skribenten, welche die gewöhnlichen Theaterstücke schreiben, beginnen ja auch bereits, Stücke für den Kinematographen zu verfassen, und nur an ihrer gänzlichen Talentlosigkeit liegt es, daß die Vorteile des Kinematographen in diesen Stücken noch nicht ausgenutzt sind und wir in ihnen bis jetzt nur pantomimische Theaterstücke der alten Art sehen; wenn einmal ein geschickter Mensch kommt, der die Sache versteht, dann wird der Kinematograph noch eine ganz andere Konkurrenz machen. Das Wesen der Dichtung liegt im Wort; das Wort kann der Kinematograph nie bringen; wenn aber die Hauptsache einer Vorführung etwa darin liegt, daß jemand sich ins Bett legt oder sich als seine Tante verkleidet, so ist nicht einzusehen, weshalb die Leute das nicht lieber bewundern sollen, wenn sie nur eine Mark bezahlen, ihr Bier trinken und miteinander schwatzen und lachen können, als wenn sie sieben Mark bezahlen müssen, nichts zu trinken haben und feierlich dasitzen müssen.

Angenommen, sämtliche Theater Berlins mit Ausnahme eines einzigen machten Bankrott und führten Lichtspiele auf, und das einzige brächte nur wirkliche Dichtungen: das wäre ein Zustand, der für die Dichtung sicher günstiger wäre als der heutige. Die notwendige Differenzierung hätte dann stattgefunden, und die Leute, welche einen Abend „ins Theater oder Konzert" gehen wollten, wüßten ganz genau, was sie tun, während sie es heute nicht wissen. Das eine wirkliche Theater könnte dann ganz gut bestehen ohne beständige Sorgen.

Es würde auch noch ein indirekter Vorteil für die Literatur entstehen; regelmäßig alle paar Jahre geschieht es, daß Sensationsstücke hochgelobt werden und dann bei dem vertrauensseligen Publikum als besondere Kunstwerke gelten. Der ausgebildete Kinematograph würde diese Stücke absorbieren, das kleinere und deshalb gebildetere Publikum des einzig übriggebliebenen Theaters würde Geschmack genug haben, wenn ihm solche Werke doch zugemutet würden, sie abzulehnen.   [1912]

**Möglichkeiten einer Kinokunst**

Alle Künste haben materielle und technische Vorbedingungen, ohne die sie nicht hätten entstehen können. Der Gedanke liegt einer materialistischen Zeit nahe, daß sie einzig aus diesen Vorbedingungen entstanden seien und nicht aus der menschlichen Seele, welche sich mitteilen wollte und nun diese materiellen und technischen Umstände als Mittel verwenden mußte. So kann diese selbe Zeit denn auf den Gedanken kommen, es müsse möglich sein, daß durch neue technische und materielle Verbindungen ganz neue Künste entstehen könnten, die es früher nicht gab, weil es diese Vorbedingungen nicht gab. Derartige Ansichten sind scheinbar ja immer recht plausibel, weil es da mit Ursache und Wirkung recht einfach zugeht und den Menschen restlos alles klar wird, während bei anderen Betrachtungsweisen vieles unklar und unerklärbar bleibt. Aber das Einleuchtende ist gewöhnlich das Falsche: tiefere Zeiten wissen das durch philosophisches Nachdenken oder verständig gemachte Erfahrung; wenn unsere Zeit das nicht weiß, so ist der Hauptgrund wohl darin zu suchen, daß sie mit ihren Interessen innerhalb des Gebietes des Einleuchtenden bleibt.

Schon einmal, vor etwa einem halben Menschenalter, kam man auf die Idee einer neuen Kunst, welche aus den neuen Verhältnissen geboren sei: der Plakatkunst. Der Unsinn stellte sich bald heraus; es zeigte sich, daß man allerdings geschmackvolle und zweckentsprechende Plakate machen kann an Stelle der geschmacklosen und unzweckmäßigen, daß man aber solche Betätigung im günstigsten Fall eben noch zum Kunstgewerbe zu rechnen hat. Heute, wo das Geschrei von der Veredlung des Kinematographen ertönt, hören wir dieselben Argumente, welche damals für die Möglichkeit einer Plakatkunst vorgebracht wurden – von demselben Typus von Menschen – für eine neue Kinokunst vorgebracht.

Bei so plötzlich erwachtem allgemeinem Interesse ist es in Anbetracht der menschlichen Gebrechlichkeit immer praktisch, zu fragen, wer den Vorteil von ihm haben kann, denn für die höheren Ziele der Menschheit pflegt das Interesse ja selten so allgemein zu sein und so lebhaft zu erwachen. Da sieht man denn auf der einen Seite die märchenhaft aufblühende Kinematographenindustrie sehr lebhaft beteiligt. Stimmen von angesehenen Personen sind laut geworden, welche in ihr eine Gefahr für die Nation sehen, Maßregeln der Verwaltungsbehörden sind bereits ergriffen, und eine eindämmende Gesetzgebung wird verlangt, vielleicht auch schon vorbereitet. Es mag dahingestellt sein, ob in dem allgemeinen Auflösungsprozeß der modernen Nationen, in welchem ja Bedürfnis und Befriedigung dieser Filmsensationen nur ein Symptom sind, eine solche Einzelerscheinung so bedeutend sein kann, wie man denkt; jedenfalls wird der Kinematograph verfolgt, und er sucht sich naturgemäß zu schützen; der naheliegendste Schutz ist, daß er erklärt, er sei gar nicht so schlimm, wie er gemacht werde, er sei im Begriff, sich zu veredeln, er entwickle sich zum Kunstinstitut, und die ersten Geister der Nation seien an dieser Entwicklung zur Kunst beteiligt. Die ersten Geister auf der anderen Seite beteiligen sich denn nun wirklich, da die Filmindustrie ja gut bezahlen kann, und so werden wir denn mit der neuen Filmkunst beschenkt.

Welche Mittel hat nun, so muß man fragen, der Kinematograph für die Kunst zur Verfügung?

Es wird ein Ereignis oder eine Abfolge von Ereignissen durch Schauspieler pantomimisch wiedergegeben; die nächste Verwandtschaft hätte also die Filmkunst mit der Pantomime. Die Unterschiede sind folgende.

Bei der Pantomime stehen wirkliche Schauspieler auf der Bühne, es entsteht also jene seelische Beziehung zwischen Zuschauerraum und Bühne durch die psychische Wirkung des Schauspielers, die auch beim eigentlichen Drama stattfindet; das heißt, die Zuschauer fühlen auch Nichtausgedrücktes mit. Diese Beziehung fällt bei der Vorführung einer Sukzession von Momentaufnahmen fort; um sich verständlicher zu machen, muß der Schauspieler also übertriebener spielen als bei der Pantomime.

Zweitens: es hat sich erfahrungsgemäß herausgestellt, daß eine Kinoaufführung nur dann Vergnügen macht, wenn die Vorgänge sich schneller abrollen als in der Wirklichkeit; wahrscheinlich, weil der Instinkt des Zuschauers doch irgend etwas haben will, was das Bild prinzipiell als unwirklich erscheinen läßt. Dadurch gewinnen die Vorgänge von selber schon etwas Groteskes, und man könnte geneigt sein zu der Annahme, daß Möglichkeiten für groteske Wirkungen beim Kinematographen vorhanden sind, die es sonst nicht gibt.

Drittens: dadurch, daß man bei der Herstellung des Films Dinge fortretuschieren kann, welche für die Figuren und Bewegungen in der Wirklichkeit durchaus notwendig sind, entsteht die Möglichkeit besonders phantastischer Wirkungen; nicht phantastischer Wirkungen überhaupt, sondern nur jener Art von ihnen, welche auf dem Auslassen von Zwischengliedern ihrer Entstehung beruht.

Der Kinematograph gibt uns also eine Pantomime ohne das seelische Band von Schauspieler und Zuschauer, aber mit gewissen spezifischen Möglichkeiten grotesker und phantastischer Art.

Wir müssen nun zunächst sehen, was die Pantomime bedeuten kann. Wir haben hier das Glück, daß wir uns nicht auf die ja immer graue Theorie zu verlassen brauchen; seit undenklichen Zeiten hat es die Pantomime gegeben, wenn also hier etwas herauskommen kann, so müßte es irgendwann und irgendwo einmal herausgekommen sein. Davon hat man aber nichts gehört. Was man historisch erfährt, das ist, daß zu gewissen Zeiten die Pantomime eine nicht sehr hoch geachtete Volksunterhaltung war, zu anderen eine gleichfalls nicht sehr geschätzte Unterhaltung vornehmer Kreise. Das ist alles. Man kann ja so etwas als Kunst bezeichnen und dann mit dem in solchen Fällen gerade beim Theater so gern angewendeten Fehlschluß darüber dieselben Aussagen machen, die man etwa über Goethes „Iphigenie" macht; im Bewußtsein der betreffenden Zeiten aber stand diese Kunst der Kunst des Wintergartens gleich, nicht der Kunst des Dichters.

Wo soll es denn auch herkommen? Gefühle und Empfindungen hat jeder Mensch; den Dichter unterscheidet es, daß er sie durch Worte schön darstellt und zu einem höheren sinnvollen Gebilde vereinigt. Das Wort ist das Mittel des Dichters, wie die Farbe das Mittel des Malers ist, und die allgemein anerkannte höchste Stellung der Dichtung unter den Künsten rührt daher, daß im Wort in eigentümlicher Weise Sinnliches und Geistiges, Anschauliches und Begriffliches vereinigt ist, so daß der Dichter alles ausdrücken kann, was den Menschen bewegt, der Maler und Musiker nur einiges.

Wenn ein Mann schreibt: „Adolf tritt auf, drückt durch Gesten seine Verzweiflung aus, erblickt einen geöffneten Brief vor sich liegen, hebt ihn mit dem Ausdruck der Neugierde auf, liest ihn, seine Mienen drücken nacheinander Erstaunen, Verliebtheit, Eifersucht, Haß aus" ... und so fort, so ist da doch nichts gedichtet; es ist auch nichts gedichtet, wenn Auguste dazukommt, Adolf sie totsticht, die Schutzleute erscheinen usw. Ein guter Schauspieler kann so etwas ja sehr nett machen, und seine Leistung hat immerhin noch eher Ähnlichkeit mit der Schauspielkunst als die Leistung des Librettisten mit der Dichtkunst; aber man mache sich doch nur bei einem guten Schauspieler klar, ob nicht neun Zehntel des Eindrucks, den er macht, durch seine Beseelung des Wortes kommen; mit der Mimik kann man immer nur eine Tatsache ausdrücken; erst das Wort gibt der Tatsache das höhere Interesse, macht sie geistig, indem es sie lebendig macht und ihr die Nuancen gibt. Ich bin durchaus nicht geneigt, das Theater zu überschätzen; aber bis zu einem gewissen Grade kann auf dem Theater doch ein Schauspieler, der zu den Füßen einer Schauspielerin sitzt, Hamlet zu Ophelias Füßen darstellen; in der Pantomime nur einen jungen Mann, der zu den Füßen eines jungen Mädchens sitzt, die Augen verdreht, die Hand aufs Herz legt und sentimental ist.

Also: die Pantomime kann nichts wie eine Sukzession von Tatsachen darstellen.

Wenn die Schauspieler in der Pantomime nun feine, begabte Menschen sind mit Herz und Verstand, so können sie durch ihre Persönlichkeit vielleicht eine Wirkung über das Bekanntgeben von Tatsächlichem hinaus erzielen durch jene seelische Verbindung mit dem Publikum, von der oben die Rede war, die ohne das gesprochene Wort freilich unendlich schwer zu erzielen ist, weil gerade der Klang der Stimme die ersten Fäden zu ziehen pflegt.

Fehlt dieses Moment beim Kino, so ist doch durch die größeren Möglichkeiten des Grotesken und Phantastischen vielleicht etwas Neues, Günstigeres zu schaffen.

Auch hier kann man, ehe man die Sache theoretisch betrachtet, sich an Tatsächliches halten. Die Amerikaner haben offenbar eine besondere Begabung für die Art von grotesker und phantastischer Kunst, welche hier in Frage stehen würde, nämlich für die, welche durch verstandesmäßige Entwicklung des Tatsächlichen entsteht und das Gefühl nur als allgemeinen Untergrund der gesamten Empfindung hat. Man denke an Poe und Mark Twain – natürlich sollen nicht etwa die Persönlichkeiten der beiden verglichen werden, sondern ihre allgemeine Richtung. Nun hat das Kino eine besondere Förderung in Amerika empfangen; ist es nicht merkwürdig, daß sich dort kein Talent gefunden hat, das aus seinen Bedingungen heraus etwas Besonderes entwickelt hat?

Ein sehr häufiges und immer dankbares Motiv ist die Jagd hinter einem fliehenden Geschöpf (Tier, Radler, Dieb usw.), bei der es an Straßenecken zu Zusammenstößen kommt; ich denke aber, wenn man die möglichen Varianten des Themas gesehen hat, daß man dann hinreichend befriedigt ist. Sollte es nur an der Geistesarmut der Verfasser von Kinotexten liegen, daß diese öde Monotonie herrscht? Man kann natürlich nicht beweisen, daß nicht ein Genie kommen könnte, das hier etwas sehr Komisches und immer Neues zustande brächte; jedenfalls aber ist es bis jetzt nicht gekommen, und man sieht nicht, wie es kommen könnte. Manche dieser Versuche sind bloß abgeschmackt, zum Beispiel, wenn ein Film, welcher einen Zigarrenmacher [sic] darstellt, von rückwärts vorgeführt wird; das groteske Moment ist zu dünn, um für einen gebildeten Menschen auch nur über eine halbe Minute auszuhalten.

Mehr Glück wäre vielleicht bei jenen phantastischen Vorführungen anzunehmen, wo man an den Films retuschiert hat. Hierher gehört der Umzug, bei dem die Möbel sich von selber an ihre Stelle begeben und zuletzt ein Lampentischchen ratlos umherirrt, bis es seinen Platz findet. Ich habe einmal einen Pariser Film gesehen, wo ein hölzernes Pferd sich aus einzelnen Stücken selber zusammensetzte und dann zu galoppieren begann. Auch hier scheint doch aber nur wenig möglich zu sein; jener Umzug wird seit langen Jahren vorgeführt; und wenn der Film in seiner Art ja auch wirklich gelungen ist, als ein Kunstwerk kann man ihn schließlich denn doch nicht bezeichnen.

Es ist eben doch so, daß zur Kunst zunächst Geist gehört, und Geist findet sich nun eben nicht im Tatsächlichen. Wenn ein Albrecht Dürer mit wissenschaftlicher Genauigkeit ein Rasenstück malt, dann haben wir ein Kunstwerk, denn das kleine Aquarell ist aus seinem Gehirn und seinem Herzen hervorgegangen; wenn der Kinematograph uns eine im Wind bewegte Wiesenfläche vorführt, dann haben wir kein Kunstwerk, trotzdem für den rohen Betrachter die kinematographische Vorführung sicher interessanter ist als das unscheinbare Bildchen. (Es soll nicht damit behauptet werden, daß sie wie ähnliches nicht an sich interessant wäre.)

Unsere Zeit setzt ja überall an die Stelle der menschlichen Arbeit die Arbeit der Maschine. Heute beginnt allmählich den Menschen klar zu werden, daß das Resultat – abgesehen von den Folgen für die beteiligten Arbeiter – doch sehr seine Bedenken hat, schon bei den einfachsten gewerblichen Gegenständen; überall, wo wir eine seelische Beziehung zu dem Gegenstande haben wollen, wirkt die Maschinenarbeit roh und gemein. Im Kino wird der Versuch gemacht, die höchste Betätigung des Menschen, die Kunst, durch Maschinenbetrieb herzustellen. Daß der Versuch scheitern muß, ist ja klar; daß er aber gemacht werden kann, das ist eines der schlimmsten Zeichen der Verwilderung unserer Zeit.                                                              [1913]

Asta Nielsen in „Das Waisenhauskind" (Walter Schmidthässler, 1917)

# Victor Klemperer

*Victor Klemperer (1881–1960) begann als Journalist in Berlin mit Erzählungen und Gedichten sowie kleinen Abhandlungen über Paul Heyse (1907), Adolf Wilbrandt (1907), Ludwig Fulda (1908), Paul Lindau (1909), aber auch schon über „Berliner Gelehrtenköpfe" (1908/10). Legte dann 1913 in München sein Doktorexamen ab (Dissertation: „Die Zeitromane Friedrich Spielhagens und ihre Wurzeln"), kam als Lektor für Deutsch an die Universität Neapel und habilitierte sich 1914 in München bei Voßler. Erste romanistische Arbeit: ein zweibändiger „Montesquieu" (1914/15). Danach Kriegsfreiwilliger.*

*Nach dem Krieg, 1920, wurde er a. o. Professor in München und noch im selben Jahr an die Technische Hochschule in Dresden berufen. In der Folge Jahr für Jahr romanistische Veröffentlichungen, namentlich eine vierbändige „Geschichte der französischen Literatur" (1926–31), welche die Zeit von 1789 bis zur Gegenwart behandelt; es wird ihr Lesbarkeit nachgerühmt. 1933 erschien noch sein „Corneille", dann wurde er seines Amtes enthoben, mußte ins Judenhaus ziehen und Fabrikarbeit verrichten. Nach der Zerstörung Dresdens: Flucht (unter falschem Namen) auf die Landstraße. Über jene Jahre berichtet er in seinem Buch „LTI" (Lingua Tertii Imperii), mit dem Untertitel „Notizbuch eines Philologen" (1947; seit 1966 unter dem Titel „Die unbewältigte Sprache") – „ein Erlebnisbuch und eine Fixierung erlebter Sprache", wie er es genannt hat.*

*Er blieb in der DDR und wurde nacheinander Ordinarius in Greifswald und Halle (1948) und zuletzt an der Humboldt-Universität in Berlin (1951). 1956 erschienen nochmals Gesammelte Aufsätze, unter dem Titel „vor 33 / nach 45". Neben seiner wissenschaftlichen Arbeit war er als Abgeordneter der Volkskammer immer mehr auch politisch tätig. Wie er die in der DDR geübte Sprachregelung bewältigte, ist nicht bekannt.*

*Bevor Klemperer die akademische Laufbahn einschlug, war er also zehn Jahre lang Journalist gewesen; sein Versuch über „Das Lichtspiel" (1912) stammt aus jener Zeit. Schon vier Jahre zuvor hatte er sich in der Besprechung einer „Geschichte des Schattentheaters" die Nebenbemerkung gestattet: „Weil es sich in* seinem ganzen Buch um Kunst handelt, lehnt Dr. Jacob ein Eingehen auf unsere modernste Volksbelustigung, den Kinematographen, ab. Ob er daran ganz recht getan hat, weiß ich nicht." Sehr früh, 1908, für einen solchen (nicht unbedingt erforderlichen) Seitenhieb. Das Kino war für Klemperer nichts Neues, als er 1912 selber darauf einging.

„Sein Journalismus stand auf hohem Niveau", bestätigte ihm anläßlich seines 70. Geburtstages sein Fachkollege Eugen Lerch. „Er verdankt ihm seine Kunst des Darstellens und eine hervorragende Kenntnis der neueren deutschen Literatur." Tatsächlich gehört dieser Aufsatz über „Das Lichtspiel" zu den wichtigsten Zeugnissen der Zeit. Als „Der Kinematograph" vom 25. September 1912 eine Äußerung Klemperers brachte, die eine Zusammenfassung seiner Gedanken darstellt, wurde der nachmalige Universitätsdozent von der Redaktion eingeführt als „ein junger kampfesfroher Literat, mit dem seltenen Mut, auch Autoritäten gegenüber seine Meinung zu vertreten." Etwas weniger Kampf wäre wohl auch Klemperer lieb gewesen.

**Das Lichtspiel**

Es wird viel von dem Theaterüberfluß Berlins geschrieben; und damit setzt man sich in einen nur scheinbaren Widerspruch zu der gleichfalls häufigen Feststellung von der abnehmenden Theaterbegeisterung der Gegenwart: denn waren bei dem Publikum der wenigen früheren Schauspielhäuser heiliger Ernst und Kunstandacht das hervorstechende Merkmal, so füllt die zahlreicheren Theater des Heute eine Erholung und Zerstreuung suchende Menge, wobei es nichts verschlägt, ob dieses Erholen am Derbsten oder Feinsten, am rein Künstlerischen oder bloß Stofflichen gefunden wird. Der Überfluß an Theatern schrumpft in ein Nichts zusammen, wenn man ihn mit der Masse der in Berlin bestehenden Kinematographen vergleicht. Dem Berliner Wort „Kientopp" könnte man mit entschuldbarem Kalauer die Weiterbildung Kientopographie anhängen, da zu einer solchen überreichlicher Stoff vorhanden ist. In allen Stadtteilen Berlins, den vornehmsten wie den ärmsten, den stillen wie den lauten, begegnet man den immer lichtüberhäuften, fast immer farbenüberladenen Ankündigungen der neuen Erholungsstätten. Doch diese Bezeichnung, die dem modernen Theater so unbedenklich gegeben werden kann, ist hier vielleicht sehr viel weniger am Platze. Gewiß, der Wunsch nach Zerstreuung, nach Vergnügen lebt auch im Publikum der Kinematographen; aber jene Kunstandacht und jener heilige Ernst, den das Publikum hier teils mitbringt, teils ungewollt findet, dürften quantitativ wie qualitativ den Weihestimmungen des gegenwärtigen Theaters überlegen sein. Man nehme das für kein Paradoxon, es ist gesagt, wie es gemeint ist, und fußt auf der Beobachtung des Tatsächlichen. Man wende auch nicht etwa ein, in den Kientopp ströme das Volk, und das Volk sei eben leichter und entschiedener begeistert als der Gebildete; die Zeiten, wo nur das Volk im Kientopp saß, gehören so gut der Vergangenheit an, wie jene, wo nur das Volk in die Warenhäuser strömte, und im prunkvollen Mozartsaal des Berliner Westens verhält sich das soignierte Publikum nicht minder andächtig als das proletarische in irgendeiner Schaubude der östlichen Prinzenstraße.

Hier wäre nun die Gelegenheit, es mit dem Wortscherz der Kientopographie ernst zu nehmen und dem Begriff kulturhistorische Fülle zu verleihen. Sogleich ergibt sich aber eine unübersteigliche Schwierigkeit; denn nur mit einigen großen Lichtspieltheatern kann man als mit feststehenden Größen rechnen, während die Unzahl der kleinen bald hier, bald dort auftaucht und wieder verschwindet. Eine Beweglichkeit steckt darin, nicht der des einstigen Thespiskarrens gleichend, sondern der des Automobils verwandt. Buchstäblich verwandt; denn auch beim Kinematographen handelt es sich ja um den Ersatz des Natürlichen durch das Maschinelle. Und weil man die notwendige Maschinerie wohl in jedem langgestreckten Laden und Schanklokal unterbringen kann, und weil kein Bühnenraum notwendig ist und keine Kulisse und kein Schauspieler, so erklärt eben das Maschinelle der Einrichtung, die aus höchstem technischen Raffinement hervorgegangene höchste Simplizität der jeweiligen Aufführung, die Beweglichkeit der Anlage.

Und weiter erscheint mir eigentlich in kulturhistorischer Hinsicht solche kinematographische Ortskunde, sofern man vom Publikum absieht, das den einzelnen Stadtteilen entspricht, durch gleiche Andacht aber überall ein gleiches wird, beinahe überflüssig: denn im Grunde genommen trifft man überall wie auf die gleiche Andacht des Publikums auf die Gleichheit der Sache. Was wechselt, sind Äußerlichkeiten. Wo auf ein schlichteres Publikum gerechnet wird, tragen die Institute volltönende fremdsprachliche Namen wie Vitaskop, Bioskop, Biophon-Theater; der Westen (auch in der Farbengebung seines Firmenschildes schlichter) sagt Lichtspiele, das wissenschaftliche Urania-Theater spricht von Bewegungsbildern. Diese zweite Verdeutschung wäre nur dann am Platz, wenn man sich die Identität zwischen Bewegung und Leben immer gegenwärtig hielte, denn es handelt sich ja beim Kinematographen um mehr als um die bloße Darstellung von Bewegungen, es handelt sich um das Fließende des Lebens schlechthin. Eine noch zu erörternde höhere Berechtigung möchte die anmutige Bezeichnung Lichtspiel für sich haben, doch liegt vielleicht das innerlichste Recht bei den Titelkombinationen aus antikem Wortschatz, denn indem sie allen modernen Sprachen gemeinsam sind, deuten sie auf das Gemeinsame, auf das Internationale der Sache. Gewiß besteht ein Austausch auch zwischen den Theatern der einzelnen Länder; Schauspieler, bisweilen auch ganze Schauspieltruppen geben Gastspiele. Aber wieviel entschiedener, wieviel umfassender ist gleich seiner Beweglichkeit auch die Internationalität des Films. Das Gastspiel des Schauspielers ist immer noch die Besonderheit, er ist im fremden Lande, ja schon in der nächsten Stadt eben nur zu Gast; der Film macht keine Gastreisen, ist überall zu Hause. Wie charakteristisch hierfür ist die ständige Bemerkung auf den Zetteln der Mozart-Lichtspiele, man bitte „um Nachsicht für Übersetzungsfehler in den Titeln ausländischer Films". Der Kinematograph spielt in weitaus größerer Gleichheit vor dem Publikum der verschiedenen Städte und Länder; er kennt auch wie gesagt innerhalb derselben Stadt keine wesentlichen Unterschiede nach dem Orte, den er besetzt hält. Freilich die Eleganz des Zuschauerraumes wechselt von der jämmerlichsten Schenke bis zum üppigsten Saal, aber die Einfachheit der Form, das schmale Rechteck bleibt bestehen. Und im Norden findet man wohl unmittelbar neben den Sitzbänken einen schmierigen Schanktisch, während der Westen den Kaffeehausbetrieb in eigene Foyerräume verlegt; aber die Zwanglosigkeit des Anbietens und Nehmens von Erfrischungen während des Spiels (ein Bierglasbehälter vor jedem Sitz scheint Gesetz) ist überall dieselbe. In den billigeren Instituten wird während der Szene ein Klavier bearbeitet, oder ein Orchestrion grölt, oder es macht sich an rührenden Stellen ein Harmonium bemerkbar, im Westen ist eine tüchtige Kapelle eifrig an der Arbeit. Aber Musik muß eben dort wie hier vorhanden sein, wobei es gar nicht so sehr darauf ankommt, daß die Musik genau dem Stimmungsgehalt des Dargestellten entspreche, sondern einzig und allein auf die Musik an sich, auf die erträgliche Tonmasse; denn ohne sie würde man den stumm bewegten Bildern gegenüber das Gefühl haben, sich in einer Gesellschaft von Taubstummen zu befinden, und wie sehr sich dies auf die Dauer als Bedrücklichkeit herausstellt, kann man immer wieder an den wenigen Bildern erproben, die ohne musikalische Begleitung abrollen. War aber bisher von der nur ungefähren Gleichheit der Nebenumstände die Rede, so ist in der Hauptsache selber die Gleichheit eine vollkommene. „Die Räuber" auf der Bühne des Deutschen Theaters und auf irgendeiner Vorstadtszene gebärden sich sehr verschieden; zum Film geworden, führen sie im proletarischsten wie im feinsten Kinematographentheater genau das gleiche Leben. Und man sage ja nicht, der Kinematograph spiele zwar dieselbe Szene überall gleich, aber er spiele eben nicht überall die gleiche Szene, sondern sein Programm wechsele vom Derben zum Feinen je nach dem Kostbegehren des Publikums. Ich habe in allen Stadtteilen die gleiche Kostmischung vorgefunden, und das „Volk" hat dem Ernsten große Andacht entgegengebracht und die „Gebildeten" haben laute Freude über Hanswurstiaden geäußert, für die sie sich als Zuschauer außerhalb des Kientopps zu gut gedünkt hätten. So ist der Kinematograph, wenn anders das Nivellierende das Demokratische ist, ebensosehr das demokratische Institut wie das internationalste. Demokratisch nicht nur in der Idee wie etwa das Schillertheater, dem die Körperlichkeit doppelt fehlt, weil es ja mit seinen beschränkten Mitteln die einzelnen Stücke doch nicht so verkörpern kann wie eine reichere Bühne, und weil es schließlich doch nur vor wenigen spielt und nicht vor der Masse des Volkes, sondern, demokratisch durch und durch, dem Volke die gleiche Leistung bietend wie dem Gebildeten und der ganzen wimmelnden Volksmasse zugänglich.

Nun fragt es sich, warum denn das ganze Volk nach diesem Genusse greift, den doch die wenigsten bisher als einen Kunstgenuß gelten lassen, den fast alle ein Surrogat natürlicherer Erholungen und Vergnügungen nennen. Wirklich nur deshalb, weil der Kientopp so billig ist? Aber im Mozartsaal kann man doch Preise zahlen (und bezahlt sie auch), für die sich ein guter Platz in jedem Theater erstehen läßt. Und das Volk zahlt im Zirkus und auf den Rennplätzen höhere Eintrittspreise, und den Gerichtsverhandlungen darf es ohne Eintrittspreis beiwohnen, und ein Platz im Schmierentheater kostet ungefähr das gleiche wie ein Platz im Kientopp. All diese Veranstaltungen in ihrem natürlichen Verlauf haben den und jenen Liebhaber – in den Kientopp, der die Gesamtheit solcher Veranstaltungen nachbildet, strömen sie alle.

Eben deshalb, weil es eine solche Gesamtheit biete, wegen seiner unvergleichlichen Buntheit und Fülle also, übe das Kinotheater auch seine unvergleichliche Anziehungskraft, argumentiert man zu zweit und trifft damit gewiß das Rechte, ohne freilich eine erschöpfende Erklärung zu geben, denn nach dem Billigen greift der Unbemittelte, nach dem Vielen und Bunten der kindlich Rohe, und es ist doch betont worden, daß auch die Wohlhabenden und Kultivierten zum Kinopublikum zählen. Immerhin, die ungeheure Mannigfaltigkeit des an einem Abend Gebotenen, die rasche Folge wechselnder Bilder, die durch äußerste Konzentration des gehäuften Stoffes erreichte äußerste Zerstreuung des Publikums muß gerade in der Gegenwart willkommenste Reizung sein. Man geht ins Theater, um sich zu zerstreuen; das Variété tut dem Theater Abbruch, weil es stärkere Zerstreuungsmöglichkeiten bietet, und die Zerstreuungsmöglichkeit des Kientopps verhält sich zu der des Variétés wiederum wie Maschinenkraft zu animalischer, wie das beinahe Grenzenlose also zu dem knapp und unübersteiglich Begrenzten.

Ich habe die Zeit des pedantisch um acht Uhr beginnenden Theaters nicht innehalten können und will zwei Abendstunden im Kino verbringen. Ich gerate mitten in die Vorstellung und bin doch – ursprüngliche und übertragene Bedeutung fallen hier zusammen – sofort im Bilde. Chinesische Häuser bauen sich an einem breiten, starkströmenden Flusse auf, seltsame Barken gleiten vorbei, legen an, landen Menschen und Waren. Zwei Jungen neben mir, in dem typischen Konfirmandenanzug der kleinen

Leute, debattieren ernstlich darüber, ob die im Programm angekündigten „Bilder vom Jangtsekiang" chinesische oder indische seien. Ehe der pädagogische Unterricht sich in seinem Ernst bedrücklich fühlbar macht, folgt eine lustige Clown- und Akrobatenaktion aus dem Zirkus. Von hier aus geht es auf den Sportplatz: das Reiterrudel jagt vorüber, die aufgeregten Mienen und Bewegungen der Zuschauer stellen sich dar, der Sieger wird beglückwünscht. (Bei alledem ist der Zuschauer bereits zu einem vollkommeneren Beobachten gezwungen worden, als ihm auf dem Rennplatz selber eignen dürfte; dort sieht er wahrscheinlich nur die Reiter, hier auch den Affekt des Publikums, und so drängt ihm das Lichtspiel ein größeres Lebensstück auf, als ihm das Leben selber zuführen würde.) Zoologische Bilder erfreuen nicht weniger als die geographischen; die Vorführung eines Gleitbootes in blitzschneller Fahrt, die Analyse seiner Maschinerie erregt atemloses Interesse. Womit denn der Kinematograph dort angelangt ist, wovon er seinen Ausgangspunkt nahm, ehe er an die Eroberung des Volkes (von unten nach oben) ging: beim Wissenschaftlichen. Doch ist all dieses Wissenschaftliche und Pädagogische, wie es etwa in den prachtvollen Zellen- und Bakterienvorführungen der Urania den eigentlichen Zweck des Kinematographen bildet, der gelegentlichen Oberflächlichkeit und Geschminktheit „populärer Belehrung" mit dem unzerstörbaren Ernst des Tatsächlichen ein heilsames Gegengift bietend, wie es ihn an Universitäten und klinischen Anstalten zu immer größerer Bedeutung erhebt – im Kientopp, als dem Theatersurrogat, ist es nur Füllsel; und Füllsel trotz ihrer Reichhaltigkeit sind auch die regelmäßig wiederkehrenden Bilder zur Tagesgeschichte, die zum Leben erweckten Zeitungsblätter mit ihren Prozessionen, Paraden, Truppeneinschiffungen, Bauten, Gottesdiensten, Schneiderkünsten, Gelehrten-, Künstler-, Hochstapler-, Polizeihundeporträts. Das Surrogat muß dem zu Ersetzenden ähnlich sein, und soll es wirklich ersetzen, d. h. siegreich verdrängen, so ist es mit der größeren Billigkeit allein nicht getan – die Margarine verdrängt die Butter nicht –, und mit der größeren Heilsamkeit auch nicht – der „koffeinfreie" schlägt den Kaffee nicht aus dem Felde –, sondern das Surrogat muß auf dem gleichen Gebiet wie das ursprünglich vorhandene Ding an tatsächlichen Vorzügen reicher sein. Das Lichtspiel tritt in Wettbewerb mit dem Theater; so muß es vor allem Theater sein. Die Kinematographenbühne beginnt die eigentliche Bühne zu verdrängen; so muß sie ihr an tatsächlichen und nicht nur äußerlichen Vorzügen überlegen sein. Erst die Auffindung dieser Vorzüge vermag den Sieg des Kinematographen restlos zu erklären.

In einem kleinen und besonders primitiven Kientopp des Ostens bot man dem Publikum, das der denkbar niedrigsten Schicht angehörte, als offensichtlich besondere Attraktion einen Conferencier. Der Mann in schäbiger schwarzer Eleganz, das gedunsene Gesicht wohlrasiert, einen Kneifer vor den nicht unintelligenten Augen, begleitete von seinem der Leinwand entfernten Platz am Eingang der Schenke aus die einzelnen Bilder mit einem Redestrom, der bald pathetisch, bald sentimental, bald derb lustig klang. „Und nun sinkt die unglückselige Tochter dem alten Vater in die Arme! – Du hast mir mein Weib geraubt, einer von uns muß aus der Welt! – Na, Karliniken, nu wollen wir mal erst die Lampe ausmachen! Und nu können wir woll das junge Ehepaar allein lassen – nich wahr, meine Herrschaften?" – Aber während der verkommene Literat so unablässig sprach, tönte mit gleicher Ausdauer und stärkerer Lungenkraft das Orchestrion; die Reden des Mannes schienen nur ein Geräusch mehr neben dem musikalischen, dienten auch nur zur Übertäubung der Pantomimenstille, fanden so gar keine Beachtung, daß ihr unvermitteltes Ausbleiben bei einigen Szenen ganz offenbar niemandem auffiel. Der Conferencier war so überflüssig wie ein Erwachsener, der das mit Entdeckungen in seinem Bilderbuch beschäftigte Kind durch seine Erklärungen mehr ablenkt als bereichert. Solch einem Erklärer bin ich denn auch auf meinen Streifzügen durch das Kinotheater nur dieses eine Mal begegnet. Der Kinematograph braucht das Wort nur als leiseste Stütze des Bildes, meist ist es mit der gedruckten Überschrift der einzelnen Szene getan, wie etwa „Im Nachtasyl", „Die Sühne", „Der Tod versöhnt alle", „Eine Wette", „Hilfe in der Not" usw. usw. Ins Gefüge des Dramas selber dringen immer nur kurze Briefe, Geldanweisungen, Geburts- und Todesanzeigen, Testamente, ein Rezept, ein militärischer Befehl. Im übrigen herrscht immerfort die pantomimische Handlung, aber eine ungleich verständlichere als die der Bühnenpantomime, weil eine ungleich reichhaltigere; denn hier bewährt sich die Maschinenkunst des Kinematographen, die alle Zirkusmöglichkeiten ins Spiel bringt. Ich sehe das Automobil des Arztes heranjagen, ich sehe den Kranken auf dem Operationstisch, und könnte ich diese beiden Dinge getrennt allenfalls auch noch auf der wirklichen Bühne sehen, so begleite ich im Kino den Arzt Schritt für Schritt von dem Augenblick, da ihm der Diener den Wagenschlag öffnet, durchs Haus über Treppen und Korridore bis zur Sekunde, wo er das Messer ansetzt. Ich sehe den Reiter beim Sprung über die Hürde stürzen, sehe die Hunde hinterm Wild herjagen und den Fluß durchschwimmen, ich kann es verfolgen, wie die streikenden Arbeiter vor dem Maschinenhaus sich ansammeln, wie sie kämpfend in die einzelnen Hallen sich ergießen, wie sie ihr Vernichtungswerk ausführen.

Es liegt nun der Einwand auf der Hand, dies alles sei kein Vorzug vor dem Theater, sondern das gerade Gegenteil des Theaters, der Zirkus nämlich. Insofern die bunte Stofflichkeit, das verwegen Körperliche in den Zirkus gehöre, während es die Sache des Theaters sei . . . ja, was ist denn Sache des Theaters? Drama heißt Handlung und nichts anderes, und die Sache des

Theaters ist es also, durch eine unmittelbare Handlung zu erschüttern, das Ich aus der Enge seines alltäglichen Gefühls herauszuführen in die Freiheit der Teilnahme an anderen Menschenschicksalen. Alles, was dem Rollen der Handlung entgegensteht, was Gefühlszustände erklärt, alles Gedankliche, jeder Sprachschmuck ist im letzten Grunde undramatisch und bühnenunwirksam. Das erklärt den traurig zerrissenen Zustand des modernen Bühnenlebens. Man unterscheidet heute ebenso notwendiger- wie unsinnigerweise zwischen dem literarischen und dem Volksstück. Im Volke ist der Sinn für das eigentliche Drama und nur für dieses durchaus lebendig, das Volk sucht auf der Bühne den Ablauf starker Ereignisse, will von ihnen gerüttelt, zum Lachen und Weinen gezwungen werden. Der Gebildete hingegen steht dem gewaltsamen äußeren Geschehnis längst skeptisch gegenüber. Ihm kommt es auf die Ereignisse der Seele an; wie ihn das Seelische in Lyrik und Epik beinahe ausschließlich fesselt, soll es auch auf der Bühne herrschen. Es soll, aber es kann dort kaum regieren, ohne das eigentlich Dramatische ins Hintertreffen zu drängen. Gerade die besten modernen Stücke offenbaren ihre eigentliche Schönheit dem Leser und nicht dem Zuschauer. Das literarische Publikum empfängt von der Bühne herab Surrogate; an der Dichtung mag es sich zu Hause freuen, im Theater ist sie zur Bedeutung eines Kanevas herabgesunken, auf der als Stickerei und somit als Wesentlichstes erscheint, was doch eigentlich das Untergelegte, das Dienende sein sollte: die Kunst des Schauspielers und des Regisseurs. Wie charakteristisch ist es, daß man heute das System einer „Theaterkunst" baut, worin der Dichter nur ein Mitarbeiter unter mehreren ist und nicht der unumschränkte Herr seiner szenischen Diener. Die Theaterkunst bereichert die Reihe der Künste um eine neue, zugleich aber verengt sie das Gebiet der Dichtungsarten: wer der Moderne als Dichter etwas zu sagen hat, tut es am sichersten durch Lyrik und Epik; als Dramatiker läuft er die doppelte Gefahr, mit seinem Seelischen überhaupt zu verhallen und in dem, was an sich auf der Bühne hörbarer wäre, von den Selbstherrlichkeiten des Schauspielers und der Regie übertönt zu werden. Aber auch der Volksdichter ist in peinlicher Lage; er schämt sich einigermaßen seiner Kunst, die als roh, als Unkunst gilt, und um sie zu verschönern, greift auch er, und sei es mit plumpesten Fingern, ins Seelengebiet hinüber, verfälscht also seine dramatische Kunst. Er könnte freilich zu seiner Verteidigung sagen, das Drama in seiner ausschließlichen Bedeutung habe niemals existiert, aus der gottesdienstlichen Handlung hervorgegangen, habe es von vornherein in seinen Chören lyrische und gedankliche Bestandteile in reichlicher Menge enthalten. Dazu wäre dann zu sagen, daß die kinematographische Darstellung somit dem reinen Begriff des Dramas näher komme als alle vorher gewesene Dramatik, da sie buchstäblich die Erfüllung des dramatischen Ideals bedeute. Dem sei wie immer, so ist es doch ganz gewiß, daß die Kinoaufführung ein intensiveres, ein sozusagen ehrlicheres Volksstück bietet, als irgendeine natürliche Bühne heute zu bieten vermag. Handlung preßt sich an Handlung, da ist keine Fuge, in der sich jene Todeskeime des Dramas festsetzen könnten. Und doch liegt kein entseeltes Ganze, kein Zirkuswerk vor. Sondern das Volk ist in jedem Augenblick gezwungen zugleich und befähigt, den bewegten Körpern, die es sieht, selber die Seelen hinzuzufinden, einfacher gesagt: sich den Bildertext zu schreiben. Ein Kind läuft über den Fahrdamm, ein heranjagendes Auto soll gebremst werden, erfaßt aber dennoch den Knaben, der Verletzte wird zu seiner Mutter gebracht . . . all diese Vorgänge und tausend andere gleiten, oft kunstvoll verkettet, vorüber, und alle bieten sie Anlaß, die Empfindungen und Gedanken der im Spiel Befindlichen aufzusuchen, wobei dann jeder nach Maßgabe seiner eigenen Tiefe des Fühlens und Denkens solche Beseelung vornimmt. Und dieses ständige Beseelenmüssen ist es nun offenbar, was den Ernst und die Andacht des Publikums hervorbringt, indem es aus Zuschauern Mitschaffende macht, indem es ein wirkliches Mitleben erzwingt. Und dies ist auch der Punkt, der die Filmbühne zur Volksbühne in der weitesten und einzig edlen Wortbedeutung macht, derart, daß auch die Schicht der Gebildeten vor dieser Bühne zum Volk gehört. Denn auch dem Gebildeten ist es ja notwendig, sich den Seelentext der Bilderreihe zu schreiben; niemand hindert ihn, den Text des gleichen Bildes tiefer und eigenartiger zu verfassen, als ihn vielleicht ein roherer Nachbar herstellt – aber verfassen muß er ihn, und gerade von diesem „Muß" strömt auch hier die heilige Andacht aus, weil dieses Muß eben das Mitschaffen und Mitleben in sich schließt. Das Mitschaffen und Mitleben, das vom literarischen Stück der besten modernen Bühnen teils nicht mehr verlangt werden kann, teils nicht mehr verlangt wird. Die teilweise Unmöglichkeit dieser Forderung beruht auf dem schon erwähnten Umstand, daß jene feinsten Seelenregungen, um deren Ausdruck es dem modernen Dichter zu tun ist, im Lärmen und Hasten der Bühne versinken müssen (denn ein völliger Verzicht auf Hast und Lärm käme auf eine völlige Abtötung des dramatischen Nervs heraus). Das teilweise Aufgeben der Forderung aber liegt darin, daß die mitschaffende Phantasie des Zuschauers keinen Spielraum mehr hat.

Findet der Gebildete somit an den Volksstücken des Kinematographen einen innigeren Genuß als an den literarischen Dichtungen der modernen Bühne, so ist es doch nicht nur die kindliche Freude, die man so gern mit jeder Art des „Zurück zur Natur" verknüpft glaubt. (Um solch ein „Zurück zur Natur" handelt es sich ja hier wirklich, wenn auch der Rückweg mit allem Raffinement des Maschinenwesens gebahnt ist.) Er dürfte vielmehr als Erwachsener noch eine besondere verfeinerte Freude empfinden, eine Stimmungsfreude, wo die Ungebildeten die einzelnen Szenen als Wirklichkeiten schlechthin genießen. Denn während der naive Zuschauer mit unbefangener Illusionskraft die bewegten Bilder als etwas wahrhaft Körperliches nimmt, dem er die Seele abfragt, kann der bewußtere Betrachter keinen Augenblick das Gefühl dafür verlieren, daß er es nicht mit den realen Dingen, daß er es vielmehr mit ihren Schattenbildern zu tun hat. Und insofern reiht sich die Filmdarbietung eng an die uralten Schattenspiele, von denen sie sich wiederum durch die Plastik und ungeheure Bewegungsmöglichkeit ihrer Figuren unterscheidet. Dieser Unterschied bewirkt es, daß das Kinotheater eine neue, eben eine aus sprachloser, unablässiger Handlung gebaute Dramatik zu geben vermag, während das Schattenspiel auf gesprochene Texte angewiesen und also doch ein Notbehelf des eigentlichen Theaters war; jene Verwandtschaft aber überträgt alle Sonderreize des alten Schattenspiels restlos auf die Filmdarstellung. Nun ist es uralte, ewig wiederholte Weisheit, das Schattenspiel habe den Indern und manchen orientalischen Völkern nach ihnen deshalb eine besondere Freude bereitet, weil sie in der schattenartigen Darstellung der Menschen und Dinge ein Sinnbild für die Nichtigkeit der irdischen Erscheinungswelt gesehen hätten. Dieser Gedanke durchzieht, immer aufs neue belegt, die ganze „Geschichte des Schattentheaters" von Dr. Georg Jacob, die das Schattenspiel auf seinen Wanderungen von Indien nach Ceylon, Java und Siam, nach China und später zur mohammedanischen Welt begleitet. Und es ist der gleiche, nur noch entschiedener fatalistisch gefärbte Gedanke, wenn vor einem arabischen Schattenspiel, den „Liebenden von Amasia" (von Konsul Wetzstein, Brockhaus, Leipzig) als Motto steht:

> Ich seh' im Schattenspiele tiefen Sinn,
> Es ist ein Bild des Lebens für den Denker;
> Gestalten ziehn vorüber, schwinden hin,
> Dann endet alles, übrig bleibt der Lenker.

Nun glaube aber, wer will, daß solch eine pessimistische Philosophie die Masse des teilnahmsvollen Publikums vor der Leinwand zu irgendeiner Zeit und in irgendeinem Lande in Bann gehalten und nun gar das freudige Interesse am Schattenspiel erhöht habe. Nein, immer und überall kann das Schattenspiel nur die Freude am Leben vergrößert haben. Denn hier sahen die Menschen die Dinge der Welt vorübergleiten als Objekte, denen die Tücke des Objekts fehlte, als irdische Dinge ohne Erdenschwere, in einer beglückenden Reinheit und losgelösten Selbständigkeit. Und diesen Vorzug, gleichsam die Idee der Dinge zu bringen statt der Plumpheit der Dinge selber, teilt das moderne Lichtspiel durchaus mit dem alten Schattenspiel. Jetzt erweist es sich, ein wie glücklicher Sprachgriff die Bezeichnung Lichtspiel ist; denn wirklich, hier handelt es sich um ein freudiges Spielen mit den Erscheinungen des Lebens: die anmutige Unerschöpflichkeit seiner Formen gleitet vorüber, all seine Beschwerde bleibt zurück. Die Masse der naiven Zuschauer hat dafür kaum ein Gefühl; sie nimmt das Lichtspiel so sehr als Wirklichkeit hin, daß ihr jede Unterstreichung dieser Wirklichkeit nur lieb ist. So finden die schreckensvollen Kombinationen, in denen ein Sänger auf der Leinwand agiert, während ein versteckter Phonograph die dazugehörige Arie ertönen läßt, zumeist lebhaften Beifall. Von solchen peinvoll unnatürlichen Nachahmungen der Natur wird sich der Gebildete abgestoßen fühlen. Dafür strömt ihm dann um so bewußterer Genuß aus dem eigentlichen Lichtspiel als einer besonderen Kunstgattung, in der ihn der einfachste Vorgang, wie das Schreiten eines Menschen, der Flug eines Vogels, ja die Hantierung des schlichtesten Instrumentes, einer Schere etwa, die ein Stück Tuch durchschneidet, aufs freundlichste anspricht – eben als befreites, unirdisch gewordenes Leben. [1912]

Erna Morena, Fritz Kortner in „Die Lieblingsfrau des Maharadscha" 3. Teil (Max Mack, 1920)

# Walter von Molo

*Walter von Molo (1880–1958), aus altem Rittergeschlecht, in Wien aufgewachsen, wo er von 1898 bis 1902 als Diplom-Ingenieur lebte, wurde nach dem Erfolg seines vierteiligen „Schiller-Romans" (1912–16) freier Schriftsteller, wohnte zuerst in Berlin, später auf seinem Hof in Murnau (Oberbayern). Schrieb weiterhin historisch-biographische Romane, zumeist in Reihen, so den dreiteiligen Roman „Ein Volk wacht auf" (1918–22), der von 1924 an „Der Roman meines Volkes", schließlich „Fridericus-Trilogie" hieß und sogleich verfilmt wurde: „Fridericus Rex" (A. v. Cserépy, 1922/23), später nochmals als Tonfilm (Johannes Meyer, 1936). Das „Fridericus-Rex-Buch" (1923) stellt eine „vom Dichter selbst getroffene Auswahl" aus seinem Roman dar, mit Fotos aus dem Film. Auch sein Roman über Friedrich List, den Schöpfer des deutschen Eisenbahnsystems und Vorkämpfer der wirtschaftlichen und politischen Einheit Deutschlands, „Ein Deutscher ohne Deutschland" (1931), wurde verfilmt („Der unendliche Weg", Hans Schweikart, 1943, mit Eugen Klöpfer), wobei v. Molo auch das Drehbuch schrieb, zusammen mit Ernst v. Salomon.*

*Daß Walter von Molo sich aus dem Film nicht erst dann etwas machte, als etwas damit zu machen war, das zeigt sein Artikel „Im Kino" aus dem Jahr 1912. Velhagen & Klasings Monatshefte, in denen er erschien, waren nicht als avantgardistische oder proletarische Zeitschrift bekannt; wenn sie ihre Leserschaft mit Artikeln wie denen von Klemperer und v. Molo bediente, muß es also schon damals auch ein bürgerliches Kinopublikum gegeben haben; Walter von Molo beschreibt ja, wie er an einer Revolverbude vorbeifährt, um seine Begleiterin in ein einigermaßen gesellschaftsfähiges Kino zu führen.*

*Für das erste Heft der UFA-Zeitschrift „Filmkunst" (10. Dezember 1920) lieferte er einen Beitrag („Besinnung!"), und auf die Umfrage von Felix Henseleit antwortete er im Reichsfilmblatt-Almanach 1933 nochmals ganz ähnlich: „Die große und einzige Forderung heißt: zu den Seelen greifen . . . Sobald man endlich weiß, daß der Dichter, da er die Grundlagen gibt, ebenso wichtig ist wie Darsteller und Spielleiter und alle die andern, wird der Film das, was ich von ihm will."*

**Im Kino**

Ich fuhr mit der gnädigen Frau im „Gummiradler" zum Kino. Ein verlorenes Vielliebchen war schuld daran. Sie saß neben mir, mit dem pikantesten Glockenhütchen, das aufzutreiben gewesen – eine fleischgewordene Gibsonzeichnung – und sah durchs Fenster. Mit einem Male war sie ganz sprühendes Wort: „So einen Kinematographen möchte ich eigentlich sehen!" Sie zeigt gruselig erregt mit dem weißen schmalen Glacé durch die schütternde Wagenscheibe. Wir fahren langsam an einem Kino letzter Güte vorbei. Zum Schneiden dick ist die Luft, die durch die halbverhängten Fenster scheint, ein Klavier kläfft gequält durch die unablässig gehenden Türen, durch die sich Arbeiter und Schuljungen Stimmung holen. Grelle Dreifarben-Plakate kleben am Eingang: Zehn erstklassige Schlager bei niederen Preisen! Sensationell! Kunstfilm! „Auf dem Altare des Mitleids! Großes, zu Herzen gehendes Drama aus dem montenegrinischen Bauernaufstand. Aus Mitleid zur Freundin das eigene Leben geopfert! Ein menschliches, tieftrauriges Bild!" – „Revolution in Portugal!" – „Macht der Liebe!" . . . Wir sind vorbei.

„Das hätt' ich gern gesehen," sagt sie fratzenhaft und spielt die Beleidigte, „das wäre gewiß interessant!"

„Ich will Ihnen, Gnädigste, das Beste zeigen." Der Handkuß wird gnädig quittiert, die Querfalte auf der Stirn der großen Jour-Organisatorin schwindet jedoch erst, als ich sage: „Sie säßen unter schlecht gewaschenen Menschen ohne Manieren."

Ein verzeihender Blick antwortet: Sie haben recht! „Warum heißt's eigentlich Kino?"

„Kino? Das ist so eine Umbildung wie Auto, Taxi – Sinn hat's keinen, aber –"

„ . . . Hübsch ist's! Ich geh' ins Kino! Wie nett das klingt! – Da ist schon wieder eins! Schauen Sie! Schauen Sie!"

Wir lesen ein Plakat: „Cäsars Glück und Ende. Großes historisches Drama aus dem Wüstlingsleben des geschichtlich bekannten Cäsars des Grausamen – und dessen schreckliches Ende" – und sind vorbei.

„Daß es so viele Kinos gibt, hab' ich gar nicht gewußt," sagt die kleine Frau und liebkost ihren Muff. „Rentiert sich denn das?"

Ich krame meine Wissenschaft nachlässig aus: „In England sind 8 000 Kinos, in den Vereinigten Staaten 12 000 – auf der Erde 70 000. Es ist das Theater des Volkes geworden! Ade Volksstück . . ."

„Ihr Drama ist noch nicht aufgeführt?" meint sie liebenswürdig frech.

Meine heroische Handbewegung legt diese nebensächliche Angelegenheit *ad acta*. „In den Vereinigten Staaten besuchen täglich vier Millionen das Kino – also, der Zahl nach, in fünfundzwanzig Tagen die ganze Bevölkerung der Vereinigten Staaten."

„Steht das im Lexikon?"

„Ich hab's nach besten Quellen festgestellt! – Wir sind da!"

Wir steigen aus; der Windfang spielt. Der Riesensaal, der sonst nur Damen mit Haararchitektonik sieht, mit fließenden Gewändern und weißen Schultern, der größte Tanzsaal Wiens, ist ein Kino, „Lichtspiele" heißt es hier. Die Garderoben sind übervoll, bei den Kassen klimpert das Geld. „Die Damen werden höflichst gebeten, die Hüte abzunehmen." Der Garderobier zeigt auf die Riesenpapptafel. Seufzend tut's Frau Lotte und sticht die Riesennadeln durch das grüne Glockengebäude, langsam, als finde sie, es sei unter solchen Umständen für ihren Hut das beste, von ihrer Hand zu sterben. Die Stufen hinan in wohliger Hast, verdunkelnde Türen klappen lautlos auf und zu, und wir sind im Finstern. „Na, das ist gut," sagt sie. „Bitte die Karten," sagt ein Mann, der eine Blendlaterne vor der Brust trägt. Das Auge gewöhnt sich an die Lichtleere, es unterscheidet im tiefen Halbdunkel des Riesensaales Kopf an Kopf – sie sind alle der großen Leinwandtafel zugewandt. „Da" – wildes gurgelndes Wasser schießt um düstere schwankende Baumwipfel, ein Kanoe jagt in den Stromschnellen des exotischen Flußes, es fährt auf einen gischtumwirbelten Felsen, es hängt fest, nackte braune Eingeborene springen ins rauschende Wasser – das Rauschen kommt vom zischenden Projektionsapparat –, sie machen das Boot flott, es beginnt zu treiben, immer schneller und schneller, die Wirbel drehen es, die nackten Kerle springen hinein und ergreifen die Ruder, die schlanken Beine glänzen vor Nässe. Heidi! Weg sind sie! Das Fabrikzeichen einer Reklame flammt farbig auf der Riesenleinwand auf. Ich fühle: wir sitzen, vom Mann mit dem elektrischleuchtenden Herzen mystisch hierhergebracht. Es wird licht im Saal.

„Was war das?" fragt verdutzt die kleine Frau.

„Laos in Indien – Naturaufnahme," lese ich aus dem Programm.

„Hübsch ist das."

„Ja," sage ich und weiß, daß ich in diesem Augenblicke so aussehe, als hätten nicht die Brüder Lumière in Lyon Anno 1895 den Wunder-Apparat geschaffen, sondern ich: Walter von Molo. Der Mensch ist einmal so. – „Passen Sie nur auf; Sie werden noch ganz andere Dinge zu sehen bekommen."

Sie dreht den Kopf und wendet die schönen Schultern; sie mustert den schwarzen Projektionsapparat, der drohend auf der rückwärtigen Schmalseite des Sophiensaales postiert ist, dort, wo sonst die Musikkapellen die süßen Walzer fabrizieren, die der Jugend in die tanzunlustigen Ästhetenbeine fahren, daß sie wider Willen im Strauß- und Lanner-Walzertanzpoem schleifen und drehen.

Der Marsch der Musikkapelle reißt ab, Dunkelheit fällt wie ein schwarzes Tuch über die Menge.

„Kaiser Franz Joseph auf der Gemsjagd."

„Ach, das wird nett; ich seh den alten Herrn gern," sagt die kleine Frau despektierlich.

Vor dem Jagdschlosse in Ischl fahren die Equipagen vor, die Leibjäger bringen das Jagdgerät, die Gäste erscheinen und dann Er, der unverwüstliche Weidmann und Glücksucher für seine vielen Völker, neben ihm ein eisgrauer Riese: Luitpold von Bayern. Die Herren sind in Lederhosen, sie nehmen Platz, die Räder rollen über die Eisenbahnschienen, alles grüßt ehrerbietig, die großstädtischen Saisondirndln knicksen, der Kaiser dankt, er hebt immer wieder und wieder mechanisch den verwitterten Steirerhut vom Herrscherhaupt. Vor dem Bahnhofsgebäude biegen die Equipagen ein, Begrüßung, Hutschwung. Der Kaiser brennt darauf, zum Schuß zu kommen. Er geht schnell über den Perron, er dankt dem Stationsvorstand, der sich meldet; leicht, ohne fremde Hilfe, ersteigt der Achtzigjährige das Coupé, die Lokomotive zieht an, rauchwirbelnd verschwindet der Zug. – Hoch oben im Wald warten die Jäger und Treiber. Markige Waldriesen. Sie werden unruhig und zeigen mit den Fingern, sie reißen die Hüte von den Köpfen: Die Equipage der Monarchen rollt vor, das Pferd steht bereit, der Kaiser hat die Regierungssorgen von sich getan, er spricht mit dem und jenem. Die Jäger stoßen sich gegenseitig an, die liebende Hochachtung ist in aller Mienen. Der Kaiser besteigt das Tier, die Treiber eilen, die langen Bergstöcke schwingend, voran. – Eine latschenübersäte Geröllhalde liegt vor dem Ansitz. Es beginnt im Kar zu wimmeln, das sind die Gemsen. Der Kaiser sitzt regungslos – nur das Bild zuckt hier und da ein wenig und fleckt, als koche es unter der projizierten Schichte: es flimmert – auf einmal reißt er den Stutzen hoch, das Ohr hört den Schuß, ohne daß er fällt. Das Publikum jubelt lautlos über den kapitalen Treffer seines Kaisers; eine wellenförmige Bewegung geht durch den Saal. Die Gemse kugelt. Der Bruch wird dem Kaiser präsentiert, er nimmt ihn lächelnd entgegen. Schluß der Jagd! Die Jäger steigen zu Tal, die Treiber schleppen das Wild. Der Kaiser besichtigt die Strecke, eilig, nervös, ungeduldig, es ist, als hätten ihn die Regierungssorgen schon wieder eingefangen: die deutsch-tschechische Verständigung, der ungarische Ausgleich! Das Bild des Kaisers erscheint allein – die Musik intoniert die Volkshymne; das Publikum steht und singt mit, auch meine kleine, kokette Nachbarin, denn sie ist eine Patriotin, allerdings mit der Lokalfärbung: Wienerin, das ist eine Ortsgruppe des Reichspatriotismus. Oh, die Wienerin versteht ebensoviel von der Politik, wie alle anderen Frauen auf der Welt. Wieviel, das sag' ich nicht.

Als sie wieder sitzt, lächelt sie mit dem süßen Zähnchenwerk und netzt die Lippen. „Wirklich hübsch ist das! – Wie nimmt man das Zeugs denn auf?"

„Wie photographiert wird, wissen Sie?"

„Natürlich!"

„Eine Laterna magica kennen Sie auch?"

„Das ist doch das Zeugs, wo man Bilder einsteckt, – und ein Licht wirft sie vergrößert auf die Wand?"

„Sehr richtig! Hier ist es ebenso."

„Aber das Zeugs bewegt sich?"

„Weil hier statt eines Bildes hunderte und hunderte hintereinander projiziert werden, so schnell aufeinanderfolgend, daß man den Eindruck der Bewegung hat."

„Das versteh' ich nicht."

„Das menschliche Auge, gnädige Frau, hat die Gewohnheit, einen Bildeindruck noch einige Zeit festzuhalten, nachdem das Gesehene schon verschwunden ist. Das nennt man die Nachbild-Erscheinung. Wenn man nun – solang dies Nachbild im Auge noch vorhanden ist – wieder ein neues Bild in das Auge treten läßt, so vermischen sich die beiden Eindrücke. Ein im Kreise geschwungenes Licht erscheint als feuriger Kreis oder noch besser –"

„Genug der Beispiele! Wie kriegt man aber so viele Bilder zusammen?"

„Das will ich Ihnen gleich erzählen. Zuerst kommt noch der Projektionsapparat. Sehen Sie, da rückwärts den schwarzen Kasten, neben dem ein Feuerwehrmann steht und aus dem – aus dem Kasten nämlich, nicht aus dem Feuerwehrmann – ein greller Lichtkegel strömt, wie ein Scheinwerfer in dunkler Sturmnacht . . ."

„Keine dichterischen Phrasen, lieber Freund!"

„Das ist der Projektionsapparat. Die Bildchen sind sehr klein, sie sind fortlaufend auf einem Streifen angeordnet, der vor der Lichtquelle, meist elektrischem Bogenlicht, vorbeibewegt wird. Bei der Laterna magica oder dem Skioptikon, wie's jetzt verbessert heißt, steht das Bildchen fest, beim Kinematographen wird das Filmband, so heißt nämlich das Bildchenband, fortwährend bewegt. Die Filmbänder sind biegsam und durchsichtig, aus Zelluloid hergestellt; drum der Feuerwehrmann, denn Zelluloid ist sehr feuergefährlich! Natürlich sind die Zelluloidstreifen mit einem lichtempfindlichen Stoff überzogen, wie bei der gewöhnlichen photographischen Platte das Glas."

„Natürlich." Sie macht eine großartige Gebärde des totalen Begreifens und springt ab: „Aber, sagen Sie, warum zittert das Bild so oft? Es hat Fehler? Nicht wahr?"

„Ja, schöne Frau! Das Zittern kommt von den Filmbandlochungen. Das Filmband wird von einer Rolle abgezogen und nach Passieren des Lichtkegels auf eine andere Rolle aufgewickelt; daher ist das Band mit Lochungen versehen, in die vorschiebende Zahnrädchen eingreifen. Wenn sich nun, durch oftmaligen Gebrauch, die Löcher des Filmbandes ausweiten, so zittert das Bild. Und die Flecken und Striche im Bild stammen von nicht retuschierten Flecken und Kratzern oder von andern Fehlern in der Schicht des Bandes her."

„Die Menschen gehen und gestikulieren alle so hastig und puppenartig, viel schneller als im Leben. Nicht wahr?"

„Gewiß! Die Reihenbilder müssen eben bei der Projektion schneller durch den Apparat geführt werden als seinerzeit die Aufnahmen erfolgten. Mindestens 30 bis 35 und mehr Bilder folgen in der Sekunde aufeinander, damit die zwischen den einzelnen Bildchen liegenden Verdunkelungen des Filmstreifens nicht unangenehm fühlbar werden: sonst entsteht das lästige Flimmern, das bei guten Apparaten, also hier" – ich schmeiß' mich in die Brust – „nicht vorkommt!" . . .

„Pst!" Die Pause ist um; die Schinkensemmel ist verzehrt, die Männer, die die Saalluft desinfizierten, sind mit den Perolin-Spritzen verschwunden, es wird dunkel. „Ein Ausflug im lenkbaren Luftschiff, Naturaufnahme."

. . . Der Riesenballon wird aus der Halle transportiert, die Propeller drehen sich, die Leute beginnen herum zu rennen, sie photographieren und schwenken die Hüte; der Ballon steigt, es ist als steige man mit ihm: man sieht den See und die Stadt – ich glaube, es ist Luzern –, wunderschön ist's, wie die Menschen unter einem immer kleiner und kleiner und schließlich zu Streifen in der Draufsicht werden, doch: es interessiert dies alles meine kleine Frau nicht; sie ist *in natura* „mit Zeppelin" gefahren. Sie studiert die zischenden Lichtgarben, die den Saal durchfliegen, um jeden Punkt des Filmbandes gehorsam auf die Leinwand zu malen, sie beginnt leise zu reden: „Wie nimmt man denn das Zeugs auf? Ich meine, wie macht man den Filmstreifen?"

„Entweder macht man eine Reihe photographischer Einzelaufnahmen sehr rasch hintereinander, es gibt schon Apparate, die 6 000 Aufnahmen in der Minute zuwege bringen, oder man photographiert in Zwischenräumen bei sehr langsamen Veränderungen des Objektes. Die Brüder Lumière in Lyon haben, wie gesagt, als erste solche Reihenbilder, sogenannte Diapositive, auf Zelluloidbänder – der Feuerwehrmann! – reproduziert und diese in den Handel gebracht."

„Wieder die Franzosen! Hört's mir mit eurem Volk der Dichter und Denker auf. Die Moden kommen aus Paris und jetzt auch die Kinematographen."

„Die kamen übrigens aus Lyon! Und überdies hat Meßter, unabhängig von den Franzosen, Anno 1896 den ersten deutschen Kinematographen erfunden!"

„Sagen Sie, wer läßt sich denn eigentlich für solche Kinematographenvorführungen aufnehmen?"

„Schauspieler! Oft sind die besten Kräfte dabei beschäftigt, es gibt bei den einzelnen Firmen riesige Aufnahmeateliers, in denen die ersten Künstler die Bilder ‚stellen' – das ist ein hübscher Nebenverdienst . . ."

„Schwafeln Sie nicht!"

„Gott ist mein Zeuge! In diesen Ateliers ist alles vorhanden, was ein erstklassiges Theater besitzt und noch mehr: Grundstücke werden gekauft, mit Wald und Feld und Eisenbahnstrekken, mit Grotten, Parks, Wasser, mit Einrichtungen aller Arten und Stile. Die Firmen scheuen keine Kosten; Fixigkeit ist hier das oberste Geschäftsprinzip. Sie rüsten Expeditionen in fremde Weltteile aus, sie schicken Aufnahmeapparate und Beamte zu jeder politischen Kundgebung, zu jedem Monarchenbesuch, zu jedem großen Unglück, zu den bedeutenden Rennen allerart, kurz: dorthin, wo immer etwas geschieht oder geschah. So entstehen dann die ‚natürlichen' Aufnahmen. Ein bis zwei Tage nach dem Ereignis, oder noch früher, gehen kilometerlange Filmbänder in die ganze Welt, für jedermann, um ein paar Wertmünzen, das große Ereignis reproduzierend."

„Wie lang ist denn so ein Filmstreifen?"

„Für eine gewöhnliche Aufnahmenreihe ist der Film ein drittel Kilometer lang; der Meter kostet etwa vier Mark und mehr."

„Das ist ja ein Riesengeld!"

„In den Kinounternehmungen stecken Millionenkapitale – sie tragen reiche Zinsen. Die größten Firmen produzieren täglich an die hundert Kilometer Film und beschäftigen weit über tausend Arbeiter. In Deutschland sind, nach einer sehr verläßlichen Schätzung, ungefähr zehn Millionen Mark in kinematographischen Apparaten angelegt."

„Das ist sicher aufgeschnitten!"

„Auf Ehre!"

„Pst! Da schauen 'S, das ist herzig – sind 'S jetzt endlich ruhig!"

„Zauber der Musik." Ein Werkelmann fährt in einem Hofe mit seiner Musikkarre auf; er beginnt, mechanisch die Kurbel zu drehen. – Der Text erscheint in Riesenschrift auf dem Projektionsschirm, die Musikkapelle spielt jeweils, wenn der Werkelmann eine andere Platte in sein Musikwerk einlegt, das Stimmungslied – Kinder kommen hinzu, sie fassen sich unter und tanzen. Eine arme verblühte Näherin sitzt in der Dachstube vor der Nähmaschine; sie horcht auf. Spielt nicht das Werkel gerade drunten im Hof das alte Volkslied vom Scheiden und Meiden? Sie denkt ihres verschollenen Bräutigams – das Bild wechselt in die Vergangenheit zurück – sie geht mit dem schmucken Matrosen im Maienwald spazieren, er steckt ihr den Verlobungsring an den Finger, sie küssen sich. – Und nun sitzt sie weinend und dann wirft sie dem Werkelmann ein Geldstück durchs Fenster zu, dankbar im Schmerz, daß sein Lied ihr noch einmal die süßtraurige Erinnerung schuf.

Die kleine Frau ist gerührt. „Das ist sehr herzig!" sagt sie feindselig bestimmt und schluckt, denn sie kennt meine Gemütsroheit in solchen Situationen. „Das ist se-h-r herzig! Wirklich! Das ersetzt manches Theater."

Das ist ein Dolchstich gegen mich: „Ja, leider! Das Volksstück hat der Kinematograph schon umgebracht; die Masse geht lieber ins Kino, das ist billiger – o, unsere Theaterdirektoren! Warum können die nicht von der Luft leben? – und ‚unterhaltlicher', auch gruseliger! Arme Schaubühne! Den ‚Faust' haben sie schon auf den Filmstreifen, und den ‚Müller und sein Kind' – ein Stück, das einer mit der Ahnung des künftigen Kinematographen schrieb – hab' ich für Allerseelen auf den Litfaßsäulen angekündigt gesehen."

„Lassen Sie den Menschen ihre Freuden!"

„Gehen Sie nur einmal in so ein richtiges Vorstadtkino! . . ."

„Ich hab's ja gewollt; *Sie* waren der Traumichnicht!"

„Die bringen unglaubliche Sachen, die alles eher als das Volk erziehen."

„Ich tät', statt bei dem Volk, bei meinen Kindern mit der Erziehung anfangen." – Das ist ein Hieb auf meinen Sohn Kurt! – „Und – was können sie denn gar so Schreckliches bringen?"

„Das kann ich Ihnen nicht erzählen. Allerlei. Solche Kinos sind lebendige Schauer-, Rassel- und Kriminal-Romane. Eine ordentliche Zensur gehört daher. Das Hauptpublikum solcher Kinos besteht aus Minderjährigen, aus Schulpflichtigen. Die könnte man so mühelos mit dem Kino bilden. Und es ist auch schon besser geworden; langsam kommt die Wissenschaft im Kino zur Herrschaft. Fremde Länder und Sitten werden vorgeführt, industrielle Herstellungsarten werden erklärt – nur die Kunst soll man mit dieser Maschinenbildmalerei verschonen! Alles ordnet sich von selber ein, auch das Kino wird seinen ihm zukommenden Platz erhalten, das geht ganz von selbst . . ."

„Na, dann lassen Sie's gehen. Was soll denn die Wissenschaft – Sie meinen doch die von der Universität? – mit dem Kino anfangen?"

„Der Kinematograph dient zur Meeresforschung, zur Messung der Wirkungsdauer von Explosivstoffen, zur Materialprüfung, zum Aufzeigen der Kristallbildung; in der medizinischen Wissenschaft ist er ein wichtiger Behelf geworden, Operationen werden so für den Studierenden festgehalten, seltene Krankheitsbilder aufbewahrt. – In neuester Zeit benützen auch Schauspieler den Kinematographen, um ihre eigene Wirkung zu studieren. Der Schauspieler oder die Schauspielerin läßt sich in der zu kontrollierenden Rolle aufnehmen und sieht sich dann agieren, ein Ding, das bisher den Schauspielern gänzlich verwehrt war."

„Ach? Da kann man sich selber beobachten, wie man aussieht? Natürlich! Sagen Sie, kostet so ein Apparat viel?"

Ich sehe möglichst gleichgültig drein: „Es gibt billige Apparate für Amateure. Denken Sie nur," sage ich ein wenig hämisch, „wenn Sie das Wachstum Ihres Bubis so festhalten könnten, wie nett das wäre, wenn man ihn in fünf Minuten vorführen könnte: vom Embryo zum großen Mann!"

„Sie sind ein schrecklicher Mensch." Doch ihr Gedanke bleibt am Kinde haften. „Das wäre wirklich herzig. Ich will einmal mit Bobby sprechen." – Das ist ihr Mann.

. . . Auf dem Projektionsschirm tanzen plötzlich die Dinge ohne Zusammenhang: Ein Herz flattert herein, ein Wurstel rennt ihm nach, ein Hammer kommt handgerecht durch die Luft geflogen, der Wurstel ergreift ihn und hämmert das Herz; der Hammer zerfliegt in Stücke, das rote Herz triumphiert in seiner Härte.

„Das sind handkolorierte Films," sage ich, „auch die Photographie in natürlichen Farben wird verwendet."

„Da! – Der Wurstel kriecht von rückwärts, mit den Beinen voraus, in die Schachtel hinein. Wie ist das möglich? Wie macht man den Unsinn?"

„Das sind Kniffe. Hier zum Beispiel läßt man einfach das Filmband verkehrt laufen. Es gibt eine Menge solcher Kniffe, die die unglaublichsten Narrheiten erzeugen. Es gibt Menschen, die auf dem Kopfe gehen, die auf Wolkenkratzerfassaden hinaufrennen, als wäre dies ein Spaziergang. Der Kinematograph macht durch raffinierte Aufnahmetricks alles möglich. Aber er dient eben dann der Unterhaltung. Diente er bloß der Belehrung, um was wären die Jungen von heute gescheiter! . . ."

„Und dabei sind wir doch gar nicht so alt!"

„Na, ja."

„Sie vielleicht!" sagt sie empört.

„Damen altern allerdings nicht so rasch."

„Sie sind unverschämt! Woher kommt eigentlich das Wort Kine-ma-to-graph? So heißt's doch? Ich hab' Sie früher schon einmal gefragt, warum das Zeug Kino heißt; Sie sind mir aber ausgequitscht. Wissen Sie's nicht?"

„Das Wort stammt aus dem Griechischen: *kinema, kinematos* heißt die Bewegung und *grapho* heißt: ich schreibe."

„Ach ja, freilich – das hätt' ich wissen können. Danke schön." Und sie dreht das feine Profil der Bühne zu, ich seh' wie sich ihre Lippen bewegen; sie lernen für den nächsten Jour. *Kinemato* = Bewegung, *graph* = aufschreiben. Ein bisserl falsch, aber es wird imponieren! Mit einem Male wird das kindliche Frauenantlitz bleich: ‚Um Gott, die Hofrätin hat ja studiert; die kann am Ende Griechisch?' Sie muß noch einmal fragen: „Lieber Freund, wenn Sie den Artikel für Velhagen & Klasing geschrieben haben, sagen Sie mir's! Ja? Ich will ihn meinem Manne zu lesen geben – der ist in so neuen Dingen schrecklich indolent; er denkt nur an sein Geschäft. Und die griechische Erklärung *kinematog* = bewegen und *raph* = aufzeichnen, vergessen Sie nicht hineinzuschreiben, das macht sich gut. Nicht vergessen!" Und sie droht ernstlich mit dem Finger.

„Gewiß nicht, teure Gefährtin!"

Und so hab' ich's getan! Wolle Gott, daß mir die Frau Lotte dafür gewogen bleibt! [1912]

Harry Liedtke

## Friedrich Freksa

*Friedrich Freksa (eigentlich Kurt Friedrich, 1882–1955), gebürtiger Berliner, hatte gleich mit seinem ersten Roman, „Phosphor" (1909) Erfolg; gelesen wurde auch „Erwin Bernsteins theatralische Sendung" (1912), ein Schlüsselroman (Bernstein gleich Reinhardt), von dem es in einer Besprechung hieß, es sei schade, „daß gerade Freksa solche Sachen schreibt. Aber der hat ja schon einen Sumu-rummel hinter sich und weiß, wie angenehm ein gutes Geschäft ist."*

*Von den vielen Theaterstücken, die Freksa verfaßte, ist auch uns nur noch dieser eine Titel geläufig: „Sumurun", die „Pantomime nach orientalischen Märchenmotiven", die er 1910 für Max Reinhardt schrieb. Für manche war schon die Bühnenschau „nichts als ein salonfähiger Kinematograph"; verfilmt wurde sie aber erst 1920, von Ernst Lubitsch. Einen Stummfilm hat Freksa nie geschrieben, wohl aber eine große Anzahl von Romanen und Erzählungen. Seit seinem Tod bezeichnet sich Gertrud Freksa (geb. Schmidt, seine zweite Frau) in Kürschners Literatur-Kalender als Mitverfasserin sämtlicher seit 1927 entstandenen Werke; vorher war nur ihre Mitarbeit am Drehbuch zu „Skandal um den Hahn" (1938) genannt gewesen.*

*Im Vorwort zur Neuausgabe seines „Kinobuchs" (1963) führt Pinthus einen Ausspruch von Friedrich Freksa an: „Die Phantasie des Dichters fährt noch in der Postkutsche, während die Phantasie des Technikers schon im Aeroplan daherbraust; darum soll die wundervolle Erfindung des Films nicht verdammt werden." Das Zitat stammt aus der Antwort, die Freksa 1912 auf eine Umfrage der „Frankfurter Zeitung" gegeben hatte, und entspricht dem ursprünglichen Wortlaut, nur daß Freksa von der wundervollen Erfindung „des Kino" sprach. Sein Vergleich des „Kino" mit einem Volksnahrungsmittel, „ähnlich wie Brot und Kartoffeln", taucht nach Jahren bei Gerhart Hauptmann nochmals auf, als schon längst jedermann „Spielfilm" gesagt hätte.*

*Freksas Versuch über die k. u. k. Bedeutung des Kinos bildete eine Entgegnung auf einen kurz vorher im selben Blatt erschienenen Artikel, „Kino-Moral", in welchem Kreisschulinspektor Dr. Sigismund Rauh zum Kampf gegen die aus Frankreich einge-*

schleppte Sittenverwilderung aufrief: „Dabei denke ich in erster Linie an die Kriegervereine ... Möchten diese sich der wichtigen Frage annehmen! Vereinsvorstellungen, besser noch Vereinsabschlüsse über den Besuch öffentlicher Vorstellungen, Abfassung von Kinodramen ..." Die Kriegervereine als Manuskriptlieferanten – zweifellos der originellste Reformvorschlag, der damals gemacht wurde.

### „Vom Werte und Unwerte des Kinos"

Der Kinematograph in seiner bisherigen Entwicklung und Einwirkung auf die größere Menge gehört zu den exemplarischen Beweisstücken für die Behauptung, daß die Zeit ihre technischen Errungenschaften weder richtig begriffen noch richtig angewandt hat. Die technische Entwicklung ist mit der Schnelligkeit eines Bambus emporgeschossen und überragt all die anderen langsam reifenden älteren kulturellen Gewächse. Die Phantasie des Dichters fährt noch in der Postkutsche, während die Phantasie des Technikers schon im Aeroplane daherbraust. Darum soll die wundervolle Erfindung des Kino nicht verdammt werden, sondern die Zeit soll danach streben, sie zu verdauen.

Selten wohl hat eine Zeit so sehr am *Augenhunger* gelitten wie die unsere. Denn Telegraph, Zeitungen, Verbindungswege haben die ganze Welt enge zusammengerückt. Von allen Seiten drängen auf den an seinen Sitz gebundenen, arbeitenden Menschen fremdartige Vorstellungen ein, mit denen er keine plastischen Gesichtsvorstellungen verbindet. Dies spiegelt unsere bildarme, abstrakte Sprache wider, die Gemeingut der bürgerlichen Menschen geworden ist an Stelle der bildhaften, mit Gesichtsvorstellungen gesättigten Sprache unserer Großväter, bei denen noch nicht die Incohaerenz zwischen Vorstellung und Auge obwaltete wie bei uns.

Darum leiden wir am Augenhunger, und diesen wenigstens materiell zu befriedigen ist nichts so geeignet wie der Kinematograph. Er ist für unsere Tage ebenso wichtig wie seiner Zeit die Kartoffel, die die Ernährung der schnell anschwellenden Menschenmassen ermöglichte.

Allein, während der Wert der Kartoffel von den Regierungen sofort erfaßt wurde (denn für Magenfragen ist stets ein ursprüngliches Verständnis da, das der Gutsbesitzer und Administrator schon im Viehstalle sich aneignet), gingen bisher die praktisch wirkenden Staatsmänner an den ebenso wichtigen geistigen Volksbedürfnissen, die nicht sofort ihre Zinsen für den Bürger- und Militärdienst tragen, glatt vorbei.

Der Kinematograph in Verbindung mit dem Grammophon wäre geeignet, große und fruchtbare *Volksakademien* ins Leben zu rufen, wenn sich Städte, Universitäten, Zeitungen und Künstler auf die Pflichten besännen, die sie gegenüber den Millionen ihrer

Volksgenossen haben. Im Volke schlummert die heißeste Begierde, die großen Ereignisse des Tages mitzuerleben. Sensationsgier wird nur dadurch gezüchtet, wenn das Volk von dem vorschreitenden geistigen Leben der Nation ausgeschlossen wird.

Es sind Sensationsgier und geistige Begierde zwei Früchte aus derselben Blütendolde. Die alten Sagen, die alten Mären wandten sich in glücklicher Mischung an diesen zwiegespaltenen Trieb gleichzeitig. Schauergeschichten, Bänkelgesänge lösten die alten, großen Epen ab. Am Ende wurde die kleine, leicht faßliche Zeitung daraus, bis mit dem Steigen der Halbbildung, der Wertschätzung der Mittelschulen, dem Wachsen der Bildungsphilisterei jener heutige unerträgliche Zustand geschaffen wurde, daß wir drei Volksschichten haben: erlesene Fachgenies, Mittelschulbildungsprotzen und die ungeheure, fruchtbare, unverdorbene Masse des Volkes.

Die Menschen, die acht bis zehn Stunden des Tages mechanisch arbeiten, deren Hirn am Werktische, am Schreibpulte, im Straßenstaube austrocknet, die finden ihre Erholung, ihr Augenfutter, ihr plastisches Vorstellungsmaterial im Kino. Greulich verzerrt ist es oft, sentimental, übertrieben wie alles, was in die Fäuste von Geschäftsmenschen geraten ist, die nur Geschäfte machen wollen. Und doch, der Kinematograph hat die Mission, das Volk das geistige Leben und Ringen der Zeit mitfühlen zu lassen. Er kann der moderne Ausdruck der Saga werden. Es heißt nur den Mut haben, alte Dinge in neue Werte umzudenken.

Aber es ist nötig, daß dieses wertvolle Instrument nicht in die Hände von Unberufenen kommt. So wie wir uns gegen den Brotwucher wehren, so sollen wir uns auch gegen den Wucher mit dem Augenfutter für unser Volk wehren. Heran, Städte, Zeitungsunternehmer, Universitäten, Künstler, Dichter, schafft dem Volke das, was es braucht.

Daß zwanzig, dreißig Theater dabei zum Teufel gegangen sind, freut mich nur, denn was diese Institute, die nicht einmal den Geist, den herrlichen Geist unserer alten Schmieren besitzen, bedeuten, weiß ich aus Erfahrung. Es sollen noch mehr Theater zugrunde gehen! Denn das Theater im alten Sinne hat sich ja überlebt! Gesteht es doch ein! Alle, die ihr im Theaterleben tätig seid, wißt, daß das alte Theater dem Tode verfallen ist.

Wir brauchen: Sehr wenige kleine Schauspielhäuser mit sehr hohen Preisen, wo sich alle geistigen Exzentrizitäten austoben können, ein zensurfreies Theater für die Gourmets. Wir brauchen große schöne *Volksfestspielhäuser,* in denen für billiges Geld dem Volke große Kunst geboten wird. Hier ist die Aufgabe, wo sich Künstler mit den Gewerkschaften zusammentun müßten, die freien Volksbühnen bedeuten den Anlauf dazu. Mehr und mehr werden sie die jetzt üblichen Theatergeschäfte zerschmettern.

Und drittens wird alle die kleinen Schmieren, alle die bösen häßlichen Kunstinstitute der Kino vernichten – dem Himmel sei Preis und Dank. Es wird möglich werden, in Verbindung mit dem Grammophon dem Volke den Abglanz guter Kunstwerke zu vermitteln, es wird möglich sein, die Zeit widerzuspiegeln, wie es der Dichter ja kaum mehr kann. Und es wird gut sein, dem Volke nicht etwa pädagogisch zu kommen, denn dazu ist es zu gesund, dann bleibt es fort. Künstler, die naive Freude an der Buntheit des Daseins haben, sind berufen dazu. Und darum, laßt den Kinematographen nicht in die Hände des Staates fallen, gründet Privatgesellschaften, zieht die Städte heran, und vor allem begreife die Presse, daß zu ihren Pflichten richtige Verwendung des Kinematographen gehört. Große Zeitungen sollten sich zusammentun, sollten ihre Films austauschen, sollten ihren Lesern plastische Bilder vermitteln.

So könnte das große Zeitalter der Presse kommen.

Aber vergeßt nicht, die Zeit ruft! Der Staat wird seine Hand auf dies wundervolle, mächtige Propagationsmittel für Ideen und Anschauungen legen. Gierige Unternehmertrusts sind im Bilden begriffen. In fünf Jahren kann es zu spät sein, und die Zeit hat ihre Saga verloren. [1912]

## Die künstlerische und kulturelle Bedeutung des Kinos

Haben sich die ehrlich und wohlmeinenden Volkserziehungswächter und Kulturbewahrer, die heute zur Abwehr gegen den Kinematographen auf Ästhetik- und Moraltrompeten blasen, einmal die Frage vorgelegt, warum das Lichtbildtheater die Massen einsaugt? Sollte es wirklich nur die Billigkeit sein oder eine Reklamehypnose, die über die ganze Welt hinwirkte? Sind nicht vielleicht Erklärungen derart, gelinde gesagt, zu oberflächlich?

Wer die Menschen unserer Tage auf ihren Lebenswegen durch die Alltäglichkeit verfolgt, muß mit Erstaunen wahrnehmen, was für eine ungeheure Menge gedruckter Buchstaben selbst dem Geringsten durch die Augen ins Hirn dringen. Niemals ist eine Zeit so stark mit abstrakten Begriffen, mit Abkürzungszeichen für komplizierte Vorstellungen überfüttert worden wie die unsere. Tausend Maschinen und Apparate sind für das Leben des einzelnen tätig, ohne daß er vielleicht von ihnen je in seinem Leben eine plastische Vorstellung erlangt – die Zeitungen führen aus fernen Erdteilen, aus fremden Wissensgebieten einen unerhörten gedanklich-komprimierten Vorstellungsstoff heran. Im Gegensatz hierzu ist selbst das Leben eines geistigen Menschen, der bewußt nach Ausgleich und Harmonie strebt, einseitig auf irgendeinen speziellen Wirkungskreis eingestellt. Sehr selten ist es, daß ein Mensch zwei Berufen nachgehen kann. Vielseitigkeit erscheint fast ausgeschlossen. Wir alle ähneln dem Arbeiter der großen Fabrik, der Tag für Tag nur seine eine Schraube dreht. Die

Folge dieses Zustandes ist ein Augenhunger von solcher Mächtigkeit und Bedürfniskraft, wie ihn wohl selten eine Zeit erlebte. Die Menschen sehnen sich danach, ihre abstrakten Begriffe mit plastischen Vorstellungen zu füllen. Vor den schlechtesten Abbildungen drängen sich die Massen; denn Neugier ist ein Trieb des geistig Ungesättigten.

Der Kinematograph, der zuerst als ein Spielzeug erschien und von dem sogenannten „Gebildeten" mit Achselzucken abgetan wurde, kam dem naiven Augenhunger des Volkes gelegen. Tagesereignisse wurden plastisch. Fremde Länder erhielten Lebensfarbe. Der Ärmste konnte eine Eisenbahnfahrt durch das Gebirge, Seefahrten über Wasser antreten, und selbst die vielverleumdeten Schauerdramen erfüllten einen besonderen Zweck. Endlich einmal sahen die Leute plastisch das, was die Zeitungen im nüchternen Reporterstil unter Lokalem oder Vermischtem berichteten. Die sagenhaften Dinge, die sie aus Romanen oder Hinterhoflegenden wußten, wurden anschaubar! Vielleicht wurden sogar diese Reporternachrichten durch ihr Sichtbarwerden entgiftet; denn die dunkle Vorstellung von Verbrechen, Unmoral und Übeltum wirkt furchtbarer als eine banale Bilderkette.

Daß sich Stimmen gegen eine solche Art von Schauer- und Sensationsvorstellungen erheben müssen, ist bei der pädagogischen Verantwortlichkeit, die in unserer soziologischen Zeit viele denkende Männer empfinden, eine natürliche Folge; aber ich gebe zur Überlegung, daß Bevormundung jeder Art, auch wenn sie herzlich gut gemeint ist, stets nur Erbitterung weckt. Auch die Bekämpfung der Schundliteratur ist ohne Frage ein gutes Unternehmen, das aus gesundem Geist heraus geboren ist, aber der praktische Erfolg, glaube ich, wird so lange gleich Null bleiben, ehe nicht von der Literatur bestimmte künstlerische Forderungen erfüllt werden, die der Schundliterat in seiner Naivität und Skrupellosigkeit als selbstverständlich erfüllt. Das Volk hat den uralten, rein künstlerischen Standpunkt: es will die Geschehnisse, die Erlebnisse, das Handgreifliche – und will sich seine Moral und seine Gedanken selbst schaffen. Der moderne Dichter aber sucht seine eigenen Gedanken, seine eigene Moral dem Leser oder Theaterbesucher aufzuzwingen. Er ist nicht das Werkzeug eines allgemeinen Kulturwillens wie etwa die Dichter der griechischen Zeit; denn kraft der Spezialisierung ist die Spannung etwa zwischen einem deutschen Oberlehrer und einem Lederarbeiter größer als etwa die Spannung zwischen Aristophanes und einem banausischen Handlanger des Gerbermeisters Kleon.

Es kann also nur zu einer Klärung auch für die künstlerisch Wirkenden und künstlerisch Empfindenden führen, wenn durch das Erstarken der Lichtspieltheater die natürliche Konkurrenz dazu führt, langsam für die beliebten dramatischen Films – für eine Idee zahlen die Filmfabrikanten bisher zwanzig bis vierzig Mark, und ein Provinzregisseur führt solche Ideen dann meistens aus – Darstellungen zu schaffen, die von Dramatikern ersonnen und durchdacht werden. Es sind mir bisher schon zwei bemerkenswerte Unternehmungen der Art bekannt, die sich mit guten, Vertrauen erweckenden Namen in den nächsten Monaten an die Öffentlichkeit wenden werden.

Freilich, auch dies wird nur eine Übergangsstufe im Wesen der Lichtspieltheater sein; schon harrt eine eigenartige Erfindung ihrer letzten praktischen Lösung, die geeignet ist, das ganze Theaterwesen umzukehren, nämlich ein Kinematograph, der mit einem Grammophon besonderer Art synchron läuft. Diese Erfindung wird es ermöglichen, die Aufführungen der besten Künstler allerorts zu wiederholen und der Nachwelt einen Eindruck und einen Maßstab für das mimische Können unserer Tage zu hinterlassen.

Diese Erfindung wird vielen der bösen, kleinen Provinzbühnen, in denen menschenunwürdige Verhältnisse herrschen, den Garaus machen. Es wird möglich sein, daß geistig hervorragende Männer einem ganzen Volke gleichmäßig Vorträge über Dinge halten können, die ihnen am Herzen liegen, und es wird sogar möglich sein, daß die Volkspädagogen im Lichtspieltheater mit Wort, Emphase und Bewegung ihre Vorträge gegen die Schauerfilms halten können.

Alles Eifern gegen den Kinematographen in seiner heutigen Form muß bei den Kennern der ganzen Filmentwicklung das Gefühl erwecken, daß hier schnellfertig geurteilt wird. Das Lichtspieltheater ist nichts Abgeschlossenes, sondern etwas Werdendes.

Etwas, das im Wandel und Wachsen begriffen ist, zu verurteilen, ist immer mißlich gewesen. Harte, absprechende Urteile fielen stets auf die zurück, die sie aussprachen. Jede Entwicklung rächt sich selbst an ihren Feinden.

Die Aufsätze über Kinomoral oder Kinoästhetik erscheinen ebenso unbillig, als wenn etwa ein Dorfschullehrer über die Moral eines kleinen Zirkusjungen sich entsetzte, der durch maßlose Bewunderung und maßlose Verachtung verdorben ist. Aus dem Zirkusjungen kann vielleicht ein großer Schauspieler werden. Wer kann das wissen? Er kann vielleicht auch ein Taugenichts werden. Aber würden dann nicht ebensoviel Schuld seine Mitmenschen daran haben, die ihn in Selbstherrlichkeit mit Moralpüffen aus ihrer Gesellschaft jagten?

Mir scheint es besser, statt über die Greuel des Kinematographen mit Abscheu Resolutionen zu fassen, daran zu arbeiten, daß dies gewaltige Propagandamittel der Anschaulichkeit weiter entwickelt und künstlerisch gesteigert wird; denn es gilt, den Augenhunger von Millionen von Menschen in schöner und würdiger Weise zu befriedigen. In dem Lichspieltheater der Zukunft sehe ich eine Stätte, wo das Volk ohne Zwang aus freiem Trieb leicht das lernen kann, was es durch Bücher oder durch Vorträge nie lernt.

Besser als Zensurverbote wird die freie Konkurrenz wirken. Der künstlerisch bessere Film wird den schlechteren verdrängen, und wenn sich auch viele schaffende Menschen noch jetzt innerlich gegen „Verkintoppung" sträuben werden, so werden sie dennoch in vielleicht drei Jahren bereits ihre Meinung ändern, wenn der Bann durch gute Films erst gebrochen ist. [1912]

Fritz Rasp in „Jugend" (Fred Sauer, 1922)

# Alfred Baeumler

*Geboren in Neustadt (Böhmen) am 19. November 1887, "dem Jahr, in welchem Bachofen starb". Studierte in Berlin, Bonn und München neuere Sprachen, Kunstgeschichte und Philosophie; 1914 Dr. phil., danach Kriegsteilnehmer; 1924 Habilitation an der Technischen Hochschule Dresden, 1929 Ordinarius für Philosophie ebenda. "Will man aber das, was man fühlt und denkt, auch leben, so tritt die Notwendigkeit der Entscheidung an uns heran", heißt es in Baeumlers Abhandlung über "Bachofen und Nietzsche" (Neue Schweizer Rundschau, 1928). Aus der Schrift läßt sich auch herauslesen, wie die Entscheidung, der er sich nicht entzog, ausfallen mußte. Baeumler wurde 1933 an die Universität Berlin berufen, war dort Direktor des Instituts für Politische Pädagogik und wissenschaftlicher Leiter der Deutschen Hochschule für Leibesübungen. Gab mit Manfred Schröter das "Handbuch der Philosophie" (1926–34) heraus. Bekannt wurde er vor allem als Bachofen-Forscher, als Herausgeber von Nietzsches Werken und als Verfasser von Nietzsche-Studien (auch für Reclams Universal-Bibliothek: "Nietzsche der Philosoph und Politiker", 1931).*

*Manche seiner Arbeiten wurden nach 1945 neu aufgelegt: "Das mythische Weltalter" (München 1965; ursprünglich 1926) mit einem neuen, umfangreichen Nachwort Baeumlers über "Bachofen und die Religionsgeschichte"; "Das Irrationalitätsproblem in der Ästhetik und Logik des 18. Jahrhunderts bis zur Kritik der Urteilskraft" (Darmstadt 1967, ursprünglich unter anderem Titel 1923), ebenfalls mit einem "Nachwort zum Neudruck"; die "Ästhetik" (Darmstadt 1972, Nachdruck von Baeumlers Beitrag zum Handbuch der Philosophie, 1933). Diese Neuauflage kam postum heraus; Alfred Baeumler war am 19. März 1968 in Eningen unter Achalm gestorben.*

*Der Aufsatz über "Die Wirkungen der Lichtbildbühne" stand in der Wochenschrift "März" vom 1. Juni 1912; Baeumler schrieb ihn also lange vor seiner Doktorarbeit. Im Jahr zuvor hatte er an dieselbe Zeitschrift einen "Beitrag zur Frage der Schundliteratur" gegeben: "Die Literatur des Volkes"; dieser liest sich wie eine Untersuchung über den frühen Stummfilm. Als am 11. November*

*1912 der Verband deutscher Bühnenschriftsteller das Verbot, für den Film tätig zu sein, nach einem halben Jahr aufhob, begrüßte Baeumler, im Gegensatz zu den Volksbildnern, diese Entwicklung; in einer Glosse, betitelt „Filmdramatik?", faßte er seine Einstellung noch einmal zusammen: „Eine neue Gattung von Dramatik wird entstehen. Eine Dramatik, die rein auf den Elementen des mimischen Ausdrucks beruht. Der Film vermag den tragischen Konflikten, wenn nicht den tiefsten, so doch den wirksamsten Ausdruck zu geben."*

## Die Wirkungen der Lichtbildbühne
VERSUCH EINER APOLOGIE DES KINEMATOGRAPHENTHEATERS

Es ist schwer, den Erscheinungen der eigenen Zeit mit unbefangenen Augen gegenüberzustehen. Lauter als sonst spricht das Blut bei allem mit, was wir als gegenwärtig erleben. Objektivität ist Historikertugend. Der Augenblick kann seiner Natur nach keinen Historiker finden, d. h. er wird nie objektiv beurteilt. Daher ist die Gegenwart immer Gegenstand einer der historischen diametral entgegengesetzten Betrachtungsweise: der Kritik. Pointiert ausgedrückt: der Kritiker ist der Historiker der Gegenwart. Wobei ausdrücklich bemerkt werden muß, daß das Wort Historiker hier in einem neuen Sinne gebraucht ist. Es fehlt darin völlig der Begriff jener Objektivität, die dem eigentlichen Historiker wesentlich ist.

Historiker und Kritiker unterscheiden sich dadurch, daß jener die Dinge konstatiert, während dieser sein subjektives Verhalten zu ihnen für das wichtigere hält. In diesem Sinne ist unsere Zeit eminent kritisch. In Deutschland ist eine Stimmung weit verbreitet, die allem, was die Gegenwart als ihr eigenstes hervorbringt, das blanke Nein entgegensetzt. An allen Ecken und Enden stehen strenge Zensoren, Kulturrichter, welche von Morgen bis Abend die eigene Zeit verdammen. In einer Epoche, wo alles wieder einmal im Flusse ist, wo es in den Tiefen und auf der Oberfläche fieberhaft sich regt, ist es freilich nicht schwer, Mißlungenes an den Pranger des Geistes zu stellen. Die Kritiker unserer Kultur vergessen nur eines: nämlich daß sie selbst im guten und schlimmen dieser Epoche angehören und nicht umhin können, ihre Produkte selber zu richten. Zu viel kritisieren, zu viel machen wollen – das ist vielleicht gerade das Hauptmerkmal der Kultur, die sie verurteilen. Kritik ist gut und soll nie fehlen. Das Nein als Prinzip ist aber keine Kritik mehr.

Subjektiv muß jedes Urteil über die Phänomene der Gegenwart sein. Liebe und Haß trüben gleicherweise den Blick. Der Verfasser ist sich bewußt, dem angegebenen Gesetz ebenso unterworfen zu sein wie diejenigen, gegen die er sich wendet. Er glaubte jedoch dadurch, daß er ein Zeitphänomen, welches ihm des Interesses wert schien, möglichst unbefangen auf sich wirken ließ, gerechter gewesen zu sein als die, welche es verbannen wollen, ohne diese Wirkungen erlebt oder überhaupt nach ihnen gefragt zu haben.

Der Kinematograph hat unter den sogenannten Gebildeten wenig Freunde. Man hält ihn für gemein, roh, sensationell. Das Publikum, welches mit weit offenen Augen im verdunkelten Saal vor dem sich abwickelnden Film sitzt, ist zwar bunt zusammengewürfelt, aber der Hauptsache nach besteht es doch aus den Angehörigen der dunklen, noch nicht ins einzelne differenzierten Masse des Volkes. Arbeiter und Frauen, Ladenmädchen, Burschen, Kinder und Handwerker, dazwischen vielleicht einige Studenten und Töchter höherer Stände. Die Jugend hat eine ganz naive, ursprüngliche Freude an dem reichen Bilderleben da oben. Das Interesse konzentriert sich ganz auf den Vorgang. Man muß aufpassen, um den stummen Andeutungen und Winken zu folgen, Sinn und Klang in die rasch vorüberrollenden Szenen zu bringen. Der Film macht aktiv, der Zuschauer muß mitarbeiten, sonst geht alles für ihn verloren. Das Publikum der Kinematographen befindet sich deshalb in einer eigentümlichen geistigen Spannung, die man förmlich fühlt, wenn man den Raum betritt. Dasselbe Fluidum, nur unendlich viel stärker, herrscht in einem Konzertsaal oder im Theater.

Die interessante Frage ist nun, was die Masse vor der Lichtbildbühne erlebt.

Die Kulturpropheten und Schriftgelehrten wissen es ganz genau. Das Volk sucht die Befriedigung niedriger Instinkte, der Neugier und der rohen Sensationslust. Die Filmbühne verdirbt das Volk durch dieselben Mittel wie die „Schundliteratur". Sie bestärkt die Masse in ihrem Hang zur Sentimentalität und wirkt verführerisch durch schlechte Beispiele. Diese wenig durchdachten Argumente liegen auf der Straße. Einer spricht sie dem andern nach, und die sie vorbringen, haben sich selten mit der Sache liebevoll beschäftigt. Vielleicht liegt der Grund, warum das Lichtbildtheater sich so reißend entwickelt hat, tiefer als in den perversen Instinkten einer reizhungrigen Menge.

Einer Betrachtung, die sich mehr mit dem Volke selbst als mit den Reaktionen eines verfeinerten Gaumens auf die Genüsse der Menge beschäftigt, wird die Möglichkeit einer tieferen Begründung nicht entgehen. Es ist das Bedürfnis nach Schein, Verklärung, Leben in der Einbildung, das Bedürfnis, das gewöhnlich nur auf einer höheren Stufe ein künstlerisches genannt wird, welches die Masse vor den Film treibt. Denn was erblickt sie auf der stummen leuchtenden Bühne? Das Leben, die Gegenwart, den Menschen, der jubelt, leidet und untergeht. Ganz naiv sieht das Volk dem allen zu. Es fragt weder nach Kausalverknüpfung, noch Seelenschönheit, noch Psychologie. Es will gepackt, fortgerissen, erschüttert sein, es will Taten sehen, Leidenschaften, Ereignisse. So wie es sich das Leben vorstellt, einfach, schlagend, voll typischer Kontraste, Ausbrüche, Schicksale, so will es das Volk auch im Scheine erleben. Das beschränkte, zusammengedrückte Leben will aufatmen, sich selbst im Spiegelbilde genießen. Die Masse sucht im Lichtbildtheater dasselbe, was sie von ihrer Literatur, die man hochmütig als Schundliteratur bezeichnet, verlangt: sich selbst. Sie will ihr eigenes Dasein, ihr Lachen und Weinen, ihre Wonnen und Schrecken, ohne den Druck der Wirklichkeit, frei von allen Schranken noch einmal genießen. Sie will ihre Existenz in der *Phantasie* durchleben. Ist das Bedürfnis der Gebildeten, die in ihr Theater gehen, ein anderes? Was verlangen sie von der Tragödie anderes, als aufgewühlt und im Innersten gepackt zu werden? Nur der Inhalt ihres Erlebens unterscheidet sich von dem gröberen Inhalt, den das Volk erlebt. Daß das Theater der Gebildeten höher steht, wird niemand leugnen wollen. Man sollte es deshalb aber der Masse nicht übelnehmen, wenn sie nach einer Stätte verlangt, wo *sie* zum Lachen und Schluchzen gebracht wird. Gibt es denn das „seelische Funktionsbedürfnis" nur für verfeinerte Seelen? Erstrecken sich die Gesetze der Psychologie nur auf die Angehörigen der oberen Schichten?

Die einfachen Elemente des Lebens, die primitiven Erschütterungen der Seele, das ist der Stoff, den das Volk verlangt. Dieser Stoff ist nicht gestaltet, er ist Rohmaterial. Das ist der Grund, warum der Gebildete sich zurückgestoßen fühlt. Er findet nur die Materie, die bloße Sinnlichkeit des Daseins, während er nach Vergeistigung, nach Erhebung ins Persönliche, nach *Kunst* verlangt. Die Filmbühne, sagt man, gebe keine Kunst. Aber wer fordert denn vom Lichtbilddrama Kunst? Wenn man dem Film die Kunst entgegenhält, geht man von der Ansicht aus, dem Volke müsse unter allen Umständen Kunst dargeboten werden. Alles andere sei eine Gefahr. Es fragt sich jedoch, ob nicht das Bedürfnis nach Kunst in dem Sinne, wie wir das Wort verstehen, dem Volke überhaupt fremd ist (der Masse als solcher, nicht etwa einzelnen Exemplaren). Die Kunst einer Masse, deren Leben unter anderen Gesetzen als das unsere verläuft, wird auch anderen Normen unterworfen sein als die unsere. Der Gebildete bringt es sich selten zum Bewußtsein, aber es ist so: das Volk fühlt anders als er, er versteht die Masse nicht. Sie ist sentimental. Ohne die Sentimentalität zu verteidigen: was hilft es, gegen Tatsachen anzukämpfen? Glaubt man denn, eine bestimmte Gefühlsweise, wie es die Sentimentalität ist, durch Erziehung ändern zu können? Dazu müßte man mehr Zeit für diese Erziehung übrig haben, als das arbeitende Volk jemals wird zur Verfügung stellen können. Es ist ein hochmütiger Wahn, wenn die Gebildeten die Empfindungsweise des Volkes durch Worte wie sentimental und sensationell verächtlich machen. Die Instinkte des Volkes sind einfach, brutal und sentimental zugleich. Einem komplizierten seelischen Konflikt kann es kein Verständnis entgegenbringen, aber die Sorgen einer Mutter, den Schmerz eines Kindes um den Tod dieser Mutter, die Verführung und das Elend eines Mädchens – das versteht das Volk und lebt es nach. Es wird nur da mitgerissen, wo es sich in die Situation zu versetzen vermag.

Auch die Vorgänge der Filmbühne werden in der Phantasie nachgelebt. Aber es ist stets dasselbe Dasein, das eigene, welches das Volk nachfühlt. Niemals erhebt es sich über sich selbst. Der echte Kunstgenuß hebt die Schranken der eigenen Persönlichkeit auf und läßt an einer anderen Daseinsform Anteil nehmen. Wer die Tiefe des wahren ästhetischen Vorganges erfaßt hat, wird ihn von den vielen Tausenden, die nach irgendeinem Phantasieerlebnis dürsten, weder erwarten noch verlangen.

Wir haben zu konstatieren versucht, was die Masse im Lichtbildtheater sucht. Wenden wir uns zu dem, was dieses Theater bietet.

Die erste Eigenschaft des Kinematographen ist seine Billigkeit. Durch sie wurde erst der Sieg über die Masse möglich. Für dreißig bis fünfzig Pfennige kann sich heute auch der Unbemittelte eine ganze Welt von Aufregung, Glanz, Pracht und merkwürdigen Dingen leisten. Die Vorstellungen dauern stundenlang, Bild folgt auf Bild. Es gibt nicht viel schlechte Plätze im Zuschauerraum, auch ein großer Zustrom kann verhältnismäßig leicht bewältigt werden. Diese praktischen Vorzüge bilden die Grundlage. Dann folgt die wesentlichste Eigenheit des Lichtbildtheaters: seine absolute *Modernität*. Es kann gar nichts anderes sein als durch und durch Gegenwart. Das Leben, welches das Lichtbild schildert, ist unser eigenes Dasein. Die Straßen, durch die wir gehen, das Auto, die elektrische Bahn, die Zimmer, in denen wir wohnen, unsere Kleidung, unsere Art zu essen, unsere ganze Form zu leben finden wir auf den Films wieder. Die eigentümlich vibrierende Atmosphäre unserer Tage, die nervöse, schnelle, abkürzende Existenz des modernen Menschen wird auf einen Augenblick aus dem Tanz und Wechsel der Zeit herausgenommen und erlebt einen Moment der Verewigung. Das Dasein im Bild ist eine Verklärung des Daseins. So stark wirkt diese Erhebung des fließend Gegenwärtigen in die Sphäre des Entrückten, Scheinhaften, daß wir dieses unser Dasein erst zu verstehen meinen, wenn es im Spiel an uns vorüberzieht. Wir sehen uns selber leben. Was am Tage uns quält und hemmt, die ganze verwirrende Vielfältigkeit der modernen Existenz, hier, wo wir kein Wollen haben, das gehemmt werden könnte, gelangen wir dazu, es rein in seinem Wert an sich zu genießen.

Es ist dies vielleicht der tiefste Zug der Lichtbildbühne, daß sie nach dem Heutigen, dem Ereignis der Gegenwart, dem sogenannten aktuellen Vorgang verlangt. Sie teilt diese Eigenschaft mit einem recht verstandenen Journalismus. Viele Kinematographentheater haben eine Art optischer Berichterstattung über die Ereignisse der Woche eingeführt. Aktuell ist schließlich auch jedes Drama, das in der Gegenwart spielt. Es wird so empfunden, als könne es in diesem Augenblick irgendwo in der Nähe geschehen. In der Aktualität der Lichtbildbühne findet ein spezifisch modernes Bedürfnis seine Befriedigung. Unser Leben hat ein atemloses Tempo angenommen, die Erscheinungen sausen vorüber mit einer Flüchtigkeit, die uns manchmal erschreckt. Unsere Lebensform ist eine gleitende. Und doch können wir die Sehnsucht nach Stille, Dauer, Festhalten nicht unterdrücken. Das Leben selbst kann uns diese Stille nicht geben. Nur im Scheine können wir den ersehnten Augenblick erleben, und wir besitzen ihn, während wir die ganze göttliche Komödie des Daseins im Bilde an uns vorüberziehen sehen. Die Bilder sind stumm, aber wir haben gelernt zu sehen. Wie im Spiegel erblicken wir unsere eigene Unrast, unsere eigene Ruhelosigkeit. Der Druck des Daseins weicht für einen Augenblick einer ewigen Stille. Wie kostbar ist dieser Augenblick und wie schnell vergangen. Aber er ist keine Flucht, keine Berauschung, der die Ernüchterung folgt, sondern ganz und gar Bejahung der Zeit, ohne doch in ihren unerbittlichen Fluß getaucht zu sein. Alles Wirkliche fließt und vergeht. Der Schein allein ist ewig, weil er keine Realität besitzt. Diesen Augenblick Ewigkeit, den der Leser vielleicht aus einem zeitgenössischen Dichter schöpft, genießt der naive Mensch vor der Abspiegelung des Lebens durch den Film.

    Man sehe diese Bühne des Tages selber an, mit ihren Mitteln und einfachen Wirkungen. Der Kinematograph ist die Apotheose der Photographie. Das Lichtbild ist vom optischen Standpunkt aus eine ungeheuer wohltuende Erscheinung. Seine flächenhaften Ausschnitte haben einen aparten Reiz. Dieses Material kann noch besser verwendet werden, es gibt z. B. noch zuviel Aufnahmen, die nicht berücksichtigen, daß der Vordergrund zum Teil unbrauchbar für den Photographen ist. Das Volk sieht freilich nicht mit malerisch empfindlichen Augen, aber kann es schaden, wenn das, was es so gerne sieht, auch fühlenden Augen wohltuend erscheint? Welche Kostbarkeiten enthüllen jene Naturausschnitte, die in keiner Vorführung fehlen! Welche Kompositionen ergeben sich oft unwillkürlich durch eine dunkle Wand, eine Treppe, einen großen Baum oder Felsen. Eine Meeresbrandung in Lichtbildern dargestellt, gehört zum Schönsten, was man sehen kann. Der Kinematograph besitzt ebensoviel ästhetischen Wert als die Photographie. Hier ist eine Welt von neuen Genüssen für das Auge.

    Und weiter. Durch das Lichtbild ist gleichsam der Mensch noch einmal entdeckt worden, der Mensch als Darsteller, Ausdruckskünstler, Schauspieler. Die Bühne des Films ist intim. Alle die feinen Verschiebungen der Züge des Gesichts, die sonst nur den Inhabern der Proszeniumslogen und der ersten Reihen des Parketts sichtbar wurden, die ausdrucksvollen Gesten, die leisen Bewegungen der Hand und der Lippen werden scharf und klar anschaulich. Eine Welt des Ausdrucks tut sich auf. Die zahllosen Möglichkeiten der Seele, sich zu geben, zu verraten, in einem

Zucken oder Zittern sichtbar zu werden, sie werden vom Film zur Wirkung aufgerufen. Eine neue Kultur der Physiognomik und des mimischen Spiels bildet sich heraus. Nicht jeder taugt zum Kinodarsteller, das Lichtbild verlangt äußersten Ausdruck und Kraft.

Mit alledem soll jedoch nicht gesagt sein, daß der Kinematograph, so wie er ist, schon den Gipfel der Vollkommenheit erreicht hätte. Es läßt sich noch vieles bessern. Nicht freilich in dem Sinne, wie die Volksreformer wollen, daß man ihn zur Illustration populär-wissenschaftlicher Vorträge verwendet. Gewiß kann er auch der Aufklärung dienen. Aber das Theater der Massen kann der Aufklärungskintop nicht ersetzen. Man stelle das Lichtbildtheater weiter unter die Kontrolle einer Zensur, wie bisher, man suche den Spielplan so gut es geht zu heben, vermehre die Aufnahmen im Freien und dringe auf die Verwendung der besten Schauspieler – man wird damit mehr erreichen als mit unüberlegten Protesten und fruchtloser Agitation. Schlagworte helfen nichts, auch wenn sie im Namen der Humanität gebraucht werden.

Nach der Seite des modernen Lebens ist das Lichtbildtheater noch auszubauen. Es muß die Breite unseres ganzen Daseins widerspiegeln, wir hinterlassen in den Films ein Kulturdokument, wie es keine Zeit vor uns hinterließ. Der Film hebt die Abgeschlossenheit der Einzelexistenz auf, der schlichte Mann blickt mit brennendem Interesse in die Wohnungen der Reichen, er sieht gern das Leben anderer Völker, die Bilder fremder Erdteile. Wie weit und reich ist der Horizont des modernen Menschen geworden. Es ist interessant, bald einen französischen, bald einen italienischen, bald wieder einen amerikanischen oder holländischen Film zu sehen. Die fremde Nation wird unmittelbar anschaulich. Charakteristische kleine Gesten verraten den Franzosen ebenso unfehlbar wie den Italiener. Die Nationen wechseln, und doch wird der Däne ebenso verstanden wie der Italiener, das ewig Gemeinsame, das unvergänglich Menschliche, das im körperlichen Ausdruck liegt, verbindet über die Köpfe der Nationen hinweg Norden und Süden zu ein und demselben Erlebnis. Menschliches Schicksal ist überall das gleiche. Der Kinematograph ist international in jenem tieferen Sinne, in welchem dieses farblose Wort die Bedeutung des allgemein Menschlichen erhält.

Da der Kinematograph in einer anderen Form und mit neuen Mitteln ein Bedürfnis stillt, das früher nur von Theater, Varieté und ähnlichen Anstalten befriedigt wurde, ergibt sich notwendig ein Konkurrenzkampf zwischen Theater und Kino. Der Fall ist nicht selten, namentlich an kleineren Orten, daß das Theater eingeht und ein Kino an seine Stelle tritt. Hierin erblickt man die größte Gefahr des Kinematographen. Als Verdränger des Theaters wird er *in flagranti* als Kulturschädling ertappt. Man tut, als habe damit die wahre Kultur eine Schlacht verloren. Aber es fragt sich sehr, ob der Schaden wirklich so groß ist. Der Spielplan eines Provinztheaters ist literarisch nicht viel besser, als der eines modernen Kinos. Das, womit die Menge ins Theater gelockt wird, sind nicht die Klassiker. Schwank, Lustspiel, Operette – das ist das Genre, das gespielt werden muß, wenn das Theater sich halten will. Sentimentaler als L'Arronge kann ein Filmdrama kaum mehr werden. Aber es wird besser gespielt im Kino, und man unterschätze diesen Vorzug nicht. Die Darstellung, die das Volk im Kinematographen um wenig Geld bekommt, kann es im kleinen Theater um keinen Preis erhalten. Eine bedeutende schauspielerische Leistung kann aber auch von der Filmbühne herab die Wirkung seiner Kunst ausüben. Die mögliche Wirkung allerdings, die ein selten gegebener Klassiker einmal auf die Masse haben kann, ist vom Kino nicht zu ersetzen. Hier wird es deutlich, daß das Lichtbildtheater zwar ein Phänomen darstellt, das manche Wirkungen mit der Kunst gemeinsam hat, im Grunde aber doch herzlos genannt werden muß. Es fehlt ihm der Puls eines persönlichen Lebens. Sie, die einfache und große Kunst, die monumentale, die einzige, welche das Volk versteht, wird es daher nie ersetzen. Das Volk mit dieser Kunst vertraut zu machen, kann nur einer Reform unseres Theaterwesens gelingen. Solange man aber der Masse den Besuch des Klassikertheaters nicht durch billige Eintrittspreise möglich machen kann, darf man ihr den Besuch des Lichtbildtheaters, als des provisorischen Theaters der Massen, nicht mißgönnen. [1912]

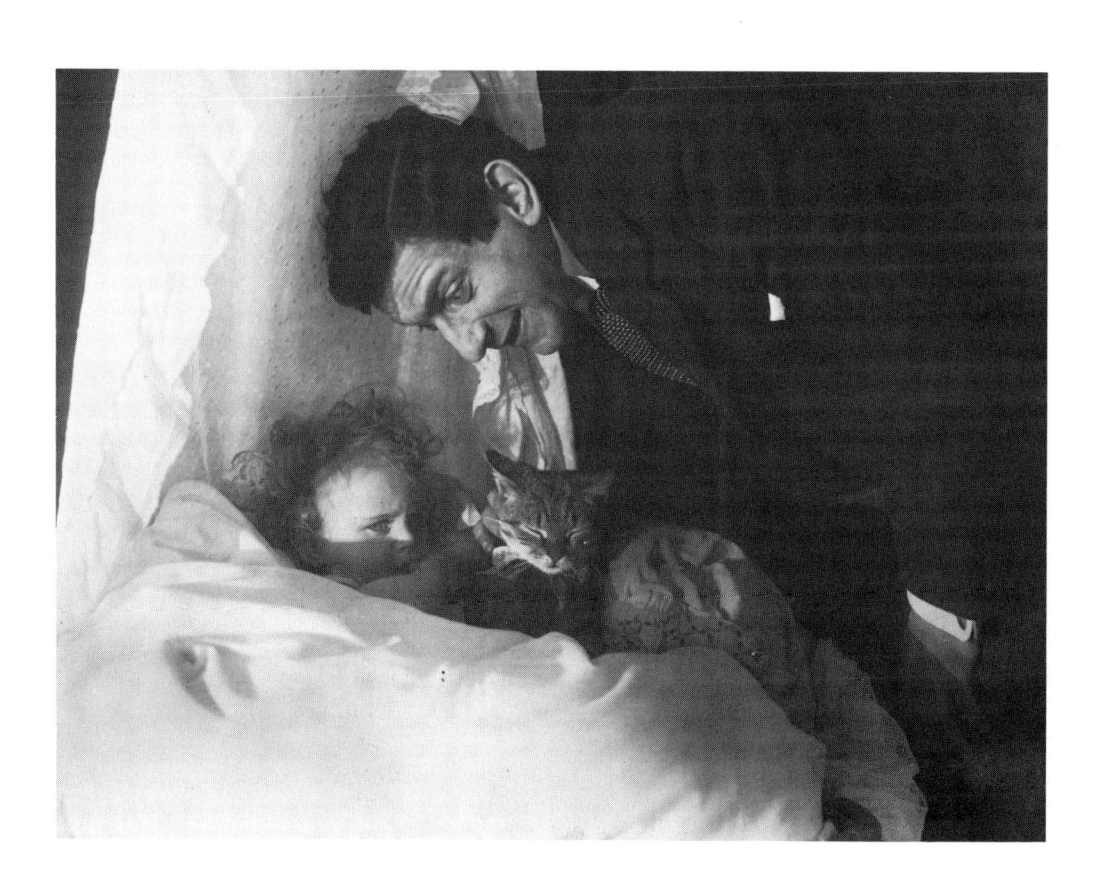

Ernst Lubitsch in seinem Film „Der Blusenkönig" (1917)

# Egon Friedell

*Egon Friedell (ursprünglich Friedmann), geboren am 21. Januar 1878 in Wien, legte offenbar Wert darauf, sich jeder Einordnung zu entziehen: ein Akademiker, der im Kabarett auftritt, jedoch darauf besteht, im Programmheft mit dem (1904 in Wien erworbenen) Doktortitel genannt zu werden; ein Blitzdichter, der philosophische Schriften veröffentlicht; als „lachender Philosoph" abgestempelt, schreibt er eine „Judastragödie"; nachdem er jedermann von seiner Vielseitigkeit als Schriftsteller überzeugt hat, wird er Schauspieler, so lange, bis die Leute sich von ihrer Verblüffung erholt haben; dann verfaßt er seine dreibändige Kulturgeschichte der Neuzeit. In einem Artikel über Verjüngungskuren schrieb Friedell 1921: „Das psychologische Rezept zur Verlängerung des Lebens lautet: Lebe unernst!" Sein Ende war traurig. Nach dem Anschluß Österreichs stürzte er sich am 16. März 1938 in Wien aus dem Fenster der Wohnung, die zu verlassen er nicht über sich gebracht hatte.*

*„Friedell repräsentierte eine höchst selten gewordene Abart des Kulturmenschen: den Dilettanten, das Wort in seinem ursprünglichen hohen Sinn verstanden" (Alfred Polgar). Auch er selber verstand sich so. „Was den Dilettantismus anlangt", sagte er, „so muß man sich klarmachen, daß allen menschlichen Betätigungen nur so lange eine wirkliche Lebenskraft innewohnt, als sie von Dilettanten ausgeübt werden. Nur der Dilettant, der mit Recht auch Liebhaber, Amateur, genannt wird, hat eine wirkliche menschliche Beziehung zu seinen Gegenständen."*

*Seine Rechtfertigung des Kinos hat Friedell in mehrfacher Form veröffentlicht: zuerst 1912 als Ansprache zur Eröffnung eines Berliner Kinos, hier wiedergegeben in der gekürzten Fassung, in der sie 1919 in einer Wiener Wochenschrift stand, befreit von dem, was daran bloß Conférence gewesen war. Ein späterer, „Kunst und Kino" betitelter Essay besteht zur einen Hälfte aus einer Besprechung von Urban Gads „Der Film" (1920), zur andern aus der Begründung, warum Friedell für das Kino die Bezeichnung als Kunst in Anspruch nimmt; vom Zuschauer als Mitarbeiter ist hier nicht mehr die Rede. Im dritten Band seiner „Kulturgeschichte der Neuzeit" (1931) macht sich dann Ernüchterung* bemerkbar; zwar spricht Friedell immer noch vom Kinematographen und vom Bioskop (nur einmal vom Kino); doch jetzt, nach dem Aufkommen des Tonfilms, heißt es: *„Solange der Kinematograph stumm war, hatte er außerfilmische, nämlich seelische Möglichkeiten. Der Tonfilm hat ihn entlarvt ... Die menschliche Stimme hat Allgegenwart, die menschliche Gebärde Ewigkeit erlangt, aber um den Preis der Seele."*

**Apologie des Kinos**

In dem so verrufenen Kinematographentheater steckt, wie ich glaube, eine ganze Reihe moderner Entwicklungsmöglichkeiten. Zunächst: es ist, wenn man etwas näher zusieht, ein sehr prägnanter und charakteristischer Ausdruck unserer Zeit. Es ist kurz, rapid, gleichsam chiffriert, und es hält sich bei nichts auf. Das paßt sehr gut zu unserem Zeitalter, das ein Zeitalter der Extrakte ist. Für nichts haben wir ja heutzutage weniger Sinn als für jenes idyllische Ausruhen und epische Verweilen bei den Gegenständen, das früher gerade für poetisch galt. Wir lassen uns nicht mehr behaglich über den Dingen nieder. Unsere gesamte Zivilisation steht unter dem Grundsatz: *Le minimum d'effort et le maximum d'effet.*

Sodann, was mit dem eben Gesagten zusammenhängt: der Kinematograph hat etwas Skizzenhaftes, Abruptes, Lückenhaftes, Fragmentarisches. Das ist im Sinne des modernen Geschmackes ein eminenter künstlerischer Vorteil. Die Erkenntnis der Schönheit des Fragments beginnt sich allmählich in allen Künsten Bahn zu brechen, schließlich ist ja aber alle Kunst nie etwas anderes gewesen als ein geschicktes und bisweilen geniales Auslassen von Zwischengliedern. Ein Künstler, der gar nichts ausläßt oder verschweigt, wäre die langweiligste Sache von der Welt, ja, er wäre eigentlich überhaupt gar kein Künstler. *„Le secret d'ennuyer est celui de tout dire,"* sagte schon Voltaire.

Ferner muß man bedenken, welche Möglichkeiten sich für einen ingeniösen und temperamentvollen Dramatiker im Kino eröffnen würden, der es verstände, die unbelebte Umgebung des Menschen, also das, was man bisher ziemlich abfällig Dekoration genannt hat, entsprechend auszunützen. Ich meine dies nicht bloß in dem äußerlichen Sinne, daß beim Kinematographen weniger technische Hindernisse bestehen als im Theater, und daß der Filmdichter eigentlich die ganze Erdoberfläche als Bühne zur Verfügung hat, sondern noch in dem anderen Sinne, daß ein solcher Dramatiker es verstehen müßte, die stumme Außenwelt als einen wirksamen Faktor in die Handlung einzuführen und in die Schicksale der Menschen als handelnde Person miteingreifen zu lassen, nicht als bloße Ausstattungsangelegenheit, die man auch ebenso gut weglassen kann, sondern als das Gegenteil von Staffage, so zwar, daß man eher den Eindruck hätte, daß die Menschen die Staffage, die Dekoration sind.

Dies führt uns nun zu dem Haupteinwand, der gewöhnlich gegen das Kino erhoben wird: daß ihm nämlich die Worte fehlen, und daß es daher nur ganz grobe und primitive Dinge zu schildern vermag. Aber ich glaube, wir werden heutzutage nicht mehr so geneigt sein, dem Wort eine so absolute Hegemonie einzuräumen. Man darf vielleicht eher sagen, daß Worte für uns heutzutage schon etwas Überdeutliches und dabei etwas merkwürdig Undifferenziertes haben. Das Wort verliert allmählich ein wenig an Kredit. Es vollzieht sich so etwas wie eine Art Rückbildung der Lautsprache. In dem Maße, als die Menschheit zunehmend denkfähiger und vergeistigter wird, wird alles immer mehr ins Innere verlegt. Wir reden weniger, aber nicht, weil wir die Fähigkeit, gut zu reden, eingebüßt haben, sondern weil wir weniger zu reden nötig haben. Wir leben geräuschloser. Es ist wie beim Homerischen Zeus: er bewegt die Augenlider, und es erbebt der ganze Olymp. So auch der heutige Mensch: ein Zucken der Wimpern, ein Senken der Lider, und es bewegt sich eine ganze Welt. Auch hierfür sind schon Anfänge vorhanden. Man denke an Ibsens unterirdischen Dialog oder an Maeterlincks Technik des Schweigens.

Der menschliche Blick, die menschliche Gebärde, die ganze Körperhaltung eines Menschen vermögen heutzutage bisweilen schon mehr zu sagen als die menschliche Sprache. Man darf Schweigen nicht mit Stummheit verwechseln. Das Schweigen ist nicht stumm, es ist nur eine andere und vielleicht energischere Mitteilungsform. Das zeigt sich doch schon im gewöhnlichen Leben jeden Tag. Ein Mensch, der uns auf der Straße mit den Worten begrüßt: „Oh, ich habe die Ehre, Ihnen ganz ergebenst guten Abend zu wünschen!", wird uns nicht den Eindruck erwecken, daß er eine besonders große Verehrung für uns empfindet. In diesem Fall wird er sich darauf beschränken, schweigend den Hut zu ziehen.

Dadurch, daß den Sinnen weniger gegeben wird, wird der Einbildungskraft mehr gegeben. Die Phantasien des nüchternsten, beschränktesten Zuschauers sind immer noch hundertmal packender und geheimnisvoller als sämtliche gedruckten Bücher der Welt. Der echte Dichter läßt auch der Phantasie immer den größten Spielraum. Die bedeutendsten Dichtungen der Weltliteratur sind auch die vieldeutigsten. In jedem Leser erwächst ihnen ein neuer Versteher. Hundert Deutungen sind möglich, und alle sind richtig. Der echte Dichter sieht seinen höchsten Ehrgeiz nicht darin, selber zu dichten, sondern darin, möglichst viele andere zum Dichten zu bringen. Denn er weiß: der wahre Dichter jedes Kunstwerks kann immer nur das Publikum selber sein.

Nun, das sind natürlich alles schreckliche Übertreibungen. Aber warum soll man nicht übertreiben? Ich glaube, man sollte allen Dingen gegenüber eine solche übertrieben wohlwollende

Haltung einnehmen, das wäre vielleicht für uns sowohl wie für die Dinge das Allervorteilhafteste. Schließlich ist jedes Ding ein Symbol, das über sich hinausweist in unberechenbare Möglichkeiten. [1912]

# Theodor Heinrich Mayer

*Geboren am 27. Februar 1884 in Wien, wo er auch studierte und nach bestandenem Doktorexamen 1907 die Apotheke seines Vaters übernahm, die er bis 1924 führte. Inzwischen war er mit zahlreichen Novellen und Romanen an die Öffentlichkeit getreten. Da sein zweiter Novellenband „Von Maschinen und Menschen" (1915) und ein anderer „Geschichten vom Auto" (1926) hießen, hat man ihn in den Nachschlagewerken mit dem Stempel „Beseelung des Technischen" versehen, was sein Gesamtwerk nur unzureichend kennzeichnet.*

*Eine große Anzahl seiner Romane gehört zu einer auf fünfzehn Bände berechneten Reihe „Hundert Jahre Österreich", darunter „Prokop der Schneider" (1922), ein Roman aus der Inflationszeit; „Die letzten Bürger" (1927), ein Lueger-Roman; „Minister Bruck" (1929), das Schicksal des Vorkämpfers der mitteleuropäischen Zollunion; „Deutscher im Osten" (1932), der von Stephan Ludwig Roth handelt, einem 1849 in Siebenbürgen von aufständischen Ungarn ermordeten Schriftsteller und Lehrer; „Geld . . . Geld!" (1935), ein Roman, der die Gründerzeit zum Gegenstand hat; „Sudeten" (1938). Dem Ärzteroman von 1936 sollte ein Apothekerroman folgen; statt dessen erschien ein Band Novellen, „Von einem Haus und einer Apotheke" (1941), der Anfang der sechziger Jahre, „weitererzählt und neu bearbeitet von Dr. Maria Czelechowsky", als Privatdruck wiedererstand. Theodor Heinrich Mayers letztes Werk hieß „Mariahilfer Straße" (1949); er starb am 3. November 1949 in Wien.*

*„Ein sehr unterhaltender, phantasie- und erfindungsreicher Erzähler", lautete das Urteil von Julius Hart, als er Mayers Roman „Cyprian der Abenteurer" (1924) besprach, der zu den Filmromanen zu rechnen ist, ebenso wie „Der Clown der Welt" (1931). Schon der Band „Von Maschinen und Menschen" hatte eine Filmnovelle enthalten, „Ein Opfer seines Berufes": ein Kameramann nimmt bei einer Überschwemmung auf, wie eine Frau und zwei kleine Kinder ertrinken, statt ihnen Hilfe zu bringen, und bricht nachher unter seinen Selbstvorwürfen zusammen. Die Novellen in dem „Film" betitelten Band aus dem Jahr 1921 handeln dann ausschließlich von Filmproduktion und Kinoge-*

*werbe: „Die Frau an der Kasse", die so gerne auch einmal einen Film gesehen und etwas vom Leben gehabt hätte, statt immer nur Karten dazu auszugeben; der Klavierspieler, der einst mit seiner Frau, einer gefeierten Sängerin, ihre Lieder einstudierte, sie aber an ihren Konzertbegleiter verlor, nun schon seit Jahren im Kino die Begleitmusik macht und froh ist, sich um nichts mehr kümmern zu müssen, nicht einmal um das, was auf der Leinwand geschieht („Begleitmusik").*

*Mayer weiß, wovon er redet: der erzählerischen Verwertung ging sein erstaunlicher Essay „Lebende Photographien" (1912) voraus, der mit denen von Hardekopf, Polgar, Klemperer, Baeumler, Spitteler und Kayssler zu den wertvollsten Dokumenten jener Jahre gehört, weil Mayer nichts an den Gegenstand heranträgt, was von woandersher stammt, sondern unvoreingenommen Beobachtungen mitteilt, die er im Kino an sich und andern gemacht hat.*

## Lebende Photographien

Der Name sagt alles. Eine Photographie, ein Bild, ein Abbild des Wirklichen, nichts Geschaffenes, bloß Reproduktion und doch in einer Beziehung allen Möglichkeiten, Geschautes wiederzugeben, überlegen: es bewegt sich, lebt . . . Aber ein Leben, gleichweit entfernt von der Wirklichkeit wie von der glatten Realistik des Theaters, wirklicher als jedes Theater, weil sich alles Dargestellte greifbar ereignet haben muß und doch nur ein Spiel von Licht und Schatten, nicht von lebenden Menschen, ein Lebenscheinen mit dem sinnfälligsten Attribut des Lebens, der bewußten Bewegung. Auf halbem Wege zwischen Theater und Wirklichkeit steht der Kinematograph. Mit beiden liebäugelt er, von beiden borgt er und so wird es erklärlich, daß er so große Popularität in den weitesten Kreisen gewinnen konnte. Er bietet jedem das, was er darin sucht, er erscheint jedem so, wie er ihn auffaßt, er braucht keinem bestimmten Publikum und keiner Richtung entgegenzukommen. Wohlgemerkt: er braucht nicht. Aber leider tut er es, und die kinematographische Produktion ist jetzt an einem Tiefstand angelangt, der zu den schwersten Bedenken Anlaß gibt. So soll es aber nicht weitergehen, dazu ist der Kinematograph doch viel zu gut.

Es ist unbestreitbar, daß die Kinematographie künstlerischen Intentionen gerecht werden kann. Schon in ihren ersten Anfängen glückte ihr das. Da ist mir eine vor vielen Jahren gemachte Aufnahme erinnerlich, vom Schiff aus aufgenommen, das ins offene Meer hinaus fährt. Ich glaube, ein Bild aus Norwegen. Nichts anderes war darauf zu sehen, als das Kielwasser des Dampfers und das entschwindende Land. Als unbewegliche Photographie wäre es nichts anderes gewesen als eine der beliebten Seestimmungen, wie sie von begeisterten Amateuren zur Reisezeit dutzendweise verfertigt werden. Aber wie änderte sich alles durch das Hinzutreten der Bewegung! Die fort und fort auskreisenden, trägen kraftlosen Kielwellen, dem fernen Land zustrebend, ohne es je zu erreichen, diese monotonen Wellen, die sich bald still in die glatte See auflösen, die graue Küste, immer niederer, immer trüber werdend, um zuletzt in Nebel zu ersterben, keine Bewegung mehr ringsum, nur die immer erneuten Wellen, das ergab ein Bild von überwältigender Stimmungskraft, dessen Hauptmotiv in der Bewegung lag.

Neben der künstlerischen Wirkung kommt gerade bei solchen Bildern wie dem eben erwähnten, das langsame, stetige Bewegung zum Inhalt hat, eine Erscheinung zur Geltung, die, bisher wenig oder gar nicht beachtet, doch einen Hauptreiz des Kinematographen ausmacht. Es handelt sich um die traumhafte Wirkung, die im Grunde jedem Kinematogramm anhaftet. Wie monoton fortlaufende Geräusche einschläfern können, so verursachen Bewegungen dieser Art ein leises Verträumen. Der Ton wirkt fort und fort, das Ohr kann sich ihm nicht verschließen und so kann er seinen Reiz bis zur Endwirkung, hier also bis zum Schlaf ausüben. Der Lichtreiz der Bewegung hört aber in dem Moment auf, wo sich das Auge schließt, seine Wirkung ist deshalb nicht anhaltend, sie kann nur ein Vorstadium des Schlafes herbeiführen, nicht den Traum, nur das Gefühl, etwas mit traumhafter Empfindung, mit müden Augen gesehen zu haben. Dabei ist es praktisch gleichgiltig, ob die gleichförmige Bewegung objektiv gesehen wird, wie, um handgreifliche Beispiele zu wählen, bei Aufnahmen von Festzügen, Defilierungen, bei Brandungsbildern etc., oder ob sich das Auge mit der Bewegung identifizieren muß, wie bei Aufnahmen von Eisenbahn und Schiff aus. Übrigens kann auch in letzterem Falle der Standort des Auges als unbeweglich angenommen werden, ähnlich wie man in einem Flugapparat im Augenblick des Auffliegens das Gefühl des Feststehens hat, während die Erde plötzlich weggezogen zu werden scheint.

Gewöhnlich wird die Ermüdung der Augen bei Kinovorführungen mit einer leichten Überanstrengung infolge des Flimmerns der Bilder erklärt. Teilweise ist dies sicher richtig, aber es lassen sich noch so viele Berührungspunkte mit Traumerscheinungen nachweisen, daß das Traumgefühl als im Prinzip des Kinematographen liegend angenommen werden muß. Nehmen wir eine Aufnahme vom fahrenden Zuge aus. Um sie bei der Betrachtung begreiflich zu finden, muß man sich in ein imaginäres Coupé versetzen, durch dessen Fenster man hinausblickt. Man braucht dies übrigens gar nicht zu wollen, es geschieht nach den ersten Augenblicken automatisch. Wir setzen also etwas nicht Bestehendes für bestehend, um bei etwas wirklich Geschautem, von dem wir wissen, daß es nicht lebt – Leben hier und im folgenden natürlich in weitestem Sinn genommen – die Illusion des Lebens zu erwecken. Wir sehen das Bild als solches wirklich, das

„Leben" aber nur als Bewegung. Und für das Bild einer Bewegung haben wohl noch die wenigsten die Fähigkeit, es wirklich als Bild zu empfinden, etwa wie eine Photographie, sondern sie müssen sich eines Hilfsmittels bedienen, sich mehr oder weniger gewaltsam in eine scheinbare Wirklichkeit hineinzwingen. Tatsächlich Vorhandenes und Unwirkliches verbinden sich hier zu einem eigentümlichen Komplex, für den es keinen bezeichnenden Namen gibt, der aber einem ganz leisen Hinträumen mit offenen Augen noch am nächsten kommt.

Gerade bei Eisenbahnaufnahmen ist übrigens die Analogie mit Traumvorstellungen deutlich zu erweisen. Auch bei Träumen haben wir einen lückenlos aufeinanderfolgenden, allerdings unmotivierten Wechsel der Szenerie – kein Traum endet an dem Orte, wo er angefangen – und auch die schwarz-weiße Einfärbigkeit des Films entspricht der bekanntlich ganz außerordentlich geringen Farbenintensität der Traumvorstellungen. Dagegen ist ihre Tonintensität ziemlich bedeutend, und analog dazu würde das Ohr bei einer Kinovorführung die entsprechenden Geräusche vermissen – wäre nicht die Musik da. Man hat ganz richtig erkannt, daß die Musik durchaus nicht das Bild musikalisch zu illustrieren braucht, sie dient bloß dazu, das Ohr auszufüllen, damit es nicht den Mangel an Naturgeräusch empfindet, nicht aber den Hörer anzuregen oder gar seine Aufmerksamkeit zu verlangen. Es muß gar keine richtige „Begleitmusik" sein; was gespielt wird, ist nebensächlich, nur eine nicht gar zu unharmonisch klingende – das würde auffallen – Summe von Tönen muß zu hören sein. Dabei ist es sonderbar, daß beim Ablaufe eines Films nicht so sehr dies als vielmehr das plötzliche Aufhören der Musik unangenehm empfunden wird. Das Auge kann ein Bild nach seinem Verschwinden noch weiter wahrnehmen – das Prinzip des Kinematographen – nicht aber das Ohr einen Ton. Ginge die Musik weiter, so würde auch bei dunkler Projektionswand jedes Auge eine Fortsetzung des Bildes hinzudenken. Überhaupt ist das Bedürfnis nach Fortsetzung bei Kinoaufführungen viel allgemeiner als bei ähnlichen Produktionen. Dadurch, daß jede einzelne Vorstellung aus einer größeren Anzahl voneinander unabhängiger Films besteht, kann der Zuschauer auch nicht zu einem organischen Ende hingeleitet werden. Der Umstand, daß eben nur so viele Bilder auf dem Programm stehen, wird wohl von niemand als befriedigender Abschluß empfunden werden. Man hat trotz der unbestreitbaren Ermüdung der Augen noch den Wunsch, immer wieder ein neues Bild zu sehen. Es fehlen die Höhepunkte, die der ganzen Vorstellung ein festes Gerüst geben, was aber kein Mangel genannt werden kann; es tritt hier derselbe Fall ein wie bei manchen Musikstükken, etwa der Barcarole aus „Hoffmanns Erzählungen" oder der Nachtmusik am Schlusse des zweiten Aktes der „Madame Butterfly", wo infolge des gleichförmigen Wohllautes ein leichter Traumzustand hervorgerufen wird, der jede Veränderung als

Disharmonie empfindet. Man kann hier auch das uralte Beispiel des Müllers anführen, der aufwacht, wenn das Geräusch des Mühlrades aussetzt oder das etwas modernere des Schläfers im Eisenbahncoupé, den das gleichmäßige Rollen des Waggons, solange es eben dauert, schlafend erhält.

Freilich, jeder „Direktor" eines Kinotheaters würde sich – bei seinem gewöhnlichen Publikum eigentlich mit Recht – dagegen verwahren, daß sein Programm einschläfernd oder besser gesagt einträumend wirke. Er kann es nicht genug betonen, wie belehrend, unterhaltend, komisch es ist. Früher stand noch manchmal, es ist aber schon lange her, das Wörtchen „dezent" dabei, mußte aber seit dem Emporblühen des Kinodramas der Bemerkung: Nur für Erwachsene, bekanntlich dem Gegenteil von dezent, weichen. Die ganze Entwicklung der Kinematographie vollzog sich auf Grundlage einer Verschlechterung des Programms. Im Anfange begnügte man sich damit, gegebene Bewegungen kinematographisch festzuhalten. Lebende Photographien in wörtlichem Sinn. Marschierendes Militär, einfahrende Eisenbahnzüge, Straßenszenen, sportliche Sachen leichterer Art, auch Reiseaufnahmen bildeten das Programm. Als die technische Seite der Apparate vervollkommnet wurde, ging man daran, kleinere Szenen komischer Natur eigens für den Kinematographen zu stellen. Neun von zehn hatten als Grundmotiv, daß jemand von mehreren Leuten verfolgt wurde, wobei Verfolger und Verfolgte komische Hindernisse zu überwinden hatten. Die Variationen dieses Motivs waren unerschöpflich und dabei im allgemeinen recht gelungen. In sportlicher Hinsicht bildeten die Automobilrennen, die damals ihren Höhepunkt erreicht hatten, stets eine Glanznummer des Programms. Dann gab es Reiseaufnahmen von wirklicher Vollendung, wichtige Zeitereignisse wurden vorgeführt, auch viele technisch interessante Aufnahmen von Fabriken, großen Industriebetrieben etc. Damals war es tatsächlich stets ein Genuß, in ein Kinotheater zu gehen, ohne vorher das Programm zu wissen. Zwei recht geschmacklose Neuerungen traten zu dieser Zeit auf, verschwanden aber zum Glück bald wieder: die Verbindung von Kinematograph und Grammophon und die kolorierten Aufnahmen. Die gemeinsame Aufführung korrespondierender Grammophon- und Kinematographaufnahmen scheint theoretisch die vollkommenste Ausnutzung beider Erfindungen zu sein. Daß sie es praktisch nicht ist, daß derartige Vorführungen nach kurzer Zeit selbst vom anspruchslosen Vorstadtpublikum abgelehnt wurden, ist ein weiterer Beweis für die vorhin ausgesprochene Behauptung: beim Kino darf die Aufmerksamkeit des Zuschauers niemals zwischen Bild und Musik geteilt werden, sonst leidet jedes der beiden zum Schaden des Ganzen. Die mit der Hand in grellen unschönen Farben bemalten Films finden sich auch heute noch, man stößt hie und da auf Titel wie „Thesis Herz, koloriertes (!!) Drama aus der Römerzeit", aber die Sachen erwecken keinen besonderen Beifall mehr. Einen geistreichen Ersatz dafür bieten in neuerer Zeit aus Frankreich importierte Films, die, vom Prinzip des Dreifarbendruckes ausgehend, sich die Tatsache zunutze machen, daß es im verdunkelten Raum, wo Vergleichsfarben fehlen, durchaus nicht auf absolute Reinheit der Farben ankommt. Man kann hier also mit zwei zur Not komplementären Farben auskommen. Es werden auf demselben Film abwechselnd hinter zwei komplementären Lichtfiltern Aufnahmen gemacht und dann mit denselben Filtern projiziert. Infolge der raschen Vorführung erscheinen dem Auge die beiden verschiedenfarbigen Bilderserien als eine aus den zwei Farben kombinierte Serie. Weiß und Grau erscheinen etwas mißfarbig, aber das macht im Dunkel, wie früher erwähnt, nichts aus.

Die dritte Periode in der Entwicklung des Kinematographen wird durch das schrankenlose Überwuchern des Kinodramas gekennzeichnet. Schon in den ersten Zeiten gab es manchmal Kinodramen, meist amerikanischen Ursprungs, Szenen aus Wild-West, Kämpfe im Urwald, Überfälle auf Eisenbahnzüge u. dgl., alles recht geschickt gestellt und niemals peinlich oder geschmacklos wirkend, weil stets ein von Natur aus gegebener Ort der Handlung vorhanden war. Die Entartung zeigte sich erst im Salon-Kinodrama. Das kam dem Schrei nach Pikanterie entgegen, den das Publikum immer gieriger ausstieß. In den Wild-West-Dramen begnügte man sich im äußersten Fall mit Entführung und Bestrafung des Entführers im letzten Bild. Verführung, Ehebruch, Notzucht (!) auf die Leinwand zu bringen, blieb dem modernen Kinodrama vorbehalten, das bezeichnenderweise nicht aus Frankreich seinen Ursprung nahm. Die ersten größeren französischen Kinodramen waren durchwegs sentimentaler Natur ohne jedes pikante Detail. Seit etwa drei Jahren datiert diese letzte, traurigste Epoche der Kinematographie, die gerade jetzt einen Höhepunkt, aber in schlechtestem Sinn, erreicht hat. Das Publikum wurde langsam abgehärtet, verlangte immer krassere Effekte, und die Filmfabrikanten bekundeten natürlich bereitwilligstes Entgegenkommen. Anfänglich waren die Stücke meist kurz, bis zu zwanzig Minuten „Spieldauer", so daß man beruhigt der nächsten Nummer entgegensehen konnte, falls einem das Spiel nicht behagte. Erst in allerjüngster Zeit entstand das große „abendfüllende" Kinodrama. Es ist hier nicht der Platz, auf die Sujets desselben noch näher einzugehen. Im wesentlichen handelt es sich nur um dramatisierte Kolportageromane schlimmster Sorte, die schon durch Titel und den Zusatz: nur für Erwachsene, den Inhalt ahnen lassen. Eine wichtige Rolle spielt in diesen Stücken der Brief. Wo das gesprochene Wort nicht zu umgehen ist, was bei der Kompliziertheit der Handlung sehr häufig der Fall ist, da greift man zu dem recht geschmackvollen Notbehelf, einen Brief zu projizieren, damit der Zuschauer auch ohne „Textbuch" dem Gang der Handlung folgen kann.

Das Kinodrama von heute entspricht in keiner Weise den

Prinzipien, auf Grund deren eine gedeihliche Weiterentwicklung desselben möglich wäre. Alle neueren Stücke dieser Art spielen auf Bühnen, denen man die Kulissen schon auf hundert Schritt ansieht. (Einzelne Szenen im Freien sind seltene Ausnahmen.) Der Zuschauer im Kinotheater hat also den Eindruck, der Reproduktion eines Bühnenwerkes beizuwohnen. Die Reproduktion ist nur ein Surrogat für das Reproduzierte, kann das Original nie erreichen. Anderseits kann auch eine Bühnenaufführung nur ein Bild des Lebens geben, der Hörer kann nur die Illusion eines tatsächlichen Ereignisses haben. Was also das Publikum im Kinotheater sieht, ist eigentlich nur das Surrogat eines Surrogates. Verwässerter kann eine Darbietung schon nicht mehr sein. Wenn das Kinodrama wirklich eine gewisse Höhe erreichen will, muß es seinen eigenen, ureigensten Stil haben. Der Stil braucht nicht erst geschaffen zu werden, er ist von vornherein gegeben durch den Gegensatz zum Theater. Der Rahmen des Theaters ist die Kulisse, die Imitation der Wirklichkeit, der Rahmen des Kinos ist die Wirklichkeit selbst. Auf diesem Gebiet kann das Kino Wirkungen erzielen, die dem Theater immer versagt bleiben werden. Keinem Theater ist es möglich, für seine Szenen große Zeitereignisse zum tatsächlichen Hintergrund zu haben. Keinem Theater steht die Natur in ihrer unendlichen Größe als Rahmen zur Verfügung. Kein Theater kann seinem Publikum ein so getreues Abbild der Natur bieten wie das Kino. Hier ist das Feld für mechanische Reproduktion. Lebende Photographien, in diesen Worten liegen alle Bedingungen einer wirklich künstlerischen Kinematographie. Die Grenzen der Photographie sind größtenteils auch die der Kinematographie. Keine von beiden soll Gedankenkunst sein. Wie allegorische Darstellungen auf photographischem Wege deplaciert erscheinen, so ist jede tiefere psychologische Handlung, die das gesprochene Wort nicht entbehren kann, fürs Kino unbrauchbar. Für ein Kinodrama sind einfache, prägnante, scharf umrissene und leicht verständliche Handlungen Bedingung. Die Handlung muß stets im Rahmen der Wirklichkeit vor sich gehen. (Nur die recht amüsanten historischen Dramen möchte man nicht missen, ihr Verhältnis zum eigentlichen Kinodrama ist ja bloß das des Balletts zum Schauspiel.) Auf Grund der beiden eben erwähnten Bedingungen müßten sich unbedingt stilreine Kinoaufführungen erzielen lassen, und es werden sich auch bald dafür spezielle Begabungen finden. Der Verfasser des Buches – Dichter will man hier doch nicht sagen – hat sich allerdings mehr als sonst mit dem Regisseur in die Arbeit zu teilen, denn es ist nicht leicht, für eine bestimmte Handlung gleich einen richtigen Ort zu finden, und es ist noch viel schwerer, die Handlung, bezüglich deren Details der Regisseur vollkommen freie Hand haben muß, so in den gefundenen Rahmen hineinzukomponieren, daß stets der Charakter eines Bildes gewahrt bleibt. Im Anfang war das Kinodrama, vielleicht unbewußt, auf dem richtigen Weg. Da gab es wunderschöne Szenen in alten Schlössern mit der Aussicht auf das weite Land unten, Bilder aus tiefen, stillen Parks, wo die Sonnenstrahlen nur scheu wie geduldete Gäste über den Boden gingen, so dichtes Laub hüllt alles ein, andere Szenen hatten wieder den Himmel als Hintergrund, und die Figuren hoben sich groß und scharf von den ziehenden Wolken ab. In den Wild-West-Dramen gab es oft entzückende Bilder von Reitern, die auf weißen Pferden durch den lichten jungen Wald ritten, oder von Spähern, die sich über steile Hänge zwischen blühenden Sträuchern schlichen. Je mehr sich das Kinodrama ausbreitete, desto weniger bildmäßig wurde das Szenenbild. Es war ja auch für den vielgeplagten Operateur unendlich bequemer, in seinem wohlassortierten Theater zu einer bestimmten Handlung die Kulissen zurechtzustellen, als erst draußen im Freien passende Orte für die Aufnahme zu suchen. Die Dramenfabrikanten trugen dem auch Rechnung, in dem sie ihre Stücke größtenteils in geschlossenen Räumen spielen ließen, höchstens kam noch eine Straße oder ein öffentlicher Park dazu, was beides leicht zu beschaffen war.

Viel Schuld an der Verflachung der Produktion ist auch die Jagd nach Novitäten. Die größeren Kinos, die jede Woche ihr neues großes Drama haben müssen, bezahlen dafür oft bis zu 1 000 K, wobei ihnen der Film nur leihweise überlassen wird. Bei einem so guten Geschäfte trachten natürlich die Filmerzeuger, möglichst viel Novitäten herauszubringen, und diese Massenproduktion muß inhaltlich eine Verschlechterung der Qualität zur Folge haben, weil die „Dichter" mit dem Bedarf nicht mehr Schritt halten können.

Sehr ausgebreitet ist auch die wissenschaftliche Verwendung der Kinematographie. Im weitesten Sinn muß man jeder Vorführung fremder Länder und Sitten das Attribut „belehrend" im Sinne des Anschauungsunterrichtes zuerkennen. Es ist übrigens auch für Erwachsene sehr interessant, eine Kokosnußernte in Indien oder eine Walfischjagd im Polarmeer, Wassersport in Neuseeland oder die überwältigenden Viktoriafälle des Sambesi in lebendem Bilde vor sich zu sehen. Die Aufnahmen von schwierigen Operationen oder von mikroskopischen Präparaten haben ausgesprochen wissenschaftlichen Wert. Eine belehrende Aufgabe im edelsten Sinn wäre es auch, wenn der Kinematograph unsere Begriffe von Schönheit der Bewegung ausbreiten und festigen könnte. Bei der Beurteilung der ästhetischen Wirkung einer Bewegung stehen wir noch ganz im Banne der Antike. Es ist uns beinahe angeboren, nicht sie selbst ins Auge zu fassen, sondern die einzelnen Bewegungsmomente, die sich während ihres Ablaufes ergeben. Das Prototyp einer nach antiken Begriffen schönen Bewegung ist der Tanz. Bei einem tanzenden Menschen ist unser Augenmerk stets auf die momentane Pose gerichtet, die Bewegung, die Verbindung der einzelnen Posen wird als solche meist gar nicht beachtet. Die bildende Kunst ist von vornherein auf die Abbildung solcher Posen angewiesen und je mehr die Darstellung den Eindruck hervorruft, daß sich der Körper in entsprechender Bewegung befindet, um so besser, sagen wir, ist die Bewegung getroffen. Die Kunst lieferte uns also dem Prinzipe nach nur Momentphotographien. Erst im Zeitalter des Impressionismus versuchte man durch verschiedene technische Kniffe dem Problem der Bewegungsdarstellung näher zu kommen. Meisterlich in dieser Beziehung waren die im letzten Jahre im Künstlerhaus ausgestellten Eisenbahnbilder Quittners, des viel zu früh verstorbenen österreichischen Meisters. Durch Unschärfe, leichte Verzeichnung und Abflauen der Farbe erschien das Problem malerisch vollkommen gelöst. Im Kinematographen haben wir nun ein Mittel, Bewegungen jeder Art als solche zu reproduzieren, die Schönheit einer Bewegung noch viel eindringlicher als in der Natur vorzuführen, weil die Darstellung hier konzentrierter und von allen störenden Begleiterscheinungen frei ist. Der Wechsel der Szenerie im fahrenden Zug z. B. macht – abgesehen von dem Unterschied zwischen Natur und Abbild – niemals einen so geschlossenen, bildmäßigen Eindruck wie die Vorführung der entsprechenden Aufnahmen im Kino. Das gilt ganz allgemein für alle Aufnahmen vom bewegten Objekt aus. Das Vorüberziehen der Landschaft ist eine der einfachsten Bewegungen, die man sich nur denken kann, und schon diese bietet künstlerischen Genuß. Wohlgemerkt, das Bewegen, nicht die verschiedenen hübschen Landschaftsbilder. Das stille ununterbrochene Nähern und Verschwinden, ganz losgelöst von jedem Bewegungsmittel, das langsame Auftauchen markanter Objekte, das Vorbeihuschen der nahen Gegenstände, alles zusammen wirkt auf empfängliche Menschen wie die Betrachtung eines schönen Gemäldes. Viele werden sich darüber nicht klar geworden sein, warum sie im Kino gerade von solchen Aufnahmen befriedigt werden. Wir befinden uns hier auf neuem Gebiete, dessen Vorhandensein bisher nur wenigen zum Bewußtsein gelangt ist. Die ästhetische Wertung der Reproduktion von Bewegungen kann schon deshalb nicht verbreitet sein, weil sie vorläufig noch ausgesprochen künstlerische Veranlagung zur Voraussetzung hat. Es ist aber sehr wahrscheinlich, daß sie sich mit der Zeit so einbürgern und Gemeingut werden wird wie jeder moderne Schönheitsbegriff, ohne daß die Menschen eigentlich dafür geschult werden. Wenn wir einmal Bewegungsbilder als solche empfinden können, so wird man auch mancherlei Mittel finden, hier eines der primitivsten Merkmale von Kunst, die persönliche Note, zur Geltung zu bringen. Was für den Kunstphotographen Licht und Schatten, das wird für den Kunstkinematographen (hoffentlich prägt man ihm eine geschmackvollere Titulatur) Langsamkeit und Schnelligkeit sein. Der Kunstphotograph hat die Wahl des Standortes, bei Porträts auch die der Beleuchtung, der Pose und des Ausdruckes, er kann dann im weiteren Verlauf des photographischen Prozesses noch Licht und Schatten aufeinander abstimmen, Details unterdrücken, andere wieder hervorheben, um eine harmonische Wirkung des fertigen Bildes zu erzielen. Beim Kinokünstler wird es darauf ankommen, daß er die Richtung der Bewegung seinen Intentionen anpaßt – wir sprechen von gegebenen, nicht von arrangierten Bewegungen – denn es wird in der Bildwirkung sicher einen großen Unterschied ausmachen, ob sich etwas nähert oder entfernt, und dann hat er auch vollkommen alle Intensitäten der Bewegung in der Hand. Man wird hier unschwer eine Analogie mit Musikreproduktion herausfinden, wo der Vortragende innerhalb gewisser Grenzen alle die Variationen des Tempos vornimmt, die er seinem künstlerischen Empfinden angemessen findet. Das wird unsere Theorie verständlicher machen. Eine Bewegung hat nicht nur räumliche, sondern auch zeitliche Ausdehnung, und beides läßt sich bei der Reproduktion nach Belieben variieren und individuell beeinflussen. Wenn man eine Bewegung auf einen kürzeren Zeitraum konzentriert, so wird dies auf das Empfinden analog wirken wie starke Schlaglichter in einem Bild oder laute Akkorde in der Musik. Anderseits werden Bewegungen, deren Ablauf langsam und zurückhaltend ist, den Eindruck harmonischer Stille hervorrufen wie silbergraue Whistler-Bilder oder ein Adagio in einer Symphonie. Es liegt ganz in der Hand des Kinobildners, Bewegungen, die langsam vor sich gehen, schneller abzubilden und zu projizieren, wenn sie seiner Ansicht nach dadurch gewinnen und umgekehrt. Ein möglichst einfaches Beispiel wird dies erläutern. Nehmen wir an, der Kinokünstler wolle ein Bild schaffen: der Sturm. Als Motiv wählte er sich ein Getreidefeld mit hohen Bäumen am Rande und ziehenden Wolken darüber. Da wird es sicher einen großen Unterschied ausmachen, ob sich das Getreide nur gelegentlich im Winde bewegt oder ob es stürmisch auf und ab wogt wie wildgepeitschtes Wasser, ob sich die Bäume nur hie und da oder ununterbrochen im Sturme neigen, ob die Wolken langsam oder schnell vorüberziehen. Durch einfache Konzentration der Bewegung auf einen kürzeren Zeitraum wird sie eindrucksvoll gestaltet. Dies soll, wie gesagt, nur ein primitives unkompliziertes Beispiel sein, und man wende nicht ein, daß ein solches Bild unnatürlich wirken könnte. Zur getreuen Abbildung der Natur haben wir die einfache Photographie. Wenn sie individuell behandelt wird, beschreitet sie bereits Wege, die zur Kunst führen, und wo das freie Ermessen der Phantasie mitschafft, da gibt es keine Unnatur mehr. Wir dürfen auch nicht vergessen, daß es sich hier um ganz Neues handelt, daß noch keine Versuche gemacht wurden, die Kinematographie in dieser Weise künstlerischen Zwecken dienstbar zu machen.

Ein dankbares Feld für die Kinematographie wäre es auch, beim Publikum künstlerisches Interesse für die Bewegung von Maschinen zu erwecken. Eine Maschine kann in zweierlei Hinsicht künstlerisches Interesse bieten, zunächst rein bildlich durch ihre Umrisse, ihre Linienführung, auch ihre Größe und dann in weiterem Sinn durch die überwältigende gebändigte Kraft, die in ihr ruht und durch den leisen Fingerdruck ihres Schöpfers zur Entfaltung gebracht wird. Das ästhetische Interesse an einer ruhenden Maschine erstreckt sich aber doch zunächst auf ihre bildhafte Erscheinung, und irgendeine landwirtschaftliche Maschine wird uns weit weniger schön dünken als etwa ein gewaltiger Dampfkran. Wie gesund unser Empfinden Maschinen gegenüber ist, geht daraus hervor, daß eine krafterzeugende Maschine stets mehr Wohlgefallen finden wird als die ohnmächtige, kraftverbrauchende. Zuletzt beschäftigen wir uns doch immer mit der Energie der Maschine. Kräfte, die sich im Gleichgewichte halten, machen wenig Eindruck. Nicht einmal beim Menschen, und darum versagen die Aufnahmen von Ring- und Boxkämpfen, weil es nicht sinnfällig ist, welche enorme Kraft und Ausdauer notwendig ist, die Angriffe des Gegners abzuwehren. Um eine Kraft interessant zu machen, muß sie sich in Bewegung umsetzen. Die einfachste Maschinenbewegung ist die Rotation. Im allgemeinen keine fesselnde Bewegung für unser Auge. Die riesigen Dynamos im städtischen Elektrizitätswerk z. B. imponieren nur durch ihre Größe. Ihre Kreisbewegung fällt dabei gar nicht auf. So geht es meistens mit den stabilen Maschinen. Ganz anders ist es aber, wenn die Bewegung eine Fortbewegung ist. Da nimmt sie gleich unsere Aufmerksamkeit in Anspruch und das um so mehr, je deutlicher sie die innewohnende Kraft manifestiert. Wie kann dies geschehen? Durch die Schnelligkeit der Fortbewegung. Die schnelle Maschine wird stets begeistern. Von hundert Menschen werden neunzig auf die Frage nach der schönsten Maschine die Schnellzugslokomotive nennen. Nirgends wird ja auch Kraft so augenscheinlich in Schnelligkeit umgesetzt. Und wenn man einem naiven Menschen eine gewaltige Lastzugsmaschine und daneben die zierlichere Schnellzugslokomotive im Bilde vorführt, so wird ihm wohl anfangs die riesige Größe der ersteren imponieren. Ist aber das Bild „lebend", sieht er das langsame Tempo der einen und das Rasen der anderen, so konzentriert er sein Denken ganz auf die schnelle Maschine. Nichts ist geeigneter, solche tatsächlich in edlen Linien vor sich gehende Maschinenbewegungen eindringlicher vorzuführen als der Kinematograph. Wie immer ist hier der Lärm und alles andere ablenkende Beiwerk beseitigt, der Zuschauer beobachtet nur die reine, beinahe unkörperliche Bewegung. Man mache einmal im Kino die Probe und analysiere ganz kurz, welchen Eindruck eine majestätisch herannahende Lokomotive oder ein sausendes Automobil oder gar ein vorüberschwirrendes Flugzeug hervorruft. Stets wird man finden, daß schon das bloße Betrachten der Bewegung an und für sich ästhetischen Genuß bereitet. In dem Bestreben unserer modernen Kunst, überall neue Schönheiten zu entdecken, kann der Kinematograph ein brauchbarer Helfer sein, er kann sogar neue Begriffe für künstlerische Wertung heranbilden.

Die einzige Kunst, die gegenwärtig beim Kino allgemein anerkannt wird, ist allerdings nur die der in den Stücken auftretenden Schauspieler. Bei den enormen Gagen, die hier gezahlt werden können (sie gehen manchmal in die Zehntausend), war es ja auch leicht möglich, erstklassige Kräfte zu gewinnen. Wenn nur ein geringer Teil der im Kinogeschäft investierten Kapitalien von der Dramenfabrikation ab- und wirklich ehrlichen Arbeiten zugewendet wird, so wäre damit die Grundlage für eine Weiterentwicklung geschaffen. [1912]

aus: **Begleitmusik**

Bei dem kleinen Vorstadtkino, an dem mich mein Weg diesen Abend zufällig vorüberführte, sah ich einen Film angekündigt, der aus den großen Lichtspieltheatern schon längst verschwunden war, mich aber wegen seines phantastischen Sujets interessierte. Darum trat ich ein.

Es war gerade während der großen Pause; ich konnte das Publikum mustern, das den niedern, dumpfigen Raum in nicht gerade großer Zahl besetzte. Halbwüchsige Burschen mit ihren Mädeln, Arbeiter, die nach dem Abendessen noch eine kleine Zerstreuung suchten, Dienstboten und Soldaten, auf den teueren Plätzen einige behäbige Bürger. Ich verstand die Gespräche nicht, die unfein und lärmend durcheinander tönten, und der rohe Klang davon tat mir weh.

Ein Glockenzeichen verkündete den nahen Beginn. Die Begleitung wurde von einem Klavierspieler besorgt, der eben hereinkam, noch an den Resten seines Nachtmahls kauend. Ich sah mir den Mann etwas näher an; es verlockte mich, in der kurzen Zeit bis zur Verfinsterung noch ein bißchen Psychologie zu treiben. Sicher ein armer Teufel, denn eine große Gage konnte der Besitzer dieses Kinos nicht zahlen, dessen ganzes Orchester aus einem einzigen Mann bestand. Das blasse, etwas verhärmte Gesicht zeigte feine Züge, und das graue, halblang über die Ohren fallende Haar trug der Mann als selbstverständlichen Schmuck, nicht um den „Künstler" zu markieren. Er sprach gerade mit dem Diener; seine Bewegungen zeigten eine gewisse Vornehmheit, die zu dem abgetragenen Gewand nicht recht paßte. Wahrscheinlich ein kleiner Beamter, der – vielleicht als Auskunftsperson – mit feinerem Publikum zu tun hatte und zur Verbesserung seiner Lage noch hier von fünf bis halb zehn Musik machte. Sicher war er ohne Familie, denn sonst hätte er sein Nachtmahl nicht hier in den Pausen verzehrt. Ich schätzte ihn so gegen fünfzig Jahre.

Der Film war herzlich schlecht, hielt nicht, was sein Name und der Ruf der Darsteller versprach, und was mir noch nie im Kino widerfahren war: ich gewann der Musik mehr Aufmerksamkeit ab als den Bildern an der Wand. Der Mann am Klavier hatte aber auch eine sonderbare Art der Begleitung. Er spielte nicht das übliche Potpourri aus Walzern und Märschen und Opernarien herunter, an den besonders gefühlvollen Stellen durch einen schmachtenden Gassenhauer ergänzt, sondern er griff irgendeine Melodie auf und begann darüber mit wirklicher Geschicklichkeit zu phantasieren. Ich beobachtete ihn dabei, soweit es die Dunkelheit zuließ. Er blickte öfters auf den Film hin, ohne sich dadurch in seinem Spiel beeinflussen zu lassen, dann senkte er wieder das Haupt lange über die Tasten herab, als würde er über etwas nachsinnen, und hob plötzlich ein neues, zornig-lautes Thema an, das er allmählich in weichere Sätze ausklingen ließ.

   Die Zuschauer waren von dem spannenden Blödsinn der Handlung hingerissen, wußten von der Musik nicht mehr, als daß sie ihr Hören ausfüllte; aber mir schuf sie in meinem Sinn ein leises Geschehen, das mit dem an der Leinwand nichts mehr zu tun hatte. Meine Augen waren nicht geschlossen, folgten den bewegten Bildern, meine Ohren hüllten sich in die Töne wie in ein weiches Dunkel, und zwischendurch gingen meine Gedanken, als schritten sie einen steilen Abhang entlang, in gleicher Weise von Höhe und Tiefe umfangen, und spähten in eine wolkengraue Ferne. Mancherlei Gestalten setzten sie da hinein, ließen ein kleines Drama zwischen ihnen beginnen; ich war selbst jede der Personen und erdachte auch, was sich für sie ereignete. Unmerklich führte mich der Film der Töne höher, bis es plötzlich zu einem Ausbruch starker Leidenschaften kam, Menschen rangen miteinander, wollten nicht voneinander lassen und rissen sich doch los, schmähten und verwundeten sich. Auch auf der Leinwand war jetzt ein Gipfel, meine Augen berichteten mir darüber, aber ich antwortete ihnen nicht, war zu viel von dem Geschehen in mir ausgefüllt. Leise klang es nun ab, wurde wieder zu einem stillen Gehen an steilem Abhang, und Töne lockten wie die Lichter eines fernen Hauses, das als Ziel des langen Weges erschien. Weit war es noch bis dahin. Die Musik genoß ich in diesem Kino, nicht den Film . . . vom Leben ein leerer Schein, den man sieht, ohne ihn zu denken, und sonst nur Musik, Musik in allen Sinnen . . . o, wie ist das schön . . .    [1921]

Albert Bassermann in
„Die Zwillinge"
(Greenbaum Film,
1919)

# Ulrich Rauscher

*Ulrich Rauscher, geboren in Stuttgart am 16. Juni 1884, hatte bereits einen Roman und seine zwei Münchhausiaden veröffentlicht, als er 1912 aus Süddeutschland nach Berlin zog und von dort aus den Lesern der „Frankfurter Zeitung" gleich seine ersten Eindrücke mitteilte. Er schrieb gut; die Novelle „Kurkonzert" (1914) ist ein meisterhaftes Stück Gesellschaftskritik hinter der vorgehaltenen Hand. Vorläufig berichtete er über „Berliner Abende", „Berliner Sittlichkeit", „Berlin N", „Großstadt-Misere", „Kleinstadt in der Großstadt" und dergleichen mehr, lieferte aber auch laufend Sammelbesprechungen neuer Lyrik. Seine Berichte „Vom Berliner Theater" erschienen 1913/14 in den „Süddeutschen Monatsheften" und dem kurzlebigen „Forum". Aus seiner antimonarchistischen Einstellung machte er kein Hehl; die Besprechung des Buches „Kronprinzens im Film" (1914) trieft von Sarkasmus.*

*Unter den Neuigkeiten, die aus Berlin zu melden waren, befand sich auch der Kientopp; Ulrich Rauscher verfaßte darüber mehrere Artikel und viele kurze Notizen. Daß er „Quo Vadis" nichts abgewinnen konnte, lag daran, daß er zuvor einen richtigen Film gesehen hatte, „Die vier Teufel" (Robert Dinesen/Alfred Lind, 1911) und zwar mehr als zehnmal, worüber er in der „Schaubühne" berichtet hatte. Unter den großen Premièren, die er 1913 in der „Frankfurter Zeitung" besprach, war auch Max Macks „Der Andere" und Hanns Heinz Ewers' „Der Student von Prag", wobei festzuhalten ist, daß Rauscher, der Ewers sonst nur bespöttelte, trotz mannigfacher Einwände nicht umhin kann, den Film am Schluß gutzuheißen: „Der ‚Student von Prag' ist schon ein Schritt zur Kino-Ballade." So hieß eine längere Zusammenfassung seiner Ansichten über den Film, die 1913 im „Kunstwart" erschien. Den darin entwickelten Gedanken, für den (damals noch kurzen) Spielfilm eigne sich als Stoff am besten die Ballade, diesen Gedanken hatte allerdings ein anderer vorweggenommen: Karl Neye, in einem Aufsatz, betitelt „Die neue ‚Literatur'" (1912).*

*Leider hat Ulrich Rauscher seine Kientopp-Erlebnisse nie erzählerisch verwertet. Der Krieg warf ihn dann ohnehin in eine andere Bahn. Schon im November 1914 brachte die „Schau-*

*bühne" den Schluß einer Flugschrift, „Kriegspflicht der Daheimgebliebenen", worin Rauscher die Zeit für gekommen erachtet, sich darüber Gedanken zu machen, daß nach dem Sieg das neue Reich neue Männer brauchen wird. Aus demselben Jahr stammt eine Schrift, „Der Krieg und die Literatur", und seine letzte heißt dann „Belgien heute und morgen" (1915), in den „Weissen Blättern" angezeigt als „eine der besten journalistischen Arbeiten, die in deutscher Sprache geschrieben wurden." Nach dem Krieg treffen wir ihn als Pressechef der Regierung, als Ministerial-Direktor und schließlich als Deutschen Gesandten in Warschau. Er starb am 18. Dezember 1930 in St. Blasien.*

**Die Welt im Film**

Der Kinematograph ist heute wirklich das Aktuellste. Die Filmfabrikanten haben es verstanden, ihn in den Mittelpunkt der Diskussion zu schieben, sie haben den Feinden die besten Waffen abgenommen, als sie selbst zur Reformarbeit aufriefen, sie stehen knapp vor dem Ziel, den Kintop zu einer Weltanschauung zu machen, mit ganz ähnlichen Mitteln und dem gleichen Recht wie die Bekenner der „Flamme" die Feuerbestattung. In Berlin besonders arbeiten Fabrikanten und Kintopbesitzer mit allem Komfort der neuesten Errungenschaften, öffentliche Meinung zu machen; sie führen verbotene Films auf, um die Torheit einer ungerechten Zensur zu beweisen, sie versenden an den ganzen deutschen Dichterwald Zirkulare, um sein Rauschen lichtzubilden, ein Kinokonzern und eine Kinoausstellung wurde uns zu Weihnachten beschert – kurz, um in ihrem Sinne zu reden, *la vérité est en marche!* Betrachten wir die Etappen!

Ich habe mir die Zensur auf dem Berliner Polizeipräsidium angesehen, um das viel berufene „Übel" an der Quelle zu studieren. Zwei schwarzverhängte Säle, Femgerichte der Sittlichkeit, in jedem ein Polizeirat und in einer Ecke ein verschüchtertes, Verbeugung machendes, für jeden Vorgang die harmloseste Deutung auf Lager habendes Individuum: der Beauftragte des Fabrikanten. Denn hier werden eigentlich nur die Films zensiert, die von den Fabrikanten eingereicht worden sind. Wenn jeder Kintopbesitzer einreichen wollte, müßte jeder Film unzählige Male zensiert werden (Groß-Berlin hat allein 400 Kinobühnen); so läßt sich der Fabrikant die Zensurkarte der Polizei so oft ausstellen, als er den Film verkauft hat, und da sich die Berliner Polizei und ihre Maßnahmen göttlicher Ehren in Deutschland erfreuen, gilt solch eine Zensurkarte auch im übrigen Reich als Virginitätsbeweis.

Der Polizeirat sitzt (von neun bis drei Uhr, eine mehr als unangenehme Arbeit), der Film rast, fast doppelt so schnell wie im Kintop, manchmal zehn Kilometer im Tag, der Filmbeflissene zittert für das Benehmen seiner Lichtgestalten und der freundlichst geladene Gast – amüsiert sich. Nicht über den Film, der genau so kurz- oder langweilig ist wie alle seinesgleichen, sondern leider über die Polizei. Es sei gleich gesagt, daß der Gast Unrecht hat, er kann es aber noch nicht wissen, das geht ihm erst auf, wenn er nicht nur die Darbietungen, sondern auch das hauptsächliche Publikum gesehen hat, nicht nur das etwas buchstabengemäße, etwas mechanische Vorgehen der Zensur, sondern auch die Wirkung gewisser Films auf die Stammgäste der Vorstadtkintops, in denen manchmal die mysteriöse Inschrift zu lesen ist: Der Kintop ist zum Sehen, nicht zum Greifen da!

Die meisten Films, die ich in der Zensurkammer des Polizeipräsidiums gesehen habe, waren ebenso harmlos wie langweilig. Ganz Schablone. Einer oder der andere aber war volkspsychologisch einfach unerhört. Besonders eine Bilderfolge, die von einem entkommenen Verbrecher erzählt, der sich nach geglückter Flucht à la Monte-Christo an der Frau rächt, die sein Verbrechen aufgedeckt hat. Er folgt ihr unter mannigfachen Verkleidungen, schickt ihr den Tod in jeder Gestalt ins Haus, erdrosselt, höllenmaschiniert, mauert sie ein, alles natürlich nur halb, fällt schließlich, wie der erläuternde Text milde sagt, „durch eine Unvorsichtigkeit" in die Hände der Polizei und entzieht sich der Gerechtigkeit durch einen Todessprung aus dem Fenster. Hier ist so ungefähr alles vereint, was verboten werden muß. Warum, werde ich nachher zeigen. Der Reiz des Gentleman-Verbrechers, der im Smoking, im Dienstmannskittel, im Bettlerflaus die gefeierte Sängerin verfolgt und sich jeder Nachforschung entziehen kann; der wie ein höheres Wesen eine ganze Bande niederer Verbrecher beherrscht; der nur dadurch gefaßt wird, daß er die Kühnheit hat, sich auf die Polizei selbst zu wagen; der nach der Verhaftung weitaus die beste Figur unter den langweiligen Hütern des Gesetzes macht; der sich schließlich noch im Tode deren Händen entzieht, „sich selbst richtet", sagt der Schmock, unter Harmoniumklängen und abgezogenen Zylindern stolz in den Tod geht: wer möchte das alles nicht auch? Wem wird bei solcher Eroica das Gebiet des Taschendiebstahls und der Laubeneinbrüche nicht langweilig? Wo solche Höhen winken?

Dieser Film ist ganz verboten worden und mit Recht. Aber an der Mehrzahl der andern wurden Einzelheiten beanstandet, teils aus etwas vagen sittlichen, teils mehr aus Geschmacksgründen, und das scheint mir verfehlt. Das sind Mittelchen, wo doch nur Mittel angewendet werden dürften. Damit wird die Institution der Zensur etwas lächerlich, wo sie doch so großzügig und verständnisvoll sein müßte, damit dann ihre Verbote um so nachdrücklicher, um so unanfechtbarer wirken könnten. Ich glaube, die nach meiner Ansicht nicht zu umgehende Überwachung des Kintops müßte auf zwei Prinzipien aufgebaut werden: Konzessionierung der Kinotheater, also keine Gewerbefreiheit, und möglichste Erhöhung der Altersgrenze für die „Jugendlichen". Mit dem ersteren bekäme man die Besitzer in die Hand, die dann die Finger von verbotenen Films ließen; mit dem letzteren wäre mit einigen Normen eines zu schaffenden Zensurgesetzes eine heute noch fehlende Sicherheit in dies Gebiet gebracht: für die Jugendlichen (eventuell bis 18 Jahre) Verbot alles nach Erotik und Verbrechen Riechenden, für die Erwachsenen Zulassung jedes Films, der nicht strafrechtlich, als Aufreizung oder Verletzung der öffentlichen Sittlichkeit, oder ähnlich, zu fassen ist. Damit wäre die Filmindustrie einfach darauf angewiesen, für die Hälfte ihres Publikums auf Mord und Totschlag und allzu fortgeschrittene Liebesszenen zu verzichten, die Zensur wäre entlastet von Arbeit und Angriffen, und die Konzession würde den Kinobesitzer auf dem schmalen Pfad der Tugend wie eine gute Fee leiten, die sich bei jedem Schritt vom Wege ins Nichts auflösen kann.

Am andern Tag machten wir eine Fahrt durch die Kintops des Scheunenviertels. Auf der Projektionswand sahen wir dabei nichts Schlimmes, eben die Folge einer strengen Zensur, aber wir sahen und hörten, wie in diesen Lichtspielen à 10 Pfennig Dinge wirken können, über die unsereiner gähnend wegsieht. Ich habe aus dieser naßkalten Nacht von 9–11 Uhr Empfindungen in unser sauberes, langweiliges Wilmersdorf mitgenommen, die den Kintop, diese Erfindung zum Amüsement, ins Ungeheuerliche wachsen lassen. Was Mirabeau, Danton, Marat! Wir haben den Kintop, und ein Kintoperläuterer, der den Vorgängen im Lichtbild ganz neue Unterlagen schaffen kann, der Motive ausspinnt, wie sie sein Publikum hören will, und dessen jedes einzelne Wort durch den Vorgang wiederum unterstrichen wird, ist mehr als Mirabeau, Danton, Marat.

Da war ein Kintop, ganz beim Alexanderplatz. Ein langer Riemen, gesteckt voll, eine schaudervolle Luft, ein atemloses Publikum. Arbeiter, Straßendirnen, Zuhälter, über allem klang die schmalzige, gefühlvolle, in jedem Wort verlogene Begleitrede des Erklärers. Der Film war eigentlich fürchterlich langweilig, die banale Geschichte eines „Mädchens aus dem Volk", genannt die Frau ohne Herz, die mit einem vornehmen jungen Mann verlobt ist, in ihrer Verderbtheit entlarvt wird, zu dem Geliebten ihrer Jugend, einem Arbeiter, zurückflieht, und von diesem verachtet und verstoßen wird. Langweilig, nicht? Aber was wurde daraus! Der Erklärer dampfte vor reinem sittlichen Empfinden, er brachte die Worte vom Abschaum der Großstadt wie eine große Delikatesse langsam und geschmalzt über die Lippen, er erläuterte das Seelenleben dieser Personen, er nahm selbst mich, oder meine Gedankentätigkeit, ganz gefangen und plötzlich sah man: das Weib ohne Herz, ein Opfer der Hochgestellten, der arme Arbeiter, den sie für gut genug halten, ihre Geliebten aus dem Schmutz der Gosse zu holen, der arme Arbeiter, ein Hort der stolzen Ehrbarkeit, der dies Weib den Menschenmördern dort oben zurückschleudert: die soziale Tragödie jedes Zuschauers, nur daß die anwesenden Damen meistens nicht den Umweg über die Kommerzienratsbraut gemacht hatten, sondern gleich in der Gosse geblieben sind, nur daß die meisten anwesenden Herrn keine ehrlichen Arbeiter sind, aber eine gut angezogene, hübsche, eben entlassene Kommerzienratsbraut sofort kommerziell ertragsfähig gemacht hätten. Aber dieses Publikum will eben ehrbare Arbeiter und moralische Handlungen, nur müssen sie auf dem Hintergrund frecher Ausbeuter stehen. Der Erklärer schluchzte, das Publikum ballte die Fäuste, eine ganz, ganz andere Tragödie, als der Filmfabrikant gesehen hatte, raste vorüber, und als der ehrbare Arbeiter die Dirne, die sich denen da droben verkauft hat, zurückstieß, waren in dieser Bewegung die beiden Notwendigkeiten: hohe Gesinnung und brutale Handlung. „Er will es nicht, der Mann der Arbeit, was in den Palästen hinausgeworfen wurde, das Weib ohne Herz, er stößt es aus seiner einfachen Kammer...," beschwor der Erklärer. Die Hörer kochten.

Aus dem Kintop werden die Revolutionen der Zukunft kommen. Jeder schmierige, ausrangierte Komödiant, der diesen einträglichen Mischmasch von Roheit und Ehrbarkeitsprotzerei vortremoliert, ist Robespierre.

Elsasserstraße, Chausseestraße, Scheunenviertel, Wedding: das Auto fährt wie durch einen Polizeibericht. Der Chauffeur, wie alle seine Kollegen ein Freund der Vornehmen, die eben allein Auto fahren, zeigt mir mit Verachtung die Rowdies, die die überbreiten, kalten Straßen entlang frieren. Er glaubt, wir wollen Films kaufen, und gibt mir einige Winke. Müllerstraße. Ein Saal in Form eines Winkeleisens, auf den zwei Schenkeln sind die Sitzreihen, die schief auf die Bühne zulaufen, so daß sich die Bilder ganz merkwürdig zusammenschieben und verzerren. Zur Aufführung gelangt: „Das Mutterherz" oder „Wenn der Vater trinkt!" Das Publikum nimmt Sachverständigen-Mienen an. Wir aber erleben die größte Überraschung: die Films werden von Sprechern mit verteilten Rollen begleitet. Zu dem Film ist ein ganz neues, richtiges Theaterstück geschrieben worden, natürlich ein unzensuriertes, eine reine Auslese sämtlicher Geschmacklosigkeiten und Rührseligkeiten, die kein Wandertheater im „Gespenst im Ahnenturm" oder ähnlichen Dichtungen mehr bringen darf. Der betrunkene Vater fluchte und rülpste, die geschlagene Mutter flehte, das zu verkaufende Kind sprach Dinge wie dieses: „O verunreinigt euch meinetwegen nicht! Ich bin euch als ein kleiner Engel des Friedens geschenkt worden!" Kurz, alle Teufel der Schmiere gesellten sich zu allen Teufeln des Kintops und fuhren leider nicht „ärschlings zur Hölle", sondern in die gespannten Gesichter des Publikums. Sehr heiter wirkte dies Zusammenkoppeln besonders, weil die Kintop-Schauspieler sich in der Mehrzahl auf Gesten verlegten, ohne den Mund aufzutun, während ihre Stellvertreter vor der Flimmerwand munter drauf los redeten und manchmal mit ihrem Ach und Weh noch gar nicht fertig waren, während die Lichtgestalt, der sie als Lunge und Maul dienten, bereits in Ohnmacht gesunken war.

Ich war noch in drei anderen Kintops, überall Erklärer, überall Männer mit Weibern im Arm und Schlagringen in der Tasche, überall ganz junge Burschen trotz dem Polizeiverbot, überall die harmlosen Films, bei denen unsereiner gähnt und ein tremolierender Erklärer Untergründe und Konsequenzen von aufrührerischer Verlogenheit schafft, und ein Unterschied lag nur darin, daß einen in den meisten Kino-Börsen einzelne Mädchen ansprachen, in dem an der Chausseestraße aber eine ganze, billig verkäufliche Italienerfamilie, Mutter, Tochter und Sohn, in Beziehung zu treten wünschte. Ganz gleich vor allem war die wortlose Andacht, die Gier auf diese schattenhaften Vorgänge, das sofortige, unbedingte Sich-zu-Eigen-Machen des Gesehenen von seiten der Hörer. Dieses gewalttätige, von keiner Regung gehemmte Geschlecht sitzt gläubig vor diesen neuen Offenbarungen, die jedem einzelnen sein Schicksal spielen. „Wer Krawall macht, fliegt heraus", schreit der Kinobesitzer mitten im Stück. „Ich kann nischt sehen", brüllt einer zurück, „Dann halten Se wenigstens das Maul", dekretiert der Besitzer, und der Rowdy hält es, um nicht vor die Tür dieses Paradieses gesetzt zu werden, er duckt sich und sucht zu sehen, die Bilder zu sehen, bei denen man die Kälte der wartenden Straße, den Hunger, die Müdigkeit vergißt, die von den Reichen und all ihrer Pracht erzählen und die beseligende, brennende, berauschende Botschaft bringen von dem frevelnden Unrecht, das über ihm hängt und das er einst rächen wird.

Dies ist das Ergebnis dieser Rundreise: Schützt die Minderjährigen und laßt die Hände von den Erwachsenen, denn hier ist alles verlorene Mühe. Nicht die Films müßte man ändern, sondern das Publikum, das immer nur den Film sehen wird, den es sehen will. Man kann einige allzu augenfällige Ingredienzen wegschneiden (wie das Strafgesetz es ermöglicht), aber man kann den Kintops des Scheunenviertels und am Wedding nicht ihre Luft nehmen, den Menschen nicht ihre Augen und Ohren, und dem Groschen-Erklärer nicht dies aufpeitschende Schmalz, dies bergeversetzende Schmierenpathos, halb Sektenprediger, halb Volksvertreter, wenn er donnert: „Die einfache Frau aus dem Volk aber speit mit schwieligen Händen vor dies Mädchen aus, das den Lüsten der Lebemänner gedient hat."

Das Publikum atmet schwer, die Straßendirnen speien solidarisch aus. [1912]

## Das Kintop-Epos

Ich sitze gern im Kintop. Ich amüsiere mich über dies Zurückfallen vor hellster Öffentlichkeit in das geheime Laster des Kolportageromans. Alle Heuchelei ist verbannt, das Publikum sitzt in seiner unbestrittenen Domäne und der Verein für Volksbildung nagt an einem dürren Kohlblatt – wie die Raupen, deren Entwicklungsfilm eben dieses Kohlblatt der Konzession an die Volksbildung zwischen den Szenen aus dem Leben der höchsten Gesellschaft und ihren Lastern darstellt. Alle Scham, die wir in langen Jahren selbst den Schmierendirektoren und dem Mittelstand aufgezwungen haben, existiert für den Filmfabrikanten nicht. Der Kintop hat Narrenfreiheit; was sich selbst in Librettogehirnen nie und nimmer hat begeben, das darf im Lichtspiel auferstehen. Die Fabel des Kintopdramas kann so saudumm und so leicht zu erraten sein, wie sie will: wenn die Verbindung ihrer Bruchstücke nur durch recht rasende Autofahrten garantiert ist, jubelt das Publikum. Das Tempo dieser Dichtungen ist die dritte Geschwindigkeit.

Dabei hat der Kintop eine Vorbedingung für den Publikumserfolg, mit dem er gerade das Theater unfehlbar schlägt: Man sieht die Vorgänge wie auf der Bühne, es werden also keine Ansprüche an eine nicht vorhandene Phantasie gestellt, und trotzdem ist das Prinzip seiner Darstellung episch, novellistisch, fabulierend. Er wiederholt, greift zurück, erinnert, läßt nicht einen Handlungszusammenhang ganz ablaufen, sondern greift rasch den und jenen erzählerisch wichtigen Punkt heraus, macht mit einem abrupt eingeschobenen Bild auf irgendetwas aufmerksam und bringt dann zwischendurch wieder etwas nur zum Ansehen, eine Landschaft, eine Kahnfahrt, ein Autorennen. Der Kintop erspart, wie das Schauspiel, Phantasieausgaben und arbeitet mit allen Faulheitsbrücken des Buchs, das er dadurch wieder übertrifft, daß er Wichtiges bedeutsam herausheben kann, über das der Herr Leser im Buch hinweggleiten könnte. Der Kintop bedient die vollkommenste Trägheit und ist daher unbesiegbar!

Seien wir paradox: das Wort Kinotheater ist Unsinn, weil der Kintop ganz auf epischen Grundsätzen aufgebaut ist, und dennoch hab' ich fast die beste Schauspielerin im Kintop gesehen und studiert. Gerade, weil der Kinematograph nichts mit dem Theater gemein hat als seine Äußerlichkeit, weil ihm die Allgegenwart des ganzen Bühnenbildes fehlt, weil er, wie ein Roman, sich immer nur mit einer Person beschäftigen kann, um die die Phantasie jeweils die andern gruppieren muß: deswegen hat diese eine Person die Bewegungsmöglichkeit, die Wichtigkeit eines Bühnenstars. Das ‚Ensemble' ist im Kintop unmöglich, weil sein Bild sofort flach wirkt, wenn auch nur eine Person nach vorn tritt; es hat keinen Hintergrund, die andern verziehen sich wie Fresken über die Rückwand. Das liegt zum größern Teil noch an tatsächlichen Unzulänglichkeiten als an Prinzipien. Die eine Hauptperson aber prägt sich viel nachhaltiger und schärfer ein als auf dem Theater. Dort sind wir geistig, künstlerisch, gemütlich in Anspruch genommen. Hier sehen wir nur (ich sage: wir) und sehen vor allem die Person nur in besonders ausdrucksvollen Momenten, weil ja jede Nuance, die gezeigt wird, Extrakt aus tausend sich folgenden Nuancen ist, weil von Höhepunkt zu Höhepunkt geschritten wird. Ein guter Kinospieler gibt natürlich auch in diesen kurzen, scheinbar auf einen Ton gestimmten Ausschnitten eine Entwicklung, aber er muß sich eilen, er darf nicht lange vorbereiten, knapp und sicher, wahr und überzeugend muß seine Darbietung sein. Der Schauspieler kann mit einer ausgedehnten Pantomime das Wort vorbereiten, wenn er dessen Wirkung sicher ist; der Kinospieler kann Pantomime nur mit Pantomime steigern, muß sich also eilen, weil er nur die Steigerung des einen Mittels, nicht auch noch des andern in Reserve hat.

Das einzige Kintop-Epos, dessen Dichter seine Aufgabe ganz verstanden hatte und der ein Dichter war, ist: ‚Die vier Teufel' von Herman Bang. Ich habe sie mehr als zehn Mal gesehen, ich bin Experte. Die Hauptrolle, die ältere Schwester Aimée, gab eben jene beste Schauspielerin. Ich weiß jetzt noch jede ihrer Bewegungen, ich habe sie auswendig gelernt, wie ein schönes Gedicht, ihre Augen und ihren Mund, die ganze Melodie ihrer Erlebnisse. Ich weiß noch genau die freudige Überraschung, wie sie aus dem Freskobild eines gleichgültigen jungen Mädchens wie aus einem Ornament des Hintergrundes einfach hervortrat und nun mit einem Male lebte, während alle andern zu flachen Fresken wurden. Da stand und ging und litt sie, immer ein einzig überzeugendes Initial der Freude, der Furcht, des Jammers, der große Buchstabe, hinter dem die andern schüchtern das Wort der Situation bildeten. Anfangs, wenn ihre Liebe noch sorglos ist, schien sie blond und glatt, ihre Konturen verschwammen in dem hellen Hintergrund. Aber wenn jetzt Mißtrauen und Eifersucht in ihr erwachen, ist sie wie ein herrliches Gefäß, in das man dunkeln Wein gießt. Sie wird schlank und dunkel, sie hebt sich scharf von allem ab, sie steht ganz allein vor den andern, die ihr die Geschehnisse zuspielen, alle ihre Bewegungen sind so unbedingt richtig und überzeugend, daß mir, wie eine mnemotechnische Beihilfe, immer diese oder jene Gebärde von ihr einfällt, wenn ich ein bestimmtes Gefühl denke. So, wie sie in einem Ulster, die Hände in den aufgenähten Taschen und in gemessenem Tempo, den Zirkusgang entlang schreitet, schreitet für meine Vorstellung seither das Schicksal: sie ging, als müßte sie mit ihren Kräften auf Stunden und Meilen haushalten, mit ganz sparsamen Bewegungen, aber sie ging und ging unerbittlich. Am Schluß, oben auf dem Trapez, eine Minute, ehe sie ihren Geliebten ins Leere springen läßt, hockt sie, kaum zusammengeduckt, und nun ist sie nur noch ein Augenpaar. Sie macht keine dämonischen Augen, sie wird nicht feierlich, sie sieht nur.

Bang wußte, er habe ein Kintop-Epos zu schreiben (das seltsamerweise viel besser geworden ist als die Novelle gleichen Namens). Er denkt keinen Moment an ‚Drama', er weiß: wirkungsvolle Szenen braucht der Roman genau so wie das Schauspiel. So arbeitet er ganz als Epiker. Wenn nach dem tödlichen ‚Todessprung' rasch das Bild des Elektrotechnikers eingeschoben wird, dem am Telephon ohne weitere Begründung der Befehl zugeht: Sofort, sofort! die Leitung abzustellen (man sieht seine unschlüssige Aufregung) – so ist das ein rascher, aufhellender Zwischensatz; oder wenn einen Moment nachher das Trapez noch einmal gezeigt wird, wie es zwei, drei Mal leer und allein schwingt – so sind das die Punkte nach einem halben Satz. Man hört die vererbten epischen Einleitungen vor den einzelnen Bildern: „Nun war es Abend . . ."; „Als er endlich nach Haus kam. . ."; „Aimée war während all dieser Tage . . .", und wie sie alle heißen, wenn man die Bilder und das Prinzip ihrer Auswahl betrachtet. Wie sie sich Gutenacht sagen, eh' er zur Gräfin schleicht, wie sie in ihrem Zimmer reglos alles errät, wie sie ihm nacheilt, wie das Leben der nächsten Wochen ist: Erzählung ist es, was der Kintop braucht und was das Drama verabschaut. Einmal trafen sich beide, als das Drama in Deutschland geboren wurde, unklar mit sich, bei Roswitha von Gandersheim. Wer jetzt die Sphärenweite zwischen ihnen erkennen will, übertrage ein Schauspiel ins Kinematographische. Deshalb ist es lächerlich, daß die Bühnenschriftsteller auf einmal Beschlüsse fassen, als gält' es ein uneheliches Kind ihres Bundes zu legitimieren. Ihr Metier, soweit es auf die Bühne den Ton legt, hat mit dem Film so viel zu tun wie ein Amateurphotograph. Was sie als Dichter, als Schriftsteller ihm nützen können, wollen wir erst erleben.   [1913]

## Der Bassermann-Film

Es ist seltsam, welch depravierende Wirkung das Kino ausübt. Seine Filmverfasser begnügen sich mit den lächerlichsten Vorwürfen ohne den Reiz der Spannung oder den der Folgerichtigkeit, und wenn einmal literarische Kritiker vor der Projektionsleinwand sitzen, scheinen auch sie von der allgemeinen geistigen Anspruchslosigkeit dieser Industrie befallen zu sein. Entweder sitzen sie wie vor einer Bühne und sehen wie auf die Bühne, oder sie sagen einfach: „Ach was, Kintop!" und erlauben sich überhaupt keinen Gedanken mehr. Keiner fast hat die Filmpremière Bassermanns anders betrachten können als eine Première im „Deutschen Theater", und keiner hat die Ursache des unleugbaren Fiaskos, das Herrn Paul Lindaus Kintop-Erstling erlitt, wirklich da gesucht, wo es begründet ist: nämlich in der ganz unmöglichen Stoffwahl und der ganz gedankenlosen Zurichtung dieses Stoffes. Die Sache ist wichtig genug, um theoretisch behandelt zu werden. Eine Menge Schriftsteller-Films stehen uns bevor.

„Der Andere" von Paul Lindau behandelt, wie bekannt, das Problem eines krankhaften Doppellebens. Ein Staatsanwalt, der in nächtigen Stunden zum Einbrecher wird, ohne daß seine zwei

Bewußtseins sich kennen. (Eine Anmerkung: die mit deutscher Zensur schmerzlich vertraute Filmfabrik hat aus eigenem Antrieb den Staatsanwalt zum Rechtsanwalt gemacht. Gibt es eine grellere Illustration unserer rechtshandwerklichen Zustände? Rechtsanwalt und Staatsanwalt sind in Deutschland bekanntlich gleichberechtigte Faktoren der Rechtsfindung!) Ein Sturz vom Pferd hat den Staatsanwalt krank gemacht. Er schleicht nachts in die Kaschemmen und bricht mit Verbrechern in die eigene Wohnung ein, ohne nachher auch nur noch einen Schritt zu wissen. Ein Thema, das sich zum Roman eignet, vielleicht auch zum Drama, aber bestimmt nicht zum Film. Der Roman wird es mit all den epischen Möglichkeiten, Situationen auszuschöpfen, bewältigen, das Drama, dessen Akte die Fäden von vorwärts und rückwärts bloßlegen können, wird schon allein durch die Sprechtonunterschiede des Staatsanwaltes und des Verbrechers glaubhaft wirken können: der Film aber, der einen Sturz vom Gaul zeigt und dann auf einmal einen Menschen, dessen gescheites Gesicht sich zur Verbrechermaske verzerrt, gibt nur das rein Tatsächliche, ohne die feineren Begründungen, er zeigt und überzeugt nicht. Außerdem ist das Lindausche Opus ein sehr schlechter Film. Textangaben ersetzen für das Auge wichtige Vorgänge, die Exposition hat mit dem eigentlichen Problem gar nichts zu tun, der Film fängt zu früh an, und dann fehlt die Zeit, wichtige Episoden der Haupthandlung auszubreiten. Daß der Staatsanwalt einmal ein harmlos glücklicher Mensch war, glauben wir oder kann uns sehr rasch gezeigt werden, ohne daß daran ein ganzer Akt verschwendet wird. Wichtig aber war, zu zeigen, wie er sich körperlich langsam von dem Sturz erholt und wie zum ersten Male die dunkle Attacke seines zweiten Ichs ihn anfällt, wie er dagegen kämpft wie gegen eine körperliches Übelbefinden und schließlich unterliegt. Statt das Problem des „Andern" mit allen Mitteln zu motivieren, wird eine gänzlich zufällige Nebenhandlung mit großem Aufwand durchgeführt: ein Dienstmädchen der heimlich Geliebten des Staatsanwalts kommt in den ungerechten Verdacht des Diebstahls, wird entlassen, muß Kellnerin in eben der vom Staatsanwalt besuchten Kaschemme werden und ihn durch handgreifliche Beweise schließlich von seinem Doppelleben überzeugen. „Der Andere" von Lindau ist im schlimmsten Sinne gedanken-los, ein Fiasko bösester Sorte des Schriftsteller-Films.

    Albert Bassermann freute sich sichtlich dieser Virtuosenaufgabe. Ich kann nicht finden, daß er sich durch den Seitensprung in den Kintop etwas vergeben hätte. Die Umwandlung des einen in den „Andern" war schauerlich wahr, nicht dank, sondern trotz Lindau. Diese Fähigkeit, aus einem Menschen in den andern sich zu wandeln, unter schmerzhaften Ruck- und Zuckungen, wie eine Schmetterlingspuppe, die sich schmerzhaft der Hülle entledigt, ist etwas so Erschreckendes, wie ich es im Menschlichen kaum je gesehen habe. Das Größte war natürlich Bassermanns eigenste Schöpfung: wenn er merkt, etwas sei mit ihm nicht richtig, wenn aus jedem Wort der Umgebung etwas unfaßbar Schauerliches sich ankündigt, wenn er sich von unsichtbaren Geistern umstanden fühlt, zuerst unsicher lächelt, ernst wird, verstummt, auffährt und schließlich wie ein getroffenes, zerbrochenes Menschenwesen zusammenstürzt: es gibt für die Sprache des Leibes, im Film und auf der Bühne, nur einen Gott, und Bassermann ist sein Prophet! [1913]

## Die ersten Christen in Berlin

Das stand ja schon in allen Zeitungen: Hanns Heinz Ewers hat das Wort ‚Kintopp' erfunden. Wer es mit einem ie schreibt, tut es auf eigene Gefahr. Der Schöpfer hat diese Nuance nicht vorgesehen.

Das war die Ausbeute des Eröffnungsabends im Cines am Nollendorfplatz, bei dem das Publikum eigentlich nach der Vorstellung mehr geladen war als vor ihr. Quo Vadis? fragte der Titel – der Inhalt lautete: ins Aschgraue. Und zwar an der Hand von Leuten, denen man früher einen Gedanken oder zwei zutraute, wenn sie etwas anfaßten. Es war ein großes Zauberstück, voll Teufelslust und Liebe, man aß, an Neros Tafel, nie unter fünfhundert Gedecken, und dennoch blieb man hungrig. Hungrig nach eindringlichen, unverwirrbaren, gradlinigen Bildern, die aus dieser verkehrsstörenden Ansammlung von Heiden, Juden und Christen sich herausheben könnten. Der Film hat keine Tiefe, keinen Hintergrund: und trotzdem stopft man einen ungeheuern Prospekt Reihe hinter Reihe mit Akteurs voll, setzt sogar die Hauptperson ganz hinten hin, wo sie wie ein undeutlicher Fettfleck wirkte. Daß Nero die Grausamkeit auf die Spitze trieb und hinter der Bühne sang, auf der Leinwand aber schon wieder die Harfe weggelegt und einen Becher, eine Sklavin oder (im Gegensatz zum Zuschauer) die Situation erfaßt hatte, während der Herr hinten ruhig weiter sang; daß die ersten Christen die Reinheit ihres Bekenntnisses durch wahrhaftige Chorgesänge aus dem verschlossen gefilmten Zeugenmund in schiefes, moderblaues Rampenlicht setzten: das war tendenziöse Geschichtsfälschung. Der Brand Roms allein brachte Bilder von wirklichem Reiz, wild fliehende Volksketten, flackernd hinter Flammenwänden gesehen, rasch, deutlich-erzählend, packend. Das Ganze aber war Langeweile und zwar keine angenehme, selbst wenn man den Schlaf nicht in der steifen Frackhemdenbrust bekämpfte, die das feinste Berlin immer vorbindet, wenn es auf Einladungskarten und Freibillets daran erinnert wird, daß es gilt, weltstädtisch zu sein. Hanns Heinz Ewers vor allem kam (aus ähnlichen Gründen wie Paul Schippel) aus dem weißen Hemde gar nicht mehr heraus. Er sprach nachmittags um fünf Uhr, er sprach dasselbe abends um halb neun Uhr, er war mit Mühe abzuhalten, nachts um zwölf Uhr im Café noch einmal dasselbe zu sprechen. Was er sagte, war nicht sehr neu; aber daß ein Schriftsteller eigener – wie sagt man? – Prägung dasselbe innerhalb dreier Stunden zweimal wiederholt – sozusagen: Hanns Heinz Ewers auf jedem Programm! kein Aufschlag (wie bei Sternickel im Panoptikum) – das war neu. Mehr noch, es war, vom geschäftlichen Standpunkt aus betrachtet, es war, und dieses neue Wort schenke ich Ewers in seine Sammlung, es war: kintiptop. [1913]


**Die Kino-Ballade**

„Was heutzutage zu dumm ist, um gesagt zu werden, das wird gesungen!" Eine Wahrheit, die, wie der ganze Figaro, im Jahre 1784 so gut galt wie im Jahre 1913. Unsre Libretti haben an Dummheit nichts eingebüßt, nur an Grazie und Einfällen. Das Wort „Kuß" ist immer noch eine Pointe und eine gewisse schnoddrige Sentimentalität immer noch Trumpf. Und nicht nur Operetten-Libretti, auch die „Dichtungen" der Musikdramen hätte, meiner ketzerischen Ansicht nach, Figaro in seine kleine Wahrheit miteinbezogen, wenn er nicht in der glücklichen Zeit gelebt hätte, wo Rameau und die Italiener sich rein musikalisch und nicht philosophisch bekämpften.

Aber wir sind die Enkel und haben die schöne Pflicht, unsre Vorfahren in den Schatten zu stellen. Figaros Wort genügt uns nicht mehr, wir sind stolz darauf, es weiterzubilden und damit der Wüste der Dummheit einige weitere Kilometer anzugliedern. Sagen wir mannhaft: „Was heutzutage sogar zu dumm ist, um gesungen zu werden, das wird lichtgebildert!" Und wir stehen mitten in der aufblühenden Kino-Industrie, die im Monat durchschnittlich 150 000 solcher Meter speit und in Deutschland allein fast 3 000 Tempel hat. Wenn man hört, daß in diesen Tempeln an Samstag- und Sonntagabenden in dem einzigen Berlin 350 000 Menschen ihre atemlose Andacht verrichten, so wird eine eingehende Betrachtung dieses neuesten Flagellantentums der Mühe wert erscheinen.

Vorerst noch einige Ablehnungen: Ich werde nicht volkswirtschaftlich; Zahlen beweisen für das, was ich zeigen will, nichts. Probleme der Volksbildung – oder Verbildung interessieren mich in diesem Zusammenhang nur insoweit, als sie Folge oder Ursache der Verderbnis einer fabelhaften Erfindung sind, also mit den Erscheinungen des Kinos mitbehandelt werden müssen. Ich glaube nicht, daß eine Gewalt wie Großberlin noch des Kinos bedurft hat, um seine Gassenkinder zu verderben. Ich glaube vielmehr, daß die Friedrichstraße oder gar die Ackerstraße viel überredender verderben als der Film. Ich glaube schließlich, daß die jugendlichen Bösewichter, die vor Gericht etwas vom Gesehen-Haben im Kino murmeln, oft in der Zeitung gelesen haben, daß man heute als Jugendlicher vor Gericht so sagt. Ich glaube, daß der Kino eine ungeheure Macht ist, aber vom Leben übertroffen wird. (Das Wort „Kino" will ich der Kürze halber beibehalten.)

Der Kino von heute ist schlecht. Er steht unter jeder anderen öffentlichen Vergnügungsveranstaltung. Selbst das ödeste Varieté bietet zwischen dem Blech seiner Chansonetten irgendeinen Trapez- oder Akrobatenakt, der dank einiger wohlausgebildeter, körperlicher Fähigkeiten mit Schönheit und disziplinierter Kraft zusammenhängt. Das Volkstheater mag mit Rührstücken oder lächerlichen Possen noch so sehr wider Natur und Geschmack sündigen: irgendein Darsteller oder eine Szene knüpft sich doch ans Menschliche an, irgendwo klafft der Schwulst und der Himmel schimmert durch. Anders im Kino. Seine Naturaufnahmen sind nicht das Entscheidende. Die hat man in populären Belehrungsinstituten, wie vor allem in der Urania, auch. Im Kino sind sie nur Beilagen, sie füllen das Programm, von dessen Länge (zwei Stunden für 10 Pfennige) der Kassenerfolg abhängt, sie gruppieren sich mit andern Kleinigkeiten um das Kino-Drama. Wenn man sagt, der Kino von heute sei schlecht, so heißt das, das Kino-Drama sei schlecht.

Entwicklungen kann man nicht ändern, man muß sie hinnehmen – und auf sie wirken. Das Kino-Drama, oder wie ich es aus später darzulegenden Gründen nennen will: die Kino-Ballade ist zum Mittelpunkt der Kino-Industrie geworden. Von ihrer Zugkraft hängt der Erfolg des jeweiligen Programms ab, gegen ihren Wert und Nicht-Wert geht der Kampf der Reformer und Feinde. Diejenigen, denen Jugendfürsorge und Schutz einer moralischen Volksgesundheit in erster Linie stehen, wollen die Kino-Ballade einfach ausrotten. Das ist natürlich Torheit. Die Kino-Theater sind private, lediglich dem Geldverdienst gewidmete Unternehmungen, deren Besitzer in der Mehrzahl aus früheren Schaustellern oder Jahrmarktsbudenverkäufern, manchmal auch aus kleinen Varietéleitern sich ergänzen. Sie haben weder Lust noch Vorbildung, Volkserzieher zu werden, und das Recht, all das zu bringen, was mit dem Gesetz und der Zensur sich verträgt. Die Kino-Ballade ist ihr Verdienst, die Lust ihres Publikums, das hauptsächlichste Erzeugnis ihrer Fabrikanten. Zudem ist sie, wie ich hier gleich bemerken möchte, im Prinzip eine künstlerische Ausdrucksmöglichkeit.

Bleibt also die Aufgabe, die Kino-Ballade, mag man sie als notwendiges Übel oder als wünschenswerte Bereicherung ansehen, zu verbessern, ihren höheren Zielen zuzuführen und ihr ihre eingeborenen Mittel und Gebiete zuzuweisen. Dabei ist es unerläßlich, sich einfach rein theoretisch über ihre innere Natur klar zu werden. All die Versager, als welche sich bis heute gehobene, literarisch posierende Films herausgestellt haben, mußten versagen, weil ihre Hersteller sich nie einen Gedanken über die Naturnotwendigkeiten des Films erlaubt hatten. Eine falsche Analogie, wie sie schon aus den Worten „Kino-Theater" und „Kino-Drama" spricht, hat die Besseren dieser Film-Erfinder immer an eine Abart der Bühne denken lassen, während doch das Kino mit dem Theater lediglich eine Äußerlichkeit gemeinsam hat, das Ausdrucksmittel des menschlichen Körpers.

Die grundsätzliche Verschiedenheit zwischen Kino und Bühne zeigt sich am besten, wenn ein gedankenloser Fabrikant ein Theaterstück oder eine Oper auf den Film überträgt. Das Drama entlädt sich in einigen wenigen Situationen, die vor und rückwärts weisen, der Film reißt rasch eine Situation an, läßt drei andere, flüchtig angedeutete folgen, greift auf ein längst vergangenes Bild erinnernd zurück, bringt zwischendurch eine die Stimmung unterstreichende Landschaft. Kurz, er hat alle Möglichkeiten und alle Überraschungen zu Gebote, wie sie – der Roman hat. Die Bühne folgt den dramatischen, der Film unbedingt epischen Grundsätzen. Nur daß er vor dem Roman wiederum die glückliche Eigenschaft voraus hat, daß er schon so gesichtet ist, wie ihn der stoffliche, gedankenfaule Leser wünscht: nur das unbedingt Nötige wird gezeigt, und dabei muß man es nicht erst aus einer mehr oder weniger schwierigen Sprachrüstung herauslesen, sondern man sieht es; das, was beim Leser die Phantasie leisten muß, hat für den Kino-Besucher bereits der Fabrikant besorgt.

Eine weitere grundsätzliche Verschiedenheit liegt in dem Unvermögen des Films, als Ensemble zu wirken. Das breite Ausspinnen der Situation im Drama bedingt eine breite Darstellung. Abgesehen von einigen wenigen Momenten muß das ganze Bühnenbild, die Gemeinschaft der Spielenden auf den Zuschauer wirken. Durch das lange Verharren der Bilder wird diese Wirkung des Ensembles noch nachdrücklicher, man empfindet alles im Rahmen der Bühne als ein Ganzes, hat jeden einzelnen im Auge, und jeder einzelne ist in der Lage, durch ein Wort wieder die besondere Aufmerksamkeit auf sich zu ziehen. Im Film wechseln die Bilder vor allem viel zu schnell, als daß man mehrere Personen stark empfinden könnte. Die Aufmerksamkeit sammelt sich auf den gerade Handelnden, der sofort in den Hintergrund gedrängt wird, wenn ein anderer den Faden der Geschehnisse aufnimmt. Dazu kommt noch ein zweites, in der Eigenart des Lichtbildes liegendes Moment: nur der im Vordergrund Stehende wirkt plastisch, schon die Person, die einen Schritt weiter hinten steht, wirkt flächenhaft, unlebendig, im besten Fall als bewegliches Fresko! So kommt es, daß, genau wie im Roman, nur vielleicht noch entschiedener, immer nur eine Person wirklich lebendig ist, während die andern nur in der Erinnerung leben. Man ahnt sie im Gedächtnis, während man liest, wirklich da für den Leser sind sie erst dann wieder, wenn sie handelnd eingreifen. Der Wegfall der Sprache wäre kein Beweis gegen die Möglichkeit eines Kino-Dramas. Das „stumme Spiel" könnte vielmehr die Verwandtschaft von Film und Drama bestätigen. Aber die durchaus erzählerische Tendenz der sprunghaften Situationenkette und die Wirkungslosigkeit des Ensembles im Kino machen es unmöglich, den Film als ein „Drama ohne Worte" zu bezeichnen, sondern lassen ihn unwiderleglich als eine lebendig gewordene Erzählung erscheinen.

Ist aber der Film epischer Natur, so entziehen sich ihm erstens alle drei dramatischen Stoffe. Um ein Beispiel zu sagen: „Der Barbier von Sevilla" (von Beaumarchais). Ich sage Stoff. Denn Beaumarchais' Meisterwerk legt zwar großes Gewicht auf die Handlung, doch selbstverständlich steckt das Unvergleichliche in der Behandlung, im Wort, in der Dichtung. Aber auch Stoff und Handlung entziehen sich dem Film. Der braucht eine Exposition wie eine Erzählung, in der rasch und schlagend die paar tatsächlichen Angaben enthalten sind, die man zum Verständnis braucht. Im Barbier, wie in jedem vollendeten Drama, liegt die wahre, die innerliche Exposition nicht lange vor dem letzten Wort erst vollendet da. Die paar erzählenden Worte Figaros bei der ersten Begegnung mit Almaviva sagen gar nichts und dienen lediglich den satirischen Absichten des Dichters. Aber auch weiterhin würde im Barbier für den Film einfach zu wenig „passieren", die Situationen gleichen sich zu sehr, wenn man den blitzenden Dialog wegnimmt, der Barbier wäre im Kino in zehn Minuten gespielt. Zweitens aber fällt für den Film trotz seiner epischen Natur fast alles weg, was besonders dem modernen Roman seine Stärke gibt: das Psychologische, die Romane der inneren Vorgänge. Gegen dieses Grundprinzip hat zum Beispiel Paul Lindau gesündigt, als er den Film „Der Andere" herstellte. Es ist die Geschichte des Staatsanwalts, der durch einen Sturz vom Pferd sich eine Gehirnverletzung zuzieht, der nun nachts, seines eigentlichen Daseins unbewußt, in Verbrecherhöhlen schleicht, mit Gesindel sich verbündet und in die eigene Wohnung einsteigt. Der Stoff ist ein vorzügliches Schulbeispiel. Ich kann mir ihn als Drama denken (Lindau hat ihn ja zunächst auch als solches bearbeitet), wo dem Schauspieler das Wort und die Tonfärbung zu Hilfe käme, um die Umwandlung des Staatsanwalts in den „Andern" glaubhaft zu machen. Aber es wäre ein „Reißer", keine Dichtung. Ich kann mir ihn weit besser als Roman denken, weil hier der Dichter vollständig Zeit und Gelegenheit hätte, die inneren Vorgänge dieses kranken Gehirns zu zeigen, weil in diesem Stoff zwar ein sehr augenfälliger Vorgang enthalten ist, aber nur dem psychologisch Aufbauenden es gegeben ist, den einen und den andern zu verbinden. Im Kino ist der Stoff aber ganz unmöglich. Man bedenke: Wir sehen den Staatsanwalt vom Gaul fallen. Am Schreibtisch sitzen. Nervös und etwas gequält, wie ein Mensch, der sich nicht wohl fühlt. Und plötzlich steckt dieser Mensch eine Verbrechermaske auf und entwandelt in die Nacht. Man sieht drei, vier sich folgende Vorgänge, aber der innere Zusammenhang, das geheimnisvolle, geistige Band hält sie nicht umschlungen. Wir sehen: aha „der Andere"! Aber wir glauben's nicht.

Man kann diese fast mathematisch genaue Formel aufstellen: Für den Film eignet sich alles, was sich für die Ballade eignen würde! Das Tempo der Ballade, ihre scheinbare Zusammenhangslosigkeit, die sich im Verlauf als eine höhere, folgerichtige Ordnung der Vorgänge erweist, ihre rasche Andeutung, ihr Vor- und Zurückgreifen: all das hat auch der Film. Danach nun wären die Stoffe für den Kino auszusuchen und zwar, meiner festen Überzeugung nach, vom Dichter, vom Literaten auszusuchen. Das Kino-Stück von heute krankt daran, daß es von Literaten stammt, die nicht denken wollen, oder in weitaus größrem Umfang von Kino-Regisseuren, die nicht denken können. Die Films sind unlogisch, ohne geschlossene Handlung, meist so toll geschmacklos, wie nicht einmal mehr unsere schlimmsten Rührstücke. Nun aber kommt der logische Unsinn der Gegner des „Kino-Dramas": Weil es so schlecht ist, dürfen sich ernste Schriftsteller nicht zu ihm erniedrigen! Welche Verkennung, die Ursache und Zweck verwechselt. Weil es so schlecht ist, und weil der Film die künstlerischen Möglichkeiten um eine neue bereichert, sollen sie sich seiner annehmen und ihn seiner Bestimmung, seiner Vollendung entgegenführen. Man muß von ihm nur nicht Dinge verlangen, die er nicht geben kann. Ein Psychiater sagte und glaubte dem Kino-Epos damit das Todesurteil zu sprechen: „Eine Psychologie ohne Sprache ist für den hochkultivierten Menschen nur in beschränktem Sinne möglich. Will also der Kinematograph seelische Vorgänge im Menschen zum Ausdruck bringen, so muß er, um verständlich zu sein, sich auf die elementaren Ausdrucksformen im Mienenspiel, Gesten und Bewegungen beschränken, er muß vergröbern, übertreiben." Das ließe sich durch den Hinweis auf die klassische Pantomime oder auf den Tanz der Pawlowa widerlegen. Der Stil ist hier das ausschlaggebende, das Verständigungsmittel, ohne zu vergröbern. Aber er sagt weiter: „Sollen Menschen jeder Art und Kultur am humoristischen und dramatischen Film Genuß und Vergnügen haben, so können bei der relativen Dürftigkeit der Ausdrucksmittel auch nur relativ elementare Vorgänge des menschlichen Lebens zum Ausdruck kommen." Übersetzt man die „relative Dürftigkeit der Ausdrucksmittel" sinngemäß mit „die dem Film eigentümlichen Ausdrucksmittel", so ist das alles sehr richtig und trifft auf den Film genau so zu, wie auf die Ballade, die sich immer mit relativ elementaren Vorgängen des menschlichen Lebens abgegeben hat.

Hier liegt der Irrtum dieser Kino-Reformer: daß sie den Film vergewaltigen wollen. Er gibt psychologisch nicht das, was das Drama bietet, also ist er minderwertig. Er kann im Gegenteil ein Retter aus der Not werden. Er kann, mit den rechten Leuten, die alte, schöne Fabulierkunst neu und eigenartig aufleben lassen, die wir, dank einer Überschätzung des Psychologischen, fast verloren haben. Ein Dumas des Films fehlt uns, einer mit der glücklichen Gabe, das Tatsächliche glühend zu verehren, der erzählen kann, spannend, unterhaltend, phantasievoll, und der diese schöne Erde mit Abenteuern belebt, statt die Menschen nach den Würmern ihres Unbehagens schon bei lebendigem Leib zu durchwühlen. Die Verachtung, die unsre Literaten für den frischen, unterhaltsamen Erzähler haben, hat sich auf den Film übertragen, der nur diese Gabe hat. Unsre Gebildeten fürchten sich, bei einer heiteren oder ernsten spannenden, geschickt verschlungenen Vorgangsreihe Behagen zu empfinden, und so schelten auch sie snobistisch den Kino, nicht nur ihn, wie er heute ist, sondern auch wie er sein könnte! Sie wissen nicht, daß Talente wie Dumas, Dickens (mit einigen Einschränkungen), Hauff, Hackländer, im Kino ein Instrument finden könnten, das reine, erfreuliche Wirkungen verbürgte. Ja, daß die besseren unserer heutigen Unterhaltungsschriftsteller anständigere Dinge auf der Projektionsleinwand als auf dem Papier hervorzubringen vermöchten, weil sie da ihrer saloppen Sprache, ihren mißglückten psychologischen Versuchen, ihrer guillotinenartig wirkenden Charakterisierungskunst entrückt und nur auf Phantasie, auf Erfindung von Vorgängen hingewiesen wären.

Nur fürchte ich vom Kino für das Publikum einen Nachteil: weil er so bequem erzählt, weil er die Versinnlichung der Vorgänge selber übernimmt, wird er, der unsern Literaten die Phantasie stärken könnte, beim Publikum eine allgemeine Phantasiefaulheit hervorrufen. Das wäre dann ein unvermeidlicher Parallelvorgang zu der Denkfaulheit, die eine ähnliche Macht, wie der Kino, bereits gezüchtet hat: die Zeitung.

Nun ist aber der Kino heute noch so, wie man schon bei dem Wort „Kino" empfindet: spottschlecht. Bis unsre Schriftsteller gelernt haben werden, für ihn zu schreiben, ringt die Staatsautorität die Hände über dem Kino und die Kinoleute ringen ihre über die Staatsautorität, die Zensur. Ein Gesetzentwurf ist in Vorbereitung, der die Leitung eines Kino-Theaters von staatlicher Konzessionierung abhängig machen will, um so die Reihen der Herren Lichtspieltheaterdirektoren zu säubern und die Minderjährigen bis zum 16. Jahre von allzu gewagten Darbietungen fernzuhalten. Außerdem ist die Zensur mit einer wahrhaft großstädtischen Reklame an der Arbeit, um die schlimmsten Dinge zu verhindern und sich bei Verantwortungsvollen populär zu machen. Für Konzessionierung bin ich durchaus. Schon aus wirtschaftlichen Gründen, um verkrachte Existenzen fernzuhalten, die allzuoft bis jetzt den Kino als letzten Hafen erreicht haben, meist um darin noch zu scheitern. Auch das Verbot für die Minderjährigen ist vollauf am Platze, aber dann wende man auf die Programme für Erwachsene nur die Grundsätze des Strafgesetzbuchs und der allgemeinen Polizeivorschriften an. Nach einem Schema verbieten, etwa alle entfernt an ein Verbrechen oder Vergehen erinnernden Vorgänge zu verbieten, taugt nichts. Die Berliner Zensur hat diesen Weg auch schon verlassen, als sie für ein „vornehmes" Kino-Theater (für sonst keines) den Lindau-Film „Der Andere" freigab. Daß die Vorstadt vieles in Aufreizung und Rebellion verzerrt, was der Berliner Westen ohne Gefahr für seine etwaige Seele ruhig betrachten kann, habe ich mit eigenen Augen gesehen. In „Kintöppen", die vom letzten Nickel jedes einzelnen Besuchers leben, wo der Fraß der Augen den des Magens ersetzen muß, wo alle Zuschauer zwischen der windkalten Straße ihrer Nacht und den Herrlichkeiten eines lichtgebilderten Bankierhauses sitzen, sieht man alles anders, hört die Stimme des Erklärers wie die eines Apostels und dampft im Gefühl des sozialen Unrechts. Aber was ist da zu machen? Man müßte Elend und Unglück abschaffen, damit diese Kino-Besucher nicht alles mit den Augen der Elenden und Unglücklichen ansehen, vor denen sich die Welt ins Blutige wandelt. Man müßte die Auto-Rennbahn am Tiergarten abschaffen und die schwarzen, lackglänzenden Gefährte mit ihrem bunten, blitzenden Inhalt. Die großen Hotels, deren Vestibüle wie Thronsäle auf das Pflaster hinausschimmern.

Der Kino ist die hellere, wärmere Welt für alle Enterbten; so schlecht er heute ist, er strahlt doch wie ein Kulturwerk in den grauen Straßen der ärmsten Viertel. Es wird an den Dichtern liegen, ihre Balladen so bunt, so freudig, so beseligend auf seine weiße Wand zu werfen, daß die geistig und leiblich Hungernden auch vor ihnen satt werden. [1913]


**Kintop**

Ein ganzes Kintop-Programm habe ich schon lange nicht mehr gesehen. Dieser Tage nun, als vor geladenem Publikum der erste Film Hanns Heinz Ewers', „Der Student von Prag", abschnurrte, hatten die Veranstalter den Abend mit einem vollständigen Programm aufgefüllt, und ich muß sagen, ich war erstaunt. Welche Fortschritte, welche Verwendungsmöglichkeiten! Ich glaube nicht zu viel zu behaupten, wenn ich sage: der Film ist direkt neben Religion und Jung-Deutschland gerückt, als eine gleichberechtigte Stütze des Dreifußes, in dessen Becken die reine Flamme der Monarchie lodert.

Zuerst kamen „Tiefseetiere", ohne politischen Beigeschmack. Eine Handvoll Schleim, der im Verlaufen begriffen ist und in den sich lächerlicher Weise ein Funken Leben verirrt hat. Es war sehr lehrreich, nur konnte ich mich durch eine seltsame Gedankenverbindung nicht davon frei machen, die Quallen, Seerosen und Garnelen wie Kinoschauspieler zu betrachten. Sie schienen immer erst in Aktion zu treten, wenn der Operator kurbelte, um dem Publikum ihre verblüffenden Lebensgewohnheiten zu demonstrieren. Genau das taten sie, wie auf Befehl, was man vor ihrem Erscheinen auf einer Inschrift las. Wie im Zirkus: „Der Affe Cäsar wird nun sein Diner bestellen." Dann kamen die aktuellen Bilder. Sehr fein, wie man hier den Absprung vom Aeroplan im Fallschirm sah. Dafür ist der Kino da, um den sachlichen Zeitungsbericht zu illustrieren. Und jetzt begann meine Verblüffung. Was sind die Kintopmänner für schlechte Geschäftsleute: Da posaunen sie in die Welt, wen alles sie für ihre Darstellungen gewonnen hätten: Bassermann und Moissi und Wegener und Grete Wiesenthal, und vergessen die Hauptsache. Was heißt das alles, wenn ihre Hauptdarsteller Wilhelm II. und sein ältester Sohn, der Kaiser und der Kronprinz sind!

Keine Mißverständnisse: Wir Volk sahen bei dieser Film-Première nicht etwa öffentliche Akte aus dem Leben des Staates, Einweihungen oder Paraden, wo der Kaiser und sein Ältester in voller Öffentlichkeit ihrem anstrengenden Beruf oblagen. O nein, wir blickten ungläubigen Auges sozusagen in den Schoß Hohenzollernschen Familienlebens, eine Ungezwungenheit, wie sie sich nur einstellt, wenn man fünf Schritt von sich das vertraute Kurbeln des Kino-Apparats wie gefräßiges Maschinengewehrfeuer knattern hört. „Wenn der Vater mit dem Sohne . . ." Aber der Vater ist ein Anfänger neben dem Sohn. Der Vater ließ sich nur auf der „Hohenzollern" und bei einem norwegischen Gartenfest belauschen. Da allerdings – wie heißt das doch? – als temperamentvoller Plauderer. Der Kinematograph registrierte alles säuberlich. Wie der Kaiser bald mit dem linken, bald mit dem rechten Arm seine Worte begleitet, mit den Händen illustriert, der größeren Anschaulichkeit halber in Kniebeuge geht, einen Schritt vor tut, die Zuhörer am Arme faßt: alles fünf Schritt von der Kurbel entfernt, wahrlich eine Nervenprobe ersten Rangs. Aber der Sohn. Überschrift schlicht und innig: Unser Kronprinz! Zuerst beim Tennis. Es ist zu wünschen, daß dieser Film in keinem sportskundigen Lande gezeigt werde. In Berlin macht das weniger. Das Publikum jauchzte, daß der Kronprinz wie ein einfacher Bürger seine Bälle selbst schlug und daneben schlug und überhaupt auf dem Platz herumsprang, als hätte er nicht seine Leute dafür. Dann aber kam etwas, das man genau erzählen muß. Schauplatz: Vor der kronprinzlichen Villa in Langfuhr. Vier Soldaten stehen in Reih und Glied und warten. Der Kronprinz erscheint in Husarenuniform. Ein lustiges Operettenliedchen drängt sich einem auf die Lippen. Man hat recht. Der Kronprinz tritt vor die vier (in drei Schritt Entfernung kurbelt unser Mann). Der erste Husar macht eine Meldung, eine Hand am Säbel, die andere an der Mütze. Kronprinz hört zu und nimmt mit leichter Grazie dem Mann Hand von der Mütze und beugt Arm somit herunter. Meldung ist fertig, Händedruck. Zweiter Husar, Meldung, Hand an der Mütze. Kronprinz hört zu, nimmt mit leichter etc. und zieht ihm den Arm herunter. Meldung ist fertig, Händedruck. Dritter Husar und so fort bis zum vierten. Hinten kurbelt einer.

Stellen wir die berühmte Ideologenfrage: Gibt es denn niemand, der vor den hohen Herrn hintritt und sagt: der deutsche Thronfolger ist kein Operettentenor. Solche Szenen sind nur, aber nur mit Musik von Leo Fall oder Lehár möglich. Wenn auch unwahrscheinlich. Zu diesem alten Situationswitz müßten die vier Operettenhusaren singen:

> Die Hoheit ist heut froh gestimmt,
> Was uns nicht weiter wundernimmt,
> Denn das, denn das, das ist doch klar:
> Hamur hat nur der Husar!

Der Chauffeur, die Ordonnanz, die auf der Freitreppe gruppierte Dienerschaft würde einfallen: „Ja, Hoheit ist heut froh gestimmt. . .." und der Held würde an die Rampe treten und den so vorbereiteten Schlager der Saison singen.

Aber das ist ja alles Unsinn. Die Berater des Kronprinzen wissen viel besser, was ihrem Herrn nützt und schadet, und so haben sie diesen Film sicher freudig begrüßt. Aber lang nicht so freudig wie das Publikum, das aus dem Jubel über seinen Kronprinzen nicht mehr herauskam. Der Film hat einfach die Stelle der Volksbücher eingenommen, in denen man jene reizende Geschichtchen „Der Kaiser und der Invalide", „Der Kronprinz und die Bettlerin" lesen konnte. Es sind monarchische Reklamefilms, bewußt zur Hebung dynastischen Fühlens veranstaltet, die einzige Art und Weise vielleicht, wie man in dieser Millionenstadt damit an die Massen herankommt. Daß der Geschmack dabei in die Brüche geht? Nun, die hohen Herrschaften könnten erwidern, im Wahlkampf käme die Kultur auch manchmal unter die Räder und was ihren Untertanen recht sei, sei ihnen eben billig. Allgemein patriotische Films zögen schon lang nicht mehr. Jetzt sei es eben an der Zeit, mit Intimitäten zu wirken. Man habe unsere auswärtige Politik so oft mit einer Operette verglichen und unsere innere mit einer Komödie, daß nicht einzusehen sei usw. usw. Nun, vorerst amüsiert sich das Volk noch.

Nach dem Kronprinzen hatte Ewers einen schweren Stand. Sein „Student von Prag" bringt wunderschöne Bilder. Das Ganze ist eine Reminiszenz. Balduin, der Student, hat sein Geld verjuxt. Da naht sich ihm der Versucher Scapinelli, der Signor Dapertutto Hoffmanns, und macht ihn reich, indem er ihm für sein Spiegelbild einen Haufen Gold gibt. („Die Geschichte vom verlorenen Spiegelbild" aus E. T. A. Hoffmanns „Phantasiestücken in Callots Manier", die ja auch dem zweiten Akt von „Hoffmanns Erzählungen" zugrunde liegt.) Balduin hat nun Geld und damit Zutritt zu der Adelsgesellschaft. Er liebt die Komtesse Margit Schwarzenberg, ihre Zusammenkünfte führen an romantische, wundervolle Plätze der alten Stadt Prag, aber immer wieder tritt dem glücklichen Balduin sein selbständig gewordenes Spiegelbild, seine

Vergangenheit, sein Verbrechen wider die Natur entgegen. Im Duell mit einem Nebenbuhler ersticht nicht er, sondern das Spiegelbild den Gegner, bei einem letzten nächtlichen Besuch der Geliebten – entdeckt diese (ganz wie Hoffmanns Frau Spikher) den Mangel an Spiegelbild, Balduin flieht wie ein Irrsinniger, überall tritt ihm der hämische Doppelgänger entgegen, bis er ihn mit einem Pistolenschuß niederstreckt und dadurch, wie Dorian Gray, sich selbst tötet.

Woher Ewers all die einzelnen Bestandteile hat, ist ganz einerlei, wenn er sie zu einem einheitlichen Gebilde zusammengefügt hätte. Aber da haperts. Da ist vor allem ein fahrendes Mädchen Lyduschka, eine zigeunerische Mignon, die dem Helden über sehr hübsche alte Terrassen und Gärten nachsteigt, aber eigentlich gar nichts in der Geschichte zu suchen hat. Da ist das Spiegelbild, das Balduin für seinen Pakt mit dem Bösen zu strafen hat, aber zwei Kardinalfehler als Gespenst begeht: es kommt, besonders gegen den Schluß, zu oft, so daß es ein bißchen komisch wirkt. Sobald ein neues Bild aufglänzt, sucht der Zuschauer in allen Ecken, wo der verdammte Doppelgänger jetzt wieder auftaucht. Und dann begnügt es sich nicht damit, ein Menetekel zu sein, es vergißt sich soweit, selbst zu handeln. Das ist unmöglich. Andere Leute sollen vor Balduin erschrecken, als vor einem Menschen mit unnatürlichem Makel, wie sie vor Peter Schlemihl ohne Schatten erschreckten. Das Spiegelbild darf ihm auch beggenen, aber seinen Gegner im Duell selbsttätig töten, das darf es nicht. Auf diese schuldlose Schuld ist die Katastrophe aufgebaut, die darum auch auf das Publikum gezwungen wirkte. Der Film als Ganzes ist ziemlich frei von den schon traditionellen Kino-Geschmacklosigkeiten, die Bilder aus Prag sind wunderschön, auch die Interieurs wesentlich besser als sonst. Nur das Schlußbild ist ganz schlimm. Zwischen den Bildern zeigt sich ein Vers von Musset, ein Schaudern vor einem ewigen, geheimen Doppelgänger, der schließlich den eigentlichen Menschen überlebt und triumphierend auf dessen Grab sitzen wird. Als poetische Metapher ist das möglich. Aber es illustriert zu sehen...? Wirklich, am Schluß sitzt das Spiegelbild des Studenten von Prag auf einem weymouthsfichtenverhängten Grabhügel und lehnt sich an einen Stein mit der Inschrift: Hier ruht Balduin. Das ist doch nicht möglich. Erstens heißt niemand nur Balduin und zweitens gleicht das aufs peinlichste dem traditionellen letzten Bild jener Tafeln, vor denen auf dem Jahrmarkt eine heisere Familie jammert. Wegener als Balduin war manchmal der große Künstler, als den ich ihn liebe. Besonders an zarten Stellen, wenn sein breites, schweres Gesicht plötzlich ganz rein, ganz kindlich wird. Aber er war in dieser neuen Branche unsicher und machte manchmal ein Theater, wie es die Schmiere nicht eindrucksvoller aufweist, besonders bei heftigen Herzgefühlen. Die Regie führte Ewers selbst. Etwas gewaltsam, bis er die Leute an der Handlung hatte, besonders bis er Balduin und Margit zusammen bekam, aber er versteht vor allem die großen Beleuchtungsmöglichkeiten des Films auszunützen und stellte damit wirklich starke, verblüffende Bilder. Der „Student von Prag" ist schon ein Schritt zur Kino-Ballade. [1913]

Charles Stevens und Douglas Fairbanks in „Die eiserne Maske" (Allan Dwan, 1929)

## Kurt Tucholsky

*Der Rowohlt-Verlag hat seinen Autor Kurt Tucholsky (geboren am 9. Januar 1890 in Berlin) einmal so vorgestellt: „War einer der bedeutendsten deutschen Satiriker und Gesellschaftskritiker im ersten Drittel des Jahrhunderts. Wie Heinrich Heine hatte er – ehe er Schriftsteller wurde – Jura studiert, wie Heine war er Bankangestellter gewesen, und vorübergehend erkor er wie dieser Paris zu seiner Wahlheimat . . . Der scharfsinnige Essayist und brillante Stilist gewann als unerschrockener Vorkämpfer des radikalen Sozialismus politische Bedeutung. Unter den Pseudonymen Peter Panter, Theobald Tiger, Ignaz Wrobel und Kaspar Hauser war er fünffacher Mitarbeiter der ‚Schaubühne‘, später ‚Weltbühne‘, einer Wochenschrift, die er gemeinsam mit Siegfried Jacobsohn und nach dessen Tode mit dem späteren Friedens-Nobel-Preisträger Carl v.Ossietzky zu einem der aggressivsten und wirksamsten publizistischen Instrumente der Weimarer Republik machte." Tucholsky selber widersprach: „Ich habe Erfolg, aber ich habe keinerlei Wirkung." Voller Erbitterung darüber schied er am 21. Dezember 1935 in Schweden freiwillig aus dem Leben. Licht auf die letzten Lebensjahre des staatenlos gewordenen Schriftstellers werfen seine Briefe an die „Nuuna" genannte Freundin, die Zürcher Ärztin Dr. Hedwig Müller, die er 1931 im Tessin kennengelernt hatte.*

*Während der ganzen Stummfilmzeit hat sich Tucholsky immer wieder zu Kinofragen geäußert, manchmal in Gedichtform. Und zwar schreibt er nicht als Fachmann, er gibt keine Gutachten ab, er hält persönliche Erlebnisse fest, wobei er auch Vorbehalte macht. Und einmal änderte er seine Meinung (was nicht verboten ist): 1913 und 1919 hielt er die Filmzensur für nötig; 1926 und 1928 hielt er dafür, sie sei abzuschaffen.*

aus: **Rheinsberg**

„Ein Kinematograph? Hier in Rheinsberg? Wölfchen, nach dem Souper? Ja?"

Wirklich, es gab einen, und sie gingen hin.

Auf dem Wege schon murrte es in den Wolken, die langsam aufzogen. Wind schüttelte Laub von den rauschenden Bäumen, Staub wirbelte auf . . .

Aber noch trocken kamen sie in dem Saal des Wirtshauses an. Richtig, ein kleines Orchester war da, es verdunkelte sich der Saal . . .

NATUR! MALERISCHE FLUSSFAHRT
DURCH DIE BRETAGNE.
KOLORIERT.

Der Apparat schnatterte und warf einen rauchigen Lichtkegel durch den Saal. Eine bunte Landschaft erschien, bunt, farbenprächtig, heiter. Die Kolorierung war der Natur getreulich nachgebildet: Die Bäume waren spinatgrün, der Himmel, wie in einem ewigen Sonnenuntergang, in Rosa und Blau schwimmend . . . Während die Flußlandschaft hell vorbeizog, schwankte dauernd ein schwarzer Schatten, in Form einer Stange, durch das Bild, was vermuten ließ, daß die Aufnahme von einem Dampfboot aus gemacht worden war. Dies bestätigte sich; denn nach einer kleinen Weile drehte sich der hellbraun gebohlte Teil eines Schiffes in das Bild, das nun das Nahe und das Ferne zugleich erkennen ließ: eine rosagekleidete Dame, mit weißem Spitzenschirm, anscheinend zu diesem Zwecke hinbeordert, erzeugte vermittels freundlichen Lächelns, Winkens und eifrigen Auf- und Abspazierens geschickt den Eindruck sommerlichen Glückes; hinten glitten die kolorierten Bestandteile der Bretagne vorbei, Trauerweiden, die Zweige in das Wasser hängen ließen, kleine ockergelbe Häuschen, die anscheinend auf ihre Umgebung abgefärbt hatten, ein vorüberziehender Fischdampfer. . .

Die Claire saß erschüttert.

„Wolfgang, es ist zu traurig! Glaubsu, daß der sterbende Krieger seine Heimat erreicht?"

Er glaubte es nicht. Um so weniger, als jetzt der eben eingetretene Klavierspieler geräuschvoll drei kräftige Akkorde erschallen ließ, sein Bierglas herunterwarf, aber hierdurch unbeirrt sich anschickte, den nunmehr folgenden Film: „Moritz lernt kochen" in angemessener Weise zu begleiten. Die Musik tobte: der Nachbar steckt den Kopf zur Tür herein, Moritz steht am Kochherd, packt den andern, wirft ihn in den Topf, daß die Beine heraussehen. Schwanken, Fallen, Töpfe kippen, Sintflut, man schwimmt gemeinschaftlich die Treppe herunter, schüttelt sich unten die Hände, nimmt das triefende Mobiliar unter den Arm und verschwindet . . .

Die Claire konnte sich nicht beruhigen: sie fragte, wollte alles wissen. Ob er denn nun kochen könne, ob der Nachbar gut durchgekocht sei, sie könne übrigens kochen, perfekt, möchte sie nur sagen ... Und schwieg erst, als helle Buchstaben auf dunklem Grund ankündigten:

„DAS RETTENDE LICHTSIGNAL".
In der Titelrolle Herr Violo.
Von der Greizer Hofoper.

Auf Grund einer freundlichen, stillen Übereinkunft zwischen Filmfabrik und Publikum bedeutet die blaue Farbe Nacht, während die rote die Katastrophe einer Feuersbrunst anzeigt, so daß es allen klar wurde, wie man in solch gefährlichen Stunden eines rettenden Lichtsignales des Bräutigams bedurfte. Mochte die Handlung durchsichtig sein, hier war das Leben, aber konzentriert. Wenn das Meer, wenn die Brandung an Felsen schlug, wenn der Vorplatz eines Hauses einen Augenblick frei blieb und man an den Zweigen sehen konnte, wie der Wind geweht hatte, *der* Augenblick war dahin, unwiederbringlich dahin... Wie beängstigend schön war es, wenn Eisenbahnzüge, lautlos, wie große Schatten erschienen, immer näher, größer – ein Kopf sah aus dem Fenster...

Aber als die leuchtenden Lichtgestalten zu weinen begannen und ein Harmonium in Aktion gesetzt wurde, schnupfte die Claire tief auf und äußerte schluchzend den Wunsch, nach Hause zu gehen...

Sie kämpften sich durch Wind und Regen ins Hotel. [1912]

## Moritz Napoleon

Als ich in den dunklen Raum trat, steckte sich gerade unter Harmoniumbegleitung ein junger hoffnungsvoller Arzt an einem Diphtheritiskind an, die Hauskapelle wimmerte, alte Mimen standen mit hängenden Trauerbacken um das Bett des Sterbenden, und hinter mir faßte ein Kind die Quintessenz des Dramas in die Worte zusammen: „Au weh, Mutta! Ick mecht aba keene Fteritis nich ham..."

Worauf das Pathé-Journal anhub: „Hier in Turkestan machte gestern der bolivische Gesandte eine Ausfahrt"; „Maurenbrecher tritt aus der sozialdemokratischen Partei aus" – und man sah in treten; „Wilson interessiert sich für die Pfadfinder" – und man sah ihn sich interessieren; und so *ad nauseam usque*.

Aber dann: Prince als Bonaparte. Lieber Sabo, es tut mir leid, aber Sie sind nichts dagegen. Hier war Groteske, gute Filmtechnik – kurz: ein Wunder. Moritz kommt, er lächelt hold, daß man seine kariösen Zähne bewundern darf, und die junge Witwe, seine Angebetete, zeigt ihm die hundertundeine Napoleonbüsten, die diese Patriotin sich in ihrem Zimmer aufgestellt hat. Er lächelt. Man muß sehen, mit welcher Miene er diesem Kult seine Billigung erteilt. Dann zerbricht er eine Büste – der Teufel und die Witwe sind los, Moritz ab.

Ein Brief: der Notar schreibt, er hätte ihm die Erbschaft seines Onkels zu übergeben: eine Napoleonbüste und seinen Gehrock. Seinen – der Notar meint, dem Onkel seinen. Seinen – Prince meint, Napoleon seinen. Reliquie! Triumph!! Geht ins Bett.

Dann ein echter, guter Filmtrick. Zwei Moritze: einer im Bett, der träumt; der andere steht auf, zieht sich den historischen Gehrock an, verwandelt seinen Diener in einen Mamelucken und wird und ist Napoleon.

Was dann kommt: det muß man jesehn ham. Wie er – immer mit diesem süffisanten, jungenshaften Lächeln – seinen Generalen Schnupptabak in die Nasen schmiert, wie er den Regenschirm handhabt, Auto fährt, zahlt und dem Chauffeur einen Orden als Draufgabe auf die Brust heftet! Und dabei ein Stolz, eine Grandezza, eine Unterlippe, eine Locke – wenn das Possart sieht, zerplatzt er auf der Stelle.

Das wimmelt von witzigen Regieeinfällen: der Stern, den der Kaiser alten Gardisten von seiner eigenen Uniform weg schenkte, erneuert sich ständig, hingezaubert, und jedesmal bedanken sich die Soldaten mit einem Knicks. Einer, eine bärtige Gestalt, weint – und der *petit caporal* wischt ihm mit dem ingeniösen Gehrock die Äugelein.

Und sie machen unter der Leitung des großen Feldherrn Freiübungen, und schließlich erstürmen sie die Pyramiden. Und (Marseillaise!) oben steht er, wie eine Ansichtskartenfigur, und hält den Säbel unentwegt hoch – und fällt aus dem Bett. Und so weiter.

Ich habe das nur erzählt, um zu zeigen, daß es doch auch schließlich möglich ist, einmal einen guten, witzigen Film zu bringen: das Ganze dauerte fünfzehn Minuten, prätendierte nichts und unterhielt auf eine so anständige, saubere und glückliche Art, daß man sich nur wünschen kann, dergleichen oft und immer zu sehen. [1913]


## Erotische Films

Keiner sprach laut, denn sie waren doch alle ein bißchen gespannt: sie brummelten nur.

Die Wand wurde weiß. Ein an vielen Stellen brüchiges, fahriges Silberweiß leuchtete zittrig auf. Es begann.

Aber alle lachten. Auch ich lachte. Hatten wir etwas Unerhörtes, Maßloses erhofft, so balgten sich jetzt auf der Leinewand spielend ein Miau-Kätzchen und ein Wauwau-Hundchen. Vielleicht hatte der Exporteur das vorgeklebt, um die Polizei zu täuschen – wer weiß. Der Film lief eintönig klappernd, ohne Musik; das war unheimlich und nicht sehr angenehm.

Aber ganz unvermittelt erschien ein Satyr auf der Bildfläche und erschreckte in einem Waldgewässer kreischende und planschende Mädchen. Nun, ich war enttäuscht, immerhin... Ich war hierher gekommen, um etwas recht Unanständiges zu sehen, ein dicker Freund hatte mich mitgenommen; Gott mochte wissen, woher er es hatte. Sah ich ihn, so senkte sich bewundernder Neid auf mich herab: er hatte die Fähigkeit, auch diese Dinge – neben verschiedenen andern – bis auf den Grund auszukosten.

Hoh, aber jetzt gab es: Szene im Harem. Man hatte sich den Schauplatz der Handlung etwa am Schlesischen Tor vorzustellen, denn das Tapetenmuster des ausgeräumten kleinen Zimmers war ganz so, und auch die Gardinen und der Teppich. Fatinga tanzt. Das lasterhafte Mädchen entkleidete sich aus pompöser Wäsche und tanzte; das heißt: sie drehte sich bequem um sich selbst, und jeder konnte sie bewundern – und sie tanzte vor ihrem Sultan, der sich faul und lässig in den Schößen der andern Haremsmitglieder lümmelte. Er war ein Genießer. Sie bewedelten ihn mit großen japanischen Papierschirmen, und vorn auf einem Tisch stand ein Weißbierglas. Die Szene fand nicht den Beifall des Auditoriums. Ermunternde Zurufe wurden laut. Man hätte sich den Herrscher wohl etwas agiler gewünscht, aber er blieb ruhig liegen – wozu war er auch Sultan!

Und dann kam „Klostergeheimnisse" und „Annas Nebenberuf", und zwei „perverse Schönheiten" wälzten sich auf einem Läufer herum. Die eine von ihnen war, wie ich feststellen konnte, eine gewisse Emmy Raschke, die fortwährend lachte, weil es ihr wohl selbst ein bißchen komisch vorkam. Nun, sie waren alle engagiert, um eiskalt, mit einem Unmaß von Geschäftlichkeit, unter den scheltenden Zurufen des Photographen, Dinge darzustellen, die, wenn man den Beschauern glauben wollte, doch wohl an das Himmlischste grenzten. Sie glaubten alle, daß Emmy Raschke für sie und ganz speziell für sie erschaffen war – vorgebildet allerdings durch eine Reihe von nunmehr vergangenen Handlungen ähnlicher Art. Es war nicht ganz klar, was sie eigentlich von den Frauen wollten, wenn diese mit ihnen geschlafen hatten – sicher war, daß sie allesamt nicht zögerten, sich als die Gnadenspender des weiblichen Geschlechts anzusehen.

Es folgten nunmehr zwei längere Stücke, und es war nicht zu sagen, wie lasterhaft sie waren. Eine schwüle Sinnlichkeit wehte von den verdorbenen, also üppigen Gestalten herüber, sie gaben sich den unerhörtesten Genüssen hin – aber während wir Gelegenheit hatten, diese Raffinements zu bewundern, bot eine Kellnerstimme gefällig Bier an. Worauf mit Recht aus dem Dunkel ein tiefer Raucherbaß ertönte: „Ach, wer braucht denn hier jetzt Bier!" Das wurde lebhaft applaudiert, und von nun an beteiligte sich das Publikum intensiver an den Darbietungen: Rufe, ratende Stimmen, Grunzen, Beifall und anfeuernde Aufschreie wurden laut, einer gab vergleichende Privatfreuden zum besten, viele lärmten und schrieen.

Oben spielten sie: „Die Frau des Hauptmanns". Es war die lebendig gewordene Pornographie. Während der würdige Militär seine Gemahlin mit der Leutnantsfrau betrog, nutzte jene – seine Frau – die Zeit nicht schlecht aus, denn der Hauptmann hatte einen Burschen. Sie wurden überrascht, und es setzte Ohrfeigen. Mochte man übrigens sagen, was man wollte: ehrlich war der Film. Ein bißchen merkwürdig schien es allerdings im französischen Soldatenleben zuzugehen: es gab da Situationen, die sich so unheimlich rasch abwickelten, daß man nur wünschen konnte, ein *piou-piou* zu sein. Immerhin waren es doch zwei oder drei Momente, in denen sich die Spielenden ihrer Rollen mit hingebendem Eifer annahmen. Und selbst der war gespielt.

Im Parkett blieb es gemütlich. Man faßte da die Dinge nicht so gefährlich auf, sah nicht, daß auch Tristan und Isolde hier einen lächerlichen Aspekt darbieten würden, und daß Romeo und Julia, von einem andern Stern, objektiv und nüchtern, also unabhängig betrachtet, eine ulkige und verkrampfte Angelegenheit darstellten.

Nein, davon war im Parkett keine Rede. Wenn sie nicht Skat spielten, so lag es nur daran, daß es zu dunkel war, und im übrigen herrschte eine recht feiste und massive Freude. Das mußte man selbst sagen: immer diese verlogenen Sachen – hier wüßte man doch...

Als es dann aus war – so ein trüber Schluß, wo jeder denkt, es kommt noch was – da zeigte es sich, daß es mit der Sexualität so eine Sache ist. Die Männer standen herum und genierten sich vor einander, indem sie den Mangel an Höherem betonten, und überhaupt. Und dann schoben wir uns durch schmale Gänge in das benachbarte Lokal, und die Musik spielte laut und grell, und da waren alle so merkwürdig still und erregt. Ich hörte später, der Wirt habe zwanzig Mädchen dorthin bestellt.

Ich weiß es nicht, denn ich bin gleich fortgegangen und habe mir so gedacht, wie doch die Worte „Laster" und „Unzucht" hohle Bezeichnungen für Dinge sind, die jeder mit sich selbst abzumachen hat.

„Der Lasterpfuhl" – du lieber Gott! Auch dort wird man zu Neujahr Pfannkuchen essen und die Gebräuche halten, wie es der kleine Bürger liebt. Denn das Laster ist kein Gewerbe – und ein Augenzwinkern und ein tiefes Frauenlachen kann einmal lasterhafter sein als das ganze Hafenviertel Port Saids. [1913]

**Deutsche Kinodämmerung?**

Am Vormittag rief mein dicker Freund Kie an. „Haben Sie heute abend Zeit? Der Maler Boris will Ihnen was zeigen!" „Nein," sagte ich, „heute abend" – und dann machte ich eine kleine Pause –

„heute abend gehe ich in die ‚Letzte Galavorstellung des Zirkus Wolfson'". „In den Film?" rief Kie – „aber Peter! Da klettert ein Affe mit einem kleinen Kind auf einen Fabrikschornstein . . . Ein Mann in ihrem Alter –!" Und dann sprachen wir über die bessern Sachen.

Abends ging ich hin. Ich habe eine alte, tief eingewurzelte Liebe zum Kitsch. Es war hinreißend. Aus dem Programmheft ging hervor, daß dieser Film auch einen Inhalt hat – ich habe gar nicht darauf geachtet. Manchmal schwamm die Leinewand in Sentimentalität – Zirkusmädchen bekamen Kinder, begruben dieselben und weinten edeln Fürstensöhnen nach – *quand même!* Was heißt hier Drama! Der Affe, der herrliche Affe!

Er spielte still und routiniert wie ein alter Kinoschauspieler – nur viel besser und nicht so prätentiös. Die große Szene hatte ihre Qualitäten: der Affe nahm das Kind, ein wirkliches, schreiendes Bündel (das sich hier und da bemerkbar bemachte), und kletterte einen ungeheuern Schornstein damit hoch. Mir ist es ja herzlich gleichgültig, ob das „geschnitten" oder „kaschiert" oder echt ist – als ich es sah, war es für mich echt, und das ist die Hauptsache. Dieser ungeheure schwarze Schornstein ragte unheilverkündend in die Luft, da unten lag Lugano (da haben den Film vor acht oder zehn Jahren dänische Schauspieler gemacht) und „Kaja, seine Tochter", kletterte dem Affen nach. Da oben, auf des Schornsteins Rand, ging es munter zu – das Kind zappelte und schrie, die Tiefe lag, wie es sich für eine anständige Tiefe gehört, schwindelerregend unter ihnen, Kaja kletterte, kam, sah und balgte sich mit dem Affen – und der große Todessprung zeigte endlich, wofür eigentlich das Kino auf der Welt ist. Laßt mich noch erzählen, daß der ganze alte Zirkuszauber von Staub, Pferdegestank, Kitsch und buntem Kram lebendig wurde, daß das Kind gut spielte – (was mag dieses Balg wohl sagen, wenn es einmal, herangewachsen, diesen Film sieht? „Und da stand im Zuschauerraum ein bejahrter Greis auf und rief frohlockend: ‚Das bin ich!' Und da warf man ihn hinaus . . .") – mein Freund Kie kam auch vor, fett, mit einer Brille, drei Doppelkinnen – seine tragischen Momente waren seine besten, man lachte sich krumm – kurz: es war reine wie ins Leben. Das Publikum war „restlos" begeistert.

Warum sehen wir das nicht alle Tage? Ist das nicht viel, viel schöner als ‚Die da nach der Sünde riefen' und ‚Frauen, die den Kranz verloren' und ‚Anders als der Rest'? Es ist viel schöner.

Was geht vor? Rieselt es im Gemäuer des deutschen Kinomarktes?

Ein bißchen Angst haben die Herren schon. Konkurrenz ist ja gut, und wer sie fürchtet, ist schlapp oder dumm oder schwach. Auf Lubitsch wird das Ausland höchstens befruchtend wirken – denn was die können, kann er in drei Jahren auch. Und sie sind uns ein Stück voraus. Sie haben den riesigen Vorsprung der vier blutigen Jahre, in denen ihre Rohstoffproduktion munter weiterlief, und sie sind ja heute noch viel billiger, als wir es je sein können. Ohne Einfluß wird diese Invasion also nicht sein. Die kleinen Firmen werden sie zuerst merken, und das schadet gar nichts. Lieber noch eine gute amerikanische Trickmittelmäßigkeit als unsern horribeln Kram von vermanschter Literatur und schlechtem Kino. Ich will nicht sagen, daß der Weg des Affen zum Fabrikschornstein hinauf der Weg des Kinos ist – aber ein Weg ist es schon. Unsre Herren klopfen die Zigaretten auf dem Etuideckel zurecht, zünden sie sich an, klappern mit den Augenlidern, und der Text sagt: „Graf Koks ist das Verhältnis seiner Nichte zu dem Onkel der Klosettfrau unsympathisch". Gut – aber was geht das mich an? Es geht mich dagegen sehr wohl an, wenn einer drei Häuser überhüpft – wie das gemacht ist, ist gleichgültig – ich sehe erfreut zu. Und wie vergnügt werden wir erst sein, wenn Chaplin herkommt, der wirkliche Original-Charly Chaplin, der große Amerikaner! Er brächte frisches Blut und frischen Wind mit.

Der deutsche Kinohimmel verdämmert sacht. . .? Die kleinen Sterne bleichen, die großen Sonnen, es sind ihrer nicht viele, leuchten weiter, und fremde Gestirne ziehen auf: bunt, neuartig und mit blitzenden Schweifen. Vielleicht wird es dann wieder mehr Spaß machen, Kino-Astronomie zu betreiben als heute. Das walte Gott – ! [1920]

**Tragödie der Liebe**

Weil wir sonst keine Sorgen haben.

Ich geriet als halbwegs vernünftiger Mensch von der Straße in Joe Mays Film-Atelier zu Weißensee – von der Straße, wo die Elektrische klingelte und ernsthafte Leute ernsthaft dahintrotteten. Dann kam ein Zaun, ein kleines Haus, und das erste, was ich auf dem Filmhöflein sah und hörte, war Joe der Große, der durch die Gegend tobte, eine mit zwei Rössern bespannte Kutsche anschnaubte und schrie: „Sind die Pferde angestrichen?" Sie waren angestrichen.

Die Pferde waren nämlich mitten im Film verkauft worden, versehentlich, irgendwer hatte nicht aufgepaßt, und nun fehlten sie für die Kontinuation. So und so waren sie gezeichnet – das konnte der Zuschauer noch wissen. Und May nahm zwei Schimmel und schuf sie nach dem alten Ebenbilde und sah, daß es gut war – und ich werde nie den Ausdruck in den kugeligen Augen der Tiere vergessen, die seltsam hinterwärts sahen, wo man sie anpinselte. . . Dies aber waren Vorbereitungen zu dem großen Film: „Tragödie der Liebe".

Man kann das Genre ablehnen. Lehnt man es aber nicht ab, dann ist zu sagen, daß hier der beste deutsche naturalistische Detektivfilm geschaffen worden ist. Drei Männer haben den Erfolg gemacht. Emil Jannings, Joe May und Paul Leni.

Das Manuskript ist gut. Es ist geschickt erdacht, sicher gebaut und nicht schwachsinniger als unbedingt notwendig. (Manchmal ist es auch rührend – und dann ist es rührend.) Die Küste dieses Manuskripteilandes ist kein öder Strich – da gibt es kleine Halbinseln, einladende Seechen, stille Buchten und manches stolze Kap: kurz: eine Menge Dinge, die gar nicht zur Sache gehören. Spaß macht ja immer nur das Überflüssige. Dazu haben die ersten beiden Akte ein Tempo, wie man es bei uns nur ganz selten zu sehen bekommt. Aber Tempo, Wirkung und Wärme wären nicht da ohne die drei da oben.

Paul Leni: Er hat nicht nur mit Kenntnis des Films gebaut – die haben viele. Er hat auch nicht nur mit Geschmack gebaut – den haben manche. Er hat mit Liebe gebaut. Es hat ihm Spaß gemacht, einen verschneiten Hauseingang hinzusetzen, verwinkelte Dachstuben, einen wundervoll runden Gerichtssaal, ein unvergeßlich melancholisches Wartezimmerchen einer kleinen Station – es ist „die" kleine Station, und jede Novelle von Maupassant könnte hier ihren Anfang nehmen. Das alles ist mit den feinsten Fingerspitzen und mit dem größten Wissen um Einzelheiten gearbeitet – und es ist gearbeitet und nicht hingeschludert. Eine Meisterleistung.

Joe May: Nach den Kolossal-Monstre-Gala-Filmen dieses Regisseurs ist nicht ganz klar, ob er eigentlich weiß, wie gut dieser Film hier ist. Diesem Besessenen, der keine Augen, sondern offenbar zwei Objektive im Kopf hat, und der Zelluloid ausschwitzt, diesem Fanatiker des Films ist da eine derartige Fülle an lustigen, witzigen, bunten und belangreichen Einzelheiten eingefallen, daß man denken könnte, er habe sie alle nur so aus dem Kasten geschleudert.

Die Gräfin fährt weg, läßt ihren Mann allein, die Dienerschaft poussiert in der Kneipe, der Diener empfängt oben ein Flittchen, der Freund dieses Flittchens steigt nach, Athlet, der er ist, die Gräfin bekommt unterwegs Angst, kehrt zurück, unterdessen ist eine wilde Jagd durchs Haus getobt, der Athlet hat den Diener in die Seine geworfen, der Graf hat ein Messer in den Leib bekommen... kurz: Familienleben bei Grafens. Aber wie ist das gemacht!

Vor allem: alles immer nur einmal. Diesem May ist derart viel eingefallen, daß er sich niemals wiederholt – jeder Zug ganz kurz, zehn, zwanzig Meter – husch, weg, der nächste. Und fast alles kann man sehen, da gibt es einen ganzen Akt mit ohne Text, alles ist mit den Augen zu verstehen – alles ist: Film. (Und alles, auch der dampfende D-Zug, aus Holz und Pappe auf einem kleinen Hof aufgenommen.)

Das wäre aber alles nicht möglich ohne Emil Jannings. Seine Figur hat nur einen Fehler: daß sie nicht seinen Namen trägt. Was heißt hier Ombrade! Der Mann heißt Emil.

Ich weiß nicht, wie Sie darüber denken: ich persönlich kann nun schon keinen dämonischen Zuhälter mehr im Film sehen.

Dieser hier ist fett, freundlich und durchaus gemütlich. Zwischen all den Schandtaten hat er immer noch ein gutmütiges Lachen, ein Zwinkern, eine kleine Bewegung nach den Hosen, daß die auch nicht rutschen... es ist alles nicht so schlimm, und man sieht das Pathos und die Kehrseite des Pathos: den Humor.

Tausend Züge: „Siehst du", sagt das Flittchen (von Erika Glässner himmlisch frech gespielt) zu Emil – „Siehst du, so sorgen andre für ihre Freundinnen!" und steht vor einem Schaufenster und muckscht, weil sie keinen Pelz bekommt. Emil tritt an das Schaufenster heran, drückt die Nase platt und probiert dann ganz leise, ganz vorsichtig, ob die Einfassungsstangen sehr fest sind... Fachlich, sachlich. Am nächsten Abend hat sie den Pelz. Und spielt mit ihm und mit Emil die größte Szene, die ich je in einem deutschen Film gesehen habe.

Sie hat ihn betrogen, er hat sie erwischt, und sie ist ihm davongelaufen. Nun wird er in der Zwischenzeit seinen Nebenbuhler totschlagen. Das weiß sie nicht – sie ist nach Hause geflitzt. Und findet da – o treue Liebe! – den geklauten Pelz. Und tanzt herum und will ihn gleich, auf der Stelle, anprobieren und hopst auf den Tisch, auf dem die Petroleumlampe steht, vor den kleinen Spiegel und hebt die Röcke hoch (eine Masche am Strumpf ist gefallen) und spiegelt sich. Da schiebt er sich zur Tür herein. Herunter vom Tisch kann sie nicht mehr. Sie erstarrt. Wird er sie schlagen? Oder töten? Vielleicht. Er schnauft heran – wie ein Bär – dumpf und wütend. Und will schon zupacken – da fliegt irgendetwas von ihr zu ihm herüber, er setzt sich an den kleinen Tisch, sieht herauf zu ihr, mit einem Blick unter ihre Röcke, sie hat eine irrsinnige Angst, außerdem kippelt der Tisch, in ihm wogen merkwürdige Sachen durcheinander, und dann kann er nicht mehr und bricht an dem Tisch zusammen und umklammert ihre Beine und schmilzt weg und verzeiht gar nicht – denn es ist nichts mehr zu verzeihen – und gehört ihr. Und oben steht sie, die Siegerin, die Frau, das Stück Fleisch und lächelt und lacht und feixt – *ave victrix femina! Je suis la femme – on me connaît!*

Was Jannings da gemacht hat, ist allerersten Ranges. Wie er einmal von einem ganz kleinen Polizisten verhaftet wird, und wie er mit einer winzigen Bewegung den ganzen Staat auslacht, dessen Repräsentanten er mit einem Hauch umblasen könnte – „Ah, lohnt nicht!" –; wie er als feiner Mann auf den Ball kommt und beinahe die Hosen verliert, aber ein feiner Mann bleibt; wie er auf die Anklagebank geht und zunächst einmal seine Sachen – Halstuch und Hut – fein säuberlich vor sich hinpackt: das ist alles so fein, so haargenau abgepaßt, so humorvoll und so saftig, daß man diese Figur liebgewinnt. Er sollte sie nicht zum letzten Mal gespielt haben. Das ist kein einmaliger Einfall – das könnte eine Figur für viele Abenteuer sein. Denn das ist ein Typus: der gutmütige, kräftige, bärenhaft starke und bärenhaft tapsige Ludewig.

Die Glässner ist ihm eine gute Gefährtin. Sie ist frech wie Potz –

und wenn er im Gefängniskäfig vor ihr wütet, wie ein wildes Tier, und sie die Röcke hochhebt, ganz hoch – da! da! sieh doch! das gehört jetzt nicht mehr dir! –, wie sie den geilen Gefängnisdiener angähnt, wie sie lacht und züngelt, aufregt und selber aufgeregt ist: das ist seltenen Grades.

Fast alle Nebenrollen sind ausgezeichnet besetzt. Jede kleine Leistung ist wundervoll dosiert. Gewiß: Herr Korff hat aristokratische Nasenlöcher und ist so vornehm, daß man Beklemmungen bekommt – und weil man mit Frauen höflich umgehen soll, wollen wir von Herrn Gaidarow gar nichts sagen. Aber da ist die entzückende Wüst und Hermann Vallentin und Guido Herzfeld und Eugen Rex und Paul Biensfeldt – und jeder ist genau an das gestellt, was er kann. Und geschnitten ist dieser Film! Dieser Joe May ist wohl der größte Schneidermeister, den die Branche hat.

Entschließt er sich, die Rührunseligkeiten des Films zu kürzen, das herauszunehmen, was der Kenner so schön die „Spielastik" nennt und den süßlichen Schluß fortzutun, der sicherlich bei allen Dienstmädchen in Guben die größte Wirkung hervorbringt (kleine Kinder im Bettchen, der Mutter Fluch, Muttertränen und Abschied fürs Leben) – dann wäre zu sagen, daß die Arbeit einwandfrei ist. Der Film hört da auf, wo Emil abgeführt wird: mit einer letzten wilden Kopfbewegung sieht er Musette an, das Luder: „Na warte – laß mich rauskommen!" Bis dahin ist statt schlechter Psychologie: Handlung, statt falschem Kokain: Humor und statt gestärktem Frackoberhemd: buntes bewegtes Leben. Dazu eine außerordentlich einprägsame Musik von Löwitt, mit zwei famosen Themen für Jannings und die Glässner. Ich verstehe von der Filmbranche nichts, und sie interessiert mich auch nicht. Aber diesem Film wünsche ich – schon der Leistung Emils wegen – das, was er meiner Meinung nach verdient: den Welterfolg. [1923]

Ossi Oswalda und Gustav Püttjer in „Die vierte von rechts" (Conrad Wiene, 1928)

# Robert Walser

*Robert Walser wurde am 15. April 1878 in Biel geboren – „geboren, um in Träumen und Einbildungen zu schweifen", wie er von Hölderlin und wohl auch von sich selber sagte. In Biel brachte er Schulzeit und Banklehre hinter sich. Von 1896 bis 1905 wohnte er, abgesehen von kürzeren Auslandsaufenthalten, in Zürich. Nahm jeweils eine Stelle an, bis er wieder etwas Geld hatte, um sein Poetenleben führen zu können. Sein erstes Buch: „Fritz Kochers Aufsätze" (1904). Von 1905 bis 1913 lebte er in Berlin, wo die Romane entstanden: „Geschwister Tanner"(1907), „Der Gehülfe" (1908), „Jakob von Gunten" (1909). Hauste dann bis 1921 in einer Mansarde in Biel, leistete Militärdienst und oblag seinem prekären „Prosastückligeschäft": „Kleine Dichtungen" (1914/15), „Der Spaziergang" (1917), „Prosastücke" (1916/17), „Kleine Prosa" (1917), „Poetenleben" (1917/18). Anfang 1921 übersiedelte er nach Bern, war vorübergehend im Staatsarchiv angestellt; am Schluß wurde er mit sich selber uneins. Sein letztes Buch: „Die Rose" (1925). Vom Januar 1929 an befand er sich in psychiatrischer Behandlung; von 1933 bis an sein Lebensende, 25. Dezember 1956, in der Heil- und Pflegeanstalt Herisau, Kanton Appenzell, die letzten zwanzig Jahre hindurch betreut von Carl Seelig.*

*Zahlreich sind die Stücke, in denen Robert Walser wiedergibt, was er im Kino erlebte. Zuerst in dem, das schlechtweg „Kino" heißt und aus dem Jahre 1912, also aus der Berliner Zeit stammt. Dann in „Könnemann" (1915), „Das Kind (II)" (1916), „Napoleon und die Gräfin Walewska" (1924), „Über einen Film" (1925, mit Nachschlag in zwei späteren Stücken), „Gräfin Maritza" (1926), „Burschen" (1928). Als Beitrag zur Kino-Kontroverse könnte man betrachten, was Walser in „Die leichte Hochachtung" (1927) und „Exposé" (1928) über seine Einstellung zum Kino sagt, während andere Stücke gewissermaßen Romane aus der Filmwelt in Kurzfassung darstellen: „Mamsell Miseel", „Buchbesprechung" (beide 1928/29). Auch sonst ist vom Kino des öftern, wenn auch nur beiläufig, die Rede; an Max Rychner schreibt Walser einmal: „Wir stehen uns wie zwei Wildwestleute mit gespannten Revolvern gegenüber."*

„Über einen Film": das erste Stück (1925) handelt unverkennbar von Mauritz Stillers „Gösta Berling" (1924), den Walser in der heute nicht mehr erhaltenen Originalfassung sah („Der Film dauerte ja bei dem Reichtum an Mädchengestalten dreieinhalb Stunden"). Verkennbar scheint zu sein, wovon das zweite Stück handelt. Walser hat es nicht mit einem Titel versehen; bei Carl Seelig, der das Manuskript als erster veröffentlichte, heißt es „Die Primadonna"; Jochen Greven hat es als „Stück ohne Titel (II)" in seine Ausgabe aufgenommen. „Ich kam noch immer nicht vom Kinopfarrer los", beginnt dieses zweite Stück, schließt also offenbar an das erste an, obwohl drei Jahre später entstanden; mit dem Kinopfarrer, der, seines Amtes enthoben, zum hochherrschaftlichen Hauslehrer wird, kann ja nur Gösta Berling gemeint sein. Dieser war schon zwischendurch einmal recht unvermittelt aufgetaucht, in dem seltsam betitelten Stück „Selenwanderung" (1926), aus welchem erhellt, wie sehr sich Walser vom Schicksal des um Amt und Würden gekommenen Geistlichen, der „bürgerlich kaum in Betracht kam", betroffen fühlte, sagt er doch da von ihm: „Seine innerliche Jugend, ich meine, seine Beseeltheit, sein Herz nötigte immer wieder seine ihn mit vielerlei Verachtung zierenden Mitbürger, ihn gewissermaßen vielleicht etwas verschämt oder verstohlen zu achten." Das Überlappen des Films in die Schilderung eines Theaterabends nach so langer Zeit bleibt dennoch merkwürdig. In dem „Singspiel", das Walser gleichzeitig beschreibt, rettet eine Frau ihren Gatten aus der schmählichen Gefangenschaft eines Gouverneurs: „Fidelio". Walser wohnt also einer Opernaufführung bei, ist aber innerlich noch immer im Kino. Was wir erhalten, sind Erinnerungen an „das Pfarrerstück", Theatereindrücke und Mitteilungen über den Platznachbarn. „Gösta Berling" und „Fidelio" ineinandergebunden, ein unnachahmliches Gemisch aus Oper und Kino: das Erlebnis ist für die zwanziger Jahre als echt erkennbar.

**Kino**

Graf und Gräfin sitzen beim Frühstück. In der Tür erscheint der Diener und überreicht seiner gnädigen Herrschaft einen anscheinend gewichtigen Brief, den der Graf erbricht und liest.

Inhalt des Briefes: „Sehr geehrter, oder, wenn Sie lieber wollen, hochwohlgeborener, nicht genug zu rühmender, guter Herr, hören Sie, Ihnen ist eine Erbschaft zugefallen von rund zweimalhunderttausend Mark. Staunen Sie und seien Sie glücklich. Sie können das Geld persönlich, sobald es Ihnen beliebt, in Empfang nehmen."

Der Graf setzt seine Frau von dem Glück, das ihm in den Schoß gefallen ist, in Kenntnis, und die Gräfin, die einige Ähnlichkeit mit einer Kellnerin hat, umarmt den höchst unwahrscheinlichen Grafen. Die beiden Leute begeben sich weg, lassen aber den Brief auf dem Tisch liegen. Der Kammerdiener kommt und liest, unter einem teuflischen Mienenspiel, den Brief. Er weiß, was er zu tun hat, der Schurke.

„Bier, wurstbelegte Brötchen, Schokolade, Salzstangen, Apfelsinen gefällig, meine Herrschaften!" ruft jetzt in der Zwischenpause der Kellner.

Der Graf und der Kammerdiener, das ungetreue Scheusal, als welches er sich nach und nach entwickelt, haben sich aufs Meerschiff begeben, und jetzt sind sie in der Kajüte. Der Diener zieht seinem Herrn die Stiefel aus, und letzterer legt sich schlafen. Wie unvorsichtig das ist, soll sich alsbald zeigen, denn nun entpuppt sich der Schurke, und ein mörderischer Kammerdiener gießt seinem Gebieter eine sinnberaubende Flüssigkeit in den Mund, den er gewaltsam aufreißt. Im Nu sind dem Herrn Hände und Füße gefesselt, und im nächsten Augenblick hat der Räuber den Geldbrief an sich gerissen, und der arme Herr wird in den Koffer geworfen, worauf der Deckel zugeklappt wird.

„Bier, Brause, Nußstangen, Schokolade, belegte Brötchen gefällig, meine Herrschaften", ruft wieder das Ungeheuer von Kellner. Einige der anwesenden Vorortherrschaften genehmigen eine kleine Erfrischung.

Nun prunkt der verräterische Diener in den Anzügen des vergewaltigten Grafen, der in dem Amerikakoffer schmachtet. Dämonisch sieht er aus, der unvergleichliche Spitzbube.

Es rollen noch weitere Bilder auf. Zuletzt endet alles gut. Der Diener wird von Detektivfäusten gepackt, und der Graf kehrt mit seinen zweimalhunderttausend Mark glücklich, obgleich unwahrscheinlich, wieder nach Hause.

Nun folgt ein Klavierstück mit erneuertem „Bier gefällig, meine Herrschaften". [1912]

### Das Kind

In den Kinostücken, die ich sah, trat häufig ein Kind als Hauptperson auf. Irgendein beliebiges, hochbegabtes Kind spielte dort zeitweise eine merklich große und ungewöhnlich dankbare Rolle. Ich fürchtete mich vor dem Kinokind stets ein wenig, weil ich besorgte, daß ich seinetwegen kindisch werden könnte. Diese starke Sorge erwies sich jedoch zum Glück als überflüssig. Rührend war das Kinokind immer, das darf ich ruhig schwören, falls das von mir verlangt werden sollte. Manchmal wurde die Kinderei freilich etwas zu dick. In solchen Fällen pflegte ich vor den Darbietungen und Vorführungen die Flucht zu ergreifen, um mich möglichst schonungsvoll und unauffällig zu entfernen. Einmal sah ich ein reizendes und rührendes Stück mit einem Kind als Hauptperson, worin ein vornehmes kinderloses Ehepaar beim Tee saß, das leider kein Kind hatte, und wo das reizende Ehefrauchen sozusagen vor Langeweile und Beschäftigungslosigkeit hochauf gähnte. Gähnen bei einer hübschen Frau ist für den braven guten Gatten unseres Erachtens immer ein ziemlich böses Zeichen. „Was fehlt dir, liebes, süßes Frauchen?" wagte keck und kühn der Gatte leise und zaghaft zu fragen. Solcherlei bange Fragen werden stets äußerst sanft und behutsam, zart und vorsichtig vorgebracht. Die Gattin sagte: „Du weißt nur zu gut, was mir fehlt. Ein Kind fehlt mir. Ich habe keine Ruhe, bis ich ein Kind habe. Sorge mir für ein Kind oder schau' dich nach einer andern Frau um. Ich vermag ohne Kind nicht mehr zu leben." Jetzt wußte der Gatte, was er zu tun hatte und woran er war. Voll aufrichtiger Bestürzung beeilte er sich, die Frau zu beschwichtigen. Beide guten Leute kamen überein, daß sie auf die Suche nach einem Kind gehen wollten, was sie denn auch taten. Sie adoptierten ein beliebiges reizendes nettes Kind und waren glücklich. Solche und ähnliche Dinge sieht der, der fleißig in die Vorführungen und Darbietungen springt und geht, welche vom Kino vorgeführt und dargeboten werden.

Von einem andern schönen Stück mit einem Kind als Hauptperson weiß ich insofern zu berichten, als ich eines schönen Tages, so gegen fünf Uhr abends, ein Stück mit einem Kinde sah, das allerdings mehr auf dem Arm hereingetragen wurde als selbständig auftrat. Ich rede von einem ergreifenden und lebenswahren Stück, dessen Autor mir freilich unbekannt geblieben ist. Doch wer fragt bei Kinostücken nach Autoren? Das Stück mit dem Kind auf dem Arm machte mir einen tiefen Eindruck und ist mir daher unvergeßlich geblieben, indem es sich mir unauslöschlich in das sonst so flatterhafte Gedächtnis einprägte. Aber wer trug das Kind auf dem Arm? Das will ich sogleich sagen. Sein Vater trug es. Wem brachte er das Kind? Er trug es zu seiner Frau, die im Wohnzimmer saß. War sie die Mutter des Kindes? I, woher! Ahnungslos saß sie da, als der Diener mit einem blitzdummen und recht dreisten Lächeln eintrat und ihr meldete, es begehre ein Mann mit einem Kind auf dem Arm hereingelassen und vorgeführt zu werden.

„Was für ein Mann ist es? Wie heißt er?" fragte die erstaunte Frau. „Es ist Ihr Herr Gemahl. Er heißt haargenau so wie die gnädige Frau", sagte der Diener. „Was soll das bedeuten?" fragte die Frau, und der Diener, mit einem ziemlich frechen Lächeln auf den Lippen, gab zur Antwort: „Es bedeutet, daß Ihr Herr Gemahl mit einem Kind auf dem Arm wie ein armer Sünder draußen im Korridor steht, wo er bange Minuten verbringt, in der Hoffnung, daß ihm vergönnt werde, vor das Antlitz der gnädigen Frau zu treten." Die erschrockene Frau sagte: „Bist du verrückt, Mensch? Oder hat vielleicht mein armer Mann seinen gesunden Menschenverstand verloren, daß es ihm einfällt, sich durch seinen Diener bei seiner Frau anzumelden? Etwas Furchtbares muß geschehen sein. Wie kommt er erstens zu einem Kind auf dem Arm? Grausen und Entsetzen bemächtigen sich meiner. Und wie kommt er zweitens dazu, sich derartiger zarter und sorgfältiger

Förmlichkeiten zu bedienen, um vor das wohlbekannte Gesicht seiner eigenen Frau zu treten? Ich lasse immerhin meinen Mann bitten, sich zu zeigen." Der Diener trat ab, und einen Augenblick später zeigte sich an der Türe, o du schrecklicher Anblick, mit dem Kind auf dem Arm, welches er seiner Gattin brachte, und mit der schuldbewußten Miene eines schwerbetroffenen armen Sünders der ehelich angehörige Gatte, welcher seiner Frau das Resultat seines Fleißes, vielmehr Fehltrittes auf dem Arm daherbrachte, worüber sich dieselbe begreiflicherweise im höchsten Grade entsetzte. Das von Zerknirschung zerrissene Gesicht des Gatten war wahrhaft schrecklich, aber fast noch schrecklicher war die Ohnmacht der Gattin, in die sie Miene machte zu sinken, als sie das traurige Bild des Mannes mit dem Kind auf dem Arm erblickte, das er ihr als Beweis seines emsigen Bemühens mit schuldbewußtem armem Sündergesicht daherbrachte.

Es herrschte ein langes und banges Schweigen. Endlich seufzte die Frau, und der schuldbeladene Gatte sagte: „Verzeih mir, liebe Frau, den schweren Fehltritt, den ich bitter bereue, und den emsigen Fleiß, von welchem ich dir hier die Folge auf dem Arm herbeibringe. Die Mutter des Kindes ist soeben gestorben, so sei nun du dem armen Kinde Mutter. Schrecke nicht vor einer großmütigen Handlung zurück. Wende dich von deinem schuldbewußten Mann nicht ab." So sprach er in denkbar flehendsten Tönen, die denn auch das Herz der schwergeprüften, schwerhintergangenen Gattin allmählich erweichten. Sie nahm das Kind auf ihren Arm, schaute es an und küßte es zum Zeichen ihrer höchst liebenswürdigen Zufriedenheit herzlich, worüber sich der hart mitgenommene Mann aufrichtig freute, wozu er mehr als genug Grund hatte, da es ihm leicht hätte schlecht gehen können, was aber glücklicherweise nicht der Fall war. [1916]

## Über einen Film

I

Ich komme diesmal wieder sehr ernst.

Unmöglich vermag ich hier zu witzeln.

Zu schön war ja nach Schluß der Vorstellung dieses uns Heimkehrende überraschende, dichte Schneegestöber. Wie kam ich weißbeschüttet zu Hause an und hielt noch eine Rede. Ich möchte dir die Hand küssen, liebes Mädchen. Du hast so noble Finger.

Doch genug hierüber für heute.

Wie ich noch lebhaft an den schmähungenbedeckten Pfarrer dachte, dessen Haar genial flatterte. Er schaute als Nordländer, einer uralten Überlieferung gehorchend, leider gern ins Glas und war dabei hochintellektuell. Seine Andächtigen rührte er bis zu Tränen, um sie einen Moment später zu ver[an]lassen, zu den Stöcken zu greifen, damit er zu spüren bekäme, wie sie ihn hochachteten. Dieser Prediger muß ein Schoßhündchen ersten Ranges gewesen sein. Später lag er als Flüchtling in einem Schloß auf dem Stroh. Wie das uns mit dankenswerter Deutlichkeit vorgeführt wurde. Hiezu wurde musiziert; das Tönen versöhnte uns mit dem unschönen Betragen des doch so Schönen. Es schien, er habe gar, gar keine leiseste, blasse Ahnung, wie beliebt er sei. Da wurde er Hauslehrer und riß seine Schülerin durch Rezitieren von Gedichten hin. Sie verehrte ihn. Dies trug sich wohl schon häufig zu und führte noch jedesmal zu zartesten Konflikten. Als er ihr gestehen mußte, wer er sei, seine Verprügeltwordenheit beichtete, erschrak sie nicht nur sehr vor ihm, sondern ließ ihn mit einem Köpfchensinkenlassen, wie man sagt, fallen. Aber es gab da noch eine andere, wie ja da überhaupt recht viele ansehnliche Personen auftraten, und dann sah man sie in Schlitten, an den Tannenästen hingen Schneelasten, und ich bekenne nun, daß ich hier von einem Kinostück rede, das nach einem Roman der

SELMA LAGERLÖF

geschaffen worden war. So etwas muß man gestehen. Ich hätte es Ihnen gleich von Anfang an sagen sollen, dann würden Sie nicht erstaunt gewesen sein.

Die Schloßbesitzerin hatte einmal ihre Mutter aus der Gutsumzirkelung gestoßen. Sie hielt sich eine passende Schar von Höflingen oder Kavalieren, die, obgleich sie irgendwann und -wo Tapferkeitsproben abgelegt haben mochten, bürgerlich kaum in Betracht kamen. Auch unser ehrenwerter Gösta zählte zeitweise zur Schar. Natürlich kann ich unmöglich über alles Geschaute treuen Bericht oder genaue Rechenschaft ablegen. Man wird Gewisses vergessen haben dürfen.

Ich habe da schon eine „Andere" erwähnt. Sie besaß ein sehr seelenvolles Gesicht. An der Kasse hatte sich übrigens eine Dame bemerkbar gemacht, die nun mit im Zuschauerraum sitzen und auf die „Wandlungen" blicken mochte, die dieser Gösta Berling durchmachte, auch aufs weite, breite, total verschneite Land, und auch auf dies schöne Gesicht der andern, die zum einstigen Pfarrer sprach:

„Geh gut mit dir um, du verdienst es ja so sehr."

Diese Worte wurden ihr von mir in den Mund gelegt, denn immer wurde eher bloß gemimt als gesprochen.

Wahrscheinlich war ich nicht der einzige, der ihn beinah beneid, daß er Gefahr lief, zu versimpeln, eine Gefahr, die von der Schönen stärker empfunden wurde als vom Strauchelnden selbst. Ich wurde übrigens angesichts seines vertrauten Umganges mit dem traditionellen Gläschen zu einem der ehrlichsten Alkoholgegner, zum überzeugtesten Verfechter der Wichtigkeit der Mäßigkeitsidee.

Möge mir das geglaubt werden.

Wie er mir manchmal geradezu „dumm" auf sie blickte! Ihr aber war das scheinbar lieb. Sie liebte ihn eben, deren Gatte auch wieder mal keine Ahnung zu haben schien, welchen Schatz er an seiner Frau Gemahlin besitze. Sie sah unglaublich gemahlinnenhaft aus, noch so jung und doch dabei, wissen Sie, von einer Hoheit im Benehmen. Gekleidet war sie sozusagen freisinnig. Selten unterhielt ich mich so gut wie an diesem mir unvergeßlich bleiben werdenden Abend, der mir vor Augen führte, wie ausnahmsweise Hauslehrer Hausbesitzer werden können. „Nimm dich zusammen", dachte ich, als ich ihn reich sah.

Mir gefiel er auf der Schlittenpartie besser, wo sie noch nicht die seine war, wo sie ihm befehlend zurief: „Was tun Sie? Ich will, daß Sie sogleich umkehren!", wo er mir ganz er selbst zu sein schien, und wo die, die sich an der Kasse bemerkbar gemacht hatte, auf ihrem Platz vielleicht zitterte, da ihr die Frage kam: „Wird er glücklich?", und die Rede, die ich nachher im Zimmer hielt, war die überflüssig? Item, sie lief vom Stapel.

Das Schöne, das darin bestanden hatte, daß sie nur mit Mühe an ihn glaubte, diese so süßwogende Besorgnis, war das nun erledigt? Fast rief ich am Schluß der Vorstellung ein „schade" aus. Wird sie's nicht vermissen, daß sie sich nun [nicht] mehr um ihn zu sorgen braucht, war mein Gedanke. Lassen Sie mich nicht entscheiden, ob dieser Gedanke etwa unrichtig war. Weshalb stiegen mir aber um die „Glückliche" Befürchtungen auf? Fürchtete ich für die Nunnichtsmehrbefürchtenmüssende? Aber wozu nehme ich so viel Anteil? Warum sich immer etwas fragen? Wurde die an sich schon zu Schöne dadurch, daß ihre Brust voll hochgearteter Sorge war, nicht noch um so und soviel schöner? Die Abspiegelung der Wallungen und meine Rede dann zu Hause. Außer dieser „Eigentlichen" war da ja auch noch eine Tochter aus sehr angesehenem Hause. Der Film dauerte ja denn auch bei dem Reichtum an Mädchengestalten dreieinhalb Stunden. Die Zuletzterwähnte rief, als sie von Gösta weggeführt wurde, aus: „Mir geschieht's recht!" Offenbar war dies eine „Abtrünnige". Mangel an Vertrauen hat eben Folgen. Wie ich mir da Mühe gebe! Als die Eigentliche sich so um ihn mühte, seht, da war sie schön. Nur wenn wir im Sinne An-uns-Arbeitens schön sind, sind wir's so, daß wir uns selbst und denen, die mit uns zu tun haben, gut werden. Sie werden zugeben müssen, daß mich dieser Film stark beanspruchte. So viel Interesse! [1925]

II

Ich kam noch immer nicht vom Kinopfarrer los, der den Einfall gehabt hatte, sich als Kanzelredner total zu verunmöglichen. Jetzt saß ich im Theater, das mir traumhaft schön vorkam, obgleich es bequem von mir ist, das zu sagen. Im Stück, wobei es sich um eine Art Singspiel handelte, kam eine Bestiefeltheit in Form eines Gouverneurs vor, der aussah, als solle er bald ersetzt werden. Im Zuschauerkopf wogten und schwellten mir Wälder wie Schaum von auflaufender heißer Milch. Eiskalt und kritisch, will sagen grämlich, saß neben mir ein junger Lehrer, der in einem hübschen Dörfchen lehrte und wirkte. Bauernburschen hatten eines Tages aus nichts als Kraftausprobierungslust Händel mit ihm anfangen wollen; er wußte sich jedoch geschmeidig aus der Affäre herauszuziehen, und nun langweilte er sich neben mir, da ihm die Fähigkeit fehlte, die Musik bezaubernd zu finden, die uns beide umtönte. Wie ich gern bekanntgebe, war der Komponist nicht anwesend. Krank, mit einem Fieber kämpfend, lag er in einem nur von einem kleinen Lämpchen spärlich belichteten Saal. Indes sich seine Phantasiegebilde in allen Menschenherzen ansiedelten oder einbürgerten und ihn die Lorbeerkränze des unumstrittenen Erfolges umschwirrten, begnügte er sich mit der kurzen, eintönigen Stammelung: „Mit mir ist's aus. Jugend, wie täuschest du mich! Leben, soll ich böse auf dich sein?" Mit solchermaßen seinen schmalen Lippen entgleitenden Worten überaus fein lächelnd, schaute sein anmutiger, mit wellenhaftem Haar reizend umrahmter Kopf still und bewegungslos wie etwas Bildhaftes aus den Kissen seines Bettes heraus. Der Lehrer neben mir wußte, er habe zu Hause in einer der Schubladen seines aus der Biedermeierzeit stammenden Schreibtisches ein so gut wie annähernd zu Ende gekommenes, fünfaktiges Schauspiel liegen, worin ein Held Wesens von sich zu machen entschlossen zu sein schien, dem, statt daß er Erkenntlichkeit in Hülle und Fülle geerntet hätte, ein Mittelmäßigkeitsvertreter begegnete, der ihn insofern ziemlich unsanft anpackte, als er ihm sagte: „Du scheinst mir samt allen Verdiensten, die Du Dir prachtvollerweise angeeignet haben magst, eine Nichtsnutzigkeitsmannigfaltigkeit zu sein." Dem Helden wollten ob solcher unerwarteter unartiger Behandlungsart Hören und Sehen vergehen. Man wolle die Güte haben, sich zu merken, daß sich die Heldengestalt nirgends in Wirklichkeit vorfand, sondern bloß in einem Primarlehrerkopf geltend machte. Wunderbar sang eine sich meiner Meinung nach unbeschreiblich gut benehmende Primadonna im bestrickenden Schmelz ihrer Liebe, die ich für echt hielt, indem sich im Theater Illusionen in Menge finden, die geeignet sind, Vorbehältliche in Unerfahrene zu verwandeln. Im Geist Kindern Unterricht erteilend, erlebte ich mittels meiner Einbildungskraft die landschaftlichen Lieblichkeiten des Dörfchens, worin er wohnte, der Dichter werden zu können hoffte, sich jedoch zunächst mit der Lehrerschaft begnügen zu müssen schien. Ein Fluß umfloß Schloß und Kirche, als eigne sich das liebenswürdige Ganze für eine Kinokulisse, und das Pfarrerstück könne sich darin abspielen. Der Pfarrer wurde seiner Rolle enthoben und entwickelte sich zum hochherrschaftlichen Hauslehrer, und es kam zu einer romantischen und großen oder hohen Liebe, und eine schöne Frau sprach zum anscheinend Hochbegabten: „Sei vernünftig." Er sei es, behauptete er vergeblich; sie glaubte ihm etwas so Einfaches und Naheliegendes nie und nimmer. Wenn sie sich hätte sagen müssen, er sei zu den Verständigen zu zählen und ähnele irgendeinem beliebigen andern, würde sie mißmutig in ihr Kämmerlein oder Boudoir gegangen sein und hätte vor Enttäuschtheit geweint. Doch nun ruhig wieder zu den Stiefeln zurück, die theaterlich glänzten und mir deshalb etwas unwahrscheinlich vorkommen wollten. Was an Theaterstiefeln auszusetzen oder zu rügen sein könnte, ist die Eigentümlichkeit, daß sie weichlich sind und durchaus kein Geklapper oder Gepolter verursachen oder veranstalten. Man kann an solche Stiefel kaum glauben. Die Stimmlichkeit des Bühnengouverneurs schien etwas an und für sich Erquickliches, vielleicht sogar Gewinnendes, ja Hinreißendes zu sein, was den jugendlichen Lehrer nicht hinderte, seinen Kopf in die Hand zu stützen und heiß an seine frühdahingeschwundene Geliebte zu denken, sich ihre Reize Stück für Stück treuherzig vergegenwärtigend, eine Beschäftigung, die ihn ein- bis zweimal laut oder leise seufzen machen mochte. Die erstrangige Sängerin suchte ihren vom schlankbeinigen Gouverneur jämmerlich gefangengehaltenen, angeblich total unschuldigen, lieben, guten, braven Mann, und sie fand ihn, wonach ein Auftritt denkbar rührenden Wiedersehens unglaublich sympathisch stattfand, in seligen Tönen schwimmend und hinströmend, daß manche Zuhörer meinten, sie säßen in einem Boot oder Kahn, den nicht bloß fischebergendes Wasser, nein, ein goldenes Weinen trüge. Er möge die Essayistenlaufbahn einzuschlagen versuchen, wandte ich mich, freilich meinen Ratschlag ziemlich überflüssig findend, an den nach wie vor an Wandtafeln usw. geschmiedeten Dramenverfasser. Ernst schaute er mich an, was ich ihm gegenüber gleichfalls tat. Den Gefangenen, die im Theaterstück an die frische Luft hinausgeführt wurden, unsäglich melancholisch die Köpfe neigten und überwältigend mit ihren Ketten melodiös klirrten, übermittelte der gemalte Dekorationshimmel eine blaue Kindheitslust, weswegen sie mit den Geknicktheiten ihrer zitternden Beine dankbar zu wackeln und tänzeln begannen. Falls alles ging, wie es gehen sollte, brachte es der Kinohauslehrer zu einer beglückwünschenswerten Vermählung.

Ist ein Stück ausgespielt, so begibt man sich, nicht ohne vielleicht vorher rasch noch in einer Wirtschaft ein Schinkenbrötchen gegessen zu haben, unauffällig nach Hause. [1928]

Mady Christians in „Die Finanzen des Großherzogs" (F. W. Murnau, 1924)

## Willi Bierbaum

*„Ich bin der Sohn eines Konditors und Wirtes oder, wie man im letzten Jahrhundert in Leipzig, wo meine Wiege stand, zu sagen pflegte, eines Restaurateurs."* So beginnen die „Erinnerungen an meinen Vater" von Willi Bierbaum, der vor allem zu schreiben verstand. Er hatte es nicht gestohlen: dem Vater legten die Söhne wunschgemäß, wenn auch ungern, das Manuskript seines Konditoreilexikons mit in den Sarg. Der älteste dieser Söhne war Otto Julius Bierbaum, einst neben Liliencron der volkstümlichste deutsche Lyriker, mit Alfred Walter Heymel und Rudolf Alexander Schröder Herausgeber der Zeitschrift „Die Insel".

Willi Bierbaum (Dr. h. c., 1875–1942) fiel schon als stud. iur. durch seine Beiträge an eine Tageszeitung auf und wurde an die „Neue Zürcher Zeitung" geholt, wo er von 1903 bis 1940 den Lokalteil redigierte. Ein „Sitzredakteur" war er allerdings nie; am liebsten war er unterwegs und betrachtete die Bezeichnung Reporter als einen Ehrentitel. Die Berichte, die er im ersten Weltkrieg von Wilhelmshaven aus schrieb („An der schwimmenden Front"), kamen 1918 in Buchform heraus. Leben heißt für den Journalisten schreiben, meinte er, „und geschrieben habe ich immer gern." Die Schreibmaschine hingegen verschmähte er bis zuletzt, und das Telefon war ihm ein Greuel, aber bei den tollkühnen Männern in ihren fliegenden Kisten, da machte er fürs Leben gern mit.

Seine erste Filmkritik, in der NZZ vom 5. November 1912, galt einem Kinoprogramm, bei dem die einzelnen Filme noch wie Zirkusnummern beziffert waren; die Hauptnummer war ein Gordon-Bennett-Wettflug. Bierbaums Vorliebe gehörte dem Kulturfilm; bis in die zwanziger Jahre hinein suchte er darauf hinzuwirken, daß die Kinobesitzer ihn gebührend berücksichtigten. Über Spielfilme berichtete er anfänglich nur, wenn sie ein Lokalereignis bedeuteten, wie Guazzonis „Quo Vadis" (1912), von Bierbaum am 18. April 1913 eingehend gewürdigt, also nach Peter Behrens (Berliner Tageblatt), aber vor Kurt Pinthus (Leipziger Tageblatt). Ein eigentlicher Chronist des Films war Bierbaum indessen nicht; schließlich hatte er noch über andere Dinge zu berichten, vom Sechseläuten über das Knabenschießen bis zum Klausenrennen. Erst 1920 führte er eine regelmäßige Filmrundschau ein, wobei er die Sammelbesprechungen, die im Grunde nur Zensuren austeilten, gerne andern überließ. Einzelne Filme behielt er sich vor, namentlich Dokumentarfilme, aber auch „The Kid", „Nosferatu", „Die Nibelungen", den „Glöckner von Notre-Dame", „Petronella". Doch die letzten Stummfilme, die er besprach, waren ein Film über Nobiles mißglückten Flug zum Nordpol und „Eisbrecher Krassin", der Film, der die russische Bergungsaktion dokumentierte. Hier war Bb. in seinem Element.

**Kinematographisches**

QUO VADIS. – Heute Freitag und morgen Samstag abend finden im großen Tonhallesaal zwei Kinematographenvorstellungen statt, und zwar gelangt an beiden Abenden der Film „Quo Vadis" zur Darstellung, bearbeitet nach dem bekannten Sienkiewiczschen Roman gleichen Namens, der in ungezählten Tausenden von Exemplaren und in alle möglichen Sprachen übersetzt zu den gelesensten Büchern des letzten Jahrhunderts zählt. Es mag stimmen, daß dieser Film mit seiner Länge von nicht weniger als zweieinhalb Kilometer das längste photographische Band darstellt, das je fabriziert wurde, Tatsache aber ist, daß er zu den sensationellsten Paradestücken der Filmindustrie gehört und daß kaum mit einem andern Riesenbild gezeigt werden könnte, mit welchen gewaltigen Mitteln, mit welch geradezu fabelhaftem Apparat heute die lebende Photographie zu arbeiten versteht, die unerschöpflich über Menschen und Geld zu verfügen scheint. Nicht weniger als zwei Jahre sollen notwendig gewesen sein, um den Film in angestrengter Arbeit fertigzustellen, und wenn man das etwa zweieinhalb Stunden rollende Bild verfolgt, wird man die Zeit- und Längenangaben gerne glauben, und mehr als einmal wird die Frage auftauchen, wie es überhaupt möglich gewesen ist, einzelne Szenen in so natürlicher Treue aufzunehmen. Der Film stammt von der römischen Cinesgesellschaft, die mit Künstlern von Namen und einem Heer von Statisten die Tragödie des untergehenden römischen Volkes nach der Sienkiewiczschen Schilderung film-dramatisch zur Darstellung gebracht hat. Der Film entrollt ein grandioses plastisches Bild des weltbeherrschenden Rom zur Zeit Neros und der Christenverfolgung. Glanzstücke darin sind die Szenen des brennenden Rom, die Wettkämpfe in der Arena, die Partien, da Löwen aus den Katakomben *[sic]* emporsteigen, um sich auf die Todesschar der Christen zu stürzen, die brennenden Gärten Neros, der Tod des Petronius und die Vision des Petrus auf der Straße, da ihm Christus erscheint. Jeder plumpe Effekt ist in dem Bild vermieden, fast jede Stilwidrigkeit ausgeschaltet; man sieht, daß hier ein mit der Materie absolut vertrauter Künstler als Regisseur an der Arbeit war, und verfolgt trotz der für kinematographische Vorstellungen etwas sehr reichlich bemessenen Länge die vorübergleitenden Bilder voller Spannung. Vorzüglich sind auch die landschaftlichen Partien des Bildes, deren schönstes Stück wohl ein Blick auf die Via Appia mit dem brennenden Rom im Hintergrunde darstellt. Man vertiefe sich in die durch Hunderte von Personen ausgeführten Volksszenen in der gewaltigen Arena, und der Zuschauer wird sehr rasch erkennen, daß hier das Niveau gewöhnlicher Statistenarbeit weit überschritten ist, daß hier jeder in der großen Schar seine Rolle zugeteilt erhalten hat und durchführt. Mit welchen technischen Kniffen z. B. der Angriff der Bestien auf die betenden Christen möglich war, wie es Ursus fertig bringt, den mächtigen Stier, auf den die Christin Lygia gebunden ist, in der Arena niederzuringen, wie viele Stellproben notwendig waren, bis die Gastmahlszenen Neros so spielsicher feststanden, wird sich mancher vergeblich fragen.

Man darf es ruhig niederschreiben, daß dieser Film ein Ereignis in der Kinematographie bedeutet, der künstlerisch gewürdigt sein will und der mit den gewöhnlichen Kinodramen erfreulicherweise nicht das mindeste gemein hat. In atemloser Spannung folgten ihm am letzten Dienstag gegen zweihundert Geladene im Löwenkinematograph am Rennweg, und niemand war wohl in der Gesellschaft, der nicht zum mindesten großen Respekt vor der Filmindustrie bekommen hätte, von der man bald sagen kann, daß sie Unmögliches möglich mache. Die Kinematographie ist heute eine Macht, und daß sie trotz allen Entgleisungen, allen Banalitäten und Fadheiten noch immer Erstklassiges und Gediegenes zu leisten vermag, zeigt dieser Monstrefilm, dessen Besichtigung man getrost und aus ehrlicher Überzeugung empfehlen kann. [18. April 1913]

\* \* \*

HEIMAT UND FREMDE. – Fräulein Johanna Terwin gibt zurzeit in Zürich ein Gastspiel, leider aber nur ein gefilmtes. Der Olympiakino an der Bahnhofstraße hat ihr und einer Reihe anderer illustrer Künstler für eine Woche seine Räume zur Verfügung gestellt, wo sich das Kinoensemble in einer Familiengeschichte, betitelt „Heimat und Fremde" vorstellt. Kein geringerer als Emanuel Reicher vom Lessingtheater in Berlin spielt die Hauptrolle, assistiert von seinem Sohn Ernst Reicher, dem Schauspieler Friedrich Kühne und Frl. Terwin, und man kann sich aus diesem Personalverzeichnis schon einen Begriff machen, wie dieser Film auf dem Kinomarkt eingeschätzt wird. In der Idee freilich bringt das vieraktige Drama nicht gerade viel Neues: eine Spieleraffäre, die schließlich im „wilden Westen" (eine beliebte Szene für Films) in Wohlgefallen endet, aber die Regie verstand es, mit wirksamen und spannenden Mitteln zu arbeiten, und die Darsteller geben das ihrige dazu, der Filmtragödie zu einem ansehnlichen Erfolg zu verhelfen. Hochinteressant dabei ist eine technische Neuerung, mit der die erstellende Firma das Publikum überrascht: eine neue Blende, vermöge der bei gleichzeitiger Projektion zweier verschiedener Szenen einzigartige Bildwirkungen hervorgerufen werden. Meisterhaft spielt vor allem Emanuel Reicher seine Partie und erfolgreich erledigt auch Frl. Terwin ihr Debut als Kinokünstlerin, die vier Akte lang allerlei Sensationelles erlebt und als junges Mädchen, Braut, Gattin und Mutter in Europa und drüben überm großen Teich eine große und anstrengende Rolle spielen muß. Interessant ist besonders der letzte Akt, der auch ein paar hübsche landschaftliche Szenerien aus dem in Deutschland hergestellten wilden Westen bringt, ein neuer Beweis, mit welchen Mitteln und welchem grandiosen Apparat heute große Filmfabriken zu arbeiten wissen. Heute abend treten die Kinokünstler hier zum letztenmal auf, um dann verpackt und weiter versandt zu werden.

Eine allgemeine Bemerkung sei in diesem Zusammenhang erlaubt: Kinoschlager über Kinoschlager! Man muß schon gute Augen und gehörige Ausdauer haben, um sich alles anzusehen, was hier an erstklassigen Bildern geboten wird. Leider sind unter „Schlager" jetzt immer Dramen zu verstehen, längst nicht Landschaften oder industrielle und naturwissenschaftliche Bilder, trotzdem doch gerade sie am besten für die erzieherische Bedeutung des Filmes sprechen würden. Aber das Publikum will eben Dramen sehen, außerordentlich spannende natürlich und die Filmfabrikanten schwimmen lustig mit diesem Strom und bauen in ihren Glaspalästen und Filmfabriken Komödien und Tragödien auf, kilometerlang und sensationell, und bedeutende Bühnenkünstler, gewichtige Autoren und angesehene Regisseure sind ihre treuen Bundesgenossen dabei. Wohin soll das führen? [18. September 1913]

* * *

MUTTER. – Wenn in den nachfolgenden Zeilen außerhalb der Wochenübersicht über einen Film ein paar Worte gesagt werden, so geschieht es in der Absicht, das Besondere dieses Films zu betonen und einen bestimmten Schluß daraus zu ziehen, der dem kinofreundlichen Publikum gewidmet sei.

Wer sich zur großen Masse zählt, die einen Film nur dann für sehenswert hält, wenn er mit Massenszenen, gigantischen Filmbauten, haarsträubenden Sensationen und prickelnden Episoden gespickt ist, sich im Milieu des Lasters und Strafgesetzbuches bewegt und dem Auge alles, dem Gemüt nichts gibt, der verzichte darauf, sich den amerikanischen Fox-Film „Mutter", der bis Ende dieser Woche im Cinema Bellevue läuft, anzusehen, denn er wird nicht auf seine Rechnung kommen. Aber wir sind der vielleicht naiven Meinung, es gebe auch noch eine andere, allerdings wesentlich kleinere Gruppe von Kinofreunden, die an diesem schlichten Film wahre Freude hat, wenn auch die Heldin nur eine kinderreiche Mutter und eine einfache Frau aus dem Volke ist, die nur durch ihr gütiges Herz wirkt und ihren Leidensweg voll Seelengröße und Innigkeit bis zum glücklichen Ende geht. Es passiert nichts Grandioses in dem Fünfakter: Mutterherzen machen keinen Lärm, und das vierte Gebot der Liebe zu den Eltern ist für eine Detektivhandlung so ungeeignet wie nur möglich. Man käme sogar in Verlegenheit, wenn man den Inhalt des Filmes erzählen wollte, weil nicht die Handlung hier das Ausschlaggebende ist, sondern die Tendenz des Filmes, den uns die Amerikaner bescherten, die im allgemeinen nur als tüchtige Kaufleute bei uns bekannt sind. Wie tief sein Eindruck ist, möge jeder Besucher an sich selbst erproben; daß er überm Wasser drüben monatelang im gleichen Theater vor ausverkauften Häusern lief, spricht dafür, daß er das amerikanische Publikum begeisterte, nachdem gerade dort an gepfefferten Filmen kein Mangel ist. Auch die technische Seite des Films verdient alles Lob, ganz besonders die Darstellerin der Titelrolle, deren Spiel in seiner Schlichtheit kaum seinesgleichen finden dürfte. So wird dieser Film zum Erziehungs- und Aufklärungsfilm, gerade jetzt, wo in vielen Kreisen der Begriff Familie zum alten Gerümpel zählt und die Erinnerung an die gute Mutter nicht mehr modern ist, trotzdem durch unser Land zurzeit der Ruf geht: Sorgt für die Alten! Ein Propagandamittel hierfür ist dieser Film „Mutter"; die schweizerische Stiftung „Für das Alter" könnte sich für ihre weiteren Aktionen kein besseres wünschen, und sie sei mit allem Nachdruck darauf hingewiesen.

Möglich, daß der Film dem Bellevue-Theater, das für den Erwerb dieses Bildes volle Anerkennung aller noch nicht vom Filmfimmel Besessenen verdient, keine vollen Häuser bringt: aber muß man sich dann verwundern, wenn die Programme vom Veredelungsprozeß nur langsam ergriffen und dem Geschmack des Publikums aus Existenzsorgen heraus Konzessionen gemacht werden, die die Häuser sicher füllen? Ein großer Dichter nannte erst vor wenigen Tagen den Kino ein „geistiges Volksnahrungsmittel": „es muß ein Tag kommen", schreibt er, „da das Gefühl höchster Verantwortlichkeit in der Kinoindustrie herrschen wird, oder sie gerät in Verfall. Sicherem Ende geht immer entgegen, wer mit dreierlei Dingen Raubbau treibt: mit der Kunst selbst, mit der materiellen Volkskraft, also dem Volkskörper, und mit der Volksseele". Der Kinofreund, der dies schrieb, heißt Gerhart Hauptmann. [15. November 1922]

\* \* \*

PLAUDEREI. – Man sagt so gerne, der Kino sei das Theater des kleinen Mannes, aber es gehen nicht nur kleine Leute hinein, sondern auch andere, und sie haben meistens das Gemeinsame, daß allesamt die gleichen Unarten besitzen, abgestimmt auf den Grundsatz: sei rücksichtslos, denn es gibt keine Nachbarn! Das

Kinotheater spielt bekanntlich von nachmittags bis in die Nacht hinein ununterbrochen; man kann kommen wann man will, Abendbrot gegessen oder auch nicht gegessen habend, im schlichten Bürgerkleid oder im Gesellschaftskostüm, wie es Geschmack und Kleiderschrank befehlen. Aber pünktlich in einem Kinotheater zu erscheinen, ist ein Zufall, denn Dank des ununterbrochenen Abrollens der Filme wird man für das Drama zu spät, für das Lustspiel zu früh kommen oder umgekehrt, und da unsere Kinotheater noch keine Wartesäle besitzen, so geht jeder fröhlich hinein, wenn er sein Billett gekauft und seinen tropfenden Regenschirm abgegeben oder unter den Rockärmel geklemmt hat. Das Plätzesuchen dieser sämtlichen Zuspätkommenden ist eine außerordentlich amüsante Bereicherung des Festprogrammes; ist der Ankömmling ein Stammgast des Hauses, dann weiß er wenigstens ungefähr, wo sich seine Platzreihe befindet und steuert im Dunkeln wie der fliegende Holländer drauflos, kommt aber ein seltener Gast in die verdüsterten Räume, so gibt es in den meisten Fällen eine Aufsehen erregende Störung, und die Platznachbarn danken dem Himmel, wenn er endlich auf einem Stuhl oder einem Klappsitz seine Gebeine zur Ruhe gebracht hat. Selbstverständlich haben vorher einige Dutzend von Besuchern aufstehen müssen, aber nicht nur diese werden im Anblick der Filmdiva oder eines explodierenden Eisenbahnzuges oder eines verfolgten Verbrechers oder einer raffinierten Giftmischung gestört, sondern auch jene Unglückseligen, die das Pech haben, hinter der Sitzreihe der zum Aufstehen gezwungenen Zuschauer placiert zu sein, und die geduldig warten müssen, bis die Volksmenge vor ihnen endlich mit der Bedächtigkeit, die das Zeichen einer guten Erziehung ist, sich wieder niedergelassen hat. So kann es passieren, daß ein außerordentlich wichtiges Dokument im Drama, das textlich die Leinwand passiert, für einen unentwegten Kinofreund vollständig verloren geht; der geistige Kontakt wird eine Zeitlang ausgeschaltet, und die Wirkung des Sensationsfilmes ist verrupft und zerfranst.

Es gibt sodann auch Kinobesucher, die die Dunkelheit des Filmes zu benutzen pflegen, um mit ihrer Nachbarschaft stundenlange Zwiegespräche zu führen: über das Wetter, die Weihnachtseinkäufe, die Valutaverhältnisse in Persien oder anderswo und ähnliche schöne Dinge, aber die wenigsten Zeitgenossen in der Nachbarschaft interessieren sich ausgerechnet für diese Gedankenaustäusche, sie verwünschen das schwatzende Menschenpaar an die Börse oder sonstwohin. Sehr angenehm ist es auch, wenn man eine Dame mit einer breitgewellten Indianerfrisur oder einem Modehut vor sich hat mit voluminösem Querschnitt und der Tendenz, die oberste Reiherspitze in Berührung mit der Decke zu bringen. Solche im Blickfeld auf Null gesetzten Besucher sollten das Recht haben, ihr Eintrittsgeld an der Kasse zurückzuverlangen. Auch gibt es Kinobesucher, die im Kino sich dümmer geben als sie im gewöhnlichen Leben sind; sie verstehen die einfachste Handlung nicht und lassen sich von ihrer Gesellschaft breitspurig, umständlich und laut alles ausführlich erklären oder aus dem Programm vorlesen. Auch Kurzsichtige sind im Kino meistens keine Freude für die Nachbarschaft, und dazu kommt noch die nicht kleine Gruppe jener Sitzakrobaten, die der guten Überzeugung leben, der Plüschsessel des Vordermannes sei nur vor seine Beine gestellt worden, damit er sie dort placieren könne. Als neueste Novität wird das Rauchen im Kino zur Freude aller Nichtraucher langsam eingeführt, und damit die parfümgeschwängerte Luft, die man vom Theater her gewöhnt ist, auch im Kinotempel nicht fehle, saust ein Mann mit einer duftgeschwängerten Spritze emsig durch die Reihen und bespritzt Behaarte und Unbehaarte mit seiner aromatischen Lauge. Auch Hunde scheinen in neuerer Zeit sich für das Kino zu interessieren, und es ist für Tierfreunde neckisch, zu beobachten, wie diese neue Besuchergattung fröhlich im Dunkel der Klappsitze zwischen den Hosenbeinen und Röcken hindurch vom billigsten bis zum teuersten Platze galoppieren, um ihren Herrn zu finden.

Du siehst, lieber Leser: auch der Kino hat die verschiedenartigsten Kostgänger, und ihnen bereitet der Mann an der Filmorgel das Menü, zusammengekocht aus Schlagern, Grotesken, historischen Bluffs, Dramen, Hintertreppenromanen, Kulturfilmen und Gegenteiligkeiten. Manchmal kommt sogar eine Landschaft ins Programm, aber meistens wohl nur, weil sich der Operateur in der Rolle vergriffen hat, denn da in Landschaften für gewöhnlich keine Detektive tätig sind, keine Eisenbahnzüge durch sie rollen, darin der berühmte und allgemein beliebte Verbrecher den geraubten Schatz in Sicherheit bringt, und in der Regel im normalen Leben Eisenbahndämme und Brücken solid gebaut zu sein pflegen, kommt der Appetit auf Katastrophen nicht auf seine Kosten, und der schlichte Kinobürger mit allgemeiner Geschmacksrichtung verläßt verärgert die Kunststätte. Je geistreicher ein Regisseur ein Drama aufbaut, um so sicherer kann er sein, daß er bös daneben griff, und wer nicht mindestens eine Massenszene von 4 000 geschminkten Statisten durch die Leinwand tollen sieht, wer heute noch glaubt, ohne Löwen, Elefanten, Wildwestszenen, ohne Lassos und Rio Jim nebst Akrobatik auf ungesattelten Pferden auszukommen, hat seinen Beruf verfehlt und ist für den amerikanischen und nichtamerikanischen Filmstil unbrauchbar. Seine Majestät „der gute Geschmack des Volkes" sorgt schon dafür, daß die besten Kinoveredlungsabsichten der Theaterbesitzer beizeiten ersäuft werden, und man tut diesen in der Regel unrecht, wenn man ihnen die Schuld dafür in die Schuhe schieben will, daß das Durchschnittsniveau der gezeigten Programme sich in den Niederungen bewegt. Es hat schon mancher Kinobesitzer sich redlich Mühe gegeben, künstlerisch hochwertige Filme und wissenschaftliche Filme in seinem Programm seßhaft zu machen, wenn er aber eine Woche lang zusehen muß, daß dank diesen Filmstreifen sein Theater leer bleibt, während ein paar Häuser von ihm entfernt, die Liebesirrungen einer Prinzessin, im Glücksrausch der Sinne begangen, das Publikum begeistern, da sie die Haare zum Sträuben bringen und dem Zuschauer das Gruseln lernen, dann müßte er ein schlechter Geschäftsmann sein, so er auf seinem einsamen Pfade weiterwandeln wollte, bis er den Konkurs anmelden kann. Es ist eine billige Phrase, über den Kino zu schimpfen und über die Kinotheater dazu; es wäre viel besser, die Reformatoren würden einmal die Kinobesucher unter die kritische Lupe nehmen, was allerdings kaum viel nützen würde. Dennoch ist es gut, daß vor wenigen Tagen auch einmal im Ratssaal gegen die zweifelsohne vorhandenen Auswüchse im Kinobetriebe Stellung genommen worden ist; es ist kein angenehmes Gefühl, die Ankündigungen im Inseratenteil zu betrachten und die Anpreisungen in Text und Bild zu lesen, die von Woche zu Woche geschmackloser werden. Es ist viel Reklame mit billigen und verwerflichen Mitteln darunter, und die Kinobesitzer täten gut daran, hier durch weniger ein wesentliches Mehr zu tun. Die ältesten Zitate der einst berüchtigten, in Fortsetzung erscheinenden Kitschromane werden im Inseratenteil wieder lebendig, und wenn in den Zeilen, oder was genau so schlimm ist, zwischen den Zeilen alle Schlagworte der Skandalchronik dem Publikum breitgeschmiert verkündet werden, wenn durch sensationslüsterne Titel harmlose Bezeichnungen guter oder mäßiger Filme ins Gepfefferte übersetzt werden, so wendet sich der gute Gast mit Grauen, der auch an den Bilderausstellungen in den Eingängen und Schaufenstern nur in den seltensten Fällen Freude haben wird. Auf diesem Gebiete könnten die Kinobesitzer den noch vorhandenen Resten des guten Geschmackes des Publikums und den Wünschen jener kleinen Gruppe von Kinobesuchern, die wirkliche Filmfreunde sind, wesentlich mehr entgegenkommen als es zuzeiten geschieht. Der Film ist eine gute Frucht der Technik, aber nicht alles ist Edelobst, was auf der Wochenspeisekarte steht. [16. Dezember 1923]

* * *

VIOLANTHA. – Der Dichter denkt, der Filmregisseur aber lenkt – die Handlungen, unter technischen, mehr aber noch unter kaufmännischen Gesichtspunkten, bis ein Filmband entsteht, das dem Geschmack der Menge gerecht wird und in den fernsten Zonen, wo Kinofreunde wohnen, gefällt. Das ist durchaus kein erfreulicher Zustand, er beherrscht aber zurzeit fest den „Markt", und unser schweizerischer Dichter Ernst Zahn ist bei weitem nicht der erste, der Konzessionen an den Kino machen mußte, um seine Werke gefilmt zu sehen. So lange der Geschmack des Publikums keine andern, d. h. bessern Wege geht, wird die Tyrannis der

Regie obenaufschwingen, die im Werk des Dichters nicht das Kunstwerk sieht, sondern nur eine Handlung, gut genug, den Stoff für einen Film abzugeben. Was an Spannung darin nach Ansicht der Regie fehlt, ist „wirkungsvoll" zu ergänzen, selbst auf die Gefahr hin, daß der Poet sein eigenes Kind alsbald nicht mehr erkennen sollte.

Die erste Novelle im Band „Schattenhalb" heißt „Schatten"; daraus entstand der Film „Violantha", der Name der Hauptperson im Werke von Ernst Zahn. Es lag nahe, diese Novelle zu verfilmen, es lag besonders nahe, dies für Henny Porten zu tun, die für diese Figur von vornherein ausgezeichnet geeignet schien, da ihr das Schwerblütige, das Mütterliche, das Getragene besonders gut liegt, vornehmlich als Hauptfigur einer Handlung, die durchweg im Volksmilieu spielt, fernab von Großstadtkitsch und sogenanntem Gesellschaftsdrama mit Dekorationsluxus und konstruierter Edelklassenbasis voll abgrundtiefer Verlogenheit von Anfang bis zu Ende – der Hauptnummer im Programm. Oder sollten vielleicht jene vom Bau doch recht haben, die immer wieder behaupten, jeder der Literatur entnommene Stoff erheische eine Umdichtung, da das Wesen des Films von Grund auf eine andere Einstellung beanspruche als die des Dichters, der seine Gestalten erlebt, ohne sie „filmisch" zu erblicken? Gerade dieser Film „Violantha" dürfte den kritisch veranlagten Kino- und Literaturfreunden zeigen, daß dieser Filmblick ohne erkennbare Motivierung leicht im Übermaß zur Handlung herangezogen wird auf Kosten der dichterischen Vorlage, die nach unserer Auffassung auch im Film das erste Wort haben sollte. Daß dabei Umänderungen einzelner Szenen im Einverständnis des Autors erfolgen, ändert nichts an der Tatsache, daß Buch und Film in der Regel weit auseinandergehen, dem Film vielleicht zum Nutzen, der Dichtung aber ganz bestimmt zum Schaden, wenigstens in den Augen jener Freunde des Dichters, die nur die erste, also die gedruckte Fassung für seine wahre Überzeugung halten.

Wohl aus Regiegründen wurde schon der Anfang der Novelle disloziert; im Buch spielt er auf der Intschihütte im Reußtal, im Film in einer Trattoria jenseits der Gotthardhöhe, wo schweizerische Gebirgstruppen im Manöver sind. Im Buch ist das schwere Erlebnis der Violantha so diskret als irgend möglich angedeutet; ein einfacher Gedankenstrich, sonst nichts; im Film wird die Verführung ausgedehnt bis zur Grenze unter Hinzufügung allerlei handelnder Figuren, ohne die Zahn in der Novelle glänzend auskommt. Im Buch weiß Violantha genau, wer der junge Offizier ist, dem sie sich hingegeben, im Film kommt ihr erst nach Jahren in hochgeschürzter Pointe die Wahrheit zu, eine absolut unglaubhafte Konstruktion, der zuliebe der Regisseur schon in den vorangehenden Szenen den klar gezeichneten Zahnschen Weg verlassen mußte. Die Familiendebatte über den Namen des Knäbleins, das hier wie der Verführer Marianus, im Buch aber

Adelrich heißt, ist nichts als eingelegte Szene zur Spannungssteigerung, ebenso die überflüssigen Spielbankbilder von Luzern, letzten Endes auch die eingeschobenen Manöverszenen zu beiden Seiten des Gotthard, die mit der Handlung selbst in diesem Ausmaß nichts zu tun haben, die aber dem Film, besonders im Ausland, sicherlich nützen werden, nicht zuletzt drüben überm Ozean, auf den bei Aufnahme des Films stark geblickt worden sein dürfte als Quelle aller guten Geschäfte in dieser Branche. Rücksicht auf den amerikanischen Geschmack dürfte auch die gänzliche Umänderung des Schlusses auf dem Gewissen haben; in der Novelle läßt der Dichter Violantha sich vergiften, nachdem sie den Zerstörer ihres Familienglückes, den aus Amerika zurückgekehrten Marianus, den Bruder ihres Ehemanns Adelrich, in den Bergen getötet hat. So sühnt sie ihre Tat; die beiden einzigen sind nicht mehr da, die Adelrich berichten könnten, was einst vor Jahren auf der Intschihütte geschehen. Im Film aber lebt Violantha nach der Tat weiter; sie darf nicht sterben um der Kinder willen, trotzdem sie dem Ehemann den früheren Fehltritt bekennt und ihn überdies zum Mitwisser der Tat macht, ein Schluß, der nach unserer Meinung nicht psychologisch ist, zum mindesten aber unbefriedigend und dem Gang der Handlung widersprechend. Aber die hiesige Kinomenge denkt in solchen Dingen zweifelsohne wesentlich anders und schließt sich vermutlich Amerikas Ansicht durchaus an.

Der Film selbst ist nach der technischen Seite ausgezeichnet; die Szenen sind, von einzelnen allzu breit geratenen Auswalzungen abgesehen, geschickt gestellt und durchgespielt, und größte Sorgfalt wurde vorab auf den landschaftlichen Rahmen gelegt, der in diesem Film eine allerbeste Note verdient. Besonders die Aufnahmen in der Gegend von Andermatt, belebt durch kleine Spielszenen, sind Meisterwerke der Film-Photographie und dürften den Film überall stark empfehlen.

Aus den zahlreichen Darstellern überragen zwei die übrigen bei weitem: Henny Porten als Violantha und Wilhelm Dieterle als Adelrich; die Heldin ist lebenswahr dargestellt, vornehm im ausgeglichenen Spiel, diskret auch in den hochdramatischen Szenen, wo nach Starallüren gewöhnlich dick aufgetragen zu werden pflegt. Eine bessere Repräsentantin dieser Partie hätte sich der Dichter nicht wünschen können. Der schlichten Gestalt des Adelrich wird Dieterle ausgezeichnet gerecht; man glaubt ihm an jeder Bewegung, wie tief er im Schatten des seinem häuslichen Glück drohenden Unheils geht. Auch auf die Innenaufnahmen wurde viel Sorgfalt verwendet; man staunt, daß es möglich war, die meisten davon in Berlin, dem Sitz der Henny-Porten-Gesellschaft, herzustellen, allerdings auf Grund gründlicher Skizzen von Häusern und Schlössern in der Schweiz. Als verantwortlicher Regisseur des Films zeichnet Carl Froelich.    [23. Januar 1927]

Friedrich Fehér, Erika Glässner, Rudolf Forster in „Die rote Hexe" (Friedrich Fehér, 1921)

# Walter Serner

*Geboren 1889 in Karlsbad. Studierte die Rechte, zunächst in Wien. Den Doktortitel erhielt er, ihm selber rätselhaft, nach einem weiteren Semester 1913 in Greifswald. ("Es hat mir lange Zeit sehr genützt.") Die Kriegsjahre verbrachte er in der Schweiz, wo er mit dem Maler Christian Schad 1915/16 die Zeitschrift „Sirius" herausgab, die es auf acht Nummern brachte; inzwischen hatte sich Serner nämlich dem Dadaismus zugewandt. Im November 1919 erschien als letzte Zürcher Dada-Publikation „Der Zeltweg", herausgegeben von Flake, Serner und Tzara. In seinem ausführlichen Nachwort zur Neuausgabe von Serners kleinem Roman „Die Tigerin" (1925/1971) nimmt Christian Schad für Serner vieles in Anspruch, was damals unter dem Namen Tristan Tzaras ging. Serners Dada-Manifest „Letzte Lockerung" (1920 im Druck erschienen, aber schon Anfang März 1918 in Lugano entstanden) läuft auf die Feststellung hinaus, Entschlossenheit sei wertvoller als Erfahrung.*

*Von 1918 bis 1920 lebte Serner in Genf, wo nicht nur die Tigerin ihr Urbild hatte, sondern auch allerhand höherer Unfug von „Dadaistenführer Dr. Serner" in Szene gesetzt wurde. Er zog dann unter Hinterlassung eines Schuldenbergs nach Paris, blieb aber nicht lange, sondern folgte seinem Freund Schad nach Neapel, einer Stadt, „wo bürgerliche Welt und Unterwelt nur durch eine hauchdünne Membran getrennt zu sein scheinen" (Christian Schad) – eine zwielichtige Welt also, wie diejenige, in der die Gaunergeschichten Serners spielen: „Zum blauen Affen" (1921), „Der elfte Finger" (1923), „Der Pfiff um die Ecke" (1925), „Die tückische Straße" (1926) – insgesamt genau hundert Kriminalgeschichten, die oft davon handeln, wie man über Frauen zu Geld kommt. Inzwischen war Serner nach Deutschland übergesiedelt, wo die zum Teil schon in der Schweiz entstandenen Geschichten erschienen und vorerst, wie üblich, von ihm selbst angezeigt wurden. Wenn er da sagt, man könne daraus erfahren, „daß es mehr Dinge zwischen Bett und Kaffeehaus gibt, als manch eines Schulweisheit sich träumen läßt", dann kann man dem nur beipflichten. Bald danach brach Serner auf, um „in Europa spazieren zu fahren." Sein Gaunerstück „Posada" wurde am 6. März 1927 in Berlin in Abwesenheit des Autors uraufgeführt und dann polizeilich abgesetzt. Im Oktober 1927 hörte Schad zum letztenmal von ihm; nach Helmut Draws-Tychsen wurde er noch im Frühling 1932 in der Tschechoslowakei gesehen. Seither galt er als verschollen. Thomas Milch, Herausgeber des Gesamtwerks, hat neuerdings ermittelt, daß Serner damals als Lehrer in Prag gelebt hatte und 1942 im KZ Theresienstadt umkam.*

## Kino und Schaulust

Wenige Jahre erst mag es her sein, daß manch Varieté-Programm mit der Vorführung kinematographischer Aufnahmen schloß. Das war der Anfang. Und nach ein paar Jahren hatte das kleinste Provinzstädtchen seinen Kino, Berlin der Kinos dreihundert und Kammerlichtspiele. Sicherlich: der Spottpreis, die bequeme Lage an der Verkehrsstraße, die fast unbeschränkte Spielzeit, das pausenlose, nach Stunden erst sich wiederholende Programm und nicht zuletzt das holde Dunkel: das alles mußte schon einen überstattlichen Erfolg zimmern helfen; das alles vermag aber gleichwohl nicht, den beispiellosen Siegeszug zu erklären, der dem Kino allenthalben beschieden war. Tiefer, als geahnt, muß liegen, was da am Werk ist. Und schaut man dahin, von wo dem Kino der letzte Groschen zufliegt, in diese seltsam flackernden Augen, die weit in die Geschichte der Menschheit zurückweisen, so steht es mit einem Mal riesengroß da: Schaulust . . .

Nicht die harmlose, der nur Bewegung oder nur Farbe oder beides alles ist, sondern die, welche eine furchtbare Lust ist und nicht weniger gewaltig als die tiefste; die im Blut fiebert und es brausen macht, bis jene unergründbar machtvolle Erregung durch das Fleisch rast, die aller Lust gemeinsam ist. Jene Schaulust, die leuchtenden Auges vor dem flammenübergossenen Troja stand und in den wilden Prunkfesten der alten Welt, die beim Licht der lebenden Fanale Neros promenierte und dem brennenden Rom das rote Lied von Blut und Feuer sang; die Richtplatz und Scheiterhaufen des Mittelalters umjohlte und in stets neuer (und meist enttäuschter) Erwartung das Turnier betrat; die in einem Fenster auf der *Place Louis Quinze* lag, Ströme Blutes aus enthaupteten Rumpfen brechen und hinter den gegenüberliegenden Fenstern die wüstesten Debauchen sah. Und die noch heute ihren alten schweren Blutrausch hat: gierig trinkt sie den roten Strahl, der aus dem Stiernacken schießt und aus der Halsschlagader des Todesopfers einer Salsa. Feuer und Blut: sie beherrschen wie ehedem den Argot der Faubourgs und den Janhagel von Berlin, die in den gräßlichen *chahuts* der *caveaux* und dem Rauftanz der Kaschemmen ein mattes Entgelt sich schufen, nicht selten prasselnde Messerkämpfe sich geben und nach großen Bränden wie betrunken irre Dinge tun. Aber auch in jedem andern lebt dumpf diese schaurige Lust am Schauen von Greuel, Kampf und Tod. Sie ist es fast allein, die in die Morgue eilt und an den Tatort des Verbrechens, zu jeder Verfolgung und zu jedem Handgemenge, und die gegen hohes Geld um Sodomie der Geschlechter schleicht. Und sie ist es, die das Volk wie besessen in den Kino reißt.

Was dem Volk die wachsende Zivilisation Tag um Tag mehr raubt, was ihm weder der Zauber der Kulisse noch die müden Sensationen einer Zirkus-, Variété- oder Cabaretvorstellung zu ersetzen vermögen, das wird dem Volk hier fast in alter Schwere: Wollust des Schauens. Ihr ist die gute Bühne, deren Illusion der mächtige Druck des Milieus auch dem Kunstentbranntesten schwächt, Desillusion. Wer die Kunst nicht sucht, dessen heißes Schauen findet hier keine Glut. Und die feilen Bühnen, die dem stumpfen Unterhaltungswahn der Massen dienen, kommen dem Auge mit billigem Bewegungswust und Ereignismumpitz und allzu einwandreichem Farbenputz. Hier fällt auch der Wille zur Illusion, und, was bleibt, ist ein schlechter Witz, den das Publikum nur zu oft als amüsante Qualität beheult, um schließlich mit einem trüben Gefühl aus Unbefriedigung und halbem Zorn aufzustehen. Lediglich armdick bepuderte und beschmierte Nuditäten, zotendrechselnde Bäuche und andre zweifelhafte Stimulantien sind dem völligen Eclat dieser Bühnen ein letztes Palliativ. Und auch dieses, seit langem morsch, wankt nur noch klappernd durch die Nächte. Die Phantasie, die aufgepeitscht zu werden in den Saal kommt, verläßt ihn betrogen und in dem gelangweilten Bewußtsein, die Sonntagskraft dieser knieweichen Erotik an jedem Wochentag zu blamieren. Und die verzweifelte Zerfetztheit eines *American eccentric* und seine wütenden Kopfsprünge durch milde Fenster, das Voltige-Reiten trikotierter Unterleiber auf hustenden Pinzgauern und der Saltomortale vom höchsten Mast des Zirkuszeltes in fünffachem Sweater, Büffelflaus und überlebensgroßen Fäustlingen: sie alle reichen dem ausgehungerten Auge des Schaulüsternen nicht weniger mühsame Surrogate. Die rissige Lasur dieses faulenden Vergnügungsapparates vollends klaffen zu machen, bedurfte es wahrlich nicht erst des Kinos. Was diesen mit einem Stoß vornehin stellte, war weder der rasche Sieg über ein Sterbendes noch der einer perplexierenden Rentabilität. Es war die aufregende Abenteuerlichkeit einer Tigerjagd, eines abertollen Gebirgsrittes, einer todesmutigen Autofahrt; es war die atemraubende Verfolgung eines angeschossen blutenden Rowdys über die schwindelnd hohen Dächer New-Yorks; es war die unheimliche Vorstadt mit Elend, Krankheit und Verbrechen und die ganze grause Detektivromantik mit Mord und Kampf, Browning und Navaya; und es waren all die blutigen feurigen Bilder von Brand und Tod; Greuel und Entsetzen, an denen aller Augen sich satt sogen nach langem Entbehren. Ein Schauen wars, das Tempo hatte und Leben, und das eine Lust war.

Damit hat der Kino kampflos gesiegt; er gibt nur dem Auge sich hin und dessen Lust. Ihr dient er erstlich mit der unscheinbaren Erfahrung, daß kein andrer weniger als der Gesichtssinn für Täuschungen zu haben ist. Von dieser Erfahrung bezieht er den kleinen Mut, der Illusion auf den Kopf zu spucken. Er wirft die Kulisse zum Fenster hinaus, beugt sich auf die Straße und photographiert. So gibt er dem Auge, was des Auges ist und handelt ihm zu Dank; was es sieht, ist keine Täuschung, und die größte Desillusion wird ihm zur größten Illusion. Bild um Bild im lebensgetreuen Nacheinander der Bewegung: das ist keine Bühne und kein Bild, das ist Leben. Und in dieses Leben, das als exotische Naturaufnahme, als interessantes Pathé-Journal, als überraschender Lehrfilm der Schaulust leckere Vorspeise ist, setzt der Kino das entzogene Leben, das grausame, blutende, brennende. Daß er zu diesem Zweck hemmungslose Talentlosigkeiten über seine Szenen hetzt, das kann nicht von Übel sein; die erfrischende Stummheit macht selbst den aufdringlichsten Mangel an situationsentsprechender Geste und Mimik wett und läßt, lediglich die Lippen rührend, Zusammenhänge versinken und entstehen, die weder versinken noch entstehen sollen. Diese Stummheit aber macht überdies den Akteur zum Nichts, sein Tun zur Hauptsache, das gleichsam absolut ist, das Mittel nur zur Tat, zur Hetze. Und sie ist es, auf die es dem Kino vor allem ankommt. Da ihm das wuchtige Veto der Zensur das Blut der Tat meist wegwischt, paralysiert er die große Gefahr, das Auge durch den Entzug des Fürchterlichen zu enttäuschen, durch einen überlangen hindernisdurchsponnenen Weg zur Tat, durch die schier endlose Hetze, die ihm umso willkommener ist, als er in der Bewegung die größte Komponente der Schaulust kennt und ihr innerstes Wesen. Und er versteht es ganz meisterlich, den Affekt der Bewegung an einer Pfütze, einer Semmel, einer Haarnadel emporzutreiben, ihn durch die seltsamsten Zwischenfälle und brausendsten Naturereignisse derart zu multiplizieren, daß die blutige Tat, die furchtbare Katastrophe fast nicht mächtiger wirken könnte, und deren Verlust nicht allzu sehr schmerzt. So lebt manche kahle, unwahrscheinlich blöde Tragödie, deren Ehrgeiz, aus dem Leben zu sein, besser täte, sich das Leben zu nehmen, ganz von Gnaden des kunterbuntesten Szenen- und Hinderniswechsels, des ununterbrochen unterbrochenen Handlungsgalopps – ja manch trübes Liebesdrama ist lediglich einem dreiaktigen, kontinuierlich im Tempo steigenden Fliehen geweiht. Die Liebe erscheint hier als der plausibelste Vorwand, Schafe niederzureiten, Pferde umzuknallen, Mauern in die Luft gehen zu lassen. Und da die ganze Chose ethisch frisiert ist, läßt die Zensur hier den verstümmelten Leichnam des bösen Nebenbuhlers liegen, da sie aus ihm dem Publikum moralische Werte erblühen sieht. Sie ahnt nicht, daß dieser blutige Tote immer irrtümlich konzediert ist. Von ihm geht eine aufrührerische Wirkung aus, durch welche die Erkenntnis Goethes, vielleicht eine der tiefsten: es gäbe kein Verbrechen, das er nicht hätte begehen können, bewiesen wird. Das Verbrechen wird projiziert, und die Wollust, die der wirkliche Verbrecher auskostet, teilt sich dem Zuschauer mit und schafft so seinen rudimentären Urtrieben die Befriedigung im Bilde. Das alles geht freilich meist nur noch unterbewußt vor sich; das Quantum an Niedrigkeit, das allein die volle Bewußtheit und schrankenlose Macht dieser Aufregung zur Folge haben kann, ist dem Kino zu erreichen verwehrt. Das Niveau, das er sich leisten darf, ist aber gleichwohl niedrig genug, um den Aufregungszustand zu begünstigen, der die Schaulust erst fruchtbar macht und sie mit der verkettet, die vor Jahrhunderten so furchtbar war.

Glücklicherweise reiten den Kino seit geraumer Zeit Theaterambitionen. Soweit sie albernen, auf die tollste Hetze eingestellten Späßen sich verbinden, finden sie ihr Publikum. Nicht aber auf die Dauer im Dienste jener Schaulust, die nicht gewillt ist, mit Kulissen-, Musik- und Farbenunfug sich abspeisen zu lassen. Was der Kulisse auf der Bühne zur Not gelingt, wird auf der Leinewand zur Farce: das photographierte Bühnenbild ist Desillusion zweiter Potenz, und ein Pappendeckel-Titanic-Untergang hat manches an Bord, dessen Verlust die Kasse allgemach wird büßen müssen. Auch die Farbe ist eine böse Sache. Gegen farbige Kinematographie ließe sich nichts einwenden: sie müßte, vollkommen erfunden, dem Auge geradezu Ungeheuerliches bieten können; der handkolorierte Film aber, auf den ein irrsinniger Geschäftsgeist besonders aufmerksam macht, ist eine übrigens schon mehrmals gründlich mißlungene Zumutung. Die Farbe vermag der Schaulust durchaus nicht wenig zu sein; eine angepinselte Uferszene aber wirkt auf das Auge, das sich nicht anschmieren läßt, wie ein Abziehbild als Entschädigung für eine Reise. Und wenn der Kino eintönig hämmernder Musik die lobenswerte Aufgabe zuteilt, die Ablenkung des Auges, die die Stille schafft, durch das Ohr hintanzuhalten, so wird das ziemlich einwandfrei bewirkt; mitnichten aber durch ein qualvoll-rätselhaftes Grammophongedudel, das die Ablenkung des Auges von einem kulissenumstellten Bewegungskitsch so gründlich besorgt, daß man den Saal verläßt. Doch daran läßt sichs der Kino nicht genügen. Er sucht auf dem reichen Feld der Liebe zu ernten, was ihm die Zensur hier nicht einmal sporadisch zu säen erlaubt. Die Erotik, die er liefert, steht darum auf derselben Fläche wie die der verlorensten Nachtbühne und pfeift rettungslos auf dem letzten *Qui-Vive*-Loch. Selbst der freilich karge Zuschuß an Illusion, die hier noch der aufgespieltesten Dämonin manches läßt, vermag das fehlende Plus an Intensität nicht einzubringen. Daß sensible Naturen in berliner Cafés tränenfeuchten Auges von einem erotischen Kino träumen, der vielleicht sogar schon irgendwo existiert, bestätigt nur ein Sonderbedürfnis nach ihm und eine Schaulüsternheit, die mit wohlgepflegten Fingern ebenso gierig nach dem Letzten an Aufregung greift wie ehemals die roten Tatzen der Jakobiner. Dennoch kann diese Erscheinung mit breiter Wahrscheinlichkeit verallgemeinert werden; denn nicht einmal den landläufigen Aufregungszustand, der die Lust am Schauen erst bedingt, ist die Kino-Theaterliebelei hervorzurufen imstande. Sie gemahnt vielmehr ein wenig schmerzlich an die Wirkung des toten Nebenbuhlers, die zu der Überlegung führt, daß es nicht lohnt, drei Groschen auszugeben, um an der Hand eines übersetzenden Deshabillées feminine Geographie zu treiben.

Die Konkurrenz, die der Kino dem Theater macht, ist übrigens negativ: sieben Achtel aller Kinobesucher gingen vor dem Erscheinen des Kinos ebenso selten oder ebenso häufig ins Theater wie nachher. Und die Konkurrenz, die das Programm des Kinos durch sein Liebäugeln mit dem Theater zu machen versucht, ist unglücklich: sie veranlaßt keinen, die Bühne mit der Leinewand zu vertauschen, sondern manchen zur Untreue an dieser. Freilich darum noch lange nicht zum Gang ins Theater. Die Unterlassungen der Zensur, die manchmal in verzeihlichem Irrtum, allzu oft aber in mimosenhafter Unschuld handelt, werden so gewissermaßen ausgeglichen. Damit soll jedoch dem Kino nicht zuleibe gegangen sein. Der Schaulust, die vordem betteln gehen mußte, gibt er nur mehr, als sie bedarf; entspricht aber sonst einem tiefen Bedürfnis, das unleugbar ist und, geleugnet, sich selbst befriedigt. Die didaktischen und andern wertvollen Eigenschaften des Kinos wiegen bei weitem nicht die Möglichkeit auf, daß er die Schaulust zu befriedigen imstande wäre, auch ohne zu den niedrigen Mitteln herabzusteigen, deren man ihn sich bedienen läßt. In dieser kulturschänderischen Tatsache wurzelt seine größte Gefahr und seine größte Attraktion. [1913]

# Georg Lukács

*Georg Lukács schrieb sich, als die „Frankfurter Zeitung" 1913 seine „Gedanken zu einer Ästhetik des Kino" brachte, noch Georg von Lukács (Heidelberg). Sein Vater war als Direktor der führenden ungarischen Bank geadelt worden. Der Sohn, 1885 in Budapest geboren, erhielt schon vor der Promotion zum Dr. phil. (1909) einen Preis für sein zweibändiges Werk über die Geschichte des modernen Dramas. Den Adelstitel legte er nach dem Krieg ab, als er der Kommunistischen Partei Ungarns beitrat; während der Herrschaft der Räterepublik war er unter anderem Volkskommissar für das Unterrichtswesen; nach dem Sturz der Kommune rettete er sich nach Wien, lebte von 1931 bis 1933 in Berlin und bis Kriegsende in Moskau; dann Rückkehr nach Ungarn.*

*„Einst einer der führenden Sprecher des literarischen Marxismus in der westlichen Welt, schlagfertiger Disputator bei zahlreichen Kongressen, dessen Einfluß auf die junge Generation von Literaturwissenschaftlern und Soziologen durch fünf Jahrzehnte hindurch sich immer wieder erneuerte" (Hans Heinz Holz), lebte Georg Lukács in den letzten Jahren, zum Schweigen verurteilt, zurückgezogen in Budapest, nur noch geduldet, schon lange vor seinem Tod 1971 im Osten nicht mehr zitierbar. Wann er den berühmten Ausspruch getan hat, „nun ja, Talent ist ohnehin eine Rechtsabweichung", steht nicht fest. Bei der Gestalt des Naphta im „Zauberberg" (1924) hat Thomas Mann an Lukács gedacht; in einem Brief an Max Rychner vom 24. Dezember 1947 schrieb er jedenfalls, Lukács habe „sich in Naphta offenbar nicht erkannt."*

*Seine vorläufigen Gedanken über das Kino machte sich Lukács (kein eifriger Kinobesucher) zu einer Zeit, als es lange Spielfilme erst vereinzelt gab; 1913 ist ja das Jahr der Wende. Wenn er den Film unter Aufbietung beträchtlichen Scharfsinns auf das Gebiet des Phantastisch-Grotesken, also auf den Surrealismus verwies, bezog sich das auf Dinge, die es damals gab. Den Avantgardismus, die surrealistische Montage lehnte Lukács später als Verfallsformen ab. Über seine Gedanken von 1913 sagte er 1965: „Wenn ich auch heute mein frühes Skriptum für einseitig und peripher ansehe, so zeugt es doch von einem lebendigen Interesse an der Entstehung einer neuen Kunstgattung, zu einer Zeit, als auch unter den Produzenten und Kritikern erst wenige an das Entstehen einer neuen Kunst glaubten."*

## Gedanken zu einer Ästhetik des Kino

Wir kommen aus dem Zustand der Begriffsverwirrungen nie heraus: etwas Neues und Schönes ist in unseren Tagen entstanden, doch statt es so zu nehmen, wie es ist, will man es mit allen möglichen Mitteln in alte, unpassende Kategorien einordnen, es seines wahren Sinnes und Wertes entkleiden. Man faßt heute das „Kino" bald als Instrument eines anschaulichen Unterrichts auf, bald als eine neue und billige Konkurrenz der Theater; einerseits also pädagogisch, andererseits ökonomisch. Daß aber eine neue Schönheit eben eine Schönheit ist, daß ihr Bestimmen und Bewerten der Ästhetik zukommt, daran denken heute nur die wenigsten.

Ein bekannter Dramatiker phantasierte gelegentlich darüber, daß das „Kino" (durch Vervollkommnung der Technik, durch vollendete Reproduzierbarkeit der Rede) das Theater ersetzen könnte. Wenn dies gelingt – meint er – gibt es kein unvollkommenes Ensemble mehr: das Theater ist nicht mehr an die örtliche Zerstreuung der guten schauspielerischen Kräfte gebunden; nur die besten Schauspieler werden in den Stücken spielen und sie werden nur gut spielen, denn von Aufführungen, in denen jemand indisponiert ist, macht man eben keine Aufnahmen. Die gute Aufführung wird aber etwas Ewiges; das Theater verliert alles bloß Momentane, es wird zu einem großen Museum aller wirklich vollendeten Leistungen.

Dieser schöne Traum ist aber ein großer Irrtum. Er übersieht die Grundbedingung aller Bühnenwirkungen: die Wirkung des tatsächlich daseienden Menschen. Denn nicht in den Worten und Gebärden der Schauspieler oder in den Geschehnissen des Dramas liegt die Wurzel der Theatereffekte, sondern in der Macht, mit der ein Mensch, der lebendige Wille eines lebendigen Menschen, unvermittelt und ohne hemmende Leitung auf eine geradeso lebendige Menge ausströmt. Die Bühne ist absolute Gegenwart. Die Vergänglichkeit ihrer Leistung ist keine beklagenswerte Schwäche, sie ist vielmehr eine produktive Grenze: sie ist das notwendige Korrelat und der sinnfällige Ausdruck des Schicksalhaften im Drama. Denn das Schicksal ist das Gegenwärtige an sich. Die Vergangenheit ist bloß Vorbereitung, bloß Gerüst, im metaphysischen Sinne etwas völlig Zweckloses. (Wenn eine reine Metaphysik des Dramas möglich wäre, eine, die keiner bloß ästhetischen Kategorie mehr bedürfe, so würde sie Begriffe wie „Exposition", „Entwicklung" usw. nicht mehr kennen). Und eine Zukunft ist für das Schicksal ganz irreal und bedeutungslos: der Tod, der die Tragödien abschließt, ist das überzeugendste Symbol hiefür. Durch das Dargestelltwerden des Dramas bekommt dieses metaphysische Gefühl eine große Steigerung ins Unmittelbare und Sinnfällige: aus der tiefsten Wahrheit vom Menschen und seiner Stellung im Kosmos wird eine selbstverständliche Wirklichkeit. Die „Gegenwart", das Dasein des Schauspielers, ist der sinnfälligste und darum tiefste Ausdruck für das vom Schicksal Geweihte der Menschen des Dramas. Denn gegenwärtig sein, das heißt wirklich, ausschließlich und aufs intensivste leben, ist schon an und für sich Schicksal – nur erreicht das sogenannte „Leben" nie eine solche Lebensintensität, die alles in die Sphäre des Schicksals heraufheben könnte. Darum ist das bloße Erscheinen eines wirklich bedeutenden Schauspielers auf der Bühne (der Duse etwa) selbst ohne großes Drama schon vom Schicksal geweiht, schon Tragödie, Mysterium, Gottesdienst. Die Duse ist der völlig gegenwärtige Mensch, bei dem nach Dantes Worten das *„essere"* mit der *„operazione"* identisch ist. Die Duse ist die Melodie der Schicksalsmusik, die klingen muß, wie immer es auch um die Begleitung stehe.

Das Fehlen dieser „Gegenwart" ist das wesentliche Kennzeichen des „Kino". Nicht weil die Films unvollkommen sind, nicht weil die Gestalten sich heute noch stumm bewegen müssen, sondern weil sie eben nur Bewegungen und Taten von Menschen sind, aber keine Menschen. Dies ist kein Mangel des „Kino", es ist seine Grenze, sein *principium stilisationis*. Dadurch werden die unheimlich lebensechten, nicht nur in ihrer Technik, sondern auch in ihrer Wirkung der Natur wesensgleichen Bilder des „Kino" keinesfalls weniger organisch und lebendig, wie die der Bühne, sie erhalten nur ein Leben von völlig anderer Art; sie werden – mit einem Wort – phantastisch. Das Phantastische ist aber kein Gegensatz des lebendigen Lebens, es ist nur ein neuer Aspekt von ihm: ein Leben ohne Gegenwärtigkeit, ein Leben ohne Schicksal, ohne Gründe, ohne Motive; ein Leben, mit dem das Innerste unserer Seele nie identisch werden will, noch kann; und wenn es sich auch – oft – nach diesem Leben sehnt, so ist diese Sehnsucht nur die nach einem fremden Abgrund, nach etwas Fernem, innerlich Distanziertem. Die Welt des „Kino" ist ein Leben ohne Hintergrund und Perspektive, ohne Unterschied der Gewichte und der Qualitäten. Denn nur die Gegenwärtigkeit gibt den Dingen Schicksal und Schwere, Licht und Leichtigkeit: es ist ein Leben ohne Maß und Ordnung, ohne Wesen und Wert; ein Leben ohne Seele, aus reiner Oberfläche.

Die Zeitlichkeit der Bühne, der Fluß der Ereignisse auf ihr ist immer etwas Paradoxes: es ist die Zeitlichkeit und der Fluß der großen Momente, etwas innerlich tief Ruhiges, beinahe Erstarrtes, ewig Gewordenes, gerade infolge der quälend starken „Gegenwart". Zeitlichkeit und Fluß des „Kino" sind aber ganz rein und ungetrübt: das Wesen des „Kino" ist die Bewegung an sich, die ewige Veränderlichkeit, der nie ruhende Wechsel der Dinge.

Diesen verschiedenen Zeitbegriffen entsprechen die verschiedenen Grundprinzipien der Komposition auf Bühne und „Kino": das eine ist rein metaphysisch, alles empirisch Lebendige von sich fernhaltend, das andere so stark, so ausschließlich empirisch-lebenhaft, unmetaphysisch, daß durch diese seine äußerste Zuspitzung doch wieder eine andere, völlig verschiedene Metaphysik entsteht. Mit einem Worte: das Grundgesetz der Verknüpfung für Bühne und Schauspiel ist die unerbittliche Notwendigkeit, für das „Kino" die von nichts beschränkte Möglichkeit. Die einzelnen Momente, deren Ineinanderfließen die zeitliche Folge der „Kino"-Szenen zustande bringt, sind nur dadurch miteinander verbunden, daß sie unmittelbar und übergangslos aufeinander folgen. Es gibt keine Kausalität, die sie miteinander verbinden würde; oder genauer: ihre Kausalität ist von keiner Inhaltlichkeit gehemmt oder gebunden. „Alles ist möglich": das ist die Weltanschauung des „Kino", und weil seine Technik in jedem einzelnen Moment die absolute (wenn auch nur empirische) Wirklichkeit dieses Moments ausdrückt, wird das Gelten der „Möglichkeit" als eine der „Wirklichkeit" entgegengesetzten Kategorie aufgehoben; die beiden Kategorien werden einander gleichgesetzt, sie werden zu einer Identität. „Alles ist wahr und wirklich, alles ist gleich wahr und gleich wirklich": das lehren die Bilderfolgen des „Kino":

So entsteht im „Kino" eine neue, homogene und harmonische, einheitliche und abwechslungsreiche Welt, der in den Welten der Dichtkunst und des Lebens ungefähr das Märchen und der Traum entsprechen: größte Lebendigkeit ohne eine innere dritte Dimension; suggestive Verknüpfung durch bloße Folge; strenge, naturgebundene Wirklichkeit und äußerste Phantastik; das Dekorativwerden des unpathetischen, des gewöhnlichen Lebens. Im „Kino" kann sich alles realisieren, was die Romantik vom Theater – vergebens – erhoffte: äußerste, ungehemmteste Beweglichkeit der Gestalten, das völlige Lebendigwerden des Hintergrundes, der Natur und der Interieurs, der Pflanzen und der Tiere; eine Lebendigkeit aber, die keineswegs an Inhalt und Grenzen des gewöhnlichen Lebens gebunden ist. Die Romantiker versuchten darum das phantastisch Naturnahe ihres Weltgefühls der Bühne aufzuzwingen. Die Bühne ist aber das Reich der nackten Seelen und Schicksale; jede Bühne ist im innersten Wesen griechisch: abstrakt bekleidete Menschen betreten sie und führen vor abstrakt-großartigen, leeren Säulenhallen ihr Spiel vom Schicksal auf. Kostüm, Dekoration, Milieu, Reichtum und Abwechslung der äußeren Ereignisse sind für die Bühne ein bloßes Kompromiß: im wirklich entscheidenden Augenblick werden sie immer überflüssig und darum störend. Das „Kino" stellt bloß Handlungen dar, nicht aber deren Grund und Sinn, seine Gestalten haben bloß Bewegungen, aber keine Seelen, und was ihnen geschieht, ist bloß Ereignis, aber kein Schicksal. Deshalb – und bloß scheinbar wegen der heutigen Unvollkommenheit der

Technik – sind die Szenen des „Kino" stumm: das gesprochene Wort, der tönende Begriff sind Vehikel des Schicksals; nur in ihnen und durch sie entsteht die bindende Kontinuität in der Psyche der dramatischen Menschen. Die Entziehung des Wortes und mit ihm des Gedächtnisses, der Pflicht und der Treue gegen sich selbst und gegen die Idee der eigenen Selbstheit macht, wenn das Wortlose sich zur Totalität rundet, alles leicht, beschwingt und beflügelt, frivol und tänzerisch. Was an den dargestellten Ereignissen von Belang ist, wird und muß ausschließlich durch Geschehnisse und Gebärden ausgedrückt werden; jedes Appellieren an das Wort ist ein Herausfallen aus dieser Welt, ein Zertrümmern ihres wesentlichen Werts. Dadurch aber erblüht alles, was die abstrakt-monumentale Wucht des Schicksals immer erdrückte, zu einem reichen und üppigen Leben: auf der Bühne ist nicht einmal das, was geschieht, wichtig, so überwältigend ist die Wirkung seines Schicksalswertes; im „Kino" hat das „Wie" der Geschehnisse eine alles andere beherrschende Kraft. Das Lebendige der Natur erhält hier zum erstenmale eine künstlerische Form: das Rauschen des Wassers, der Wind in den Bäumen, die Stille des Sonnenunterganges und das Toben des Gewitters werden hier als Naturvorgänge zur Kunst (nicht, wie in der Malerei, durch ihre aus anderen Welten geholten, malerischen Werte). Der Mensch hat seine Seele verloren, er gewinnt aber dafür seinen Körper; seine Größe und Poesie liegt hier in der Art, mit der seine Kraft oder seine Geschicklichkeit physische Hindernisse überwältigt, und die Komik besteht in seinem Erliegen ihnen gegenüber. Die für jede große Kunst völlig gleichgültigen Errungenschaften der modernen Technik werden hier phantastisch und poetisch packend wirken. Erst im „Kino" ist – um nur ein Beispiel zu bringen – das Automobil poetisch geworden, etwa im romantisch Spannenden einer Verfolgung auf sausenden Autos. So erhält hier auch das gewöhnliche Treiben der Straßen und Märkte einen starken Humor und eine urkräftige Poesie: das naiv-animalische Glücksgefühl des Kindes über einen gelungenen Streich, über das hilflose Nichtzurechtfinden eines Unglücklichen wird in unvergeßlicher Weise gestaltet. Im Theater, vor der großen Bühne des großen Dramas sammeln wir uns und erreichen unsere höchsten Augenblicke; im „Kino" sollen wir diese unsere Höhepunkte vergessen und verantwortungslos werden: das Kind, das in jedem Menschen lebendig ist, wird hier freigelassen und zum Herrn über die Psyche des Zuschauers.

Die Naturwahrheit des „Kino" ist aber nicht an unsere Wirklichkeit gebunden. Die Möbel bewegen sich im Zimmer eines Betrunkenen, sein Bett fliegt mit ihm – er konnte sich noch im letzten Augenblick am Rande des Bettes festhalten und sein Hemd weht wie eine Fahne um ihn – über die Stadt hinaus. Die Kugeln, mit denen eine Gesellschaft Kegel schieben wollte, werden rebellisch und verfolgen sie über Berge und Felder, durch

Flüße schwimmend, auf Brücken springend und auf hohen Treppen hinaufjagend, bis endlich auch die Kegel lebendig werden und die Kugeln abholen. Auch rein mechanisch kann das „Kino" phantastisch werden: wenn die Films in umgekehrter Reihenfolge gedreht werden und Menschen unter den sausenden Autos aufstehen, wenn ein Zigarrenstummel durch das Rauchen immer größer wird, bis schließlich im Moment des Anzündens die unberührte Zigarre in die Schachtel zurückgelegt wird. Oder man dreht die Films um, und seltsame Lebewesen agieren da, die vom Plafond plötzlich in die Tiefe schnellen und sich wie Raupen dort wieder verkriechen. Es sind Bilder und Szenen aus einer Welt, wie die von E. Th. A. Hoffmann oder Poe war, wie die von Arnim oder von Barbey d'Aurevilly – nur ist ihr großer Dichter, der sie gedeutet und geordnet, der ihre bloß technisch zufällige Phantastik ins sinnvoll Metaphysische, in den reinen Stil gerettet hätte, noch nicht gekommen. Was bis heute gekommen ist, entstand naiv, oft gegen den Willen der Menschen, nur aus dem Geiste der Technik des „Kino": ein Arnim oder ein Poe unserer Tage würde aber für seine szenische Sehnsucht hier ein Instrument bereit finden, so reich und so innerlich adäquat, wie es etwa die griechische Bühne für einen Sophokles war.

Freilich: eine Bühne der Erholung von sich selbst, eine Stätte des Amüsements, des subtilsten und raffiniertesten, des gröbsten und primitivsten zugleich, und nie die der Erbauung und der Erhebung irgendwelcher Art. Aber gerade dadurch kann das wirklich entwickelte, seiner Idee angemessene „Kino" auch für das Drama (wieder: für das wirklich große Drama und nicht für das, was heute „Drama" genannt wird) die Bahn frei machen. Der unüberwindliche Drang zum Amüsement hat das Drama von unseren Bühnen so gut wie völlig verdrängt: von dialogisierten Kolportageromanen bis zu innig-blutarmen Novellen oder großsprecherisch-leeren Haupt- und Staatsaktionen können wir alles auf der heutigen Bühne sehen – nur das Drama nicht. Das „Kino" kann hier die klare Scheidung vollziehen: es hat die Fähigkeit in sich, alles, was in die Kategorie des Amüsements gehört und sinnfällig gemacht werden kann, wirksamer und doch feiner zu gestalten, als es die Sprech-Bühne vermag. Keine Spannung eines Theaterstückes kann an Atemlosigkeit des Tempos mit dem hier möglichen wetteifern, jede Naturnähe der auf die Bühne gebrachten Natur ist kaum ein Schatten des hier Erreichbaren, und statt der rohen Abbreviaturen von Seelen, die doch, wegen der Form des Sprechdramas, ungewollt an Seelen gemessen und deshalb abstoßend gefunden werden müssen, entsteht eine Welt der gewollten und sein sollenden Seelenlosigkeit, eine Welt des rein Äußeren: was auf der Bühne Brutalität war, kann hier zur Kindlichkeit, zur Spannung an sich oder zur Groteske werden. Und wenn einmal – ich spreche hier über ein recht fernes, aber desto tiefer ersehntes Ziel aller, denen es ernsthaft um das Drama zu tun ist – die Unterhaltungsliteratur der Bühnen durch diese Konkurrenz totgeschlagen worden ist, dann wird die Bühne wieder gezwungen sein, das zu kultivieren, was ihr wirklicher Beruf ist: die große Tragödie und die große Komödie. Und das Amüsement, das auf der Bühne zur Rohheit verdammt war, weil seine Inhalte den Formen der Drama-Bühne widersprechen, kann im „Kino" eine adäquate Form finden, die innerlich angemessen und so wirklich künstlerisch sein kann, wenn sie es auch im heutigen „Kino" recht selten ist. Und wenn die feinen, novellistisch begabten Psychologen von beiden Bühnen verdrängt werden, so kann das sowohl für sie wie für die Kultur des Theaters nur heilsam und Klärung bringend sein. [1913]

# Willy Rath

*Nach seiner Studienzeit war Willy Rath (1872–1940) freier Schriftsteller und Theaterkritiker, in München 1900–1902 Mitbegründer des Künstlerbrettls „Die elf Scharfrichter" (über das er zusammen mit Hanns v. Gumppenberg ein Buch schrieb), in Berlin 1915–18 Verlagsleiter und Mitarbeiter der Reichskanzlei, ab 1913 Verfasser von Novellen und Romanen („Gräfin Walewska", 1921), aufgeführten Bühnenstücken („Haus Distelfink", Lustspiel) und schließlich von Filmmanuskripten.*

*Lamprecht verzeichnet von Willy Rath 32 Stummfilme, von 1919 an; der bekannteste war wohl „Hanneles Himmelfahrt" („Eine sehr freie Bearbeitung des Schauspiels von Gerhart Hauptmann", Regie: Urban Gad, 1922; Uraufführung in der Staatsoper Unter den Linden). Der „Wilhelm Tell" von 1923, zu dem Willy Rath das Manuskript lieferte, wurde sogar in der Fachpresse als „ein ganz unverantwortliches Erzeugnis" bezeichnet. Auch einige Tonfilme hat Willy Rath dann noch geschrieben: „Schloß Hubertus" (Hans Deppe, 1934) und andere Heimatfilme.*

*Bevor er Filmautor wurde, stand Willy Rath auf seiten der Kinobekämpfer, so noch in einem 1912 veröffentlichten Artikel „Zur Kino-Frage", in welchem er sich ereifert gegen „angebliche Künstler, die aus einer erbaulichen Mischung von ästhetischer Begriffsstutzigkeit und Lust an paradoxen Schlagworten das Kintopp-‚Drama' gewöhnlichster Mache loben: es biete viel mehr Leben und dramatische Kraft als alle Wortschauspiele."*

*Als Bühnenschriftsteller und Drehbuchverfasser nahm er dann eine vermittelnde Haltung ein, schon in seiner Schrift „Kino und Bühne" (1913). Hier wiedergegeben: zwei Seiten aus dem ersten Teil, „Emporkömmling Kino" (S. 14–16), die sich mit dem Zuschauer befassen. Sie decken sich, von ein paar stilistischen Verbesserungen abgesehen, mit der Fassung des Vorabdrucks im „Kunstwart" (2. Septemberheft 1913); als Ganzes ist dieser gegenüber der Buchausgabe gestrafft, enthält aber auch mehrmals Abschnitte, die im Buch fehlen. Vom zweiten Teil, „Die Bühne in Not?", hatte die „Konservative Monatsschrift" (Mai/Juni 1913) einen Vorabdruck gebracht, von dem der endgültige Text nur durch sprachliche Retuschen und das Fragezeichen der Überschrift abweicht. Was in der Zeitschrift „Eckart" (August 1913) unter dem Titel „Zur Ästhetik des Lichtspiels" erschien, entspricht bis auf einen einzigen Satz dem dritten Teil („Künstlerische Möglichkeiten des Lichtspiels").*

## Was will das Volk?

Eine wichtige Frage ergibt sich gleich im Anbeginn: will das Publikum den Schundfilm? Ein unbedingtes Ja oder Nein ist da schwer als berechtigt zu erweisen. Es gibt volksfremde Zweifler, die unbedenklich antworten, da das Volk den Schund in Unmengen hinunterschlinge, sei es offenbar eben darauf versessen, und den Schundfilm-Fabrikanten sei es also im Grunde nicht zu verargen, daß sie die Schwäche der Masse richtig erfaßten und ausbeuteten. Im Einklang mit vielen Kennern der Volksseele, auch der Kinoseele, sind wir entgegengesetzter Meinung.

Bewußt oder heimlich tief, fortreißend heftig oder geduldig ausdauernd, ist in jeder unangekränkten Seele ein Trieb zur Lebensfülle stetig an der Arbeit, eine Sehnsucht aus der einzelmenschlichen Enge hinaus. Man könnte auch sagen: ein *horror vacui*, Schaudern vor innerer Leere, vor der Unzulänglichkeit des sterblichen Lebens in seiner nie völlig zu überwindenden Einsamkeit. Nennen wir den Trieb einfach Lebenshunger. Wem ein reicheres Gemüt gegeben ist und – notabene – die Möglichkeit, sich ihm ohne viel Hemmung hinzugeben, der kann in der Religion oder in der Poesie, der Musik, in irgendeiner Art von Liebe so viel Lebensfülle erwerben, daß er vom äußern Leben fast nichts mehr braucht. Wer aber diesen stillen Besitz nicht oder noch nicht fand, so vor allem der Mensch der Masse, den harte mechanische Arbeit und endlose Sorge um das tägliche Brot nicht leicht zur ruhig freien Selbstbestimmung kommen lassen, und der jugendlich unfertige Mensch, der die Lebenswerte noch nicht zu sichten vermag, sondern in tunlichst allumfassendem Erleben das rätselreiche Leben erst kennen lernen will – kurz jeder, der noch Lebensenge sonderlich drückend, treibend empfindet, den drängt es ins äußere Leben, ins unbekannte, unwiderstehlich hinaus.

Hat er die Möglichkeit, als Seefahrer etwa oder als weitwandernder Handwerksbursche, ein gut Stück abwechslungsreicher Außenwelt zu erkennen, so wird ihn nicht sehr stark nach Büchern und Bildern verlangen. Ist ihm dagegen, wie es dem Mann aus dem Volk und dem Kind gemeiniglich geht, solche Bekanntschaft mit der weiteren Wirklichkeit versagt, so treibt ihn der Lebenshunger zu einer Ersatzwelt hin, zur Weltwiedergabe, wie er sie in Erzählungen (man denke an die Bedeutung des mündlichen Erzählers im Orient), in Büchern, im Theater und nunmehr auch im Kino findet.

Ein Urteil über den Wert der Wiedergabe, über Wahrheit und schöne Form der Ersatzwelt liegt zunächst gar nicht im Lebenshunger-Interesse und nicht im geistigen Vermögen des urwüchsigen Menschen. Er wird es nur da fällen (und wenn er Deutscher ist, zunächst nur innerlich), wo das Neue in Wort oder Bild seinen Erfahrungen und seiner angeborenen Logik erheblich gegen den Strich geht. Weshalb man denn auch von ganz einfachen Leuten nicht selten ein ausgezeichnet zutreffendes Urteil über allzu blödsinnigen Film- oder Papier-Schund hören kann. Der „gesunde Menschenverstand" des „gemeinen Mannes" bedeutet die erste natürliche Schranke, auf die der Schundverfertiger bei seiner gewissenlosen Ausdehnung ins Lebensunwahre stößt. Die Schranke wird seinem Treiben um so eher ein Ziel setzen, je mehr an kontrollierender Vernunft von Rasse wegen und an kontrollierendem Geschmack von Nationalkultur wegen in einem einfachen Menschen steckt. Beides, Vernunft-Urteil und Geschmacks-Urteil, kann bis zu einem gewissen Grade geschult, verfeinert werden, auch durch die Lichtspiele selbst, hoffentlich – wenn die Inhaber erst selber hinreichend geschult, verfeinert sind. Im übrigen ist es klar: dem ursprünglichen Lebenshunger der Ungebildet-Unverbildeten dienen diejenigen Lebensabbilder am ehesten zur Befriedigung, die das Unbekannte (ausnahmeweise auch kühne, neue Variationen des wohlvertrauten Lebens) auf die zugleich spannendste und leichtestverständliche Weise darbieten.

Also: eine primitive Sehnsucht, die tief in der Lebenslage des primitiven Menschen wurzelt und folglich berechtigt ist, die nicht auf schlechtem, sondern auf reinem allgemeinmenschlichem Triebleben beruht und auf seelische Bereicherung ausgeht. Wer demnach der breitesten Masse überfeinerte, schwerverständliche Schaustücke bieten würde, die sie nicht in sich aufzunehmen vermag, der gäbe den Hungernden wohl statt des Brotes schöne Steine, die ihnen in dem derzeitigen Lebenszustand nichts helfen könnten. Wer aber aus Erwerbsgier den Unberatenen, die in ihrer redlichen Sehnsucht vertrauensvoll nahen, nur Befriedigung der dunklen Tier-Instinkte oder lächerliche Lügen gewährt, wer allen guten Drang der einfachen Mitmenschenseele unberücksichtigt läßt und lediglich das Niedere in ihr gewaltsam zu entfesseln sucht, der gibt den Hungernden giftiges Brot.

Die einzige Entschuldigung derjenigen, die das begehen, der gewerbsmäßigen Hersteller und Verschleißer wüsten Schundes, liegt darin, daß sie (ungeachtet aller Pfiffigkeit) zumeist nicht wissen, was sie tun. Wüßten sie es, sie müßten zusammenbrechen unter der Überlast der Verantwortung. Aber sie spüren nur, daß die Masse derbe Kost begehrt und daß schlechte, überwürzte Kost am bequemsten und wohlfeilsten zurechtzumachen ist. Sie ahnen kaum, daß auch lebhaft bewegte, stark spannende Lebensbilder mit Geschmack und ohne Verlogenheit zu schaffen sind. Oder wittern sie, daß dazu freilich die Arbeit berufener

Männer gehört, eine Arbeit und ein Können, die ohne eine gewisse ungeschäftsmäßige Liebe zur Sache nicht recht denkbar sind?

Doch, um den Abschnitt mit freundlicherem Ausblick zu schließen, sei es nochmals vermerkt: heute gibt es schon eine Reihe von Kinodramen und Kinos, die deutlich ein Ahnen und zuweilen sogar schon ein Erfassen des Besseren erkennen lassen. Und das Publikum versagt nicht. Emporkömmling Kino mausert sich sachte, sachte zum ehrengeachteten Bürger. Kostet bloß noch ein Stück Arbeit. . . . [1913]

Grete Mosheim und Wolfgang Zilzer in "Primanerliebe" (Robert Land, 1927)

Hans Albers in „Primanerliebe"

# Karl Bleibtreu

*Wer Karl Bleibtreu war, muß man wohl oder übel in der Literaturgeschichte nachschlagen, Kapitel Frühnaturalismus. Schon die Redaktion der Deutschen Montags-Zeitung, die 1914 seinen Ruf nach „Mehr Film, mehr Film . . .!" veröffentlichte, sprach von „diesem immer noch seltsamen Kopf." Ganz verschollen ist er indessen nicht; Bleibtreus Kampfschrift „Revolution der Literatur" (1886) liegt neuerdings als Taschenbuch wieder auf.*

*Geboren am 13. Januar 1859 in Berlin als Sohn eines Schlachtenmalers, liebte Bleibtreu die heldische Gebärde und wurde unter anderem durch eine Reihe von Schlachtendichtungen und Schlachtenschilderungen bekannt. Die erste, „Dies Irae" (1882), heißt im Untertitel „Erinnerungen eines französischen Offiziers an Sedan", kam ohne Verfassernamen heraus und schildert den Schlachtverlauf so genau, daß die französische Übersetzung in Frankreich für das Original gehalten wurde und eine sehr gute Presse hatte, worauf die „Kölnische Zeitung" das kleine Buch ins Deutsche rückübersetzen ließ; danach wurde dann auch das Original ein Erfolg. Im übrigen umfaßt das Werk Bleibtreus mehr als hundert Titel jeglicher Art und Gattung, wie es sich für einen „Volldichter" – sein eigenes Wort – geziemt. Seine mannigfachen Bearbeitungen des Napoleon-Stoffes betrachtete er als eine „große Kinodichtung", die erst verfilmt zu wahrem Leben erwachen werde.*

*„Bleibtreu war keine verbindliche oder liebenswürdige Natur, vielmehr bis zuletzt ein Kämpfer, man könnte fast sagen – da er sich sehr im Kleinkampf verbrauchte – ein Raufer" (Friedrich Lienhard). Also nicht unbedingt die Ausgrabung des Monats, wenn nicht – ja, wenn er nicht einen ganzen Stapel Filmkritik hinterlassen hätte, aus dem sich alles herauslesen läßt, was sonst an verstreuten Aussagen über Wesen und Wirkung des Stummfilms vorliegt. Nachdem er im Mai/Juni 1913 für die Fachzeitschrift „Kinema" ein paarmal „aus Zürcher Lichtspieltheatern" berichtet hatte, besprach Bleibtreu vom 13. Juli 1913 bis zum 2. August 1914 und dann nochmals kurz vom 22. November 1914 bis zum 17. Januar 1915 in der Wochenschrift „Die Ähre" regelmäßig das Programm sämtlicher Kinos in Zürich, wo er von*

1908 an wohnte. Nach Kriegsausbruch waren die Zürcher Kinos zunächst einmal zu, und dann war bald kein Platz mehr für Filmkritik; Anfang 1916 ging die Zeitschrift ein. Dafür bekam Bleibtreu Gesellschaft. Zürich wurde zum „Sammelpunkt aller Menschen, die der Krieg über die Grenzen ihrer Vaterländer geworfen hatte" (Huelsenbeck), unter denen Bleibtreu allerdings als Überbleibsel einer früheren literarischen Revolution wirkte. Mit seiner Filmspalte war er aber der Zeit doch wieder voraus. Die letzten paar Jahre seines Lebens verbrachte er in Locarno; dort ist er am 30. Januar 1928 gestorben.

In einer Abhandlung über „Theater und Kino" hatte Bleibtreu 1913 die Grundbegriffe dargelegt, nach denen er Filme beurteilte. Etwas weitschweifig, wie gewohnt; gleichzeitig bekommt man aber einen Vorgeschmack von seiner höchst persönlichen, fast privaten Filmchronik, die wie kein anderes Zeugnis der Zeit uns zu Gemüte führt, was es hieß, 1913/14 ins Kino zu gehen. Hier auszugsweise wiedergegeben, unter stillschweigender Enträtselung vieler Druckfehler.

## Theater und Kino

1

Da Theaterkreise die verzweifeltsten Versuche machen, das Kino als kunstfeindlich zu brandmarken, so müssen sie sich gefallen lassen, daß ein kundiger Thebaner mal ein ernstes Wörtchen redet und den hier laut blagierenden Humbug entlarvt. Wäre das alte Schillersche Ideal einer moralischen Schaubühne eine Wirklichkeit, so würden wir zwar auch dann noch das Kinodrama als eine neue Kunstform hochhalten und seine Daseinsberechtigung verteidigen. Aber so liegen die Dinge nicht. Das heutige Theater dient fast ausschließlich den gewöhnlichsten Vergnügungszwecken und hat mit der Literatur nur ganz äußerlichen Zusammenhang. In England und besonders Amerika nimmt kein Mensch die Bühne ernst, man betrachtet sie lediglich als höheren Zirkus. Ehrlich gestanden, schätzen wir Athletenkunststücke und treffliche Reiterleistungen oder Menageriedarbietungen höher an Kulturwert als die Vorführung elender Possen und zotiger Lustspiele.

Um es kurz zu sagen: wenn man das Kinodrama als kunstlose Sensationsreizung verdammt, dann müssen neun Zehntel aller Theatervorstellungen als weit geist- und bildungsfeindlicher verboten werden. Während selbst die Schöpfer der modernen Salonkomödie, die Franzosen, das Theater an und für sich im Vergleich zur Literatur gering achten („*C'est du théâtre*", bedeutet etwas Herablassendes und wenig Schmeichelhaftes im Munde der Pariser Kritik), hingen die Deutschen dem öden Bühnenbetrieb ein ideales Mäntelchen um. Was tut man dort für die dramatische Dichtung? Man führt anstandshalber hier und da tantiemefrei „Klassiker" auf, die sich nur deshalb bei Theaterleitern einiger Beliebtheit erfreuen, weil man an sie keine Autorenhonorare abführen muß. Doch blieben tatsächlich nur die bekanntesten Dramen Shakespeares und Schillers auf dem Spielplan, weil irgendein „Star" durchaus eine Bombenrolle mimen will. Das finanzielle Ergebnis wird am besten durch eine jüngste Statistik des Frankfurter Theaters festgelegt, wonach „Heinrich IV" trotz Falstaff volle 224 Mark in die Kasse brachte, dagegen ein grauenvoller Schmarren ohne jeden literarischen Anstrich am nächsten Tage 3000! Angesichts solcher Bände redenden Ziffern von einem Kulturwert des Theaters zu faseln, geht um so weniger an, als das schlechteste Programm eines Lichtspiels sicher lehrreicher, ernster und kultureller wirkt, wäre auch nur die übliche Pathé-Wochenschau darin oder eine Serie von Naturbildern mit strömendem Wasser und bewegtem Wald. Es steckt tausendmal mehr Poesie in jedem guten Film, der ein bewegtes Bild der Wirklichkeit täuschend vor Augen führt, als in den traurigen Fabrikaten angeblicher Lustspiele, wo Unwahrheit und lächerliche Unwahrscheinlichkeit gequälter Situationen das rohste Lachbedürfnis befriedigen.

Geradezu schamlos scheint der Vorwurf der Unsittlichkeit gegen die Kinobühne, die durchweg den Anstand ganz anders wahrt als die Bühne, wo Lüsternheit und Zweideutigkeit ein Haupterfordernis des Erfolges bilden. Um das bewußte Mäntelchen herauszuhängen, lassen sich die Theaterleiter ferner manchmal herbei, irgendeiner literarischen Modeclique Opfer zu bringen, natürlich nicht aus idealen Gründen, sondern um der tonangebenden Kritik einen Gefallen zu erweisen, die dann dafür durch Poussierung einer solchen angeblich „literarischen" Bühne bezahlt. So sind die Erfolge von Brahm und später Reinhardt zustande gekommen, obwohl bei letzterem wesentlich ein Etwas mitsprach, das seine heute erfolgte Bekehrung zum Kino voraussehen ließ. Brahm überwand mit Hilfe der Presse den Widerstand des Publikums gegen Ibsen und Hauptmann, es wurde guter Ton, sich bei diesen zu langweilen, doch gibt hier einen bedeutsamen Wink, daß unter allen Stücken Ibsens das durchaus verfehlteste, unwahrste und unbedeutendste, „Die Stützen der Gesellschaft", nach statistischem Ausweis die größten Kassenerfolge erzielte und ebenso Hauptmanns schlimmste Entgleisung, „Die versunkene Glocke", ein romantisches Zauberstück, das obendrein ganz aus dem Brahmschen Kunstprogramm herausfiel.

Wir möchten aber wirklich fragen, ob derlei Werke nicht nur gewinnen würden, wenn man sie bloß mimisch vorführte und den Wortbrei wegließe. Der unverständliche Schlesierdialekt, mit dem Hauptmann eine Naturechtheit seiner Volksmenschen vortäuscht, könnte wahrlich uns erspart werden; „Die Weber" würden als Kinodrama weit mehr packen, da hier der Film für eine treuere Echtheit des Gegenständlichen sorgen und das völlig Undramatische der rein äußerlichen Vorgänge mit seiner eigenen Lebenswahrheit verdecken und beleben würde. Wohl aber sei zugestanden, daß die wenigen wirklich tiefsinnigen Lebenssatiren Ibsens („Wildente", „Borckmann") durchaus des gesprochenen Wortes bedürfen, desgleichen die Strindbergs oder Shaws, weil hier der Reiz im Charakteristischen des Dialogs liegt und bloße Mimik dies nie ersetzen kann. Das Gleiche gilt für diejenigen Erzeugnisse der Neu-Romantik, wo im Grunde nur ein reichgesticktes lyrisches Sprach-Gobelin über ein schmales Handlungsgerippe geworfen wird, wie bei Hofmannsthal, Vollmoeller, Hardt, Schmidt-Bonn, Stucken, meist auch Eulenberg. Doch unterscheiden wir dies von Hauptmanns Melodramen insofern, als bei den Neu-Romantikern wenigstens dem Kino bedeutende Illustrationsmotive geboten werden. Insofern mag Reinhardt mit Erfolg etwa Hellenisches oder Venezianisches oder Gralsmärchen dieser Dichter verfilmen. Was aber den literarischen Wert dabei ausmacht, muß natürlich verloren gehen.

Aus gleichen Ursachen fällt – wohlgemerkt rein künstlerisch, denn sonst läßt sich ja überhaupt alles und jedes verfilmen – überhaupt das alte klassische Drama in Versen weg. Was bleibt von „Tasso" und „Iphigenie" übrig, wenn man die herrliche Sprache wegnimmt? Ein paar lebende Bilder. „Hamlet" ohne Hamlets Worte, „Macbeth" ohne Macbeths Monologe, „Lear" ohne die gesprochenen Seelenschreie wären eben nicht mehr die Weltdichtungen, die wir kennen. Ähnliches gilt auch für Hebbel und teilweise Grillparzer, und wenn z. B. Victor Hugos Spektakeldramen förmlich nach dem Film zu schreien scheinen, so würde dort, wenn man ihnen den Pfauenschweif hochtönender Alexandrinerverse oder wuchtiger Prosarhetorik ausreißt, das Absurde und Unwahr-Theatralische der Handlungen und Charaktere erst recht zum Lachen reizen. Wohlgemerkt stellen wir uns aber hier stets nur auf den höchsten Kunststandpunkt der Theorie, und erscheint dies Beispiel sonst sehr lehrreich. Da nämlich V. Hugos Theatralik an und für sich überhaupt keinen wirklichen Dichtungswert besitzt, so wäre eigentlich gleichgültig, ob „Hernani", „Ruy Blas", „Der König amüsiert sich" (Verse), oder „Lucrezia Borgia", „Maria Tudor" (Prosa) verfilmt würden. Sie würden den Deckmantel der Sprache verlieren, ihre geschwollenen Theaterlaster noch ärger demaskieren, anderseits aber würde die Naturtreue geschmackvoller Films viele malerisch geschaute Szenen viel eindrucksvoller machen als auf der Bühne.

Seien wir ehrlich: denkt man sich von „Don Carlos", „Wallenstein", „Tell", „Maria Stuart" die Schönrederei weg, so wird uns manches mangeln; aber da selbst die schwungvollste Meiningerei nie auch nur entfernt eine Inszenierung zustande bringt wie der Kino sie leisten kann, so würde das Milieu dieser auf den

Effekt gestellten und dramatisch bewegten Dichtungen uns weit verständlicher und anschaulicher vor Augen treten.

Mit anderen Worten: von Verfilmung auszuschließen sind nur die Dichtungen, wo entweder die Charakteristik (Ibsen), oder die poetische Schönheit (Goethe) ausschließlich im Worte liegt, oder wo das Weglassen der Sprache so viel bedeutet wie Unverständlichkeit der Handlung (Hebbel). In dem einen einzigen Falle aber, wo jede Zustutzung ein Sakrilegium bedeutet, nämlich bei Shakespeare, gingen ja die Bühnen längst dem Kino mit schlechtem Beispiel voran. Weil sie mußten – denn die epische Breite trotz höchster innerer Dramatik, deren Shakespeare für seine umfassenden Vollbilder bedurfte, spottet des Bühnenraums. Man ist gezwungen, nicht nur so vieles zu streichen, sondern auch zu bearbeiten, d.h. die vielen Umwandlungen auf Einzelbilder zusammenzudrängen ohne Rücksicht auf Wahrscheinlichkeit. Wir sind daher überzeugt, daß selbst die Verfilmung Shakespeares, worüber natürlich ein Schreckensgeheul losbrechen würde wie über Gotteslästerung und Antastung der heiligsten Güter, für den wahren Kunstkenner sowohl praktisch als theoretisch höchst lehrreiche Anregung bringen würde. Man braucht ja nicht gerade diejenigen Herrlichkeiten zu wählen, wo das Shakespearesche Wort ein für allemal zum Erbgut der Menschheit gehört und in sich selber die Fülle der Schönheit und Charakteristik trägt. Dies gilt auch für das höchste Komische, denn Falstaff ohne Worte ist nicht mehr Falstaff. Aber wir bedauern z. B. sehr, daß der kommende Riesenfilm „Antonius und Kleopatra" sich an Sardou und nicht an Shakespeare anlehnt. Denn wir halten für möglich, daß dies gewaltige Weltbild, bei dem nicht das Wort an sich vorherrscht, in bunter Fülle der Filmbilder uns anschaulicher vor Augen träte als auf der Bühne. Hoffentlich folgt Reinhardt dieser Anregung und schenkt uns mal einen „Julius Cäsar" solcher Art, worin doch nur die große Antoniusrede zu den Kronkleinodien der Dichtung gehört, alles übrige aber auch ohne Worte überwältigend wirken müßte, da im Kino eine Masse von Milieuzügen unendlich packender herauskommen würden. Und da das Herausarbeiten des Milieus die Hauptstärke des Kino bedeutet, so fällt uns ein, daß es ja einige „unaufführbare" dramatische Dichtungen der Weltliteratur gibt, die eben für den Film *nicht* unaufführbar sind. Gilt doch für das Kino das Wort Napoleons: „Unmöglich? dies Wort ist nicht französisch." Der Kino kann alles, und wir behalten uns vor, Grabbes „Hannibal", „Hermannsschlacht", „Hohenstaufen", „Don Juan und Faust" für das Kino zu bearbeiten, ebenso Mussets „Lorenzaccio" und möglichenfalls sogar Gobineaus „Renaissance". Wäre dies nicht eine weit größere Bereicherung der veranschaulichten Poesie als sämtliche fragwürdigen Banalitäten der modernen Bühne? Wenn man festhält, daß Shakespeare *szenisch*, die andern obengenannten Werke aber überhaupt nur ihre volle Verwendung im Kino finden können, so bedarf die Kunstbedeutung des verfemten Filmdramas keines Kommentars mehr. Auch Byrons „Sardanapal", „Falieri" würden ihren inneren dramatischen Gehalt im Film besser erproben, als durch Deklamieren endloser Jamben auf der Bühne. Von „Manfred", „Kain", „Himmel und Erde" sollte man freilich die Finger lassen, weil hier das Genie hauptsächlich in unerreichter Schönheit der Sprache und dem Schwung erhebenster Gedanklichkeit liegt. Und doch – würde ich als besonderer Byronianer Anstoß daran nehmen, Kains und Lucifers Flug durch den „unermeßlichen Raum" oder die Sintflut oder Manfreds Verkehr mit den Berner Alpen verfilmt zu sehen? Zweifelt man daran, daß trotz Fehlens aller Sprachlichkeit hier eine innere Poesie, wie sie des Dichters Vision schaute, hervorgezaubert werden könnte, die jeder Bühnenmöglichkeit spottet?

Wahrlich, die Bahn unbegrenzter Möglichkeiten dehnt sich vor der Kinodichtung aus. Bisher aber faßten wir immer nur das bisher übliche wortlose Kino ins Auge, und doch hat Edison ja schon das Wunder der Verbindung von Film und Wort zustande gebracht. Angeblich in noch unbefriedigendem Zustand, da die Worte zu schwach und zu fern geklungen hätten. Andere Mitteilungen lauten optimistischer, und bei den ungeheuren ökonomischen Interessen, die hier auf dem Spiele stehen, drängt sich der Verdacht auf, ob ungünstigere Mitteilungen nicht einfach vom Welt-Konzern der bedrohten Theaterwelt beeinflußt werden. Wir müssen die Probe in Europa abwarten, auch erklärte der so hochverdiente Gaumont bereits: so weit wie Edison sei er schon, aber hoffe auf bessere Vervollkommnung. Auch weiß ich zufällig durch persönliche Mitteilung eines bekannten deutschen Ingenieurs, der Edison im vorigen Herbst besuchte, daß Edison damals noch mit Herauskommen der Erfindung zögerte und den gültigen Abschluß für noch nicht ausgereift ansah. Er muß also jetzt etwas plötzlich und übereilt hervorgetreten sein, woraus folgt, daß ihm ein stärkeres Abrunden vorschwebt. Ohne jeden Zweifel wird es gelingen, zumal man bereits die Hervorbringung aller allgemeinen Geräusche im Kino schon sicher hat. Regiebemerkungen wie „Donner, Schießen, Trompeten, Trommeln, Volksgeschrei" werden schon bald zum Repertoire des Kinos gehören. Was aber die angebliche allmähliche Enttäuschung nach anfänglicher Begeisterung des New-Yorker Publikums vor Edisons Sprach-Kino betrifft, so mag sie gute Gründe gehabt haben, die uns dem Hauptthema anderer Erwägungen zuführen.

Edison als Kunstfremder traf wahrscheinlich ungeschickte Stoffwahl und führte beliebige Theaterstücke vor oder gar wertlose Geschäfts-Kinostücke, die mit Worten zu versehen wahrlich keinen Vorzug bedeutet. Der gesunde Instinkt mag nun gefühlt haben: Wenn man beliebige Theaterstücke sehen will, geht man dann lieber ins wirkliche Theater, wo die Stimmen natürlicher klingen.

Auch dürfte die Ausstattung mit (mehr oder minder wertlosen) Worten den raschen Wechsel der Bilder beeinträchtigen und die Filmreihe unnötig zeitlich verlängern, was einen sonstigen Vorzug der Lichtspiele aufhebt. Es müßte also überhaupt erst die Wirkung geprüft werden, wenn Edison ein nicht gewöhnliches und eigens für Kinowirkung geschaffenes Drama vorführt. Allein, wir bekennen ehrlich, daß wir vorerst – natürlich Probe vorbehalten – uns von durchweg angewandtem Sprachmechanismus, d. h. durchgängiger Verquickung der Mimotechnik mit Sprache nichts Vollkommenes versprechen. Nach unserem Dafürhalten wird das Kinodrama der Zukunft allerdings die Sprache verwenden, aber mit Maß, so daß das Meiste oder die Hälfte nach wie vor rein mimisch ausgedrückt und nur sozusagen die entscheidenden Schlagworte phonographisch ausgedrückt werden. Man wird einwerfen, dies sei unnatürlich, beweist aber damit nur das gleiche pseudo-realistische Banausentum der Literatur und des Theaters, das eine Photographie der Wirklichkeit von der Kunst erwartet. Die Kunst hat aber gar nicht diese Aufgabe, die recht untergeordnet wäre, sondern soll vielmehr eine höhere Wirklichkeit hervorzaubern, sozusagen die wirkliche Quintessenz der Dinge, die uns im Wirrwarr der äußeren Realität sich verbirgt. Das Theater besonders arbeitet nur mit der Illusion, und es macht lachen, wenn Naive in einem Abkonterfeien des Reporterrealismus auf der Bühne „das Leben" zu sehen glauben. Denn wenn die Phantasie des Zuschauers nicht mitarbeitet, wird er ewig die Kulissen und den Souffleurkasten sehen, und wenn mal eine Pappetür nicht schließt, so lacht er. Auch das bisherige Kino erweckt nur dem wirklich Illusion, dessen Einbildungskraft nachhilft, denn schon der blitzartige Bilderwechsel ist für einen unheilbar prosaischen Zuschauer geradeso unnatürlich wie die lautlose Mimik. Ohne derlei poetische Lizenzen geht es gleicherweise bei Theater und Kino nicht. Aber freilich muß nicht die reine Barbarei sich einmischen, wie leider bisher beim Kino die Zwischen-Films mit den geschriebenen oder gedruckten Worten sie bedeuten. Und hier soll ja gerade der Edisonsche Sprachmechanismus einen sonst unheilbaren Schaden beseitigen.

Beim Theater begriff man, daß schon die Akteinteilungen mit Fallen des Vorhanges die Illusion zerreißen, die durch Umbau der Szenerie nötigen längeren Pausen verderblich wirken, daher möglichste Einheit des Raumes gewahrt werden müsse. Das wahre Ideal eines Theaterstückes liegt im Einakter (Strindbergs „Komteß Julie"), wo die Stimmung des Zuschauers einheitlich bleibt. Diese den Bühnenverhältnissen angepaßte Entwicklung mußte dann umgekehrt mit größten Nachteilen fürlieb nehmen. Denn diese überstraffe Konzentration des Stoffes bedingt notwendigerweise große innere Unwahrscheinlichkeit, da sich die Dinge nie einheitlich am gleichen Flecke abspielen, also selbst der naive Zuschauer instinktiv das Gemachte und Gekünstelte dabei ahnt. Shakespeares vielfacher Szenenwechsel – der sich, wie wir hervorheben, bei keinem seiner Zeitgenossen auch nur entfernt im gleichen Maße findet und von Ben Jonson damals schon aufs strengste getadelt wurde – entspricht keineswegs, wie man glaubt, bloßer Anpassung an damalige naive Bühnenzustände, wo die Szenerie gar nicht wechselte und bloß ein Plakat vorgeschoben wurde, etwa mit dem Namen „Afrika" oder „Venedig", sondern innerem Muß. Dieser größte Dichter sah die Dinge sozusagen mit Kinoaugen, verlangte ununterbrochene natürliche Übergänge und Einreihung episodischer Nebenvorgänge, weil nur so die lebendige Wirklichkeit aussieht, die eben nichts bloß auf einen Punkt konzentriert. Shakespeare würde daher das Kino mit Hosianna begrüßt haben. Nachdem wir aber nun von der unnatürlichen Enge der Bühne befreit sind und das Kino mit geradezu unerhörter Hexerei den dichterisch gebotenen natürlichen Wechsel der Bilder zwanglos ohne Zeitverlust hervorruft, blieben die halbreifen Eierschalen der bisherigen Mimotechnik in den abscheulichen Wort-Zwischenfilms hängen. Diese zerstören jede Illusion, verwirren gleichzeitig das aufpassende Hirn und Auge des Zuschauers und dürften außerdem aus bestimmten Gründen noch mal eine Kino-Augenkrankheit hervorrufen, so daß dem Kinodrama hier eine Gefahr durch ärztliche Einmischung droht. Denn nicht der wirkliche Filmwechsel beunruhigt das Auge, sondern das Einschieben eines Wortbildes, das sofortiges eiliges Ablesen erfordert, mitten in einem stehenden Film. Denjenigen Kinobarbaren also, die als bloße banausische Geschäftsleute und Pfennigfuchser sich gegen die neue Sprachanwendung im Lichtspiel sperren und lieber beim alten Schlendrian bleiben möchten, weil er weniger Geld und Mühe koste, rufen wir zu: *Caveant consules.* Nur die völlige Ausmerzung dieses Wortfilmunfuges kann das Kino seiner hohen Bestimmung und – was euch mehr am Herzen liegt – seiner finanziellen Vorherrschaft zuführen.

2

Der wirtschaftliche Niedergang und allmähliche Zusammenbruch des Theaterwesens wird durch zahlreiche Tatsachen statistisch belegt. Je mehr Theater unvernünftigerweise gegründet werden, desto mehr krachen auch. Da alle Gagen sich steigerten und bei Stars von Oper und Schauspiel eine ungebührliche Höhe erreichten, wächst der Tagesetat ohne Verhältnis zu den keineswegs gesteigerten Einnahmen. Jede Erhöhung der Preise verringert die kleine Schicht ständiger Theaterbesucher. Da selten jemand Verlangen trägt, ein Stück zweimal zu sehen, sieht man sich zu stetem Repertoirewechsel gezwungen, was die Leistungsfähigkeit der Schauspieler heruntersetzt und zu überhasteten und unausgereiften Vorstellungen führt. (Eine Ausnahme bilden nur Operetten oder „Schlager" von Berliner Lokalpossen, ferner einzelne Modeerscheinungen, wie das berüchtigte „Alt-Heidelberg" oder früher Sudermannsche Erzeugnisse. Selbst bei letzteren soll aber anfangs öfters „wattiert" worden sein, wie dies Brahm bei gewissen Lieblingen tun mußte, um bis zur 20. Vorstellung durchzuhalten, in der Hoffnung, daß auf diese Reklame hin Herr Omnes sich doch noch einfangen lasse.) Allmählich sieht sich der Mittelstand ganz vom Theaterbesuch ausgeschlossen, der ein starkes Portemonnaie erfordert. Tue Geld in deinen Beutel, wenn du heute Bühnenkunst genießen willst! heißt der Wahlspruch. Die Folgen bleiben nicht aus.

Wenn die Kinofeinde behaupten, daß nur Ungebildete und geistig Unbemittelte das Kino besuchen, so fragen wir: wer füllt denn die Theaterplätze? Etwa Gelehrte, Beamte, gebildete Offiziere und die gottlob sehr große Schicht im Mittelstand und Volk, die mit dem kleinsten Geldbestand den größten Bildungsdurst vereint? Keine Spur! Um den Schwindel, die Bühne sei ein Kulturfaktor, recht mit Händen zu greifen, sehe man sich doch die Berliner Uraufführungen an, besonders bei Modeautoren, wo die Billetts tatsächlich an der Börse gehandelt werden. Sämtliche Börsenjobber, viele Finanzagenten, Industrielle und reiche Modegecken, besoldete und unbesoldete Claqueure, nirgendswo (mit Ausnahme der Kritiker, die auch nicht gerade eine Elite bedeuten) Leute von höherer Bildung. Was ein solcher Areopag über wirkliche Dichtungen zu denken und zu urteilen hat, kann man sich vorstellen. Infolgedessen fällt jede Möglichkeit fort, dramatische Dichtungen höheren Stils zu pflegen.

Beiläufig sei auch erwähnt, daß natürlicherweise, da gewisse Kreise durchschnittlich das meiste mobile Kapital besitzen und auch nicht so knickerig im Geldausgeben sind wie der deutsche Philister, das Theater ganz und gar in deren Hände geriet und sich daher dem spezifisch kapitalistischen Geschmack anpassen muß, der vor allem alles Historische und Metaphysische verpönt. Das sogenannte deutsche Theater wird daher immer undeutscher, wozu auch noch die Neigung für sentimental-schlüpfrige Lüsternheit gehört. Der scharfe kaufmännische Verstand, dem ja in dieser Hinsicht ein hoher Grad von geistiger Regsamkeit nicht abgesprochen werden kann, ergötzt sich ausschließlich an sogenannten Gesellschaftskomödien und sozialen Tagesfragen, lauter Sachen, die mit der höheren Dichtung nichts gemein haben. Das ist aber im Interesse des Kinos nur zu begrüßen, indem so alle Dramen, die nicht im Frack und Zylinder gespielt werden können, allmählich ganz von der Bühne ausgeschaltet werden und ihre natürliche Heimstätte im Kino finden. Denn die Ansprüche an Inszenierung erhöhten sich durch die Meiningerei so ungemein, daß jede Aufführung Shakespearescher Stücke oder Wagnerscher Opern Unsummen verschlingt und nur die größten Theater sich diesen Luxus gestatten dürfen, wobei sie wenigstens im Falle Shakepeares oder Schillers notwendig mit Unterbilanz arbeiten. Wenn Reinhardt mit einigen Shakespeareschen Werken „Kasse machte", so lief eben das Publikum nicht wegen des britischen Dichterfürsten, sondern wegen der Tricks Reinhardtscher Einstudierungen hinein. Da Reinhardt aber, nachdem er durch Mirakelei und Zirkusbenutzung sich bereits dem üblichen Theaterrahmen entfremdete, sich nunmehr dem Kino verschrieb, so fällt auch diese letzte, in gewissem Sinne neuschöpferische Kraft, die noch einigermaßen ein blasiertes Publikum in ernstere Theaterwirkungen fesseln konnte, für die Bühne fort.

Demgegenüber arbeitet die Lichtspielbühne mit einem ganz geringen Etat. Denn mit Ausnahme der Film-Leihgebühren sind die Tagesspesen verschwindend klein, die Räumlichkeiten brauchen nicht so ausgedehnt zu sein wie beim Theater, obschon natürlich in Zukunft alle Hauptstädte den großen Cines-Bau in Berlin nachahmen werden. Die Kinospiele können mühelos ihr Repertoire alle halbe Woche wechseln, also den Kinofreund immer neu anlocken, können ferner bei einem höchstens zweistündigen Programm mindestens sieben Stunden ununterbrochen fortspielen, also ungefähr dreimal ihr Publikum erneuern. Diese tägliche dreimalige Einnahme wird ermöglicht durch dreimal billigere Preise, wodurch alle Volksschichten ohne Ausnahme der Einladung folgen können. In Amerika übertreibt man sogar die Billigkeit (5 Cent), doch die praktischen Yankees werden schon wissen, was sie geschäftlich tun. Die ungeheure Ausdehnung des Kinowesens in den Vereinigten Staaten huldigt dem gesunden Grundsatz: „Die Masse muß es bringen", der mit stetiger Übervölkerung erst recht in Deutschland und England Hand in Hand gehen muß.

Da nun das sonstige Theater, wie wir sahen, genau ins entgegengesetzte Extrem verfallen und sich auf eine relativ immer kleiner werdende Auslese von hinreichend Bemittelten stützen muß, so läßt sich das Ende mit mathematischer Sicherheit vorhersagen. Der Kinobetrieb wird den Theaterbetrieb zugrunde richten, beschleunigt aber nur einen ohnehin unvermeidlichen Prozeß. Der bekannte Notschrei „Wien *war* eine Theaterstadt" – sogar Burgtheater und Deutsches Volkstheater kämpfen mit finanziellen Schwierigkeiten – wird sich allmählich auch in Berlin, der bühnentollsten (*stage-struck,* sagen die Briten) Stadt der Welt wiederholen. Eine Theaterbude nach der andern auf dieser Kirmeß macht zu. Im Sommer würde dieser Massenmarkt der Vergnügungen völlig veröden, wenn nicht die zahllosen Fremden aus Neugier in die gepriesenen Heimstätten Thalias hineinströmten, als wären es Sanatorien höherer Bildung, besonders für Provinzbewohner, die solcher erhabenen Kunstgenüsse nicht teilhaftig wurden. Aus oben berührten Gründen scheint vielleicht kein Zufall, daß gerade Zeitungen, wie das „Berliner Tageblatt", die ihr tägliches Feuilleton mit Theaternotizen speisen, gegen das Kino wütend opponieren und sich sogar in blöden Späßen über den Namen Cines ergehen. Da das Kino die Presse weit weniger braucht, als das Theater, so fühlt die Tagespresse ihre heiligsten Güter bedroht, und der alte Klüngelbund von Theater und Presse, die sich möglichst in die Hände arbeiten und von einander Vorteil ziehen, verliert seinen wirtschaftlichen Anreiz.

Wenn neun Zehntel der bestehenden Thaliahäuser eingehen, so werden wir ihnen aus früher erörterten Gründen keine Träne nachweinen. Die Welt will betrogen sein und die Bretter, die die Welt bedeuten, mögen vor Blinden und Unmündigen sich weiter einen idealen Nimbus von Schminke und Rampenlicht anzaubern: der wirkliche Idealist, immer der einzige realistische Wahrheitsseher, wird sich nie blenden lassen und das heutige Theater als das auffassen, was es ist, nämlich ein meist schlechtes Vergnügungsetablissement, das für Geistesbildung nur in seltensten Fällen etwas leistet. Wie jüdische Redaktionen sich einen „Renommierchristen" in ihrer Mitte unterhalten, so prahlt das Theater mit literarischen Gebärden, indem es zwischen tollem Schund, von dem es „lebt", hier und da mal ein von persönlichen Protektionseinflüssen empfohlenes Literaturprodukt aufführt. Wozu also das Verkrachen solcher Zirkusgerüste beklagen!

Nichtsdestoweniger mögen die eingefleischten Theaterfreunde sich trösten: die größten und vornehmsten Schaubühnen werden trotz aller Kino-Übermacht bestehen bleiben, weil gewisse Arten schwerlich je durch Lichtspiele ersetzt werden können, selbst wenn der Tonmechanismus eine hohe Vervollkommnung erreichen sollte. Denn obschon Opern, intime Seelendramen Ibsenscher Gattung, Jambendramen des alten Stils auch wohl sämtlich vom Zukunftskino vorgeführt werden können, so würde man hierbei vermutlich den Reiz der lebendigen Stimmen nicht gern missen wollen. Es bleibt also dem üblichen Bühnenwesen immer noch ein bestimmtes Gebiet gewahrt, wo das Kino nicht gut wetteifern kann, zumal wir ja früher unsere eigene Überzeugung aussprachen, daß wir jede vollständige Nachbildung eines gewöhnlichen Sprechschauspiels, wie sie Edison vorschwebt, für verfehlt halten. Damit gibt man die Vorzüge und die wahre Eigentümlichkeit des Kino auf und zwar gerade in künstlerischer Beziehung. Der spöttische Einwurf der Gegner, die „literarischen" Kino-Autoren würden einem ungebildeten Kino-Publikum einfach ihm unverständliche Dinge vorsetzen und somit bald genug vom Schauplatz ihrer Taten abtreten müssen, um wieder dem altgewohnten Radau-Kinodrama Platz zu machen, rechnet daher mit Fehlern, die hoffentlich nicht begangen werden. Denn wenn wirklich die törichte Absicht bestehen sollte, einfach die üblichen Bühnendramen von der Bühne auf den Film zu übertragen ohne wesentlichste Umänderungen, so kann nicht scharf genug gegen solchen Unfug Protest erhoben werden. Dann liefe die Verfilmung lediglich auf schlechte Popularisierung hinaus, die höchstens dem dringenden Bedürfnis der Autoren entspräche, sich einen Nebenverdienst zu eröffnen. Dies würde aber bald mit einem Generalkrach des „literarischen" Kino enden, und die Kinomagnaten würden bald bedauernd verzichten, weil das große Publikum einfach nicht mitginge. Denn entweder würde ein solches verfilmtes Stück gewöhnlicher Bühnenroutine mit dem vollen Text aufgeführt, und das könnte unmöglich dieselbe Wirkung erreichen wie mit lebenden körperlichen Schauspielern, wäre also künstlerisch ein Rückschritt – oder es würde ohne Text oder mit wenig Text aufgeführt und dann würde es freilich das Publikum als unverständlich langweilen. Das Kinodrama soll sich vielmehr in bewußten Gegensatz zur Bühnenschablone stellen, und jedes vorliegende Drama muß durchaus umgeändert werden, wenn die wahren künstlerischen Vorzüge des Filmwesens ausgebeutet werden sollen. Worin diese bestehen, das sei nun erörtert.

Was bietet bisher ein tägliches Kinoprogramm, sobald wir von den ganz wenigen Riesenfilms vom Schlage des „Quo vadis?" absehen? Zuvörderst eine Wochenschau aus aller Herren Länder. Das ist lehrreich und erweitert die Anschauung, hat also einen gewissen Bildungswert. Nur muß das Ethnographische nicht ungebührlichen Raum beanspruchen, wie – um ein Beispiel zu nennen – ein Film „Das Himmelsfest in Anam" eine gleichgültige Zeremonie endlos in nicht viel landschaftlich reizvollen Bildern fortspinnt. Bilder aus Südpolexpeditionen oder gar den Riesenfilm über den Untergang der „Titanic" mag man technisch bewundern, doch geht hier ein Hauptverdienst des Kino in die Brüche, die Autopsie. Denn da die Kinoaufnahme hier natürlich nicht an Ort und Stelle erfolgte, so bekommt man nichts als Phantasiegebilde, was für erdichtete Kinostoffe, aber nicht für „aktuelle" Tagesereignisse paßt.

Immerhin hat solcher Anschauungsunterricht viel für sich, nur prägt er nicht das eigenste Wesen des Kinos aus, da sich ähnliches ebenso gut durch gewöhnliche Lichtbilder erreichen ließe. Das Gleiche gilt für die Landschaftsbilder und die wissenschaftlichen Veranschaulichungen z. B. vom Wachstum der Pflanzen, oder gar von Krankheitskeimen, auf welch letztere Experimente ein ungebührlicher Wert gelegt wird, und was als Aushängeschild für die Volkserziehung durchs Kino herhalten sollte. Ohne leugnen zu wollen, daß derlei wohl auf einige naive Zuschauer „bildend" wirken mag, wollen wir doch nicht vergessen, daß die Massen nicht das Lichtspiel besuchen, um sich gelehrte Vorträge halten zu lassen, sondern um sich zu zerstreuen und, richtig gesagt, ihre Phantasie zu bereichern. Wenn die Kinofeinde, dies recht wohl begreifend, daher den listigen Rat geben, sich auf Obiges zu beschränken, so müßte dies von vornherein den Kinoleitern verdächtig vorkommen. Oder deutlicher: wenn der ganze Haß sich auf das Kinodrama vereinigt, so muß man folgern, daß gerade hier die ganze wirkliche Kraft und Bedeutung der Lichtspiele liegt.

Will man aufrichtig sein, so wird man auch bald erkennen, daß der einzige Wert des oben berührten Anschauungsunterrichts keineswegs auf den Gegenständen an sich beruht. Welcher Unterschied bestände dann zwischen guten Photographien oder gewöhnlichen stehenden Lichtbildern von Tagesbegebenheiten, Naturschönheiten, wissenschaftlichen Experimenten und den entsprechenden Films? Daß letztere aufeinanderfolgen, während man sonst die Abbildungen nebeneinander sehen könnte, macht den Reiz gewiß nicht aus. Was dann also? Ganz einfach die Bewegung. Wenn auf den Films die Rudernden, Laufenden, Boxenden, Fahrenden, Reitenden sich nicht lebendig bewegten, würden sie ganz kalt lassen. Am klarsten erweist sich dies an Landschaften, wo nicht umsonst der Film das strömende Wasser bevorzugt. Wir haben Films von Naturpunkten oder Architekturen gesehen, die an sich recht gut ausgeführt waren, aber uns sofort die Frage nahelegten: *Cui bono?* Sitze ich hier, um Dinge zu sehen, die jedes Wandelpanorama mir oft besser bietet? Denn nur wo alles sich regt und bewegt, wie bei stürzenden Wassern oder vom starken Winde bewegten Bäumen, tritt die Kinowiedergabe in ihre besonderen Rechte ein. Kurz, das innerste Wesen des Kino ist just das Dramatische, und ihm das Drama entziehen wollen, heißt soviel, als einem Fisch das Schwimmen verbieten.

Haben nun diejenigen recht, die alle bisherigen Kinodramen über einen Kamm scheren, als roh, sensationell, nur auf Erregung rein stofflicher Schaulust berechnet? Nein, es gibt da beträchtliche Unterschiede. Merkwürdigerweise gelingt am wenigsten das Komische, es wird regelmäßig mehr oder minder Karikatur. Hier gibt es Schnurren, wie z. B. vom Mann, der sich das Rauchen nicht abgewöhnen konnte, die ein Zirkus August beneiden darf. Knallerbsen oder du sollst und mußt lachen! Der Zuschauer erhält eine schallende Ohrfeige nach der andern und findet sich stillergeben in sein Verhängnis, solche Irrenhäuslerei mitzumachen. Ein Seligfilm, „Der genarrte Mephisto", ist ziemlich von gleichem Kaliber, und die italienischen Polidorfarcen werden nur durch die südliche Lebendigkeit der drastischen Pantomime vor Unerträglichkeit bewahrt. „Moritz am Telephon" ist auch eine feine Nummer, und man fragt vergeblich, warum solche kaum auf Vorstadtschmieren erlaubte Albernheit verfilmt werden mußte, da nicht mal irgendein technischer Trick dabei reizt. Ein leidlicher französischer Schwank, „Der gute Richter", wird jeder Lebensmöglichkeit entkleidet, weil nur die Wortwitze hier das Unsinnige mildern, und jede Situationskomik wird grob unterstrichen. Ein zu heftiges Gezappel auf dem Film bringt die Konturen ins Schwanken, vermischt die Perspektiven von Vorder- und Hintergrund. So erfüllt auch die Bearbeitung der „Dame vom Maxim" nicht die

Erwartungen, alles wird possenhafter und unverständlicher, die Übergänge fehlen. Denn je unwahrscheinlicher ein Vorgang, desto sinnloser erscheint er im Film, wo das verbindende Wort nicht aushilft. Warum gelang die Verfilmung der „Lustigen Witwe" ungleich besser? Weil hier bei weitem mehr wirkliche Handlung und die Lustigkeit eine gedämpfte ist, das Komische der Balkandiplomaten diskret behandelt wird. Bei dieser wahrhaft glänzenden Inszenierung wird weit mehr als in der Operette selber offenbar, daß ihr Libretto tatsächlich gut gebaut ist, und so macht dies bekannte Singspiel hier ohne Musik einen viel lebensechteren Eindruck als auf der Operettenbühne. Schon dies sollte Kinofeinde stutzen machen. Im übrigen möchten wir aber aus Obigem die Lehre herleiten, daß das Kino sich des humoristischen Elements nur mit Auswahl und Vorsicht bedienen sollte, weil gerade dies des Wortwitzes bedarf und derbe bloße Situationskomik im Film noch possenhafter erscheint. Eine so wohlgelungene Schnurre wie „Des Kino Rache" (in beiden Teilen) nehmen wir davon aus, weil hier eine polemische Travestie beabsichtigt, wobei man grotesk ins Zeug gehen darf. Aber daß alles Plumpe, Übertriebene, Possenhafte, Unwahrscheinliche, Unmögliche im Kino viel mehr stört als auf der Bühne, ist das nicht ein unwillkürliches Adelsdiplom? Denn woher kommt das? Weil die Kinofiguren, so unglaublich es klingt, lebensechter wirken als die lebenden Menschen der Bühne und daher alles Lebensunwahre dort viel ärger auffällt.

Hier sei kurz eingeschaltet, daß diese größere Lebensechtheit keineswegs nur mit dem Stofflichen der gediegenen Milieuherausarbeitung, sondern auch mit der schauspielerischen Darbietung zusammenhängt. Der vor dem Film Agierende ist völlig von allen Störungen frei, die entweder Befangenheit vor dem Publikum oder Horchen auf den Souffleur oder etwaiges zufälliges Versagen eines Nebenpartners oder eines Requisites als natürliche Hemmungen auslösen. Wer wüßte nicht, daß man einen Kainz oder Matkowski wegen irgendwelcher Indisponiertheit nicht wiedererkennen konnte und sie wie Schmierenkomödianten mimen sah! Wie also erst bei mittelmäßigen Schauspielern! Oft wird eine Aufführung völlig „geschmissen" durch lächerliche Schnitzer in Wort und Haltung einer Nebenrolle, durch rein zufällige Ungeschicklichkeiten, kleine Regieversäumnisse und dergleichen! Das alles fällt beim Kino weg, aller Furcht vor *untoward events* ist man enthoben, der Film steht einmal für immer, nachdem alle mitwirkenden Kräfte ungestört ihr Bestes taten. Sollte dieser nicht hoch genug zu schätzende Vorzug nicht alle Dramatiker locken und alle Kritiker nachdenklich stimmen, die nun nicht mehr im Interesse des Kunsteindrucks jeden Augenblick vor Fehlern zittern müssen?

Und wenn – bisher – das Wort fehlte, so wird dafür das gleich wichtige Mienenspiel, das man auf der Bühne meist nur durchs Fernglas richtig wahrnimmt, so unendlich viel klarer, daß man meist wirklich das Handeln, Fühlen und Denken der Personen so gut errät wie aus den Worten. Überhaupt bleibt ja auf der Bühne alles perspektivisch viel ferner und undeutlicher, während der Film alles in greifbarste Nähe rückt. Wer aber, an hergebrachter Gewohnheit klebend, die bloße Pantomime und anderes technisch unnatürlich findet, dem möchten wir anheimstellen, was wohl ein Wilder, der zum ersten Mal ein Theater besucht, zur Einrichtung der Rampe, des grauenvollen Souffleurkastens, der Pappekulissen in beiden Ecken sagen würde. Ihm käme das alles so lachhaft und unnatürlich vor, daß er jeder Illusion ermangeln würde. Man führe ihn dagegen vor das in sich geschlossene Filmbild und er wird sofort der Illusion verfallen. Beiläufig: wenn der künftige Sprechmechanismus des Kino wirklich Schäden haben sollte, wie man vorläufig behauptet, wie steht es dann mit der mangelhaften Akustik vieler Schauspielhäuser? Die bekannte Unruhe („Lauter, lauter!") ist unheilvoller für den Eindruck, als wenn gar nicht gesprochen würde, und wenn ich wichtige Worte nicht verstehe, so wirkt dies für das aufmerkende Gehirn peinlicher, als wenn ich bloß Pantomime sehe, die ich doch jedenfalls richtiger auffasse.

Diese Abschweifung hat uns wieder den besonderen Vorgängen des Kino nähergebracht und wir betrachten jetzt die anderen Formen des heutigen Kinodramas, das ja noch teilweise in den Kinderschuhen steckt. Da sind nun sehr beliebt jene Films, die irgendeinen Abschnitt aus dem modernen Gesellschaftsleben bieten. Oft geradezu meisterhaft inszeniert, können sie doch die Schwäche nicht abstreifen, daß sie nicht mit dem Auge des Dramatikers, sondern des Film-Zuschneiders gesehen sind. Man merkt die Absicht und wird verstimmt, wenn Situationen lediglich deshalb herbeigeführt werden, um irgendeinen Kinotrick in Szene zu setzen. Die Handlung ist oft ganz dürftig und schwach, wird ungebührlich gedehnt und in unnötige Episoden zersplittert, die irgend etwas Zuständliches, das gar nichts mit der Handlung zu tun hat, verfilmen. Die an sich sehr berechtigte (siehe später) Neigung für Automobil, Eisenbahn, Reiterei wird zu chronischem Leiden, wenn man ihr völlig unmotiviert bei jeder unpassenden Gelegenheit frönt. Einige Beispiele werden genügen. Weil man das Innere eines Hospitals verfilmt hat, müssen Ärzte in weißen Schürzen und Mützen in allen möglichen verschiedenen Stücken auftauchen. Weil man einen Rennstall verfilmte, wird eigens ein angebliches Schauspiel hergestellt, worin eigentlich die sogenannte Handlung nur zugeritten wird. Am Schluß erscheint dann eine gefährliche hohe Rutschbahn, weil eine sportlustige „Gräfin" von ganz unmöglichen Manieren eine Art Parodie auf Schillers Handschuhballade aufführt. Hier wäre entschieden strikte Anlehnung dramatischer gewesen: den Dank, Dame, begehr ich nicht!, aber im Film siegen immer Liebe und Tugend.

Ein anderer Film entstand aus Konterfeiung eines Gartenrestaurants mit einem Schaukelpferd und einer Hotelfassade mit offenen Fenstern, kein Mensch begreift, warum die „Dame mit den Veilchen" sich einem Gecken an den Hals wirft, obschon sie ihren ehrlichen Bewerber liebt. Ein andermal wird ein ganz lustiger Ehebruchsscherz darauf aufgebaut, daß eine Dame in einem *Chambre séparée* wie tot umsinkt, kein Mensch begreift warum. Leugnen läßt sich übrigens nicht, daß die ungenierte Frivolität auch etwas eingedämmt werden müßte, um nicht den Kinofeinden mit ihrem Moralgeheul Nahrung zu gewähren. Der in Deutschland verbotene Schwank „Amelie" hat hingegen Daseinsberechtigung durch tolle Lustigkeit. Um Interieurs des Hotel Danieli – dies muß es nach meiner Erinnerung sein – und einige Venedigbilder vorzuführen, die man mit Ausnahme der fehlenden Gondeln schon hundertmal ebenso gut gesehen hat, zieht ein hohles, theatralisches Ehedrama mit den verbrauchtesten Motiven vorüber, deren sich der ärgste Bühnenstümper schämen würde; „Herzoge", „Grafen" benehmen sich dabei mit unfeinsten Gesten und Manieren. Ein amerikanischer Film bricht ein an sich gutes dramatisches Motiv, daß ein Chirurg seinen Liebesrivalen unterm Messer hat und ihn dennoch aus Pflichtgefühl rettet, so übers Knie, daß nichts Dramatisches dabei herausschaut.

Verhältnismäßig am besten gefiel uns noch „Geld", weil die musterhafte und mehrfach poetische Inszenierung hier wenigstens eine vernünftige, obschon höchst verbrauchte Handlung umrahmt. Und aus dem höchst unvollkommenen und engen Gebiet dieser handlungsarmen Gesellschaftsstücke fällt eine seltsame Glanzleistung heraus, „Jugend und Tollheit", an welcher man alle Vorzüge des Lichtspiels studieren kann. Aus einem Schmarren, der auf der Bühne uns anöden würde, ein freundlich anmutendes, reizend liebenswürdiges Lebensbild zu gestalten, solcher Triumph drängt den Ruf auf die Lippen: wie erst, wenn statt dieses Schmarrens eine Dichtung verfilmt wäre!

Verweilen wir einen Augenblick bei dieser Leistung! Zuvörderst unterscheidet sich „Jugend und Tollheit" von andern Kinodramen ähnlichen Schlages dadurch, daß es eine zwar höchst unwahrscheinliche und fast läppische, aber wirkliche bewegte Handlung mit Verwicklungen enthält. Aus dem viel stärkeren Eindruck dieser Filmserie ergibt sich also überraschend, daß das sogenannte Kinodrama sich vom üblichen Drama insofern gar nicht unterscheidet, als in beiden Fällen nicht beliebige äußere Vorgänge, sondern nur folgerichtige Handlungskonflikte die nötige Spannung auslösen. Wir fragen uns hier freilich kopfschüttelnd, wieso das liebebedürftige Fräulein Schulze ganz unvermittelt ihren strammen Leutnant stehen läßt und sich in dessen als Jüngling verkleidete Liebste verliebt. Auch versteht wieder kein Mensch, wieso das Fräulein den Schuldschein gegen Onkel Peter, den ihr grimmer Vater sicherer als geladene Pistolen unter Schloß und Riegel hält, ausliefert und wieso am Schluß alles *in dulci jubilo* schwimmt. Derlei unsinnige Kindereien mag sich ein sehr naives Publikum gefallen lassen, jeder Vernünftige aber brummt ärgerlich: Quatsch! Ist es nötig, den Kinogegnern solche Handhaben zu bieten, so daß sie verbreiten können, nur das unsinnigste Zeug lasse sich verfilmen?

Aber halt! Wie kommt es, daß wir erst nachher zur Besinnung kommen, welchen Spuk wir da wohlgefällig angesehen haben? Weil die reizende Bilderfolge trotzdem eine so erstaunliche Lebensechtheit atmet, daß wir entzückt dem munteren Spiele folgen und förmlich behaglich in einem frischen Bach der Wirklichkeit zu plätschern meinen. Das vortreffliche Spiel von Asta Nielsen, übrigens auch der andern Mitwirkenden, trägt wohl etwas dazu bei, aber das würde uns auf der Bühne die unwahrscheinlichen Vorgänge nicht genießbarer machen. Aber die Inszenierung hat eine zwingende Lebendigkeit und bei aller Drastik so viel feinen Takt, daß wir uns dem Zauber gefangen geben. Zwei dicht aufeinander folgende Bilder geben hier eine Musterprobe, was das Kino vermag: die Badeszene am plätschernden Wasser und wehenden Röhricht, wo das verkleidete Mädchen abpaßt, ob sie entfliehen kann, und die folgende, wie sie hinten aus dem Walde herauskommt und, perspektivisch immer größer werdend, zwischen ihren Leutnant und Fräulein Schulze vorne auf der Bank hineinplatzt. Das ist anschauliches Leben, Poesie der Wirklichkeit, wie keine Bühne sie je zu bieten vermag. Daß Gastmähler und Bälle im Kino unendlich lebendiger, echter, bunter, reicher wirken als auf der Bühne, braucht man nicht zu erwähnen. Daß sich der „Autor" auch hier nicht nehmen läßt, Eisenbahn, Automobil, Pferde anzubringen, verzeiht man gern, denn es ist taktvoll und unaufdringlich eingeflochten und erhöht hier tatsächlich die Wirklichkeitsanschauung.

Allein, der wahre eigentliche Grund, warum dieser literarisch wertlose Schmarren so überzeugend und geradezu poetisch wirkt, liegt viel tiefer. Wir erinnern an das über Shakespeare Gesagte. Auf der Bühne nämlich müßte das Unwahrscheinliche durch Zusammendrängung noch unwahrscheinlicher werden, die Vorgeschichte würde erzählt, die vielen Episoden mit dem verkleideten Mädchen gleichfalls, weil sie nicht veranschaulicht werden könnten, der reizende Knalleffekt am Schlusse, wo das Bild zwischen dem Ballsaal und dem Zimmer des Pseudoliebespärchens abwechselt, wäre einfach ausgeschlossen und damit jede Möglichkeit, wirkliches Leben herauszuholen, zum Teufel. Das Kino aber ermöglicht im Sinne Shakespeares, *ab ovo* anzufangen, so daß die Exposition, bekanntlich ein meist unüberwindliches Hindernis, selbst für französische Praktiker wie Sardou, weil auf der Bühne da immer etwas aus der Vergangenheit erzählt werden muß, als Handlung veranschaulicht wird. Ferner erlaubt das Kino, genau so wie Shakespeare wünscht, ein fortwährend wechselndes Nebeneinander wie in der Wirklichkeit, so daß nicht Dinge und Personen, die notwendig am andern Orte sich befinden müssen, willkürlich in einem einzigen Bühnenbild vereinigt werden. Um besonders starke Beispiele zu wählen:

In „Richard der Dritte", 3. Akt, gibt es eine 6. Szene: „Eine Straße, ein Schreiber tritt auf" und monologisiert über die falsche Anklageakte gegen Lord Hastings. Das ist alles, und im „Julius Cäsar", 2. Akt, gibt es eine 3. Szene: „Eine Straße, Artemidorus tritt auf, ein Papier ablesend", wieder nur ein paar Worte, und Szene 4 unmittelbar darauf trägt ausdrücklich den Vermerk: „Ein anderer Teil der Straße". Ein Theaterhandwerker streicht natürlich sofort diese „unnötigen" Szenen, oder verschmilzt sie mit anderen, erstaunt und fast entrüstet über solche naive Verletzung aller Bühnenregeln. Doch wir begreifen natürlich, daß der größte Dramatiker sehr wohl wußte, warum er diese kurzen, abgesonderten Einschiebsel als Einzelszenen für nötig hielt, um die innere Kontinuität zu wahren. Welchen Wert hat also die berühmte Einheit des Ortes, wie Racine und Boileau sie predigten und Ibsen sie aufnahm, da doch der Ur- und Hauptdramatiker der Welt sie grundsätzlich und geflissentlich verwarf als widernatürlichen Hemmschuh? Seien wir offen: diese ganze Bühnentechnik entsprang überhaupt nicht literarisch-dichterischen, sondern höchst banausischen, praktischen Gründen: weil eben die bestehende Bühne bei der ärmlichen Begrenzung ihrer Mittel notwendig jede natürliche Breite und hiermit die wahre Abbildung des Lebens verbietet. Wenn also die Kinohasser ein Zetergeschrei erheben, weil angeblich – was bisher gar nicht für Ibsens Gesellschaftsstücke gemeint ist – dessen Fabeln verfilmt werden sollen, so fragen wir unbekümmert: wäre es nicht sehr zum Vorteil des dramatischen Eindrucks, wenn die Vorgeschichte Noras oder Frau Alvings nicht erst allmählich uns aufdämmert und umständlich erzählt werden müßte, sondern ohne weiteres als Handlung verfilmt würde?

3

Wir rücken Schritt für Schritt vor und betrachten jetzt diejenigen Kinodramen, die aufs Publikum am meisten Anziehungskraft ausüben, nämlich die verfilmten Detektiv- und Kriminalgeschichten. Dazu gehören auch solche Films, die lediglich wegen besonders handgreiflichen Tricks, sozusagen Athletenkunststücken des Kinos, geschaffen wurden, wie z. B. „Das lebende Ziel". Da schreit nun der Philister, das sei bloße sensationelle Spektakellust. Erstens finden wir aber das Schauspielerische (Pantomimische) darin so trefflich ausgeführt wie selten auf der Bühne, zweitens hat dieser italienische Film so geschmackvolle Einzelheiten der Inszenierung bei einer recht hübschen Handlung, daß wir den Riesenschlager des Schlusses gar nicht brauchten. Dieser aber ist so eigenartig und packend, übrigens auch wieder so feinfühlig im einzelnen gemacht, daß wir schlechterdings nicht einsehen, warum wir unsere Hochachtung einer Szene versagen sollten, die, mit guter Phantasie ersonnen, ein verblüffendes Zirkusbild entrollt, wie es weder die Bühne noch sonst ein Zirkus je wiedergeben könnten.

Seien wir doch keine lächerlichen Puristen, die immer nur im stickstofflosen Äther schweben, erfreuen wir uns an einer so blendenden Technik, die uns etwas erschütternd Spannendes so greifbar vor Augen rückt! Zu dieser Gattung gehören ferner die meist aus Amerika stammenden Films, die gar keinen andern Zweck haben, als möglichst viel Reiterei vorzuführen. Daß das Kino hauptsächlich eine Rennbahn sei, will uns nicht einleuchten. Es ist ja recht nett, wenn man in „Zwei Schwestern" die Cowboysitten des fernen Westens in abschreckender Rauheit zu Gesicht bekommt, aber die Handlung ausschließlich mit Prügeln und Reiten zu bestreiten wird langweilig. Ein anderer länglich sentimentaler Film, in dem sogar Indianer ihr Unwesen treiben, und nach altbewährter Methode ein Vater als Polizeikonstabler einen verlorenen Sohn als Mörder verfolgt, bringt eine Reiterhatz über Stock und Stein, zuletzt mit Durchreiten eines Flusses, die filmisch als Meisterwerk bezeichnet werden darf, aber das nur für Yankeemägen verdauliche, ganz roh gezimmerte Opus nicht verfeinert. Allzu grob in der Motivierung, läßt ein anderer amerikanischer Film eine Spionin und zwei fremde Diplomaten ungeniert in einem Fort herumspazieren und die Minenpläne stehlen. Der Clou besteht in Verfilmung eines Forts und seiner Minenklaviatur nebst einem klotzigen Knalleffekt, auch hat man das Vergnügen, ein selten schönes Liebespaar kosen zu sehen, förmlich Apollo und Venus. Die Schaulust kommt also einigermaßen auf ihre Kosten, auch hier aber zeigt sich wieder, daß im Kino genau so wie auf der Bühne gerade die Handlung entscheidet; ist diese schwach und unwahrscheinlich, so helfen die hübschen Bilder nichts. Auch die sonst geschmackvolle Firma Pathé leistet sich ein „Geheimnis des Verstorbenen", wo ein Scherz des Unmöglichen dem andern folgt und nur der treue Hund, so Außergewöhnliches er praktiziert, sich wie ein vernünftiger Mensch beträgt. Wir bemerkten schon oft, daß das leidtragende Publikum, das sich anfangs solche wüsten Sensationen kritiklos gefallen ließ, heut gar nicht mehr mitgeht und mißfällig die Ohrfeigen gegen Logik und Wahrscheinlichkeit empfindet. Dann sind schon die bloßen Cowboystücke vorzuziehen oder eins „unter Wasser", wo wenigstens starke technische Effekte die sonst geringe Handlung beleben.

Sehr viel höher stehen die „Juwelen des Nabobs", worin es zwar auch ohne schreiende Unverständlichkeit nicht abgeht (man begreift weder das Rauben der Postsäcke am Anfang, noch das Verschwinden des Rocca aus dem Auto am Schluß), wo aber Meeres- und Automobilbilder von hohem Reiz sich ablösen. Am besten und eigenartigsten wird Verfolgung einer Verbrecherbande durchgeführt in der „Eisernen Hand", wo eine wirklich folgerichtige Handlung sich abspielt und besonders die drahtlose Telegraphie in geistreicher Weise dargestellt wird. Das Niederbrennen eines ganzen Schiffes am Schluß hat man sich offenbar etwas kosten lassen, so aber auch einen unheimlichen Effekt erzielt. Gewiß könnten solche Fabeln lückenloser und gründlicher ausgeführt sein, aber man vergleiche die scheußlichen Sherlock-Holmes- und Rafflesstücke auf der Bühne, wo Unwahrscheinlichkeit und Unverständlichkeit einen Hexensabbat feiern und alles Gute der Originalnovellen, das ja nur in der Analyse besteht, glatt unter den Tisch fällt. Denn die verschiedenen Stadien eines vorbereiteten Verbrechens oder einer Detektivnachspürung, die ein getrenntes Hinter- und Nebeneinander bedingen, lassen sich schlechterdings nicht auf der Bühne nachschaffen, im Kino aber wohl. Wird diese Spannung obendrein mit den reizvollsten Bildausschnitten der Wirklichkeit verflochten, so erhalten die Kinodetektivstücke eine anschauliche Poesie.

Das Malerische allein genügt freilich nicht und man wird künftig mit der bisherigen Methode brechen müssen, bloß um eine schwindsüchtig magere oder ganz unvollständige Fabel allerlei Momentaufnahmen herumzudichten. So wird der bekannte Film „Mut einer Telegraphistin" mit ganz unsinnigen Vorgängen überhaupt nur möglich durch die herrliche Anschaulichkeit des Bahnverkehrs und der Lokomotivverfolgung. Man darf eben nicht vergessen, daß das Kino ein gut Teil seiner Daseinsbedingungen der Malerei entlehnt und der malerische Eindruck mit vielen Schwächen versöhnt. Nichtsdestoweniger höhnte ein strenger Aufsatz der Berliner Filmzeitung jüngst mit Recht diese Kinokriminalistik aus, wo z. B. ein Graf sich als Heizer verdingt und der einfache Mann aus dem Volke bei vielen der aufregenden Auftritte murre: „So'n Quatsch!" Man sieht daraus, daß das Publikum immer anspruchsvoller nach vernünftiger Handlung und logischem Sinn verlangt, daß also die erste Kinoepoche naiver Draufgängerei vorüber ist, wo man den erstaunten Zuschauern alles bieten durfte und man alles dankbar hinnahm, vom Reiz der Neuheit gefangen. Dieser Reiz zieht nicht mehr und das Streben, endlich mal „literarisch" zu werden, entspricht nur gesundem Geschäftsinstinkt. Auch Detektiv und Verbrecher müssen fortan im Kino wie richtige vernünftige Menschen sich betragen lernen. Wir sehen die Zeit kommen, wo die phantastischen Arsène-Lupin-Geschichten und „Das gelbe Zimmer" von Le Queux gerade erst im Film wahrscheinlicher werden als im Text und wo man die einzigen wirklich guten Kriminalromane (außer einigen von Gaboriau) erfolgreich verfilmen wird, die der Amerikanerin Green. Das mag ja keine hohe Literatur sein, doch wir versprechen uns den Genuß einer straffen Spannung erster Güte, wenn das Kino mal ganze volle Kriminalmysterien mit breiten Verwicklungen vor uns ausbreitet.

Ob „Der Andere" von Lindau, womit man einen besonderen

Coup machen wollte, richtig gewählt sei, steht freilich dahin. Schon in der Novelle (Stevensons „Jekyll und Hyde"), wird man von der Phase des angeblichen Doppel-Ich nicht überzeugt, auf der Bühne noch weniger, wo die analytischen Übergänge fehlen, und im Kino wird die Unwahrscheinlichkeit noch gröber. Da möchten wir lieber den Scherz loben, das alte Spektakelstück „Die Lyoner Postkutsche" zu verfilmen, das einst Henry Irvings Paraderolle abgab. Der Trick besteht hier in Doppelgängerei, Ähnlichkeit eines Banditen mit einem unschuldigen Bürger, wobei die Szenen so eingerichtet, daß beide nie zugleich auftreten, also der gleiche Schauspieler beide Rollen gibt. Das wird im Film mit einer Technik bewerkstelligt, die geradezu wie Hexerei aussieht, sehr überraschend.

Solche natürliche Doppelgängerei, die sich auf dem Kino besser veranschaulichen läßt als auf der Bühne, schwebte „Napoleons Doppelgänger" vor, der einen sehr witzig gedachten Auftritt enthält, wo die Verschwörer den echten Napoleon belehren, wie man Napoleon spielen muß, aber dies nicht genügend vertieft, und wo gegen die sonstige unmögliche Kinderei der Fabel umsonst die Echtheit der Muskadin-Kostüme ankämpft. Außerdem sind Napoleons Kleidung und die Uniformen der Garde falsch, was beim Kino nie vorkommen sollte, da hier unbedingte Treue des Milieu ein Haupterfordernis bildet.

Gaumont und andere begriffen natürlich schon früh, daß gerade das Historische eine Spezialdomäne des Kino werden müsse, boten daher historische Genrebilder, Episoden-Miniaturen mit historischem Rahmen aus Rokoko oder Mittelalter, wobei der so hochverdiente Gaumont seinen vornehmen Geschmack betätigen konnte. Allein, man braucht nur an so verfehlte larmoyant-langweilige Stücke wie „Die blinde Königin" zu erinnern, um zu bedauern, daß bisher diese Stärke im Historischen nutzlos vergeudet wurde. Denn überall tritt klar zutage, daß ohne entsprechende nicht nur reichbewegte, sonder auch logisch verständliche, inhaltsreiche Handlung das Kinodrama nicht auskommen kann. Wohlverstanden, ein Kinoliebhaber mit Malerauge wird ja immer auf seine Kosten kommen, und ein schwaches Kinodrama wirkt – wir sagen es dreist – immer noch angenehmer als ein schlechtes Bühnenstück. Aber warum denn schwach, warum nicht den Wettkampf mit den guten Bühnendramen beginnen?

Wir kommen also jetzt zu den bisher wenigen, aber demnächst im Film zu erwartenden Versuchen eines „literarischen" Kino, wozu die Filmleiter nun sämtliche Schriftsteller von Ruf pachten möchten. Halten wir uns an das schon Vorliegende, so luden V. Hugos *„Misérables"* und Dumas' „Monte Christo" freilich zur Verfilmung ein. Da diese bombastisch unwahren Spektakelphantastereien aber schon im Buche nur den gröbsten Spannungshunger befriedigen, dramatisiert auf der Bühne nur Gelächter erregen würden, so wird das bessere Kinopublikum der Zukunft derlei wohl auch lächelnd ablehnen, da im Film die Unsinnigkeiten und Unverständlichkeiten noch viel greller hervortreten.

Wenn denn schon mal derlei dem Massengeschmack mundgerechte Sachen verfilmt werden sollen, schlagen wir Sues „Ewigen Juden", „Geheimnisse von Paris" vor, weil hier eine viel reichere Phantasie in handlunggesättigten Weltbildern schwelgt. Übrigens würde, rein ethnographisch betrachtet, eine modernisierte Umarbeitung des alten Ausstattungsstückes „Die Reise um die Welt in 80 Tagen" sich sicher gut anlassen. Beiläufig wirkt beim V. Hugo-Monstrum genau so wie im Buche der Anfangsteil am besten, nachher verdrängt verworrene und auf die Dauer eintönige Zustandsepik die dramatische Spannung. Verwahren aber muß man sich gegen die Dreistigkeit, womit ein abscheulicher Schinken, „Die Bettler von Paris", mit der Marke „Nach V. Hugo" als Futter hingeworfen wird und zwar mit besonderer Emphase als sensationeller Schlager zu erhöhten Preisen! In diesem gottvollen Opus nimmt der Verstand Reißaus, die Phantasie meldet Konkurs an und an ihrer Stelle räkelt sich der vollkommene Unsinn, gleich rätselhaft für Weise und für Toren, mit völligem Bankrott der Erfindungsgabe, teils unverständlich, teils albern und nicht mal durch technische Tricks versüßt.

Derlei Erzeugnisse verraten deutlich, daß es in den leitenden Kinokreisen an jeder Zucht und Einsicht mangelt, sonst würde nicht wahllos neben Vortrefflichem der elendeste Schund auf den Markt geworfen werden. Ein solcher Ausweis naiver Unbildung, die höchstens Kindern oder Ladenmamsells solche Kolportagemärchen der langweiligsten Art zumuten darf, führt allen Kinofeinden Wasser auf die Mühle. Die Fabrikanten haben es daher nur sich selber zuzuschreiben, weil sie einem kindlichen Publikum nach Belieben jeden Quark vorsetzen ohne jedes Unterscheidungsvermögen für Gut und Bös der eigenen Fabrikate, wenn dann ein zufällig ins Kino Geratener sich wütend entfernt, und höhnische Hetzartikel den Kreuzzug gegen eine solche Schmiere predigen.

Mit „Literatur" hat dies jedenfalls nichts zu tun. Wenig glücklich, obschon vom Pariser Kino-Schriftstellerverband gewählt, scheint uns auch Vorführung des trefflichen „Nabob" von Daudet, dessen Bedeutung nirgends in der Handlung, sondern in psychologischen Feinheiten besteht, die notwendig dem Film entgehen. Die wirkungsvollste Schlußszene (die Theatervorstellung) ließ man sich obendrein entgehen. Von Zola kämen in erster Linie „Germinal" in Frage, ferner „Rom", „Geld". Daß Sardous „Theodora" verfilmt wurde, kann man nur billigen, da dies Effektdrama von vornherein ohne Aktraumeinheiten und in breitem Szenenwechsel angelegt. Nur fragt sich, ob dieser dem breiten Publikum so sehr fernliegende Historienstoff genügend das Verständnis fesselt. Weit besser ist es um Nero und Christenverfolgung bestellt, die in „Quo Vadis?" sich breitmachen. Da man hier den besonderen Trick der Zirkusarena, der Bestien des Kolosseum anwenden konnte, und an den Überresten des alten Rom eine bequeme Unterlage fand, so ließ sich natürlich ein Kaleidoskop der herrlichsten Bilder gewinnen. Die Firma Cines erwarb sich damit ein gewaltiges Verdienst um Propagierung der Kinoidee. Aber der ungeheure aufgewendete Fleiß, die riesigen Kosten hätte man am Ende doch besser an ein wirkliches Drama aus der Antike wie Shakespeares „Julius Cäsar" gewendet. Denn gegen die offenbare Bevorzugung von Romanen für Verfilmung erheben sich schwere künstlerische Bedenken.

Bekanntlich kam bei Dramatisierung von Romanen, nach dem Vorbild der seligen Birch-Pfeiffer, selten oder nie etwas Gutes heraus. Die Gesetze der Epik und Dramatik sind so verschieden, daß eine ursprünglich episch geschaute Fabel sich nur gewaltsam ins Dramatische umbiegen läßt. Wir kennen auch einige Fälle, wo – ohne daß man es weiß – ursprüngliche Dramen in Novellen und Romane umgewandelt wurden. Der Kundige mußte dies aber sofort merken, denn trotz aller Mühe läßt sich der dramatische Aufbau nicht verstecken, selbst der Ton des Dialogs klingt dramatischer als in der Erzählung üblich. Hier aber scheint das Übel nicht so groß, obschon theoretisch der epische Ton nicht ungestraft verletzt wird, denn dramatische Spannung packt auch im Roman. Man sehe sich nun aber die richtige Romanliteratur darauf an, ob sie dramatische Motive enthält, und man wird staunen, wie unendlich wenige Szenen sich dabei als dramenhaft herausschälen. Wenn wir die berühmtesten älteren Romane Revue passieren lassen, so verfilmte man Dickens' *„Cities"*, was einen sehr glücklichen Griff bedeutet, denn dieser eine kürzeste Roman (eigentlich mehr Novelle) von Dickens ist überhaupt nicht episch, sondern ganz dramatisch angelegt. Wahrscheinlich wird man aber nach gleichem Muster (Paris und London während der französischen Revolution) auch den öden „Pimpernel"-Roman einer Dilettantin verfilmen, wogegen wir an sich ebensowenig einwenden wie gegen irgendein anderes Kinoabenteuer mit saftiger Handlung, was man dann aber nicht als „literarisch" rühmen soll.

Auch Thackeray würde dazu einladen, jedoch für die wirkliche Bühne kaum brauchbar sein. Dostojewskis „Raskolnikow" ist einmal dramatisiert worden, ohne jeden Erfolg, weil nämlich nur die eine große Szene zwischen Staatsanwalt und Studenten einen echtdramatischen Zug hat und allenfalls die Mordtat selber. Allein, das läßt sich eben nur in analytischer Breite ausführen, das Dramatische steckt absolut nicht in den Vorgängen, sondern in den Worten und Gedanken, dafür hat die Bühne weder Raum noch Zeit. Wie viel weniger aber erst das Kino!! Unter älteren deutschen Romanziers hat nur Spielhagen eine gewisse dramatische Verve. Da seine Fabeln aber mit damaligen politischen Tagesfragen zusammenhängen, die uns heut langweilen, wäre fraglich, ob das Kino ihm gut beikommen kann. Der eigentliche moderne Roman vollends, weil auf Seelenanalyse allein gestellt, entbehrt fast immer jeden dramatischen Elements. Daß man Hauptmanns „Atlantis" fürs Kino erwarb, ein langweiliges und nur in inneren Seelenprozessen schwelgendes Werk, erklärt sich wohl nur durch den Reklamewunsch nach berühmten Namen und durch das dort verwobene Schiffsmilieu. Ein irgendwie dramatischer Eindruck ist völlig ausgeschlossen, man wird epische Genrebilder erhalten. Dagegen ist die Wahl von Sudermanns „Katzensteg" zu begrüßen, weil dort eine starke, obschon schwulstig romantische Handlung sich austobt. Leider läßt sich aber erwarten, daß die Peinlichkeit des erotischen Konfliktes im Film derber abstößt, weil dort alles leibhaftiger hervortritt und sogar die Zensur sich einmischen wird. Ferner hat das vom Dichter trefflich angedeutete seltsame Milieu des damaligen fanatisch-deutschen Preußen nach den Befreiungskriegen wahrscheinlich im Film etwas Unverständliches. Das Kino nämlich muß sich noch mehr wie die Bühne hüten, Kenntnisse eines entlegenen und nur den Kennern begreifbaren Milieus beim Zuschauer vorauszusetzen. Wie soll denn hier der Gegensatz vom Polen- und Deutschtum sichtbar werden wie im Roman!

Allerdings entspringt die Neigung der Kinoleiter, sich vor allem an Romane zu halten, scheinbar triftigen Gründen. Wir sehen dabei von dem Nebenumstand ab, daß erfolgreiche tantiemesmarte Bühnenautoren sich scheuen, durch Verfilmung ihrer literarisch zwar sehr sterblichen, aber als Bühnenfutter bei Lebzeiten unsterblichen Stücke den Bühnenaufführungen Konkurrenz zu machen und sich so vielleicht trotz lockender finanzieller Kinoangebote wirtschaftlich zu schädigen. Da nun die Kinoleiter als Geschäftsleute natürlich geradeso wie das naive Publikum den Wert eines Schauspiels nach dessen äußerem Erfolg abschätzen und von der Wahrheit nichts ahnen, daß alle wertvollere Dramatik notwendig bei heutigen Zuständen ins Hintertreffen gedrängt wird, so fahnden sie auf „berühmte", d. h. zufällig von der Mode getragene Bühnenpraktiker und verzichten nach deren Ablehnung auf Weiteres. Sie verstehen nämlich noch nicht, daß – obschon das innerlich Dramatische unbedingt vom Kinodrama ebenso verlangt wird wie vom Bühnendrama – die Technik doch gänzlich verschieden ist; derart, daß dasjenige, was auf der Bühne gefällt, noch lange nicht im Kino reizt, und dasjenige, was aus irgend welchen Gründen dem herrschenden Bühnenhandwerk widerspricht, gerade deshalb fürs Kino sich eignet; vor allem, daß im Kino alle diejenigen Vor- und Einwände belanglos und nichtig erscheinen, die bühnisch gegen höher gearteten dramatischen Wuchs vorgebracht werden.

Allein, wir glauben, daß eben auch eine tiefere Begründung vorliegt, wenn man am liebsten Romankapitel in Filmszenen auflöst. Da nämlich jeder moderne Dramatiker aus technischen

Gründen vor allem nach Konzentration strebt, also scheinbar dem raschen Wechsel der Films unübersteigliche Schwierigkeiten entgegensetzt und förmlich der Filmtechnik entgegenarbeitet, so scheint leichter und zweckmäßiger, einen Roman filmisch zurechtzuschneiden, der keine Ortseinheiten kennt und an verschiedensten Punkten nebeneinander spielt. Hier verbirgt sich nun, wie wir immer wieder betonen, der fundamentale Irrtum, als ob das Kinodrama im innersten Wesen vom eigentlichen Drama verschieden sei. O nein, nur die Mittel sind andere, nicht der Zweck. Aus einer Reihe von Romankapiteln in Filmform wird nimmermehr ein Drama, und das unbefangene naive Publikum spürt dies sehr bald. Es weiß nicht, was fehlt, es kann sich nicht darüber ausdrücken, aber es fühlt, daß etwas nicht in Ordnung sei, wie man aus mancherlei Äußerungen entnimmt, und bescheinigt dies auf die empfindlichste Weise, indem es sich nämlich auf die Dauer langweilt und müde wird. Denn die aus Romankapiteln herausgeschnittenen beliebigen Szenen würden ja eigens einen Berufsdramatiker fordern, um ihnen wirkliche dramatische Bewegung einzuhauchen, und ein solcher würde sich nicht zu so schwieriger Arbeit hergeben, die fast einer Neuschöpfung gleichkäme. Etwas episch Geschautes wird nie etwas dramatisch Geschautes. Dagegen fällt Verfilmung vorliegender Dramen leicht genug, wenn ein kinokundiger Dramatiker einfach die so sorgsam früher gehefteten Nähte zerschneidet, die Akte auseinandertrennt und in lauter Einzelszenen mit Veränderung des szenischen Hintergrundes auflöst. Hier aber waren ja die Szenen von vornherein dramatisch geschaut und man kann sie zwanglos aufs Kino übertragen.

### 4

Von Verfilmung „klassischer" Dramen liegt unseres Wissens bisher nur „Emilia Galotti" vor. Es läßt sich heut, wo noch keinerlei Sprachliches dabei angewendet, schwer beurteilen, ob dies gelang. Die Handlung an sich kam lückenlos heraus, wobei der Bearbeiter sich Freiheiten herausnahm, über die man gemischter Meinung sein kann. Er ließ Emilia, was Lessing nur andeutet, gegen des Prinzen Werbung nicht unempfindlich bleiben. Ehrlich gestanden, ist das wirklich eine Verböserung? Da von Zwischenfilms mit Worten äußerst sparsamer Gebrauch gemacht wird, mag dem Mann aus dem Volke, der das Stück nicht kennt, einiges nicht klar werden, was aber sehr unwesentlich scheint. Denn das Ganze wird mit den vielen episodischen Filmzusätzen ungleich faßlicher und anschaulicher als im Original. Es hat dramatisch viel Wert, daß wir den Prinzen in der Messe bei Emilia und daß wir Appianis Ermordung sehen. Das alles spart unnütze Worte und Auseinandersetzungen. Vor allem verbreitet die Inszenierung einen historischen Milieugeruch, Italien und Zopfzeit vereint, den man nie auf einer Bühne einatmen kann. Ja, gewiß fehlen viele Feinheiten, weil die Worte fehlen, die Orsina ist eine gewöhnliche Rachsüchtige, nicht die originelle *femme supérieure* Lessings, kurz, es ist nicht Lessings Meisterwerk, weil eben dessen Reiz ausschließlich in der Sprache und Charakteristik beruht. Warum also, bei aller Anerkennung des Geleisteten, gerade diese Wahl? Wohl der Kürze wegen, um sich nicht an längere Dramen heranzuwagen. Aber „Fiesco" und selbst „Carlos" hätten schon wegen ihres Szenenwechsels besser dazu gepaßt, wir würden endlich einen vollständigen „Carlos" szenisch erhalten, den die Bühne zur Hälfte streichen muß. Da von tieferer Charakteristik bei diesem Schillerdrama keine Rede sein kann und Posas Schönrederei ohnehin auf der Bühne dem Rotstift des ausstreichenden Regisseurs verfällt, so würden wir vielleicht ganz neue Eindrücke der etwas zu reichen Handlung gerade im Film erhalten.

Sehr freuen wir uns auf das Experiment von Goethes „Götz", das sicher eines Tages gemacht wird. Dies völlig kompositionslose Szenenbündel verrät, wie Goethe den Szenenwechsel Shakespeares mißverstand, als ob dieser je rein episch Bild an Bild gefügt hätte. „Götz" ist gänzlich undramatisch, ein bloßes dialogisiertes Epos, kann daher auf der Bühne nie wirken, und auch im Kino würde man bald die Richtigkeit unserer obigen Auffassung merken, daß alles *nicht* dramatisch Geschaute („Fiesco", „Carlos", obschon dichterisch ein Quark neben „Götz", *sind* dramatisch) auch im Kino ermüdet. Aber wir würden durch eine Fülle von Bildern die ganze herrliche Frische dieser großen Milieustudie so eindringlich genießen, wie kaum beim Lesen des Textes.

Von neueren Bühnenprodukten ist nur bekannt geworden, daß Schnitzler zu seiner „Liebelei" eine Kinovorgeschichte schreibt. Das kann ein theoretischer Sieg des Kino werden. Denn gerade diese Nippsache bedarf eines festeren Gestells, nur die naive Barbarei der modernen Kritiklosigkeit konnte das völlig Unmotivierte und Lückenhafte dieses kleinen Lebensausschnittes ertragen, der uns ohne alle nötigen Voraussetzungen überrumpelt. Veranschaulicht hingegen das Kino, wie der biedere Liebhaber seine Liebelei begann und zwei Verhältnisse nebeneinander hat, so wird Schnitzler davon den besten künstlerischen Gewinn haben.

Was aber sonst neuerdings angekündigt wird, das scheinen wieder die üblichen „Gesellschaftsdramen" zu sein, wo eine romantisch-unmögliche, überspannte und oft alberne Fabel von irgend welchen verkrachten Skribenten als „Ideen" dem Regisseur überliefert wird, der nun lediglich nach Anbringung von Trickeffekten fahndet. Aber die Kinoleiter mögen sich gesagt sein lassen, daß der Kinobesucher endlich zu gähnen anfängt, wenn er immer wieder bei jeder passenden oder unpassenden Gelegenheit die Autos oder Lokomotiven fahren, die Pferde dahinjagen, die Wellen schäumen, die Feuersbrünste prasseln sieht.

Das hat man schon so oft gehabt, daß man ein Kinodrama als erfrischende Neuheit begrüßen würde, wo ausnahmsweise kein Auto vor einem Hotel hält! Freilich, was bringt denn die Bühne anderes als die gleichen millionenmal verbrauchten und meist in konventionell unwahrer Darstellung verpfuschten Liebesgeschichten und Ehebrüche der Bourgeoisie, nur ohne Autos, Pferde, Landschaften, Architekturen, die doch wenigstens einige Abwechslung hinzufügen. Aber sollte das Kino nicht begreifen, daß nicht hier seine wahren Lorbeeren winken, daß es gerade hier schwer mit der Bühne zu ringen hat, da diese durch das Wort eine subtilere Ausmalung der Seelenzustände allein ermöglicht?

Bisher machten gerade die nordischen Films, in der Inszenierung geradeso die ersten wie die Franzosen und Italiener im sonstigen vornehmen Geschmack malerischer Auffassung, keine Anstalten, sich vom sogenannten Modernen loszureißen, das meist gar nicht modern ist, und dessen Allzumenschliches man ebenso gut in jedes beliebige andere Kostüm stecken könnte. Doch längst erkannte man in anderen Ländern, daß die Beschränkung auf Gegenwartssalons dem Kino keineswegs Spielraum gewährt, seine eigentliche Kraft zu entfalten. Denn neben dem Ethnographischen ist es gerade das Historische, wo es die Bühne spielend überwinden und ungeheure Wirkungen erzeugen kann. Deshalb außer „Antonius und Kleopatra" der neue Sarah-Bernhardt-Film „Einer Königin letzte Liebe", wo das Elisabethanische Zeitalter aufersteht und England entzückt. Aber außerhalb Englands wird dieser Stoff wenig Interesse erwecken, auch handelt es sich wieder nicht um eine Dichterarbeit, sondern um eine Kino-Schneiderei, die aus einem historischen Stoff einen Gobelin herstellt, ohne viel nach literarischem Verdienst zu fragen.

Ein seltsamer Unstern waltet über der Auswahl, wo man sich Höherem zuwendet. Denn was soll man zur Ankündigung eines „Macbeth" sagen, wo – wie schon früher erwähnt – eine Hauptgewalt in der Sprache liegt und immer nur ein blasser Abklatsch entstehen kann, da selbst bei künftiger Verwendung des Sprachmechanismus hier die Jambenverse durchaus nicht ins Kino passen! Wahrscheinlich reizten die Hexenszenen und darf man hier wohl blendende Überraschung erwarten. Aber bloß daraufhin sich an einer Riesentragödie vergreifen, die obendrein zwei Schauspieler ersten Ranges für das Macbeth-Paar verlangt, hat etwas Dreistes und Barbarisches, das nur Wasser auf die Mühle der Kinofeinde treibt. Es sind, wie klar erkennbar, nur die Komödien Shakespeares, ferner die historischen Königs- und Römerstücke, mit denen das Kino etwas Besonderes anzufangen wüßte und worin es die Wirkungen der Bühne übertreffen mag. Auch Shelleys „Beatrice Cenci" kommt sicher in höchst fragwürdiger Gestalt, auch solche Ankündigung erweckt uns bange Zweifel. Erstens ist dies Drama mehr deklamatorisch als dramatisch, zweitens wühlt es so perverse und greuliche Leidenschaften auf, daß man wieder mit dem Vorwurf bei der Hand sein wird, das Kino wühle mit Vorliebe in Verbrechen, Unsittlichkeit und roher Sensation. Blutschande, Notzucht, Vatermord – es geht doch nichts über ein solches Menü der krassesten Skandalosa! Wenn sich da nur nicht die Zensur einmischt!

Immer wieder fragen wir: besteht denn kein literarisches Komitee als Beirat, hält man sich keinen gewiegten Dramaturgen, was doch anstandshalber jede größere Bühne sich beilegt? Das vor allen Dingen tut not. Die Kinoleiter können, sobald sie literarisch werden wollen, einen literarischen Helfer nicht entbehren, der mit genauer Kenntnis der Weltliteraturschätze eine ausübende Sachkunde des Dramatischen und gründliche Beobachtung des Kinos und seiner Möglichkeiten verbindet. Glaubt man wirklich, es sei so leicht, einer neuen Kunst, nämlich dem künftigen Kinodrama, die Bahn zu brechen? Dies Drauflosdilettieren muß ein Ende nehmen. Die Geschäftsleute dürfen sich nicht einbilden, daß sie allein das rechte Augenmaß für jene Kunstentwicklung des Kinos besitzen, die zugleich eine ungeheure Steigerung der Einnahmen und den Sieg über das Theater bedeuten wird. Es erfordert besonderen Takt, herauszufinden, was für das Kino paßt und was nicht, d. h. worin dessen besondere Überlegenheit beruht. Die historischen Stoffe müssen z. B. möglichst so gewählt werden, daß sie internationale Geltung haben. Der wunderhübsche Film „Königin Luise", an sich gut für die Jubiläumsfeier von 1813 berechnet, hat über Preußen hinaus auf wenig Teilnahme zu hoffen, sein Erträgnis wird also ein national beschränktes, seine Benutzung nur eine vorübergehende sein. Dagegen gibt es gewaltige historische Begebenheiten, die für alle Völker bedeutungsvoll und sogar volkstümlich sind.

Aber natürlich muß man sich von der Unsitte losmachen, einen Fetzen Geschichte hinzunehmen und ohne jede richtige dramatische Anordnung Films daraus zuzuschneiden. Was für Verfilmung von Romanen gilt, gilt noch mehr für solche, wo überhaupt die verbindende Fabel fehlt. Solche kunstlose Nebeneinanderstellung von Genrebildern ergibt allemal nur etwas Episches, nichts Dramatisches, und das Ende ist Ermüdung und Langeweile. Wozu der große Film über Napoleons Rückzug aus Rußland? Das kann man in Wereschtschagins Bildern und den Borodino-Panoramen besser haben. Natürlich treten ja selbst hier die bekannten Vorzüge des Kino in Erscheinung: Bewegung der Massen, sichtbares Stöbern des Schnees und dergleichen. Aber derlei, wozu auch im Film Massénas Portugal-Invasion zu rechnen ist, bietet eben nichts als höchst malerische und manchmal packende Bilder, die den Regiefleiß der Anordnung bewundern lassen, ohne sonst irgend welchen tieferen Eindruck zu hinterlassen. Ob man einen Indianer- oder Boxerkampf oder derlei weltgeschichtliche Militärbilder vorführt, kommt aufs gleiche hinaus, und das große Publikum würde sich sicher mehr für

Darstellung der „aktuellen" Adrianopelkämpfe interessieren, falls solche wirklich echt an Ort und Stelle aufgenommen sein könnten.

Die Berliner Firma „Biograph", die ja auch durch ihre „Emilia Galotti" ein höheres Streben bewies, führt auch Szenen aus 1870 vor und sucht in Schlachtbildern eine Spezialdomäne, wie sie auch im 2. Teil ihrer „Königin Luise" (der 1. Teil hat einen leicht byzantinisch-höfischen Odeur) ganz überwiegen. Die Kritik muß achtungsvoll haltmachen vor solchem Fleiß und Können, solchem Ringen nach hochgesteckten Zielen. Bekanntlich gerieten Schlachtszenen auf der Bühne selbst bei den Meiningern stets schäbig und ärmlich, man wird das Lächerliche nicht los, wenn ein paar Mann sich dort ungeschickt herumhauen. Gewiß sah man noch nie Ähnliches so treu dargestellt, wie „Biograph" es vermag, mit Stolz verweisen wir auf diesen Triumph deutschen Kinowesens, das bisher nicht sonderlich glänzte und sich von Paris und Kopenhagen ins Schlepptau nehmen ließ. Aber wenn die Berliner hier mit Cines' „Quo vadis"-Epos wetteifern und es vielleicht mehrfach technisch übertreffen – die Artilleriebilder von Auffahren, Abprotzen und Feuern verführen förmlich zur Begeisterung, daß so etwas möglich sei –, so läßt die Ausführung noch einiges zu wünschen übrig. Man glaubt zu träumen, wenn man französische Infanterie, die damals schon durchweg den Tschako trug, behutet und uniformiert sieht wie preußische, wenn die nämlichen langen Husarenmützen der Preußen bei französischen Husaren verwendet werden, die entweder runde, kurze, breite Pelzmützen (Elitekompagnie) oder Tschakos trugen, wenn die *Grenadiers-à-cheval* keine richtige Form ihrer hohen vollen Bärenmützen zeigen, wenn selbst die Generäle und Ordonnanzoffiziere Napoleons die Echtheit der Tracht vermissen lassen. Man erblickt durchaus keine Wunder der Inszenierung, wenn die Infanterie bei Jena und Eylau immer wieder in gleichen Formen feuert und mit dem Bajonett vorstößt, während letzteres bekanntlich bei Jena überhaupt nicht geschah. Diese Bilder wiederholen sich nicht nur ermüdend, sondern man verliert auch den Eindruck der Wirklichkeit wegen des zu engen Rahmens, der jede Horizontperspektive ausschließt, wodurch allein das Wesen einer Schlacht markiert werden könnte. Warum ließ man nicht wenigstens preußische Batterien auf den Flanken der allzu dünnen Infanterielinie feuern, um das Bild abzurunden, warum zeigte man nicht, und sei es noch so undeutlich, Massen in der Ferne und Pulverdampf auf allen Seiten im Hintergrund, um die Illusion eines großen Kampfes zu erwecken? Was man sieht, sind höchstens kleine Bataillonsgefechte. Eine Schlacht von Eylau ohne Russen macht sich die Sache allzu bequem und Scherzereien „Graf Boyen überbringt das Ultimatum" (ist Hauptmann von Boyen gemeint, der spätere Feldmarschall, der immer nur v. Boyen blieb?) oder „Ein Kurier überbringt dem König die Kunde der Niederlage von Auerstädt" (wo der König mitten im Kampfe war!) sollten auch unterbleiben. Wenn irgendwo, dann muß im Kino auf möglichste Richtigkeit und Genauigkeit gehalten werden. Deshalb wäre auch auf mehr Porträtähnlichkeit Napoleons und Friedrich Wilhelms des Dritten zu achten, während freilich die Königin tadellos dem überlieferten Bilde entspricht. Nichtsdestoweniger, so wenig wir derlei Ausstellungen unterdrücken, müssen wir der Firma Biograph das wärmste Lob erteilen, daß sie auf dieser Bahn voranschritt. Es geht wie mit der Aviatik: anfangs schienen die Franzosen den Vorsprung zu haben, doch die zähe deutsche Organisationsbegabung trägt zuletzt den Sieg davon. Wird richtig begriffen, worum es sich hier handelt, und energisch fortgearbeitet, so dürfen wir nach berühmtem Muster sagen: „Wollen Sie, so haben wir eine Kunst," nämlich eine neue Kunst, in welcher Dichtung und Malerei sich die Hand reichen.

Doch wohlgemerkt, wir reden hier nur von den vorhandenen Mitteln, der Zweck selber wächst über diese lebenden Bilder hoch hinaus. Denn dies ist ja überhaupt noch kein historisches Kinodrama, sondern eine Biographie in Bildern ohne inneren Zusammenhang. „Die letzte Liebe" der englischen Elisabeth würde demgegenüber von Gnaden Sarah Bernhardts das Feld behaupten, weil dort wenigstens eine Handlung vorwaltet. Schon so viele Halb-Dichter und Dichterlinge (u. a. ein gewisser Leutnant Bonaparte in seiner Jugend!) behandelten den Essexstoff, daß man leicht durch Anleihen effektvolle Szenen daraus schöpfen mag. Doch kein Pomp der Ausstattung macht den Übelstand besser, daß auch hier kein wirkliches Drama folgerichtiger Entwicklung, sondern nur Aneinanderreihung von Szenen vorliegt. Mag das Zeitmilieu viel eindringlicher als auf der Bühne die Sinne berücken, so kann von dichterischer Wirkung doch kaum die Rede sein. Alle Kinodramen, in denen keine dichterische Organisierung herrscht, können nur als abschreckendes Beispiel gelten. Bei den Schlachtfilmen waltet das gleiche Gesetz. Gewiß hat sich „Biograph" um Entwicklung der Kinokunst wohlverdient gemacht und sollte in deren Annalen nie vergessen werden, denn solche Schlachtbilder bedeuten eine Bereicherung der poetischen Anschauung. Doch in der bisher beliebten Form lassen sie kalt und wirken ermüdend, unklar. Warum nicht lieber eine Schlacht für sich dem Auge so vorzaubern, daß sie wie ein Drama aus Exposition, Peripetie, Katastrophe sich zusammensetzt? Warum nicht realistische Schlachtdichtungen verfilmen, wie sie in meinen eigenen Werken wie „Friedrich bei Kolin", „Leipzig", „Waterloo" oder *„Dies Irae"* (Sedan) schon da sind? Das sind Dramen, nicht epische Bilder.

Das ist also nicht der Weg, das Historische künstlerisch zu gestalten, sondern nur Verfilmung richtiger Geschichtsdramen wirklicher Dramatiker; aber nur in einer Größe und Breite des

Stils, wie niemals auf der Bühne erreichbar. Hier endlich einmal wird Gelegenheit gegeben, den ästhetischen Streit zu schlichten, als ob das Geschichtliche nur eine Bestandart der Poesie sei, obschon alle großen Dramen der Menschheit – denn auch die Sagenstoffe der griechischen Tragiker wurden damals als historisch empfunden, bei Shakespeare ist selbst in den nicht historischen Ideen frönenden Dramen das Milieu immer historisch, bei den deutschen großen Dramatikern herrscht durchweg das Geschichtliche, bei den französischen und bei Alfieri nicht minder – ganz und gar dieser Gattung angehören. Richtig ist freilich, daß unser heutiges verfeinertes Erkennen des kulturhistorischen Milieus uns spröder gegen idealistisch-conventionelle Geschichtspathetik macht und daß wir einen historischen Realismus fordern. Die Bühne aber engt so ein, daß die großen Gegenstände nur bruchstückartig vorgeführt werden können, daß man ferner allzu frei mit der geschichtlichen Wahrheit umgehen muß, obschon hier nimmermehr Erdichtung die geschehene vollzogene Wirklichkeit ersetzen kann. Es muß geradezu gefälscht und innerlich Unwahres hereingezogen werden, um das gewöhnliche Theaterpublikum zu befriedigen. Gewiß, bloße Haupt- und Staatsaktionen sind keine Handlung, aus ihnen läßt sich kein Drama formen, aber Geschichtsdramen ohne Staatsaktionen sind die lächerlichste Unwahrheit. Es fragt sich lediglich, ob das Geschichtliche eben in dramatische Bewegung umgegossen, wie es in der Wirklichkeit doch allemal zu geschehen pflegt. Aus dem Ekel vor den Pseudo-Geschichtsdramen der engen Bühnenrampe gingen die zersplitterten Szenen Grabbes hervor, die endlich ein breites, wahres Bild einer großen Geschichtsepoche bieten wollten. So genial aber im einzelnen Grabbe das Milieu herausarbeitete, blieb es doch bei lauter Epigrammen einer unfreiwilligen Epik, fast nie gab es eine wirklich dramatische Szene, geschweige denn eine dramatische Entwicklung des Ganzen. Abschreckend warnten hier seine „Hundert Tage", wo sich einfach Bild an Bild setzt und nur das sonst ganz epische Ballfest in Brüssel eine Spur dramatischer Bewegung auslöst. Der Grundsatz aber, Geschichtliches nicht in Einzelakte einzupferchen, sondern es in ganzer Breite darzustellen, war richtig. Nur so kann dies „große, gewaltige Schicksal" verständlich und veranschaulicht werden. Was nun als Buchdrama jeder Bühne fernbleiben müßte, das gewinnt im Kino blühendes Leben, vorausgesetzt, daß es eben nicht episch, sondern dramatisch sich abrollt.

Denn nochmals unterstreichen wir, daß das Kinodrama am letzten Ende den gleichen inneren Gesetzen untersteht wie das Wortdrama. Wenn man „Dante und Beatrice" oder Madrachs „Tragödie des Menschen" verfilmt, verzichtet man eben von vornherein auf dramatische und bringt nur sozusagen lyrische Wirkung hervor. Letztere zu unterschätzen sei uns fern, besteht doch ein Hauptreiz des Kinodramas in solchen unbewußt lyrischen Reizen landschaftlicher oder milieumalender Stimmung, die selbst der beste Bühnenregisseur nie auch nur entfernt erreichen kann. Aber das Lyrische kann nur ein Hilfsmittel im Drama sein, das Entscheidende bleibt der dramatisch fortreißende Impuls. Jawohl, die kleinen psychologischen Tifteleien, die Differenzierungen einer allzu feinen (daher epischen und nicht dramatischen) Charakteristik wie in unseren modernen Psychodramen, verschwinden im Kino, aber das Große und Gewaltige, der heiße dramatische Wille können dort stärker zur Geltung kommen als auf der Bühne. Da nun aber das Große fast immer das Historische ist und der Film nirgends so üppig seine Vielseitigkeit entfalten kann als hier, so folgt mit Bestimmtheit, daß das Kinodrama der Zukunft seine Richtlinien in Darstellung historischer Dramatik finden muß und wird. Denn das moderne Gesellschaftsstück wird nie so recht gelingen, sobald es einigermaßen vertieft sein soll, selbst wenn es teilweise mit Sprache versehen würde. Entweder nämlich hat solch ein modernes Drama eine handgreifliche derbe Handlung und dann hat es meist keinen literarischen Wert, oder es verlegt den Konflikt ins Verinnerlichte und dann wird es im Film unverständlich. Sobald das moderne Genrestück literarischen Gepräges im Kino erscheint – hoffentlich sehen wir bald Proben –, wird deutlich werden, daß die wahre Entfaltung der neuen Kinokunst nicht hier gesucht werden darf. In derlei intimen Stücken wird das billige Hantieren mit Autos und Pferden wohl oder übel aufhören müssen, und dann bleiben gar keine äußeren Reize mehr übrig, zumal Saloninterieurs nicht sonstiger Landschaftsreize teilhaftig zu sein pflegen und man nicht beliebig Meeresbrandung und Wälderrauschen hineinverweben kann. Da wird also der kunstfremde Zuschauer alles vermissen, was er im Kino sucht, der Gebildete hingegen unbefriedigt davongehen. Das Historische dagegen bietet dem Film so unerschöpfliche malerische Motive, daß selbst plumpste Kinematisierung geschichtlicher Epochen, sagen wir mal der assyrischen oder karthagischen – wozu man Melvilles „Sarchedon" und Flauberts „Salammbô" als Vorlagen benutzen könnte –, immer noch dem Ungebildeten wie dem Gebildeten weit Gediegeneres bieten würde als ein modernes Salonstück. Nun denke man sich aber eine neue Form großer historischer Dichtung, wo der Dichter von Anfang an mit Kinemamitteln die Handlung anpackt, so wird der heut noch ironisch gebrauchte Titel „Kino-Dichter" bald eine sehr ernste Bedeutung gewinnen und das historische Kinodrama als neue Form großzügiger Kunst seinen Siegeslauf durch die Welt antreten.

Allerdings wird dabei, wenn das Höchste erreicht werden soll, entscheidend mitsprechen, ob der Sprechmechanismus sich vervollkommnet. Doch selbst in anfechtbarer Form wird er genügen, um wenigstens das Wichtigste reden zu lassen. Augenblicklich sperrt sich noch eine starke Partei gegen jede Einführung der Rede, und wenn es möglich wäre, eine dramatische Fabel *nur* pantomimisch verständlich zu machen, so könnte diese Sprödigkeit gegen Einmischung eines dem Kino ursprünglich fremden Faktors verteidigt werden. Aber die Praxis lehrt ja, daß die scheußlichen Wortzwischenfilms, Gift für die Augen und Zerstörer jeder Illusion, geradezu mörderisch, wenn sie mitten ins stehende Bild hineinblitzen, und selbst als bloße Titelerläuterungen und Überschriften barbarisch, unentbehrlich bleiben, um dem Zuschauer einen Faden zum Verständnis der Vorgänge zu reichen. So lange dieser Versuch bestehen bleibt, wird jedes feinere Empfinden nur widerwillig dem Kinodrama folgen. Doch abgesehen davon, wird die Möglichkeit, auch das Ohr und nicht nur das Auge des Zuschauers zum Verstehen der Handlung zu beschäftigen, die Lebensechtheit der Films noch bedeutend steigern. Wir räumten bereits ein, daß wir völlige Umwandlung in ein Rededrama mißbilligen. Wenn aber nur das unumgänglich Nötige dazwischen gesprochen wird, so fallen etwaige Schäden (zu fernes Klingen der Stimmen, wie Edisons Kritiker behaupten) zu wenig ins Gewicht, um die ungeheuren Vorteile irgendwie aufzuwiegen.

Wir unterstellen also bei unserem Ideal des Zukunft-Kinodramas die teilweise Zufügung der Rede. Doch selbst wenn alles beim alten bliebe, wenn die kunstfremde Gepflogenheit der Zwischenwortfilms nie auszurotten wäre, selbst dann prophezeien wir eine Erweiterung und Bereicherung des Dramas durch Hingabe ans Kino, eine Anknüpfung an die einzig richtige shakespearische Art, eine Handlung in voller Lebensbreite zu entrollen. Nur müssen natürlich die Dichter selber ihre Kinodramen herrichten, nicht fremde Kunsthandwerker hineinpfuschen lassen. Die Kinoregisseure leisten schon genug als technische Dichter sozusagen, wo sie sich die volle Hochachtung jedes Kundigen erwerben. Den dramatischen Aufbau aber müssen sie Fachmännern überlassen, den dramatischen Dichtern selber. Unerläßliche Vorbedingung für die Reform des Kino, wobei künstlerischer und finanzieller Erfolg sich gleichmäßig die Waage halten werden, scheint daher die Errichtung einer dramaturgischen Zentralstelle, die diese Produktion regelt und überwacht. Die neue Kinodramaturgie soll eine neue Kinodichtung ins Leben rufen.

## 5

Wir müssen dem Gesagten noch einen Nachtrag hinzufügen. Alle seither neuerschienenen Darbietungen bestätigen nämlich nur unsere Thesen. Zuvörderst darf beim ungeheuren Erfolg von „Quo vadis" nicht vergessen werden, daß schon ein älterer Film „Nero" vorherging, der zu lehrreichem Vergleich einlädt. Viel kürzer und mit viel spärlicheren Mitteln ausgestattet, mit einer nur der Geschichte selber entnommenen Handlung – nur im ersten Teil wird der Giftmischerin Lokusta eine erfundene Tragik angehängt –, bekommt man hier von Nero selber ein viel klareres Bild, und es werden merkwürdigerweise entschieden dramatischere Wirkungen erreicht als in den epischen Genrebildern des verfilmten Romans. Warum aber eine solche, literarisch kunstlose, Verfilmung des Nerostoffes ihm besser genügt als vielfache ähnliche Versuche auf der Redebühne, liegt eben darin, daß im Kino das historische Lokalkolorit viel überzeugender hervortritt, ohne welches Geschichtsdramen stets dem Publikum fremd bleiben müssen. Wir möchten gleichwohl bei unserer Empfehlung historischer Kinostücke nicht mißverstanden werden, denn wir verkennen keineswegs, daß die nur im Kino mögliche Verwertung aller möglichen modernen Verkehrsmittel und Milieubilder auch eine wesentliche Stärke dieser neueren Kunst ausmacht. Indessen bleibt hier die Konkurrenz der üblichen Bühne weit gefährlicher. Denn das Kinobild bedarf starker Effekte, und diese stellen sich leider im Modernen meist nur ein auf Kosten der Wahrscheinlichkeit. So wirken z. B. neueste Films wie „Weiße Sklavin", „Todestheater" (italienisch), „Maskenscherz" unerträglich durch geschwollene Unnatur, einige Reize der Inszenierung heben den üblen Eindruck nicht auf, und es ist bezeichnend, daß man der gedruckten Textbücher hier bedarf, um überhaupt den Sinn dieser unmöglichen Schauerromantik an mehreren Stellen zu begreifen. Da uns nun hier die Worte mangeln zur psychologischen Verständlichung, wird der Ehemann im „Maskenscherz" ein unmögliches Scheusal, und es bezeichnet auch die naive Roheit, mit der solche Regisseur-Dichtungen gezimmert werden, daß der biedere Märtyrer im „Todestheater" sich seiner treulosen Geliebten gegenüber wie eine Kanaille benimmt, die jeden Anspruch auf Sympathie verscherzt. Wer niedriges Gesindel wirbt, um die Sängerin im Theater auspfeifen zu lassen, wer gemeine Drohbriefe schreibt, darf sich nicht wundern, wenn man ihn nachher (wieso, begreift kein Zuschauer) der Brandstiftung verdächtig hält. Der Mann aus dem Volk muß seltsame Begriffe von den Sitten und Ehrbegriffen der gebildeten Stände bekommen, wenn ihm das Kino solche Vorstellungen beibringt! Auf solche Weise wird das „moderne" Kinostück unliterarischer Regisseure zu einer öffentlichen Gefahr. Das kommt davon, wenn man alles dem Effekt opfert und lauter unmögliche Ungeheuer (der Impresario und der Theatersekretär streiten sich mit der Sängerin um den Preis der Infamie) als moderne Menschen vorführt.

Dagegen seien die starken jüngsten Leistungen unserer Deutschen Vitascope, „Der grüne Teufel", obschon offenbar nur durch zufällige Aufnahmen einer Bar und der Berliner Feuerwehr entstanden, und besonders „Weiße Lilien" deshalb anerkannt, weil hier vorzügliche Präzision der Projektionsapparate – in den „Lilien" oft ganz meisterhaft – mit einer spannenden und nicht schlechtweg unmöglichen Handlung sich verbindet. Natürlich müssen Szenen – wie auch in „Coletti" –, die man einfach um vorhandene Filmeffekte herumdichtet, logischer Wahrscheinlichkeit entbehren, und die Motive entlehnt man ältester Theatralik. Doch der frische dramatische Zug des Ganzen packt, und das Kino umkleidet das Gerippe mit so blühendem Leben, daß man die Verrenkung der „handelnden" Gliederpuppen nicht merkt, es füllt alle Lücken. Also alle Achtung vor so tüchtigen „dichtenden" Technikern! Wenn solchen sozusagen technischen „Dichtern" sich wirkliche Dichter paarten, dann müßte etwas Außerordentliches entstehen. Wenn freilich Bolten-Bäckers seine „Große Liebe" im Gegensatz dazu stolz „Autorendrama" tauft, so sind hier Zufälligkeiten und Unmöglichkeiten gleich groß, nur rinnt die Handlung viel dünner und karger.

Allerdings tritt zu Tage, daß selbst ein Minimum einfacher Vorgänge im Kino rühren und ergreifen kann, daß es also sentimentaler Worte nicht bedarf, die eher störend das schlichte Geschehen vergröbern würden, wenn es nicht Seelenlaute eines wirklichen Dichters wären. Gleichwohl liegt für jeden Vernünftigen auf der Hand, daß spannungslose Idyllen einerseits den stofflichen Hunger des Kinopublikums nicht befriedigen, während umgekehrt allzu krasse Effekte ohne genügende Motivierung, wie in den obengenannten Stücken ein feineres Empfinden abstoßen. Wenn Gaumont Szenen der französischen Riviera herrlich verfilmte, so baut er mit Hilfe von Flugapparaten, tödlichen Schlaganfällen, bösen Duellen und senkrechten Aviatikerabstürzen eine Fabel herum, die mit Hilfe des so vorteilhaft bekannten Theaterbösewichts – da kommt er wieder, der Halunke! – und eines Selbstmordversuches der Heldin zu gedeihlichem Abschluß führt. Mehr Gewaltsamkeiten zusammenpacken ging wohl nicht an, der Mond scheint schön, doch wir vermissen noch eine Bombenexplosion vermittels Automobil-Infanterie bewaffneter Pariser Apachen.

Wie sich das gestalten wird, wenn wirkliche Autoren moderne Gesellschaftsbilder aufbauen, läßt sich bisher nicht voraussehen. Man begreift aber, daß hier die Klippe droht, eine Scylla und Charybdis: entweder sind moderne Stoffe zu intim und „natürlich", daher fürs Kino langweilig, oder sie werden so sensationell präpariert, daß jede Lebensmöglichkeit zum Teufel geht. Daß diese Klippe bei historischen Stoffen leichter umschifft wird, wo der Phantasie freierer Spielraum bleibt, versteht sich von selber. Deshalb wirken jene „amerikanischen" Films im Grunde stärker, wo wie in den Abenteuern des Verbrechers Jackson und dem prachtvollen „Einfall" die wuchtigen Handgreiflichkeiten des fernen Westens sich austoben, ohne an Lebensechtheit einzubüßen. Besonders „Der Einfall" enthält Gefechtsszenen von einer Anschaulichkeit (vornehmlich die Verteidigung des Blockhauses), deren sich der größte Schlachtenmaler nicht zu schämen hätte. „Die Niederlage der 4. Division" steht auf gleicher Höhe, und die Indianer wandeln so drastisch auf dem Kriegspfad, als wären sie letzte Mohikaner eines neuen Cooper. Seltsamerweise verfolgt selbst hier das von uns betonte Mißgeschick des Kino im Humoristischen die Versuche, Amerikanisches scherzhaft vorzutragen. Die Späßchen, wie ein Liebhaber sich als Mädchen verkleidet, um seinen Rivalen in sich verliebt zu machen, oder wie Yankees ihre westlichen Verwandten im Hinterwäldlerkostüm empfangen, oder wie eine Amazone einem Deutschen, der sanfte Gretchen liebt, sich als bigotte Quäkerin vorstellt – letztere Posse wird durch den Liebreiz der Darstellerin einigermaßen versüßt –, unterscheiden sich wenig von der possenhaften Karikatur des famosen Herrn, der den Frack eines Pensionsbesitzers stahl und so einen menschlichen Tiger entfesselt, oder des kurzsichtigen Willy, der ohne Brille heiratet, wofür Bolten-Bäckers verantwortlich zeichnet. Gemacht ist übrigens letztere Schnurre recht gut, man muß es loben, aber es ist nun mal das Schicksal des Kino, daß ein harmloser Schwank, den man auf der Bühne gutmütig auslachen würde, in der scharfen Deutlichkeit des Films als aufdringlich abstößt. Auch „Leos Hochzeitsreisen", die Gaumont unter seine Fittiche nahm, erwecken wenig Behagen, und daß Cupido als nacktes Bübchen sich vor der Brautkammer herumtreibt, gehört nicht gerade zu den geschmackvollsten Einfällen. Der echtdeutsche Humor aber treibt Blüten, die schon unsern Großvater entzückten, von der lieben Schwiegermutter aus den „Fliegenden Blättern" oder dem Ehemann, der nach Abreise seiner Frau schneidig losgeht und sich von zwei Buben ein Plakat mit seiner Adresse am Rockschoß anheften läßt. Dieser Scherz erinnert an unsere früheste Jugend. Dagegen möchten wir nicht unerwähnt lassen, daß eine Besonderheit des Kino, Kinder zu verwenden, ihm einen neuen Vorzug vor dem Theater gibt, weil man redende Kinder nicht so abrichten könnte. Den berühmten Fritz ersetzen heut manch andere Bubis, und der allerliebste kleine Bettelmusikant, den ein kinderloses Paar adoptiert und der mit seinem gelehrigen Pudel wieder in die freie Boheme davonläuft, bekommt so wirklichen Humor. Sogar ein Scherz ohne Salz und mit unsinnigem Pfeffer wird erträglich durch die kleine Darstellerin, die ihrer Mutter Haar verpfeffert. Das Kino löst eben neue Reize auf allen Gebieten aus, so auch hier.

Hierzu rechnen wir auch die Verwendung gelehriger Tiere. Während man in ethnographischen Films das Leben von Elephanten vorführte, wird der 3. Teil der großen Spektakelserie vom Banditen Zigomar schon allein sehenswert durch die Leistung des dort kräftig mithandelnden Elephanten. Von Rosalies Tüchtigkeit erwartet man ja gleich viel, doch diese tatkräftige Dame übertrifft sich selbst durch ihr Arbeiten mit Elephantenrüsseln. Mit wohlfeiler Ironie diese seltsamen Abenteuer abspeisen wäre leicht. Doch muß ehrlich gesagt werden, daß die Inszenierung sich in „Tricks" überbietet und gerade am Ende, wo Zigomar im Aeroplan über den Luganer See hinschießt und ein Dampfer die Gekenterten an Bord nimmt, prächtige Bilder entrollt. Als dieser Räuber, den alle Häscher in des Waldes tiefsten Gründen suchen und dem hoffentlich auch alle Mütter fluchen, sich verbindlich der Polizei empfiehlt, deuten wir seine Pantomime wohl richtig: Bald folgt „Zigomar 4" und nächstens „5" *in infinitum*. Wir danken ihm für dies schöne Selbstvertrauen und begrüßen ihn als den endlos Auferstandenen, denn es wäre schade, wenn dem Kino je diese Attraktion verloren ginge. Doch wir bedürfen nicht mal so starken Tobaks, Havanna Ausschuß. Denn der deutsche Film (Continental) „Die Fremdenlegion" macht uns keinen blauen Dunst vor und stopft uns ein mildes gesundes Kraut ins Rohr. Gott grüß Euch, Alter, schmeckt das Pfeifchen? Ein Deutscher wird als angeblicher Deserteur der Fremdenlegion auf französischem Boden verhaftet: aus diesem einfachen Vorgang entspinnen sich die lebendigsten Bilder, anheimelnd durch treue Wiedergabe der deutsch-französischen Grenze. Wir stehen nicht an, dies Stück besonders ehrend hervorzuheben, weil es nur mit ehrlichen Mitteln arbeitet und Kraßheit vermeidet.

Die „Sphinx", angeblich eine Berliner Geschichte, bringt dem Ausland auch nette Begriffe von Berliner höheren Töchtern bei, höchstens die Destille und das Kabarett darin rechtfertigen die Verfilmung. Die italienischen Films „Pikdame" und „Der Verschollene" haben wenigstens eine mögliche, letzteres sogar eine originelle Fabel bei guter Inszenierung, während „Lady Glanes Abenteuer" die äußerst fragwürdigen Begebenheiten eines deutschen Kriminalromans noch gröblicher verballhornt und überhaupt nur im Anfang durch das (mit recht gewagten Andeutungen gespickte) Spiel der Titelheldin Hoffnungen erweckt. Die Inszenierung des Machwerks läßt auch zu wünschen übrig, statt London erhalten wir Berliner Vororte mit der Stadtbahn, englische Richter tragen Perücke, nicht Kahlköpfe wie hier, auch tragen Lords in England keine Schlapphüte und *„Your Ladyship"* heißt nicht „Ew. Hoheit"! Schnitzer, die ein Schuljunge vermeiden könnte! Übrigens wird „Der Verschollene" wohl schweres Geld gekostet haben, weil Zacconi darin die Hauptrolle spielt und nach seiner gewohnten Spezialität Krankheit und Tod verbildlicht. Sonst gibt ihm aber das Stück gar keine Gelegenheit zur Entfaltung schauspielerischer Eigenschaften und man hätte dazu eines „Stars" nicht bedurft. Doch beim Kinowesen wird natürlich, je mehr es sich dem Theater nähert, der Reklameklüngel genau so einreißen, und als schöne Aussicht begrüßen wir das Schlußbild, wo Herr Zacconi im Frack vor das internationale Kinopublikum zweier Welten tritt und sich freundlich lächelnd dem Wohlwollen empfiehlt. Wenn heute manche Bühnen schon den Unfug der „Hervorrufe" verbieten, so zeigt eine solche Übertragung einer Komödienunsitte aufs Kino die naivste Barbarei. Also wir sollen erinnert werden, daß wir nur eine Rolle des Ritters (Comandatore) Zacconi sahen, während wir gerade im Kino eine höhere Illusion der Wirklichkeit als im Theater finden sollen.

Während aber Zacconi doch wenigstens einen gediegenen Stiefel herunterstampft und ganz hübsch mimt (von irgendwie Bedeutendem kann dabei keine Rede sein), gestaltet sich der Sarah-Bernhardt-Film förmlich zum Skandal. Die brave alte Großmama war ja immer eine Reklamekönigin und 300 000 Fr. verdiente sie ihr Lebtag gern auf einen Hieb. Selbst in ihrem höchsten Glanze, wo wir sie einst sahen, besaß sie nur Virtuosenmache, mit der Duse gar nicht zu vergleichen. Aber dies ist denn doch zu arg. Gewiß erschüttert ja auch „Des Kaisers Sohn" das Zwerchfell, angeblich nach Delavigne angefertigt, einem mittelmäßigen Mitläufer der Romantik vor 80 Jahren. Doch an diesem sentimentalen Kohl ist selbst Delavigne unschuldig: dieser biedere Karl der Fünfte, natürlich ein majestätischer, vollbärtiger Herr – bekanntlich ein glattrasiertes, kahlköpfiges Männchen – und der stattliche Theatertyrann Don Philipp – bekanntlich ein unheimlicher, hohlwangiger Knirps – würden auf jeder Provinzbühne durchfallen. Wir haben selten so gelacht wie über die Vaterfreuden Karls und die Brudergesinnung Philipps, der bekanntlich seinen Bruder nachher vergiften ließ. Doch die Sache hat ihre ernste Seite. Wenn das Kino die gräßlichsten Banalitäten des Theaters nachahmt und historische Persönlichkeiten in völlig unwahrer Leiblichkeit vorführt, dann können wir ebenso gut beim Theaterbanausentum bleiben. Nun, wenigstens hat niemand diesen Film als etwas Großartiges ausposaunt, der Sarah-Bernhardt-Film ist aber womöglich noch elender. Inszenierung dürftig, ohne jeden Glanz, voll öder Gemeinplätze oder sinnfälliger Rohheiten wie der Hinrichtung des Essex, Spiel durchweg ungenügend, diese weinerliche Ladenmamsell als Queen Beß inbegriffen, die mit einem forschen Korpsstudenten namens Essex ein kleines Techtelmechtel hat. Nicht die leiseste Spur von Charakteristik oder Zeitkolorit steckt in dieser schleppenden und ohne historische Kenntnisse unverständlichen Lappalie. Das Mannweib Elisabeth dreht sich im Grabe um, wenn sie die ebenso holde wie ältliche Sarah als ihr Konterfei sieht, die als Hysterikerin mit den Händen in der Luft herumfuchtelt und mit lächerlicher Theatralik die Arme emporwirft. Jede Geste unecht und unköniglich. *Diese* Kinohistorien sind einfach zum Abgewöhnen, schrecken jeden davon ab, das Historische im Kino zu suchen. Daß nicht die entfernteste Porträtähnlichkeit mit der rothaarigen, sommersprossigen Queen obwaltet, ist auch bezeichnend, jede anständige Schauspielerin hätte wenigstens versucht, eine gute Maske zu machen. Alle Sünden des Theaters und kein Vorzug des Kino – so sahen diese Historien aus.

Daß man Sardanapal oder jenen Sohn Karls des Fünften in historischen Kostümen dressiert vorführte, diente vorerst nur zur Entfaltung bunter malerischer Mäntel. Nichtsdestoweniger läßt sich deutlich erkennen, daß Kinokreise schon heute dem Historischen besondere Aufmerksamkeit zuwenden. Aus vielen zuvor erörterten Gründen ist dies lebhaft zu begrüßen. Doch sind wir weit entfernt, hohle und leere historische Schaustellungen an Stelle der bisher überwiegenden modernen Bilder setzen zu wollen. Alles kommt darauf an, das fürs Kino so überaus erfolgreiche historische Lokalkolorit mit wirklicher dramatischer Gestaltung zu verschmelzen, damit die starken Effekte einer bunteren und bewegteren Vergangenheit, wo Gewalttaten das Natürliche und Angemessene bilden, auch richtig herausgeholt werden. Die Bedenken gegen Bevorzugung des Modernen formulierten wir ja; soweit eben alles Bisherige in Frage kommt. Doch warum sollte nicht auch eine starke Handlung aus Modernem abgeleitet werden, ohne ins Unmögliche und Phantastische abzuirren? Sobald ein solches Beispiel vorliegt, werden wir uns eines Besseren belehren lassen. Vorerst ladet den Kinodramatiker, sofern er dichterisch wirken will, das Historische ein. Aber immer wieder sei betont, daß nur die folgerichtige, mögliche, lebenswahre, nicht mit bunten Zufällen hintertreppenromanartig arbeitende, Handlung dem Kinodrama seinen wahren Triumph erobern kann. Je dichterischer es angelegt, desto sicherer sein Erfolg. Je großzügiger es ausladet, desto gewisser setzt es sich in Einklang mit den Gesetzen dieser neuen Kunst. [1913]

Marcella Albani in „Dagfin" (Joe May, 1926)

Ruth Weyher in „Die keusche Susanne" (Richard Eichberg, 1926)

## Filmkritik*

ZÜRCHER KINOTHEATER. Wir werden von jetztan auch die sogenannten Kinodramen berücksichtigen. Diejenigen Kinohäuser, die keinen Tadel vertragen können, werden wir stets ignorieren. Den Reigen des Guten eröffnete in letzten Wochen „Das Sterben im Walde" (Apollo-Kino). Dieser glänzende Eiko-Film verbindet lebhafte, durchaus natürliche Handlung mit prächtigen Bildern aus München (aufregende Auto-Hatz in der Propyläenstraße) und dem oberbayrischen Gebirge bei recht löblichem Spiel der Hauptdarsteller, am Schluß gewürzt durch eine Bergsteigerei, Sehenswürdigkeit ersten Ranges. „Arabische Infamie" bot erstaunliche Vorführung hungriger Löwen, die eine Hütte belagern, nebst Reinfall in wörtlichem Sinne – in eine Grube. Fragt man sich schon hier, wie früher in „Könige der Wälder", wie die Verfilmung möglich gewesen sei, so steigert sich das Erstaunen im „Löwenjäger" (Zürcher Hof). Diese Handhabung von Bestien versetzt in wachsende Erregung, solche Phänomene wie den Todeskampf von Löwen und Schlangen würde man nie erfahren als im Kino. Und dabei scheinen diese afrikanischen Abenteuer einfach in Paris verfilmt, da mehrere Landschaften unverkennbar nicht Afrika, sondern die Umgebung der Seine wiedergeben.

---

\* Mit dieser Nummer eröffnen wir in der „Ähre" eine von nun an regelmäßige Filmkritik, die in durchaus unabhängiger und objektiver Weise die Films der Woche besprechen wird. – Das Kino ist ein Kulturfaktor, mit dem sich jeder Gebildete auseinandersetzen muß, dessen künstlerische, pädagogische und wirtschaftliche Möglichkeiten eine eindringliche Beschäftigung mit ihm nicht nur rechtfertigen, sondern geradezu gebieterisch verlangen. Unsererseits können wir uns dieser Aufgabe nicht mehr entziehen, nachdem die Stadttheater von Basel und Bern den Sommer über Kinovorstellungen veranstalten und nachdem der Großteil der deutschen Bühnenkünstler und Bühnenschriftsteller sich dem Kino verschrieben haben. Man kann heute schlechterdings den Zusammenhang zwischen Bühne und Kino nicht mehr verneinen. Wir werden hier, wie bereits betont, keinen einseitigen Standpunkt einnehmen, sondern streng sachlich Wert und Unwert kinematographischer Darbietungen beurteilen. Neben diesen regelmäßigen Filmkritiken sollen künftighin auch Artikel prinzipieller Art die Kinofrage behandeln. Auch hierin werden wir unsere absolut objektive Stellungnahme dem Kino gegenüber nicht verändern. Wir glauben im Gegenteil seiner kulturellen Hebung durch sachlich-strenge aber gerechte Kritik weit besser zu dienen, als durch Lobhudeleien. Umgekehrt aber werden wir auch jenen, die aus jesuitischer Scheinmoral und Tugendfexerei oder aus mangelnder Einsicht prinzipielle Kinogegner sind, scharf entgegentreten.

Die Filmkritik der Zürcher Kinos hat kein anderer als Karl Bleibtreu übernommen; dieser Name allein bürgt schon für den künstlerischen und kulturellen Wert unserer neuen Einrichtung. D. Red.

Gaumont will hier zeigen, daß er alles Exotische beherrscht, wie er einst im „Jackson" mit den Amerikanern in Wildwest-Bildern konkurrierte. Seine Lorbeeren lassen aber den hochverdienten Cines nicht ruhen, der in „Mona die Mutige" (Lichtbühne) den ganzen amerikanischen Apparat von Cowboys, Indianern und Unionsreiterei heraufbeschwört. Die italienische berühmte Firma bewegt sich hier mit gleicher Sicherheit wie in „Quo Vadis" auf römischem Boden (nochmals im Löwen-Kino vorgeführt). Mit menschlichen Bestien gibt sich „Hochverrat" ab (Radium-Kino), im Zeitalter Oberst Redls recht zeitgemäß, hier in Balkanstaaten verpflanzt, nach den exotischen Uniformen und Erwähnung der blauen Berge zu schließen. Das Spiel der Heldin und die sachgemäße Haltung der Offiziere beleben die spannende Entwicklung. An gleicher Stelle ließ ein deutscher Film etwas phantastisch die „Schicksalsbestimmung" einer Grisette namens Maja paradieren. Unerfreulich berührt „Das Bildnis des Dorian Gray" (skandinavisch), ein unsolider Film, der bloß auf den Titel hin Oscar Wildes Weltberühmtheit ausbeutet. Da die Schönheit des Werkes nur auf Sprache und geistvollen Aperçus beruht, konnte man voraussehen, daß diese Handlungslosigkeit für Kino nicht passen werde. Bei obendrein recht mangelhaftem Spiel bekommt man etwas Unverständliches, das den Kenner des Romans ärgert und das Publikum ermüdet. Immerhin möchten wir es ein Verdienst des Kinoleiters nennen, daß er diesen „literarischen" Film vorführte. Literarisch kam uns auch der rührige Leiter des Olympiakino, indem er die *„Misérables"* hervorholte, „nach dem unsterblichen Meisterwerk V. Hugos". Dieser miserable Schmarren wurde ein guter Film, besonders in Bagno-Szenen und Barrikadenkämpfen, unterstützt durch ausgezeichnetes Spiel der Hauptpersonen. „Heimatlos" entwickelt sich ohne unnötige Gewaltsamkeiten und wird gut gespielt. Auch legte die Firma Pathé in einen Ausschnitt aus der französischen Revolution und eine ergreifende Kinderepisode viel Reiz hinein. In ihrer Moritz-Serie wird „Moritz als Balkan-Operateur" einen ersten Rang behaupten, das ist wirklich lustig. „An den Stufen des Thrones" (Pasquali) gehört zu den kräftigsten Sensationsschlagern, die Ausstattung und die technischen Tricks lassen nichts zu wünschen übrig. Die Schlußbilder sind blendend. „Verirrt vom Wege" (deutsch) hat einige neue und realistisch anmutende Bilder. Dagegen hat uns „Ewige Zeugen" (Apollo-Kino) wenig zu sagen und wandelt in den üblichen Bahnen französischer Sensationskrämerei.

Weit besser fiel „Schuldig" (Löwenkino) aus, wo Gerichtsverhandlung und Fabrikbrand Eigenartiges bieten. Reizend wirkt die italienische Humoreske „Das rote Korsett", wobei stimmungsvolle Wiedergabe einer menschenleeren sonnigen Straße den Kenner besonders fesselt, dagegen den Liebhaber nur in der französischen Schnurre „Leo will dünner werden" die schelmisch frivole Mimik von Suzanne Grandais. Ausgezeichnetes liefert

„Das schwimmende Fort" mit Szenen aus dem Bürgerkrieg, wobei Monitors eine Strandbatterie beschießen und zwei Töchter der Nord- und Südstaaten für ihre Partei (lies ihre Liebsten) sich wechselseitig befehden. In solchen Schießereien und Reitereien sind die Amerikaner groß, aber Cines der Unermüdliche will in „Peter Cowboy" ihnen den Rang ablaufen, wobei sogar die armen verhungerten Löwen aus „Quo Vadis" erneut ihre Aufwartung machen. Leider gibt es in Amerika keine Löwen, denn die Pumas sehen ganz anders aus. An nervenerschütternden Tricks wird uns hier das Menschenmögliche vorgesetzt. Solches tut die Lichtbühne, deren überaus reichhaltiges Doppelt- oder Vier-Programm mit Vorliebe Italienisches bringt. So jüngst „Roman eines Richters", „Verlorenes Spiel", „Liliana", in ersteren beiden die männlichen, in letzterem die weibliche Hauptrolle gut besetzt, Gesellschaftsstücke voll ziemlich verbrauchter Motive, doch im „Richter" mit neuen Nuancen bereichert. Auch im „Heldengedicht einer Seele" rettet das hervorragende Spiel der Heldin die allzu phantastische Fabel, am Schluß sehen wir einen jener Tricks, bei denen man vergeblich fragt, wie so etwas zustande kommen konnte. Man erlebt eben im Kino die waghalsigsten Abenteuer, die der friedsame Bürger sonst nie zu sehen kriegt. In „Gerechte Strafe" werden auf gut amerikanisch die Leiden eines Erfinders vor uns ausgebreitet, packende Strandlandschaften in „An rauher Küste". In „Tochter des Gouverneurs" triumphiert der landesübliche Edelmut des Cowboys. „Unsere Engel die Kinder" bringt trotz aller sentimentalen Süßlichkeit die Kino-Stärke in Verwendung von Kindern zur Geltung. „Ein Drama in Villa Stillfried" arbeitet auch mit saftigem Hochverrat, der heut unterm Zeichen der politischen Spionage mit sogenannter Aktualität packt. Während all diese Darbietungen kein wirklich neues dramatisches Problem ausbeuten, bringen drei andere Gaben der Lichtbühne manches Neue. „Ehrlos", sonst in hergebrachten Geleisen sich bewegend, trifft das Korpsstudenten-Milieu recht befriedigend, die kurze echtdramatische Szene „Komödie und Wirklichkeit" hat sogar eine erschütternde Kraft, „Des Malers Madonna" vollends einen hochpoetischen Gedanken. Erstere Eiko-Films und „Der Mitgiftjäger", wo der rühmlichst bekannte Vitaskope die Künste seiner Regie in verschwenderischer Fülle entfaltet, zeigen den hohen Stand des deutschen Kinowesens, während die „Madonna" ihren amerikanischen Ursprung nicht verleugnet: eine prächtige Idee, Realistik in Einzelheiten, das Ganze aber schluckrig ausgeführt und maßlos sentimental. Besser gelingt den Amerikanern natürlich das Derb-Naive wie in „Ein Freund in der Not", zum letzten Programm des Apollo-Kino gehörig, das man durchweg loben muß. „Blitzschlag" schmückt sich mit raffiniertem technischen Effekt am Schluß und klugen Ausschnitten aus einem Modeschneideratelier, „Augen der Mutter" hat wundervolle Winter-Waldstimmungen und das ergreifende Bild eines schneebedeckten Kirchhofs. Diese deutschen

Kinoleistungen sind das, was wir solide Films nennen, wo nämlich wirklich schöne und neue Bilder zwanglos ohne jede Unnatur sich entrollen. Auch die gallische Heiterkeit von „Mamsell Nitouche" ergötzt sehr, und die üppige Vielseitigkeit der Szene umrahmt ein lustiges Lebensbild.

In „Kain" (Zürcherhof) wird die dürftige und unerquickliche Handlung nur durch gute Aufnahmen französischer Feldlager versüßt, während „Abschied auf Ewig" (skandinavisch) zwar tieferer Motivierung entbehrt und der Opfertod uns nicht von seiner Notwendigkeit überzeugt, aber intime Interieurs eines Mädchenpensionats und andere geschmackvolle Genrebilder enthält. Eine bekannte schwedische Tragödin möchte hier mit Asta Nielsen, der unvergleichlichen Duse des Kino, wetteifern, was sie wirklich in einigen Augenblicken erreicht. Solches geschah im Löwenkino, der uns so viel Schönes in kriegerischen Szenen vermittelte. (Den Gipfel bedeuten hier „Das Leben dem Vaterlande" von Cines und „Balaclava" von Edison, letzteres im Apollo-Kino). Aber die Lichtbühne will auch hier Lorbeeren ernten und bot daher eine überraschende Serie italienischer Manöverbilder, Übergang von Kavallerie über den Tessin, die ihresgleichen suchen. Als Kuriosum sei noch erwähnt, daß im Olympiakino dreimal statt der üblichen „Wochenschau" von Gaumont oder Pathé die neue des Eclair ihre Aufwartung machte. Sie ist durchaus den Vorgängern ebenbürtig, auch bei ihr hat die französische Klarheit Pathe gestanden. [13. Juli 1913]

* * *

ZÜRCHER KINOS. *Nulla dies sine Kinema.* Ich gehöre zu den ausschweifendsten Kinobesuchern Europas, jeder Mensch muß sein tägliches Erholungslaster haben. Wie Goethes Werther bekennt, Ossian habe bei ihm Homer verdrängt, so bei mir der Kintopp das edle Schachspiel, oder, um mit Heine zu reden, früher waren Apfeltörtchen meine Passion, heute sind es Liebe, Freiheit und Kino. An Passionen jeder Art fehlt es ja im Kinodrama nicht, sogar der alte „Monte Christo" will hier seine Rache kühlen, und Vater Dumas hätte an diesem Selig-Film eine Freude gehabt. Selig sind die geistig Armen, die sich an des lieben Alexander Räubergeschichten für die unreifere Jugend erbauen, selig sind die Friedfertigen, die wie Monte Christo eine Dreifaltigkeit von Rachetaten begehen, selig sind die amerikanischen Filmproduzenten, wenn sie ihrer Passion für Abenteuer frönen können. Doch Spaß beiseite, die Firma Selig hat sich aller Effekte bemächtigt, die aus Dumas' Romanmonstrum sich herausholen ließen, die zwei ersten Akte sind sogar gut aufgebaut, nur der dritte leidet an Überstürzung und Unklarheit. Die Bilder an sich sind erstrangig, die Kostüme sehr echt, das Spiel befriedigt mit Ausnahme eines wahrhaft scheußlichen Napoleon auf Elba, der einem ruppigen Schlächtermeister gleicht. Außer diesem geschätzten älteren Film brachte das Apollo-Kino auch einen gleichfalls älteren von amerikanischer Marke, „Die französische Spionin", über Algiers Eroberung, wobei französisches Militär und wütende Kabylen einen Cancan lärmenden Radaus aufführen. Doch obschon von Unmöglichkeiten wimmelnd, hat dies kriegerische Stück entschiedenen Elan, es geht immer aufs Ganze, schwelgt in Farben und Massen. Die Kabylen werden sehr lebensvoll dargestellt, der grausame Bey Achmet besonders, die französischen Offiziere und Soldaten desgleichen, sogar die Vision Bonapartes vor den Pyramiden hat einen großen Zug. „Der letzte Ausweg", wieder mal eine Wildwest-Räuberei, hat gute Bilder und Typen. Die Lichtbühne beschenkt uns mit schauerlichem Kriminal- und Detektivschrecknis, „Das geheimnisvolle Ahnenbild", dem es wenigstens an straffer Spannung nicht fehlt. Hochnotpeinliche Verbrechersensation setzt uns das schöne Frankreich in „Durch sein Kind gerettet" vor, worin ein wackerer kleiner Held sich als Kletter- und Schießkünstler produziert. Die Verbrechertypen sind gut herausgearbeitet. (Löwenkino.) Französische Heiterkeit lugt schelmisch aus dem „Zobelmantel", einer reizenden Humoreske (Olympia-Kino), während „Die Schiffbrüchigen" durch erfreuliche Meerbilder anmutet. Über „Die Tragödie einer Mutter" (skandinavisch) kann man geteilter Meinung sein, denn wie vom Erhabenen zum Lächerlichen nur ein Schritt, so auch vom wirklich Ergreifenden zum geziert Sentimentalen. Recht brav sind „die berühmten norwegischen Schauspieler Ragna Wettergren und – Ferdinand Bonn", von denen erstere eine Schwedin ist und letzterer ein Deutscher sein soll, wie man sagt. Offenbar derselbe Ferdinand, der uns „Seine schwerste Rolle" bescherte; wo er als Kronprinz von Dänemark im Kino erscheint, wie früher auf der Bühne. Peinvolle Erinnerung – befehle nicht, o Königin, den Schmerz zu erneuern – Schmerz, laß nach! Nein, o Königin, das Leben ist doch schön – da werfen einem schöne Komtessen Lorbeersträuße zu, indeß wir Hamlet kreieren, die Gräfinnen-Mütter küssen einem ununterbrochen die edle Hand, auch werden wir von hochgeborenen Grafen als Zierde des Salons eingeladen, woselbst wir – obschon uns der Frack schlecht steht und wir verdammt plebejisch in dieser Umgebung ausschauen – den angebeteten Mittelpunkt der Gesellschaft bilden. Ferdinand, dieser deutsche Förscht vom Theater, wird noch viel Kabale und Liebe veranstalten, er kündigt an, daß er höchsteigenhändig diverse Kinodramen verfertigt, in denen er gleichzeitig in Doppelrollen auftritt. So sahen wir ihn einst in Wien in gleichem Selbstfabrikat Napoleon und einen Pferdejuden verkörpern, am Schluß trat er an die Rampe vor die Claque und erließ einen Aufruf an sein Volk. O Ferdinand, wie grün sind deine Blätter! Wird er auch „Richard III." als Kavalleriestück verfilmen, wie einst im Circus oder „Heinrich V."

als Spring-Athleten? Das kann nett werden, wenn ins Kino sämtliche Komödianten ihre Virtuosenmätzchen verpflanzen und die Schnurrenten-Unsitten ihrer Eitelkeit verewigen. Schon verneigt sich Novelli am Schluß von Films lächelnd vor dem Publikum: Nette Aussichten, wenn unser huldvoller Bonn uns auch noch spanisch kommt. Wir raten ihm gut zu einem Film, wo er teils als der liebe Herrgott teils als Kaiser Wilhelm auftritt, damit er den höchsten und den allerhöchsten Herrn beisammen hat und die Herrschaften sich durch ihn verständigen können. – Bisher erlebten wir nur Übles von Theaterberühmtheiten im Film, den grimassenschneidenden und alles dreimal unterstreichenden Bassermann obenan, der erst Elementarunterricht bei Asta Nielsen nehmen sollte. Wird man nicht endlich lernen, daß Kinomimik und Theater zwei ganz verschiedene Dinge? Viel Bedeutenderes leistet ein unbekannter Schauspieler im „Bukkelhannes" (Kino-Radium), welchen ausgezeichneten deutschen Film wir schon im Apollokino dringend empfohlen.

Franzosen wie Amerikaner stehen weit hinter den Deutschen zurück, wenn es auf moderne Gesellschaftskinodramen ankommt. Letztere pflegen übermäßige Rührseligkeit wie „Durch sein Kind gebessert" (Lichtbühne), wo der böse Plutokrat sich so schnell in einen Biedermann verwandelt, wie des erprobten Psychologen Ibsen Konsul Bernick. Da gefällt uns besser der Gruselfilm „Der tiefe Brunnen" (nach einer Skizze von Edgar Poe), dilettantisch im Fabelaufbau, doch trefflich im italienischen Renaissancemilieu stilisiert. Hier macht auch ein kluger Pudel seine Aufwartung und in „Der kluge Fox" staunen wir wieder das Geheimnis der Kinokünste im Verwenden von Tieren an; in manchem Kinodrama benimmt sich ein Hund oder Pferd als der einzige vernünftige Mensch unter tierischen Zweibeinern. Diese Mitwirkung von Tieren und besonders von Kindern gibt dem Kino einen besonderen Reiz. In *einer* Gattung bleibt übrigens das militaristische Deutschland ein Waisenknabe neben dem armeelosen Amerika, ausgerechnet im Kriegsfilm nämlich. (Die allerdings vortreffliche „Heldin von St. Honoré", uns privatim vorgeführt und bisher in Zürich noch nicht erschienen, macht hier zum erstenmal den deutschen Filmkünstlern Ehre.) Der große Bürgerkrieg liefert unerschöpfliche Motive, in „Heilige Schuld", „Die Sängerin als Kriegskorrespondentin" (alle obigen Arbeiten in Lichtbühne) zu prächtigen Gefechtsszenen ausgebeutet, in letzteren auch gute Typen von Südstaatlern aufweisend, sogar den großen Jackson darunter, irren wir nicht. Nur macht sich peinlich das Bestreben breit, die siegende Partei d.h. die Yankees auf Kosten ihrer bewundernswerten Gegner herauszustreichen. *Vae victis!* So dient der Kino dazu, die Geschichtswahrheit noch weiter zu fälschen. Für Herbst wird als Gipfel aller Kriegsfilmtechnik „Sheridans Ritt" angekündigt; wo bleiben aber der Südstaatler Stuart und Forrest unendlich bedeutendere Reitertaten? Beiläufig stören oft die plumpen Verdeutschungen der eingeschobenen Wortfilms, wo immer „Ihr" für „Sie" gesetzt und die Bezeichnung „Födrirt", die in Europa niemand versteht, mißverstanden wird, so daß einmal „Bundesofficier" übersetzt wird, wo offenbar „Konfödrirt" d.h. Südstaatler stand. Hierdurch kommt Verworrenheit in die Handlung, was den aufmerksamen Zuschauer stört. Wann endet überhaupt die Barbarei der meterschindenden Wortfilms, wo oft unnützerweise die gleichen dreimal wiederkehren, bloß weil sie nichts kosten und doch bezahlt werden müssen, pro Meter! Der Kundige lächelt über all dies Allzumenschliche banausischer Geschäftstricks, infolgedessen sich auch die Kinoindustrie noch hartnäckig gegen Einführung des phonographischen Redefilms sperrt, obschon Edison und Gaumont ihn längst in Newyork und Paris einführten. Alles, was man dagegen anführt – wohlgemerkt halten auch wir den vollen Einsatz von Dialogen im Kino für verfehlt –, verhüllt nur die banausische Wahrheit: man scheut die Kosten. Kein Mensch verlangt ja aber, daß die kleinen Kino-Institute sich damit belasten, sie mögen ruhig weiter Wortfilms bringen, aber die großen Kinotheater müssen sich bald bekehren, wenn anders es ihnen ernst ist mit künstlerischer Hebung des Kinowesens. [20. Juli 1913]

* * *

ZÜRCHER KINO. „Wo ist Coletti?" ruft ganz Europa via Berlin. Siehe da, hier ist er in Zürich (Kino-Radium) und ist besser als sein Ruf. Denn wir werden, durch Erfahrung klug, mißtrauisch gegen jedes Reklametrara, hier noch gewürzt durch Spezialreklame für die mitverfilmten Ullsteinschen Organe. Auch hätte uns wohl der längliche Prolog erspart bleiben können, wo der hehre Verfasser Schönthan (in Firma: Schönthan und Kadelburg) in heiliger Inspiration die geschützte Feder schwingt. Der Dichter – verzeihen Sie dieses harte Wort! – und sein Aug', in schönem Wahnsinn rollend, ferner der Regisseur und die übrigens trefflichen Darsteller machen sich allzu breit. An Längen fehlt es anfangs überhaupt nicht, um Film zu schinden, damit just 1500 Meter herauskommen. Später aber entwickelt sich die Posse mit spannender Schneidigkeit und Lustigkeit bis zum Ende. Die schöne Magde Lessing, eine zweite Hohenfels (die hochbetagt noch reizendste Backfische vorstellte), ist hier höchstens 25 Jahre alt, man muß ihrer stürmischen Jugend zu gute halten, daß sie dem Amoroso bei jeder unpassenden Gelegenheit um den Hals fällt zum grimmigen Neid aller Zuschauer. Einzelne Tricks wie die Aufnahme Berlins aus der Vogelperspektive des Zeppelinschen Luftschiffs haben Neuheit und Schwung. Neben dieser im Ganzen glänzenden deutschen Leistung fallen „Die schöne Anita" (französisch, Lichtbühne), „Das Geheimnis des Chauffeurs" (nordisch, Apollo-kino) gewaltig ab, ersteres wird wenigstens gut gespielt, während im letzteren die Mittelmäßigkeit zu Rosse sitzt wie in so vielen, früher fälschlich gepriesenen skandinavischen Films, deren kleinliches Milieu überhaupt keine kräftigen Schlager gestattet. „Geld und Liebe" (Löwenkino) kann trotz flotter Regie dies Urteil nicht umstoßen. Der blinde Mann, wie er in der Branche genannt wird, der Tyrann und Leiermann von Kopenhagen wird seinen Stern noch erbleichen sehen, wenn er so fortwurstelt, und die andern Skandinaven geradeso mit ihren Kino-Familiensimpeleien, die keinen Hund vom Ofen locken. Die Franzosen haben eine andere Eigenart: sich bekannte Literaturwerke nicht fürs Kino entgehen zu lassen und dabei die tollste Verballhornung nicht zu scheuen. „Die rote Robe" (Löwenkino) verhüllt die Übertreibung jener satirischen Komödie schonend, indem eigentlich nur das Mittelstück sich mit den Justiz-Fehltritten beschäftigt, alles übrige aus freier Hand melodramatisch zugestutzt wird. Diesem schon ältlichen Film paart sich „Der Nabob" (Olympia). Es wäre eine juristische Doktorfrage, ob Daudet hierfür einen Rappen Honorar beanspruchen dürfte. Denn außer dem Titel – bei der „Roten Robe" bleibt sogar der Titel im Film unverständlich – gleicht nicht eine einzige Szene dem Roman, alles ist freie Regisseurerfindung, selbst das berühmte Schlußkapitel (Theaterpremiere, was einen prächtigen Stoff geboten hätte) wird durch Parlamentsszenen ersetzt. Diese freilich und mehrere Aufnahmen Pariser Straßenlebens sind so vorzüglich, daß sie über die verübte Täuschung trösten. Auch wird der schuftige Redakteur mit Elan gespielt. Ganz famos wirkt das Lustspiel „Der Herr Direktor" (Olympia), wo Pathé gleichfalls sein Können zeigt. Spiel und Ausstattung gleich lobenswert, die ganze Satire auf den Beamtenschlendrian voll betäubender zwerchfellerschütternder Heiterkeit. Dagegen richtet Gaumont im „Verlorenen" (Zürcherhof) wenig aus, wieder mal eine fiktive wissenschaftliche Erfindung und seine so oft bewährten Verbrecherkeller mit magerer und doch gewaltsamer Handlung. Schmiedeten bisher wirkliche Autoren, d.h. indirekte durch oben gekennzeichnete Ausschlachtung vorliegender Werke, stärkere Handlungen als sonstige Kinoregisseure, mit Respekt zu melden? Mit nichten. Urban Gad schreibt seiner Gattin gutgebaute Stücke auf den Leib, sein „Mädchen ohne Vaterland" (Lichtbühne) vereint zwanglose Spannung mit genügender Charakteristik, Bioskop bietet hier wieder eine schöne solide Leistung deutscher Tüchtigkeit. Und nun – was soll man weiter sagen? Das Licht kam uns von Norden, vor Asta Nielsen verstummt jede Kritik, hier ist schrankenlose Bewunderung oberste Pflicht. Ich müßte Bände schreiben, um dieser Offenbarung gerecht zu werden. Die große Asta ist ganz einfach ein Genie, welchen Adelsbrief ich im Gegensatz zum Mißbrauch dieses hohen Wortes nie an Schauspieler, nicht mal an die Duse und Wolter verschwendet wissen will. Die bleiben doch immer nur Reproduzenten, diese Muse dichterischer Mimik hingegen ist eine Schöpferin, selber eine Dichterin, ihr eigener Dichter. Jene Toren und Ignoranten, die vom Kino als von einer Jahrmarktsbühne reden, müßten an den Ohren hierher geschleift werden, um die höchste Kunst zu schauen. Gewiß, eine Schwalbe macht keinen Sommer, aber daß Asta Nielsen möglich wurde, verdankt man dem Kino und das ist Ruhm genug. Will man fachmännisch die ganze Größe der Nielsen werten, muß man sie mit der Treumann vergleichen, die ich sehr hochschätze, und die gleichfalls eine Zigeunerin („Mirza die Zigeunerin") mit einer Kraft darstellt, um welche manche gefeierte Tragödin sie beneiden könnte. Aber das ist eben alles nur Talent, d.h. Nachahmung wie neun Zehntel alles Produzierten, auch in der Literatur. Die Nielsen aber ist in jeder Faser das Leben selbst, die Natur, jeder Zug ist unverfälschte Wahrheit. Nur ein Schrei der Bewunderung ist hier die rechte Kritik, wenn man gewisse, gottlob nun für ewig festgehaltene, Mienenspiele dieses unendlich wandlungsfähigen und doch immer nur mit erhabener Einfachheit den einzig möglichen Ausdruck findenden Gesichts vor Augen hat. Man muß am Publikum irre werden, dessen untrügliche Vorliebe für Kitsch hier auf einmal einem gesunden Instinkt huldigte und diese große Erscheinung gleich anfangs begrüßte. Ob aber die Kinofritzen wirklich ahnen, was sie in ihrer Mitte haben? Die ekelhafte Dezentralisierung der Kinoindustrie, wo jeder drauflosfilmt, heut Vorzügliches, morgen Läppisches, wo jede Spur künstlerischer Aufsicht fehlt, weder ein Zentraldramaturg noch ein Zentralarchiv gebraucht wird, sucht jetzt mit angeblichen Autorenfilms, die gar keine sind, künstlerisch zu werden oder mit Hereinpeitschung von Bühnenzelebritäten, die dann im Kino ihre ganze Ohnmacht entpuppen. Also man besitzt nicht nur recht gute Kinodarsteller, sondern sogar das leibhaftige, nie zu übertreffende Genie-Vorbild, glaubt aber dem Publikum mit „berühmten" (ach Gott!) Autoren und Histrionen aufwarten zu müssen! Kinder, sprach er, ihr seid Rinder, und so weiter im Text. Ich aber werde nie mehr aufhören, der Prophet Asta Nielsens zu sein. Freilich muß man mehrere handfeste Männer neben mich setzen, die mich an Ausbrüchen der Extase hindern. Denn sonst werde ich eine Gefahr für den Kinobesuch, wenn die Unvergleichliche ihren Zauber entfaltet. Was, 5 (in einem Fall sogar 10) Mark pro Meter für bewußte kommende Reklamefilms üppiger Ausstattung? Was ik mir davor koofe! Jeder Meter eines Nielsenfilms ist unbezahlbar, Genie hat keinen Preis. [27. Juli 1913]

* * *

„Ihre Vergangenheit" (Zürcherhof) ist eine der besseren Leistungen Gaumonts, offenbar entstanden durch Verfilmung eines alten Ritterschlosses der Touraine; welches, konnten wir nicht erkennen, es sei denn gar Schloß Chambord. Der alte Herzog wird gut gegeben. Im Löwenkino sahen wir ein hübsches Familienbild, „Heimweh" (amerikanisch), worin das gleichmäßig gute Spiel auffiel. Sonst stand man hier unter dem Sternzeichen Asta Nielsens; ältere Films dieser Serie sollten vorgeführt werden, beginnend mit „Jugend und Tollheit", das neulich auch die Lichtbühne wieder herausbrachte. Ein reizendes Scherzo, doch eigentlich mehr interessant dadurch, daß die Tragikerin auch im Humor so allerliebstes leistet, als durch Vollwichtigkeit der Leistung. Denn niemand würde daraus Asta Nielsens wahre Bedeutung ahnen. Auch nicht aus „Die Tochter des Generals", wo Asta das Kunststück fertig bringt, als reizender Backfisch herumzuflattern. Die Lichtbühne hat jedoch sich das Recht gewahrt, die ganze ältere Serie und den „Tod in Sevilla" vorzuführen, während die neuere Serie in zwei andern Kinos erscheinen wird. „Das Höllental" im Löwenkino hat starke stoffliche Vorzüge, wie Eclairs französische Technik sie ja schon oft mühelos auslöste. „Heldenmut eines Mädchens" (irreführender Titel) hat ein rein militärisches Gepräge, Szenen aus dem Krieg gegen Mexiko, 1824, brav und tüchtig ausgeführt.

„Kriegskorrespondenten" (Olympia und Kino Radium), ein angeblich dänischer, doch entschieden in Berlin hergestellter Film, bietet ganz ausgezeichnete Schlager (Auffliegen eines Kriegsschiffs unter Minenstreuung, Zerstörung eines Luftschiffs, Explodieren einer Granate in einem Cabaret usw.) mit spannender und humorvoll belebter Handlung. Eine ganz solide und liebenswürdige Arbeit, die keiner Reklame bedarf. Eine ziemlich böse Nummer ist hingegen „Nat Pinkerton" (Apollo), ein Detektivdrama von 1300 m, in dem es hitzig hergeht, dem es auch nicht an Tricks fehlt und sogar an neuem Milieu (Antiquitäten- und Kunsträuber), dem wir aber nicht viel Geschmack abgewannen, weil es zu roh gezimmert. In der Lichtbühne mit ihrem Vierer-Programm, das jede halbe Woche wechselt, wirbeln die Bilder kaleidoskopisch durcheinander. Wir sahen u. a. „Schrecken des Urwalds", eine erstaunliche Sache, worin Löwen – leibhaftige gemähnte, nicht die armen verhungerten Biester von „Quo vadis" – alle Scherze ihres Metiers üben und andere zulernen, z. B. das Durchschwimmen eines Flusses, was sonst bei Tigern und nicht bei Löwen vorkommt. „Die kleine Residenz" führt uns mehr menschliche Löwchens vor, einen Duodez-Prinzen, der sich in ein Landmädchen verliebt, das sich natürlich nachher als Komtesse entpuppt, sodaß die standesgemäßeste Heirat zustande kommt. Vitaskope hat das Dingelchen mit gewohnter Virtuosität gehandhabt. „Eine Unglückliche", ausnahmsweise Wiener Kunstfilm, macht uns unglücklich durch Häufung von Zufällen, die sich alle gegen ein armes Mädchen verschworen, aber leider alle den gesunden Menschenverstand ohrfeigen. Wenn ihr ein Geldbrief beim Siegellacksiegeln verbrennt, wird sie doch wohl nicht so toll sein, dies zu verschweigen und sich lieber wegen Unterschlagung verurteilen zu lassen. Auch wird sie schwerlich solche Bärenkraft besitzen, daß ein von ihr gegen einen Baum abgeschüttelter Strolch sich sofort den Schädel zerschmettert. Nach solcher unerfreulichen Schwergeburt tut doppelt wohl „Der Eid des Stephan Huller", ein alter Berliner Film, zwar sehr „verregnet", wie man in der Fachsprache sagt, doch immer noch sehenswert (Merkatorium a.d. Sihlbrücke). Die Treumann im 2. Teil hat die gewohnte Leidenschaft, Larsen in beiden Teilen eine echte Kraft. Trotz 2½stündiger Dauer langweilt man sich keinen Augenblick, es will sogar etwas wie ein dichterisches Problem sich herausschälen, als ob gewisse brave Kerle – Huller Vater und Sohn – zum Hahnrei prädestiniert wären trotz ihrer kraftstrotzenden Männlichkeit und Charaktergüte, als ob das Weib unweigerlich dem gemeineren sinnlichen Verführer erliegen müsse. Der packende Konflikt im 2. Teil rührt, richtig verstanden, an seltsame psychische Untiefen der weiblichen Natur. Die Gattin betrügt ihren vortrefflichen Mann und – liebt nur ihn, wie der Liebhaber bitter erkennt. Zweifellos würde dies in einem Roman plausibel zu machen sein, wie tatsächlich die Vorlage eines Romans von F. Holländer es versuchte, ein kurzer Redefilm, worin die wahre Ursache angedeutet, geht aber spurlos vorüber und der Zuschauer begreift nicht. Auf allzu verwickelte Herzensprobleme sollte sich das Kino nicht einlassen.

Ziemlich problematisch wirkt auch (Lichtbühne) „Das Geheimnis von Lissabon", das der bekannte Regisseur Schmidt-Häßler schwungvoll inszenierte und in einer Hauptrolle gut darstellte. Die Fabel reizt stofflich, hätte aber viel gründlicher ausgeführt werden müssen. Auch sehen wir nicht ein, weshalb immer phantastische Uniformen und Namen gebraucht werden müssen, in Portugal trägt man sich halt portugiesisch und ein „Fürst Helmstadt" hat keine Gesandtschaft in Lissabon! – Im übrigen, siehe, ich verkündige euch große Freude: der uns privatim vorgeführte Ambrosiofilm „Pompeji" wird allgemeines Erstaunen erregen und übertrifft „Quo Vadis" in jeder Hinsicht, sowohl im Massenaufgebot der äußerst kunstvoll aufgebauten Zirkusszenen und der blendenden Technik der Vesuventladung und des Pompejiuntergangs als in der Wahl geschmackvoller Bilder aus dem antiken Leben, Interieurs römischer Häuser. Vielleicht dürften einige Szenen im Isistempel etwas farbigere Gestaltung verlangen, und das Spiel, mit Ausnahme der Blinden, läßt zu wünschen übrig. Besonders entspricht der dämonische Ägypter Arbaces nicht dem Bild, wie es Bulwer entwarf, wird zu einem ordinären Tückebold. – Man hört, der Pasquali-Film gleichen Stoffes sei noch großartiger. Dann muß er ein Wunderwerk sein. *Vedremo!* Der Markttisch der Filmbranche wird diesen Herbst förmlich brechen unter der Masse des Gebotenen. Cines „Nilbraut", Gaumont „Letzte Tage von Byzanz", zwei neue Asta Nielsen, zwei Henny Porten, fünf Reinhardts! Dazu noch Sudermanns „Katzensteg" und der 250000 Mark-Film „Atlantis" des unsterblichen Hauptmann! Von den andern Autorenfilms hat schon Hofmannsthals

„Mädchen aus der Fremde" ein schreckliches Fiasko erlitten, dagegen soll angeblich Heinz Ewers „Student von Prag" sich als gelehriger Student der Filmwissenschaft bewährt haben. Wir glauben freilich nur, was wir selber sahen, denn die Reporter, die zur Kinobesprechung abgeschoben werden, haben meist keinen blauen Dunst von der Sache. Epochemachend scheint uns dagegen der glänzende Erfolg des Edisonschen Kinetophon in Wien und ähnlicher Gaumontscher Bestrebung in Berlin. Erst wenn vernünftige Beimischung des Sprechmechanismus eintritt – Edisons Sprechenlassen ganzer Stücke verwerfen wir, es sollte nur das Nötige gesprochen werden –, kann das Kinodrama sich zur echten Dichtung erheben. Dann wird es alle Vorzüge des Theaters, keinen seiner Nachteile und dazu eine Reihe von neuen ungeahnten Vorzügen entfalten, die jedes ältere Bühnendrama in Schatten stellen. Natürlich bezieht sich dies nur auf bestimmte großangelegte Werke, denn das moderne Sittenstück, bei dem Psychologie und feiner Dialog eine schmackhafte Sauce für den Kraftbraten bereiten, wird sich füglich dem Film entziehen. Heut freilich bei der völligen Zucht- und Uferlosigkeit der Fabrikation, wo es gänzlich an gebildeten Dramaturgen fehlt, glaubt man alles verfilmen zu müssen, was einem gerade vor die Klinge kommt. Diesem Unfug wird aber allmählich eine natürliche Auslese ein Ende bereiten. Natürlich macht sich beim Heranströmen der Literaten schon der übliche Klüngel bemerkbar, bald wird es geradeso zugehen wie beim üblichen Theaterwesen.

[14. Sept. 1913]

\* \* \*

„Die schwarze Kugel"! (Berliner Lunafilms) rollt auf der Lichtbühne heran und will uns umreißen mit Sensationseffekten. Daß die beiden unheimlichen Schwestern schwungvoll die Kugel handhaben, läßt sich nicht leugnen, während der begabte Meffert, vielleicht der beste deutsche Kinospieler, in der Rolle eines Don Juan uns ziemlich enttäuschte. An Tricks erhalten wir eine Überfülle, und schon deshalb bleibt der Film sehenswert. Ein heißer Odem weht durch das Ganze. Weniger befreunden können wir uns mit der Einlage „Unter schwerem Verdacht", doch fehlt es auch hier nicht an allerlei kräftigen Szenen. Die bewährte Firma Eiko spaziert in „Erblich belastet?" nach Amerika. Die Lorbeeren von Gaumont und neuerdings Cines ließen sie nicht schlafen, sie will zeigen, daß sie, so gut wie jene, Cowboys und Wildwest verfilmen kann – auf der Hasenheide oder sonst einer märkischen Steppe. Die Sache kommt flott heraus, die Liebesgeschichte bleibt aber im Trivialen stecken und die Art, wie das Thema von der erblichen Belastung verlockend angeschlagen, dann aber mit einem Saltomortale entlassen wird, mißstimmt. Als plötzlich der Onkel „nach 25jähriger Abwesenheit" auftauchte, schwante uns sofort Unheil und wir wußten gleich warum. O mein prophetisches Gemüt, mein Onkel! Warst Du der Mörder, und erbliche Belastung des Jünglings, dessen Vater angeblich mordete, liegt gar nicht vor? Das hätte ich nicht von Dir erwartet, aber Ende gut alles gut. – Die Sittendramen „Teufelchen", „Der Rivale", „Die Spur im Schnee" sind zum Teil nur soso, lala, trala. Das Rivalenstück in Barett und Pluderhosen scheint mir eine ehrwürdige Antiquität aus dem Urschleim der Kino-Genesis, die Spur im Schnee hat recht undeutliche Züge und das italienische Bübchen macht uns ganz wirr mit seiner Diavolezza. Doch genießt man im „Teufelchen" manche hübschen Augenblicksaufnahmen, so bei der Eisenbahnfahrt. Ein Verdienst erwarb sich die Lichtbühne durch Vorführung von „Aus Deutschlands Ruhmestagen", Kriegsbilder von 1870, das ist doch mal eine Abwechslung vom gewöhnlichen Spielplan. Aber, aber! Die ehrgeizige Firma Biograph, die in „Königin Louise" so derb auf patriotisch-byzantinische Regungen spekulierte, liefert hier allzu ungleiche Einzelbilder. Der reinste Kitsch wechselt mit Vorzüglichem. Zu letzterm gehören mannigfache Bilder der Mobilmachung, vor allem das prächtige und opulent ausgestattete Gemälde der Kaiserproklamation in Versailles. Auch Einzelheiten der Gefechtsszenen sind wohlgelungen, im Ganzen aber kann man dazu nur den Kopf schütteln. Eine Regie, die so geringe Zahl von Mannschaften auf die Beine bringt und dann doch große Schlachtmomente darstellen will, muß wenigstens den Takt besitzen, größere Massen ahnen zu lassen. Das gelang nirgends. Die Königsgrenadiere bei Weißenburg bestehen hier aus einer schwachen Kompagnie. Bei St. Privat steht es nicht anders, auch muß der Sachkenner hier herzlich lachen, wie die Stürmer ohne jeden Verlust vorwärtskommen, ausgerechnet hier, wo manchmal 65% der Mannschaft und 80% der Offiziere in ihr Blut sanken. Ungeheuerlicherweise rennen hier auch Leute im Raupenhelm mit – Bayern bei St. Privat! Nicht ganz so komisch, aber auch recht peinlich wirkt Auftreten von Bayern beim „Straßenkampf in Wörth", von Turkos desgleichen, während dort nur die 2. Zuaven fochten. Verwechselte die Regie Wörth mit Fröschweiler? Es wimmelt von Anachronismen. „Die Fahne der 61er" (Januar 1871) präsentiert ihre Hekatombe vor Sedan! König Wilhelm begrüßt die Helden von Wörth und Spicheren vor den Metzer Schlachten, obschon er überhaupt keine andern Truppen als die nach der Vionviller Schlacht zu Gesicht bekam!

Übrigens sei erwähnt, daß wir verschiedene italienische Possen (in Verdeutschung immer „Nauke" getauft, als ob diese Milano-Films in Berlin spielten!) der Lichtbühne gerne schenken und die amerikanischen blöden Scherze wie „Ein seltsames Gemälde" dazu, daß aber herrliche Naturbilder geboten wurden: Venedig, Simla, Utah, vor allem eine ganz prächtige, nur etwas zu breit gedehnte Fuchsjagd. Auch das reizende Idyll „Amor und Psyche" hat viel Filmpoesie. Im Löwenkino lächelte uns die liebreizende Suzanne Grandais an: „So ist das Leben." Wirklich? Ich glaube kaum. Das Leben im Kino fängt an, noch abenteuerlicher zu werden als im Theater, huldigt aber zugleich dem Grundsatz Ben Akibas: Alles schon dagewesen! Gänzlich verbrauchte Motive werden mit Riviera und Luftschiffen aufgeputzt, welchen zwei Requisiten außerdem Gaumont noch viel Autofahrer hinzufügt, worauf hier die deutsche Firma verzichtete. Zwei kleinere Stücke „Mrs. Hartby", „Lange Reue" stammen wohl aus den Uranfängen des Kino, für heutige Ansprüche unbrauchbar. Zwei eingeschaltete Possen streiten sich auch hier um den Vorrang im Läppischen.

Während der wunderschöne Henny-Portenfilm „Feind im Land", dessen private Vorführung uns den besten Eindruck hinterließ, im Zürcherhof erschien, mußte man sich mit „Heimat und Fremde" im Olympia und Kino Radium begnügen, einer rührseligen Geschichte von edlem Vater und bösem Sohn, worin unserm alten Reicher die Gelegenheit zu mimischem Charakterspiel gegeben werden sollte. Die Reporter, die über Kinokunst referieren, beschlossen einstimmig, daß ihm dies mißlungen sei, und wir erwarteten Schlimmes. Statt dessen fanden wir eine recht erfreuliche Leistung, die überhaupt erst das ganze langweilige, handlungslose und selbst in der Ausstattung ärmliche Zeug genießbar macht. Dabei erfreuen wir uns des Kinema in seiner biographischen Bedeutung, weil hier so unendlich richtiger als in der gewöhnlichen Photographie ein bekannter Mensch uns wiederauflebt: Nicht ohne Bewegung begrüßten wir den alten Bekannten, den wir so lange nicht sahen, im Bilde, recht gealtert, aber doch frisch. Er zeigt sich auch hier als ein tüchtiger Charakteristiker und unterstreicht nirgends so grob wie Bassermann. Der Jüngling Reicher (sein Sohn), den wir noch als Knaben kannten, macht sich ganz leidlich und hütete sich diskret vor Übertreibung. Recht schwach ist die gepriesene Terwin, während die Rolle eines schäbigen Wucherers mit Schneid hingehauen wird. Dem Publikum dürfte übrigens das Opus gefallen, es drückt emsig auf die Tränendrüsen. Daß „Union", die Berliner Großfirma, deren Reinhardt-Eroberung uns auf die Folter der Erwartung spannt, sich mit dieser mittelmäßigen Arbeit gut eingeführt hätte, wird man freilich kaum behaupten.

Mit „Feind im Land" erstieg die deutsche Kinokunst einen neuen Gipfel. Wir verzeichnen mit Stolz, daß die Amerikaner, bisher in Militärfilms tonangebend, nun vollständig geschlagen sind. Diese Bilder aus 1870 haben eine Anschaulichkeit, Lebendigkeit und Kraft, wie sie bisher noch nie nach solcher Richtung entfaltet wurden. Schade, daß bei der offenbaren sachlichen und fachlichen Unterstützung durch Militärs, die aus jeder Gefechtsszene hervorleuchtet, zwei arge Schnitzer unterliefen. Daß ein Redefilm den Kronprinzen im „Hauptquartier der I. Armee" depeschieren läßt (jedes Kind soll doch wissen, daß es die III. Armee war), mag hingehen, aber daß die Franzosen mit umgekehrten

Kolben zum Sturm vorgehen, ist zu drollig. Bei ihnen, die stets Bajonett und nie Kolben verwenden – genau so wie sie beim Fechten stets den Stich dem Hieb vorziehen –, bedeutet nämlich der umgekehrte Kolben das Zeichen der Ergebung, des Kapitulierens! (Daß der gleiche Unsinn sich in jenem anderen 1870-Film wiederholt, macht die Sache nicht besser.) Ein wenig *out of place* wirkt ja auch die hochblonde Heldin, ein Urtyp germanischer Weiblichkeit, als rachedurstige französische Patriotin. Oder soll sie Elsässerin sein? Immerhin wird man über solche Kleinigkeiten nicht rechten, wo Henny Porten ihre edle vornehme Schönheit in die Schanze schlägt und mit kraftvollem Spiel, wobei sie auch gefährliche Kletterei nicht scheut, die Handlung fortreißt. Allerhand Hochachtung vor der ganzen Leistung, der musterhaften Inszenierung entspricht vortreffliches Spiel der Militärpersonen, wobei deutsche und französische Typen sehr klar und gut auseinandergehalten werden. Nur der Kronprinz am Schluß hat eine schreiende Unähnlichkeit, denn mit der hohen Gestalt und dem langen Bart allein ist es nicht geschehen. Daß das Kind (Kinder leisten ja im Kino zehnfach mehr als im Theater) etwas viel auf seine Kappe nimmt und spielt wie ein erwachsenes Mädchen, schadet nichts. Aber der rührselige Schluß verdrießt etwas, vollends die über dem Grab aufleuchtende Inschrift *Gloria et patria*. Wir wollen im Film gerade die natürliche Wirklichkeit sehen, nicht phantastisch Allegorisches. Doch das sind am Ende Lappalien, im übrigen wird niemand dies famose Kinodrama vergessen, dem ein origineller Einfall zugrunde liegt und das im tadelfreien Darstellen des Militärischen seinesgleichen sucht.

Denn so leid es uns tut, müssen wir doch betonen, daß daneben die Vorgänge im oben gekennzeichneten Film aus Deutschlands Ruhmestagen gänzlich unkünstlerisch wirken. In weiser Bescheidung will „Feind im Land" nur kleinere Gefechte vorführen, tut dies aber meisterlich und mit feinem Geschmack (z. B. Umzingelung eines Stationsgebäudes durch eine Ulanenpatrouille, hochpoetisch in der realistischen Wahrheit und Klarheit des Bildes), vor allem mit zulänglichen reichen Mitteln. Wenn man statt dessen große Kriegsaktionen darstellen will, dann muß man es sich eben etwas kosten lassen und entsprechende Massen aufbieten. Geschieht dies nicht, kommt etwas Kleinliches und Kindliches heraus. Die vorgeführten historischen Personen leiden an schreiender Unähnlichkeit, Moltke ähnelt eher dem Generalarzt Wilms, Bismarck einem Kürassierwachtmeister, der Kronprinz hat einen dunklen statt eines hellen Bartes. Besser, obschon im Profil unähnlich genug, gelang der König. An ihn heftet sich aber hier durchweg jene Sorte von royalistischem Patriotismus, die außerhalb Preußens nur Übelkeit erregt. Gleich der Anfang in Ems ist reiner Kitsch, natürlich wird die zornmutige Verabschiedung Benedettis, die nie stattfand und über deren historische Denkmalsteinsetzung in Ems der wahrheitsliebende Monarch heftigen Unwillen äußerte, großartig verfilmt. Und am

Schluß das Eckfenster am Berliner Palais, wo der alte Herr die Wache mustert und dem Publikum zulächelt, was hat das mit Deutschlands Ruhmestagen zu tun? (Beiläufig sollte man den dummen Gloirebegriff der Franzosen nicht nachtönen, als ob der Ruhm einer Nation in einer Kriegshauerei bestände! Deutschlands wahre Ruhmestage sind die Werke seiner Dichter, Denker, Komponisten, Gelehrten.) Widerwärtig wirkt auch die Begegnung mit Louis-Napoleon (natürlich wieder ganz verfehlt in Physiognomie und Statur), wo der Empereur sich wie ein gescholtener Schulknabe oder ein weggejagter Kommis in Verbeugungen kriechend vor dem Sieger windet, der barsch und aufrecht ihn kaum eines Blickes würdigt. Wie zornig wäre der vornehme alte Wilhelm aufgefahren, wenn er so etwas hätte mitansehen müssen! Wenn man keine Ahnung davon hat, wie vornehme Leute mit einander verkehren, sollte man die Hand davon lassen. Auch General Reille als Träger des historischen Briefes macht Verbeugungen wie ein Jockey, nicht wie ein ernster Militär. Die Kapitulationsverhandlung bei Sedan ist ganz fehlerhaft arrangiert nach der Tiefe zu statt nach vorn, ohne Berücksichtigung des Bildwerks Napoleons I., das von der Wand auf die Akte niederschaute und von der Lampe beleuchtet wurde. Das Ganze wirkt wie eine Fibel für die unreifere Jugend und das sogenannte Volk, „patriotische" Geschichtsklitterung im schlimmsten Sinne.

[21. Sept. 1913]

\* \*
\*

„Alle Schuld rächt sich auf Erden", behauptet das neue Eiko-Kinodrama der Lichtbühne, eine etwas altmodische Binsenwahrheit, von der man im Leben nicht viel merkt. Das ist nun ein wirkliches Autorenstück, in doppelt höherem Sinn wie das „Goldene Bett", dem wir zwar auch eine im ganzen günstige Zensur erteilten, das aber bloße Regie-Dramatisierung eines Romänchens einer „berühmten" Olga war. Hier handelt es sich vielmehr um eine eigens für Kinozwecke entworfene Arbeit eines wirklichen Autors, Heinz Hans Ewers, dessen sadistisch angehauchte Erotika trotz blasierter Pose künstlerisch genug wirken. Auch hier verleugnet er nicht den Psychologen, obschon er uns etwas starken Tabak ins brenzlich brennende Pfeifchen stopft. Die bekannte Grete Berger verkörpert hier eine Grete Rothe von wenig gretchenhafter Holdseligkeit, die sich zu einer gediegenen Furie auswächst. Sie ist ein nettes Pflänzchen. Denn daß sie sich nachher *a tempo* in den Sohn ihres Verführers verliebt und dann wieder mit dem älteren Galan ins frühere schöne Verhältnis eintritt, und dann aus Rache, weil der würdige Papa nicht seine eigene Frau zur Tür hinauswerfen will, den Sohn ruiniert, wird doch kaum dadurch entschuldigt, daß der Mann die ursprüngliche Schuld trägt. Natürlich verfahren die Männer durchschnittlich gemein und schurkenhaft gegen die Frauen, wenn es gilt, die weiteren Konsequenzen zu ziehen. Doch im Grunde trägt nur die Gesellschaft die wahre Verantwortung für alle erotischen Missetaten wegen ihrer niederträchtigen „Moral", die dem Manne alles und der Frau nichts erlaubt, im übrigen aber den Ehekontrakt, d. h. den ordinärsten Eigentumsbegriff für legitim und den Liebesrausch für illegitim erklärt, während die höhere Moral zwischen der Ehe aus Verliebtheit und der *Liaison passagère* aus Verliebtheit überhaupt keinen Unterschied macht, jede Vernunftehe aus konventionellen (d. h. materiellen) Gründen aber für die schändlichste Prostitution und das schwerste Verbrechen, schlimmer als jeder Mord, halten muß wegen der Folgen für die Nachkommen. Die Dummheit der Menschheit, bei der man immer fragt, ob sie nicht am Ende noch größer sei als ihre Gemeinheit, unterbindet durch ihre infame Pseudomoral jede Aussicht auf Verbesserung der Rasse, noch ganz abgesehen von Vernichtung des persönlichen Glückes. Ihre Gemeinheit kann man der Welt verzeihen, ihre Dummheit nicht. Ewers hätte wohl allerlei Aphorismen solcher Art seiner Fabel einfügen können, leider steht das Kinostück noch immer auf dem Standpunkt: Allzuviel Psychologie ist ungesund. Auch Ewers läßt es an Zufälligkeiten und Unwahrscheinlichkeiten nicht fehlen (z. B. wenn die Baronin in Gegenwart des Dieners ihrem Eifersuchtszorne Luft macht). Doch besonders die Schlußszene, wo der Verführer und die verführte Verführerin am Leichnam des Sohnes sich gegenübertreten, hat echte dramatische Kraft. Wir beglückwünschen die Lichtbühne zu dieser schätzbaren Erwerbung. Dagegen ringelt sich eine gefährliche „Schwarze Natter" etwas zu giftig in spannender, doch schwach motivierter Handlung. Verfilmung eines Zirkus und haarsträubende Flucht einer Zirkusdame über die Dächer hin regt die Schaulust tüchtig an, gespielt wird mit Elan. Kräftige Sensationseffekte stecken auch in einigen kleineren Sachen. Ein Wildweststück, worin ein Militärarzt sich tummelt, bringt die üblichen Indianerscherze in bekannter Manier, „Diamanten des Holländers", Detektivschnurren.

Aufsehen erregt es, daß die Lichtbühne den alten Ambrosiofilm „Letzte Tage von Pompeji" herausbrachte, während der neue im Zürcherhof und Löwenkino vorgeführt wurde. Über letzteren berichteten wir ja neulich nach privater Vorführung, eine spätere Pressevorführung bestätigte den Eindruck, daß es sich hier um Außerordentliches handelt. Doch sollen die Zirkusszenen in Pasqualis gleichstofflichem Film noch hoch darüber stehen. Wie wir aus nächster Quelle erfuhren, benutzte Ambrosio das Turiner Stadion, während Pasquali sich ein eigenes Terrain für 40,000 Lire kaufte und dort eine eigene Arena errichtete. Man muß bedauern, daß wir des sonst überall verbreiteten Pasquali-Films in der Schweiz verlustig gehen, weil der energische Unternehmer J. Lang sich für Ambrosio entschied und nur mit schwerem Geld das Recht erkaufte, die Konkurrenz Pasquali von hier fernzuhalten. Immerhin muß man ihm Dank wissen, daß er uns so viele neue bedeutende Gaben beschert, wovon wir noch vieles genießen werden. Bei den herben pekuniären Opfern, die er sich gerade im Fall „Pompeji" auferlegte, begreift sich sein Zorn über die neue ungeahnte Konkurrenz des alten kleinen Films auf der Lichtbühne. Doch die öffentlichen Rügen in Zeitungsinseraten gehen über das zulässige Maß hinaus, denn rechtswidrig oder unfein wird ein Unparteiischer es nicht finden, daß man bei gelegener Zeit einen auf Lager liegenden Film verwertet. Schwerlich hätte sich einer der sittlich entrüsteten Konkurrenten besonnen, im gleichen Fall anders zu handeln. Nach unserer persönlichen Informierung stimmt auch keineswegs, daß alle hiesigen Kinobesitzer sich solidarisch mit den Herren Lang, Hipleh, Pfenninger erklärt hätten, welch letztere beiden natürlich erheblichen Schaden erlitten haben mögen. Wenn man zu gewöhnlichen Preisen Pompeji untergehen sehen kann, bezahlt man ungern erhöhte Preise für das gleiche Schauspiel. Dagegen gebietet die Unparteilichkeit zu bekennen, daß sich der kleine ältere Film, obschon wir von den angeblichen historischen Ungenauigkeiten im Verhältnis zum neuen nichts entdeckten, in der Ausstattung schlechterdings nicht mit dem großen neuen vergleichen läßt. Allerdings finden wir einige hübsche Szenerien, die sich im neuen nicht sonderlich verbesserten, und gerade der Schlußakt bringt mehrfach die nämlichen Bilder, überhaupt eine gute Skizze vom Untergang, die im neuen nur breiter und massiger ausgeführt. Als ganzes aber steht der ältere doch sehr hinter dem neuen Film zurück, und wir möchten das Publikum bitten, sich durch erhöhte Preise nicht abschrecken zu lassen. Wir würden lebhaft bedauern, wenn Löwenkino und Zürcherhof deshalb schlechte Geschäfte machten. Nur lehnen wir als Unparteilicher die Berechtigung ab, dafür die Lichtbühne in Boykott zu erklären und von künftigem Besuch solcher Institute abzumahnen! Das sind denn doch stilistische Blüten einer naiven Ichsucht, die immer nur den Splitter im fremden Auge sieht. Geschäft ist Geschäft, und in Geldsachen hört die Gemütlichkeit auf, jeder Kinobesitzer ist der natürliche Konkurrent des andern. Inwiefern es unlauterer Wettbewerb sei, ein rechtmäßig erworbenes billiges Produkt gleichzeitig mit einem andern teuerern auf den Markt zu werfen, faßt mein gesunder Menschenverstand nicht. Und daß man seine billige Ware anpreist – du lieber Gott, jeder Kinobesitzer schwelgt ja in Superlativen der Reklame, was ihm niemand verübelt, warum sollte die Lichtbühne ihr Licht unter den Scheffel stellen?

Im Olympia gab es eine recht hübsche und aufregende Mär „Dichtung und Wahrheit", meistenteils Unwahrheit. „Aus schwerer Zeit" verlegt eine banale Romantik grundlos ins Kriegsjahr 1814, wohl um französische und bayrische Uniformen zu filmen. Doch erfreuen treffliche Winterlandschaften. – Mit 1870 beschäftigt sich „Ehre und Vaterland", ein älterer, schon von der Lichtbühne gebrachter Film voll kräftiger Anschaulichkeit. Apollokino brachte außerdem „Die Schlange", ein sonderbares Opus, in der Hauptrolle „die dänische Filmkönigin Ida Nielsen". Pardon, drücken wir ein Auge zu, eine kleine Täuschung! „Ida", spricht sich nicht wie „Asta" aus, diese liebliche Ida mimt ganz brav den Durchschnitt und hat recht wenig von einer Königin. Wieder benimmt sich der männliche Liebhaber wie ein ziemlicher Schweinehund mit Eichenlaub, dagegen übernimmt eine veritable Schlange das hehre Amt der Richterin. Was nicht alles aus Schlangen werden kann! „Abgründe" werden vor uns aufgerissen und siehe da, Filmkönigin Asta Nielsen erwarb hier ihre ersten Sporen beim Hineinspringen in ziemlich morastige Abgründe. Seien wir offen: wenn damals dies erste Auftreten der Nielsen als Offenbarung gewirkt haben soll, können wir dies heute kaum begreifen. Außer der Schlußszene bietet sie nirgends ein Zeichen ungewöhnlicher Begabung und selbst dies sahen wir schon besser. Wir stehen vor einem Rätsel. Wodurch entstand damals der Weltruhm dieser Dame, der in London, wie wir von dort wissen, womöglich noch größer als in Berlin und – Budapest, wo 4 000 Arpadsöhne sie am Bahnhof mit Eljenrufen bewillkommten? Mit der gleichen Gerechtigkeit, mit der wir unsere rückhaltlose Bewunderung für „Mädchen ohne Vaterland", „Komödianten" betonten, lehnen wir es ab, in anderen älteren Nielsenfilms etwas Besonderes zu sehen. Der neue „Die Frauenrechtlerin" (Kino Radium) bietet ihr freilich Gelegenheit zu mancherlei Mimik. Jaja, die jungen Mädchen sind schon so – im Kino nämlich, wo Asta sofort mit einem Zirkusakrobaten durchbrennt, das nennt sich „Abgründe" – und die Frauen auch: gefällt ihnen der feindliche Premierminister, dann lassen sie die so beliebten Frauenrechte fahren und proklamieren das Recht auf Liebe als *suprema lex*. Die Handlung hat Urban Gad (Gatte Astas) kräftig aufgebaut und inszeniert, nur rügen wir die Geschmacklosigkeit, lauter Vogelscheuchen als Suffragetten aufzupflanzen, als ob nicht oft die feinsten Ladies sich an der Bewegung beteiligten. Die pöbelhafte Roheit, mit der man diese überspannten, doch für eine gerechte Sache ringenden Frauen in England behandelt, wird hier naiv breitgetreten, sogar die Hungerstreiks und die gewaltsame Ernährung der „Märtyrerinnen" im Gefängnis wird uns nicht erspart. Die große Frauenversammlung – vermutlich nach einem wirklichen Meeting gefilmt – hat Schwung, die Politikergesellschaft am Schluß gute Typen. Englische Sitten kennt aber die Regie so wenig, daß sie den in England durchaus verpönten Handkuß, den sich jede Lady verbitten würde und der bei jungen Misses vollends als gröbste Ungehörigkeit gelten würde, getrost auch hier praktizieren läßt. Alle älteren Damen tragen deutsche Hüte und Frisuren, während die ältere Engländerin fast immer Spitzenhauben trägt. Der herrliche Lord Ascue, der auf den ersten Hieb Astas Herz gewinnt, stammt zwar aus Judäa und mauschelt mit die Beene, aber er zieht sich wenigstens englisch an und hat eine aristokratische Adlernase. Die

Nielsen aber stammt hier tatsächlich aus dem perfiden Albion, sie hat angelsächsisches Blut und bringt das Kunststück fertig, als bezaubernde Miß in manchen Augenblicken geradezu schön zu sein. Wozu sie aber diese Illusion zerstört, indem sie vor Beginn der Handlung sich in Natura vor dem Publikum im Film verbeugt und später bei einer besonders drastischen Mimik ihr wirkliches Gesicht mit geschminkten Augenbrauen und Zubehör überlebensgroß herausschneidet, begreifen wir nicht. Eitel scheint sie nicht, sonst würde sie nicht ihre viereckig mageren Schultern und allzu schlanken Arme dekolletiert zeigen. Sie tut es, weil die Rolle *full dress* verlangt und sie ihre Toiletten nicht versauern lassen will, den ungeheuren modernen Hut nicht zu vergessen! Doch im Ernst: an vielen Stellen merkt man die Klaue der Löwin, sie hat einzelne große Momente unvergleichlicher Mimik im Tragischen wie im Liebenswürdig-Heitern. Der Gesamteindruck bleibt ein überaus günstiger und können wir nur empfehlen, diesen Frauentypus hoher Intelligenz sich aufmerksam anzusehen. [5. Okt. 1913]

\* \* \*

Mit Speck fängt man Mäuse! sagte der Flickschuster in der Fabel, als er ein schwungvolles Schuhwarengeschäft eröffnete. Das Kino wird immer üppiger, ein Neubau verdrängt den andern, in der Langstraße und der Badener wachsen drei neue Tempel der Kinomuse. Eine Künstlergestalt mit wallendem Haar und Malerhut wandelt ehrwürdig voran, ihm folgen jüngere Platzeroberer, das Blühen will nicht enden. Diesmal möchten wir uns Übersicht der „packenden" Kinoschlager schenken, vor denen uns manchmal solche Bange packt, daß wir mit vernehmlichem Kreuzmillionendonnerwetter die Flucht ergreifen. Beschränken wir uns diesmal auf zwei Ungewöhnlichkeiten, die uns die Lichtbühne bescherte. (Sonst erfreute nur der Portenfilm im Zürcherhof, saubere, gute Arbeit.)

Als man „Ivanhoe" ankündigte nach dem Roman des bekannten Schriftstellers Walter Scott, eines älteren Rivalen der berühmten Dichterin Olga Wohlbrück, ahnten wir Unheil, sind aber angenehm enttäuscht. Die Ausstattung ließ sich nicht lumpen, bringt ein echtes altes Normannenschloß (nicht Kulissen) und ansehnliche Massen, das Spiel hat manches Gute. Die breit ausgeführte Erstürmung des Schlosses wird in ihrer Art nie übertroffen werden, das beste Mittelaltergemälde, das wir je sahen. Peinlich berührt nur, wie Scotts Lieblingsgestalt, der Templer, hier zu ordinärem Schurken verhunzt wird. Diese düstere byronische Kraftgestalt, ein Vetter von Byrons bleichen Helden, gehört aber zur Klasse der Eroberer, ein Nietzscheaner, ohne eine „blonde Bestie" zu sein. Die Vielzuvielen mögen einen Gewalttätigen, der dämonisch seine Leidenschaft durchsetzt, mit scheelen Augen ansehen, doch nichts an ihm ist gemein und knechtisch, nichts kleinlich und schofel. Als Rebekka ihm droht, sich in die Tiefe zu stürzen, wenn er sie berühre, tritt er mit ritterlicher Verbeugung zurück und meint: Nur du bist die mir Zubestimmte, stolzes hochsinniges Wesen, du allein bist würdig meiner Liebe, magst du mich auch zurückstoßen, dein minderer Stand kümmert mich nicht, dein Geist und Charakter machen dich zur Königin, ich werde dich durch meine Macht zur höchsten Höhe erheben. – Und wie der wilde Templer bereit ist, seinen Ehrgeiz zu opfern, die ganze Welt zu befehden für seine unbezwingliche Liebe, hat Scott ergreifend geschildert. Die sinnliche Leidenschaft, der Sir Brian sonst frönte, tritt hier ganz zurück vor einer edeln reinen und letzten Grundes selbstlosen Liebe. Was fiel den Kinofritzen ein, aus dieser höchst sympathischen Figur einen gemeinen Halunken zu machen? Das Ende, wo er als Opfer seiner Liebe fällt, hat man genau auf den Kopf gestellt. Ivanhoe selbst ist auch im Roman ein bloßer Hampelmann, der allerlei Edelmut verzapft, in jeder Hinsicht dem genialen Templer unebenbürtig, und es ist vielleicht ein feiner Zug, daß Rebekka diesen mittelmäßigen Durchschnittsritter liebt und den hochmütigen Templer verabscheut. Im Leben dürfte dies freilich selten vorkommen, da eine so übermächtige Leidenschaft fast immer ein entsprechendes Echo erweckt, doch spricht ja auch Rebekkas „Tugend" konventionell entscheidend mit. Jedenfalls hätte der Film weit packender gewirkt, wenn er sich genau an die Dichtung angeschlossen hätte. Oft begreift man nicht, was die Regisseure sich bei ihren eigenmächtigen Eingriffen denken.

Nicht Dichtung, sondern historische Biographie ist dagegen der prachtvolle Meßterfilm über Richard Wagners Leben (Lichtbühne), der sich auch durch Treue des Milieu-Kolorits auszeichnet, aus der Biedermeiertracht in den modernen Rock stufenweise hinübergleitend. Da treten nun auch vielfältige Damen auf, die Wagners Liebesleben bestimmt haben sollen. Doch man weiß ja nie, was daran wahr ist. Manches, das platonisch ausschaut, war vielleicht das Gegenteil, und manches angeblich Erotische wie jene berühmte Affäre, die auch hier genug Raum einnimmt, kam wohl über seelisches Delirium nie hinaus. Wie vieles vollends bleibt für immer verhüllt in solchen Dingen! So gibt es bei dem allzu vielseitigen Napoleon eine lebenslange Geliebte, dem Forscher nur als „Madame X" bekannt, deren Memoiren in Paris sich jeder Einsicht entziehen. Nicht mal ihren Namen kennen wir. Umgekehrt aber meldete sich nach Ferdinand Lassalles Tode eine Russin von vornehmer Herkunft mit einer Broschüre *„Une page d'amour"*, worin sie sich der Welt und allen sonstigen böhmischen Dörfern als die wahre große Liebe des Sozialistenherrschers vorstellt. Sie hat ihn nicht erhört, o nein, natürlich! Was Hatzfeldt, was Dönniges! Bei denen hat sich Ferdinand bloß über seine verschmähte unglückliche Liebe getröstet! O du naives Frauenherz mit deiner unergründlichen Eitelkeit! Lassalle würde sich wahrscheinlich, wenn man ihn darüber befragte, oberflächlich erinnert haben. Nun, vor einiger Zeit meldete sich auch eine hochbetagte Dame in Genf mit der Offenbarung, Richard Wagner habe sie heiß, aber unglücklich geliebt. Natürlich! Wie kitzelt das die Einbildung, einen großen Mann als verschmähten Liebhaber gekannt zu haben! Meist stammen solche Märchen nur aus einer Art Selbsthypnose der Phantasie, einer irreführenden Erinnerungsschwäche. Wagner hätte vermutlich weidlich gelacht, denn im Geiste eines Schöpfers leben eigentlich nur die Frauen fort, die unmittelbar sein Schaffen anreizten, wie hier Mathilde Wesendonck und Frau Cosima. Und wieviel Frauen Lassalle liebte, interessiert uns blutwenig, solange das Arbeiterlied tönt: „So gehen wir den Pfad, den uns geführt Lassalle", der übrigens Lazerus hieß. Verschmitzter als die Trauerweiden, die nach dem Tode – nie ohne diesen – des Berühmten sich als seine erfolglos angeschmachtete Beatrice aufpflanzen, ist freilich eine bekannte Spielart hysterischer Damen, die mit aller Gewalt verfänglich warme Briefe eines Genialen erpressen möchten, zu welchem Zwecke sie die unbegreiflichste eigene Bloßstellung in Briefen nicht scheuen, um später mit angeblichem „Verhältnis" zu paradieren, das nie bestand. Wieviele Irrtümer mögen so in die Biographien hineingekommen sein, wieviele Düntzer mögen so als Goetheschnüffeler uns auf falsche Fährte gelockt haben! Weiß doch niemand, wie weit eigentlich Goethes Liebschaft mit Frau v. Stein ging. Zum schönen Ausgleich aber weiß man sicher vieles nicht, was im Leben eines genialen Menschen vorkam, wie z. B. bei Napoleon erst 50–100 Jahre nach seinem Tode allerlei unbekannte Liebschaften auftauchen. Der Wirkliche Geheimrat Wilz, um mit Heine zu reden, steckt hier in der Logik, daß man wirklich ernste Dinge nie an die Große Glocke hängt, daß also das im Dunkel Verborgene allemal das Wichtigste sein muß, daß deshalb für „Biographie" stets die breitesten Lücken klaffen. So steht es nachweislich um Byrons Leben. Man kann sich leicht vorstellen, wie nach dem Tode eines Großen, wo meist erst das Unsterblichkeitsgetue anfängt und hundert Biographen forschen, irgendeine Frau bitter lächelt: Mich hat er wirklich geliebt, aber ich sage nichts, im Leben wie im Tode. Wer weiß, ob bei Wagner nicht ähnliche Fußangeln auf den Forscher lauern! Soweit aber das Labyrinth eines großen Seelenlebens zu durchschreiten ist, tat der Meßterfilm das menschenmögliche. Mit Ausnahme der Visionen, die besonders am Schlusse sehr stören, gibt es keinen Film von so gleichmäßiger Abrundung des Spiels bis in jede der zahllosen Nebenfiguren hinein. Wagner selbst und Ludwig II. stehen in wunderbarer Lebenstreue vor uns, auch die „geliebte Isolde", die sich zuschwor, als Vittoria Colonna dieses Michel Angelo auf die Nachwelt zu kommen. Man muß ihr für ihre kühle Berechnung dankbar sein, denn sie hat ihn angefeuert, – bis Cosima sie absetzte, und da war es auf einmal mit der eitlen Platonik Essig.

Jeder Gebildete sollte diese herrliche Gabe der Lichtbühne genießen! [16. Nov. 1913]

\* \*
\*

Richard Voß' „Schuldig", ein rohgezimmertes Spektakelstück, wird erst durch Meßters Verfilmung (Löwen) verständlich, weil hier die im Stück nur angedeutete und erzählte Vorgeschichte uns vor Augen steht. Bei löblichem Spiel gibt es hier ergreifende Wahrheit. „Das Brautboot" (Cines) kentert ebenso morsch und schwach wie alle neuen Erzeugnisse dieser Firma. Zu erwähnen ist höchstens noch „Wie ein Film entsteht", eine technisch anschauliche Belehrung. „Das weiße Pferd" (Lichtbühne) ist wieder eine glänzende deutsche Leistung bezüglich der photographischen Stimmungseffekte, Tony Silva belebt die sonst dürftige und unwahrscheinliche Handlung, der es freilich an guten realistischen Einzelheiten der äußeren Ausführung nicht fehlt. Kräftiger und spannender ist „Harakiri" aufgebaut, wo sowohl das Exotisch-Japanische als das Russische ethnographisch gut zum Ausdruck kommen. Der Held leistet sich akrobatische Kraftstücke, zu denen wir seine Muskeln beglückwünschen. Ganz schwach enttäuschte dagegen das französische „Vaterland in Gefahr". Im Olympia treibt sich, wie schon früher erwähnt, ein koloriertes Leben Jesu herum, eine Geschmacklosigkeit Pathěs, wobei widerlicher Realismus in fortwährendem Geißeln, Martern, Stechen des Kalvarienwegs mit kindischem Himmelsspuk abwechseln. Die sogenannten Engel zerstören bei jeder unpassenden Gelegenheit die Wirkung guter Landschaftsbilder. Besonders der Erzengel Michael oder Gabriel – ich bin in himmlischen Namen und Titulationen nicht bewandert – fuchtelt mit groteskem Flammenschwert ins Menschenleben hinein. Doch auch die anderen sanftern Engel haben einen Flügelschlag, der kindliche Gemüter einlullen soll, denen ich aber kritische Zerzausung zuschwor. Außer diesen unsäglich prosaischen Allegorien, bei deren Verkörperung jede wirkliche mystische Weihe mangelt, habe ich auch die Wolken aus Wattekartons auf dem Strich, vermittels welcher Christus sich verklärt oder zum Himmel fährt. Er findet dort eine Art Versammlung des göttlichen Aufsichtsrats, vom Chef der Firma mit Händedruck bewillkommt und mit einem Direktorsessel an seiner Seite beehrt. Solchen eklen blasphemischen Unfug nennt man religiös. Alles nüchtern und irdisch zum Übelwerden. Wenn es einem an jeder Mystik und Poesie der Technik gebricht, soll man sich nicht an Transcendentales heranwagen. Das Mißlingen ist umso bedauerlicher, als Pathé recht große Mittel aufwendete und angeblich an Ort und Stelle Aufnahmen machte, obschon die verzweifelte Möglichkeit sich aufdrängt, daß man Palmen des Jardin des Plantes einfach in Pariser Sandstrecken hineinpflanzte. Daß die Pyramiden bloß

Kulissen sind, sieht jeder und so noch vieles andere. Die Gruppierung bunter Massen ist oft gut gelungen, die Golgathaszenen atmen eine solide Unheimlichkeit. Der Trick, wie Christus auf dem Meere wandelt, hat seinen Wert. Wir loben eben alles, was zu loben ist. „Der Mann ohne Arme" (Cinema-Palace) bleibt wesentlich ein Berliner Trick-Film ohne sonstige poetische Reize, hat aber als solcher einigen Reiz und wirkt wohltuend realistisch trotz der sehr gewagten technischen Motive. In „Es gibt keine Kinder mehr" nutzte Gaumont seine Entdeckung eines großen Talents in einem zehnjährigen Mädchen hübsch aus. Diese anmutige Liebenswürdigkeit erreicht aber ebensowenig wie die Leere von Nordisk Films („Der Rechte" im Löwen) die Kraft deutscher Filmkunst, wie sie auch in „Das Opfer" (Zürcherhof) sich ausprägt. Henny Porten entfaltet hier wieder ihre schöne Tüchtigkeit. Auch der köstliche „Bubi" macht sich wieder mausig. „Adolar" ulkt lustig in Gaumont-Werkstücken, „Aufopferung" wird freilich unverständlich, doch man versteht, daß die Bilder gut sind.

„Seelenverkäufer" (Cinema Palace) fällt auf durch gutes Spiel russischer Schauspieler, „In der Wildnis Grauen" durch meisterhafte Behandlung des Tierlebens und des Landschaftlichen.

Im Radium spannen „Geheimnisse von Paris" nach Sues Roman durch schneidige Verbrecherromantik, „Waisenkinder" halten wir für den besten amerikanischen Wildwestfilm sowohl malerisch (prachtvoll arrangiertes Bild eines Indianerlagers), als im angenehm natürlichen Spiel, „Spanische Stierkämpfe" ermüden leider, zu lang geraten. „Prothea" (Olympia) gehört zu den saftigsten Detektiv- und Kriminalschlagern und verdient technisch Anerkennung. Von den zwei Berliner Reklamesensationen der Woche befriedigt „Der letzte Tag" (Lichtbühne), da Bassermann hier die Scharte von „Der Andere" auswetzt und beweist, daß er sehr viel zugelernt hat. Sein Spiel hat ergreifende Momente, die Lebensrückschau der seltsamen Handlung packt. Dagegen enttäuscht „Die Insel der Seligen" (Zürcherhof), eine Albernheit in 4 Akten, die Herr Reinhardt „ein heiteres Flimmerspiel" tauft. Heiter daran ist nur die anmaßende Unfähigkeit, womit der weltberühmte Macher Reinhardt etwas Neues und Hochpoetisches hervorzaubern und sich in stickstofflosen Äther hellenischen Götterolymps erheben möchte, indeß ihm 100 Pfund Berliner Eisbeine mit Sauerkohl an den Sohlen kleben. Etwas Affigeres und Stilwidrigeres sahen wir nie. Die Meerbilder hat man in tausend andern Films mindestens ebenso gut.

[1. Feb. 1914]

\*　\*
\*

In „Marianne" (Cinema Palace) wird die moralische Weltordnung gerettet. Die Welt ist schlecht. Es erhebt, im Kino zu schauen, daß Ehrlich am längsten währt. Es lebt ein Gott, zu strafen und zu rächen. Außerdem lebt noch ein Heer von Operateuren, um solcher Kino-Schwergeburt zum Leben zu helfen. Dieser Film ist wenigstens frei von allzu argen Entgleisungen der Logik und enthält einiges Gute. Doch mitten in obigem Quark, an dem sich alle rückständigen Kinofeinde erlauben können, platzt plötzlich ein echtes wahres Kunstwerk hinein: „Der Student von Prag".

(Zürcherhof.) Als wir neulich Gaumonts Baskische Moritat für meisterhaft erklärten – warum begriff natürlich kein Kinomensch – nahmen wir den Mund etwas voll, da man unter so viel Schund aufatmet, mal echte feine Milieustimmung zu treffen, worin des Kino Stärke besteht. Doch diese Prager Pantomime des Doppel-Ich stellt ganz neuen Standard auf, neben ihm ist alles andere Kitsch oder wenigstens nicht auf gleicher Höhe. Denn was hilft mir Asta Nielsens Stern oder der neue Kinostern Borelli, wenn alles Schöne nur auf zwei Augen steht!

Mißtrauisch gegen jede Kino-Reklame, machten wir uns nicht darauf gefaßt, nun mal endlich eine wirkliche Kinodichtung zu sehen, wie wir sie wünschen. Heinz Hans Ewers, der merkwürdige Schüler Callot-Hoffmanns, hat in einem Roman dieses alten Romantikers jene Elemente entdeckt, die für alle besonderen Kino-Mittel passen. Auf gewöhnlicher Bühne schlechterdings unmöglich, gewinnt hier grausige Phantastik Leben, Gespenstiges die Blutwärme plastischer Vorführung, ohne dabei im geringsten an Unheimlichkeit einzubüßen. Mit glänzendem Spiel (in der Titelrolle der treffliche Wegener) paart sich eine Regie, die ihresgleichen sucht. Sie holt nicht nur alles Malerische, sondern auch alles innerlich Poetische aus Naturstimmung und Architektonik des alten Prag heraus. Wer je auf dem Hradschin stand, wird die Klarheit und Schärfe der mustergültigen Aufnahme bewundern, für welche verdientermaßen der Operateur auf dem Titel mitgenannt wird. Aus dieser herrlichen Arbeit, durch deren Erwerbung sich Herr Puchstein und durch deren Vorführung sich Herr Hipleh ein wahres Verdienst erwarben, schöpften wir zwei Lehren: erstens, daß im Kinowesen Berlin in jeder Hinsicht den Ton angibt, zweitens, daß Autoren allein fähig sind, Kinodichtungen zu schaffen, und obendrein ihre Regie jede andere übertrifft. Was sind denn die ganz äußerlichen Künste der berufsmäßigen Kinoregisseure, oft bloße Kniffe, neben diesem Verständnis des von mir auch in jeder literarischen Eigenart geschätzten Ewers! Schon die Jagd im ersten Akt (Sauhatz mit großer Meute) ist noch nie dagewesen und von bestechendem Reiz. So wird ja auch das malerischeste und größte aller Kino-Themen, Napoleons Leben, nie echt zu wahrem Leben erwachen, ehe nicht meine eigene große Kinodichtung (nur als Kinodichtung kann man das Napoleonproblem wirklich veranschaulichen) die entsprechende Gestaltung findet. Was Cines in den „Hundert Tagen" (Olympia und Radium) leisteten, ist keiner Ehren wert und zeigt, daß ihr

Massenregisseur noch nichts verlernt hat. Oft wiederholt er sich, nur sein Auge für malerische Wirkung sieht noch scharf genug. Irgendwelche Spur von Dichtung darf man hier nicht erwarten, es bleibt eine Reihe bunter Bilderbogen, Illustrationen zu Geschichtskapiteln, auch lose und für den nicht historisch Gebildeten unverständlich zusammengefügt. Die vielen Zitate aus V. Hugos berüchtigtem Waterlookapitel in den miserablen „Misérables", diesem Schmarren letzter Güte, hatten bei mir durchschlagenden Heiterkeitserfolg. Aber solchen Blödsinn wie „Vere" – Ihr glaubt Euch verstecken zu können, liebe Cines? vor mir kundigem Thebaner? – hat selbst der unsterbliche Hugo nie verzapft. „Das Landhaus Quatebres", „Der Sturm auf Ohaine", „Der letzte Widerstand in Hougomont" (der Franzosen nämlich, es ist unbezahlbar, übrigens hieß der Ort Goumont) „einsam schritt Napoleon nach der Niederlage auf Waterloo zu". Das ist alles für den Kenner so zwerchfellerschütternd, daß man keinen Lachkrampf mehr für „General Gérard" übrig behält, der Napoleon verrät mit Bourmont zusammen und dann sich bekehrt und für Napoleon fällt (vermutlich meint hier der gebildete Regisseur Girard). Die Nachkommen Gérards strengen hoffentlich Verleumdungsklage gegen Cines an. Gewiß gibt es noch heute gewalttätige Menschen, jüngst stieß ein solcher die fürchterliche Drohung aus, ich solle seine gesammelten Gedichtmanuskripte prüfen, deshalb hat man an diesem Zeug wenigstens die Napoleongestalt zu loben, die recht gut verkörpert wird. Dieser Napoleon läßt wie einen Leutnant den kommandierenden Korpsgeneral Gérard (seinen treusten Anhänger, ähnlich wie der bei Ligny fallende Divisionär Girard) mit 100 Mann die Sambrebrücke sprengen, auf deren Besitz es gerade ankam: solch wahnwitziges Auf-den-Kopf-stellen der historischen Wahrheit erlaubt sich das Kino. Da verdient bei weitem „Die Jungfrau von Orleans" (Radium) den Vorzug, eine ausgezeichnete Arbeit Pathés, wo auch die erhabene Heldin ganz richtig dargestellt wird. Die Sturmszenen vor Orleans gehören zum Besten, was je im Kino geleistet. Neu und packend ist auch das Wildwestdrama „Auf Schienen", Radium hatte das beste Programm der Osterwoche. Die Sachen in Lichtbühne, Löwen, Olympia blieben auf dem schlechten Durchschnittsniveau.

Meine kommende Tragikomödie „Die Verschwörung im Zürcherhof" oder „Der Student von Zürich" schreibe ich an sämtliche Firmen aus, behalte jedoch für Cines Vorzugsrechte. In einer öffentlichen Anstalt werden Bomben als Same der Zukunft niedergelegt, ebendort wird künftig mein Denkmal prangen „dem findigen Neubeleber der Kinokunst". Die Kriminalpolizei wird schon jetzt gewarnt, daß ich Zigomar und Fantômas gewonnen habe, deren bewährte Kraft dem Herrn Lutz, Brown und Pinkerton, sowie Reichor dem Jüngeren die schöne Geste des Götz v. Berlichingen vormachen wird. Die Handlung spielt fortwährend in einer öffentlichen Anstalt, da ich die aristotelische Einheit des

Raumes mit Strenge durchführe. Bei den Redefilms wird darauf gesehen, daß in jeder Szene ein Brief vorkommt, in dem sich bloß zehn Druckfehler befinden. Meine ich z. B. ein sinniges Mädchen, so muß es durchaus ein finniges sein. Dieses sind die Grundsätze, auf denen wahre Kinokunst sich aufbaut. Ich bin ein Mann von Eisen und weiche nicht von meinen Reglements. Als Versuchskaninchen habe ich mir die Firma Excelsior ausersehen, ihr schreibe ich meine Tricks auf den Leib. Es schwebt mir vor, Reichor den Jüngeren auf einem Schachbrett turnen zu lassen, welches zum Trapez wird, worauf er aus einer Kanone geschossen, dem Papa Zeppelin einen Besuch im neuesten Luftschiff abstattet, das natürlich seinen Beruf nicht verfehlt, nämlich auseinanderplatzt. In der Nebenhandlung „für Damen" verkehrt die tragische Heldin Gottfrieda Keller mit einem gewissen Nulpe aus Berlin. Ich will nichts gesagt haben, aber mit Nulpe ist nichts los. Das Bedürfnis edler Frauenherzen kann an ihm kein Genüge finden. Dagegen der Dichter Spaghettini ist ein lieber prächtiger Mensch und sehr tüchtig. Es erscheint sodann ein indischer Prinz und bringt sehr viel Papier mit, Geheimdokumente, um auf diesem nicht mehr ungewöhnlichen Wege einem tiefgefühlten Bedürfnis zu entsprechen. Die Papiere werden in 20 Wortfilms hintereinander verlesen, alle in gleicher Handschrift, obwohl von verschiedensten Urhebern, und alsdann ihrem natürlichen Zwecke zugeführt. Hierüber singt der selige Pantagruel ein Cabaretcouplet kinetophonisch, wobei der Musiktext die bekannte Refrainnote verzeichnet: „Von hinten . . . von vorn." Hinter der Scene erscheint wie bei Ewers das Spiegelbild des hochseligen Ludwig von Bayern und singt kinetophonisch: „Is ja alles eins, is ja alles eins, ob ich Geld hab' oder Kainz".

Doch ich werde mich schön hüten, Weiteres auszuplaudern für die Schriftstehler der Kinobranche. Für jede Andeutung beanspruche ich schon den Musterschutz, Berner Konvention. Zu weiterem Ausbau der Handlung beauftragte mich der Verband „Genealogie der Moral" (Ehrenmitglieder: Nietzsche, Confucius und Rinaldo Rinaldini), sämtliche Verwandte des seligen Grafen Montechristo in Monte Carlo aufzufinden, über die bekanntlich mein seliger Vetter Gottfried Freiherr v. Dennewitz einen genealogischen Stammbaum erforschte. Dafür war er Doktor beider Rechte. Diese Verwandten sollen beim Spielpächter Leblanc als Leibgarde dienen. Aus tiefer Not schrei ich zu dir! stimmt dieser Chor der Rache an. Es wird grauenhaft schön und ich will großmütig mit Heinz Hans Ewers die Tantieme teilen. Nur als öffentliche Anstalt wird das Kino jenen urwüchsigen Instinkten gerecht – *naturalia non sunt turpia*, sagt der bewußte Lateiner –, die allgemeinem natürlichen Bedürfnis entsprechen. Als Reklame wird täglich in der „N. Z. Ztg." veröffentlicht: „Heute wegen Reinigung geschlossen, übermorgen das kolossalste Bedürfnis nach – Fortsetzung siehe morgige Nummer". Der Film Atlantis kommt – und ich nach Methode des transatlantischen

Meisters „gebe auf", schachmatt in beiden Hemisphären. Die Halbkugeln der Venus Kallipygos können sich als Globus nicht mit diesem Barnum-Film vergleichen, der ein so dringendes Bedürfnis nach Geschäft entladet. Wir, Freund Ewers, unter Larven die einzige fühlende Brust, wollen unsern Vetter Götz v. Berlichingen aufsuchen, der sich auf öffentliche Bedürfnisse verstand . . . Da unten aber ist's fürchterlich. [12./19. April 1914]

* *
*

Diesmal müssen wir Amerika loben. „Er hat es nie erfahren" (Lichtbühne) zeigt Keckheit erotischer Art, wie sie in angelsächsischen Landen sehr selten auftritt. Eine Mutter verliebt sich in ihren Sohn und vice versa, freilich ohne die Verwandtschaftsverhältnisse zu kennen. Doch wenn Mutter und Sohn sich abschmatzen, hat man ein peinliches Gefühl. Gespielt wird die brenzlige Sache ausgezeichnet, besonders von der „Mutter". Im Kino-Radium zeigt „Kapitän Kidd" dieselbe Keckheit, die wieder nur in angelsächsischen Landen gewürdigt werden kann. Die bekannte moderne Serie von Kapitän Kidd (*Pall Mall Magazine*) wird hier auf ein völlig anderes Milieu übertragen, England des 18. Jahrhunderts, wo ein mythischer Wilhelm III. regiert. Das Stück, schlecht konstruiert, kann nur in Amerika verstanden werden, wo die „Flibustiers" und „Buccaneers" Westindiens noch heute jeden Schuljungen gruseln machen. Mit beneidenswerter Kühnheit werden die infamsten Rohheiten, wie sie damals gang und gebe waren, hier gemütlich vorgeführt. Wir wollen bei der Analyse dieses dämonischen Kidd nicht verweilen, sondern nur kühl lächelnd feststellen, daß ein größeres technisches Können noch nie im Kino verzapft wurde. Die Firma hat einfach eine Fregatte des 18. Jahrhunderts neu bauen und eine *crew* von Matrosengesindel schlimmster Art, wie es sich nur in Amerika findet, aus allen Slums der Häfen erwerben müssen, um diese Fahrt Kidds zu veranschaulichen. Wie dies Schiff und diese Matrosen aussehen, ist über alles Lob erhaben. Auch „Kidd" selber hat den echten Typ eines englischen Kapitäns jener Zeit, Kanaillen wie wir sie aus Smollett und Trelawneys „Abenteuer eines jüngeren Sohnes" kennen. Bisher las man nur in Räubergeschichten von Conan Doyle solche haarsträubenden Mißhandlungen der Menschlichkeit, hier sehen wir alles kraß vor Augen. Für das kontinentale Publikum, das die näheren Umstände und Anspielungen nicht kennt, ist dies nichts, in angelsächsischen Landen hat der Film mit Recht Begeisterung erregt. „Bummel-Lise", „Leichtsinn" (Kino-Radium) haben so viel Erfreuliches, daß wir gern über kleine Unebenheiten weggehen. „Die Todestreppe", „Dem Abgrund entgegen" (Lichtbühne) sind freilich ein starker Tabak, gewürzt mit einigen sehr anschaulichen Bildern voll technischer Feinheiten. „Der Weg des Lebens" (Zürcherhof und Löwen) soll Henny Porten Gelegenheit geben, in Advokatenrobe und Mütze aufzutreten. Die Schöne spielt mit gewohnter Saftigkeit. Daß ihr Liebhaber, der sie sitzen läßt, selbst im Äußern nichts Verlockendes hat, erkennen wir als realistisch, denn welchen Trottel liebte nicht ein großartiges Weib, wenn sie glaubt, in ihm sexual einen Partner zu finden! Doch überraschend tönt der Schluß aus, wo die schöne Porten die schöne Behauptung aufstellt, daß die Liebe für sie Essig sei, ihr Beruf hingegen ganz ihr Inneres ausfülle. Schon möglich, aber daß die Firma Meßter sich zu dieser kühnen, echt modernen Behandlung aufschwang, verdient Dank. „Polenblut" (Lichtbühne) hat starke, kriegerische Effekte, ein liebliches Opus. „Die Macht des Gewissens" ist hingegen weder so mächtig im Aufbau noch so gewissenhaft in der Ausführung, als man hoffte. „Der Mann im Mantel" (Löwen) bemäntelt übel die Schwächen der Motivierung, es ist Nordisk, schon faul. Dagegen zeigte eine Einlage, „Der Sohn", daß Cines früher tüchtiger arbeiteten, als in ihren neueren Produkten. Immer wird dabei geschossen, mit oder ohne Dynamit, doch diese vielen Attentate auf den guten Geschmack sind meist keinen Schuß ehrlichen Pulvers wert. Diesmal hat die Verfilmung zweier Konkurrenzfabriken einen gewissen Reiz. Recht blöde (Apollo) macht eine Firma mit dem hochtrabenden Titel „Colonnafilms", worunter sich wohl eine deutsche Acker- oder Frankfurterstraße versteckt, in Kriminellem mit dem raffinierten Titel „Hiawatha". Denke nur niemand an den seligen Longfellow und Indianer, hier handelt es sich bloß um Berliner Apachen. Allerlei Tricks, Polizeihunde und solcher Zimt, aber ohne Saft und Kraft, alles sieht wie verstaubt aus. Nur die obszönen Manieren von Hiawatha wirken wie die liebe Natur. Auch das „Geheimnis des schwarzen Schlosses" (Lichtbühne) ist eine schwärzliche Sache mit rabenschwarzen Seelen und schwarzweißen Jungfrauen. Sarah heißt sie, auch eine schöne Gegend. „Sklavenlos", eine amerikanische Unwahrscheinlichkeit, zeigt uns eine bösartige Mulattentochter, deren Eltern einfach Weiße sind, und eine angebliche Sklavin, die wie eine englische Lady aussieht. Die beiden Mädchen spielen gut, die Männer sind Trottel, das ist der Lauf der Welt, besonders im Kino. „Das gelbe Zimmer" (Olympia) hat den bekannten Detektivroman zur Unterlage. Hier wie bei den Theaterbearbeitungen von Sherlock Holmes und Raffles kann leider das eigentlich Verdienstliche solcher Detektiv- und Verbrecherromantik kaum veranschaulicht werden, nämlich die psychologische Analyse. Überall klaffen Lücken und lockere Verzahnungen, das Eigenartige in Roulettebillis Verfahren wird nicht klar und die Identität des Verbrechers mit dem Detektiv Larsen, im Roman erklärt, platzt hier wie eine hohle Bombe ohne Inhalt in die Ereignisse hinein. Spannend ist die Geschichte aber und wird gut gespielt. Eine Prince-Schnurre erweckt ungeheure Heiterkeit. „Pyp als Champignonzüchter", „Die Reserveübung" im Löwen loben wir gleichfalls als Proben übersprudelnder echter Lustigkeit, ein wahres Labsal nach den zum Erbrechen endlosen Verrenkungen von Polidor, Onésime und Konsorten. Furchtbar albern entwickelt sich auch „Demaskiert" (Lichtbühne).

[19. Juli 1914]

* * *

(Forts.) Lobenswert war es auch vom Leiter des „Olympia", daß er auf unsere Empfehlung hin den ersten Borellifilm nochmals vorführte, der so außerordentlich wirkt. Beim zweiten (neulich im Zürcherhof) der Firma Gloria wurde leider klar, daß die schöne Borelli trotz aller Kunst noch lange keine Nielsen ist. Diese häßliche alte Schachtel ist die wahre Gloria des Kino, eine Offenbarung, durchaus genial. Was gibt es nicht für mimische Augenblicksausdrücke in „Sünden der Väter" (neulich im Löwen wieder aus der Versenkung geholt), einem uralten Film! Dämonisch! Jetzt spielt die brave Tante nur noch 18jährige höhere Töchter, eine zweite Hohenfels, sie will uns nächstens als Backfisch kommen, der in irgend einem Goldfischteich mit Schlagsahne plätschert und im Flügelkleide in die Mädchenschule ging. Auch das wird sie noch glaubhaft machen, sie wird sich noch mit „Bubi" als Kompagnon herumgängeln und in das Kindesalter eintreten, sie bringt alles fertig. Und wenn alle Männer in ihren Kinostücken für Asta leben und sterben, hat noch kein Zuschauer darüber gelächelt, es stets natürlich gefunden. Solche dämonische Kraft hat dies geniale Frauenzimmer, mit Unrecht macht man einen Wertunterschied zwischen dem herrlichen „Tod in Sevilla" und neueren Schwänken wie die „Suffragetten", es ist alles gleich meisterhaft, man muß es nur verstehen, diese Umwandlungsfähigkeit und dies völlige Hineinleben und Einswerden mit der Rolle gehen weit über den engen Spezialismus der Theatertragödinnen von der Rahel bis zur Duse hinaus, die im Grunde doch immer nur sich selbst und einen kleineren Kreis von Rollen darstellen. Rechnet man nun hiezu solche Offenbarungen unheimlicher Poesie wie in Kapitän Kidd, die Szene, wie der furchtbare hochmütige Tyrann seine ermordete geschändete Frau Braut mitten durch die viehisch betrunkenen Matrosen, die über Leichen ein Bacchanal halten und beim Anblick des Gewaltigen plötzlich nüchtern zur Seite springen, über das auf einmal leergewordene Deck trägt, wird wohl niemand vergessen. Ebensowenig die Enterung des Schiffes und das „über die Planke gehen" (Ersäuftwerden) der Gefangenen. Das ist überhaupt kein Spiel mehr, wie immer beim Theater, das ist wahrhaft Wirklichkeit, das Unbeschreibliche, hier ist es getan, diese Matrosen sind offenbar gar keine Kinoschauspieler, sondern tatsächlicher *scum* von Matrosen-Gangs. So etwas gesehen zu haben ist ein Erlebnis, und ich danke meinem Schöpfer, daß ich das Kino noch erlebt habe. Daß die Pseudo-Gebildeten es verachten und die Ungebildeten leider nur die ordinären Auswüchse nach ihrem Geschmacke finden, was fichts mich an! Ich habe die Nielsen und den „Student von Prag" und die grausige Herrlichkeit des Kapitän Kidd erlebt, das kann mir niemand rauben.

[26. Juli 1914]

\* \*
\*

Im Radium geistert „Der Mann im Keller". Im düsteren Keller, denn die Unwahrscheinlichkeiten sind düster genug. Im Kino ist eine Lust zu leben . . . für den Detektiv, dem dort die gebratenen Tauben in den Mund fliegen. Aber Jung-Reicher macht seine Sache gut und Spannung muß sind, sagt der Berliner. „Die Löwenbraut" (Olympia) ist kein schmackhafter Bissen, doch gut gebrüllt, Löwe! Die armen Biester führen sich sehr anständig auf wie verständige hübsche Gentlemen, was man von den diversen Menschensorten hier kaum behaupten wird. Dagegen enthält „Ehrenkreuz" treffliche deutschfranzösische Kampfbilder, auch „Das blaue Zimmer", „Fräulein Mutter" verdienen recht freundliche Erwähnung. „Die Bergnacht" (Löwen) gibt Henny Porten Gelegenheit, ihre blonde Hochherzigkeit zu zeigen, was ihr entschieden gut steht wie jede andere Toilette. So erscheint sie in „Das Tal des Traumes" (Central) in der Tracht einer Krankenschwester, um zu probieren, wie ihr Häubchen und Schürze sitzen. Aber ja, reizend! Ein anderer Film wurde ihr auf den Leib geschrieben, weil sie darin Barett und Talar eines weiblichen Advokaten trägt. Ach, es steht ihr alles fein, und ihr gewiß recht braves routiniertes Spiel täuscht angenehm. Wenn man eine der schönsten Frauen der Welt ist, kann man sich alles leisten, man applaudiert angeblich der Leistung, tatsächlich der Schönheit. O häßliche Asta, wie sehnt man sich nach den Fleischtöpfen deiner dürren Genialität angesichts dieser statuarischen Schönheitspose! Sehr realistisch wirkt übrigens die Leidenschaft dieser edlen erhabenen Schönheit für einen faden Patron, der jetzt schon mehrfach ihren Kinoliebhaber abgab. So geht's im Leben. Erfreulich stechen von diesem unfähigen Mimen zwei Grafen ab, von denen der eine den Typ eines Krautjunkers sehr gut herausbrachte, der Andere einen rechten Aristokraten, wozu man leider erst paralytisch werden muß wie hier. Riesig komisch rollt sich eine Berliner Posse „Perlchen" ab, so verrucht lasterhaft und dabei kindlich ulkig, wie der Provinziale sich Berliner Leben denkt. Peinlich ernst führt uns dagegen „Der Gast einer andern Welt" in des Zuchthaus heilige Hallen, nur das ausgezeichnete Spiel macht diese Studie nach Klara Viebig erträglich. „Das Wintermärchen" des bekannten Schriftstellers Shakespeare folgt . . . wie wird mir! O Milano Films, ihr seid ein Titano, so etwas zu wagen. Mußte es denn sein? Und sogar besagter älterer Klassiker mit Glatzkopf und dunkelm Spitzbart (wie auf den gefälschten Porträts) im Kreise seiner Freunde sein Stück vorlesend! Das Spiel taugt nichts außer den einer oft in Ambrosiofilms bewunderten Italianissima, deren edler vornehmer Charakterkopf wahrhaft eine edle Seele und Rasse ausprägt. Die Ausstattung hat viel Reichtum, doch wenig Takt. Da muß man sich des meisterhaften Assyrer-Milieu in „Judith" erinnern, das ganz erstaunliche Bilder bot und sozusagen vorsintflutliche Greuelmenschen lebensecht auf die Beine stellte. Ein Eunuch schmunzelte darin – nichts, was Flauberts „Salammbô" versuchte, reicht daran. [20. Dez. 1914]

Emil Jannings in „Nju" (Paul Czinner, 1924)

# Walter Hasenclever

*Geboren am 8. Juli 1890 in Aachen. Wurde, von den Hochschulen Oxford und Lausanne zurückgekehrt, in Leipzig durch Kurt Pinthus „in die Bezirke der Liebe und Wissenschaft" eingeführt, wie er ihm selber bescheinigte. Zu dem von Pinthus herausgegebenen „Kinobuch" (1913/14) steuerte er einen Film in drei Akten, „Die Hochzeitsnacht", bei; er hat eine Rechtfertigung des Kientopps geschrieben (1913), ist der Verfasser des ersten gedruckten Drehbuchs, „Die Pest" (1920), und 1930 lieferte er in Hollywood unter anderem den Dialog für die deutsche Fassung von Greta Garbos erstem Tonfilm, „Anna Christie".*

*Im übrigen hatte er expressionistisch-ekstatische Dramen („Der Sohn", 1914) verfaßt, von denen man gesagt hat, daß darin „Mysterienspiel und Kinobild zweideutig ineinander übergehen", und später, in Frankreich, gesellschaftskritische Komödien („Ein besserer Herr", 1926; „Ehen werden im Himmel geschlossen", 1928; „Napoleon greift ein", 1930). Man kann sich heute von der Popularität Hasenclevers in der Zeit zwischen 1913 und 1933 kaum eine Vorstellung machen, wie Pinthus im Nachwort zu Hasenclevers Roman „Irrtum und Leidenschaft" bemerkt, einem Bekenntnisbuch, entstanden 1934–39 im Exil, jedoch erst 1969 veröffentlicht, „weil Hasenclever seine Zeit, deren Menschen und besonders die zwanziger Jahre in der Rückschau als so negativ, verkommen, korrupt und untergangsreif sah wie seine politischen Erzfeinde diese Epoche dem deutschen Volke zu schildern beliebten" (Pinthus). Auf einer der ersten Seiten des Romans kommen fünf Röhrchen Veronal vor, die der Erzähler immer bei sich hat. „Für alle Fälle." Am 21. (nach andern Angaben am 22. oder 23.) Juni 1940 nahm sich Walter Hasenclever in einem südfranzösischen Internierungslager das Leben.*

*Hasenclever hatte ein persönliches Verhältnis zum Film, doch wenn er darüber schreibt, weiß man nie so recht, wie es gemeint ist. Nicht im entferntesten ernst gemeint war sein Loblied auf Fern Andra (1919), offenbar eine Auftragsarbeit. („Sie empfing mich in ihrem Salon; an der Wand hingen Bilder von Kaiser Wilhelm und Kaiser-Titz, der Plafond war täuschend in einen Sternenhimmel verwandelt ... Sie drückte auf einen Knopf. Eine*

Sternschnuppe in Gestalt einer Konkurrentin fiel vom Plafond." In diesem Stil.) Schon 1913, als er dem unliterarischen Film das Wort reden wollte, hatte Hasenclever seinem Artikel zur Tarnung den Titel „Der Kintopp als Erzieher" übergestülpt. Dagegen darf man wörtlich nehmen, was er von Greta Garbo nach dem Erdbeben erzählt; es ist die hübscheste Anekdote, die es von ihr gibt. Er hatte in Santa Monica mit ihr im Garten beim Tee gesessen, als plötzlich alles zu wackeln begann. Hasenclever mußte zuerst die verstörte Katze trösten, dann („Mich auch!") die Garbo. Als die Katze schließlich zu ihrer Schüssel lief und Milch labberte, goß er Sahne in eine Untertasse und reichte sie der Garbo. „Und sie machte es genau wie die Katze."

## Der Kintopp als Erzieher
EINE APOLOGIE

In unserer an Ethik armen Zeit wirkt etwa folgende Pressenotiz sympathisch:

„DIE ENTFÜHRUNG EINER REICHEN ERBIN

In London sollte am Sonnabend eine reiche Erbin, die den Bewerbungen ihres Liebhabers kein Gehör geschenkt hatte, entführt werden. Als sie von einem Spaziergang nach Hause kam, wurde sie vor dem Haustor von einigen bereit stehenden Männern gepackt und in das vor dem Hause haltende Automobil geworfen. Man band ihr die Hände und umschlang ihr den Kopf mit Tüchern. Als das Auto sich bereits in Bewegung gesetzt hatte, gelang es dem Mädchen, so viel Luft zu gewinnen, daß es schreien konnte, und der Chauffeur lenkte den Wagen nach der nächsten Polizeistation, wo die Entführer verhaftet wurden. Der Chauffeur sagte aus, daß er zu einer Hochzeitsreise über Land gedungen worden sei. Als er gesehen habe, wie man dem Fräulein Tücher über den Kopf warf, habe er geglaubt, es handle sich um einen Scherz, allein, als er die Dame um Hilfe schreien hörte, sei er kurzerhand zur nächsten Polizeiwache gefahren."

Kaum einer, der diesen Großstadtextrakt unter „Vermischtem" in seiner Zeitung liest, bedenkt, daß es der dramatische Vorwurf eines modernen Kintopps ist. Von allen Kunstfertigkeiten unserer Zeit ist der Kintopp die stärkste, denn er ist die zeitgenössischste. Raum und Zeitlichkeit dienen bei ihm zur Hypnose von Zuschauern: wo ist eine Vitalität, wo eine Dimension auf der Erde, die seine unendliche Fähigkeit nicht erreichte? Er ist gleichsam die äußerste Konsequenz menschlicher Expansionen, und die Ungeheuerlichkeit des Daseins vermag nur in ihm, wie in einer letzten Form von Spiegelung wieder zu erscheinen. – Da wir das Chaos distanzieren, indem wir es, scheinbar, reproduziert haben, begeben wir uns seiner Realität.

Erscheint so der Kintopp, physiologisch betrachtet, von einem

Reichtum des Requisits und der Kulissen wie nur Gottes eigene, in sieben Tagen geschaffene Welt, dann ist er auch notwendig. Neben entzücktem Durchschwärmen von Weltlichkeit aber wurd ihm ein Tieferes verliehen, und damit kehre ich zum Anfang zurück. Wenn jemand eine Hochzeit macht, oder bestohlen wird, oder nach Amerika fährt – sind das alles nur zufällige, schicksallose Ereignisse, oder ereignet sich nebenan für ihn eine metaphysische Begebenheit? Weshalb rührt ihn die Träne irgendeines von Schmerz beladenen fremden Menschen, weshalb erschrickt er vor den roten Händen einer alten Dienstfrau, weshalb drückt er plötzlich (selbst wenn er Meyer heißt) einem schmutzigen Bettler eine Mark in den Rock? Was wäre ihm die Welt, die er lebt, wenn sie nicht Sehnsucht und Symbol – eine bedrängende Erscheinung wäre! Hier schöpft der Kintopp aus gleichem Wesen wie die Lyrik: denn er verkündigt etwas; er wird zu einer Attraktion, er erregt einen Zustand.

Durch Aktivität beginnt der Kintopp, zum Lebensgefühl erhebt er sich, mit Sentimentalität hört er auf. Unphilosophisch möchte ich behaupten, daß er deshalb die psychologischste Darstellung in unserer Zeit bedeutet. Durch die Geschwindigkeit im Ausdruck seelischer Prozesse kompliziert er Mimik und Situationen; sein Bluff ist einzig und allein die dramatische Funktion – darin liegt seine Berauschung.

Die Feindschaft gegen den Kintopp beruht auf einem Mißverständnis: er ist keine Kunst im Sinne des Theaters, keine sterilisierte Geistigkeit; er ist durchaus keine Idee. Deshalb läßt er sich auch nicht (wie immer wieder versucht wird) mit sphärischer Musik impfen: er würde trotzdem jedesmal die Pocken kriegen. Der Kintopp bleibt etwas Amerikanisches, Geniales, Kitschiges. Das ist seine Volkstümlichkeit; so ist er gut. Und kein Ausnahmegesetz im Reichstag wird ihn hindern, gute Geschäfte zu machen, denn seine Modernität äußert sich darin, daß er Idioten und Geister in gleichem Maße, doch auf andere Art zu befriedigen vermag, jeden nach seiner seelischen Struktur.

Wer von uns ist nicht schon mit ihm zum Monde gereist, wie weiland der Herr Baron von Münchhausen! Wer wurde nicht als Goldsucher auf Prärien überfallen, wer kam nicht unter eine Droschke zu liegen und mußte (nicht deshalb allein) eine reiche Witwe heiraten! Wer sah nicht den Zaren Ferdinand aus seinem Coupéfenster winken und zog mit in den Krieg! Begreift man endlich, daß der Kintopp eine Steigerung von Lebensgenüssen, eine Bereicherung von Phantasien ist! Würde man Kindern ihre Indianergeschichten und Seehelden aus den Fingern reißen, weil sie deshalb des Nachts und am Tage von Ruhm und von Welt träumen? Würde man ein Herz haben, armen Dienstmädchen ihre Zwanzigpfennig-Liebesromane entwenden, mit denen sie sich über die Einsamkeit ihrer Küche eine heroische Wirklichkeit vorgaukeln? Wer möchte Karl May, ja selbst Nick Carter aus fieberhafter Kindheit missen? Man soll uns nur ruhig in den

Kintopp lassen, wo wir, eine Zeit unseres diesseitigen Lebens, immer gewesen sind. Man soll uns diese Naivität nicht mit pastoralem Salbader einer edleren Kunst vergällen. Wir werden nicht schlechter werden als wir sind (wer Anlage zum Verbrecher und Geisteskranken hat, wird es auch so).

Eher werden wir glücklicher; denn lachen und weinen zu können, bedeutet Glück. Wie wenige vermögen das heute noch im Theater, wo wir gekitzelt werden – allenfalls erstaunt.

Von der Ethik des Kintopps wollte ich reden und vergaß es über seiner Melodie! Was einst „Die Braut von Messina" war, scheint heute „Die Braut des Sklavenhändlers" zu sein. Aber was Schiller in seiner Vorrede zur „Braut von Messina" meinte, wenn er von dem höchsten Genusse sprach, als der „Freiheit des Gemüts in dem lebendigen Spiel aller ihrer Kräfte" – wird, wenn man will, auch in der „Braut des Sklavenhändlers" Ereignis. Nicht die Burschikosität im Erleben von Automobiljagden und Freudenhäusern, sondern die Angst, das Mitfühlen, die Errettung. Ingenieur Karl Pfeil, der Edith liebt und sie aus den Klauen der Räuber befreit, um im Hause der Tante Verlobung zu feiern, gibt (trotzdem) zu denken. Er ist mehr als ein Typus, er ist etwas Uraltes. Eine Verheißung: daß jemand um die Berechtigung kämpft, zu lieben und zu hassen. Daß jemand, der liebt, helfen muß. Daß jemand leidet. „Sie sollten wissen, daß jeder mit Liebe beginnen muß!" sagt Philipp Keller in seinem Buch. [1913]

Valery Boothby in „Mädchen am Kreuz" (Jacob und Luise Fleck, 1929)

# Julius Hart

Sich mit den Brüdern Heinrich und Julius Hart befassen heißt in das literarische Kampfgetümmel der achtziger Jahre des letzten Jahrhunderts geraten. Durch gemeinsame Veröffentlichungen wie auch als Mitbegründer der „Freien Bühne" und als Kritiker in der Tagespresse machten sie dem Naturalismus den Weg frei. „Kritische Waffengänge" heißt eine Folge von Kampfschriften, ihr bekanntestes Werk, 1882–84 erschienen, in den Jahren, als auch Bleibtreu mit seiner „Revolution der Literatur" (1886) auf den Plan trat. Natürlich bekämpften die literarischen Rebellen nicht nur die Väter, die verschiedenen Gruppen bekämpften sich auch untereinander. Bleibtreu hat dieses Treiben in seinem Roman „Größenwahn" (1887) geschildert. Geblieben ist von der literarischen Tätigkeit der Brüder Hart der Deutsche Literatur-Kalender, den sie 1879 gründeten, bis 1882 herausgaben und dann an Joseph Kürschner abtraten.

Julius Hart (1859–1930) schrieb daneben Gedichte („Triumph des Lebens", 1893) und ekstatisch-visionäre Prosa („Stimmen in der Nacht", 1898), die ihm nach Soergel einen Platz in der Vorgeschichte des Expressionismus sichert. Seine letzte Buchveröffentlichung: „Revolution der Ästhetik" (1908). Ein philosophisches Werk, „Die Vernunft als Quelle des Übels", blieb ungedruckt.

Dem Kino stand Julius Hart, im Gegensatz zu andern Rebellen der achtziger Jahre (Bleibtreu, Kretzer, Holz und Schlaf) eher abwartend, wenn auch nicht von vornherein ablehnend gegenüber, wie Artikel im Berliner „Tag" zeigen: „Ich sah mir alles das an, was als Literatur- und Kunstfilm die Ansprüche auch unserer Künstler befriedigen will." Das war natürlich der falsche Einstieg. Es ist ja nicht anzunehmen, daß jemand, der den Bühnenschriftsteller Paul Lindau jahrelang geschmäht hatte, sich aus dessen filmisch wiedererstandenem Ladenhüter „Der Andere" etwas machen würde. Ebensowenig wie aus der Verfilmung von Gerhart Hauptmanns „Atlantis", die Julius Hart 1913 im „Tag" besprach, als wär's ein Varietéprogramm. Vom Spielfilm hielt er ohnehin nicht viel; das läßt auch seine Besprechung zweier Schriften der Lichtbühnen-Bibliothek im folgenden Jahr erkennen.

**Kunst und Kino**

Das Berliner Gewerbegericht hat vor einiger Zeit ein höchst abfälliges ästhetisch-kritisches Urteil über unsere Kinokunst und Kinoschauspieler, *implicite* auch unsere Kinodichter, gefällt, die da augenblicklich gerade aus der Erde hervorschießen, üppig wie Brennesseln und Quecken. Der Kinoschauspieler, so sagt der Richter, bietet und will auch keine Kunst bieten, und seine Tätigkeit ermangelt jedes künstlerischen Interesses. Er gestaltet die ihm im Film übertragene Leistung nicht nach seinem künstlerischen Ermessen, sondern paßt sie den speziellen Anforderungen des Arbeitgebers an. Er verleugnet seine künstlerische Eigenart und ordnet sich gehorsam einem gewerblichen Zweck unter. Für diese Schauspieler geben allein finanzielle Gründe den Ausschlag.

Aber was geht so einen Juristen die Kunst an? Wie kann er sich anmaßen, ein Rechtsurteil über Dinge zu fällen, die nun einmal einer Rechtsbeurteilung sich völlig entziehen? Unsere Künstler, die Poeten wie die Schauspieler, selber sprechen völlig anders, und die „Erste internationale Filmzeitung", welche sich entrüstet gegen den Gewerberichter wendet, kann eine ganze Reihe von Künstlerurteilen ihm entgegenstellen, welche unserer Kinokunst nur höchste Verehrung bezeigen, – und ich glaube, brächte man unsere schaffenden Geister heute zur Abstimmung alle an einem Orte zusammen, so würde die Luft durch lauter Hochs und Hurras auf das Kino orkanartig erschüttert werden.

Hier die Künstler selber, dort ein Kunstlaie, aber mit richterlichen Befugnissen ausgestattet. In einer öffentlichen Verteidigung seines Urteils hat dieser Richter sich leider hinter die juristische Wissenschaft verschanzt, die nach ihm angeblich eine „Wissenschaft des Verstandes" sein soll. So ein juristisch-wissenschaftlicher Verstand vermag allerdings die Frage, ob ein Kinoschauspieler bei seiner Tätigkeit künstlerische Befriedigung finden könne, ganz und gar nicht zu lösen, und sie gehört auch durchaus nicht vor ein Juristenforum. Wenn solche Urteile von Gerichtsstätte ausgehen, so darf man sie sich wohl verbitten, denn jenes Rechtserkenntnis beruht zweifellos auf einem subjektiven, rein künstlerisch-kritischen Ermessen. Aber wenn nun die Filmzeitung grob darauf antwortet, Herr Ludwig Schultz, jener Gewerberichter, versteht von Kunst offenbar nichts und von Kinematographie zweifellos gar nichts, so ist auch das ein Pistolenschuß in die Luft hinein.

Nicht als ein „juristisch-wissenschaftlich-verständiges" Urteil, sondern gerade als rein künstlerische Kritik kann und soll uns die Meinung des Richters Herrn Schultz interessieren, und wir wollen erst noch fragen und uns darüber klar zu werden suchen, wer wohl das feinere, bessere und höhere ästhetische Gefühl und Empfinden, das stärkere und reinere künstlerische Gewissen besitzt: der Laie Schultz, *in aestheticis* der Unberufene, der Mann aus dem Volk, – oder die Künstler, die plötzlich von der neuen Kinokunst in allen Tonarten begeistert schwärmen und zu ihr sich hindrängen wie die Spatzen zu einem frisch gefüllten Futtertrog. Herr Ludwig Schultz begründet immerhin seine Meinung: Sie tun's ja nur um des Geldes willen, sind Mammonisten, Simonisten, – sie verleugnen ihre künstlerische Eigenart, – ordnen sich gehorsam gewerblichen Zwecken unter. Die Künstler, ob sie nun Hermann Bahr heißen oder Richard Schultz, Bassermann oder Giampietro usw. drücken sich alle gleichmäßig salomonisch aus, wahrhaft juristisch-wissenschaftlich und logisch-verstandesgemäß: Wenn die Darbietungen wahrhaft künstlerischer Art sind, so genießt man auch im Kino wahre und echte Kunst . . .

Fast hat es allerdings den Anschein, als müsse man heute das höhere künstlerische Gefühl und ernste künstlerische Gewissen nur nicht bei den Schaffenden selber suchen, . . sondern reiner und tiefer lebt es hier und da bei Laien und im Volke, . . wo man sich in Mißstimmung und mit Entrüstung abkehrt von einem Theater und einer Kunst, die nur zu wenig mehr von ihrer idealschöpferischen Aufgabe wissen und wissen wollen, wo man noch in einen Tempel gehen will, aber statt dessen eine Wechslerbude findet.

Zweifellos hat die Erfindung des Kinematographen und unser ästhetisches Reden und Disputieren von der neuen Kinokunst zunächst einmal den großartigen Wirrwarr und die höllische Konfusion des gegenwärtigen Kunsttreibens auf eine Spitze getrieben, und wie vor einem Dutzend Jahre plötzlich überall Überbrettldichter und Überbrettlkünstler erstanden, so suchen heute die erweckten Geister das Heil und die Erlösung in der Filmkunst, und wenn man zurzeit gerade ein menschliches Wesen, das bis dahin Dichter, Schriftsteller war, fragt, woran es arbeite, so antwortet es: Ich „dichte" einen Film. Und die Film-Bassermanns und Film-Moissis erfüllen mit ihrem Ruhm noch viele weitere Kreise als die Bassermanns und Moissis des alten Literaturtheaters. Als eine große Verführerin ist da plötzlich über Nacht die neue junge Kinomuse aufgetaucht, und um ihre Gunst drängen sich hofierend Poeten und Mimen, und fast scheint es, als seien sie bereit, um der neuen Geliebten willen die alte wackere Ehefrau, mit der sie sich einmal verheiratet haben, ganz im Stich zu lassen. Und zuallerletzt steigt wohl auch in den ästhetischen Debatten fern am Himmel der Zukunft die Kinokunst als die wahrhaft neue Kunst auf, die ewig futuristische, welche eben stets von jedem idealkünstlerischen Streben gepredigt wurde. Wir haben ein neues Ausdrucksmittel gefunden, und wir stehen damit auch am Beginn einer völlig neuen anderen Kunst, wie sie bisher noch gar nicht existieren konnte, und aus ihr werden Schöpfungen entstehen, viel wertvoller noch und vollkommener als alles, was bisher Dichtung, Musik, Malerei, Plastik uns zu bieten vermochte.

Sicherlich werden wir mit der Kinokunst nicht so rasch fertig werden, wie wir seinerzeit die Überbrettlkunst überwanden. Allerdings drängen sich hier Fragen und Probleme auf, zum Teil höchst verwickelter und differenzierter Art, über die sich sehr viel sprechen und reden läßt. Und zunächst müssen wir einmal unterscheiden zwischen der Kinokunst, wie sie heute ist, was sie augenblicklich zu leisten vermag, welche ästhetischen Werte jetzt ihr zukommen, .. und einer Kinokunst von übermorgen und in fünfhundert Jahren, von deren Entwicklungsmöglichkeiten wir in der Phantasie und theoretisch uns versuchen, ein Bild zu machen.

Sie steht noch in den Kinderschuhen. Sie hat eben ihre ersten Schritte gemacht. Im Augenblick, als sie da war, war sie auch schon eine Volkskunst, nicht im edelsten, aber im weitesten Sinne des Wortes, ganz und gar keine Volkskunst, wie sie sein soll, aber um so mehr eine Volkskunst, wie sie nun einmal ist, wie sie große Massen haben wollen, – eine Kaschemmen- und Bouillonkellerkunst der Verbrechen und Unglücksfälle, die einem rohen und niedrigen Geschmack, trüben und bösen Instinkten am meisten zusagt. Aber sie wollte in diesen Niederungen nicht stecken bleiben, und wir können es ihr nur sehr hoch anrechnen, daß sie so bald und rasch den „künstlerischen Film" der Dichter und der allerersten Schauspieler auf ihr Programm setzte und Darbietungen gab, von denen auch ein so feinsinniger und vornehmer Mensch und Poet wie Johannes Schlaf uns sagt, sie hätten ihn genau so ergriffen und innerlich angeregt und beschäftigt wie Darstellungen unseres Theaters, ja zum Teil gibt er ihnen vor diesen den Vorzug. Und da wäre es denn freilich leicht, zu verstehen, wenn sich heute unsere Dichter und Schauspieler wie Herkules am Scheidewege fühlen und sich die Frage vorlegen, ob es nicht künstlerisch viel vernünftiger ist, das wahre Wesen der Kunst es nicht von ihnen verlangt, daß sie nur noch für den Film dichten und spielen und das Schreiben von Büchern und Dramentexten und schauspielerische Sprechen völlig aufgeben. Es geht auch ohne das. Es geht vielleicht noch besser.

Dennoch möchte ich hinter die Worte Johannes Schlafs ein paar große Ausrufungszeichen setzen! Auch ich bin in den letzten Wochen ein eifriger Besucher unserer Kinos gewesen, durchaus als ein Freund, als ein Hoffender, als einer, der aufmerksam zuhört, wenn man von dieser Kunst spricht, daß sie noch einmal Poesie, Musik, Malerei überflüssig machen wird, der sich angelegentlich mit der Frage beschäftigt, was wohl für ästhetische Revolutionen und Erneuerungen aus ihr noch entspringen können. Aber das Kino von heute? Das Kino in den Kinderschuhen! Ich sah mir alles das an, was als Literatur- und Kunstfilm die Ansprüche auch unserer Künstler befriedigen will, und nach deren eigenen Erklärungen auch aufs höchste befriedigt, die verfilmten Romane lebender und verstorbener Erzähler, die eigens für den Film gedichteten, wahrhaft neuen Produkte einer neuen Kinokunst, für die sich Hanns Heinz Ewers begeistert eingesetzt hat. Ich habe mich dabei öfters aufs angenehmste unterhalten und zerstreut, – aber ich bin auch von jeder Vorstellung fortgegangen mit einem etwas bitteren Gefühl, welches dem Gewerberichter recht gibt: Diese Kinokünstler, soweit sie sonst Dichter und Schauspieler sind, opfern und verleugnen ganz zweifellos ihre künstlerische Eigenart, – wohl verzichten sie nicht auf jegliche Kunst, ermangeln nicht jedes künstlerischen Interesses, – aber die Tätigkeit, die sie als Kinokünstler noch ausüben können, ist eine recht untergeordnete geworden im Vergleich zu dem, was sie als Dichter und Literaturschauspieler zu leisten haben und zu leisten vermögen. Sie degradieren sich, und im Gesamtorganismus der Kinokunst sind sie fast schon etwas wie nur noch rudimentäre Organe. Sinkt nicht vielleicht die Kunst herab in den Dienst einer bloßen Maschine? Und die Frage, ob der Kinematograph nicht bloß eine Maschine ist, als solche doch zur künstlerischen Produktion vollkommen ungeeignet, oder ein neues Ausdrucksmittel für eine funkelnagelneue Zukunftskunst, ist zunächst einmal noch eine ästhetische Streitfrage und ein Problem.

Da konnte man unlängst auch einen Film sehen, der Tanz von Grete Wiesenthal, die „Dichtung" von Hugo v. Hofmannsthal. Von den schlechten Erläuterungstexten, die unseren Kinodramen zugegeben werden, war der Text zu diesem Film einer der allerschlechtesten, in einem wahrhaft musterhaften Kolportageromandeutsch geschrieben: Sie fällt über die „frische Leiche" hin usw. Ein Autor äußert sich, in Gegenwart von Grete Wiesenthal, höchst respektlos über einen derartigen Kinokunsttext und meint: Das durfte gerade ein Ästhet wie Hofmannsthal um keinen Preis zugeben, dafür mußte er Sorge tragen, daß nicht jeder schreibunfähige Kinoangestellte mit so hochgradiger Sprachkunst sein Kunstwerk verständlich macht. Da wirft Grete hilfeflehende Blicke um sich: „Aber das hat doch Hugo selber gedichtet."

Freilich gibt es wohl kaum ein grotesskeres Beispiel als dieses, wenn man auf eine Selbstdegradation der Dichter hinweisen will, die ihre künstlerische Eigenart völlig verleugnen und von sich werfen. Hofmannsthal, der große Wort- und Sprachkünstler, radikalster Bekenner der formalistischen Ästhetik, wonach in der Dichtung alles das Wort ist, läßt jedes fahren, was ihn uns wert und bedeutend machte, und leistet als Textverfasser stummer Pantomimen eine geistig und künstlerisch völlig untergeordnete Tätigkeit, von der man nur sagen kann: Überlasse das doch den Kleinsten von den Kleinen und mache nicht diesen armen Schelmen Konkurrenz.

Wir haben es immer wieder erlebt, wie tüchtige, vortreffliche, mustergültige Romane zu ebenso beispiellos schlechten Theaterstücken verarbeitet und verhunzt wurden; und von jeher hat die künstlerische Kritik aufs schärfste solches Tun gebrandmarkt, welches unter Verkennung und Mißachtung aller künstlerischen Eigenart nicht das geringste Verständnis für das Wesentlichste besitzt, für das natürlich-organisch Gewachsene einer jeden Kunstart und Gattung. Unsere Kinokunst verfilmt Romane, „Meisterwerke der Weltliteratur", erster und berühmter Erzähler. Aber da entstehen völlig andersgeartete Darstellungen, so grundverschieden von dem, was eine romankünstlerische Darstellung ist, daß hier nur gerade die Vergleichspunkte versagen. Das, was die Kinokunst zu zeigen vermag, das entzieht sich sprachlicher Erzählungskunst, das Eigentlichste und Wertvollste, was der Romandichter bietet, kann nicht im Film gezeigt werden. Etwas Belangloseres, äußerlich Inhaltliches und Stoffliches nur kann uns das Kino vom Roman andeuten, zuletzt auch nicht viel mehr, als wenn in einer Kritik Grundzüge der Handlung mitgeteilt werden. Wer aber glaubt, den Roman nicht mehr lesen zu brauchen, wenn er solch eine Kritik gelesen hat, der liest in der Speisekarte, statt die Speisen zu essen. Eins wollen wir doch nicht vergessen. So wertvoll die neue Erfindung des Kinematographen ist, so rührt der moderne Erfinder doch ganz und gar nicht an die Genialität des Urmenschen heran, der die Erfindung aller Erfindungen, die Sprache, erfand, und die Sprache ist ein so unendlich vollkommeneres Ausdrucksmittel, die Dichtung so viel reicher als unsere Kinokunst, dringt in so viel Gebiete hinein, welche dieser verschlossen sind, daß man nur mit Erstaunen, ja mit Entsetzen und Schauder auf die Poeten des heutigen Tages hinblicken kann. Auf Poeten, die so arg ihre künstlerische Eigenart hinopfern und verleugnen, ihrer künstlerischen Eigenart so wenig bewußt sind, daß sie wie Johannes Schlaf sprechen: Eigentlich ist unsere sprachlose Kinokunst doch wohl genau so leistungsfähig, ja wohl noch leistungsfähiger, dem Ausdruck alles höchsten menschlichen Geistes- und Seelenlebens gewachsen, wie unsere Sprachkunst, die Dichtung auch. Ich plädiere für eine grundsätzliche, entschiedene Scheidung. Alle diejenigen, welche der Meinung sind, alles das, was sie uns künstlerisch zu offenbaren haben, das können sie auch ohne alle Sprache und Wort, rein mit körperlichen Bewegungen, pantomimisch, mit Kulissen, Dekorationen und Kleidern zum Ausdruck bringen, wollen wir nur ja händeringend bitten, sie möchten doch fürderhin nur noch fürs Kino dichten. Für die Dichtung, für die Literatur besitzen nur diejenigen einen Wert, welche das nicht meinen.

Das, was die Bassermann, Wegener, Moissi uns in den Filmbildern gestalten und zeigen können, das ist nur ein armer Bruchteil, ein kärglicher Rest von dem, was sie auf der Literaturbühne darzustellen vermögen. Auch von ihrer künstlerischen Eigenart bleibt im Kino nur etwas recht Vages, Leeres und Verschwommenes übrig. Für unsere Filmfabrikanten hat allerdings ihr Name nur einen Reklamewert. Jedenfalls können sie von einem rein künstlerischen Standpunkt aus auf sie gern verzichten. Die Aufgaben, welche unsere Kinokunst heute an sie stellt, kann auch eine sehr viel billigere und mittelmäßige Mimenkunst gleich gut und völlig erschöpfend lösen. [1913]

## Der Atlantis-Film

Über die Grenzen von Malerei und Dichtung hat Lessing gesprochen. Augenblicklich gerade ist es wohl sehr viel wichtiger, daß man sich über die Grenzen von kinematographischer und poetischer Darstellung etwas klarer zu werden sucht. Ein ästhetisches Problem, dessen Erörterung zur Stunde nicht nur ein akademisches und rein wissenschaftliches Interesse besitzt und nicht nur geistig uns berühren kann, sondern auch in besonderem Maße geschäftliche und praktische Bedeutung beansprucht, eine kapitalistische Angelegenheit ist. Das, was der Kinematograph zu leisten vermag, kann nur durch den Versuch immer von neuem festgestellt werden, und unsere Kinoindustrie ist ja zurzeit gewiß eine große Experimentierwerkstätte. Nirgendwo ist aber auch der Kritiker so sehr an seinem Platz wie in diesen Laboratorien von Kunst und Wissenschaft, wo es entschieden werden soll, ob irgend so ein Ding fliegen oder nicht fliegen kann, wo noch die Fehler und Schwächen stecken, die verbessernde Hand angelegt werden muß. Nirgendwo sind aber auch alle abstrakten theoretischen Erörterungen unfruchtbarer als hier in den Versuchsräumen und nichts lehrreicher als der ganz bestimmte einzelne Fall.

Da lockt zur Zeit gerade in Berlin der preisend mit vielen Reden angekündigte Atlantis-Film nach dem gleichnamigen Roman Gerhart Hauptmanns die Besucher zu sich hin, und sicherlich war man des besten Glaubens, daß man den neuen Kinopalast der „Kammer-Lichtspiele" an der Tauentzienstrasse nicht würdiger und eindrucksvoller eröffnen könne als mit einem solchen Film, durchstrahlt vom Geist und von der Kunst eines unserer allerersten Poeten. Das ernste Bestreben – der deutschen Industrie gebührt hier vor allem jeder Dank – nach Hebung und Vertiefung der Kinoschaustellungen tritt unverkennbar zutage, und offenbar hat man es weder an Geld noch sonst an Fleiß und allen Mühen fehlen lassen. Doch man muß es klar aussprechen: Geld und Müh umsonst und weggeworfen. Dieser Atlantis-Film kann geradezu als ein Muster- und Schulbeispiel dafür angeführt werden, wie wenig noch die großen Gegensätze und Unterschiede zwischen kinematographischer und dichterischer Darstellung in Anschlag gebracht werden. Je höher das poetische Kunstwerk dasteht, um so weniger läßt es sich verfilmen. Der Hauptmannsche Roman bietet gerade nur wenig Anlaß und Gelegenheit dazu, die besonderen Reize und Künste des Kinematographen spielen und wirken zu lassen, und all die besten Kinofreuden und Kinogenüsse, die uns dieser Film bereitet, konnten sehr wohl erzielt werden, ohne daß dazu der Dichter, überhaupt irgendwie ein Dichter erst noch bemüht und herangezogen zu werden brauchte.

In dem Atlantis-Film der Kammer-Lichtspiele kommt ein Schaustück vor, das in sich am besten und vollkommensten zum Ausdruck gelangt, und wo der photographische Apparat uns so gut wie nichts schuldig bleibt und vermissen läßt. Es wird uns eine Programm-Nummer aus einem Varietétheater vorgeführt. Ein armloser Artist vollbringt in geschicktester Weise mit seinen Füßen all die Verrichtungen, wozu uns sonst, wie wir glauben, die Hände ganz und gar notwendig sind, ... und von alledem, was dieser Artist zu leisten vermag, gibt mir das Bild und die Leinewand ebenso lebendige Vorstellungen wie ein Varietébesuch selber und der unmittelbare Anblick dieses Fußkünstlers. Und wenn Hauptmann in seinem Romane von einem solchen Artisten, dem Artur Stoß, mir erzählt, dessen Produktionen im Wort beschreibt und schildert, so ist der Kinematograph in der Darstellung und Wiedergabe gerade derartiger Produktionen dem Dichter zweifellos überlegen. Hauptmann schildert und beschreibt uns auch den Spinnentanz einer kleinen und genialen Tänzerin, und diese dichterische Schilderung wird mich doch nie so sinnlich packen und berühren können, als wenn ich so ein kleines und geniales Wunderkind selber unmittelbar tanzen sehe. Auch der Kinematograph kann, da schon die Farbe fehlt, die Reize einer solchen Tanzkunst nur mit mancherlei Einbußen uns genießen lassen, .. doch die Vorstellung der körperlichen Bewegungen, auf die es hier ankommt, wird er deutlicher, klarer und besser noch in uns erzeugen als das dichterische Wort. Auch dieser Spinnentanz der Ingigerd Halström ist eine recht ansprechende und hübsche Nummer des Atlantis-Films. Doch, indem die Regisseure der Kammer-Lichtspiele mehr den Roman im Kopfe hatten, als an ihren Kino dachten, machten sie einen groben Schnitzer. Und statt von einer wirklichen und großen Tänzerin ließen sie den Tanz von einer Schauspielerin, von Ida Orloff, ausführen, die nun gerade in dieser Hinsicht natürlich nichts so Besonderes, Ausgezeichnetes leistet, wert, im Kinematographen festgehalten zu werden; und etwas so Berauschendes, Faszinierendes, wie uns Hauptmann sagt, war ihr Tanz gerade nicht. Recht nett und brav. Doch der Atlantis-Film bleibt weit hinter dem zurück, was uns der Film sonst an Tanzkünsten sehen lassen kann und des öfteren sehen ließ.

Aber das Haupt- und Mittelstück dieser Kinoschau ist die bewegte und bilderreiche, abwechslungsvolle Darstellung eines Schiffsunterganges auf hoher See in verschiedenen Stadien, Szenen und Aufnahmen, und wie in dem Hauptmannschen Roman, so bildet auch hier im Film die Schilderung des Schiffbruches den künstlerischen Höhepunkt des Ganzen, packt und erregt Leser und Zuschauer im reichsten Maße. Die Gefühle der seelischen Anteilnahme, Spannung und Ergriffenheit, „die Furcht" und das menschliche „Mitleid" vermag der Kinematograph wie auch die Dichtung in uns zu erwecken, hier in diesen Wirkungen erweisen sie eine Gemeinsamkeit, und beide gehen noch am besten Hand in Hand, ergänzen sich gegenseitig am meisten in dieser Darstellung des Schiffbruches. Doch das poetische Wort weiß unsere Phantasie zuletzt sehr viel stärker noch zu entflammen als das Filmbild, weil es ungehemmter, geistiger schafft und nichts kennt von all den materiellen Schwierigkeiten und Hemmungen, mit denen ein Kinoregisseur abzurechnen hat, wenn er uns einen derartigen Unglücksfall künstlerisch arrangiert. Ist es doch auch eine alte Tatsache, daß Theater- und Schauspielkunst gerade immer von den höchsten und stärksten Phantasiegebilden der dramatischen Poesie versagen müssen. Hauptmann läßt uns in seiner Dichtung die Katastrophe des großen Sterbens viel unmittelbarer und erschütternder nach- und miterleben als der Atlantis-Film, dessen Anblick uns nur zu sehr den Eindruck macht, daß die Leutchen dort auf der Leinwand sich nur so stellen und so tun, als wenn sie Schiffbruch erlitten und Todesangst ausstünden.

Immerhin sehen wir in den Kammer-Lichtspielen drei Bilderfolgen, zu deren Vorführung der Kinematograph aufs allerbeste sich eignet. Die Darstellung eines Schiffsuntergangs, eines Tanzes und der Fußkunststücke eines Meisters Stoß kann und soll das Kino uns bieten, und wenn wir einen Tanz oder die Stoßische Varieténummer sehen und bewundern wollen, ist es besser, in den Kino zu gehen, als daß wir es uns mit Worten schildern und beschreiben lassen, sei es nun von einem Dichter oder von einem Zeitungsberichterstatter. Gewiß haben diese drei Begebenheiten wenig miteinander zu schaffen, und wenn man sie als drei verschiedene Nummern eines Kinoprogramms nacheinander auf der Leinwand vorüberziehen läßt, so ist das wohl am wirkungsvollsten und entspricht am besten dem Zweck. Für eine derartige Schaustellung aber ist es auch vollkommen gleichgültig, ob der Atlantis-Roman von Gerhart Hauptmann jemals geschrieben wurde oder nicht, ob dieser Dichter überhaupt existiert oder nicht existiert. So wertvolle Ideen und Anregungen: Stellen Sie doch mal einen Schiffbruch dar, lassen Sie einen Fußartisten auftreten, geben Sie uns einen Spinnentanz oder etwas Ähnliches im Film zu sehen, können die Kammer-Lichtspiele auch wohl von bescheideneren und ärmeren Geistern beziehen.

Doch diese drei Bilderfolgen sind die Glanzstücke des Atlantis-Films. Allerdings bringt er noch eine reiche Fülle anderer Illustrationen. Aber die weitaus meisten davon sind nichts weniger als gerade fesselnde Kinoschaustücke, ziemlich belanglose Vorgänge, einfache und schlichteste Szenen alltäglichsten Lebens, wie sie sich jeden Augenblick in der Wirklichkeit um uns abspielen und welche die kinematographische Reproduktion nur wenig lohnen. Sie machen das Interesse nur erlahmen, sie schwächen die Wirkung nur ab.

Es erweckt den Anschein, man kann wohl auf die Vermutung

kommen, als wolle uns der Atlantis-Film auch etwas wie eine Handlung, eine Geschichte, einen Roman erzählen. Diese Romanerzählung aber besteht wesentlich darin, daß dann und wann zwischen den Bildern einige Zeilen und Sätzchen auftauchen, Kapitel-Überschriften, allerdürftigste Inhaltsangaben. Dennoch wohl notwendig. Ohne sie bliebe der Zusammenhang der Begebenheiten für ein naiveres Publikum gewiß völlig unklar.

Die Geschichte, welche uns der Atlantis-Film zu berichten weiß, ist ganz sicherlich uninteressant und gleichgültig, wie nur irgend etwas in der Welt, und ich würde für meine Person unbedingt einen Sherlock Holmes vorziehen.

Von dem, was in dem Roman Gerhart Hauptmanns steht, ist in diesem Filmbericht auch so gut wie ganz und gar nichts übriggeblieben, und hoffentlich gibt es in der Welt keinen Menschen, der aus diesem Film eine Vorstellung von dem Dichter Hauptmann zu gewinnen versucht. Aus den Bildern erfahren wir, daß eine Frau geistig erkrankt und in eine Anstalt gebracht wird, worauf ihr Mann nach Amerika fährt, um sich zu erholen. Auf dem Schiff spricht und unterhält sich dieser Mann am häufigsten mit einem jungen, hysterisch-nervös aussehenden Mädchen, das auch sonst von Männern eifrig umworben wird. Offenbar wird da recht eifrig geflirtet. Es kommt zu einem Schiffbruch, wobei der Mann das Mädchen ins Rettungsboot trägt. Ein Frachtdampfer nimmt die auf dem Meer Umhertreibenden auf, und so gelangt man dennoch glücklich nach New York, worauf sich der Mann und das Mädchen voneinander trennen. Aus den beigefügten Kapitel-Überschriften soll man heraushören, daß das seine tieferen Gründe habe, und daß das Mägdelein ein kleiner Satan sei, . . . aber von einer besonderen Liebe und Leidenschaft zwischen den beiden hat man überhaupt nichts bemerkt, noch weiß man, worin eigentlich die Schlechtigkeit der jungen Dame besteht. In New York trifft alsdann der Herr, wie das zu geschehen pflegt, wieder mit anderen Menschen zusammen und lernt dabei von neuem ein weibliches Wesen kennen, wahrscheinlich eine Bildhauerin, denn in den Wohnräumen stehen allerhand Plastiken umher. Auf die Einladung eines Freundes hin fährt der Herr nunmehr ins Gebirge und wohnt in einem Blockhaus. Dort empfängt er eine Depesche, daß seine Frau gestorben ist, und er selber wird krank. Die Dame, welche anscheinend eine Bildhauerin ist, kommt zum Besuch, und beide verloben sich alsdann.

Auch um ein derartiges Erzählungsklischee herzustellen, bedarf es wohl kaum eines Gerhart Hauptmann. Für den Kinematographen gibt es da wenig gerade fesselnde Bilder. Man sieht die verschiedenen Männlein und Fräulein beim Essen und Trinken, sich begrüßen, auf der Straße umhergehen, im Wagen, Schlitten und Eisenbahnen fahren, – aber die Welt bietet gewiß Merkwürdigeres und Sehenswürdigeres als das, und solche alleralltäglichsten Vorgänge sind für den Film nur keine dankenswerten Objekte. Von einer Schauspielkunst läßt sich ganz und gar nicht reden. Allerhöchstens hatte die Darstellung des jungen Mädchens, welches eine Schlange sein soll, der Ingigerd Halström, durch Ida Orloff eine bescheidene Rolle zu erfüllen. Doch auch hier war es keineswegs notwendig, einen Star zu bemühen, und eine unbedeutende Provinzschauspielerin wäre mit einer solchen Aufgabe auch schon genügend fertig geworden.

Der Kinematograph ist ein Apparat, der auf die Außenwelt, die materiellen Erscheinungen, die Natur und das Leben eingestellt werden kann, wie sie rings um uns sich bewegen und vorüberziehen. Doch nicht auf unser inneres seelisches und geistiges Vorstellungsleben, auf psychologische Zustände und Vorgänge. In der Dichtkunst aber kommt es wesentlich auf diese an, auf die Motive, die inneren seelischen und geistigen Zusammenhänge der Begebenheiten, und Poeten wie Hauptmann stellen weniger eine Außenwelt, als vor allem ihre eigene, besondere, subjektive Auffassung dar. Hier versagt aber der Kinematograph, der im Gegensatz dazu sein Bestes geben kann, wenn er merkwürdige, interessante Vorgänge und Situationen reinen Außen- und Wirklichkeitslebens festhält. Und man gebe der Kunst, was der Kunst, dem Kinematographen, was des Kinematographen ist.    [1913]

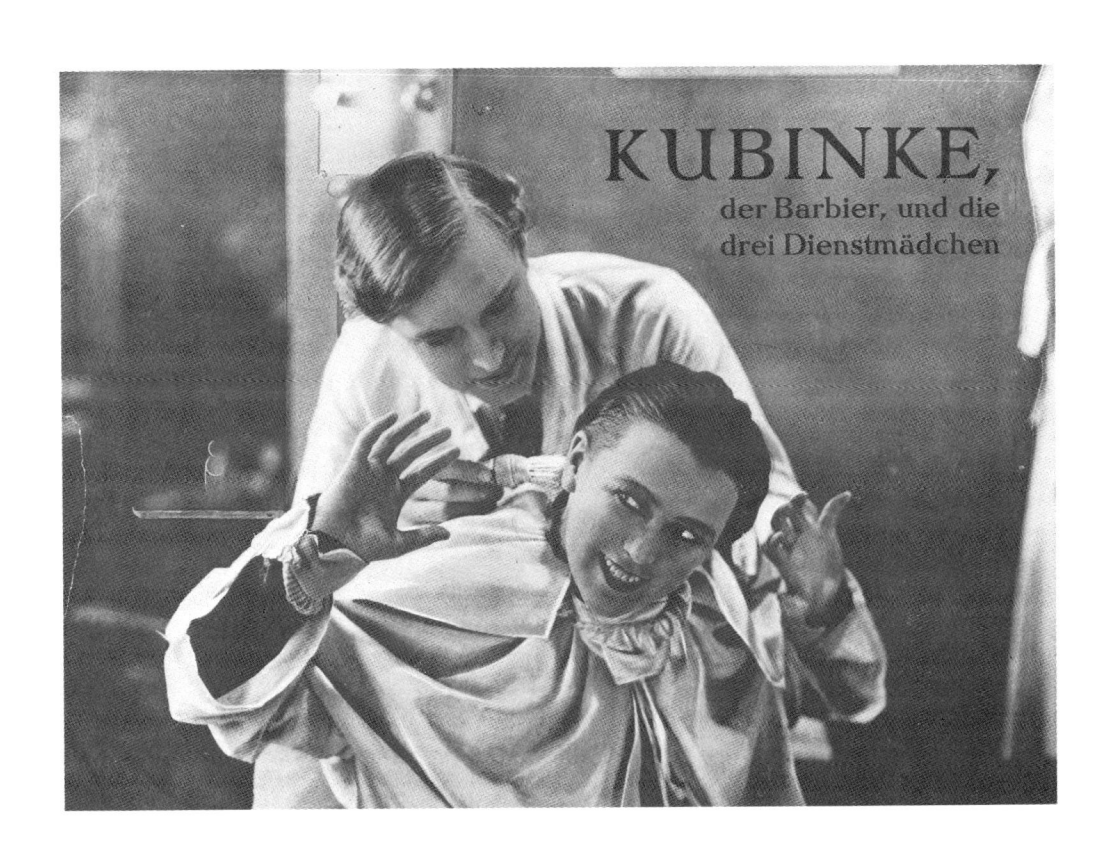

Werner Fuetterer, Hilde Maroff in „Kubinke" (Carl Boese, 1926)

# Kurt Pinthus

*Geboren am 29. April 1886 in Erfurt. Studierte in Freiburg und Leipzig; 1910 Dr. phil.; danach Lektor beim Kurt Wolff Verlag. Berichtete als Theaterkritiker des „Leipziger Tageblatts" am 25. April 1913 über die Première von Guazzonis „Quo Vadis". Nicht die erste ernsthafte Filmkritik in einer Tageszeitung, als die sie immer noch da und dort ausgegeben wird; im „Berliner Tageblatt" (Jg. 42, Nr. 144) war der Film schon am 20. März von P.B. (Peter Behrens) besprochen worden, und zwar unter dem Titel „Kino . . quo vadis?"*

*Gleichzeitig enthielt der Artikel eine Schleichwerbung für das „Kinobuch", das Ende 1913 erschien, datiert 1914, und Filmentwürfe („Kinostücke") von vierzehn Autoren des Kurt Wolff Verlages vereinigte. Selber steuerte Pinthus nebst einem eigenen Phantasiestück eine „ernsthafte Einleitung" bei, was den Verdacht nahelegt, daß sonst nicht alles ernst gemeint war. So bekannt wie die andere Anthologie von Kurt Pinthus, „Menschheitsdämmerung / Symphonie jüngster Lyrik" (1920) ist das „Kinobuch" allerdings nie geworden. Er hat es später als Filmkritiker der Wochenschrift „Das Tage-Buch" von Zeit zu Zeit erwähnt, damit es nicht ganz in Vergessenheit gerate.*

*1937 emigrierte Pinthus samt seiner Sammlung von Büchern und Stummfilmprogrammen nach den USA; nur die Kiste mit den kostbaren Briefschaften ging verloren. Lebte bis 1958 in New York, die letzten zehn Jahre als Dozent für Theaterwissenschaft an der Columbia University. Ließ sich schließlich in Marbach am Neckar nieder. Dort ist er am 11. Juli 1975 gestorben. Eine dritte Anthologie, die Äußerungen deutscher Schriftsteller über den Film (bis 1921) hätte enthalten sollen, blieb liegen.*

*Schon 1913 hatte Pinthus Niedergang und verlorene Unschuld des Kinos beklagt, ohne daß seine Anteilnahme an der Entwicklung des Films je erloschen wäre. Von der Verfilmung von Literaturwerken hielt er später nicht mehr so viel, wie eine Stelle aus einer Besprechung von Karl Grunes „Graf von Charolais" (1922) zeigt: „Als für alle belehrsam soll eine Episode nicht vergessen werden: als der ungefüge Reitersmann Rittner sich vergeblich bemühte, eine Ziege zu melken, war plötzlich allgemeine Anteil-*

*nahme der Zuschauer zu verspüren. Da fühlte wohl jeder, was die Amerikaner längst wissen, daß derartiges filmgemäßer ist als antiquierte Handlungen, an denen sich das Interesse von Generationen in Theater und Roman bis zur Gleichgültigkeit erschöpft hat."* Man sieht: auch als der Filmkritiker, der er bis 1931 war, hat Pinthus den Gesichtspunkt des Zuschauers nie aus den Augen verloren.

### Quo vadis – Kino?

Während man sich die Keiler-Marmelade aufs Frühstücksbrötchen streicht, öffnet man ein Kuvert, in dem sich auf gutem Büttenpapier eine Einladungskarte nachfolgenden Inhalts befindet: „Königspavillon-Theater, Promenadenstr. 8. Ew.Hochwohlgeboren werden höflichst eingeladen, an der Eröffnungspremière Donnerstag, den 24. April 1913, abends 8 Uhr, teilzunehmen" . . . Aus dem Programm ersieht man denn, daß nach einigen Musikstückchen und einem Prolog das „gewaltigste Filmdrama aller Zeiten Quo vadis" aufgeführt werden soll. Auf der Einlaßkarte ist vermerkt, daß man gebeten wird, in Gesellschaftstoilette zu erscheinen.

Der Kino, einst in Vorstädten und dumpfen kleinen Sälen emporwuchernd, prätendiert also, gesellschaftsfähig geworden zu sein. Wie zur Eröffnung eines wirklichen Theaters oder zu einer Pariser Vor-Première wird zunächst vor einem geladenen Publikum gespielt. Während man sich also am Abend zur Kinovorstellung umzieht, denkt man bei sich: Der Kino bemüht sich durchaus, das Theater nachzuahmen. Und erkennt dabei nicht, daß er im Grunde nichts mit dem Theater zu tun hat. Die Mittel, die Möglichkeiten des Kino sind andere als die des Theaters; der Kino stellt nur Handlung dar, Effekte, Sichtbares; das Theater dagegen strebt zur Differenzierung, zur Psychologie; wichtiger als das Sichtbare ist auf der Schaubühne das Wort. Der Kino muß auf das Wort verzichten, und somit auf alles, was das Wort offenbart. Die wirklichen Verehrer des Kinos (ich bekenne, daß ich zu ihnen gehöre) werden also darauf bestehen, daß der Kino deutlich abgegrenzt wird von der Kunst des Theaters. – Es wird sicherlich eine Kunst des Kinos sich entwickeln, die aber mit der Kunst des Theaters nichts weiter gemein hat als das Sichtbare. (In einem demnächst erscheinenden, von mir herausgegebenen Kinobuche wird versucht werden, Theater und Kino zu scheiden; und durch einige wirkliche Kinostücke, von Dichtern verfaßt, sollen diese Anschauungen praktisch illustriert werden.)

Nun tritt man in dies neue Königspavillon-Theater. Während draußen in dem grellen Kreis, den das Licht der Bogenlampen hinwirft, die Autos und Droschken anhalten, bemüht man sich, in dem violetten Foyer Hut und Mantel in der bestürmten Garderobe abzugeben. Man betrachtet das 1000 Menschen fassende

Theater, schiebt sich zwischen den befrackten Aktionären, den zierlichen Mädels, den üppigen Frauen und bebarteten Großkaufleuten hindurch und sieht einen Raum in Weiß und Goldgelb, der von Licht so hell durchströmt wird, daß man ein schwarzes Fädchen in der Luft wehen sehen könnte.

Auf dem Rang setzt man sich in eine Loge, blickt bald in das Publikum, bald auf den noch geschlossenen bunten Vorhang, hört sich die Musikstücke an und belächelt den gutgemeinten, schlechtgereimten Prolog, der gerade das Entgegengesetzte von dem enthält, was ich eben über den Unterschied von Theater und Kino sagte. Herr Wilbenhain, trotz seines braven sächsischen Dialekts und seiner meist in komischen Charakterrollen erblickten Figur, bemüht sich, diese Verse im Frack feierlich zu sprechen und verschwindet dann im beblümten Vorhang.

Jetzt beginnt das Stück, zurechtgeschustert nach dem berühmten Sienkiewiczschen Roman „Quo Vadis", den wir alle vor 15 Jahren mit Begeisterung lasen. Rasch zucken die Bilder vorbei, niemals wird eine Szene ausgesponnen, sondern kaum hat man die Szenerie erfaßt, so springt eine neue Inschrift hervor und eine neue Szenerie illustriert diese Inschrift. Ohne die erklärenden Tafeln würde niemand die Vorgänge verstehen. Das beweist also, daß ein Roman eigentlich nicht für den Kino verarbeitet werden sollte.

Aber die Handlung interessiert ja wenig, sondern die Szenerien und aufregenden Geschehnisse. Hier hat der Bearbeiter richtig empfunden, denn er hat gerade die Szenen ausgewählt, die auf dem Theater nicht darstellbar wären. Während uns also das Geschick des edlen Vinicius und seiner geliebten Sklavin Lygia nicht sonderlich erwärmt, starren wir voll Gier und Erregung auf diese Bilder und üppige Kultur der römischen Kaiserzeit. Wir lieben den Genießer Petronius, den *arbiter elegantiarum* (die Inschrift wies den entsetzlichen Fehler *alegantiarium* auf, der genügt, um einem Schüler im lateinischen Extemporale die Zensur 4 einzubringen), wir ergötzen uns an den orgiastischen Gastmählern; der Protzenkaiser Nero, bestialisch und dichtend, tritt vor uns hin, die Christen versammeln sich in der unheimlichen Heimlichkeit der Hekatomben*[sic]*.

Und dann mit wachsender Erregung sehen wir die drei großen Tricks. Erstens den Brand von Rom. Häuser stürzen, Lohe stiebt auf, Tausende von Menschen fliehen, und durch all diesen Brand und Untergang rast Vinicius, der seine Lygia sucht, und droben steht Nero auf der Terrasse und singt einen Hymnus über die von ihm angezündete Stadt.

Und zweitens: die Spiele in der Arena. Da rasen vierspännige Wagen, da kämpfen Gladiatoren, der Kaiser senkt unbarmherzig den Daumen, damit der Gefallene den Todesstoß erhält. Und 20 Löwen entsteigen den unterirdischen Käfigen, und die Christen werden wie eine Herde in die Arena getrieben und von den Löwen zerfleischt. Das alles sehen wir mit wollüstigem Grauen. Dann springt ein Stier herein, auf seinem Rücken ist die schöne Christin Lygia festgebunden. Aber der Riesensklave Ursus würgt das Untier zu Boden, und Vinicius springt von Neros Seite in die Arena hinab und fleht, seine Kriegsnarben zeigend, umtost von der beifallklatschenden Arena, um Gnade für die Geliebte.

Und dann sehen wir mit Erschütterung, wie der edle Römer Petronius (man sollte sein „Gastmahl" noch heute lesen) und seine liebe Eunika auf Befehl des Kaisers Nero sterben. Während ein frohes Gastmahl sie umschäumt, lassen sie sich die Pulsadern öffnen und sinken langsam absterbend aufeinander hin. Blumen regnen auf sie hinab.

Dies alles ist hier in rasch wechselnden, meisterlich inszenierten Bildern zu sehen. Gerade dieser Film zeigt die Möglichkeit des Kinos und seine Grenzen. Das Szenische, das Bild, die effektvolle Handlung (möglichst ohne Worte) – solches hat der Kino zur Belustigung, Belehrung und Erschütterung vorzuführen. Dazu hätte man wohl gar nicht den etwas verstaubten Roman Sienkiewiczens als Unterlage zu nehmen brauchen. Viele dieser Bilder waren wirklich schön, bewegt, berauschend, erregend, verblüffend. Und so klatschte das Publikum nach jedem Akt wie im wirklichen Theater. Und die impressionistische Musik des Dir. Nouguès, Paris, lullte das Publikum in jene sanft bewegte, träumerische Stimmung, die uns über die Stummheit der Kinobilder wegtäuscht.

Für Nachdenkliche brachte die Vorstellung nicht nur ein Ergötzen, sondern auch ein Überlegen. Es ist jetzt Zeit, daß der Kino erkennt, welche Möglichkeiten er bietet. Er kann das Unmögliche möglich machen: aber das auf dem Theater Mögliche wird ihm unmöglich bleiben. In diesem Film fragt Petrus den ihm begegnenden Christus: *Quo vadis domine* . . Wohin gehst du, Herr? – Der Freund des Kinos sprach zu sich und diesem Film: *Quo vadis – Kino?* [1913]

**Dr. Mabuses Welt**

Wer, wie ich, Ullsteinbücher gewohnheitsmäßig – nicht liest (also ohne Kenntnis des Romans von Norbert Jacques in den Ufa-Palast kommt), kann durch den Film „Dr. Mabuse" eine dreifache Sensation erleben. Erstens sieht er eine aufregend kriminalistische Angelegenheit: den fanatischen Verbrecher riesigen Formats, dem es Lebensnotwendigkeit ist, mit Schicksalen und Menschen zu spielen, dessen raffinierte Schläue und Suggestionskraft alle Verfolgungen abschlägt und zu sich jeglichen zwingt, wen er will. Zweitens wird das Auge gereizt und entzückt durch die außerordentlich geschickte, durchgebildete, (ich riskiere zu sagen) kunstvolle Photographie Carl Hoffmanns. Wie hier mit Licht und Schatten gearbeitet wird; wie in nächtlicher Straße mit Stadtbahn aus dem Dunkel Lichter rasen, schwanken, schwelen; wie im Blick durchs Opernglas die beobachtete Gruppe durch das Drehen des Stellrädchens von verzerrender Verschwommenheit ins Klarumrissene sich wandelt; wie der drohende Schatten des Bösewichts vorankündigend ins Bild fällt, – das sind photographische Neuerungen, die man bisher nicht sah. Und drittens hat der Regisseur Fritz Lang mit Inbrunst sich bemüht, den Wahnwitz unserer Epoche in charakteristischen Typen und Milieus zu konzentrieren. Während der Roman des Norbert Jacques mehr das Bild des Verbrechers Mabuse entwickelt, will dieser selbst unstete Lang, ehemals Maler zu Paris, mit Erfindungskraft, Witz, bildhafter Komposition ein rapides Zeit-Bild entrollen.

Ich will gestehen, daß mich die Regieleistung Langs veranlaßt hat, nachträglich den trotz des berückenden Themas salopp hingeschlenkerten Roman Jacques' zu lesen, und sie verlockt mich, nicht eine regelrechte Kritik dieses Films, sondern ein paar prinzipielle Bemerkungen über die Möglichkeit des zeitgenössischen Films zu schreiben. Gegen das Manuskript mit seinen Dehnungen und Unwahrscheinlichkeiten läßt sich viel, über die schauspielerischen Leistungen wenig äußern. Aber es kam Lang anscheinend nicht so sehr darauf an, große schauspielerische Leistungen, überragende Filmspieler zu zeigen, sondern er will keinen dieser Menschen, selbst Mabuse nicht, aus der Totalität dieser tollen Welt heraustreten lassen, – deshalb wurde die Titelrolle nicht dem dämonischen Phänomen Krauß, sondern dem zuverlässigen, maskengewandten, aber nicht suggestiv genug wirkenden Klein-Rogge gegeben. Noch mehr als in Jacques' Roman werden die Gestalten dieses Films zu Typen destilliert; und alle Typen sind aus unserer rasenden, korrupten, verwirrten Epoche geboren und schmelzen wieder in diese Welt hinein.

Da soll man die aus ihrem gepflegten Milieu nach dem geahnten Abenteuer sich verzweifelnd sehnende Aristokratin sehen; den spielerisch in den toten Räumen eines von Expressionismus strotzenden Heims an Kunstdogmen sich hingebenden, untätigen Schwächling, die dem schwarzmagischen Verbrecher sklavisch verfallene Tänzerin, deren Liebe er niedertritt . . Und dann beginnt der Regisseur Lang alles zusammenzupressen, was diese letzten Jahre an Überreiztheit, Verderbnis, Sensation und Spekulation uns brachten: wissenschaftlich durchdachte Verbrechen; Börsenrummel mit schieberisch jäh wechselnder Baisse und Hausse; exzentrische Spielklubs; Hypnose, Suggestion, Kokain; Spelunken, in die sich Genüßlinge und Bac-Spieler flüchten . . morbide, seelisch und sexuell hörige Menschen, und all jene entwurzelten Existenzen, deren Skrupellosigkeit selbstverständlich ist, weil sie nichts zu verlieren haben als dies Leben, das ohne diese Skrupellosigkeit noch verlorener wäre.

Sicherlich übersteigt, überspitzt, übertreibt der Regisseur dies alles. Aber wenn er auch wirken will um jeden Preis, – alles ist mit

Rudolf Klein-Rogge in „Dr. Mabuse der Spieler" (Fritz Lang, 1922)

Geschmack, Sorgfalt und Talent gearbeitet. Sicherlich sind die hier vorgeführten Dinge weniger wichtig als wir glauben und eigentlich nur auf die paar Riesenstädte Europas beschränkt. Aber dennoch sind es gerade diese Milieus, diese abenteuerlichen Typen, für die alle Menschen unserer Zeit (ich wage nicht zu sagen: leider) von brennendem Interesse zerfressen worden, gleichviel ob sie in den Großstädten in ihren Berufen schüchtern schleichend danach schielen, oder ob sie in entlegenen Provinzstädten weltabgeschnitten hausend hinhorchen nach dem turbulenten Klamauk. Der Regisseur bemüht sich in furiosem Tempo, mit enthusiastischem Temperament jene verwirrende betäubende Atmosphäre im Bild zu konzentrieren, die so aufreizend wirkt, weil nur aufgereizte Menschen in ihr existieren können, – jene von allen Lastern, Lüsten, Leidenschaften durchschwängerte Atmosphäre, an deren Vorhandensein jeder einzelne mitschuldig ist, sei es als aktiv Mitwirkender, sei es nur deshalb, weil er in der Epoche der Demokratie und des Sozialismus dies unsoziale Geschehen zuläßt.

Dieser Film wird überall einen Riesenerfolg haben, nicht weil er, wie die biographischen und geschichtlichen Filme die historische Neugier und das Interesse an Massenszenen befriedigt, auch nicht wegen der kriminalistisch-kolportagehaften Handlung, die ja die Amerikaner tausendmal besser erfinden und durchführen, sondern weil viele Millionen Menschen, die dunkel das Tohuwabohu der Ausgeburten unserer Zeiten fühlen, hier den Zusammenbruch-Wahnsinn, in dem zu leben wir alle gezwungen sind, sichtbar, greifbar und doch bildmäßig und rhythmisch geformt, erblicken. Optimisten werden sagen: Dieser direkte Anblick wird abschrecken, bessern. Pessimisten werden einwenden: er wird verlocken, anstecken, Bazillen der Fäulnis pestilentisch verbreiten.

Ich glaube an beides nicht; sondern meine, daß hier die den Menschen unserer Zeit eingeborene Neubegier und Unruhe auf eine spielerische und harmlose Art gestillt werden kann. Nicht die verfälschenden historischen Filme, sondern solche Gegenwarts-Filme sind unserer Zeit gemäß, also zeitgemäß; solche Filme, von kultivierten Regisseuren hergestellt, vermögen die Sensations- und Schaulust der vielen Menschen, die sowieso dem Theater und nicht zuletzt durch die Schuld des zeit-ungemäßen Theaters selbst, der Schaubühne verloren sind, auf einer unschädlichen Ebene sich austummeln zu lassen und zugleich gefährliche Gelüste und Instinkte der verwirrten Massen abreagieren zu machen.

Durch schauderhafte Aufklärungsfilme und ranzig-muffige Gesellschaftsromane war die sogenannte Welt, in der man sich nicht langweilt, langweilig geworden. Jetzt beginnt diese Welt, die eben die Welt unserer Epoche ist, jene Vergangenheit zu besiegen, die, nachdem sie bereits im historischen Roman gestorben war, in der nachhinkenden Filmentwicklung noch einmal versüßt und schematisch zusammengebastelt aufflimmern wollte. In unserer atomistisch-zersplitterten Gesellschaftsordnung erwischt jeder nur ein Fetzchen des Gewandes unserer Zeit, das uns alle umschließt, . . und dennoch möchte jeder nach dem ganzen Mantel greifen. Der Film, der in rapidem Tempo zeitlich und räumlich Auseinanderliegendes und -geschehendes nebeneinander abkurbelt, kann uns das verlorengehende und doch ersehnte Gemeinschaftsgefühl wiederempfinden lassen. Der Film „Dr. Mabuse" hat Fehler, Längen, Unmöglichkeiten. Aber er läßt den Weg erkennen, den der Film unserer Epoche aufwärts zu rollen hat. [1922]


### Nochmals: Dr. Mabuses Welt

Manche wandten gegen meinen Artikel in Nr. 18 des „Tage-Buch" ein, daß ich zu freundlich über den Film Dr. Mabuse (1. Teil) geurteilt habe. Aber ich sprach zustimmend ja nicht über das Manuskript, nicht über Leistungen der Filmspieler, sondern über die Bemühungen des Regisseurs Fritz Lang und des Photographen Carl Hoffmann.

Mit vollem Bewußtsein streiche ich so einen Gegenwartsfilm heraus – angesichts der kommenden Flut historischer Prunkfilme, welche, die Konjunktur der „Lady Hamilton" und des „Fridericus Rex" freventlich und fälschlich nützend, die Entwicklung des deutschen Films wieder in eine überwundene Periode zurücktreiben wird. Es ist die selbstverständlichste Pflicht des Kritikers, einen Regisseur zu stützen, der unsere Gegenwart, unsere Erregungen, unsere Gefühle erfindungsreich, geschmackvoll, mit Temperament, wenn auch manchmal danebenhauend, in die Breite sich verlierend, mit film-gemäßen Mitteln für das Kino formt und anschaulich macht.

Und wenn man einwendet, das sei ja garnicht unsere reale Gegenwartswelt . . und so stelle sich der kleine Moritz die Welt vor, – so sage ich: dann ist diese kleine-Moritz-Welt für das ganze Filmspiel eben wichtiger und besser als die detaillistisch – getreu abphotographierte; denn der gute Filmregisseur Moritz sieht oder ahnt die Realität der Welt so gesteigert, filtriert, extrahiert, komponiert, daß sie ins Typisch-Phantastische erhöht wird. (Das ist auch das Geheimnis der Komik Chaplins).

Darum: Daffke: nun grade, weil Lang und Hoffmann sich wissentlich bemühen, nicht der Natur gewissenhaft nachgestellte Wirklichkeit abzuphotographieren, sondern Extrakt, Steigerung, Erregung, Komposition geben wollen, nämlich die Elemente, von welchen man im Film allein als „Kunst" reden kann, – so lobe ich die beiden Filmleute auch anläßlich des 2. Teils des „Dr. Mabuse". Es kommen wiederum herrliche Wirkungen aus Licht und Dunkel, in wohlberechneter Bewegung, in Aufteilung des Raumes, im Bildmäßigen zustande. Lang und Hoffmann wissen, daß Film nicht Theater ist, sondern Bildwirkung, in welche Bewegung bildmäßig hineinkomponiert ist.

Die Handlung dieses zweiten Teils ist zwar noch schlechter als die des ersten; man hat gerade die besten Elemente des Jacquesschen Romans fortgelassen und auch den wirkungsvollen Schluß – Entführung und Kampf im Flugzeug hoch in den Lüften – vereinfacht in das konventionelle Ende, daß man den gehetzten Mabuse, irrsinnig geworden, inmitten der Haufen seiner gefälschten Geldscheine findet. Man traute sich wohl an die technischen Schwierigkeiten des Originalschlusses nicht heran; die Amerikaner aber haben – die Gerechtigkeit gebietet es zu sagen – derartige Kämpfe und tolle Kletterkunststücke im Flugzeug – schon oft und gut gemacht.

In diesem zweiten Teil ist Mabuse eigentlich nur ein gewöhnlicher Verbrecher, und manches schon manchmal Gesehene wird hier nochmals gezeigt, – aber grade diese nicht neuen Sachen sind instruktiv für das soeben Gesagte: man sehe, wie viele neue Wirkungen, Spannungs- und Erregungsmotive da nicht aus der Handlung, sondern aus den Möglichkeiten der kinematographischen Technik herausgeholt sind. Der Erfolg dieses Films ergibt sich aus der ungewöhnlichen Vereinigung von Erfindungskraft und Geschmack des Regisseurs mit der technischen Vollkommenheit des Photographen. Wie hier mittelmäßige Schauspieler durch Beherrschung der kinematographischen Möglichkeiten gesteigert sind; wie die Leute von den Gespenstern ihrer Einbildung gejagt werden; wie selbst Titel und Worte unmittelbar mit„spielen"; wie der Staatsanwalt von dem hypnotischen Wort „melior" im Auto durch die Nacht gepeitscht wird, das haben – die Gerechtigkeit gebietet es zu sagen – auch die Amerikaner noch nicht gemacht. [1922]

## Tragödie der Liebe

Kurz und kraß herausgesagt: hier haben wir den schlechtweg besten Gegenwarts-Film, der bislang in Deutschland gedreht ward.

Es ist der Film, der in Vollkommenheit alles bietet, was man am jetzigen Entwicklungspunkt der Kinematographie von einem Film fordern kann. Also z. B. keine literarisch-psychologischen Experimente, sondern eine konzentrierte, rasche, spannende, jedermann interessierende Handlung aus dem zeitgenössischen Leben mit vielen Entfaltungsmöglichkeiten. Das alte Motiv von der Frau, die sich in den Mörder ihres Mannes, den sie entlarven will, verliebt, ist von Birinski und Lantz teils knallig, teils komplizierend und verfeinert zu einem sehr geschickten Manuskript variiert worden.

Man kann einwenden: Kolportagehandlung! Meinetwegen.. was aber hat der vortreffliche Joe May daraus gemacht! Das

Wort, mit dem der unsterbliche Effektdramatiker Sardou seine Dramatik definierte: das Leben durch die Bewegung! – dieses Wort ist sicherlich auf das heutige Theater nicht anwendbar. Wohl aber muß : das Leben durch die Bewegung! als Motto für die gegenwärtige Filmproduktion gelten – und Joe May weiß das. In rapidem Tempo, unter Benutzung einer geschickten Gegenhandlung aus den tiefsten Schichten des Volkes, toben immer die Geschehnisse mit abgewogener Dynamik nach einigen spannenden Ritardandos zusammen, durchwebt von ausgespielten Spielszenen, die aber niemals schleppend und ermüdend wirken, so daß sie darstellerische Kabinettstücke sind. Joes energische Hand jagt dies alles wundervoll klar durcheinander und lockt aus grandiosen Spielern wie Jannings als tierhaft wildem, doch gutartig primitivem Apachen noch Grandioseres (aber auch sehr Verfeinertes) heraus; er entfesselt die Gläßner zu strotzend geiler Lasterhaftigkeit; er entpreßt Frau Mia mehrfach wirkliche Bewegtheit und hindert, daß der wirklich schöne Mann des Films, Gaidarow, allzu Süßliches von sich gibt.

Es tat einem leid, daß es nicht gelang, den Film so zu konzentrieren, daß beide Teile an einem Abend laufen können, sondern daß man nur die erste Hälfte sah. Und gerade der Schluß dieses ersten Teils, der zehnte (!) – offenbar für Amerika gemachte – Akt, wirkt auf uns über die Maßen langweilig und rührselig: wie die unglückliche Mutter immer und immer wieder von ihrem Kinde beträntem Abschied nimmt, der so lange dauert wie sechs Kabinettskrisen. (Hier ist aber Mia, die mit diesem Abschied auch Abschied vom Publikum nimmt, ganz ausgezeichnet.) In solchen Fällen, wo das Geschäftsinteresse der Begabtheit des Regisseurs widerspricht, sollte man für die verschiedenen Länder verschiedene Schlüsse drehen, wie das Griffith mit „Zwei Waisen im Sturm" machte.

Jenseits dieses Einwandes aber ist der Film regiemäßig und technisch (schauspielerisch nicht immer) einwandfrei, voller Einfälle charakterisierender und humorvoller Art, durchfunkelt von wirksamen Tricks, virtuos geschnitten ... Es soll jedoch hier keine trockene Aufzählung der Vorzüge und keine Herauspolkung besonders geglückter Szenen folgen, – sondern lieber nach Anblick des zweiten Teils noch einiges abschließend Prinzipielle gesagt werden.

### Tragödie der Liebe II

Joe May kann sich freuen, daß hier bereits nach dem ersten Teil dieser Film der beste Gegenwartsfilm genannt ward. Für den zweiten Teil gilt dieses Urteil nicht mehr. Hier ist gewaltsam Krampfiges im Manuskript allenthalben zu spüren und eine übertriebene gedehnte Rührseligkeit, die zum Grinsen lockt.

Ein Haupteffekt des ersten Teils, die Zähmung des mordwütigen Apachen durch zur Schau gebotene wollust-reizende Körperteile der Dirne, wird im zweiten Teil noch zweimal wiederholt. Trotz solcher Einwände, die sich zu einem kleinen Katalog auswachsen könnten, zeigt natürlich auch dieser zweite Teil Joe Mays energische, erfindungsreiche Hand. Jannings entfesselte sich wieder herrlich und mit Humor als Apache, und die Gläßner, von den Theaterdirektoren zur ewigen Schwank-Kokotte gedrillt, zeigt, daß sie eine Schauspielerin ersten Ranges ist. Der bedauernswerte Gaidarow hat passiv und schön durch alle zehn Akte zu wandeln als melancholischer Syrup, den ein Bart notdürftig vor dem Zerfließen bewahrt. [1923]

**Das Zeichen des Zorro**

Dieser vor sechs Jahren gefertigte amerikanische Abenteuerfilm überrascht durch seine Lebendigkeit. Weil in der spanischen Operettenhandlung Douglas Fairbanks eine im Film noch nie gesehene Geschmeidigkeit und Grazie im Springen, Reiten und Fechten zeigt. Diese höchst elegante Beweglichkeit wird noch gesteigert durch den Kontrast zum pomadigen Phlegma, mit dem derselbe Douglas Fairbanks den anderen Part seiner Doppelrolle spielt. Er ist nämlich eines Granden schläfrig-verweichlichter Sohn und zugleich insgeheim der Abenteurer Zorro, der geheim den Erniedrigten und Beleidigten blitzschnell hilft, Jungfrauen, die es dortzulande gibt, vor Wüstlingen rettet, schwarzmaskiert und aalglatt immer zur Stelle ist, um für die Freiheit gegen Tyrannen zu fechten.., und zwar so fabelhaft gelenkig zu fechten, daß des Zuschauers Auge vor Wollust jauchzt, der Betroffene aber von Zorros Zeichen Z geritzt ist. Trotzdem dieser Film bereits ein halbes Jahrzehnt alt ist, und trotzdem es in ihm einige schwachbesetzte Nebenrollen und schlechtgeklebte Bärte gibt, ist er bildmäßig (besonders wenn Reiter durch die rahmenhafte Landschaft rasen), im Tempo und in der wirklich abenteuerlichen Springlebendigkeit Dougs so meisterhaft, daß man im Vergleich mit ihm erst die schwerflüssige und monotone Plumpheit der in Deutschland hergestellten Abenteuerfilme erkennt. [1926]

# Franz Blei

*"Doktor Franz Blei", beginnt ein längeres Prosastück von Robert Walser, "weit und breit als Schriftsteller bekannt, hat er einen berühmten Namen, und man rechnet ihn zu den Männern von Verdienst. Verdankt ihm das gegenwärtige geistige Leben nicht hunderterlei Anregungen? Ist er nicht unter anderem der Verfasser von zahlreichen bedeutenden Aufsätzen?"*

*Franz Blei, geboren am 18. Januar 1871 in Wien, studierte in Zürich unter Richard Avenarius, der befürchtete, sein Schüler könnte ihm, wie schon Carl Hauptmann, ins Dichten entweichen. Blei schloß 1893 mit dem Dr.phil. ab und hat sich dann ja tatsächlich mehr mit Literatur als mit der Theorie der reinen Wirtschaft befaßt; er war Verlagsberater, Büchersammler, verfaßte selber "Lehrbücher der Liebe" und gab literarische Periodika heraus. "Am Wege Franz Bleis erblühten Zeitschriften wie Wunderblumen, Zeitschriften mit kostbaren Titeln: ‚Amethyst', ‚Opale', ‚Hyperion'" (Hardekopf). Von 1898 bis 1900 hielt sich Franz Blei in den Vereinigten Staaten auf (weil seine Frau sich dort als Zahntechnikerin ausbilden ließ), lebte dann meist in München und Berlin, von 1931 an auf Mallorca und in Südfrankreich, von wo er 1940 nach Amerika gelangte. Er starb am 10. Juli 1942 in Westbury (Long Island, N.Y.).*

*Als er 1927 ein Lehrbuch für Filmschauspieler mit einem Vorwort versah, tat er das, weil ihm der Film "als das verbreitetste Mittel, sich an Massen zu wenden, von nicht zu überschätzender Wichtigkeit" erschien. Es müßte doch in den großen Städten möglich sein, meinte er, "daß die Gebildeten einige Kinotheater durchsetzen, wo sie das Programm bestimmen und nicht der zufällige Theatereigentümer und sein Ungeschmack." Da der Kinobesitzer schließlich nur bringen kann, was produziert wird, befaßte sich Franz Blei 1928 in einem weiteren Aufsatz, "Kino", auch mit der Gestalt des Produzenten. – Die neun Seiten über Greta Garbo ("Die göttliche Garbo", 1930) reihen sich ein in seine zahlreichen Bildnisse berühmter Frauen.*

*Franz Bleis Beitrag zum "Kinobuch" von Pinthus fällt aus dem Rahmen, ist aber einer der wenigen, die ernst gemeint waren; er liest sich wie ein neorealistisches Manifest. Übrigens hat Blei* nachträglich (unter dem Decknamen Medardus) doch noch ein Kinostück geschaffen. An ein solches denkt man jedenfalls bei dem Einakter „Der Film", der nur ein Jahr nach dem Kinobuch den Sammelband „Das Zaubertheater" (1915) eröffnet. Film im Film, wenn auch für die Bühne eingerichtet: „Das Stück spielt in irgendeiner geheimnisvollen Vorstadtvilla und stellt dar, wie von den Mitgliedern einer transozeanischen Film-Compagnie ein Mord kinematographisch aufgenommen wird. Aber es ist kein gespielter, sondern ein wirklicher Mord; denn diese smarte Gesellschaft arrangiert oder erzwingt Situationen, die zu Mordtaten führen, und kinematographiert diese Geschehnisse. Mit Recht empört sich das Theaterpublikum. Und wird, zum Schluß, nur halb beruhigt durch die jähe Entlarvung der Tatsache, daß diese infame Kino-Aufnahme ihrerseits Objekt einer Kino-Aufnahme war" (Ferdinand Hardekopf).

**Kinodramen**
*Ein Brief*

Ich kenne die photographische Technik und ihre witzigen Möglichkeiten zu wenig, um ein Kinostück zu erfinden. Denn ein Kinostück ist nichts als eine photographische Angelegenheit, keine künstlerische. Stücke ohne Worte sind Pantomimen: photographierte Pantomimen sind schwache Surrogate. Und was diese andern gewissen Kinostücke anlangt, welche den Menschen in die sogenannten Wunder der Technik hineinphotographieren, in Autounfälle, Eisenbahnzusammenstöße, Aeroplanabstürze, zusammenbrechende Minen und was derlei mehr, so bin ich für mich persönlich mit meiner Begeisterung wohl bei der geistigen Tat des Erfinders, nicht aber bei der praktizierten Erfindung selber. Mich interessieren die Menschen, die mit dem Aeroplan fahren mehr als der Aeroplan. Ich kann mich auch retrospektiv nicht für die alte Postkutsche begeistern, und der heutige Biedermeier, der das tut, erscheint mir genau so langweilig kindlich wie der Moderne, den es beglückt, daß „wir fliegen". Doch wüßte ich Kinostücke vorzuschlagen; bei jenen Filmen, welche das Leben seltener Tiere darstellen, fielen sie mir ein. Man filme Lebensläufe unserer Zeit. Den Schlosser zum Beispiel, den Landarbeiter, den Kommis, den Kaufmann, den Beamten. Nicht nur, um die technische Seite seiner Tätigkeit, nicht nur, um etwa zu zeigen, wie eine Lokomotive gemacht wird oder ein Feld bestellt, nein! Ich meine die menschliche Seite, von der Geburt an, das Zimmer der Eltern, den Spielplatz, die Schule, die Lehre, die Kaserne, die Liebschaft, das Vergnügen, die politische Versammlung, die Krankheit, das Altern, und das Sterben. Ein solcher Film kostet nicht über eine Million wie dieser Blödsinn des „Quo Vadis", und man wird ihn sich in hundert Jahren noch mit Interesse ansehen können. Wie lebt der Mensch? Dies zu zeigen halte ich für wertvoller als die gefilmten Ausgeburten einer Phantasie, die Himmel und Hölle braucht, um sich auszudrücken und um nichts zu sagen. – Entschuldigen Sie, daß ich Ihre Einladung, ein Kinostück zu schreiben, mit diesem Vorschlag vieler Kinostücke beantworte. Ich weiß, das Kino ist ein Volksvergnügen, und das Volk will von sich selber nicht unterhalten sein, sondern von einer andern Welt als der seinen. Aber das Volk ist auch ziehbar; es könnte vielleicht doch dazu gebracht werden, sich für sich selber zu interessieren. Daß der Mensch auf sich aufmerksam werde, scheint mir in dieser Zeit der scheinbelebten Materie und ihrer Anbetung so nötig zu sein. Man filme also nicht nur wilde Völkerstämme, nicht nur Tiefseetiere, was ja gewiß sehr interessant ist, sondern man filme das Nächste, das uns so fremd ist, die Köchin, den Strizzi, den Leutnant, was vielleicht gar nicht interessant, aber voller Bedeutung ist für unser Leben. [1913]

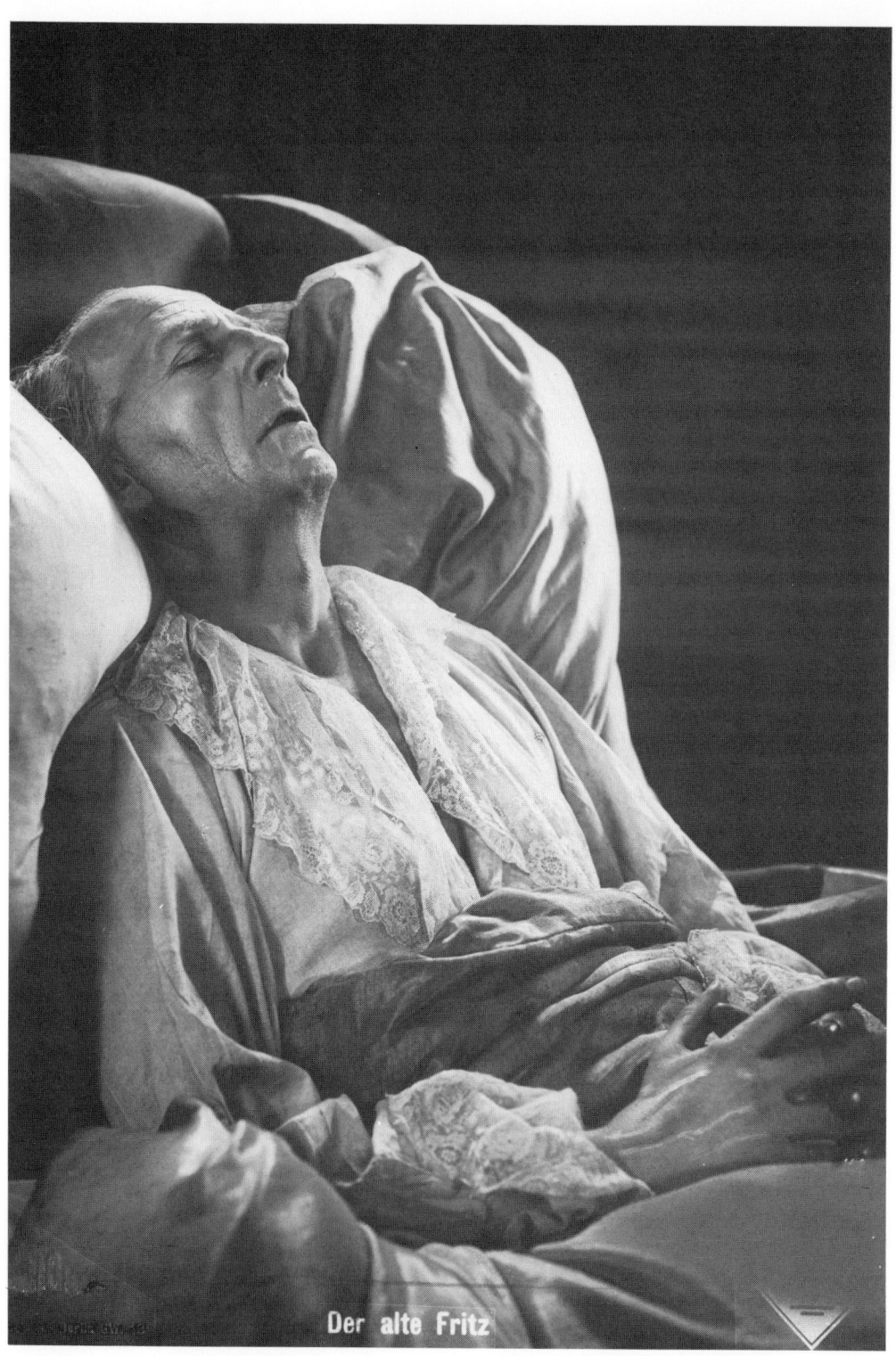

Otto Gebühr in „Der alte Fritz" 2. Teil: Ausklang (Gerhard Lamprecht, 1928)

# Ernst Bloch

*Die Ausführungen von Ernst Bloch (1885–1977) über den Teppichcharakter der Begleitmusik im Kino stammen aus derselben Zeit, als Georg Lukács, den er 1910 in Budapest kennengelernt und in Heidelberg wieder getroffen hatte, seine Gedanken zu einer Ästhetik des Kinos niederlegte. Wenige Jahre danach veröffentlichte Bloch das erste seiner Hauptwerke, „Geist der Utopie" (1918, zweite Fassung 1923), dem bereits eine Philosophie der Musik innewohnt. Wenn Bloch später Deutschland verlassen mußte, teilte er „darin nur das Los derjenigen, die an einem Prozeß selber gestaltend beteiligt waren, dessen verhängnisvollen Ausgang sie nicht ahnten und nicht wollten" (Tibor Kneif) – gemeint ist der Abbau der rationalen Selbstsicherheit der Epoche. Nach seiner Rückkehr (1948) Professur in Leipzig. Hier entstand das als „Enzyklopädie der utopischen Gehalte in Bewußtsein, Gesellschaft, Kultur, Welt" angelegte Werk „Das Prinzip Hoffnung" (1954–59), bevor Bloch, 1957 zwangsemeritiert, 1961 in die Bundesrepublik übersiedelte. Eine Zeitungsmeldung machte damals aus dem Prof. emeritus sinnigerweise einen Prof. eremitus.*

*Von Jugend an dem Traum von einer besseren Welt verschrieben, wollte Ernst Bloch sich als Philosoph nicht immer nur hinterher mit dem Bestehenden auseinandersetzen; sein Denken galt ebensosehr dem Noch-nicht. Ein Prophet also, „wenn auch einer mit Marx- und Engelszungen" (Martin Walser), wobei „diese Art von Marxismus, die die seine von Anfang an war, eine chiliastische Art, der zur Hochreligion nur noch Gott fehlt, denen drüben ein Greuel und uns ein Ärgernis sein muß."*

## Die Melodie im Kino
## oder immanente und transzendentale Musik

Soweit unsere Erinnerung reicht, war von Anfang an die Melodie in den Lichtspielen zuhause. Wie die Reitschule oder das Panoptikum, so war auch die Bretterbude des Kinematographen in den Zeiten seiner ausschließlichen Jahrmarktsexistenz mit einem Orchestrion geschmückt. Es sang von der Holzauktion im Grunewald und mit der gleichen Kurbeldrehung in den eleganteren Betrieben auch von dem unglücklichen Tannhäuser und von dem strahlenden Abgesandten des Gral. Es hatte nach außen die Besucher anzulocken und nach innen mit seinen Weisen hier den Kreislauf der Schaukelpferde anzufeuern, dort die schaurige Stille der Wachsfiguren zu unterbrechen oder die Langweiligkeit der vergrößerten Weltereignisse zu beleben. So ließ es seinen Lärm und seine festliche Narkose auch in das Innere der Lichtspielpaläste strömen. Da nun in dem gegenwärtigen Kleinbürgertum durch die Hauskapellen der Kaffeehäuser ohnedies ein allgemeines Bedürfnis nach musikalischer Unterhaltung geweckt worden ist, so konnte, als der Filmapparat seßhaft wurde, das Klavier, das Harmonium oder das entsetzliche Trio in der sogenannten Pariser Besetzung, ja sogar das dreißig Mann starke Orchester ohne weiteres die alten Funktionen des Orchestrions übernehmen, mit dem einzigen, freilich ästhetisch höchst bedeutsamen Unterschied, daß jetzt der äußere Kundenfang wegfiel und statt dessen die heiteren oder ernsten Melodien lediglich vor den Lichtbildern selbst ertönten. Dadurch trat von selber eine gewisse Verwandtschaft mit der musikalischen Pantomime und weiterhin mit der Oper ein. Aber das Ganze ist gleichgültig geblieben. Man weiß, daß das Harmonium im Tremolo spielen muß, wenn sich der Sohn des Hauses erschossen hat oder wenn der Untergang Messinas vorgeführt wird. Man hat ebenso zwischen Rasch und Langsam, zwischen Hell und Dunkel unterscheiden gelernt, aber im wesentlichen steht es doch so, daß die Art, wie die braven Dorfschullehrer nach des Tages Last und Mühe auf ihrem Klavier phantasieren mögen, im Kino zu einer berechtigten Kunstform erhoben wurde. So entsteht, aus der Übermüdung oder Gleichgültigkeit des Klavierspielers, aus dem Mißverhältnis zwischen der geringen Zahl der Klavierstücke und der unendlichen Fülle des Filmrepertoires und zuletzt aus der beliebig ausdehnbaren und durch immer neue Abenteuer oder Hindernisse zu vermehrenden Handlung der Filmszene selbst etwas notwendig Geflicktes, fade Zusammengesetztes und inventionslos Gedehntes in der Klavierbegleitung. Wir erhalten infolgedessen eine Aufhebung aller geschlossenen Formen: Waldteufel, Czibulka und Eilenberg werden auf den Weg der neunten Symphonie und Tristans verwiesen, so daß dadurch die aneinandergefügten, zerbrochenen, wieder verschmolzenen und durchkomponierten Salonstücke zu ihrer beklagenswerten Existenz gelangen. Wo ein Orchester begleitet, liegt die Sache etwas besser, aber da zwischen dem Marsch „Blaue Jungens" und dem Film „Lehmann als Boxerkönig" oder „Nauke als Held", selbst zwischen der Ouvertüre zu „Martha" und dem Drama „Die Bettlerzunft von Paris" zum mindesten keine Übereinstimmung in der Zeitdauer vorzuliegen braucht, so sind auch hier willkürliche Auslassungen oder geschmacklose Dehnungen an der

Regel. Alles in allem kann man sagen, daß es der Musik im Kinematographen schlecht ergeht und daß trotz des ungeheuren Bedarfs weder irgendwie kinematographisch eingestellte Kompositionen, noch irgendwelche Lösungen der hier wirkenden, höchst interessanten Probleme vorliegen.

Wir sind als Besucher des Kinemas zunächst ausschließlich auf das Auge angewiesen. Nun vermittelt der Tastsinn am stärksten den Eindruck von Realität. Wir müssen aber vor dem Lichtbild auf alles verzichten, was sonst als Druck, Wärme, Duft, Geräusch und sinnliches Mittendarinsein dem Anblick der Dinge gerade seinen vollen Wirklichkeitscharakter verleiht. Die Haut, die Nase, das Gehör, alle übrigen Sinne sind ausgeschaltet, während das Auge überlastet ist. Nur der optische Eindruck des Schwarz-Weiß ist aus der Welt ausgeschnitten, und da er in der wirrsten Bewegung des Augenblicks und ohne jede Stilisierung gegeben wird, so entsteht der unheimliche Schein einer Sonnenfinsternis, einer schweigenden und sinnlich verminderten Wirklichkeit, die nur in ihrem Tempo und in ihrer Konzentration verstärkt ist, ohne daß dadurch jedoch die hiesige Welt ästhetisch und ideal verlassen wäre. Aber nun übernimmt das Ohr eine eigentümliche Funktion. Es leistet die Vertretung aller übrigen Sinne. Da das Knistern, sich Reiben und das lärmende Aufprallen der Dinge, da vor allem die menschlichen Stimmen, die ja von selbst im Affekt klingend werden, unmittelbar in Töne übergehen können, so vermag gerade deshalb, weil es nirgends einen gestalteten Lärm in der Welt und nirgends ein Halbfabrikat, eine Konkurrenz zu der Musik gibt, diese Kunst die Buntheit von der unmittelbaren Realität zu erben und darin in einem großen Zug, der niemals an das einzelne erinnert, gleichsam die Gesamtsinnlichkeit zu leisten. Auch hier wird die Welt photographiert, und zwar bezeichnenderweise nicht so, daß die paar gestalteten Geräusche kopiert werden, sondern derart, daß alle die gemischten Bilder der Verschwendung, des strömenden Überflusses und der flammenden Fülle, die das volle Leben bietet, von ihren unmittelbaren Gegenständen abgehoben und zu einem Teppich von eigener, alles vertretender Intensität, Qualität und deshalb Realität verwoben werden.

So kann dies im Lichtspiel zum Nutzen werden, was in der Oper die größte Gefahr bedeutet. Denn die schlechte Oper wirkt nicht darum so lächerlich, weil das Singen niemals in der Wirklichkeit vorkommt, sondern umgekehrt, weil die Töne jede Schärfe abstumpfen, jede Ferne mildern und jede Entrücktheit so sehr real umkleiden, daß wieder eine halbe, jetzt freilich lächerliche und mißlungene Wirklichkeit entsteht. Jedoch die musikalisch begleitete Filmszene hat diese Inkongruenz nicht zu fürchten. Wenn die Töne dem Lichtbild einen Teppich unterbreiten, der aus der leeren Weise des Eindrucks, also aus der umfassenden, affektreichen Stärke der Wirklichkeit ohne deren Inhalte gewoben ist, so zeigt sich dies, was über diesen wechselnd entzündeten Feuern an Szene geschieht, einmal durch seinen rein optischen Charakter dem Gedränge von Ton und Wort enthoben, andrerseits durch seinen pantomimischen Charakter dem Teppich, als Form angesehen, selbst verwandt und zuletzt durch seine ausgeprägte Absicht, nichts als diese unsere, täglich erlebte, mit uns sich gleichsam im selben Stockwerk befindende Realität zu geben, vor jeder musikalischen Herabziehung in diese Realität gesichert. Dazu kommt ein anderer Vorsprung des Kinos. Es unterliegt keinem Zweifel, daß den meisten Opern in der Zuordnung des Gesanges zum Text eine gewisse Zufälligkeit anhaftet, die zwar im Zeitmaß und Melos beschränkter ist, aber vor allem in den uferlosen Rezitativen des Wagnerstils beliebige und weitgehende Veränderungen denkbar sein läßt. Es fehlt das Kriterium der Notwendigkeit. Dies ist nur deshalb nicht so stark fühlbar, weil ein guter Teppich zu allen Möbeln paßt. Aber es gibt wegen des nur intensiv und qualitativ, jedoch nicht logisch untermalenden Charakters der Musik nur dem Zeitmaß und den lyrischen Typismen, keineswegs aber dem Rezitativ und der Symphonik nach eine eindeutige Fixierung der Musik zu der Handlung. Nun entspricht das Zeitmaß im Orchester, das am leichtesten zuzuordnen ist, durchaus dem Zeitmaß auf der Leinwand des Kinematographen. Ebenso muß eine ganz geringe Zahl von sehr einfachen Melodien ausreichend sein, um die Reihe der leichtverständlichen Typen und der kräftigen, höchst unkomplizierten Charaktere, die allein auf dem Film leben dürfen, zu illustrieren. Man braucht sich hier nur an die vorbildliche Veränderung zu erinnern, die das wechselnde Tempo des Carmenmotivs in dessen Ausdruck hervorbringt. Auch die ganze Zweikampfszene zwischen Escamillo und Don José gibt in ihrer blitzschnell wechselnden Musik, die sich wegen der Einfachheit der Melodien trotzdem stets in geschlossenen Formen aufreihen kann, ein typisches Beispiel für jene Kompositionen, die im Anschluß an Bizet, weiterhin an Hermann Goetz und an den freilich heißer und kräftiger zu gestaltenden Stil der italienischen und französischen Komponisten vom Anfang des neunzehnten Jahrhunderts innerhalb der kinematographischen Kunst zu fordern sind und darin ihre apriorische Stelle haben. Hier liegt ein Wendepunkt in jenem Kampf zwischen Melodik und Symphonik vor, der seit Mozart in steigendem Maße die sangbare, langgezogene, nicht immer wieder vom nächsten Takt ausgeblasene Melodie unterliegen ließ. Bisher wurde nirgends die wundervolle Einheit beider Momente, wie sie in der Bachschen Musik gelungen ist, wieder erreicht. Es ist eines der wichtigsten und weitttragendsten Kapitel aus der Geschichtsphilosophie der Musik. Hoffentlich trägt das Lichtbild, falls endlich ein Dichter mit der spezifisch kinotechnischen Begabung erscheint, der statt der jetzigen, meist wertlosen Fülle von Fabrikware ein Werk mit behaltbarem Namen und Vorbildlichkeit erzeugt, – hoffentlich trägt dieser projektierte Dichter mit dazu bei, daß vor dem

Lichtbild eine Genesung der Musik von jenem Sterben der geschlossenen Melodien zu erwarten ist, das bei allen bloßen Talenten zur Selbstverwüstung und zum Chaos geführt hat und nur bei Beethoven und Wagner aus dem Tod zu einer unnachahmlichen Auferstehung in die Sphäre des Geistes, ja sogar der ganz großen Mystik erhoben werden konnte. Denn die Lichtspiele sind eine weltliche Kunst, und der wundervolle Fries von rauschender, glänzender, luziferischer und völlig irdisch strahlender Realität, den die Musik unter der Szene entlang führen kann, hat von dem Kinematographen sowohl eine neue Bemalung, wie die Erfindung neuer Ornamente zu erwarten.

Wir haben oben bei der Frage der Zuordnung des Gesangs zum Text den Satz ausgesprochen, daß ein guter Teppich zu allen Möbeln paßt. Aber ist es nicht so, daß die symphonischen Musiker keine Gegenstände mehr vorfinden, zu denen sie ihre reine und dennoch auf eine wunderbare Art transzendentale Form zu schaffen hätten? Es geht ihnen so, wie es Cézanne aufs deutlichste ergangen ist. Er mußte aus Apfelsinen heroische Landschaften machen, weil er keine im Volksbewußtsein geschehende Szenen heldenhafter oder heiliger Art vor sich sah und da er nicht Piloty hieß, so fühlte er, daß ein Maler in leerer Zeit nur sentimentalisch und theatralisch produzieren kann, wo der Seher über ein naives Eingedenken verfügt. Wir sehen dasselbe Schicksal in der Musik. So konnten zwar die um Pergolese und Mozart herum den Tanz, das Lied und die Spieloper auf kleine und doch reale Inhalte beziehen, aber keiner, der eine Nachfolge Beethovens suchte, nicht einmal Bruckner und erst recht nicht der unaufhörlich prophetische Wagner vermochten einen transzendenten Inhalt zu schaffen, der ihre Kunst jenseits der breiten spielopermäßigen Lyrik von der unvermeidlichen Vieldeutigkeit oder, wenn diese abgelehnt wurde, von der rein kontrapunktischen Logik befreite. Gewiß gibt es, wie jede Stickerei, Knüpferei, Keramik und die gesamte Volkskunst erweist, eine reine Form, die in sich ruht, beglückt und fraglos fertig ist, ohne einer transzendentalen Beziehung auf Wirklichkeit oder utopische Wirklichkeit zu bedürfen. Mit diesem einfacheren Teppichcharakter ist jedoch die Musik nicht erschöpft. Sie besitzt zwar in sich eine untere Form, die als Tanz, akkordisch oder kontrapunktisch zu hörende Sonate und Kammermusik dem reinen Teppich entspricht. Aber diese Stufe des Gemüts, des Mitmachenkönnens von seiten des Zuhörers, der Freude, daß es so gut gearbeitet ist, oder des sich Übens von seiten des Schöpfers vor aller inhaltlichen Bewährung der Form – dies alles kommt auch in den übrigen Künsten vor und wird sich literarisch ungefähr mit der Erzählung und der Novelle decken lassen. Darüber erhebt sich jedoch das Lied und die bewegungsreiche Spieloper, die Melodie oder rein akkordische Musik, mithin die Stufe der Seele, die in der Lyrik, dem Abenteuerroman und dem shakespearischen Dramentypus parallel aufzufinden ist, und ganz oben steht in sonderbarer, dialektischer Wiederkehr die erfüllte Kammermusik, diesmal gebrochen in ihren Formen, einer fremden außermelodischen Entwicklung der Themen gehorchend, mit einer aus Willkür, Anarchie und Gnade wundervoll gemischten Logizität. Es ist, abgesehen vom Adagio und Andante, die große transzendierende Symphonie, die Stufe der Kälte und des Geistes, die dann, wenn sie tatsächlich nach Beethoven oder Wagner und ideal nach Bach fixiert werden kann, dem großen Epos und dem strengen Drama korrespondieren müßte. Man ersieht daraus, daß vor allem die Form der Symphonik nur insoweit Teppich ist, als sie sich mühelos unterbreiten läßt und eine große, wenngleich gerade deshalb an sich leere Reihe von Zuordnungen bei der Unbestimmbarkeit ihres vorstellungsmäßigen Charakters gestattet. Sie ist ihrem unleugbaren Formungsprinzip nach darauf angelegt, sich anwenden zu lassen, aus der falschen Abtrennung der sogenannten reinen Musik herauszutreten, um nicht in der Entfremdung von allen poetischen und mythologischen Inhalten zu verdorren. Hier ist das Blendwerk der Instrumentation, die ja auch nur einen sinnlich gewordenen Kontrapunkt bedeutet, oder das gelehrte Durcheinander und Zusammenfügen der Themen keine Rettung in all der tieferen Zufälligkeit, Extravaganz und schließlichen Geistlosigkeit dieser Kompositionen. Darum ist Strauß ein so lehrreiches Phänomen. Er besitzt genügend Instinkt, um sich programmatisch nur an die seelischen oder abenteuerlichen Inhalte, an das Krankenlager oder an ein Heldenleben mit Liebesnächten, höchst militärischem Schlachtlärm und ländlichem Schalmeienklang zu halten, während gerade Zarathustra außerhalb seiner Tanzmelodien und seiner Lyrik mißglücken mußte und die Opern allesamt, noch mehr als bei dem späten Verdi und dem Wagner des Parsifal wieder zur aneinander gereihten, geschlossenen Lyrik und zur Spieloper hintendieren. Wir können keine reine symphonische Musik mehr haben, sobald wir eingesehen haben, daß die Kräfte der Begeisterung und der Sinn der Totalität, mit denen bei Beethoven und Wagner die zerschlagenen Formen wieder zu einer Form *sui generis* zusammengeschmolzen wurden, jeweils einmalig sind und daß sich deshalb daraus kein Rezept, keine Tradition und keine Theorie machen läßt. Auch die Art, wie von Reger andererseits Bach imitiert wird, bringt kein Heil, solange wir die große Fugentechnik nicht mühelos in ihre großen selbstverständlichen Zusammenhänge und in ihre als religiös evidente Idee einbauen können. Das dürftige Vergnügen an der Verflechtung der Themen, an ihrem Eintreten, Treffen, sich Grüßen, Abschwächen, Steigern, miteinander Gehen und Vereinigen, als ob sie wirkliche Menschen wären, die sich begegnen und dadurch die Schicksale des Dramas anheben lassen – diese Freude und Selbstbestätigung des Kenners ist für die transzendentale Gegenstandslosigkeit so wenig ein Ersatz, daß die arrivierteste Kontrapunktik an sich nichts anderes als unangewandte Mathematik oder formale Logik bedeuten kann, mit deren Zählübungen oder noch substanzlosen Sagazitäten ja ebenfalls nur Gebilde entstehen, die an sich gehalten nichts als völlig überflüssige, isolierte und erstarrte Residuen des Geistes bedeuten können. Darum muß Mozart der Meister werden und darum dürfen die Spuren Beethovens und Wagners ehrlicherweise nicht mehr produktiv begangen werden und Bach, unser musikalisches Mittelalter, muß ein fernes Ziel bleiben, bis uns ein unberechenbares Genie das Rätsel der großen religiösen Fuge, also einer zweifelsfrei signitiven Symphonik innerhalb einer von neuem mythisch fühlenden Epoche vorkonstruiert. Hier ist alles Verschwendung und Unklarheit, solange die Lampen unseres gläubigen Selbst und unseres Gottes so trüb brennen. Es kann nicht eher wieder Sinn, echtes Blühen, Notwendigkeit und deutliche Zuordnung in der symphonischen Musik geben, als bis sich unsere Ermattung und Verschleierung und jener satanische Nebel verzogen hat, der sich gerade in dieser Epoche am dichtesten, hinderlichsten, aber freilich bei tieferem Zusehen auch am bedeutungsvollsten entwickelt. [1914]

D. W. GRIFFITH'S "SALLY OF THE SAWDUST"
With Carol Dempster and W. C. Fields

# Eduard Korrodi

*Eduard Korrodi (1885–1955) studierte in Zürich und Berlin Germanistik und schloß 1910 mit dem Dr. phil. ab („Stilstudien zu C. F. Meyer"). Danach war er vorerst Deutschlehrer am Zürcher Gymnasium, mit dem Erfolg, daß die Hälfte seiner Maturandenklasse Germanistik studieren wollte. Auch stößt man in deutschen Zeitschriften jener Jahre überall auf Abhandlungen von Eduard Korrodi. Von 1915 bis 1950 wirkte er als Feuilleton-Redakteur an der „Neuen Zürcher Zeitung", also in bewegter Zeit. „Die Weltänderung ist da! Um unserer neuen Gesinnung willen lasset uns Seldwyler gewesen sein", rief er in seinen „Schweizerischen Literaturbriefen" (1918). Er wurde Heger und Pfleger einer neuen Generation, ein Schriftleiter, der gestand: „Das Ablehnen ist eine Kunst, die jeder Redakteur gern seinem lieben Nächsten überließe." Das Zeichen E.K. gewann bald in ganz Europa wirkliche Autorität. „Seit dem ersten Weltkrieg spiegelte sich das europäische Literaturleben unter dem Strich der NZZ, kommentiert und interpretiert durch den geistig wachen, weltliterarisch aufgeschlossenen und intellektuell äußerst temperamentvollen Feuilletonisten" (Hansres Jacobi). Nur wenn Korrodi nach London wollte, beging er den Fehler, über Paris zu reisen, wo er jeweils hängen blieb. Er war recht eigentlich Kritiker; an Literaturgeschichte glaubte er nicht. Für ihn konnte sie bestenfalls aus einer Reihe von Einzelporträts bestehen.*

*Als er 1934 einen Band „Deutsch-Schweizerische Freundschaft / Briefe aus zwei Jahrhunderten" herausbrachte, mußte er im Vorwort darauf hinweisen, geplant sei der Band schon 1932 gewesen. Seine Textsammlung „Geisteserbe der Schweiz" (1929, umgearbeitet 1943) entstand zwar, um „den geistigen Beitrag der deutschen Schweiz an ein größeres Ganzes klarzustellen", doch konnte Korrodi unmöglich je in den Verdacht eines künstlichen Helvetismus kommen. Die beiden Filmbesprechungen, die hier ausgegraben wurden, stehen vereinzelt da, so daß sie in Werner Webers umfassender Würdigung von Leben und Werk Eduard Korrodis füglich unerwähnt bleiben konnten. Außer einer Notiz über eine österreichische Verfilmung der Kellerschen Novelle „Kleider machen Leute" (Hans Steinhoff, 1922) hat sich E.K. später nie mehr über Filme ausgelassen.*

## Paul Wegener im Kino

Beim Namen Wegener erinnert man sich an einen der größten Gestalter des Diabolischen, an die klirrende Kette großartiger Verbrecher von Richard III. bis zu Franz Moor, an all die dramatischen Teufelsfratzen, aus denen doch einmal der Menschheit ganzer Jammer hervorschluchzt. Wer vor seinem Macbeth zusammenschauerte, dem wuchs William Shakespeare ins Riesengroße. Das will Wegener: in Shakespeare, Schiller, Strindberg sich aufbäumen. Man konnte ihn vor wenigen Tagen unter seltsamen Umständen an der Weinbergstraße in Zürich sehen. Im Kientopp natürlich. Leib und Seele und seine menschliche Stimme opfert er aber weit weg von uns seinem Vaterlande als Leutnant irgendwo in Polen oder Galizien. Und es ist die Stimme und Sprache eines Künstlers, in der Dämonen heulen, Helden jubilieren und ihren Feind wie ein Kartenhaus umblasen. Wenn aber Raffael auch ohne Hände ein Künstler wäre, so muß es Wegener auch ohne die Stimme im Kino bleiben, selbst in einem Filmkitsch.

Die Zaubermäre vom Golem ist bekannt. Dieses Menschenbild aus Ton erwacht zum Leben, wenn ein Wissender in einer Kapsel auf der Brust des Golem den richtigen Zauberspruch zusammenrollt. In der Trödler- und Antiquitätenbude liegt dieser Golem, steif und starr, der tönerne Tod. Da kapselt der Jude Aaron den Zauberspruch zusammen und legt ihn dem Golem auf die Brust. Wie nun das starre Tonbild die Wimpern zuckt, die Pupille erweitert, die Füße auf dieser Erde schweben läßt, wie der Wille zum Leben die Figur durchschüttert, das ist eine unheimliche schauspielerische Leistung. Halb Mechanismus, halb Mensch, so steht er bei der sprühenden Esse und zieht den Balg. Die Augen zeigen das Weiße. Golem muß die Tochter des Juden Aaron mit Hünengewalt vor ihrem Liebhaber bewachen. Aber in dem Golem erwacht die Sehnsucht, ein Mensch mit allen Lebensrechten des Menschen zu sein. Der Blick, mit dem der schauerliche Klotz von Mensch die Schönheit des Mädchens in sich schlingt, bleibt haften, auch wenn das Auge der Statue wieder ausgeronnen ist. Aber in diesem Film gibt es ein paar Sekunden von künstlerischem und menschlichem Gewicht (vor denen die Hand, die Klavier spielt, an den Tasten gefrieren sollte). Es ist der Augenblick, in dem der Golem, der das Mädchen aus den Armen des Verführers holen muß, in einer linden, schönen Sommernacht – ist es vom Hradschin aus? – Türme, Giebel und Dächer, Mauern und Gassen zu Füßen sieht, die Sinne von dem Duft der Rosen berauscht: Da beugt er sich über das Wunder und Symbol des Lebens – eine Rose. Was Bücher über Schmerz und Glück, Ohnmacht und Illusion zusammengeträumt, gräbt jetzt auf Lippen, Wimpern und Haut des Golem die Schriftzeichen. Das Antlitz des Golem spricht einen ganzen Monolog. Um dieses Augenblickes willen lohnte sich der Besuch dieses Filmstückes (das leider schon abgerollt ist) und in dem sich neben Paul Wegener auch Rudolf Blümner als Filmkompagnon auszeichnete. Kenner der Literatur werden nicht ohne Staunen gesehen haben, daß nun sogar der Liebling G. Kellers, Angelus Silesius, der Cherubinische Wandersmann, an der Flimmerwand mit einem tiefen Vers erschien. So endete der Golem-Film mit allen Ehren der Literatur. Wir aber hoffen, Paul Wegeners ganze Kunst einmal im Stadttheater erleben zu dürfen, dort, wo sie schrankenlos sich entfalten kann. [1915]

### Golem – Wegener – Poelzig

Vor Jahren schrieb ich hier über einen Golem-Film mit Paul Wegener als Lehmleib Golem. Die Schauspieleraufgabe war: Einen automatischen Koloß zu spielen, ein Menschenmonstrum, bald mit ausgeronnenem Auge, bald mit schauerlichem Augapfel. Der Meyrinksche Roman hat die Taste des Graulichen und Geisterhaften meisterhaft und mit sensationellem Erfolg angespielt. Und nun rollt ein neuer Golem-Film durch alle Lande. Das Ghetto Prags, aus dessen Atmosphäre der Golem wächst, scheint irgendwie noch schwer zu dechiffrierende Assoziations- oder soll man sagen – Affektionswerte zu besitzen, denn jüdische Stoffwelt setzt sich jetzt literaturgewerblich in einem unerhörten Maße durch. (Diese Zeilen waren schon geschrieben, als mir die in einer israelitischen Zeitschrift erschienene Golem-Kritik in die Hand fiel. Da steht: „Wir haben in tiefster Seele gezittert, wir haben gejauchzt, geknirscht, Wunder bestaunt und vor Gott gebetet.") Dazu kommt: Phantastische Themen und Romane locken die Filmregie. Benoîts „Atlantide" ist mit ungeheurem Aufwand in wirklichem Wüstensande mit großer Komparserie gefilmt worden und soll der kommende französische Filmschlager werden. Wegener hat für seinen Golem-Film sich die Mitarbeit des Architekten Poelzig gesichert, der das Reinhardtsche Schauspielhaus geschaffen hat. Das Brot also, nach dem die Kunst geht, ist Gelatine, das Filmband. Will das Theater von diesem Golem-Monstrum des Kino nicht erdrückt werden, so muß es das Dichterwort zu gewaltiger Wirkung steigern und unerschütterlich vertrauen, daß der Geist doch das letzte Wort hat und nicht der stumme Fisch.

Paul Wegeners Golem-Film prätendiert kein Spiel-, sondern ein Stilfilm zu sein. Ist er auch! Vergröberter Expressionismus, Austern für's Volk, wobei aber zu fragen wäre, ob vielen im Busen die Neigung zum Wildwestfilm nicht unausrottbar weiterlebt – das Kannibalische, das sozusagen die Dämonie des Films bedeutet. Der Golem-Film trägt sein Gesetz in sich. Er öffnet, was Herr Wegener doch in seiner etwas dünnen Ansprache verschwieg, sogar die Kapsel des Filmgeheimnisses. Wie der Golem ein automatisches, nicht ein beseeltes Wesen ist, so läuft auch

Paul Wegener in „Der Golem, wie er in die Welt kam" (Carl Boese, 1920)

der klassische Film mit der stummen Figur – seelisch leer. Erregt er irgend eine Emotion? Nicht einmal das Grauen, weil uns ja die ganze Herstellung des Golems vorgespielt, vorgemacht wird. Das Stück selbst, etwas virtuos Technisches, läßt kühl bis ans Herz hinan. Was also bleibt? Technische Zaubergriffe, Stimmungshexerei, wie sie nun das Theater freilich nicht besitzt, und eine äußere, an Arbeit, Eifer und Konsequenz reiche Regieleistung. Man sehe sich die stilistische Lösung einer Massenszene an, dieser Schwarm von Menschen, in denen jeder wirbelt, alle zusammengeknäuelt durch einen Gassenschlauch stürzen, wirklich stürzen. Oder die Regie, die das einemal die große Szene gibt, setzt als Kontrast in unser Blickfeld die betenden Hebräer in der Synagoge, nur ein Gewoge von Gebärden, Körpern, Armen; die Regie, oder besser die Technik, hext aus dem magischen Zeichen die ungeheuerliche Larve des Astaroth, die wieder wie ein Schemen zurücksinkt ins Ungewesene. Der Film entwickelt eine fabelhafte Verschleierungs- und Entschleierungstechnik; er vergrößert, verkleinert, beschleunigt, verlangsamt, wie er will. Die Natur erhält Rippenstöße, bis sie Unwirkliches verwirklicht. Der Golem-Film zerlegt zum Beispiel die Darstellung des Schreckens fast simultan in zwei Schaustellungen: Man sieht die erschreckte Masse, dann die Steigerung des Schreckens in einzelnen, etwa die Trompeter auf der Balustrade, die ihre Fanfaren fallen lassen, nur noch offene Münder sind. Gleichzeitigkeit der Handlung wird wenigstens vorgegaukelt durch die rapiden Bilderwechsel; die Szenen entgleiten der Netzhaut immer, bevor wir der Szenen müde sind. Denkt eine Figur, z. B. der Rabbi Löw, an den Golem, schon ist er da. Der Film hat schon wie Shakespeare das Theater auf dem Theater – den Film im Film. Der Rabbi Löw macht sich anheischig, dem Kaiser und seinem Gefolge den Zug der Kinder Israel zu zeigen, und die Erzväter und den ewigen Juden. Und man muß dergleichen als technische Leistung einfach gelten lassen.

Die szenischen Gebilde hat Poelzig gestellt. Wer das große Schauspielhaus in Berlin kennt, diesen Troglodytenbau, findet ähnliche Merkmale wieder. Diese Judenstadt ist absichtlich nicht realistisch erfaßt; man merkt die Furcht des Architekten, es könnten nürnbergische, altdeutsche, meistersingerische Töne in diese Umwelt kommen. Sie werden geschickt vermieden, aber so phantastisch ist diese Stadt nicht, sie kann die Pappe und die Leinwand nicht verleugnen, die im Gegensatz zum Theater doch eine Verarmung bedeutet, da ihr die Farbe nicht etwa im Sinne der Schminke, sondern als Kunstelement fehlt.

Warum betont man jetzt dergleichen so prinzipienreiterlich? Nun, man hat ein Bedürfnis dazu, wenn ein so starker Schauspieler wie Paul Wegener in einem unserer Kinotempel, die den Golem bringen, auf eine Kanzel steigt, nicht als Diener am Wort, der er als Künstler sein müßte, sondern als Diener der Gebärden. Um die Kulturmission des Kinos glaubwürdiger darzustellen und zu beweisen, daß er den Kampf gegen den Kino mit dem Kino selbst führe, verschwieg er freilich, daß dieses so edel, aber auch ausgiebig belohnte Bemühen die Bühne des gesprochenen Wortes vernichten muß. Große Künstler rennen aus ihren regulären Theaterproben in die Filmproben, wo sie „ganz beieinander" sein müssen. Und es fehlt nicht viel, so zitieren sie Tasso: „Und wenn der Mensch in seiner Qual verstummt, gab ihm ein Gott zu sagen, was er leide." Ihr Gott ist der höhere Monatswechsel, trotzdem es Wegener für sich bestreitet. Eine Infamie für die Kunst, wenn es so ist. Ein Künstler, der Strindberg, Ibsen, Shakespeare, Hebbel gesprochen hat, durchblutet, durchsprüht von diesen Geistern war und leichten Herzens nachher mit einem Knebel im Mund seine neuen Götter spielt, der hat doch vor dem Gewissen der Kunst verspielt – ausgespielt. Gerade der Golem-Film ist ein tröstlicher Beweis, daß die Grenzen des Kinos auch von den Begrenztesten einmal begriffen werden, wenn sie wirklich Aufschreie des Herzens, Katastrophen des Innern, Fragen der Menschheit, Blitz und Donner des Geistes wieder erleben wollen.

[1921]

# Ludwig Thoma

*Rechtsanwalt, Redakteur am „Simplicissimus", Mitarbeiter des „Miesbacher Anzeigers" (einem Lokalblättchen, „das durch ihn den Ruf fast eines Weltblattes erhielt"), Heimatdichter, Verfasser der „Lausbubengeschichten" und des „Briefwechsels eines bayrischen Landtagsabgeordneten", Bühnenschriftsteller – alles das war Dr. iur. Ludwig Thoma (1867–1921), gewiß, aber beileibe kein Kinofreund. Kämpfte gegen Bürokratie, Klerus und Spießertum, ging aber lieber „wegen Beleidigung von Vertretern der Sittlichkeitsvereine" ins Gefängnis als ins Kino. Diesen Eindruck gewinnt man jedenfalls, wenn man liest, welche Vorsichtsmaßnahmen er für nötig hielt, damit auf keinen Fall ruchbar werde, daß er einmal ein Filmmanuskript verfaßt hatte. Der betreffende Brief Thomas an Ferdinand Kahn vom 19. Februar 1916 hat – zur Abwechslung – etwas unfreiwillig Komisches.*

*Während der sechswöchigen Haft (Okt./Nov. 1906) nahm Thoma neun Pfund ab, kam aber, wie aus dem „Stadelheimer Tagebuch" hervorgeht, zu seinem erfolgreichen (auch mehrfach verfilmten) Lustspiel „Moral" (1908). Dabei fiel ihm wiederum auf, „wie unnatürlich die hochdeutsche Sprache im Dialog ist. Es klingt immer wie gedruckt, nicht wie gesprochen ... ganz gewiß ist unsere Umgangssprache, auch die dialektfreie, durchaus nicht die Schriftsprache." Das wußten damals wenige. Ludwig Thomas Verdienst ist es, die Umgangssprache literaturfähig gemacht zu haben.*

*Außerdem: als er, zusammen mit dem nicht weniger kinofeindlichen Hermann Hesse, die Wochenschrift „März" herausgab, ließ er darin den Studenten Alfred Baeumler zu Wort kommen, der die Daseinsberechtigung von Schundliteratur und Kinoschund nachwies.*

## Das Kino

Das war auch eine Rundfrage:
Was halten Sie vom Kino? Seiner Wirkung, seiner Zukunft usw.?

Ich hielt davon, daß es viele Leute, die arbeiten sollten, schon um vier Uhr nachmittags zum Faulenzen verführe und daß diese Kunstinstitute von den Fünfzigpfennigen junger Menschen, die sie nicht rechtmäßig besitzen, oder die sie wenigstens nicht ausgeben sollten, ihr Dasein fristen.

Diese erste und stärkste Wirkung ist ebenso moralisch wie die andere, welche sich aus dem Genusse des spannenden Kinodramas ergibt.

Wenn man sich das vorstellt, wie jeden Nachmittag zur selben Stunde in allen europäischen und hoffentlich auch in den amerikanischen Städten die Augen naß werden über die Schicksale von Männern, die aus Liebe zu einer Gattin oder zu einem kranken Kinde ihnen anvertraute Kassen bestehlen, dann mit Klavierbegleitung ins Zuchthaus hinein und mit Harmoniumbegleitung aus dem Zuchthaus heraus wandern, dann kann man sich darüber klar werden, mit welchem herrlichen Kulturfaktor wir bereichert worden sind.

Weiß schon – Naturaufnahmen, wissenschaftliche Filme, herrlicher Anschauungsunterricht, Kenntnis fernster Länder und Menschen.

Ich möchte nur sehen, wie viele Leute ins Kino gingen, wenn ihnen nur diese Bildungsmittel vorgesetzt würden.

Auch der Anschauungsunterricht hat häufig die Form des abscheulichsten Hintertreppenromans.

In dem Wunderlande Indien müssen Schlangen schöne Mädchen beißen, an Wiegen herankriechen, um kleine Kinder beinahe zu erwürgen, müssen Königstiger angebundene Ziegen überfallen, müssen geheimnisvolle Verbrechergesellschaften geheimnisvolle Schandtaten begehen; in Afrika müssen Löwen in Gruben auf junge Damen warten, die hineinfallen und gerade noch gerettet werden, wenn das Harmonium seine Töne erklingen läßt, in Amerika müssen Grizzlybären Gemeinheiten vollführen usw.

Das ist der Anschauungsunterricht. Ich will kein Wehegeschrei erheben über die Verwilderung des Geschmackes oder des Charakters der Jugend, die man im Kino sieht. Ich glaube gerne, daß ihre Phantasie auch auf andere Weise verdorben würde, vielleicht sogar, daß sie wieder ausheilt, und ich weiß, daß alle diese Dinge dem eigentlichen und gesunden Volke fremd bleiben.

Ich äußere nur meine Ansicht über die Wirkung des Kinodramas. Wahrscheinlich werden junge Leute, die schon wacklig sind, die Eingriffe in Kassen leichtherziger beurteilen, wenn sie denken, daß nach Verbüßung der Strafe ein mildherziges Mädchen mit Harmoniumbegleitung auf sie am Tore des Gefängnisses wartet; wahrscheinlich werden Mädchen noch lebhaftere Vorstellungen von der Möglichkeit reicher Heiraten hegen, und ganz gewiß müssen alle Schädlichkeiten, die man Hintertreppenromanen zuschreibt, in vollen Strömen die Kinobesucher überfluten.

Ob sie wieder auf festen Boden gelangen, mögen andere untersuchen.

Im preußischen Abgeordnetenhause hat jüngst Herr Dr. Marx lobend festgestellt, daß der „französische Geist" aus den Kinos verbannt worden sei.

Viel davon war wohl nie darin zu finden; ist er gänzlich aus den Tempeln vertrieben, so fragt es sich, ob ein besserer Geist an seine Stelle getreten ist. Und da halte nur jeder die Worte „national" oder „deutsch" hinter dem Gehege der Zähne zurück! Sie auf dieses einheimische Gewächs anzuwenden, ist nicht wohl getan.

Die gute Gesinnung, die in den Kriegsdramen stecken soll, kann man nur ablehnen.

Der Krieg ist schrecklich, wie des Himmels Plagen,
Doch er ist gut, ist ein Geschick, wie sie –

wenn sich nur nicht verliebte Mädchen, oder gar kleine Kinder hineinmischen und aus Feuer und Flammen herausstürzend ganze Regimenter und Brigaden retten, was am Ende doch besser Aufgabe der Stabsoffiziere bleiben sollte.

Der Anblick dieser läppischen Rührseligkeiten, mit denen an die größten Geschehnisse herangegangen wird, muß nicht unbedingt erhebend wirken.

Man spart sich die Tränen auf für die „grotesk heiteren, Lachsalven erregen sollenden" Lustigkeiten, mit denen Berliner Filmfabriken dem Humor zu seinem Rechte verhelfen.

Wenn die dümmste Erfindung von Schauspielern dargestellt wird, die keine Scham mehr vor irgend einer Grimasse kennen, dann ist es Zeit zu weinen.

Und die Freude, daß der französische Geist verbannt worden ist, wird gedämpft. [1915]

**Bildung und Fortschritt**

*Erlebnisse und Gedanken der Babette Fröschl, ehemals Dienstmädchen, später Pulverfabriksbeamtin, zurzeit arbeitslos. Mitgeteilt aus ihrem Briefwechsel.*

Liebe Marih!

Das du noch in eirem geschehrten Orte siezen magst wundert mich schon, aber fieleicht wirst du auch noch gescheit und machst deinem Bauern nicht mehr fir einen Pfifaling den Drampel.

Ich hätte schon anderne stehlen bekommen, das kan ich dir sagen, sogahr bei einen Viehendler und Einkaufbeahmten, wo jetzt die hechsten Beamthen sind und im Monath mer haben, wie ein Bresident im Jar. Aber schneggen, wahn ich thum bin. Eine stehle kann man jetzt iemer haben, das kahn ich dir sagen, wen mahn mahg. Mir ferlaubt es aber mein Karieh nichd, der, wo ich dir schon geschrieben habe, das mir in der Bulferfabrieg in Tachau wahren und er wahr aufsäher und hernach ist er Hadudant gewest fom Schtattkomatant und hernach ist er zweiter Bolizeibresident wohren und jez ist er arbeizloser.

Neben seiner Bension fier arbeizlosigkeit bedreibt er auserdem einen schlaichhandel dadurch das ich vom lande wahr und bei Erding zu hauße war. Fon den geschärten hohlen wir alerhand, leuder das dieße rahmeln jez auch schon höll auf der blathen sind und der Karie ergert sich oft driber.

Ich hawe dier aber schreim wohlen damit das du in die Schtadt komst, den mit dem schlaichhandel kanzt du dier fiel verdinen und wan du nichd gleich einen schaz finzt kan ich dier schon einen besorgen. Du klaubst nichd wie es jez lustig is und fil lustiger als wi zu for, wo mahn als Dienzbothe gegnächtet wahr.

Der Karie sagt ofd es reid ien jede stund wo er was garbeid hat und es wahr gewies nichd fil aber es reid ien doch.

Mich reid es ebenfahles.

Ich gehe jeden Dag um fir uhr in ein Kieno.

Libe marih, frieher in der Zeid wo wir ahle unterdrikt wahren und Gschlafen fon dem kabidalismus, und wie ich zuerscht ein Dienzbothe wahr, da häde mahn gar nichz davon gehabd bald mahn sich einen freien nachmiedag herausgeschwiendelt hat, auser das mahn ins wierzhaus gegangen ist und da had mahn seinen schaz fil bier und essen zallen missen.

Da had mahn schon gar keine Freide dazu gehabt zum blau machen und ich hawe sogahr liber garbeid aus ferdrus.

Aber jez ist es ganz anderst.

Libe marih dadurch das mahn das Kieno had ist erst die arbeizlosigkeit schener gewohrden und angenähmer und bald man lang im bet liegen bleibt und im nachmidag ins Kieno geht ist es ein härliches leben, wie mahn es friher nichd gekennt had.

Du hast neilich geschriem mid der arbeid ferget dier die zeid.

Libe marih mit dem Kieno ferget sie auch und fil angenähmer.

Dadurch ist dieße Kunzt eine solchene wollthat fier das werktetinge Volk, das es iehm die arbeizlosigkeit fersießt.

Ich kauffe mier was zum schläggen und seze mich hinein und suzle ganz gemiedlich meine Zelteln, derweil schaue ich dieße grosartige Kunzt an.

Du klaubst nichd was man da ahles siechd, lauter schene romahne und du brauchst nichd einmahl zu läsen sontern blos schaugen und kanzt dabei schnuhlen.

Forgestern wahr ich in einem da wahr ein mohrd in einem Kehler und es hat sich zwegen einer erbschafd gehandelt, di wo einer megen häd, der gar nichd der bedrefende wahr sontern er hat den andern in amerikha um bracht gehabt und ißt mit seine babier als Erbe kohmen und wahr schon mithen in reichdum und gelt und had mit die schensten mentscher schambanniger trunken. Da had man sich gergert und es haz aber ein amerikhanischer Dedektif aufbracht. Ich weis es nichd mer genau wie ers aufbracht had weil ein matroße neben mir gsässen ißt, wo ser fräch wahr, aber ein ser nether mentsch.

Gestern wahr ein läbensbild fon einem ahrmen mätchen in das wo sich ein barohn ferlibt der schon ein alther Dadetl ist und er bäth noch Kubiezen auf das junge Mätchen, wo fileicht noch unschuldig wahr aber der son fon dissem barohn ist auch fon der libe ergriffen wohrden und hat seinen elenthen fatter, wo im alther auf das junge bluth gedirschtet had, einen stos gegehm das er umgfahlen ist und fom schlahge betropfen toth wahr.

Man hat ien fors geriecht gestehlt und ferurteilt und das schafoth wahr schon hergericht und halb hawe ich beth, das er gerethet wird und halb were ich doch neigierig gwesen, wie das köbfen ist, aber da hat sich wer gemelt, der wo ales gesähen had. Wer glaubs du, das es wahr? Ein andernes mentsch fon dissem barohn, die wo aber schon elter wahr und zu iem had schlaichen wohlen und hat hinder einem forhang ales gsähen, das es blos ein stos wahr und der toth is zufelig dazu kohmen. Da war er gerethet und hat si geheirat, aber nichd die elterne, wo ien gerethet had sondern das junge Mätchen, wo als dienzbothe angfangen had und is dan barohnin wohrden mit einem gschloß. So was kehnte mahn schon auch braugen. Dem matroßen wo ich zufelig wider tropfen habe had es auch ser guth gefalen.

Libe marih kohme bald und lase Dich nichd fon dissen bauern ausniezen. Wegen dem das die zeid ferget brauchs du nichd mer zun arbeiden, den jez haben wier disse einrichtung, das man in Kienoh gehen kahn.

Es ist iemer gans fol und oft get mahn in zwei und in drei und was man da ahles derlebt ißt schon was andernes als frieher wo mahn den boden butzt hat und teler gewaschen. Mahn schleggt die sießigkeithen und es stet auch in der zeidung, das mahn dadurch das Folk bieldet und aufklehrt. Die alden Hudschen lasen wier in die Kirchen gehn und die jugenth get ins Kieno.

331

Es ißt auch iemer musikh dabei und oft ein ohrgel, balz traurig wird. Mahn lärnt auch was, wie es auf der welth zuget und siecht wie ofd eine ier glükh machen kahn zum beischpil disses Dinsmätchen mit ierem barohn.

Mahn siechd nichd daß eine arbeiden mus, sontern durch eine erbschaft oder das grose los oder durch eine libschaft get es fil schener.

Libe mahri sei gescheid und kohme bald.

Es grist dich deine<br>Dreie freindin<br>Babeth Fröschl.

B.S. So ein matroßen kanzt du auch leicht krigen. Er ißt aber nicht auf dem mehr gewesen sontern in Heidhaußen und had auf der Festwise geschaugelt, wie noch der Kabidalismus wahr.   [1919]

Carl Miller, Lydia Knott, Edna Purviance in „*A Woman of Paris*"
(Charles Chaplin, 1923)

Adolphe Menjou

# Carl Spitteler

*Der Schweizer Dichter und Nobelpreisträger (1919) lebte von 1845 bis 1924 und suchte „jedes Feld der Poesie und Schriftstellerei mit je einem Stein zu besetzen." Er hatte Theologie studiert, war dann in Rußland acht Jahre lang Hauslehrer und nach seiner Rückkehr in die Schweiz Lehrer an einer Mädchenschule gewesen, wo er den Schülerinnen zum mindesten als verkappter Prinz galt. Wenn er hernach für manche „der heimliche Kaiser" wurde, dann wohl, weil er etwas erneuerte, das nach allgemeiner Auffassung der Zeit verwehrt war, das Epos („Prometheus und Epimetheus", 1880/81; „Olympischer Frühling", 1900–1905, 1910; „Prometheus der Dulder", 1924). Häufiger gelesen: sein Roman „Imago" (1906), von dem Freuds Zeitschrift für angewandte Psychoanalyse ihren Namen bezog.*

*Als Tasso unter den Demokraten sich zum Kino bekehrte, legte er ein schriftliches Bekenntnis ab, das zuerst im „Luzerner Tagblatt" vom 22. März 1916 und dann in einer verbesserten Fassung in der Basler „National-Zeitung" vom 11. April 1916 erschien. Hier abgedruckt: die zweite Fassung, und zwar vollständig. In der Gesamtausgabe von Spittelers Werken (Bd. 9, Zch. 1950) fehlen Anfang und Schluß. Daß Spitteler damals schon das kommunale Kino forderte, war dem Herausgeber offenbar so peinlich, daß er den ersten Abschnitt unterdrückte; in den Anmerkungen (Bd. 10/2) ist lediglich der äußere Anlaß zu Spittelers Artikel festgehalten. (Prof. Werner Stauffacher erklärt heute, es sei aus jugendlicher Ahnungslosigkeit geschehen.)*

*In der Fassung des Erstdrucks hatte der Eingangsabschnitt folgenden Wortlaut: „Ist es wirklich wahr, man trägt sich mit dem Gedanken, jetzt auch unsere Cinema durch polizeiliche Bevormundung und Prohibitivsteuern zu belästigen, so ziemlich die einzige ständige Kurzweil, die [Luzern] seinen Einwohnern zu bieten hat? Das fehlte gerade noch. Schade, daß ich nicht im Rate zu sitzen die Ehre habe, sonst würde ich mir den Gegenantrag erlauben, die Cinematheater durch Steuerfreiheit und Subventionen zu unterstützen." Die Kinos, wohlverstanden, nicht die Filmproduktion.*

*Spittelers Aufsatz rief diejenigen auf den Plan, die behaupteten, sie hätten es schon immer gesagt. Ein Eingesandt im „Luzerner Tagblatt" vom 25. März 1916 forderte „vermehrte Verwendung des Films als Element der Belehrung, des Wissens, der guten Unterhaltung" usw. Im „Kunstwart" wurde Spitteler von Ferdinand Avenarius sanft zurechtgewiesen. Ein Mitglied des Basler Jugendgerichts, Dr. H. Abt, hielt Spitteler in einem großen zweiteiligen Sums all das entgegen, was die Volksbildner von jeher am Kino auszusetzen hatten. Das war das Echo. „Carl Spitteler, der kosmische Dichter (der zugleich ein großer Filmfreund war), mit dem – seien wir ehrlich – das Schweizer Volk nichts anzufangen weiß", faßte sein Landsmann Rudolf Utzinger 1927 die Sachlage zusammen, als die Frage eines Spitteler-Denkmals erörtert wurde. Es steht heute in Liestal, Spittelers Geburtsort, und kommunales Kino gibt es allenthalben.*

## Meine Bekehrung zum Kinema

Ist es wahr, man will unsere Lichtspiel-Theater noch mehr belästigen, noch peinlicher einschränken und bevormunden, noch lächerlicher ängstlich zensieren, überhaupt noch mißtrauischer behandeln, als wären sie ein öffentliches Übel, das man zwar leider nicht gänzlich unterdrücken könne, aber dessen man sich eigentlich schämen müßte? Schade, daß ich nicht in der Behörde zu sitzen die Ehre habe, sonst würde ich mir den Gegenantrag erlauben, die stummen Lichtspiel-Theater genau so zu behandeln wie die sprechenden und singenden Stadttheater, nämlich sie mit allen Mitteln zu fördern und zu unterstützen.

Ja, ich habe mich zum Kinema bekehrt. Noch vor zwei Jahren sein eifriger Verächter wie jedermann, weil ich es eben nur vom Hörenschimpfen kannte, wie ebenfalls jedermann, kann es mir heute etwa vorkommen, daß ich es fünfmal in der Woche besuche. O, nicht unter allen Umständen, nicht wahllos. Die albernen Räubergeschichten, Verbrecher- und Detektiv-Intrigen mit ihren Dachklettereien und Automobiljagden langweilen mich nicht minder als irgend einen andern. Wer mag sie hier überhaupt? Sicher nicht unser Schweizervolk. Sie sind auf einen Großstadtpöbel berechnet, den wir glücklicherweise nicht haben. Die Kinopossen, fast immer geschmacklos übertrieben und zudringlich, mitunter unsäglich roh und gemein (gewisse amerikanische und englische) erfüllen mich mit Ekel, ich muß die Augen schließen, um nicht davon zu laufen. Die sogenannten „Kriegsbilder"? Wir erhalten ja aus triftigen Gründen bloß harmlose Idylle hinter der Front, wie bei den Spezialberichterstattern unserer Zeitungen. Die Festlichkeiten, fürstlichen Paraden, Denkmalenthüllungen, Stapelläufe usw.? Sind auf loyale, ergebene Zuschauer berechnet, nicht auf die unserigen.

Was also denn? Was hat mich trotz alledem mit dem Kino versöhnt und befreundet, bis zur völligen Bekehrung? Nun, tausenderlei Sehenswürdigkeiten, Merkwürdigkeiten und Denkwürdigkeiten, von denen ich die wichtigsten (z. B. die Vergeisterung des Weltbildes durch die Lautlosigkeit, die leibliche Erscheinung von Erinnerungs- und Gewissensbildern, die beschleunigte Abwicklung der Handlung, die beliebige Vergrößerung der Figuren, die blitzschnellen Szenenverwandlungen) hier gar nicht einmal berühren kann, weil sie besondere ästhetische Abhandlungen beanspruchen, die ich mir vorbehalte. Hier nur das Einfachste, am nächsten Liegende, und auch das nur, des Raummangels wegen, andeutungsweise, gleichsam überschriftlich. Zunächst etwas Technisches. Die Lichtbilder unserer Kino sind durchschnittlich über Erwarten vorzüglich, zuweilen sogar über alle Vorstellung. Mitunter koloriert, und zwar hübsch, mit zarten Farbentönen. – Prachtvolle Beleuchtungseffekte auf Schritt und Tritt. Das ist schon nicht wenig. Zum Stofflichen übergehend: Die Naturbilder, das strömende Wasser, die wehenden Wälder, die herrlichen Parklandschaften begrüßt gewiß jedermann mit Dank und Freuden. Ebenso die Vorführung fremder Völker und Gegenden; oder, wenn das besser klingt, das Geographische und Ethnographische. Zur Natur gehört aber auch das Tier und zum Ethnographischen auch das Historische. Ich habe im Kinema Tierbilder, leider nur zu selten, gesehen, die für sich allein schon mich mit dem Kinema befreunden würden. Wie eine afrikanische Großkatze in den schleunigsten Schlangenwindungen über einen mit Nippsachen überfüllten Spiegelsims rennt, ohne auch nur das kleinste Ding zu berühren, geschweige denn umzuwerfen, wie eine Eule in blitzschnellem Flug durch das dichteste Gestrüpp, ohne anzustoßen, eine Ratte überfällt, wo bekommen wir denn sonst dergleichen zu sehen? Bitte mehr Tierbilder! Das Historische: denen, die es vielleicht nicht wissen, sei mitgeteilt, daß jene italienischen Firmen, die uns große Szenenfolgen aus dem römischen, dem griechischen, dem assyrischen und jüdischen Altertum liefern (Cabiria, Quo vadis, Cleopatra) offenbar von vortrefflichen Kennern der Geschichte beraten werden. Die Kostüme, die Möbel, die Gebäulichkeiten sind treu bis ins einzelnste, wir können's ja nach den Schriften der Alten kontrollieren. Und diese Leute wissen mehr als wir, wir können also lernen, mühelos, durch genußreichen Anschauungsunterricht. Können Sie sich die Toga der Senatoren, die Tracht der Liktoren deutlich vorstellen? Schwerlich. Da seht Ihr's. Haben Sie einen Begriff von der Kleidung der römischen Matronen? Gewiß, aber einen falschen. Ihr meint weiß? Kommt und verbessert Euren Begriff. Und das Auftreten, die Umgangsformen der Alten. Wenn man einen Scipio im Kinema gesehen hat, erfaßt man die unwiderstehliche Überlegenheit eines Römers über einen barbarischen König.

Aber der moderne Kulturmensch, ist denn der weniger interessant als der historische oder exotische? Das Kinema ist ja international; seine Films bieten daher auch in den einfältigsten Dramen ethnographische Merkwürdigkeiten. Ein schwedischer

Film: beobachten Sie die unbefangene, temperamentvolle Fröhlichkeit des Jungvolkes! So sauber, so frisch und gesund und zugleich sittsam, als nähmen sie jeden Morgen ein seelisches Blumenbad. Ein amerikanischer Film: wie resolut, wie heftig die Männer sich rühren, wie herrisch, wie verwöhnt die Frauen (abgesehen von dem sichern u. wilden Reiten auf den herrlichen Pferdchen, wenn die Handlung in Wildwest spielt)! Ein italienischer Film: o die Anmut der Bewegungen, die Urbanität der Umgangsformen, das bezaubernde Lächeln mit den Augen bei der Begrüßung. Von französischen und deutschen Films laßt uns schweigen, seien wir neutral! Beiläufig eine hübsche Rätselaufgabe: Versuchen Sie, in der ersten Minute der ersten Szene an der bloßen Haltung der auftretenden Personen herauszulesen, welcher Nationalität die Schauspieler angehören!

Neben der historischen und ethnographischen Distanz die gesellschaftliche, namentlich in den Extremen. Nach grausigen Apachenhöhlen vornehme Salons mit korrekten Gentlemen, die sich tadellos kleiden und benehmen, mit eleganten Damen, deren Toiletten auch ein männliches Auge zu entzücken vermögen. Wenn ich z. B. an den Faltenwurf des Morgenkleides denke, das Pina Menichelli in „Feuer der Liebe" trägt: eine lebendig gewordene griechische Gewandstatue.

Und nun das Wichtigste: das Psychologische. Da fange ich gar nicht an, sonst könnte ich nicht aufhören. Kurz, ich gestehe, oft aus dem Kinema im tiefsten Herzen ergriffen und erschüttert zurückzukehren. Die Kinodramen sind ja sämtlich Rührstücke und Tugendstücke, ob auch in sensationeller Sauce. Dergleichen ist ja freilich literarisch wertlos. Allein es gibt noch andere Werte als literarische: Lebenswerte, Beispielswerte. Sieg der Guten über die Bösen, edelmütige Verzeihung, feuchte Augen von Dank und Liebe strahlend, bitten dringend um dergleichen im wirklichen Leben. Nein, sittengefährdend ist das Kino jedenfalls nicht, eher das Gegenteil: ultramoralisch, pedantisch moralisch.

Schließlich: Was hält man denn von der Schauspielkunst, von ausgezeichneten Künstlern betätigt? Wieviele von uns bekommen denn eine Francesca Bertini, eine Robinne, eine Lyda Borelli, eine Asta Nielsen, eine Porten, eine Mistinguett leibhaftig auf der Bühne zu sehen? Nun, im Kinema kommen sie freundlich zu uns zu Gast und stellen sich sogar vor Beginn der Aufführung mit einem liebenswürdigen Lächeln uns vor. Da aber durch den Wegfall der Sprache die Mimik und die Gebärde im Kinema die Hauptrolle spielen, so sind die Meister der Mimik und Gebärde, also die Italiener, hier das Höchste. Da erlebt man förmliche Offenbarungen, zum Beispiel der Gang, das Spiel der Arme. Und wenn sich zur Meisterschaft noch die Schönheit gesellt, so erhalten wir im Gebiete des Höchsten das Allerhöchste, mit einem Wort: Lyda Borelli. Nur ausnahmsweise leider taugt im Kinemadrama die Handlung etwas, man muß sich an die einzelnen Szenen halten. Trifft jedoch der Ausnahmefall einmal zu, im

Verein mit einem Schauspieler ersten Ranges, dann erleben wir einen unvergeßlichen Kunstgenuß, zum Beispiel in der „Cameliendame" oder „Odette", von der Bertini gespielt. Kommt zu dem Ausnahmefall noch die ausnehmende Schönheit der Schauspielerin, dann steigert sich der Kunstgenuß bis zum Glücksgefühl. Wer die Lyda Borelli in „Kinder der Sünde" oder die Pina Menichelli im „Feuer der Liebe" gesehen hat, wird mir beistimmen und beifühlen.

Und das alles für einen lächerlich geringen Preis, ohne Vorbereitung, am hellen Tage, nur so in den Werktagskleidern zwischen zwei Besorgungen, jeden Augenblick beliebig hinein und wieder heraus wie in einem Wirtshaus, aber ohne die Nötigung, etwas in den Magen zu gießen.

Eines habe ich gegen das Kinema: die Musik. Die hat mich schon oft in schleunige Flucht gejagt. Ich weiß nicht, warum alle Städte das Vorurteil haben, im Kinema müsse eine aufdringliche, marktschreierische Schauermusik gelten. Zwar, wo mechanische Musik tönt, sind wir gerettet, da ist man wenigstens vor Exzessen sicher. Hingegen die Rumpforchesterchen, die Geiger, die Klavierschläger! Mitleid und Sparsamkeit mögen sie meinetwegen dulden, einverstanden, ob auch seufzend. Aber wenn der Klavierschläger zu „phantasieren" anfängt, o Graus! Martern der Hölle.

Da wir gerade von Musik sprechen: Ich habe die feste Überzeugung, daß das Lichtspieltheater berufen ist, einmal in der Musikgeschichte eine große Rolle zu spielen: Statt Programm-Musik Symbolmusik, mit der Seligenszene in Orpheus als Vorbild.

Zum Schluß eine Anregung: Wenn Sie, meine Herren und Damen, zwar die nichtsnutzigen Räubergeschichten des Kinema meiden, hingegen, wenn einmal etwas Erfreuliches im Programm aufleuchtet, zahlreich erscheinen, dann werden Sie mehr zur Hebung des Kinema tun, als alle behördlichen Maßregelungen, Bußen und Zensuren es vermögen. [1916]

# Paul Wegener

*Obwohl von den frühen Filmen Wegeners heute nur zwei wirklich gegenwärtig (und für den Hausgebrauch erhältlich) sind, hat sich doch die Auffassung, daß der künstlerische Film in Deutschland auf ihn zurückgeht, erfreulich durchgesetzt. Zwar entstanden 1913 eine ganze Anzahl anspruchsvoller Filme, aber das Ereignis des Jahres war „Der Student von Prag" – „eine ganz richtige Première. Viele Smokings. In der Fremdenloge der Dichter [Hanns Heinz Ewers] bisweilen sichtbar mit sehr schönen Damen" (Alfred Richard Meyer). Und dann natürlich die Golem-Filme, namentlich der von 1920. Paul Wegener (1874–1948) war von Anfang an dabei, und wenn die unseligen Buddhas nicht gewesen wären, hätte die Fortsetzungsgeschichte Film vielleicht einen anderen Verlauf genommen.*

*Zum Glück hat Wegener mehrmals über seine Arbeit am Film Rechenschaft abgelegt; und die Geschichte vom „Golem, wie er in die Welt kam" (1921) hat er uns in einem kleinen Buch selber erzählt. Doch der Widerstand gegen das Kino war damit längst nicht überall aufgeschmolzen. In einem offenen Brief schrieb Frank Thieß 1921 an Wegener: „Vor wenigen Wochen sprachen Sie in der Schweiz bei irgendeiner großen Kinoparade vor der Leinwand... Wie kommt es, daß Sie, ein Künstler, an den ‚Kunstfilm' glauben und ihn gegen die Bühne ausspielen wollen, daß Sie in der neuen Filmproduktion die Kunst der Zukunft sehen?" Es war derselbe Vortrag in Zürich vom 26. Januar 1921 (wiederholt am 31. Januar und 1. Februar), der auch Eduard Korrodi verstimmte.*

*Dergleichen konnte einen Paul Wegener nicht erschüttern. Wie sagte doch Ringelnatz?*

> *„Der Regen ist noch regener,*
> *wenn er aufs Wasser niedergeht.*
> *Gleich fest in jedem Wetter steht*
> *ein großer Stein, Paul Wegener."*

*Schon 1915 hatte sich Wegener über „Schauspielerei und Film" geäußert. In der ersten Hälfte des Artikels im „Berliner Tageblatt" führte er aus, daß „Schauspielerei der Bühne und des Kinos im wesentlichen verschieden" sind; in der zweiten Hälfte erzählte er von der Entstehung des Golem-Films. Die erste Hälfte ist mehr oder weniger wörtlich in einen Vortrag eingegangen, den Wegener am 24. April 1916 in Berlin (und dann noch in anderen Städten) hielt; er hieß „Neue Kinoziele", ist in Kai Möllers Wegener-Buch abgedruckt unter dem Titel „Die künstlerischen Möglichkeiten des Films", und hat seinerseits ganze Abschnitte, wiederum mehr oder weniger wörtlich, abgegeben an einen Aufsatz, den Wegener im folgenden Jahr für den „Kunstwart" schrieb. In einem weiteren Aufsatz über „Die Zukunft des Films" (1920) nennt er den Film „ein neues Gesamtkunstwerk, dessen Möglichkeiten und Fähigkeiten heute noch nicht im entferntesten ausgekostet worden sind." Wenn ein Gedanke einmal seine endgültige Wortgestalt gefunden hatte, behielt Wegener diese bei; in anderen Fällen schrieb und stellte er das Gesagte um, eingefügt in das, was ihm neuerdings dazu eingefallen war.*

## Neue Kinoziele

Ich will von vornherein meinen Standpunkt dem Kino gegenüber durch eine kleine Anekdote kennzeichnen. Vor einer Reihe von Jahren tagte in Leipzig ein Kongreß der Aviatiker. Es war gerade ein böses Jahr für die Aviatik gewesen. Die Flugmaschine hatte unverhältnismäßig viele Opfer gefordert. Es war, als wenn in dem Kampf mit dem Element das Element endgültig Sieger sein sollte. Presse und Publikum waren geneigt, der Aviatik jede Zukunft abzustreiten. Man konnte überall hören, daß das Flugzeug weder im Kriege noch im Frieden eine Bedeutung gewinnen könne, sondern nur ein Sport, wie das Skifahren, sei. Bei einem Bankett, das den Fliegern und Konstrukteuren gegeben wurde, stand einer dieser kühnen Flugzeugführer auf. Es war ein echt kölscher Junge, aus dem Schlossergewerbe stammend. Er hielt in seiner breiten ruhigen Mundart eine Rede, die ungefähr in folgenden Sätzen gipfelte: „Meine geehrten Herren, wenn wir jetzt auch noch so viel starten und wenn es jetzt auch noch so aussieht, als wenn das nichts wäre, es liegt nicht an dem Ding, es liegt an uns. Denn, meine Herren, ich kenne das Ding und eines kann ich Ihnen versichern, das Ding ist gut!" – Dasselbe möchte ich Ihnen über das Kino sagen. Wenn Sie auch alle noch Vorurteile haben, wenn Sie auch neunzig von hundert Malen fast angeekelt aus einem Kinotheater herausgehen, wenn auch vorläufig noch der Gebildete und die Presse dem Kino jede Möglichkeit absprechen, es liegt an uns, es liegt nicht an dem Kino, denn: das Ding ist gut!

Wenn ich Sie heute abend hierher geladen habe, so geschah es in dem Wunsch, manches Vorurteil, das heute noch da ist, zu beseitigen und neue Möglichkeiten im Kino zu zeigen, die rezeptiv, und bei manchen von Ihnen vielleicht produktiv, neues Interesse wachrufen werden.

Ich beginne damit, Ihnen zuzugeben, daß die bisherigen Resultate fast durchweg unerfreulich sind. Wer trägt hieran die Schuld? Alle Beteiligten. Als die Kinematographie uns die Möglichkeit gab, Bewegungen der Natur durch Aufeinanderfolgen von Massenbildern zu fixieren, hat wohl niemand an die Bedeutung gedacht, die dieser interessanten Spielerei innewohnt. So haben Presse, Publikum, Behörden, sie alle, nichts dazu getan, dieses neue Instrument in Bahnen zu leiten, auf denen Günstiges und Glückliches zustande kommt. Dieses für die Kultur des Volkes, für Verbreitung von Bildung, Geschmack und alles mögliche Wissensmaterial unerhört wichtige Instrument blieb vernachlässigt und verfiel der Willkür der Handelsspekulanten. Immer wieder muß man auf die Verantwortung hinweisen, die jeder trägt, der an berufener Stelle diese Dinge lässig beurteilt. Fernab den führenden Kräften der anderen Künste hat der Film in den Händen von Geschäftsleuten, die die ungeheuren kaufmännischen Möglichkeiten zuerst überschauten, eine Bedeutung bekommen, die noch vor zehn Jahren niemand geahnt hätte. Mit Milliarden ist das Wandelbild in Fabriken, Kontoren, zahllosen Lichtspielhäusern usw. auf dem Erdball investiert. Ein großer Teil der Menschheit bezieht ästhetische, ethische, kulturelle Eindrücke aus dem Kino. Kaum je hat eine Kunst in solcher Breite die Vorstellungswelt gerade der unteren Schichten genährt wie heute der Film. Das Kino jetzt gewissermaßen noch wegleugnen zu wollen, es mit abfälligem Achselzucken zu negieren, ist ein Standpunkt, den nur noch deutsche Professoren und die sogenannte gebildete Presse einnehmen. Dieser Standpunkt ist aber im höchsten Grade verderblich. Im Gegenteil, die Gebildeten aller Stände sollten sich zusammentun, um hier neue Möglichkeiten zu entwickeln und dieses ungeheuer wichtige Instrument der Volksbildung und dem Amüsement im edlen Sinne nutzbar zu machen. Es gibt im Kino Wirkungen, die auch der Gebildete froh hinnehmen wird, die dem Volke eine gute Stunde in einem rauchfreien Raum jenseits der Kneipe gewähren, es zerstreuen, eventuell sogar erheben, ohne an die trivialsten Instinkte zu appellieren.

Daß zunächst einmal die Sache auf eine schiefe Bahn kam, liegt an einem gewissen Trägheitsgesetz, das jeder menschlichen Entwicklung innewohnt. Wenn eine neue Technik aufkommt, so pflegt sie zunächst an Vorhandenes anzuknüpfen, und eine neue Idee findet nicht gleich die ihr allein eigentümliche Form. Die ersten Dampfschiffe sahen aus wie große Segelschoner, die statt eines Mastes einen hohen Schornstein hatten. Die ersten Eisenbahnwagen ahmten Postkutschen nach, die ersten Automobile trugen große Karosserien von Landauern, und das Kino geriert sich als Pantomime, Drama oder illustrierter Roman. Es gibt aber Filmmöglichkeiten, die sich eben aus der Technik des Wandelbildes ergeben, und für die nicht Theaterstücke, nicht spannende Dramen, nicht Sensationsromane, sondern Stoffe, deren Reiz vornehmlich in Bildwirkungen liegt, geschrieben werden müssen. Da es eben für den Film keine Tradition geben konnte, hingen die ersten Versuche auf diesem Gebiet vollständig in der Luft. Spürsame Kaufleute fanden zunächst die ungeheuren Möglichkeiten, die in den Filmvorführungen lagen, heraus. Ein Kinofilm, einmal hergestellt, kann mit geringen Kosten über die ganze Welt gespielt werden. Die Sprache spielt keine Rolle. Der leichte Film geht wie ein Blitz über die Welt – mit einer internationalen Geschwindigkeit, wie sie in der Theaterkunst und auch im Varieté nicht erzielt werden kann! Hierin liegen enorme Geschäftschancen, die auch überall erkannt wurden, und lediglich auf das Geschäft hin wurde gearbeitet. Aber was brachte man? Eigentlich Theater! Der Film sollte sozusagen das Theater des kleinen Mannes werden. Daß die Dunkelheit des Lichtspielhauses keine Toilette verlangt, daß man im Laufe des Abends kommen und gehen kann, wie es einem behagt, alle diese Dinge machten das Lichtspieltheater sehr bald beliebt. Keine Behörde bekümmerte sich darum, was dort vorgeführt wurde, wenn nur nicht gerade Morde oder brutale Erotik vorkamen. Presse und gebildetes Publikum sahen die Dinge nicht und fühlten keine Verantwortung, und die ganze Maschinerie glitt in schlechte Hände. Alles, was in anderen Branchen nicht vorwärts gekommen war, schlüpfte beim Kino unter. Keiner glaubte, daß man dazu etwas Bestimmtes wollen, etwas Bestimmtes können müsse. Irgendwelche Tuchreisende oder Handschuhfabrikanten wurden Filmdirektoren und dirigierten den Geschmack dieser Produktion. Verkrachte Schauspieler, verkrachte Schriftsteller – jeder glaubte im Film eine große Nummer zu sein. Und so entstand diese Flut von Schund- und Kitschproduktion, die wir schaudernd miterlebt haben.

Aber wir sind aus diesem gefährlichen Stadium des Kinos noch keineswegs heraus, und es wird hohe Zeit, daß Köpfe, die für diese Dinge Spürsinn haben und auf diesem Gebiet etwas zu leisten vermögen, mit Energie auf neue Möglichkeiten hinweisen und einer neuen Kinokunst Raum schaffen.

Was jetzt noch zu neunzig vom Hundert produziert wird: schlechte Theaterimitationen und Kolportageromane, das muß endlich verschwinden. Um einer höheren Geschmacksrichtung die Möglichkeit zu geben, sich durchzusetzen, bedarf es der Teilnahme des gebildeten Publikums und der gebildeten Presse. Noch jetzt haben die großen Tageszeitungen die Tendenz, Filmdinge im offiziellen Feuilleton nicht zu besprechen. So wird denn irgendwo im lokalen Teil von Kritikern, die gar nicht ästhetisch werten wollen, jeder neue Film gleichwertig als Meisterwerk gerühmt. Die Lichtspielhäuser der großen Städte wenden sich durch den Glanz ihrer Ausstattung und die ziemlich hohen Eintrittspreise bereits an die oberen Schichten. Aber auch hier wird nach festem Programm alle acht Tage ein Film gespielt, Sentimentales, Geschmackloses wirr durcheinander. Das Publikum kommt gar nicht dazu, seine Meinung über den Film, wie etwa im Theater, wo das Stück so lange gegeben wird, wie es zieht, durchzusetzen. So hat der Kinobesitzer auch nicht das Interesse daran, den sorgfältiger ausgeführten Film, der natürlich mehr Zeit und Mittel kostet, der leicht gemachten Durchschnittsware vorzuziehen. Es fehlt hier jedes normale Regulativ. Nach wie vor herrscht der Geschmack des kleinen Theaterbesitzers, der seinerseits wieder seine Richtung dem Filmverleiher und durch ihn dem Fabrikanten aufzwingt. Wandel wird erst dann eintreten, wenn Presse und Publikum ihren Willen, künstlerisch wertvollere Films zu bevorzugen, der Industrie kundgeben. Solange der Kinobesucher nur ins Lichtspielhaus geht, um gedankenlos eine müßige Stunde totzuschlagen, und es ihm gleichbleibt, *wie* er unterhalten wird, solange die Presse die ernsthafte Filmproduktion weiter ignoriert, wird die eigentliche „Branche" kaum Veranlassung nehmen, mit dem bisherigen Geschäftsgrundsatz der „Meterproduktion" zu brechen. Wenn erst die Öffentlichkeit dahin kommt, die innere Wichtigkeit des Wandelbildes richtig einzuschätzen, werden sich Wert und Ebene des Films heben.

Das Schlimme ist, daß sich heute im Kino bereits eine gewisse Tradition entwickelt hat, daß es im Kino Fachleute gibt, daß diese Fachleute meistens so gefährlich wie Fachleute überhaupt, wenn nicht noch gefährlicher, sind und jedes Fortschreiten, jede neue Idee als nicht durchführbar ablehnen.

So ungefähr ist es mir, als ich mit meinen Filmsujets kam, auch ergangen, und erst heute habe ich mit unsäglicher Mühe meine Ideen halbwegs durchsetzen können. Es ist nur der finanzielle Erfolg des *Studenten von Prag* und des *Golem* gewesen, der mir nunmehr gestattet, meine Pläne durchzuführen. Immer noch natürlich im andauernden Kampf gegen die Fachleute.

Wir wollen, bevor wir positiv neue Ideen entwickeln, einmal kurz summarisch zu fixieren versuchen, was eigentlich heute im Kino geleistet wird.

Da die Bedingungen des Films zwischen Literatur, Bild und Theater liegen, war es sehr schwer, Richtlinien für wirklich künstlerische Produktion zu finden. So kamen Zwitterdinge zustande, die jeden Gebildeten abstoßen mußten. Hierdurch entstand gerade bei dem leitenden, geistig hochstehenden Publikum eine Abneigung gegen den Film, die sich in Mißachtung und völligem Ignorieren dieses neuen Zweiges kundgab. Ich möchte folgende Films unterscheiden: einmal die Films, die wirklich auf der Schauspielerei beruhen, dann die sogenannten spannenden und sentimentalen illustrierten Romane und schließlich die reinen Kolportage- und Trickfilms.

Schauspielerei im Film ist ein Kapitel für sich. Wenn wir die Entwicklung des Films während der letzten Jahre in Deutschland betrachten, so müssen wir Schauspieler uns eingestehen, daß die eigentlichen Künstlerfilms, das heißt die Films, die durch die Qualitäten einer großen schauspielerischen Persönlichkeit wirken sollten, den Erwartungen der Unternehmer keineswegs entsprochen haben. Was lernen wir hieraus? Einerseits: auch der beste Bühnenkünstler braucht keine Eignung für den Film zu haben; andererseits: der Film als Wandelbild ist wichtiger als photographierte Schauspielerei. Die Schauspielerei der Bühne und des Kinos sind im wesentlichen verschieden. Es wird Bühnenkünstler geben, die auch im Film gut kommen, aber ebenso glänzende Kinoschauspieler, die auf dem Theater unmöglich wären. Unsere großen Schauspieler wirken natürlich auch im Film irgendwie, und man kann dort von der Kraft ihrer Kunst noch manches sehen. Sie kommen aber nicht zur reinen Wirkung, weil sie schließlich an das Wort gewöhnt sind und im Film deswegen schlechter mit anderen Mitteln, mit zu viel Gesten und Pantomimen, zu arbeiten anfangen. So spürt man wohl die große Kraft, ist aber doch nur in einzelnen stillen Momenten des Spiels wirklich ergriffen und erfreut. Nur ruhige Bewegungen können im Film wirken, aber der Reiz manches Schauspielers besteht gerade in nervösen zuckenden Bewegungen und schneller, überraschender Mimik. So kommt es, daß manche Dilettanten oder auf dem Theater durchaus unbekannte, noch nicht zur Höhe gekommene Schauspieler durch eine bestimmte Eigenart sich für den Film weit besser eignen als die Sterne der Bühne. Ein ausdrucksvoller Kopf, eine ruhige Haltung, ein dunkles, sprechendes Auge, eine gewisse Natürlichkeit, eine lässige Art der Geste können im Film plötzlich als große Kunst erscheinen. Der Einwand, der häufig gemacht wird, daß die Schauspielkunst durch den Kinostil verrohen könnte, ist durchaus laienhaft. Zum Film gehören Ruhe, Transparenz und Einfachheit der Mimik. Das Objektiv ist schärfer als das menschliche Auge. Die Vergrößerung des Kopfes und der Hände, die Schärfe des Bildes, die grelle Beleuchtung, der Mangel farbiger Übergänge setzen die Filmschauspieler nahezu unter ein Mikroskop. Dazu kommt die notwendige Abkürzung der Geste durch die Technik der Aufnahme. Man muß im Film noch diskreter sein als man in den Kammerspielen des Deutschen Theaters ist. Ein Augen-Blick, eine kleine Wendung des Kopfes können, wirklich erlebt, außerordentlich stark sein. Alles Leere und Affektierte wirkt auf der Riesenleinwand sehr bald wie eine Verzerrung.

So kann eine für das Kino speziell begabte Schauspielerin persönlich und menschlich künstlerisch wirken auch in einem nicht allzu guten Film. Eine solche Künstlerin haben wir in Asta Nielsen. Ich weiß nicht, ob diese Frau Schauspielerin war, ich weiß nicht, ob sie auf der Bühne etwas leisten würde. Jedenfalls habe ich in einem Film von ihr einen so hohen schauspielerischen und künstlerischen Eindruck gehabt, daß ich sie einer Else Lehmann oder Lucie Höflich als Persönlichkeitswert an die Seite stelle. Das Gefühl für ihren Körper, die starke und einfache Geste, das fabelhafte Spiel der Augen und des Mundes, die hohe Intelligenz dieser Frau, den Charakter ihrer Rolle zu treffen und den entscheidenden Moment im Spiel mit doppelter schauspielerischer Energie zu fassen, nötigen immer wieder Bewunderung ab.

Man wird also dem Film, der für Schauspieler geschrieben ist, eine gewisse Berechtigung nicht versagen können, und es wird sich auch ein Stamm von Kinospielern auf die Dauer entwickeln, mit eigenen Gesetzen und einem eigenen Stil, der schauspielerische Werte für das Kino nützt. Wenn dazu noch ein besserer Geschmack für den Stoff kommt, liegen hier durchaus wertvolle Zukunftsmöglichkeiten. Nur ist heute auch in diesen Films das Störende – die Kinoregie. Vielleicht noch störender als in den illustrierten Romanen, auf die ich jetzt zu sprechen komme, weil hier menschliche Werte dadurch beeinträchtigt werden. Es hat sich heute in der Kinoregie nämlich bereits eine gewisse Tradition entwickelt, und auch hier wird ungestraft ein höherer Kultursinn unendlich verdorben dadurch, daß das Leben der feinen und der Bürgerwelt, wie es sich hier im Kino darstellt und von Millionen gesehen und geglaubt wird, auf einem so schlechten Geschmacksniveau liegt.

Die sensationellen Dramen und Romane, die einen verlogenen Typ von Aristokraten, Lebemännern, braven Arbeitern, dämonischen Dirnen, genialen Verbrechern und Detektiven schufen, brachten doppelt breit und einprägsam das alles wieder, was in der Kolportageliteratur schon glücklich bekämpft schien. Noch gefährlicher wirken diese Kräfte hier, wo sie anschaulich vor das Auge geführt werden. Ebenso verlogen wie die Psychologie dieser Films, ist ihr Milieu mit überladenen Schlössern, Dienerschaften, falscher Eleganz, protzig geschmacklosen Salons und in jeder Weise tendenziös und unwahr aufgeputzten Lebensformen. Wir alle kennen sie, diese Kinoappartements mit den Polstermöbeln und Markartbouquets, diese Herrenzimmer mit den dicken Teppichen, diese Portieren, die für elegant gelten. Es schleicht sich hier all das, was wir mit Mühe und Not für die Dauer unseres Jahrhunderts abgegeben glaubten, in breitestem Maße durch die Tür des Kinos wieder ein und vergiftet den Geschmack aller Volksschichten. Leider macht diese Art Film gerade das beste Geschäft. Sie sind billig und leicht hergestellt und sie sind so recht für den trivialen Geschmack des Mittelstandes und den versteckten Sinn unserer oberen Schichten berechnet. Was nützt uns ein gewisses Verständnis für Strindberg und Dostojewskij, was nützt uns der poetische Realismus Gerhart Hauptmanns, wenn wir dem breiten Volke diese schlechten Films vorführen lassen. Noch schwelgen neunzig Prozent unseres Volkes in diesen fürchterlich verlogenen, kitschigen, sentimentalen Gesellschaftsfilms. Man gibt sich gar nicht einmal mehr die Mühe, bildmäßig zu gestalten. Da heißt es etwa: „Der Graf aber blieb allein auf seinen Gütern. Er konnte die Affäre mit der blonden Komteß immer noch nicht vergessen ..." Dann sehen wir vor einer durch Kerzenlicht erleuchteten Grunewaldvilla einen gleichgültigen Herrn stehen, der in den Apparat starrt. Würde man den Text nicht lesen können, wäre das Bild an sich eine sinnlose Photographie, und so geht es weiter ad infinitum. Alles ist Surrogat. Die Schauplätze stimmen nicht. Der Wannsee wird zur Riviera frisiert, der Grunewald wird das Bois de Boulogne, und die Grafen und Marquisen in schlechten Roben, die Herren mit dem billigen Komfort treiben ihr schaudervolles Dasein. Die Schauspieler sind vollständig ohne innere Erlebnisse. Alles an Aktion und Bewegung spielt sich im Text ab – und das nennen die Leute einen Film! Aber das Genre ist beliebt und gängig. Ich muß mich heute noch immer dagegen sträuben, in einem solchen Gesellschaftsfilm verarbeitet zu werden. Diese Films halte ich ihres Kitschniveaus wegen für die gefährlichsten.

Eher neigt sich schon mein Herz der dritten Art zu, den Kolportage- und Trickfilms. Hier haben speziell die Amerikaner wirklich gute Sachen gebracht. In diesen Indianerfilms, in denen man wieder zum Kind wird und Cooper zu lesen glaubt, wo in schönen Landschaften die Horden rasen, Hütten brennen, Kuhherden getrieben werden, Wettrennen, gefährliche Jagden, Kämpfe auf Mord und Tod stattfinden, haben die Bilder manchmal Kraft und Wildheit. Der Hauch der Prärie und der Wälder lebt oft in den schönen Bildern. Wenn sie nicht durch allzu sündige Liebesgeschichten noch nebenher ausgeschmückt sind, kann man bei diesen Films sich schon eine halbe Stunde lang ohne Reue und bitteren Nachgeschmack unterhalten.

Hierher gehören auch die Detektivfilms. Sie haben der Novelle gegenüber den großen Nachteil, daß man die Diagnose eines Falles aus kleinen Symptomen, wie sie Edgar Allan Poe so meisterlich durchführt, mit dem Scharfsinn eines Menschen, der aus einem Schießgewehr Schuß und Gegenschüsse abgibt, im Kino nicht brauchen kann. Der Mann mit der kurzen Pfeife und der Mütze vor dem Kamin sieht wohl unheimlich aus, kann mich aber doch nicht so weit bringen, daß ich seine Gedanken lese. Und schließlich kommt nur noch grober Sensationswirrwarr, Flucht über Dächer, Herunterlassen in Kamine, Platzen verschlossener Schränke und ähnliches vor. Aber hierin liegt viel von dem, was ich „kinetisch" nennen möchte, von den typischen bildlichen Möglichkeiten, die nur die Technik der Kinematographie uns erschließt.

Als ich vor drei Jahren das erste Mal zum Film ging, tat ich es, weil ich eine Idee zu haben glaubte, die mit keinem anderen Kunstmittel ausgeführt werden konnte. Ich erinnerte mich an Scherzphotographien, wo ein Mann mit sich selber Skat spielte oder ein Bruder Studiosus mit sich selbst die Klinge kreuzte. Ich wußte, daß dies durch Teilung der Bildfläche gemacht werden konnte, und sagte mir, das muß doch auch im Film gehen, und hier wäre doch die Möglichkeit gegeben, E. Th. A. Hoffmanns

Phantasien des Doppelgängers oder Spiegelbildes in Wirklichkeit zu zeigen und damit Wirkungen zu erzielen, die in keiner anderen Kunst zu erreichen wären. Ich kam so auf meinen *Studenten von Prag,* den mir Hanns Heinz Ewers in die Form eines Films brachte. Der Erfolg war überraschend, und die Arbeit für den Film mit seiner phantastischen Vermischung von Natur und Kunst, von Wahrheit und Kulisse interessierte mich höchlichst.

Zunächst muß sich unsereiner darüber klarwerden, daß man sowohl Theater wie Roman vergessen und aus dem Film für den Film schaffen muß. Der eigentliche Dichter des Films muß die Kamera sein. Die Möglichkeit des ständigen Standpunktwechsels für den Beschauer, die zahllosen Tricks durch Bildteilung, Spiegelung und so fort, kurz: die Technik des Films muß bedeutsam werden für die Wahl des Inhalts. Nach einigen mißglückten Films, über die ich lieber schweigen will, hatte ich meine Idee des *Golem,* dieser seltsam mythischen Tonfigur des Rabbi Löw aus dem Kreis der Prager Ghettosage, und mit ihm kam ich noch mehr in das Gebiet des rein Filmmäßigen hinein – hier ist alles aufs Bild gestellt, auf ein Ineinanderfließen einer Phantasiewelt vergangener Jahrhunderte mit gegenwärtigem Leben –, und immer klarer wurde mir die eigentliche Bestimmung des Films, die Wirkung allein aus der photographischen Technik heraus zu suchen. Rhythmus und Tempo, Hell und Dunkel spielen im Film eine Rolle wie in der Musik. Und als letztes Ziel schwebt mir eine Art kinetische Lyrik vor, bei der man auf das Tatsachenbild als solches schließlich überhaupt verzichtet. Ich muß Ihnen das näher erklären.

Sie alle haben schon Films gesehen, in denen plötzlich eine Linie kommt, sich krümmt, verändert. Es entstehen eventuell aus ihr Gesichter, und die Linie verschwindet wieder. Dieser Eindruck war mir höchst bemerkenswert. Es wird immer nur als Zwischenspiel gezeigt, und man hat noch niemals die ungeheuren Möglichkeiten dieser Technik bedacht. Ich könnte mir eine Filmkunst denken, die – ähnlich wie die Musik – in Tönen, in Rhythmen arbeitet. In beweglichen Flächen, auf denen sich Geschehnisse abspielen, teils noch mit der Natur verknüpft, teils bereits jenseits von realen Linien und Formen. Es werden sich Talente finden, die sie auszuführen imstande sind. Auf diesem Gebiet hat ein leider verstorbener Doktor der Chemie *Voss* eine Erfindung gemacht, die vielleicht einmal zur Bedeutung kommen wird. Es dreht sich darum, Zeichnungen in den Film miteinzubeziehen.

So will ich Ihnen einmal folgende Legende schildern, die ich seit Jahren mit mir herumtrage: Denken Sie an eines der Böcklinschen Meeresbilder mit den Fabelwesen der Tritonen und Nereiden und stellen Sie sich vor, der Maler würde dieses Bild in Hunderten von Exemplaren mit den leisesten Verschiebungen malen, so daß sich aus ihnen kontinuierliche Bewegungsabläufe ergäben, so würden wir plötzlich eine sonst reine Phantasiewelt vor unseren Augen lebendig werden sehen. Dieses gemalte Meer würde schäumen, diese nur in Böcklins Hirn erstandenen romantisch-antiken Nereiden stürmen zu seinen Ufern und schreien; diese Tritonen würden sich im Wasser wälzen. Das Gewitter würde näher heranziehen. Es wäre ein ungeheuerlich erschreckender Eindruck, eine Welt leben zu sehen, die eigentlich nur in einem toten Bilde existiert!

Derartige Wirkungen kann man auch erzielen, wenn man kleine Modelle bewegt, d. h. im Sinne der Marionetten eigens dafür konstruierte Modelle – auf diesem Gebiet wird ja heute sehr viel geleistet. Phantastische, schemenhafte Figuren werden so konstruiert, daß man sie photographisch bewegen kann, indem man eine Position aufnimmt, die zweite Position aufnimmt, und so weiter. Man kann dadurch, daß man zu langsam oder zu schnell dreht, Bewegungen verschiedenster Teile schneller oder kürzer machen, so daß ein Phantasiebild entsteht, das vollständig neue Assoziationen im Hirn hervorzurufen imstande ist. Kommt noch hinzu, daß man mikroskopische Teile in Gärung getretener chemischer Substanzen, kleine Pflanzen usw., in verschiedenen Dimensionen durcheinander photographieren kann, so daß die Materie, aus der diese Visionen entstehen, gar nicht mehr erkannt wird. So treten wir in eine ganz neue bildliche Phantasiewelt wie in einen Zauberwald ein und kommen zu dem Gebiet der reinen Kinetik, der optischen Lyrik, wie ich sie genannt habe, die vielleicht einmal eine große Bedeutung gewinnen wird und dem Menschen neue Schönheiten erschließt. Das ist ja schließlich der Endzweck jeder Kunst, und dadurch gewänne das Kino ein selbständiges ästhetisches Gebiet.

Stellen Sie sich einen Film dieser Art, womöglich mit Musikbegleitung vor. Eine weite leere Fläche. Plötzlich wachsen vom unteren Rande mächtige Lilien auf, die Lilien blühen auf, die Blätter züngeln in die Höhe, werden allmählich zu Flammen, die Flammen geben einen dicken Rauch, der Rauch wandelt sich zur schweren Wolke, aus der Wolke fallen große kristalline Tropfen, sie fallen immer dichter, es entsteht ein Meer, jetzt wogt das ganze Bild nur wie eine spiegelnde See. Aus dem Meer steigen seltsame Gestalten auf, sie bändigen die Wogen, die Flut ebbt zurück. Es tauchen merkwürdige Wasserpflanzen auf, sie breiten sich allmählich über das ganze Bild aus und werden zu Eisblumen auf dem erstarrenden Meer. Eine prachtvoll belebte Fläche. In dieser Fläche bilden sich allmählich gewisse Zellkerne, Zentren. Diese Zentren erschließen neue Flächen, die Flächen klären sich mehr und mehr in schneller Bewegung. Plötzlich brechen die Zellkerne auseinander und strahlen wie Feuerwerkskörper aus!

Ich will Ihnen diesen Film nicht weiter schildern, ich wollte Ihnen nur andeuten, welche Perspektiven hier gegeben sind. Es ließe sich unter Heranziehung aller erdenklichen Formen und Elemente, wie künstlichen Dampf, Schneeflocken, elektrische

Funken und so weiter, sicher ein Film schaffen, der zum künstlerischen Erlebnis wird – eine optische Vision, eine große symphonische Phantasie!

Das wäre allerdings die letzte Möglichkeit. Daß sie einmal kommen wird, glaube ich bestimmt, – und daß ein späteres Menschengeschlecht auf unsere jungen Bemühungen wie auf ein kindliches Stammeln zurückblicken wird, davon bin ich auch überzeugt. [1916]

Lon Chaney

# Manfred Georg

*Geboren 1893 in Berlin. Dr. jur., Redakteur und Theaterkritiker. Schrieb Erzählungen („Suzanne", eine Kinonovelle, 1920), Romane („Aufruhr im Warenhaus", 1927), Abhandlungen über Carl Sternheim (1922) und andere sowie den Text zu einem schmalen Fotobuch über Marlene Dietrich (1931). Seit 1918 Mitglied der deutschen zionistischen Bewegung, veröffentlichte er 1932 eine Biographie Theodor Herzls und gab 1934 dessen Briefe heraus. Emigrierte 1933 nach New York, war Mitarbeiter an Exilblättern, von 1939 an Herausgeber der deutschsprachigen Wochenschrift „Der Aufbau", und schrieb sich nun Manfred George. Gestorben 1965 in New York.*

*Das Stück über die „Hände der Maria Carmi" (1916) ist ein bewunderungstrunkener Erlebnisbericht aus stummer Zeit: ein Titel wird nicht angegeben, auch die Handlung kann man sich daraus kaum zusammenreimen; genannt sind nur die beiden Hauptdarsteller, auf diese kam es an. Maria Carmi war die Gattin Karl G. Vollmoellers, der für Reinhardt die Pantomime „Das Mirakel" geschrieben hatte; sie gab darin die Madonna (1912/13). In Italien war sie danach eine große Diva („Sperduti nel buio", 1914); daß sie jetzt in Deutschland filmte, lag an ihrer Verheiratung mit einem Deutschen; seinetwegen hatte sie 1915 Italien verlassen müssen. Immerhin, 1916 kamen nicht weniger als neun Filme mit ihr heraus; die Wahrscheinlichkeit, damals „zufällig" in einen ihrer Filme zu geraten, war also beträchtlich. Auch in Manfred Georgs „Kinonovelle" wird übrigens der Aufstieg einer Filmschauspielerin durch „die Zauberwelt ihrer Hände" gefördert.*

## Die Hände der Maria Carmi

I

Als ich an einem jener Spätsommerabende, da sich verkrampftes Weh und alte Narben unter den verwehten Tönen ferner Kapellen zu lösen scheinen und irgend ein Band an einem Mädchenkleid oder der Ruf eines Zeitungsjungen die Buntheiten vergang'ner Abenteuer und Reisen heraufzuzaubern pflegen, durch die Straßen schlenderte, stand ich plötzlich vor einem Kino. Sonst kein begeisterter Freund dieser Stiefschwester der Schauspielkunst, ging ich doch in einem selbstspöttisch belächelten Entschluß hinein. Er reute mich nie. Zwar war das Stück ziemlich einfältig und abgeschmackt; doch ich erkannte damals zum ersten Mal, daß das Lichtspiel eine mehr als materielle Zukunft und Entwicklungsmöglichkeit hätte. Maria Carmi spielte – irgend eine Frau. Sie ward jenes dämmernden Tages Erfüllung. Der alte Duft und Glanz meiner räuschedurchflossenen Italienfahrt stieg entschleiert auf: da waren wieder die unheimlichen Rufe und Schatten in Venedigs nächtigen Kanälen und das gurgelnde Schlurfen der Wasser um unsichtbare Palaststufen, da erklangen die Lieder der dunkelbraunen Hirtinnen von Fiesoles weinschweren Abhängen. Die Tollheit der farbensatten Genueser Hafengassen mit den spielenden Kindern, Dirnen und zechenden Matrosen lärmte auf und dazwischen spannten sich die herrischen Atlasbrauen der Schönen von Verona zu Torbögen des Paradieses, hinter denen das eisige Klirren der Florette im Giardino Giusto verhallte. Die Wände des rauchigen Saales waren in die Welt gesprengt.

II

Diese Frau, Romanin edelsten Geblüts, kommt am ehesten dem Sinn des Mimus nahe. Worte kann und soll der Film nicht ersetzen. Nur falsches Wissen um seine Bestimmung machte ihn zum Rivalen der Schaubühne. Da wo Völker nicht mehr zu Ende denken können, wo die Mittel des Wettkampfes zu fein und überspitz werden, rasen sie in Katastrophen, die letztlich von rein gefühlsmäßigen Ausbrüchen Wucht und Ziel erhalten. Wo dem Dichter eines Dramas das Wort nicht mehr der rechte, treffsichere Mittler dünkt, überläßt er die Gestaltwerdung innerster Vorgänge der Musik oder dem Gestus. Die Loslösung des letzteren zum selbständigen Geschehen ist die Aufgabe des Filmdarstellers. Maria Carmi wird ihr beinahe ganz gerecht; nur manchmal pfuscht ihr das Temperament dazwischen.

Und dies geschieht mit einer so unbegrenzten Rückhaltlosigkeit, daß diese Leidenschaft für einen Nordländer sich fast bis zur Unerträglichkeit steigert. Wenn Maria Carmi küßt, ist jede Pore ihres Körpers ein offenes Lippenpaar, wenn sie jubelt, dann züngelt die Freude wie eine weißsiedende Flamme in alle Fingerspitzen, wenn sie verzweifelt, zucken und winden sich alle Sehnen wie unter einem Schnitt in hellstem Schmerz. Auch sah ich nie eine Beterin inbrünstiger das Marienbild umklammern. Der Stein schien unter dem Flehen der Glieder zu schmelzen. Transalpinische Glut birst in strömenden Eruptionen hervor. Ihr scharfes, rasseadliges Profil zergliedert den Komplex eines Affekts in seine geheimnisvollsten Einzelheiten, mehr als es das gesprochene Wort je kann.

Ihre Hände aber sind Märchenwunder. Sie leben ein Leben für

Ihre Hände aber sind Märchenwunder. Sie leben ein Leben für sich, diese unendlich wissenden, schmalen Hände. Bald sind sie krallzackig wie die Stoßfänge eines Raubvogels, bald süchtig verlangend wie das Begehren einer zarten Nonne; sie sind die Vorboten größter Seligkeiten und schmiegen sich gleicherweise um Nacken und Dolchklingen. Wenn diese zehn Schlankheiten zum Leben erwachten carrarischen Marmors um eine Rose gleiten oder dem Geliebten wie unabsichtlich durch die Locken fahren, dann braucht man nicht der Spielerin ins Gesicht zu sehen; denn diese Hände verraten alles: Lauern und Liebe, Grausamkeit und frömmste Anbetung. Die Hände der Maria Carmi sind ein wilder Traum.

III

Ihr Partner ist zumeist Theodor Loos, der beste Darsteller der halbstarken Johannes Vockerat und Julian. Wenn sie zusammenstoßen, bäumen sich zwei Welten gegeneinander: Nord und Süd, Geist und Trieb, und nicht zuletzt zwei vertypte Vertreter ihrer Geschlechter. Darum ist Maria Carmi so bedeutungsvoll. Denn sie gibt, auch da wo sie ins bestienhaft Grelle blitzschnell hinüberschwankt, echte, urechte Weiblichkeit; selbstverständlich nur die von Geburt und Umwelt begrenzte, aber doch den ihr möglichen Ausschnitt voll und tief. Die Belastungsproben, die sie sich zuweilen zumutet, gehen bis zum Äußersten, soweit wie sich nur große Kunst in den Bezirk losgelösteren Lebens wagen darf. Dadurch ist sie für die Erfüllung der wahren Aufgaben des dramatischen Films die geschaffene. [1916]

Bessie Love in „*The Village Blacksmith*" (John Ford, 1922)

# Ferdinand Avenarius

*De Avenariis nil nisi bene.* Richard (1843–1896) war der Zürcher Erfahrungsphilosoph; Ludwig, Justizrat, verfaßte eine „Avenarianische Chronik" (1912); ihr Bruder, Ferdinand Avenarius, geboren in Berlin am 20. Dezember 1856, war als Junge so kränklich, daß man ihn nicht zur Schule schicken konnte; man ließ ihn tun, was er wollte. Er las und las; mit zwölf Jahren konnte er „Faust I" auswendig. Ursprünglich sah er sich als Dichter, sogar als Schöpfer der großen lyrischen Form („Lebe!" 1893), bis er dann aus seinem Traum als der Volksbildner erwachte, der 1887 eine Zeitschrift „über alle Gebiete des Schönen" gründete, den „Kunstwart", 1903 den Dürerbund und an Kunstwartunternehmungen ein „Hausbuch deutscher Lyrik" (1903), ein „Balladenbuch" (1908) und „Das fröhliche Buch" (1910) herausgab sowie mindestens zwei Dutzend Kunstmappen. Bis zum ersten Weltkrieg übte Ferdinand Avenarius, einerseits viel befehdet, anderseits Ehrendoktor, eine nicht zu unterschätzende Wirkung aus. (Sogar, wie Max Brod zu berichten weiß, auf den jungen Kafka.) In seinen letzten Jahren brach der jahrzehntelang aufgestaute dichterische Schaffensdrang nochmals durch: unter anderem schrieb er einen „Baal" (1922), dessen Ausdeutung „Rom gleich England und Karthago gleich Deutschland" er von vornherein glaubte abwehren zu müssen. Gleichzeitig wurde auch seine Beschäftigung mit dem Kino aus jüngeren Jahren nochmals in ihm emporgeschwemmt – im letzten Kriegsjahr, als sonst niemand über diesen Gegenstand schrieb. Avenarius starb am 21. September 1923 in Kampen auf Sylt, aber da gab es auch den Volkswohlstand nicht mehr, der seine Unternehmungen getragen hatte. Zu den Neuerungen, die Wolfgang Schumann, sein Nachfolger als Schriftleiter des „Kunstwart", einführte, gehörte eine regelmäßige Filmkritik; die Lichtspielreform hatte Schumann schon im Novemberheft 1922 endgültig verabschiedet („die öffentliche Meinung hat die Reformer satt"). Früher waren im „Kunstwart" Ulrich Rauscher und Paul Wegener zu Wort gekommen. Für den einen, weit ausholenden Aufsatz über dieses Gebiet, den Avenarius selber schrieb, fand er den passenden Titel: „Schmerzenskind" nennt er das Kino, weil es nicht auf ihn hören wollte.

**Vom Schmerzenskind Kino**

Erinnern wir uns im Überblick an den Weg! Von Kinderspielen kamen wir auf ihn zu, das erste, was auf ihm selber lag, war das Anschützsche Lebensrad. Es war die älteste Verbindung von Augenblicksphotographien zur Darstellung von Bewegtem: wir sahen den Storch zum Neste fliegen und die Dogge in edlen Bewegungen dahinjagen. Dann kam der eigentliche „Kinematograph" mit seiner Projektion auf die Fläche. Wer Augen hatte zum Sehn, sah so viel Möglichkeiten vor sich, daß ihm bei all diesen Zukunftsaufgaben vor Freude schwindeln konnte.

Was für Möglichkeiten waren das denn? Es ist an der Zeit, uns darauf wieder einmal zu besinnen.

Das Kino gibt ein laut- und farbloses Bild bewegter Wirklichkeit. Zunächst also: sein Bild ist *stumm*. Hier ist eine Technik fürs Auge, keine fürs Ohr. Diese Stummheit bedeutet so wenig einen ästhetischen Mangel der Technik, wie die Stummheit der Malerei. Unsere Vorfahren hätten nicht an jedem besuchten Aussichtspunkt eine „Camera obscura" aufgestellt, wenn sie den Reiz des lautlosen, bewegten Bildes nicht schon empfunden hätten. Das unzerstreute Bewußtsein nimmt die Augeneindrücke nicht nur stärker, sondern auch feiner auf, und da nun alle Assoziationen von ihnen aus spielen, auch inniger. Nur bei völligem „*Schweigen* im Walde" reitet die Märchenfrau auf dem Einhorn her. Nur wenn auf einem Gipfel alle fein stille sind, hebt sich aus der Umschau ihre größte Stimmung auf. Wieviel trägt es zum ästhetischen Eindruck des Wolkenlebens bei, daß wir die Wolkenbewegungen nur sehn, daß sie lautlos sind! Wer immer ein Fernglas zu gebrauchen weiß, kennt aber auch die Reize absichtlichen „Abblendens" der Ohreneindrücke. Die Augenbilder lösen sich dann aus der Wirklichkeit, sie „entstofflichen" sich, sie werden reiner, geistiger, künstlerischer, „poetischer".

Zweitens: das stumme Bild ist *farblos*. Auch das braucht ästhetisch so gewiß keinen Verlust zu bedeuten, wie der Verzicht des Schwarzweißkünstlers auf die Farbe. Es bedeutet an sich vielmehr wiederum nur eine noch festere *Sammlung* des Interesses, auch diese Beschränkung also kann eine Ausschaltung von Störungen und dadurch eine *Erhöhung* des Genusses verschaffen. Selten wie die Natur lautlos ist, selten ist sie auch farblos, seltener noch, fast nie. Aber Nachtlandschaften und Schneelandschaften können sich der Farblosigkeit nähern, deshalb empfindet jedes für diese besondern Werte empfängliche Auge ihre „Schwarz-Weiß-Werte" sofort. Auch, wo ihm dieselben Landschaftstellen bei voller Tagesfarbigkeit „bunt" und „nüchtern" erscheinen. Es gehört ja immerhin Anlage oder Übung dazu, um aus einem farbreichen Stück Natur das Spiel der Lichtwerte mit dem Auge allein für den Genuß herauszulösen, wie das der Radierer für seine Kunst tut. Nun schließt die Momentaufnahme, mit der das Kino arbeiten muß, vorläufig noch die ganz richtige Lichtwert-Wiedergabe für Filmbilder aus, das aber mag die fortschreitende Technik ändern, und in mancher Beziehung können die Mängel auch, wie die technischen Beschränkungen für Stiche und Radierungen, etwas wie Stilisierung bedeuten. Wir alle kennen die entzückende Schönheit von Kinobildern mit ruhig glitzernden Wasserflächen sowohl wie Brandungswellen, Wolken (wie bei Luftflügen über „Nebelmeeren"), Rauch (wie bei Geschützfeuer und Sprengungen), von Blicken in neblige Straßen oder in dämmerigen Wald, aber auch von dem Spielen des bewegten Lichts auf Stoffen und Tierkörpern. All das könnte mit den „natürlichen" Farben unmöglich noch schöner wirken, im Gegenteil: die Beschränkung, die Einseitigkeit, die „Übertreibung" durch technische Mängel schafft hier sogar neue Schönheitswerte.

Das dritte und wichtigste nun: das stumme, farblose Bild ist *bewegt*. Unsere Aufmerksamkeit wird gesammelt auf den Anblick der von Geräuschen und Farben losgelösten Bewegung, von der größten, die im Bildraum Platz hat, über das Pantomimische zum Mimischen hin bis zum Lächeln und Augenlidblinken, bis zum Leisesten, was das Auge aufnehmen kann. Diese Bilder kann es *vergrößern*. Es kann das Antlitz eines Schauspielers oder einer Schauspielerin metergroß zeigen und dadurch den Ausdruck der Mimik für einen großen Zuschauerkreis eindringlicher sprechen lassen als im Theater. Es kann all diesen Zuschauern das Leben in einem Vogelnest mit den fütternden Eltern zeigen, als wäre der Zaunkönig groß wie der Strauß, oder das Treiben im Bienenstock und Ameisenhaufen, als blickten wir gescheiten Riesen zu. Es ist dabei nicht an Aufnahmen gebunden, die unserm freien Auge entsprechen, es kann seine Bilder auch mit Fernglas oder Mikroskop heranziehn. Es kann bei Phasenwechsel die Mondgebirge vor uns auftauchen und verschwinden machen und wieder uns zeigen, wie allerkleinste Lebewesen sich betätigen, sich vermehren, sich vernichten, es kann uns zeigen, wie im Bazillenkampfe Krankheiten im sonst Unsichtbaren aufkommen und vergehen.

Der Eindruck der Bewegtheit entsteht aber erst in uns, in Wahrheit sind alle die Einzelbilder starr. Das wieder bedeutet: man kann das *Tempo verändern*, kann verlangsamen und kann, im weitesten Maße, beschleunigen. Man kann die Bewegungen auch unterbrechen, kann einen Augenblick fest bannen und so studieren, was früher überhaupt unwahrnehmbar war. Das bewegte Lichtbild kann uns die Explosion beim Geschützabfeuern und sogar die fliegende Kugel in der Luft zeigen. Es kann aber auch vor unsern Augen eine Blume aufblühen und eine Frucht reifen lassen. Es kann eine Landschaft durch den Tag vom Morgen zum Abend in Licht und Schatten sich wandeln lassen, oder uns zeigen, wie ein Gewitter sich über ihr entlädt mit Blitzen, deren sonst dem Auge unfaßliche Verästelung man hier „erstarren" machen kann, oder: wie über jene Landschaft vom Frühling zum Winter alle Jahreszeiten hingehen.

Viertens: das Kino kann all das *verbinden.* Es kann auch verschiedene und verschiedenste Größen verbinden, miteinander spielen, wachsen und schrumpfen lassen. Es kann zaubern, daß das Figürchen in einer Flasche zu leben anfängt, aus ihrem Halse kriecht, zum Menschen wächst, zum gewaltsamen Riesen wächst, der über die Menschen schreitet, wie Gulliver in Liliput, dann wieder abnimmt, wieder ein Zwerg wird, und zum Schlusse wieder ins Fläschlein zurückkehrt oder zum Königs-Halbbilde in einem Kartenspiel erstarrt. Dabei ist alles, was es zeigt, *unabhängig vom Weiterleben* des Darstellers und des Dargestellten. Was einmal „gefilmt" ist, läßt sich kopieren und aufheben. Du kannst nach hundert Jahren noch ganz genau zeigen, wie die Filmverfasser sich was dachten, wie die Filmregisseure es einrichteten und wie die Schauspieler es spielten. Aber auch, wie die Menschen der Gegenwart lebten. Du kannst nach einem halben Jahrtausend den Enkeln noch zeigen, wie ein Parlamentarier oder ein Kaiser und Kanzler, ein Hindenburg oder ein Führer im Zivilheer oder sonstwer sprach und sich bewegte, oder ein Friedensschluß oder sonst ein historischer Akt geschah. Wie man an der Somme oder sonst im Weltkrieg kämpfte, das kann vor den Enkeln in bewegten Bildern auferstehn.

Kurz: das Kino hat Möglichkeiten, die ins Unendliche gehn, *ohne* daß es stillos zu werden brauchte. „Sieht man sie denn nicht?" Man hat sie vom ersten Jahr an gesehn. Fast alles, was ich hier erwähnt habe, war niemals etwa mein Geheimnis, all das ist schon im ersten Anfange von „Kunsterziehern" wie von Kino-Fachleuten oft, entschieden und begeistert durchgesprochen worden. „Warum hat man denn nichts ausgeführt?" Man hat ausgeführt. Fast jedes einzelne Beispiel, das ich gab, habe ich auf irgendeiner Kinovorstellung der ersten Jahre verwirklicht gesehn oder man war dabei, es irgendwo vorzubereiten. „Und dennoch?" Ja, und dennoch ist das Kino heute – wie es ist. Ist es so geworden, daß die Begeisterten von ehedem die Arbeit für diese ihre alte Liebe meist aufgegeben haben, daß sie seit Jahren sogar die Erörterung jener künstlerischen Aufgaben fast eingestellt haben. Sie haben den Mut verloren und die Wut bekommen, bis zu der Ungerechtigkeit, dieses Kino, das ist, zu verwechseln mit dem Kino, das *sein könnte.*

Erinnert sich noch der oder jener Leser daran, wie die feinen und guten Kinostücke von den Arten, die ich erwähnt habe, *wirkten?* Ich habe damals darauf geachtet: es schien zunächst, sie wirkten gar nicht. Gewiß ist, sie wirkten nur auf wenige und sie wirkten nicht laut. Ich erinnere mich z. B. der Vogelnest-Bilder mit den Jungen, die mich ganz besonders entzückten; ich beobachtete auch, daß es manchen rings ebenso ging, aber man blieb ruhig dabei. Ein Film, der eine Eisenbahnfahrt mit wechselnden

Ausblicken durchs Hochgebirge hin, ein anderer, der silberne Brandung über Klippen, ein dritter, der ein Boot im Tanz auf den Wellen zeigte, das alles interessierte wohl, aber es ward nicht zu „Schlagern". Wie sollt' es denn anders sein, als daß man für feinere Reize erst einstellen, werben, heranbilden muß? Der Mann aber, der sich dort auf die Bank in frische Ölfarbe setzte, der war sofort ein Schlager. Der Detektiv da, der einen Dieb abfaßt, die edle Schönheit aus der Spelunke dort, die den feinfeinen Grafen heiratete, das süße Lockenkind in Trippelstrümpfchen, das der treue Karo auffand, bei denen raste der Beifall. Also her mit so was! Das „Drama" entstand, das „Drama" siegte, das „Drama" ward Alleinherrscher. Die „besonderen Möglichkeiten des Kinos"? Daß wir nicht lachen! Wir wollen möglichst viel Leute vors Flimmerlaken, also: wir müssen ihnen feilbieten, was sie so gern wie nur möglich kaufen. Das muß dem „Geiste" nach etwas sein, wie sie's auch in ihrem Blättchen unterm Strich her kitzeln würde, und der Erscheinung nach das leichtest Kapable von allem, also Wirklichkeits-Imitation, womöglich in Farben, gleichviel in wie schauerlichen, wenn sie nur der Augenlose für „echt" hält. Die Versuche, gleichzeitig sprechen zu lassen, mißglückten. Also mindestens „Briefe" und Schrifttafeln her. Das Kino entstand, wie wir's kennen: als Haupt- und Zugstück ein „Drama", daß der Mensch von gesundem Hirn sich vorkommt, als verweil er bei einer Sondervorstellung für Blödsinnige. Was man nebenbei an Schönheit findet, sind Fettaugen, die meist der Zufall auf die Bettelsuppe geworfen hat. Technisch genommen, gab es seit dem Anfang Verbesserungen und große Aufwendungen, ästhetisch genommen bedeutet die kurze Geschichte des Kino schon Verfall.

Die Allgemeinheit hat sich in der Vertretung ihrer Interessen am Kino mit einer „Aufsicht" begnügt. Die ist im allgemeinen, gottlob, keine Aufsicht über ästhetische Dinge, sondern über andere. Sie wird natürlich nicht überall von Beamten und Hilfsarbeitern ausgeübt, die reich an Einsicht und frei von Vorurteilen sind, aber ihre Mißgriffe schaden doch schwerlich ebensoviel, wie ihre Gutgriffe immerhin nützen. Auch ästhetische Entgleisungen sind hier so lange noch keine Unglücksfälle, wie sie nur Entgleisungen bleiben. Die „Dramen"? Man könnte sie sehr wohl auf den reinen Augengenuß hin bearbeiten oder neu machen, ein paar „Zettel" dazwischen würden auch nicht wesentlich stören – und dann: das „Drama" ist nun einmal der wichtigste Träger der gemütlichen Beteiligung im Kino. Es ist einem Volksbildungsmittel in Form öffentlicher Unterhaltung, einer „moralischen Schaubühne" mindestens so lange unentbehrlich, bis wir zahlreiche, gute Volkstheater haben, also jedenfalls noch auf lange hinaus. Das „Kinodrama" kann schlecht, es kann aber auch gut gemacht werden. Ferner: man kann ja *neben* dem „Drama" noch Gutes zeigen. Wie man im Anfang gar nicht selten versuchte: gerade allerlei für den bessern Geschmack, gerade dies und das, was der Durchschnittsmann anfangs eben nur hinnahm, was ihm aber dann so nach und nach die Augen für Besseres öffnete. Mir scheint, das wäre sogar der gebotene Weg, um vorwärts zu kommen. Aber –

*Aber, man darf das Kino nicht dem Geschäft allein überlassen.* Das hat man getan, da lag die Dummheit und da lag der riesengroße Fehler. Das Kino ist überall verderbt worden, wo man es ausschließlich als kapitalistisches Unternehmen entwickelt hat. Und das geschah ja so gut wie überall. Wir reden Leitartikel, Flugschriften, Bücher lang von der Bedeutung des Kinos als Volksbildungs- oder Volksverbildungsmittel. Wir fordern uns gegenseitig auf, doch nur die Augen zu öffnen, um die Wichtigkeit zu sehen, die diese nicht widerwillig, sondern bis zur Gierigkeit schauwillig besuchten zehntausend strahlenden Häuser der Volksbildung allabendlich schon gewonnen haben und mit jedem Jahre mehr gewinnen müssen; wir haben schon Eingeweihte, die behaupten: nur noch Schule, Kirche, Presse und Heer überträfen darin das Kino schon jetzt. Wir verlangen auch achtzehn bis dreißig Millionen vom Landtage für den Neubau eines einzigen Hoftheaters. Aber wir überlassen die ganze öffentliche Ausnutzung, die ganze öffentliche Entwicklung, die ganze öffentliche *Gestaltung* des Kinowesens ausschließlich der Unternehmer-Frage: *Wie mach' ich das meiste Geld damit?* Was der Geschäftsmann antwortet, davon sprachen wir eben, nur, selbstverständlich, fragt er's nicht so „grob". Durch das, was den *meisten* gefällt, also durch das, was die Köpfe am sanftesten weiterschlafen läßt oder am sensationellsten antölpelt. Durch das, was der *Massen*psychologie entspricht, die ja an alle Kulturarbeit das Bleigewicht hängt. Durch die Förderung der am *weitesten* verbreiteten Instinkte, also derer, die wir mit den Tieren gemeinsam haben. Durch das *Moden-,* also Herdenmäßige, durch den Drang, immer „das *Neueste*" zu bieten. Dem allen hat unsere Sorte von Kulturpflege das wichtigste neue Volksbildungsmittel glatt ausgeliefert, indem es das Kino dem Geschäft überließ.

Als ich vor mehr als dreißig Jahren im Kunstwart das *„Nouveauté-Wesen"* als eine der größten Gefährdungen jeglichen ästhetischen Fortschritts hinstellte, erregte das heftigen Widerspruch: gerade das Nouveauté-Wesen mit seiner Forderung fortwährenden Wechsels verbürge und bringe ihn. Lebt heute noch jemand, der diesen Satz verteidigen würde? Es scheint aber, als sähe man gar nicht, daß unser ganzes Kinowesen so gut wie ausschließlich unterm Nouveauté-Rummel steht. Was „abgespielt" ist, verschwindet nicht in der Versenkung, aus der was wieder heraufkommen kann, sondern in der Grube, aus der es über die Rieselfelder der „Provinz" hin weggeschwemmt wird auf Nimmerwiedersehn. Ob's gut oder schlecht war! *Wo sind die besten alten Filme?* Wo finden wir sie, wenn wir von ihnen lernen wollen? *Wo werden sie wieder vorgeführt?* Euer ganzer Filmbetrieb ist ja nichts weiter als ein Theater, das ununterbrochen Nouveautés abkurbelt und nicht nur keinen Weiteraufbau auf dem Erreichten, sondern nicht einmal ein Aufbewahren des Erreichten zuläßt. Ein Tiefstand auch der Betriebstechnik, der an das Unglaubhafte grenzt.

Das bedeutet Mißstände, die so ungeheuerlich sind, daß vielleicht gerade durch die Gipfelung des Widersinnigen die Notwendigkeit einer Volkswirtschaft mit Geistgut doch endlich einmal verständlicher wird. *Heraus aus dem Manchestertum, her zur Kulturwirtschaft!* Im einzelnen und im allgemeinen ist ja fürs Kinogebiet schon vieles angeregt worden, aus neuester Zeit erinnere ich nur an den „Bilderbühnenbund deutscher Städte". Aller großen, schon aller größeren Erfolge Vorbedingung aber ist die *Erkenntnis von der enormen Wichtigkeit der Aufgabe und der Wille der Allgemeinheit,* da zu helfen. Sind die Mittel beschafft, so möchte ich für mein Teil *zwei* Forderungen besonders befürworten:

Erstens die nach dem Gründen, Pflegen und vermittelnden Verwalten einer *staatlichen Film-Sammlung.* Ein Lichtbühnen-Betrieb ohne Filmsammlung ist ein Theater-Betrieb ohne Fundus, ohne Kulissen und ohne Bücherei. Man kann ohne Übertreibung noch mehr, man kann auch sagen: Es ist eine Literatur, die sich nur vom Hörensagen reich und modern entwickeln soll, ohne Bücher und Büchersammlung also. Wo kann ich mir auch nur die stofflich interessanten Filme leihen, wo z. B. sehn, wie sich ein großer Toter bei seinen Lebzeiten gab? Alle Filme lassen sich kopieren. Wo stehen die nach Stoff oder Bearbeitung schönsten und interessantesten zum *Wiedervorstellen zur Verfügung* oder wo wird das Recht dazu vermittelt? Wo ist die ausschließlich gemeinnützige Staatsanstalt, die da userm öffentlichen Interesse an Bücherei und Hilfsanstalten entspricht, um Musterprogramme für Lichtbühnen zu ermöglichen?

Zweitens brauchen wir: *Lichtbühnen für Gebildete,* besser gesagt: für Vorgeschrittene im Geschmack. Lichtbühnen, denen die Staaten, die Städte oder sonst Körperschaften Zuschüsse unter entsprechenden Bedingungen gewähren, wie jetzt schon den städtischen und staatlichen Theatern, und die sie dadurch aus dem Kampfe ums Nur-Geschäft hinausheben. Auch die Wiederholung der „abgespielten" besten Filme könnte von ihnen ausbedungen werden. Diese bevorzugten Bühnen müßten zugleich die Darsteller des besten schon Erreichten und die Träger der Entwicklung vorwärts sein. [1918]

William S. Hart

# Isabella Kaiser

*Heimatgemeinde und späterer Wohnort Isabella Kaisers (1866–1925) war Beckenried am Vierwaldstättersee; aufgewachsen war sie aber in Genf. Sie schrieb deshalb abwechselnd in zwei Sprachen. Seinerzeit vielfach preisgekrönt und, einem Zeitgenossen zufolge, „in ihrer engeren Heimat gefeiert wie eine Göttin". Jedenfalls hat die Gemeinde Beckenried ihre „Eremitage" – „ein reizendes Chalet mit reichgeschnitzten Galerien und sinnigen Sprüchen verziert" – unlängst erworben, um ihren literarischen Nachlaß der Öffentlichkeit zugänglich zu machen. Nur über den Hausrat konnten sich Erben und Gemeinde nicht einigen; er wurde 1976 in Zürich versteigert.*

*Man hat gesagt, die Schweizer Schriftstellerinnen jener Jahre hätten sich damit begnügt, die Schuhe ihrer männlichen Berufsgenossen auszutreten, insbesondere habe Isabella Kaiser „in ihren Gedichten und Erzählungen die etwas opernhafte Romantik J. C. Heers zu einer süßlichen Sentimentalität aufgeweicht, die sie und ihre Leserinnen für Poesie hielten" (Emil Ermatinger). So urteilt der Literarhistoriker; man darf jedoch daran erinnern, daß Robert Walser einen landschaftlich-literarischen „Schweizeressay" (1930) in den Satz ausmünden ließ: „Am Schluß meiner gewiß ein wenig poetisch aufzufassenden Ausführungen nenne ich ein Talent, das körperlich nicht mehr lebt, jedoch geistig weiterwirkt: Isabella Kaiser." Die letzte Romantikerin, wie Eduard Korrodi sie nannte, dem sie einmal erzählte, J. C. Heer habe, als er „An heiligen Wassern" schrieb, den Roman noch „Die Wasserleitung" genannt, worauf sie ihm etwas Wein in die prosaische Leitung goß und vorschlug, dergleichen müßte doch zum mindesten „Die heiligen Gewässer" heißen.*

## Kinobrief

Meine Ansichten gipfeln in einer fast kindlich begeisterten Liebe zum Kinema. Natürlich nicht ohne Vorbehalt im jetzigen Entwicklungsstadium. Die Vollkommenheit ist nicht auf Neuland zu suchen, und alles Lichte hat seine Schattenseiten.

Zwar mußte ich mich nicht vorerst zum Kinema „bekehren" lassen, wie mein „olympischer" Freund Spitteler: ich war ein gläubiger Apostel, von der ersten Stunde seiner Offenbarung an. Denn ich sehe im Kino, was ich sehen „will", und lange nicht was man mir „zeigt". Ich will mich deutlicher erklären: als Kind erlebte ich mit Stabs Bilderbücher, Andersens Märchen und den naiven Bogen der Epinalerkunst, die für einen Sou Geschichten in bunten Farben erzählten, meine ersten geistigen Freuden. Ich verfolgte die Bilder mit gierigen Augen, hörte sie reden und ließ die starren Menschen nach meinem Willen handeln. Ich dichtete alles um und hauchte den toten Bildern Leben ein. Und siehe, o Wunder! im Lauf der Jahre wurde mein kindliches Streben zur Wahrheit:

Die Bilder sind lebendig geworden!

Die Figuren handeln, leben, leiden, ohne daß wir, wie bei Guignol [Hampelmann], an den Fäden zu ziehen brauchen!

Zwei kostbare Faktoren des Kinos sind für mich: das Schweigen und die Dunkelheit. Das schönste am Leben, sowie auch die wunderbarsten Länder, glaube ich in den nächtlichen Träumen erlebt und durchwandert zu haben.

Nun ist das Kinema für mich zum lebendigen Traum des Tages geworden.

Wohl gibt es oft häßliche Träume, aus denen man nur allzu gerne erwacht: das sind für mich die geschmacklosen Possen einer zu verdammenden, pöbelhaften Richtung des Kino. Man glaubt zum Volk hinunter steigen zu müssen und sich ihm anzupassen. Wenn man lernen wird, das Volk emporzuziehen, um erzieherisch auf es zu wirken, dann werden manche böse Träume verscheucht. Es gibt Nachtmar und Alpdrücken! das sind die bluttriefenden und browning-knallenden Detektivdramen der Lichtbühne!

Es gibt auch schlechte Bücher: man braucht sie nicht zu lesen, und erregt, inmitten eines Buches, eine Szene unser Mißfallen, so kann man ruhig das Blatt wenden. Im Kino braucht man nur die Augen zu schließen, und man hat wieder Reinheit und Stille innerlich.

Im Theater ist man vom Dichter, der zu uns spricht, abhängig.

Wohl uns, wenn er hehre Kunst zu künden hat! aber im Kino zaubert unsere Phantasie unwillkürlich auf den Lippen der stummen Menschen die schönsten Rollen. Wir können ihrer Mimik die edelsten Gefühle und die tiefsten Leiden unterschieben: wir werden selbst zum Dichter!

Bis dahin zog ich die französischen und italienischen Films den deutschen vor, ausgenommen einige Darstellungen der „urdeutschen" Henny Porten. Vor allem schätzte ich die Kunst einer Lyda Borelli, einer Bertini, Asta Nielsen oder Robinne hoch. Auch im schwedischen Film weht oft frische Luft von den nordischen Fjords her. Von Schweizererzeugnissen sah ich bis dahin nur ganz Minderwertiges. Hoffentlich wird diese Kunst auch in unserer Heimat bald den läppischen Kinderschuhen entwachsen sein!

Es ist schon als großer Fortschritt zu buchen, daß man die grellen, mißtönenden Sensationsanzeigen verpönte und durch Photographie oder künstlerische Plakate ersetzte.

Wie wunderbar ist es aber, ohne die Mühsale der Reise wieder erdulden zu müssen, die ganze Pracht Venedigs vor unseren Augen entrollen zu sehen und sein sonniges Leben zu verfolgen, ohne von dessen Lärm verfolgt zu werden.

Wie grenzenlos wirken die Wüstenbilder eines „Cabiria-Films". Ich erinnere mich nicht, im wirklichen Raum der Wüste, in Afrika, beglückendere Fernsichten bewundert zu haben, als von meinem stillen Sitze aus, in einem Kinema von Zürich, Lugano oder Montreux.

Trete ich aber unbefriedigt von einer Vorstellung aus, so lege ich die Enttäuschung nicht der Kinokunst zu Lasten, sondern dem fehlgehenden Geschmack der Menschen, der auf Abwege gerät, in seiner Suche nach zugkräftigen Stoffen. Und doch steht immer die Natur zum strahlenden Vorbilde da, in ihrer reinen Schöne: wie eindringlich wirkt die stumme Entrollung eines Films der Hochalpen, eines wogenden Meeres, einer wellenumrauschten Felslandschaft, einer kindlichen, dem Leben abgelauschten Szene, ja nur das Werden eines Insektes. Welch unerforschte Gebiete, welch unbegrenzte Gebiete, welch unbegrenzte Möglichkeiten liegen in diesem Traumland noch vor uns. Den Dichtern liegt es nun ob, die Schätze dieses neuen Reiches zu heben und seine Wunder den gläubigen Augen des Volkes zu offenbaren.

Darin liegt die große Hoffnung der Kinokunst, ihr Heil und ihr künftiger Segen. Jetzt ist sie noch ein ungezogenes Kind, das der strengsten Aufsicht bedarf, um nicht Übel zu stiften, in seinem Drang nach gelassener, ungebundener Gefallsucht! Das jüngste Kind der ernsten Kunst soll vorerst noch zur Schönheit erzogen werden! [1918]

Conrad Veidt in „Die Flucht in die Nacht"
(Amleto Palermi, 1926, nach dem Bühnenstück „Heinrich IV." von Pirandello)

# Carl Hauptmann

*"Carl Hauptmann glaubte zur Stunde seines Todes, daß man ihn endlich neben seinen Bruder Gerhart stellen müßte. Carl ist der größere Visionär, aber der kleinere Gestalter. Deshalb war Carl einer der ersten Dichter, die leidenschaftlich für den Film Partei nahmen" (Kurt Pinthus).*

Das war in seinen letzten Jahren, als aus dem Spätnaturalisten und Heimatdichter ein Wegbereiter expressionistischer Dichtung geworden war. Ursprünglich wollte Carl Hauptmann (Dr. phil., 1858–1921) Naturwissenschaftler werden („Die Metaphysik in der modernen Physiologie", 1893); als ihm klar wurde, daß der Forscher, der den Begriff der Seele ablehnt, das Lebensgeheimnis nicht ergründen kann, vollzog sich der Wandel vom Gelehrten zum Dichter, der in den Betrachtungen „Aus meinem Tagebuch" (1900) sagt: „Ich fahnde allenthalben nach Seele", und auf eine akademische Laufbahn verzichtete. „Die Sonnenwanderer" (1896) hält diese Abkehr von der Gelehrsamkeit fest; zugrunde liegt diesem Erstling eine Bergwanderung nach Andermatt mit einer jungen polnischen Studentin, der er in den Vorlesungen von Richard Avenarius begegnet war. „Hätten Sie nicht Fräulein Josepha kennengelernt", sagte Prof. Avenarius zu ihm, „so hätten Sie nicht zu dichten begonnen." Der zweibändige Roman „Einhart der Lächler" (1907) erzählt die Seelengeschichte eines Künstlers mit zigeunerischem Einschlag. Von den Dramen wurden verfilmt: „Sturmflut" (1917), „Tobias Buntschuh" (Holger-Madsen, 1921), „Die Austreibung" (F. W. Murnau, 1923). Carl Hauptmanns literarische Hinterlassenschaft ist heute in polnischem Besitz. Sie befand sich in einem Koffer, der 1948 der Witwe bei ihrer Ausweisung aus Schlesien abhanden kam und später auf einem ehemals schlesischen Rittergut auftauchte; heute wird dieser Nachlaß – Tagebücher, Notizen, Schriften und Briefe – zum Teil in Breslau, zum Teil in Kattowitz verwaltet.

Carl Hauptmanns Essay hieß als Vortrag ursprünglich „Bemerkungen über Filmkunst", wurde unter dem Titel „Film und Theater" 1919 in der „Neuen Schaubühne" abgedruckt und von Hugo Zehder 1923 in seinen Sammelband „Der Film von morgen" aufgenommen. „Als wir für eine Neue Bühne stritten", erinnert sich Zehder im Vorwort, „und der Film in der öffentlichen Meinung gering geachtet wurde, war es Carl Hauptmann, der in Gesprächen immer wieder auf die bestehende Tatsache Film mit Eifer und Begeisterung hinwies."

## Film und Theater

Eine Zufallsanregung hat es gefügt, daß ich neugierig auf das innere Wesen der Filmkunst wurde. Daß ich eine Zeit nicht bloß, wo ich konnte, gespannt allerlei Filme angesehen. Daß ich auch eine Reihe Filmmanuskripte sehr aufmerksam gelesen habe. Darnach war mir, ganz nach meiner sonstigen, rein intuitiven Schaffensart, schließlich eines Tages auch ein eigener Film aufgewachsen. Und post festum, d. h. nach dem Feste des Schaffens und Schauens dieses Werkes, habe ich an meiner eigenen Hervorbringung die künstlerischen Forderungen an einen Film genauer zu prüfen versucht.

Dies sind die Betrachtungen, die ich anstellte.

* * *

Die Filmkunst liegt noch in den Windeln. Die Filmkunst ist noch keine Kunst. So wie sie heute im Durchschnitt vor uns steht, mit sehr geringen Ausnahmen, ist sie Volksbelustigung und Geschäft. Das hat einen sehr natürlichen Grund.

Als das Bioskop, die bioskopische Photographie, erfunden war, erkannten die Techniker darin sogleich ein vorzügliches Mittel, das Bühnenbild unserer Kunsttheater zu kopieren. Und so den breitesten Schichten des Volkes, die von unserem Kunsttheater ausgeschlossen waren, in Kopie ein billiges Theater zu schaffen.

Das ist der Film von heute.

Billige, farblose, unzulängliche Kopie des Kunsttheaters. Zichorie statt Kaffee fürs Volk. Diese einseitig wirtschaftliche und technische Verwertung des Films fürs Volk mußte es mit sich bringen, daß man dem Film *Literatur* zugrunde legte. Natürlich schlechte Literatur, um die breitesten Massen des Volkes reichlich anzulocken.

Man legte dem Film also Dramen zugrunde, deren eigentliche Bestimmung war, vom lebendigen Schauspieler *gesprochen* zu werden. Moderne Alltags- und Konversationsstücke, Dialogstücke, meist kolportagehaft verfärbt, die eigentlich zum fließenden Ausdruck nur durch *Sprache* gebracht werden können. Daher ist es auch nicht wunderbar, wenn der Film überwiegend mit krampfhaften Gesten der Darsteller, mit an der Grenze der Grimasse liegenden Ausdrucksmitteln arbeitet. Denn Grimasse ist die natürliche Folge, wenn man fürs *Sprechen* Bestimmtes *ohne* Sprache, ausschließlich mit *Gesten,* ausdrücken will.

So als bloße Kopie des Kunsttheaters ist der Film von vornherein in eine enge Sackgasse gebracht. Da kann man selbst die erfolgreichsten Dramen unseres Kunsttheaters zugrunde legen. Auf dem Wege bloßer photographischer Nachahmung ist ein wahrer Fortschritt des Films unmöglich. Diese Zichorie wird nie Kaffee.

Auf diesem Wege kann der Film nie *Kunst* werden.

* * *

Aber es gibt für den Film eine sehr klare und bestimmte Aussicht, Kunst zu werden. Man muß sich nur erst einmal Natur und Wesen der großen Entdeckung des Bioskops scharf klarmachen.

Sie wissen, die bildenden Künste im engeren Sinne, Malerei und Bildhauerei, vermochten alle lebendige Gebärde, alle echte Lebensbewegung nur sozusagen im transitorischen Moment zu ergreifen und darzustellen. Ablaufendes Spiel z. B. aller Lebensbewegung des Menschen war allein dem Theater vorbehalten. Wenn die Technik jemals den lebendig bewegten Menschen, gar den sprechenden Menschen, mechanisch darzustellen sich vermaß, so gab es nur schreckhafte, greuliche Monstren von Maschinen.

Sie wissen auch, daß die bildenden Künste sich unendlich leidenschaftlich bemüht haben, den transitorischen Moment der Gebärde in ihren Werken so zu steigern, daß es zur Vortäuschung ausdrucksvoller Bewegungen kam. Ich denke an Bemühungen und Betrachtungen Auguste Rodins. Er gibt ein Verfahren an, lebendige Gebärde im Bildwerk vorzutäuschen. Er spricht von der Statue des Marschalls Ney, die den Eindruck des Vorstürmens erwecke, weil in dem einen *starren* Bildmoment aufeinanderfolgende Momente der Bewegung vereinigt sind. In diesem Dilemma, in dieser Einschränkung haben sich die bildenden Künste allezeit der lebendigen Gebärde gegenüber befunden.

Da eben ist die große Entdeckung des Bioskops gekommen. Das Bioskop kann mehr als Malerei und Bildhauerei. Sein *einzigartiges,* ganz *spezifisches* Vermögen ist, den Ablauf aller bedeutungsvollen Bewegung, die lebendige Gebärde aller Wesen, der lebendigen und der toten Dinge, absolut zu objektivieren.

* * *

Vielleicht ist schon hier ersichtlich, welches Unding es war, den Film ausschließlich zum Kopieren unserer bisherigen Bühnenbilder auszunützen. Ihn hauptsächlich in der Abhängigkeit des Sprechtheaters zu halten. Das Bioskop ist eine bildnerische Bereicherung ersten Ranges. Es vermehrt die Kunstmittel der bildenden Künste um ein entscheidendes Glied. Und nur an dieser seiner spezifischen Befähigung wird ein Fortschritt zu seiner künstlerischen Verwertung zu suchen sein.

*   *
 *

Ich will an den bildenden Künsten demonstrieren. Nein, ich will an den Künsten demonstrieren. Bildend sind alle Künste. *Goethe* hat nicht umsonst auch dem Dichter zugerufen: „Bilde, Künstler, rede nicht!" . . .

Der Musiker bildet aus Tönen. Der Musiker hat sein Klavier. Die Töne des Klaviers sind zu äußerst reinlich vorbereitet. Tropfen von Tönen. Rund wie Perlen. Rein wie Wassertropfen. Absoluter Wohlklang. Das ist des Musikers Elementarbereich. Daraus bildet er sein hochgestaltiges Werk ideellen, seelischen Ausdrucks.

Der Maler hat seine reinen, geläuterten, veredelten Farben als Elementarbereich.

Der Bildner seinen karrarischen Marmor. Jaspisstein. Elfenbein. Wachs. Was weiß ich! Das sind des Bildners Elemente.

Jetzt plötzlich bietet uns das Bioskop ein Instrument dar, die lebendige Gebärde aller Dinge urreinlich wahr zu objektivieren. Wird da nicht sofort eine Aussicht lebendig, die bisher in der bildenden Kunst fehlte?

*   *
 *

Was ist denn Gebärde? Was ist denn die bedeutungsvolle Bewegung des lebendigen Leibes? Die Seele macht sich auch *ohne* Wortsprache in der Gebärde verständlich. Indianer aus Amerika verstanden sich grundsätzlich durch Gebärden mit den Taubstummen in einer Anstalt *Berlins.*

Gebärde ist wie der Ton des Musikers, das Licht (die Farbe) des Malers, das Wort des Sprechenden, ein Ausdrucksmittel der *Seele.* Nicht bloß die Wortsprache hat seelischen Mitteilungswert.

*Gebärde,* das ist das Urbereich aller seelischen Mitteilung.

Sehen Sie Michel Angelos *Moses* an. Die innere Empörung zuckt durch den ganzen mächtigen Leib. Fiebert in den Händen, die im Barte wühlen. Spannt den Nacken in der jähen Wendung gegen den Götzengreuel. Spannt Ballen und große Zehe zum jähen Aufsprung.

Geste ist mehr als nur sprachliche Mitteilung.

Sprache ist derjenige Teil der Gebärde, der beim Menschen gleichzeitig *Laut* wurde. Und den wir in dem engen, menschlichen Gemeinschaftsleben hauptsächlich weiter gebildet und zur Mitteilung für Gesellschafts- oder Geisteszwecke bis in feinste Spintisationen kompliziert und versachlicht haben. Nehmen Sie einem sprechenden Menschen die Möglichkeit, mit dem

Ausdruck der Gemütsbewegungen, mit Mienen und „Handlungen", vor allem auch mit den Modulationen des Atemrhythmus und Herzschlages, seine Lautsprache zu begleiten, so schrumpft der *seelische* Mitteilungswert der Lautsprache auf ein Minimum ein. Da haben wir einen Menschen vor uns, der seine Erlebnisse nur rein durch *sachliche* Lauthinweise mitzuteilen vermag. Da haben wir einen Menschen vor uns, wie er im Märchen lebt. Den Mann *ohne Seele*.

Ein Hund versteht nicht an Worten die Seelenverfassung seines Herrn. Erfaßt sie sogleich aus dem stummen Gesamtspiel seiner Gebärde.

Menschen, die niemals italienisch verstanden, waren wie überschwemmt vom ideellen Gehalte des Menschenschicksals, als sie Eleonora *Duse* gesehen. Und erinnerten sich erst zufallsweise Tage hinterdrein, daß sie eigentlich kein Wort von ihr verstanden.

Das Reich der Gebärde ist ein *kosmisches* Reich. Es ist das Urbereich aller seelischen Mitteilung überhaupt.

\*  \*
\*

Das Kunsttheater hat die sprachliche Mitteilung der Menschen untereinander zum Grunde. Die Dichtkunst vermag mit den Mitteln subtilster Seelenmitteilungen durch die Worte ihr Werk auf der Bühne aufzubauen. Aber Grundleidenschaften äußern sich weit über das Reich der verständigen Menschenmitteilung hinaus. Durchdringen das Tierreich. Durchdringen das ganze Naturreich. *Die ganze Welt ist ein weites Reich bedeutungsvoller Gebärde.*

Da ist nun im Bioskop ein Instrument gewonnen, diese universellen Elemente seelischer Mitteilung aus dem ganzen Kosmos zu objektivieren und isolieren. Und mit ihnen wie mit Licht (Farben) oder Tönen ein Kunstspiel zu treiben.

Vielleicht erkennen Sie jetzt, welche grundsätzliche Bereicherung der bildnerischen Kunstmittel des Menschen mit der großen Entdeckung des Bioskops gewonnen war. Und erkennen gleichzeitig auch, wie eng ein Verfahren beschränkt sein mußte, das sich bei dieser herrlichen Entdeckung hauptsächlich auf eine Nachahmung des Literatur- oder Sprechtheaters versteifte.

\*  \*
\*

Freilich ist dazu noch manches mehr zu sagen. Auch das Instrument des Theaters braucht seinen Dichter und seinen Bildner. Auch da muß dem Bühnen*bilde* der Bühnen*text* zugrunde gelegt werden. In dem Sinne besteht zwischen Film und Theater eine Ähnlichkeit. In beiden arbeitet man mit dem Schaukasten. In beiden handelt es sich um einen lebendigen, ideellen, fortlaufenden Schicksalsgehalt. Und um aufeinanderfolgende Bühnenbilder. Aber der Sinn des Theaters, und sein innerstes Ausdrucksmittel, das ist die Wortkunst. Das ist die Dichtkunst. Der Sinn des Films, sein innerstes Ausdrucksmittel, das ist die Urmitteilung durch Gebärde. Beide, Dichter und Bildner des Films, müssen, im grundsätzlichen Gegensatz zum Theater, ihre Kunst und Schicksalsschau rein aus gestischen Elementen betreiben. Rein aus dem Urbereich der Gebärde entnehmen. Hier eröffnet sich ein *weiteres* Bereich als das Menschenreich. Hier eröffnen sich Möglichkeiten, mit den Gebärden auch von Tieren und Pflanzen, von Felsen und Sternen, von Möbeln und Häusern zu spielen. Und den ganzen, beseelten Kosmos künstlerisch auszunützen.

* * *

Aber freilich heißt das nicht bloß, vorhandene Realien zu photographieren. Solche Bilder können nur das Werk eines persönlich bildenden Künstlers sein, der mit den photographischen Filmplatten künstlerisch zu verfahren weiß. In solchem Sinne muß jedes Bild eines Films erst behandelt sein, wenn sich der Film als Kunstfilm aufspielen will. Auf Abbildung der zufälligen Überfülle, wie es von dieser Welt das bloße Photogramm ausschneidet, kann es in einem Kunstfilm nicht mehr abgesehen sein.

Der *bildende* Künstler muß ebenso persönlich beteiligt sein wie der Dichter, der eine aus Gebärden erschaute, schicksalsgehaltige Mitteilung dem Film als Text zugrunde legt.

* * *

Vielleicht ist hier eine Einschränkung zu machen.

Ganz ohne die Mittel sprachlichen Ausdrucks und sprachlicher Etikettierung kann man, von dem sprechenden Worte der Darsteller im Theater ganz abgesehen, auch im Theater nicht auskommen. Schon der Theaterzettel enthält eine Überfülle vorher nötiger, zum klaren Verständnis der Vorgänge auf der Bühne unerläßlicher, sprachlicher Hinweise. Auch der Film kann ohne mannigfache, vorherige oder mitten hinein gefügte, sprachliche Hinweise nicht voll verständlich werden. Aber vielleicht gibt es auch da ein klares Kunstgefühl, wieweit solche sprachlichen Hinweise sich schlicht und wahr in den Ablauf des Films einfügen lassen. Es wird immer ein schlechter Film sein, der gestisch krampfhaft noch Dinge zum Ausdruck bringen will, die sich nur mit Worten sprechen lassen. Und es wird immer eine wohltätige Zwischenschrift sein, die im Gange des vorgeführten Schicksals dem Beschauer notwendige Worte plötzlich hinhält, die den ideellen Gehalt der Schicksalsbilder erst runden. Solche Worte bringen dem Beschauer die notwendige, innere Ruhe der Betrachtung. Vollenden und bereichern den ideellen Eindruck zu einem *Ganzen*. Und müssen deshalb als ein vollberechtigtes, künstlerisches Element des Filmwerks behandelt und *künstlerisch ausgebildet* werden.

\* \*
\*

Es gilt heute mit Recht als übles Symptom, wenn irgendein Kunstwerk als vom Film beeinflußt empfunden wird. Solange man nur daran dachte, durch das Bioskop ein billiges Theater fürs Volk zu gewinnen, solange man im Film nur eine Art Kolportagedrama zum Kolportageroman zufügte, ist das nur zu leicht verständlich. Mit den geringsten Ausnahmen, ich denke dabei an die phantasiereichen Filme von Paul *Wegener* und Phantasiefilme aus *Italien,* die sich z. B. vermaßen, *Dantes Hölle* vorzuführen, ist der heutige Film noch völlig von Musen und Grazien verlassen. Und kann das Odium niedersten Geschmackes nicht von sich schütteln. Aber das innerste Wesen der Entdeckung des Films, ganz von dem abgesehen, was bloße Techniker und Geschäftsleute aus dieser Entdeckung eigentlich gemacht haben, hat unbewußt und triebhaft die gesamte zeitgenössische Kunst maßgebend beeinflußt, indem es das Urbereich der Gebärde auftat. Die ganze zeitgenössische Kunst hat die schönheitdünkelnden, friedlichen, erstarrten, übergeistigten Ideale der Künste und ihre herkömmlichen Ausdrucksgesetze, soweit sie sich als Zwang und Ketten dem Ausdruck der neu schaffenden Seele des Künstlers entgegenstellten, von sich getan, in der *Gebärde* das erweiterte Reich der Urmitteilungen plötzlich neu witternd. Hat sich über die sanktionierte Kultur leidenschaftlich und neu in das Ur- und Naturreich zurückgefühlt. Hat über die sterilen, verwickelten, überfeinerten, verstiegenen Spintisationen erstarrten Salongeistes hinaus zu den Urleidenschaften wieder den Weg sich gebahnt. Und aus ihnen heraus neu seine Träume der Kunst zu schaffen begonnen.

Denken Sie an *Reger.* Wie mit ehernen Hämmern hat er die friedlichen Idyllen breiter, musikalischer Beschreibungen bloßer Harmonik eingetrümmert. In einer Musik, nicht für Salons und Konzertgemeinden zum Wohlgefallen. Sondern im Künstlerzorne. Und im gewaltigen Drange gegen Gott und den Kosmos. Um mit *musikalischen Neugebärden* das Reich der *Weltseele* auszumessen.

Denken Sie an einen Franz *Marc,* der in Bildern tiefster, gestischer Beseelung ein ganz neues Reich der Liebe und des Begreifens der Tiere gestaltete.

Denken Sie an gestische Städtebilder, die in mancher Ausstellung futuristischer oder kubistischer Künstler das billige Entsetzen des Laienpublikums bildeten.

Der Film hat auch an den Dichter eine Mahnung gerichtet, die logisch hochzugespitzte, hochintellektuelle Sprache, die sich dem sinnlichen, leiblichen Ausdruck allzu abgezogen entrückte, wieder ganz in das Urreich der Gebärde zurückzufühlen und daraus eine sinnliche, anschauliche, mitreißende, lebendige Wucht der Urmitteilung wiederzugewinnen.

Atem, nicht Worte.

Die heutige Sprache ist ein logisches Filigran. Eng ineinander gewoben und erschwert durch syntaktische Mißgeburten. Allzu diffizilen Denkinhaltes. Verdorben auch durch die Notdurft des Alltags. Durch Geschäft und Eile und Halbbildung. Noch ohne ein Lockbild höheren Geschmackes auf allen Gebieten des öffentlichen Lebens. Da hat sich dem Sprachkünstler oder Dichter heute ein gestisches Ideal seiner Mitteilung plötzlich aufgetan. Sehnt sich der Dichter, seiner Sprache den *Urwert,* den *Gebärdenwert* zurückzugeben. Was wollte seit zehn Jahren der *Sturm?* Der äußerste Vertreter solcher Grundsehnsucht?

Alle expressionistischen Künstler ringen seit langen Jahren um solche neue, lebendige, unmittelbare, jähe *Urmitteilung der Seele.*

*  *
 *

Deshalb ist das Bioskop eine der charakteristischsten Entdeckungen auf künstlerischem Gebiete. Denn schon in seiner heutigen Anwendung hat es den tiefen Gehalt und den jähen Mitteilungswert der Gebärde uns nachdrücklich vor Augen geführt. Und ich kann nicht zweifeln, daß deshalb gerade dieser Entdeckung für die Kunst noch eine reiche Zukunft beschieden ist. Man muß sicher lernen, die bioskopischen Photogramme von dem zufällig Photographischen, von allen zufälligen Realien zu befreien. Man muß sicher lernen, sie als Rohelemente behandeln, um so die gestischen Elemente aller Dinge rein daraus darzustellen. Und derart Bilder zu schaffen, die aus der Schau eines Künstlers geboren und von der echten, lebendigen Geste neu und einzigartig belebt sind. Der bisherige Theaterfilm wird deshalb natürlich seine Straße weiterziehen.

Das Überflüssige in der Welt muß immer selten bleiben. Das arme Musterbeispiel, das nicht dem Golde, sondern dem Lockbild der Vollkommenheit nachrennt. Aber „von allen Notwendigkeiten des Lebens gebührt dem Überflüssigen der höchste Rang." [1919]

Henny Porten in „Monica Vogelsang" (Rudolf Biebrach, 1919)

# Kasimir Edschmid

*"Hören Sie, Mierendorff", sagte Edschmid eines Abends, als sie im Kaffeehaus saßen, "ist es nicht seltsam, daß, wo doch jeder über Kunst, Literatur, Gesinnung, Sozialistisches, über Jugend, Gewalt, gute und schlechte Geister, über Vaterland und Europa zu schreiben gern bereit ist, sich niemand anbietet, über das Kino zu diskutieren, ja niemand bisher auf den Gedanken kam, auch nur die Möglichkeiten zu überdenken, die in ihm ruhen?" Er habe daran gedacht, erwiderte Mierendorff, und das Ergebnis war Nr. 15 der "Tribüne", sein "Hätte ich das Kino!" (1920).*

*Die "Tribüne der Kunst und Zeit" ist eine Schriftenreihe, die Edschmid 1919 bis 1922 herausgab (29 Hefte) – eine Sammlung von Essays, Aufrufen und Texten zur expressionistischen Literatur, mit deren Anfängen sein Name verknüpft ist, wie auch durch seine expressionistischen Novellen, die ersten Musterexemplare dieser Gattung.*

*Geboren war er in Darmstadt am 5. Oktober 1890 als Eduard Schmid. So hieß er auch noch, als er 1911 seine ersten Gedichte veröffentlichte; doch ließ er die Namensänderung später (1947) amtlich eintragen. Schrieb (ab 1913) für die "Frankfurter Zeitung" (kritische Beiträge) und die "Weißen Blätter" (dichterische Arbeiten). Später setzten ihn günstige Lebensumstände in die Lage, die fernen Länder seiner Erzählungen nachträglich zu besuchen. So entstanden neben Romanen umfangreiche Reisebücher, im Untertitel auch etwa "Roman eines Erdteils" genannt. Nicht nur, daß er weltbürgerlich dachte, ist für Edschmid kennzeichnend; er bewegte sich auch mit Vorliebe in der großen Welt. Seit 1933 lebte er meist in Italien; kehrte nach dem Krieg nach Darmstadt zurück. Veröffentlichte 1960 ein "Tagebuch 1958–1960" und 1961 seine Erinnerungen, "Lebendiger Expressionismus". Am 31. August 1966 ist er in Vulpera (Schweiz) gestorben.*

*In einer kulturkritischen "Bilanz" hatte er 1920 geschrieben: "Nicht so wichtig ist, daß eine der Zeit entsprechende Kunst da ist, als daß die Menschen davon erreicht werden. Noch sitzt nicht in jedem Nest ein aufs Gute kontrollierter Buchladen, marschieren Gemäldeausstellungen in die Gebirgstäler, spielen die Kino-*

*sterne Hella Moja und Fern Andra wichtige und menschliche Stücke auf jener Flimmerleinwand, die heut der fabelhafteste Schuß ins Volksherz ist, surren gute Vorstellungen durch Vorstadt und Bergwerk."* – Bei dem Einweg-Gespräch über den Film (mit dem für Edschmid so charakteristischen Schauplatz, dem eingeschneiten Sporthotel) handelt es sich um zweieinhalb Seiten aus seinem „Bücher-Dekameron" (1922).

### Silberner Vampyr*
aus: KERSTIN

Samstag kam ein Brief von der großen Diva.
Henny Porten.
Die liebe Frau las ihn. Gespenstische Schaukel schwingt der Wachsensteinobelisk sich aus Geschleier und zurück. Unsere Augen treffen sich dazwischen. Die ihren meinen: auch der metallene und schmale Stolz der Spaniolin könne soviel Blondes liebend anerkennen, denn es sei gut und von gewisser Bedeutung, und, wenn man vieles leide, sei manchmal auch das Zweckloseste sehr viel.
Ich sage:
Hat man je den Mut gehabt, das Spiel auf das Strenge zu richten. Man verzeiht. Man lächelt. Niemand klagt an. O, wenn ich die Kinos alle hätt in meiner Hand!
Als ich jene drei Tage mit ihr durch alle Cafés und Theater und einen unvergeßlich perlmuttenen Frühlingstag geglitten, und aus einer Loge sie durch plötzliches Schneegestöber in die Bahn gebracht, blieb etwas wie Verzauberung über dem Stachus hängen . . . denn soviel Liebe sie empfängt, strahlt sie zurück. Man kann ihrer Spur folgen durch die Wüste. Morgens kam ich nach Nürnberg, lag im Bett, telephonierte dazwischen, durchschlief den leeren Tag. Am Abend wogte mein Auto über die Brücken und Hügel der Stadt, ich fuhr von Kino zu Kino in der von der Dämmerung entzündeten Sehnsucht, die Blonde zu suchen, und ich erregte am Egidienplatz einen Auflauf des Volkes, das dort noch nie einen Wagen gesehen, wo ich in der Baracke sie fand.
Wie lieben die Menschen die Kostbarkeit ihrer Haut und die erlesene Haltung ihrer Augen. Pikkolos zittern knabenhaft und ohne Frechheit, denn ihre Träume haben nie geglaubt, daß so Herrliches wahrhaft an Restaurationstischen atme und speise. Kellner verbeugen sich gleich vor selbstgeschaffener Königin ihrer Liebe. Köche, vom Gerücht im Betrieb elektrisch erreicht, garnieren nur ihren Fisch mit hingebender Kunst, Portiers eilen, Chauffeure, von anderen gemietet, unbestechbar, brechen auf unter dem Schlag ihres Namens, rasen und schmeicheln sich mit

---

* Titel vom Herausgeber eingesetzt.

großer Bewegung sie grüßend, keinen Lohn zu empfangen. Nie hätte ich gewagt, zu glauben, daß dies Volk der Sklaven, das vor verrunzelten Wittelsbachern und leberleidenden Hohenzollernfrauen erbleichte, so viel Größe habe, sich eine Fürstin ihrer Liebe zu schaffen.

Sie ist die weiße Göttin der Masse.

Sie lieben diese Frau um ihres Auges, ihrer Hand, ihres Lächelns willen. Nichts weiter. Man neigt sich vor der Wahrheit einer Legende.

Überall, wo ein W. C., eine Kirche, eine Kaserne sich findet, flimmern die Lichtspiele, durchdringen die Rinde des Erdballs, stehn auf Schiffen, in Klostern, auf Inseln, in Lazaretten, Bordells, Villegiaturen, Steinbrüchen, Sanatorien, Irrenhäusern, Auswärtigen Ämtern, Polizeibüros, Landwirtschaftskammern, Redaktionen, Expeditionen, Luftschiffen und Völkerkriegen. Seht ihr nicht, was ihr in der Hand wiegt, das Korn taub laßt, Verblödete des Nichtstuns. Ihr, die ihr wach seid, die Freiheit fordert, Gerechtigkeit liebt und gegen den pfaffenhaften Schwindel eurer Volksbildung lächelnd und, moderne Berserker, anrückt und feuert, die ihr den Erdball aus infamen Achseln klappt und nicht vergeßt, dabei die Marseillaise eurer schönen Herzen zu singen, euch, die ihr euch hingebt, duldet und tapfer seid im Blut, schreie ich hinaus: Nehmt die Waffe. Laßt die Theater, die Intellektuellen nur spielen und bourgeoisem Geist, der verfettet ist wie ein Alkoholikerherz, treibt diesen Kreisel durch alle Niveaus, Kreise und Staffeln. Schiebt die Erschütterungen auf die Leinwand, von ihr genietet in die Adern, füllt durch sie den Pulsschlag, schafft einen Riesenkreis der Wirkung. Treibt die Besitzer der Sauställe aus, baut Kinohallen. Enteignet diese Gesellschaft. Vertreibt das Gesindel aus den Tempeln, denen diese Frau nichts darstellt als ein Kapital von hundert Millionen, eine Tantieme, und sehr zu pflegendes Tier.

Dann wird die weiße Blonde in der Stille kommen. Der Moment der Erfüllung wird ein Blitz sein.

Auf daß sie nicht mehr der weiße Vampyr sei, die goldene Schlange, das helle Marderspiel, sondern daß sie eine gewisse Demut ertrage und, von zehntausend Leinwänden in der gleichen Sekunde herunterwandelnd, von Rosenheim bis Chicago, Djursholm und Kapstadt, als unsere gute Frau von den sieben Schwertern und blutroten Rosen die Armen und Geschlagenen in Wahrheit heraufführe bis zu der sanften Höhe ihres Lächelns aus dem Rauch der romantikverstunkenen Löcher, in denen selbst die Verwüstetsten, um ihren Glanz anzubeten, nie erlahmen werden, ihre kargen Abende und die Dämmerungen des Frühlings hinzugeben.

Und, die heute täglich suhlt à la boche in den Lachen der von Kocherls und Ladnerinnen umjauchzten Geschwätze, wird vor ihnen hergehen, wahrhaftig, Instrument der Gesinnung, Jungfrau von Orleans mit der blonden Krone und dem liebenden Beispiel, Entfacherin echter Tränen, guter Handlung. – – –

Die liebe Frau hat die Hand gesenkt, die mit den Haaren des Haserl spielt, die diesen Augenblick mit vor innerer Spannung erfrorenen Augen empfindet, und sagt: „Silberner Vampyr". Die Wolke ihrer Augenlider hat einen sehr entfernten Glanz. – – –

[1919]


aus: **Das Bücher-Dekameron**

Halten Sie die kleine Mannpistole gegen die Lampe auf den Fahnenmast, visieren Sie genau, so entdecken Sie einen hellen Punkt. Er bewegt sich. Es ist die Diva, die sich dem Schnee aussetzt ... Wenn Sie genau zusehen, werden Sie bemerken, daß die Diva in den roten Radius der Lampe geraten ist, und wenn Sie wollen, werden Sie spüren, mit welcher Bewegung sie in die Skiablage eintritt, denn sie reckt ihre Brust und den Nacken hoch und es ist als folgten geschmeidig die Hüften und die langen Schenkel, genau so, als bemühe sie sich in der liebenden Umklammerung einer Schlange aufzusteigen. Welche Rasse. Diese Filmbanden sind ein glänzender Nachzug jener wandernden Trupps in grünen Wagen, die Theater ins Land brachten, wenn auch das Tempo ihrer Automobile, der Schmuck ihrer Weiber und die Schecks ihrer Arrangeure andere Ansprüche dem Schicksal entgegenstellen als früher jene Lust geschundener Komödianten zu stellen hatte: nicht tiefer geachtet zu werden wie die Zigeuner, dafür aber Kunst machen, lieben und bieten zu dürfen. Die prächtigen Intelligenzbärte und alle Schleimsuppen des Geistes haben sich im Namen der Musen nicht zurückgehalten, „Stellung zu nehmen" und den Film als unwürdig abzudonnern.

Die armen Schlauen haben ihr Geschütz falsch gerichtet und mit einem Mörser einen Sperling erschossen und triefen vor Zufriedenheit wie alle falschen Nimrods. Niemand hat die Behauptung so formuliert. Film ist keine Kunst. Aber er macht Vergnügen. Daher beschäftige ich mich mit ihm. Er ist die zweitgrößte Industrie des Landes und bewirtet die schärfsten Intelligenzen der Akteure, Regisseure, Techniker, daher interessiert er mich in seinen Möglichkeiten. Ich weiß, daß ein Husten Bassermanns mehr ist als die Film-Zauber des Nils. Aber es verlangt mich gelegentlich auf Seglern das Meer vor Nizza zu schauen, oder den Pullmanzug durch die Prärien rattern zu sehen und angewidert von der Arroganz und Erfindungslahmheit der zeitgenössischen Dichter eine Handlung in fabelhaften Kurven vor mir hinsurren zu spüren.

Ich ziehe es vor, ein Drama in Verfolgung und Erschießen im Ballon und die Maskierung von Verbrechern atemlos zu verfolgen als im Theater erleben zu müssen, wie Gerhart Hauptmann sich die seelischen Konflikte der Azteken Mexikos vorstellt – und ich achte staunend lieber darauf, wie von Häusern herabgeklettert wird und mit welchem Anstand man heute doch noch irgendwo scheinbar lebt und Haltung behält, reitet und schießt und das Ganze im Bildflimmern zusammensetzt, als daß ich schlafmohnumwunden die Dreizehn Bücher der Deutschen Seele von Wilhelm Schäfer lese. Wer Saphire in ein Zahnrad schmeißt, ist ein Idiot, wer Kunst in den Film trichtert, den weise man aus der guten Gesellschaft. Ich bin für den Film, wenn es mir Lust macht, und dagegen, wenn ich Unbehagen habe. Ich tue ebenso tausend andere Dinge, die mit Kunst nichts zu tun haben, ich reise, ich spiele Croquet, ich beschäftige mich mit meinem Hund, und niemand wird mit mir über Kunst dabei diskutieren, sondern höflich bei seinem Thema bleiben. Es blieb den deutschen Dichtern vorbehalten, die so weltunwissend wie abgründig in ihrem Ausdruck sind, daß sie, die unter maßloser Überschätzung ihres Berufes leben und Welt und Wolken und Schicksal nur unter dem Gesichtspunkt ihrer Verse und Szenen erbärmlich zu sehen wissen, es blieb ihnen vorbehalten, Bannstrahle „gegen Unbekannt" zu schleudern und da von Kunst zu reden, wo es ums Geldverdienen geht.

Als Friedrich der Große, der sein Leben lang eifersüchtig auf Voltaires besseres Hirn war, Rapporte las, die ihn veranlaßten loszuschlagen oder zu verlieren, sagte er, beschwingt von dem schöpferischen Atem, der ihn beim Handeln endlich gegen den geistigen Nebenbuhler bevorzugte, ein wenig spöttisch vergleichend: „Was würde Voltaire tun?", und schlug los. Er meinte, die Dinge im Leben gehörten sauber auseinander und er wäre gewiß der Ansicht gewesen, daß das Erlernen der Filmtechnik für deutsche Autoren wegen ihres Tempos und ihrer belebenden Form und auch für das Einkommen der Guten förderlicher sei, als daß man in dem Gebiet der Kunst für Geld erschreckliche Dinge tue von Balzacs Anfangsromanen bis zu Hauptmanns „Lohengrin" und dem Kriminalbuch der waffenfrohen Amazone Huch. Um etwas anderes kann es sich beim Streit um den Film nicht handeln, denn das wäre nicht nur dumm, es wäre schon gefährlich. [1922]

Buster Keaton in „Der General" (1927)

# Carlo Mierendorff

*Carlo Mierendorff, geboren am 24. März 1897, von gutbürgerlicher Herkunft, aber als Pennäler in Darmstadt bei weitem kein Musterschüler: mit Theo Haubach (später Pressechef des Berliner Polizeipräsidiums) hatte er eine Wette laufen, wer als erster den hundertsten Tadel ins Klassenbuch eingetragen erhalte. Schon als Primaner Mitbegründer des Verlags „Die Dachstube"; 1914 Notreifeprüfung und Meldung als Kriegsfreiwilliger; Frontdienst, hohe und höchste Auszeichnungen. Nach dem Krieg, 1919/20, gab Mierendorff mit dem Dachstubenkollektiv in Darmstadt das knallrote „Tribunal" heraus; gleichzeitig studierte er in Freiburg, München und Heidelberg; 1922 Dr. phil.; 1923 Sekretär des Transportarbeiterverbandes in Berlin und andere gewerkschaftliche und politische Tätigkeit; Redakteur am „Hessischen Volksfreund" in Darmstadt; Reichstagsabgeordneter (SPD), wobei manches, was er vertritt, den alten Parteigenossen ein wenig „nach Atelierluft und Literatenzönakel" riecht; 1930 Pressereferent im hessischen Innenministerium; 1933–37 Konzentrationslager; nach seiner Entlassung illegale politische Tätigkeit; umgekommen am 4. Dezember 1943 bei einem Fliegerangriff auf Leipzig.*

*Diese Angaben haben ihre Berechtigung, weil Carlo Mierendorff nach seinem politischen Wirken (nicht als Literat) beurteilt werden wollte. „Jetzt, wo die Zeit so riesengroß, so schaurig selber mit den letzten Dingen ringt", heißt es in seinem Aufruf vom November 1918, „ist sie selbst das Maß aller Werte geworden, und wehe der Kunst, die sie überspringt." Zur Kunst gehörte auch der Film. Trotzdem liegt die Bedeutung der Schrift „Hätte ich das Kino!" nicht so sehr im Ruf nach dem Propagandafilm – es gab schließlich noch andere Kreise, für die der Film nichts als ein Volkserziehungsmittel war; reizvoll ist die Schrift vielmehr als Rechenschaft über frühes Kino, wie sie ein Prosaist, der an den jungen Büchner gemahnt, hier ablegte. (Von einer späteren Abhandlung, „Über die Grenzen von Film und Bühne", 1923, läßt sich das nicht behaupten.)*

*Der Titel scheint auf Kasimir Edschmid zurückzugehen, der in „Kerstin" (Erzählung, 1919) sich wie Mierendorff über das min-*

derwertige Zeug beklagt, das Henny Porten zu spielen bekommt: „Hat man je den Mut gehabt, das Spiel auf das Strenge zu richten. Man verzeiht. Man lächelt. Niemand klagt an. O, wenn ich die Kinos alle hätt in meiner Hand!" Edschmid, der Mierendorffs Essay angeregt hatte, betonte bei Gelegenheit der von Fritz Usinger und Joseph Würth 1947 veranstalteten Gedenkausgabe, „nicht nur seiner Einsichten halber, sondern auch der Form wegen" rechtfertige sich ein Neudruck. Was man vom Leben Mierendorffs gesagt hat – „seiner brausenden Kraft, von olympischem Licht überstrahlt, von dionysischer Heiterkeit durchströmt, prangend in barockem Ungestüm" (Theodor Haubach) – es gilt auch für diese Schrift, erschienen 1920 in einer von Edschmid herausgegebenen Reihe; um mehr als die Hälfte gekürzt (ohne die Teile II, III und V) in den „Weißen Blättern" (Februar 1920).

## Hätte ich das Kino!

I

Aus der Schaubude wuchs das Bild. Die blutrünstigen, bunten, hingekleckstenen Panoramen: das Erdbeben von Messina, die Ermordung des Grafen Eckesvordt, den Untergang der Nordpolexpedition erlebte das Volk, die Nasen an die Gläser gepreßt. Es war seine Zeitung, war Welt, Absonderliches, Irgendwo, Geheimnis, Grausamkeit, Fabelwelt. Dinge, ohne die der Mensch nicht sein kann, daß zutiefst sie lieben, sie wertvoll macht. Der Trieb zum Verteufelten hockt in uns, ist zu befriedigen.

Ehedem gab es den Orkus, die Hölle, den Blocksberg, gab es den Äthiopier – erschaffen von der amorphen Masse, die im Dunkeln irrt, Formung jenes rätselvollen Nebels, der die Erde umschließt.

Die schwankenden Leinwände der Meßbuden waren Vergewisserung der Phantasie. Hier rundet sich das Weltbild. Der Mensch, der sich bloß fragmentarisch spürt, hat den Drang, des Daseins Anfang und Ende in seine Hand zusammenzubiegen, auf dem Nabel der Erde zu stehen.

Aber in einer Zeit, die alle in Beziehung setzt zu allen, konnte das starre Bild nicht mehr genügen. Wechsel und Fülle mußten herbei. Da mußten die Leinwände lebendig werden, damit der Mensch, jener durch den höchsten Grad der Unbewußtheit bedrängteste, der von unten her auf die Welt blickend nur kleinsten Ausschnitt von ihr erfaßt, der ohne Überblick und ohne Hinflug über die Landkarten ist, seiner bewußt werde, sich begreife und abgebildet sehe. So wurde das Kino.

Und da im untersten Menschen, dem abgesperrtesten von allen, dem Proleten, dieser Drang am gewaltigsten ist, wurde das Kino sein.

*Das Kino ist sein Pan-optikum.*

Hier empfängt er das Leben.

Es ist die Klasse der ohne Buch Lebenden:

Die mit dem Sprachschatz von 60 Worten.

Die fernab allem Schönlingtum, das sich plustert beim Bravo seines Dutzend Leser (seien es auch 100, seien es auch 1000).

Die nie ein Autor erreicht, vielleicht noch eine Zeitung, vielleicht noch ein Flugblatt, vielleicht noch ein Fünfminuten-Redner während einer Wahlkampagne, und die dann zurücktauchen in ihre Anonymität.

Sie hat das Kino. Hierher kommen sie, selbstverständlich, immer, hier sind sie ohne Mißtrauen, hier empfangen sie Begeisterung, Schmerz, Spaß, Entrückung. Ein Publikum, millionenstark, das kommt, lebt und vergeht, das keinen Namen hat und das doch da ist, das, in seiner ungeheuren Masse sich bewegend, alles gestaltet, und das man darum in die Hand bekommen muß.

Es gibt kein anderes Mittel als das Kino.

Was ist daneben das Buch?

Was ist daneben das Theater?

Literatur wurde längst Gespiel, ein Selbstbetrug. An einer Statistik der Leser würde die Überheblichkeit der Dichter zu einem Witz. Sie vermögen nicht in den Umschwung des Lebens einzugreifen. Sie stehen auf dem Rand. Statt zu wirken, reden sie nach dem Diktionär der Akademie. Man sollte ein Pogrom gegen sie machen. Die Welt kann ohne sie laufen. Sie stünde still, nähme man das Kino heraus.

Kunst ist zentrifugal gerichtet. Das Publikum ist imstande, sich ihr zu entziehen. Gutes zu schreiben erscheint heute hoffnungslos. Es wird Makulatur. Was Echo hat, dringt nur als Unterhaltung vor, nie als Kunst.

Auch im Theater. Es will das Publikum, aber es kämpft umsonst. Die Stücke werden gesehen, nicht mehr gehört. Wenn es in die Tiefe geht, hockt das Parterre öchsisch da. Eine reinliche Scheidung täte gut: kleine Theater für alle vom Wort Lebenden, für die anderen Kinos, viele Kinos, beste Kinos. Denn mehr und mehr verliert der Mensch die große Gabe, Welt sich aufzubauen aus dem Wort. Er lebt stumm: in Stockwerke geschichtet; sich in Trambahnen gegenüber; nebeneinander in Restaurants; stumm Passant an Passant auf der Straße. Der Naheste wird zum Entferntesten. Brücke zur Gemeinschaft schlägt manchmal noch das Wort, wenn Redner (o Rarität) von Autodächern herabreden. Schon überflügelt sie die Zeitung, die stumme, tonlose Zeichensprache der Leitartikel. Mit dem Auge hört der Mensch. Er verliert das innere Gesicht, das Wort wird Schemen. „Baum", – „Pferd", – „Himmel", – da leuchtet nichts mehr auf. Sein Ohr ertaubt. Die Welt empfängt er nur noch durch das Auge.

Der Aktivismus genügt nicht, er bestürmt nur eine Klasse. Damit die ganze menschliche Gesellschaft revolutionieren? Von oben herab? Man sprengt keine Geldschränke mit Zündplättchen. Man weiß: irgendwie müssen Idee und Masse in untrennbarem Konkubinat sein. Was hilft es, sie in einzelne Köpfe rammen? Längst verlor, wer Masse noch zu profilieren vermöchte, seine Führerschaft, jene rätselvolle, wechselseitige Verbundenheit, die seismographischer Natur.

Es muß versucht werden, an die Masse heranzukommen, soll nicht jeder Versuch hoffnungslos sein, das Dasein zu gestalten.

Wir müssen das Kino haben.

Seit das Kino, aufgewachsen zu einem ungeheuren Vieh, über Europa lagert, schmarotzert es aus allen Taschen. Es schlug alle in Bann. Niemand entgeht ihm. Da es für alle lebt, lebt es von allen.

Das Publikum des Kino ist das klassenlose Publikum.

Ich sehe in die U. T., die Kammer-Lichtspiele, die Biograph, die Palastkinema, die Edison-, Bio-, die Eden-Theater: die schräg unter die Stadtsohle gebohrten Katakomben, die langen Schläuche, träg hingewälzt mit großem Maul einsaugend; in denen gespenstisch Leuchtkäfer vor Tappenden herirren; die alles vorpressen nahe an das gewaltige quadratische flirrende Auge heran, das hext, bedroht und zu Boden hält:

Hafenarbeiter und Geldleute, Spülmädchen und Sängerinnen.

Kanzlist, der auf der flirrenden Wand sich – so meint er – aufsteigen sieht (Traum!) zu Chef und Direktor.

Ladnerin, beglückt, sieht sie da oben von Graf und Baron geliebt sich selbst.

Junger Mann, der sich den Schick abguckt.

Einer mit Sektgeruch.

Damen, auf das „Letzte" aus.

Person, dabei, einen zu beklauen.

Herren, die gähnen.

Ein Paar, schon das dritte Mal da.

Kellner und Büglerinnen, Dienstmänner und Modelle, Chauffeure und Ehefrauen, Maler und Milchmädchen, Jockeis und Schülerinnen, Rote Radler und Friseusen, Möbeltransporteure und Dienstboten, Damen mit Diamanten und Metzgerburschen, Pferdejungen und Reisende. Nicht anders gespalten als in vier Plätze. Ungetrennt, eins, verschweißt vom Schweiß der Erschütterung, Brücken geschlagen, geballt. In den Logen Parfüm und knisternd seidene Robe, vorne Wind aus Apfelsinenschalen und Mützen ins Genick. Größter Lust sei Leinwand am nächsten. Gekreisch vorn – hinten Gelächel. Monokels an Manchesterbeinen verächtlich vorbei. Eng gekeilt, kein hochgeklappter Sitz, keucht in der Verfinsterung der Zuschauer unter dem Bild, das vorüberprescht. Schweiß bricht aus.

Der Film spult: Jetzt packt er das Weib an da oben. Unten fühlt jedes Weib sich gepackt, packt jeder Mann. Fieber entsteht, Geseufz. Ein Schirm fällt. Man muß sich bückend unter Röcke langen. Fleisch tanzt an Fleisch. Dunkel tanzt das Lokal auf unserem Genick. Durch die Dünstung prasseln, Projektile, grünlich: Zimmer, Waldsaum, Kavaliere. Wer kann noch entfliehen? Das Weiß blitzt. Das Schwarz huscht. Das Licht streut sich. Vibration ist süße Betäubung. Die Hast lullt ein. Dampf aus der Haut. Dünstung schwängert die Sinne torkelnd. Viele sind schon vorgebeugt, in Schlaf schwankend. Kopf an dürftige Brust sanft gelehnt. Umarmte. Wispernde, Applaus. Hallo. Protest. Stieräugige. Zoten. Gefeix.

Licht flammt auf, der Bann reißt, erleichtert, in Schweigen, erlöst umblinzeln sich: Monteure, Briefträger, Zylinder, Matrosen, Schiffsknechte, Portiers, Kopftücher, Kommis, Bergarbeiter, Kokotten, Fuhrmänner, Dandys, Lehrlinge, Kellnerinnen, Rayonchefs, Sergeanten, Strohhüte, Herren im Cut, Ballonmützen, Dichter, Ehemänner, Gebildete. Schon scheint es, der Mensch muß ins Kino, um sich zu erhalten.

Aus Maschinenhallen und Warenhäusern, aus Kellern und Mietsvierteln, aus Landhäusern, aus dem Osten der Großstädte, aus Untergrundbahnen, Trams, aus Gießereien, Fabriken, Bureaus steigt der Mensch empor. Ein unendlicher Zug in die Kinos der Metropolen und der Provinzstädte.

Die in Dörfern sahen das Geschiebe der Citys, Lichtmaste, Autos, Fassaden der Hotels, Bahnhöfe.

Die in Städten sahen Waldgebirge, Telegraphendrähte, Chausseen, Friedlichkeit. Da war Fremder fremdem Kontinent gegenüber, Wüsten, dem Meer, China und Indien.    Dunkle Verbrämung fiel.

II

Deutlich ist heute, wie tief das Kino verrottete. Mit den namhaften Dichtern begann es, als sie ihren Arm der Sache zu leihen sich drängten, als Sudermann im „Katzensteg" verfilmt auch dem kleinsten Manne sich darbot, als Paul Lindau „den Andern" Bassermann auf den Leib schnitt, als das ganze Geschmeiß bourgeoiser Künstlerschaft sich auf das Kino warf, es zu heben beflissen (Konjunktur witternd), als man es, nun geneigt, über die dunkle Herkunft wegzusehen, für gesellschaftsfähig erklärte, da es als Kunst entdeckt wurde – seitdem spiegelt das Kino nur den Tiefstand bürgerlicher Kultur, rein, unverblümt, schamlos, den Kitsch. Nach seinem Bilde wandelte der Bürger das Kino.

Unsinnig zu behaupten, vor dieser Epoche hätte im Kino Kitsch gefehlt. Der Autor des ersten Films konnte nicht ohne ihn sein. Aber das Kino war ursprünglich die wildeste Erscheinung, der elementarste Durchbruch des Triebhaften im Demos. Aus dem infernalischen Gestank der Hinterhöfe stieg es auf, die Trostlosigkeit der Vorstädte gebar es. Dürstende griffen nach ihm. So wurde nichts Irdisches ihm fremd.

Gewaltig wuchs da auf: Verbrechen, Zotiges, Lüsternheit, Haß, Schmeichelei und Abenteuer. Betörender Glanz von Millionenschlössern aus naiver Phantasie erschaffen. Schauer endloser Indianerfilms: die Prärie, Mokassins, Rifleman, die Jagdgründe, Trapper, Wigwam, Überfall, Tomahawk, Canoe, Büffel, Bären und Lassos. Da war der Mord, Nick Carter, Wolkenkratzer und Spielhöllen.

Teuflisch und hinreißend schwangen die Films unserer Kindtage mächtig aus. Zwischen Bretterverschlägen im Dunkel hingebogen vor der Leinwand, bebte unser Herz laut. Da war „Opfertod", „Der Leidensweg einer Frau", „Das Geheimnis des Bergsees", „Im Banne der Leidenschaft". Fieberüberjagt, voll Tränen, erschütternd. Films kraß, knallig, Films unvollkommen arm, rührend vor Hilflosigkeit, kitschig ja, aber noch im Kitsch unerhört, ausladend, Films – o Gipfel – der Asta Nielsen, Kinokönigin.

Dies ist vorbei: Vorbei das Unerhörte, Gewagte, Riskante. Biederkeit glotzt uns an. Prächtig ist die Hebung geglückt. Keine Kühnheit mehr, die dort war, sei es auch nur im Gemeinen. Der Bürger hat triumphiert. Zu feig selbst zum Exzeß und zu mager duldet er nur eins: die Platitüde. Ich hasse die Zensur. Alles wälzt sie platt. War es schon barbarisch, so war es doch reich. Jetzt aber ist alles verbravt, geechtet, arm, weil phantasielos. Instinktverlassene Regisseure verstehen kaum noch, mit den Dingen zu jonglieren, sie durcheinander zu wirbeln: Autojagd, Schlafzimmer, Rennbahn, Pistolenschuß, Hoteldiebe, Start der Aeros. Ihr armseliges Repertoire dreht karussellhaft lahm vorbei. Nicht einmal ausschweifend im Erlaubten. Immer gesetzt.

Sieht man noch eine Hetze über Dächer?

Sie nahmen dem Film das berauschende Tempo. Die eingedickte Bürgerlichkeit konnte nicht mehr mit. Waghalsigkeit erschreckte sie. Turbulenz regte auf.

Sie wollte Sinn und Inhalt.

Der Abenteurer sank unter, das Familienstück stieg auf. Piraten im malayischen Archipel wurden disqualifiziert – kleines Malheur in der Liebe wird täglich abgewandelt. Nirgendwo mehr Kaschemmen, nirgendwo mehr Apachen. Die Welt ist zu Ende gleich hinter der Haustür. Nur noch Salons, Festtafeln, Boudoirs, Verbeugung, Gelächel. Immer der gleiche renitente Zirkel, öd, zum Gähnen: das ist das Gesellschaftsstück.

Das Kino trägt sein Gesetz in sich. Aber statt es aufzuspüren, schielte man bloß nach der Wortbühne, stilisierte man sich nach dem Theater hin, verpöbelte das Drama, kopierte das Äußerliche und verlor so allen Grund unter den Füßen. In das hochtragische Schicksals- und Sittendrama kroch das Pathos der „Gartenlaube". Kitsch verlor letzte Großzügigkeit, die ihn fast adelte, und lief auf seichte provinzielle Mittelmäßigkeit auf. Kitsch wurde feig und um so unerträglicher. Geht es um Liebe, ist sie nur legitimiert. Ausschweifung wird saftlos, Kitzel gänzlich kastriert. Gerieben in Andeutung, das Anstößige nur ins Erlaubte gerückt, gibt man statt Puff – Bar, statt Hochzeitsnacht – Standesamt, statt Trikot – Decolleté, statt Vergewaltigung – vielleicht noch Umarmung.

Lawinen solchen Schlammes stürzen täglich die Unternehmer aufs Volk, Kilometer werden als Prostitution, Weg zur Verdammnis, Paradies der Dirnen, Demi vierges frech und prahlerisch ausgeschrien, um Gestümper an den Mann zu bringen.

Immer siegt Polizei – nie der Verbrecher.

Immer biegt die Affäre versöhnlich um – nie mehr wird der Held gefällt oder fällt er sich.

Nie mehr Schicksal, bloß Geschwätzigkeit.

Films, die nur da sind, den Edelmut der Besitzenden leuchten zu lassen, wo Liebe und Güte nur Züge der herrschenden Klasse sind, die Romantik des Kapitalismus.

Und immer weiter frißt Bonhomie um sich.

Den Schlager selbst ergreift Gemütlichkeit. Historische Maskeraden vor klassischen Kulissen befriedigen tief. Beethoven wird Held und Lassalle und die Königin Luise. Von „Quo vadis" bis zum „Grafen von Monte Christo" wurde alles lebensecht gemacht. Wobei doch nichts lächerlicher im Film ist als Pappdeckelrüstung und Toga, römisches Kostümfest; aus Staffage Alexanders Weltreich! Gefilmter Ägypter, o Anachronismus!

Zu solchem Bastard degenerierte der Film.

Und so geht es weiter.

Einst gab es den phantasievollen Hintertreppenroman. Er starb längst. Dahin sind selbst die Detektivs. Anstatt mit Pistole und Blendlaterne hantieren sie schon mit Herzen, wurden sie Liebeshelden. Gauner, deren Echtheit kein Mensch mehr glaubt.

Wie groß einst der Scharfsinn des Sherlock Holmes. Wie dünn dagegen die Erfindung der Harry Higgs, Joe Debbs, Stuart Webbs. Wie blaß die Verschränkung. Wie langweilig und wie parfümiert.

Die Tradition endgültig auslöschend, zieht man schon Genuß aus wissenschaftlicher Unterhaltung, stieg man zur Mythologie herab.

Kuppelt man Musikkorps bei zur Bequemlichkeit und Akkuratesse, spielt man Kultur, Belehrung, Erziehung, machte man aus der Tragödie des Schlachtfeldes eine Attraktion (dies war der Gipfel).

So faul wurde der Bourgeois, daß er alles auf die Maschine setzt, nichts mehr aufs Hirn: Der stereoskopische Film und Film in vier Farben würden endgültig das Theater zerschmettern.

Vollendung im Technischen soll die Ärmlichkeit übertünchen. Aber ganz vollkommen wird das Kino auch ganz ruiniert sein.

III

Nur das Sichtbare hat im Kino Geltung. Es geht nicht, dünnes Geschehen langer Konversationsromane in Bilder zu zerdehnen; Nebensächliches bläht sich dann auf, das Wichtige wird in

Sekunden abgetan. Da ist kein Gleichgewicht. Das Nebenbei dominiert. Vom Problem wird im Schriftband gelesen, es kann nicht auftreten. Dramatisches soll erscheinen. Sichtbar wird Oberfläche. Belangloses spielt sich breit aus, Kostüm trumpft als wesentlich auf. Es wird Abrutsch in Drum-herum: Daß einer, ein wenig Hände in den Taschen, aus der Tür tritt, einer Droschke winkt, fährt (Straßen, Passanten, Litfaßsäulen, Vorgärten), hält, aussteigt, zahlt, am Haus emporsieht (Zigarette!), hineingeht, zwei Treppen hinauf, schellt, wartet, grüßt, eine Karte zieht, im Salon ist, dasteht, sich wendet, eine Hand küßt, lächelt –?

Das ist die Mißgeburt aus Buch und Photographie, Gesellschaftsstück. Verbildert wird Ullstein bequemer.

Seelisches könne nicht photographiert werden? Gedanke sei nicht bildbar? Gibt es nicht etwas wie die Indiskretion der Kamera, das Objektiv, das alles objektiviert, in alles linst, alles unerbittlich aufzuzeichnen und zu zeigen vermag, alles mühelos aneinanderreihen, immer direkt schildern kann, daß es Geheimnisse nicht mehr gibt, weder unter Menschen auf Straßen, noch bei Familien in Wohnungen, noch in den Menschen auf ihren Gesichtern? Die exponierte Platte ist der barsche Entlarver alles Verborgenen, der lauernde Beobachter aller Innerlichkeiten.

Etwa: der Portier (ein Hoteldieb) schiebt den Windfang: da – der Detektiv. Bonjour. Beherrschtheit. Der Detektiv passiert. Der Portier sieht unverwandt durchs Fenster. Der Detektiv gleitet schlendernd die Treppe hinan. Der Portier, Gesicht groß, zerrissen: findet er das Zimmer? Das Regal? Das Geheimfach?? Der Detektiv – verschwunden. Der Portier unverwandt geradeaus. Dies ist der Monolog des Films.

Wie aber, wenn erst die Dinge ihre Monologe begönnen . . .? Kommoden, aus denen verlassene Kleider herauswandeln. Registraturen, die herabsteigen. Akten, die Tragödien entblättern. Banknoten aus Defraudantenhänden. Von Mord befleckte Betten. Kassetten der Geizkragen. Geschwätzige Toilettentische. Geflüster der *rideaux de lit.* Keller von Engelmacherinnen. Kaschemmentische, wo im Likörsaft Daumen kleben. Vergessene Kirchspeicher. Spinnwebige Wohnungen. Spiegel, die Gesichter wiederbringend, die sich wohlgefällig hineingruben.

Spielt es doch!

Oder den menschlosen Film. Kein rasselndes Leben. Voll Öde. Es filmt, es filmt, und nichts geschieht.

Oder die abergläubische Symbolik, die Fingerzeige des Jenseitigen, die Vorboten der unteren und der oberen Geister.

Der Wunschmord. Nadelstich in den Busen der Photographie, und eine Lebende sinkt tot um, ganz anderswo.

Das Aschenkreuz malt sich an. Der Matrose ist ertrunken.

Das sind Zeichen. Deutungen.

Nichts aber teilt jäher und direkter innere Bewegtheit mit als die Gebärde. Schlechte Films, die seitenlang Text bringen. Was vorgeht, muß sich selbst erklären. Aber unter unserem Breitengrad ist der Gebärdenschatz gering. Die Gesten der Menschen genügen nicht. Die Gebärde der Dinge muß hinzu. Jedes trägt die seine. Das macht Kino dem Theater so sehr überlegen: seine Bühne ist nicht starr, festgelegt, gebunden oder beengt. Alle Dinge der Welt kann das Kino jederzeit zu Hilfe und in sein Bereich ziehen. Sie müssen alle mitspielen. Auch auf der technisch vollkommensten Bühne bleibt, was einmal dasteht, kalt, ein Requisit: Tisch, Schrank, Gartengrün, ein Zaun. Erst das Wort des Dichters aus dem Mund der Schauspieler zaubert alles über das Proszenium herein. Scheinbar fängt alles dann zu wandeln an. Auf frühen Bühnen der Mysterien, arm an Szenarium, machte reiche Metapher und dicht gefülltes, verschwenderisches Wort es wett, vermochten sie nicht, die Illusion zu runden. Die Entwicklung kann seit der Erfindung des Bioskops zu schöner läuternder Sonderung zurückführen: Reiches Wort mag auf Kulisse verzichten. In Realitäten, fächerhaft auf und ab, steht Kino auf sich selbst: dem Bild.

Denn Bild kapiert man mühelos. Das ist die Verlockung des Kino.

Bild brennt sich unentrinnbar ein, und das ist seine Überlegenheit über die Schaubühne. Fällt von dort das Wort, wird auf jedem Platz andere Vorstellung schlagartig hell. Sagt der Schauspieler „Mädchen", „Morgenrot" oder „Park", sieht jeder Hörer ein eigenes Bild. Eindeutig, für alle restlos von gleicher Kontur umrissen, steht projiziert im Film fest: das Café, die Ballszene.

Aber die Eindeutigkeit muß eine Lücke weisen, das zu ermöglichen, was Kino bisher noch nicht hatte: die Komödie. Was da ist, die dummpeinliche Situation (daß hagere Jungfern Wänste umarmen), wo Geste zur Grimasse wird. Dem Wort, dem Tonfall, der Nuance ist es leicht, in einem Ja und Nein zu sagen, zu gehen und nicht von der Stelle zu rücken, schmeichelnd zu beleidigen. Dem komödienhaften Ton wandle sich das komödienhafte Bild an. Aus Geste muß Gestikulation, aus Doppelzüngigkeit Doppelhändigkeit werden. Das, was die Hand beschwört, leugnet der Fuß ab; was das Gesicht bewundert, veräfft der Popo. *En face* ein Ehrenmann, vom Rücken ein Filou.

Warum auch nicht zwei Films so ineinanderschieben, daß der eine aufrecht, der andere auf dem Kopf steht? Welch ein Zusammenspiel. Unten die Maske, das Verlogene, oben die Demaskierung. Unten stumme Unterredung, oben ablaufend das Erzählte. Wie toll aber, geht beides ineinander über. Daß ein Auto fährt, einer herausstürzt und mit dem Bauch kleben bleibt, in der Luft hängend; oder daß er stürzt, von einem Schauplatz in den andern stürzt, vom Balkon zur Billardpartie.

Dann würde auch das Kino Schein, wie das Theater. Bisher ist es nur Tatsächlichkeit, dem Zirkus näher als der Bühne. Wirft sich dort wer selbstmörderisch über einen Felsen, so sind das 5 Meter und Pappe. Man schauert nicht. Im Kino ist es immer Abgrund (nie Attrappe), und echter Tollmut, aus dem D-Zug von dem

Viadukt herabzuspringen. Lebensgefahr wird nicht geheuchelt, kitzelnde Balance zwischen Leben und im nächsten Augenblick sicher Totsein wird verflucht handgreiflich.

Dies, großen Wirrwarr, durcheinander verschlungen eng gedrängt, auf einmal zu spulen, führt nahe an das futuristische Bild heran, das insofern Kino, als es Starre durchbricht, Chaotik wandelnder Ansicht emporführt; doch eng begrenzter als das Kino, da Anschein des Ablaufs in simultanes Bild einzupressen ist.

Das Filmbild ist auch nicht dem Bild schlechthin gleichzusetzen. Es spottet jedem physikalischen Gesetz. Es ist nicht Bild, das unter statischem Gesetz aus einer Mitte heraus nach allen Seiten sich verbreitet. Üblicher Betrachtung, organisch Gewachsenes von der Wurzel her (natürliche Gewohnheit) aufzunehmen, entweicht es. Von oben stürzt alles herein. Von oben schießt alles nach. Auch hier Norm der Körperlichkeit gesprengt. In katastrophalem Vertikalismus jagen die Bilder herunter. Alles nach unten zugespitzt. Nichts bestürzender, als wenn Kreatur von oben her nachwächst. Punkte vom Rande gelöst (nicht aus dem Horizont brechen sie hervor), regnen herab und werden strömend Kavalkaden, Fechter, Renner, Sektflaschen, Kartenspiel und Geld. Das ist die Entwurzelung.

Hier fängt die Beobachtung an, daß Kino nichts ist als Darstellung des automatisierten Menschen. Daß man es nicht bemerke, hilft Musik mit. Rasselnd einst Orchestrion, als es noch blies und schnaufte. Harmonium, von dem Traurigkeit in die Herzen weht. Über allem Puccinis Geschluchz. Gut wie keine, dazu alle Musik von Beethoven, weil sie immer marschiert.

Wo nur das Auge lebt, wo übrige Realität aufhört, wo alle anderen Sinne ausgeschaltet sind, muß Musik herbei, die tanzenden Schemen zu versinnbildlichen: zu Blut und Fleisch und Saft und Duft.

Schreit einer und man hört es nicht, so mag wohl sein Schrei untergegangen sein im Gelärm der Musik. Schreit es aber und man vernimmt nichts – muß man sich anklammern. Wenn Musik aufhört, wird es fürchterlich, gespenstisch und Spuk. Das ist dann nicht mehr hier: Heben Herren die Hüte, sausen Autos auf, geben Mädchen sich hin, legt einer die Pistole an die Stirn... verstummt, fern, entsetzlich, das ist Weltuntergang. Melodie aber verirdischt die Imagination, macht nah, und erlöst leben wir lächelnd wieder drüber hin.

So gewaltig ist der Kampf zwischen dem dämonischen Auge da droben und dem Süßen der Musik, daß sie zerstört wird, sich verzerrt. Gefressen wird, ihr Gesicht verliert. Man hört nicht mehr den Marsch, die Arie, die Serenade, den bel canto: nur was der Film flirrt, klingt: Gelächter und Schuß und Parfüm und Klingel und Hufe und Unterhaltung und Geschluchz und Atem.

Fern wie aus Kellern dringt die Musik herauf, seltsam gespielt wie unter dem trüben Spiegel von Tümpeln, fern wie in Taucherglocken. Erinnert es nicht an das hysterische Gewimmer der Caveauklaviere?

Die Dramaturgie des Kinos ward noch nicht geschrieben. Ein Brachfeld der Möglichkeiten.

IV

Vielleicht wird auf solche Weise, nicht durch gedankenlose Kopie von Literatur und Theater, ein zukünftiger Film und Kino einmal eine Kunstform. Ich glaube es.

Unnötig, schon hier dies so sehr in den Mittelpunkt zu rücken. Vorläufig steht Einfacheres bevor:

Ursprünglichster Film war nicht nur Liebelei und *cochonnerie*. Er war es auf den Antillen oder in Afrika oder Whitechapel. Das ist ein Unterschied. Auch um dieses Kitzels willen mußte Film herbei.

Es kam auch an auf den Mord, die Vergewaltigung, den Einbruch, die Entführung. Aber es kam ebenso sehr an auf die Indienfahrer, die Bowiemesser und den Urwald. Sähen das bloß die durchschnittlichen Filmschreiber wieder ein, wären sie burschikos statt sentimental, schon wäre Kitsch geflogen, und das Kino hätte Eigenart und Wert.

Warum muß Henny Porten Kitsch spielen? Den kitschigen Vorwurf fordere das Volk? Nichts verlogener als dies; gedankenloses Gerede des profitverfetteten Phlegmas, das, um seine Taschen voll zu machen, den Instinkt der Masse proklamiert.

Henny Porten sollte nicht Kitsch spielen. Die Wirkung eines Kitschfilms ist verheerender als jede Romanserie. Den gleichen Aktionsradius könnte das Gute haben. Was gesucht wird, sind die Lieblinge. Es geht nicht um den Film allein, es geht um Erna Morena so gut wie um Gunnar Tolnaes. Zu ihnen drängt der Zuschauer. Ihr schönes Lächeln und sein Sturm überwindet, macht willenlos. Faszination gibt ihnen Gewalt über das Volk.

Henny Porten darf nicht mehr Kitsch spielen. So geliebt werden macht verantwortlich. Auf jeder Leinwand wird man sie suchen, auch im ungekitschten Stück.

Es gab gute Films. Wo sind sie? Wer durfte es wagen, sie zum Gerümpel zu werfen?

Vorderhand genügt, die Unterhaltung im Film ist Sensation, sein Terrain das Abenteuer. Besser Bombenattentate als Familienszene, besser Verwegenheit als Rührstück. Alle fabelhaften Erhebungen des Erdballs, vom Großartigen hinab bis ins Gemeine, mögen die Films anfüllen: Traum von Policemen, die Goldküste, Fjords und Robbenjäger, Achter auf der Seine, Lustmord und Long-Island, Neger, Dompteure, Gletscher, Reiterkampf in Peru, elektrischer Stuhl in Sing-Sing, Hamburger Kai, Aufruhr in Mexiko, im Kanu den Amazonas hinab, Lüstlinge, Lappen und Renntiere, Strand von Biarritz, Monsun, Zyklone und Blizzards, Spazierfahrt in Reykjavik, Schiffsalut und Schauspielerinnen, *Indiamen* und Akrobaten, Jagd in den Dschungeln,

Bordells von Hongkong, Chinesen, Grizzlys und Eisberge, Gärten Stockholms, Landgut in England, das Rote Meer, Niagarafall, Potsdamer Platz und Tiger, der Ätna, Sonne auf Kairo, Giftmorde, Gorillas, San Franzisko, Mandelbäume unter dem Fudschijama, Rauferei in Grenzschenken, Mondsichel über der Alhambra, Tänzerinnen und Squaws, der Chimborasso, Feuerland und die Sierra Nevada, Panorama auf Sidney, Blitzzüge und Santa Fé, Cañon des Colorado, Stierkämpfe, die Sphinx.

Irdische Phantasie von rasendster Aktualität.

Im Kino betrachte ich die Zeit. Am Kino bricht sich die Zeit. Zuckender Querschnitt durch sie, rüde, groß, gemein, Abschaum fliegt, Schwären, unecht und verlogen und doch zutiefst wahr.

Wo die Welt des Kinos aber die diesseitige übertrifft, grenzt es an die Sphäre, die unbestreitbar nur des Kinos ist: die Phantastik. Technik vermag alles zu überwinden, alles zu ermöglichen.

Keine Übertragung der Romantik, keine platte Verfilmung von Poe, Hoffmann oder Barbey d'Aurevilly. Aufbau ganz eigener Phantastik, der alle Zusammenfügung dienstbar ist.

Erst das Traumgefild „die andere Seite", wo alle Statik aufgehoben ist.

Dann eine neue Art von grotesken Mißverhältnissen. Aus dem Wortwitz wird im Bild das Groteske. Wo Köpfe sich vertauschen, einer einen lebenden Ochsen frißt, Beine allein promenieren, ein Furz die Nationalversammlung in Trümmer fegt. Das mag noch lustig sein, wenn alles auf dem Kopfe steht.

Dann mag es Spiegel werden, der sich allen vorhält: das bist du. Ich wünschte dem Film einen Rabelais.

Schauerlich aber wird es, wenn erst die Dinge lebendig werden, zu Revanche sich aufstemmen, Spießruten, wenn der Mensch gerichtet wird. Dann wird ihm seine eigene Visage entgegengrinsen. Der Höllensturz, die große Revolution des Seelenlosen gegen die Entseelten. Wo Schoßhündchen die Damen an der Leine führen, Sänger in Käfige gesperrt hüpfen, Tramways sich heiraten, Fische die Fischer angeln, Federhalter ihre Herren erstechen.

Irgendwann muß einmal das große Exerzitium gegen das Hundsföttische im Menschen anheben.

Gleichzeitig mit dem Kino aber auch eine Kampagne unter die Noch-Lesenden! Es gibt Dichter, die wert sind, sich in Generalanzeigern zu verschwenden. Wir müssen kolportiert werden. Wir wollen nicht ewig sein, wir wollen wirken. Besser in Spezereiläden ausgelegt mit den Heringen abgehen, als in Luxusleder flegeln. Karl May war größer als Heinrich Mann. Er hatte die Gräfinnen und die Liftboys.

Die Menschen verdienen es, gewalkt zu werden. Der Erziehung Abschreckung und Zerknirschung vorauszuschicken ist weise. Sitzen sie im Kino und beginnt erst das Theater schwer zu schwanken wie breite Schuten auf dem Meer, wenn Orkan ist (nichts anderes, als von Bord aus im Orkan das Meer gefilmt), wird Schwindel sie packen, Entsetzen und Aufschrei. Oder man hätte Lust, sie solange mit Kitsch zu bombardieren, bis sie in die Knie gehen. Nichts reibt mehr auf als Tränen. Nichts macht gefügiger als Mond. Nichts pflügt tiefer als Harmonium, das verschnupft näselt, da ein Verlorener heimkehrte.

Dies alles geht nicht, solange die Freibeuter der Duldsamkeit das Kino ausbeuten. Es muß ihnen entrissen werden. Es gibt Monopole für Kali, für Eisenbahnen und Salz. Es gibt Monopole der Religion und der Gesinnung. Leibliche Wohlfahrt ist unter Schutz gestellt. In Kultur darf jeder schmarotzen. Das Kino ist ein Lebensmittel, kein Tennisball kapitalistischer Interessen.

Liberalität schafft keine Kultur.

Die wahre Revolution beginnt jenseits der Klassenkämpfe. Wo bleibt sie? Kann man so schief sehen? Das Kino als kulturelles Instrument unterschätzen? Man lasse den ansetzen, der den Willen dazu hat. Der Beste herrsche. Nichts wuchern lassen.

Es liegt doch auf der Hand, das Wirksamste zuerst ins Feld zu führen. Nirgendwo noch möglich, von einer Tribüne aus zu allen zu sprechen, und milliardenfaches Echo trägt den Gedanken in alle Winde. Wie groß (weil verlohnend) ist doch die Verlockung, trifft es sich, daß wo von ungefähr ein Abort und ein Herd beisammenstehen, daneben im Verschlag ein Kino aufzutun.

Aus dem Kino werde eine gewaltige Waffe der Idee.

Warum nicht einen Feldzug nach salutistischer Methode?

Films nicht der sozialen Aufklärung oder dem Mädchenhandel ins Stammbuch (zum Teufel mit allen Veredelungen!).

Zehntausend Films gegen den Kapitalismus, die angesehen werden müssen, einfach weil darin Henny Porten ist, die Negri gurrt, Wegener tobt, Erna Morena lächelt und Tolnaes seinen Telemark schwingt. Die Stars und die Kinoköniginnen müssen Helfershelfer werden.

Eine Million Manifeste von fünf Minuten. Weg mit den Deklamatoren. Zeigt Menschtum auf. Exemplarisch, daß es die Verstockten in die Ecke klatscht. Blitzlichter gegen die Zeit. In tausendstel Sekunde Ewiges.

Kilometer gegen die Grenzpfähle, gegen die Barrièren des Nationalismus, für Verbrüderung. (Nicht knallig, aber zerfetzend.) Sie werden ohne Wirkung sein. Aber sie werden da sein.

Wenn im Film Bild ganz das Wort überwand, ist die Verwirrung von Babel überwunden. Er hat nicht Dialekt, er ist nicht Idiom. Er ist Jargon aller Welt! In allen Sprachen geschrieben, Brücke zu allen. Zu Dualas wie Deutschen, zu Armeniern wie Amerikanern kann ich gleichermaßen reden, kann Gutes geredet werden, haben es nur einmal im Atelier die Schauspieler in das Objektiv gedolmetscht.

Es schwillt über die Zonen, zuckt in die Winkel der Kontinente.

Gläserne Kugel, überspanne das Kino den ganzen Erdball.

In den Zenith blickend mögen die Pole sich betrachten.

Gut und Böse zucke mahnend und eifernd am Himmel.

Der letzte Einäugige auf der nördlichen oder südlichen Halbkugel wird mir nicht entgehen.

Wer das Kino hat, wird die Welt aushebeln.

V

Wie, mein Herr, Sie wagen es, hier zu protestieren? Sie verbäten es sich? Es sei unerhört? Sie wüßten von selber, wie man die Welt zu nehmen habe, was sich zieme, und gar was den Geschmack beträfe, so ließen Sie sich aber auch absolut nichts hineinreden?

Ah, wirklich, es wäre besser gewesen, und ich hätte es nicht versäumen sollen, gleich im Vorwort zu befürworten, daß man Sie hinauswerfe. Sie schienen mir, schon als ich eintrat, sich mehr als schicklich breit zu machen. Sie tun sich dick schier wie der Wirt. Wollen Sie etwa auf Ihre Majorität pochen? Wer sind Sie überhaupt?

Ich will es Ihnen erzählen, eh Sie mir noch weismachen können, Sie säßen so von ungefähr zum erstenmal in meiner Nachbarschaft. So schon, scheints, lüften Sie selten genug Ihren Pelz. Am besten wär's, ihn Ihnen samt der Haut über den Kopf zu ziehen.

Waren Sie es etwa nicht, der, als ich in den Torhallen zwischen den Glaskästen herumlungerte, hereinschwenkend „Aphrodite" erblickte und hinein war? Nach zwei Stunden hörte man Sie um das Entrée zetern. Es ward noch keine halbe Wade vorgeführt. Ich gönnte es Ihnen.

Waren Sie es etwa nicht, der den Inseratenteil durchschnupperte nach Mia Mays großer Serie XXtem Teil?

Waren Sie es etwa nicht, der nach Paul Heidemann schrie, als Asta Nielsen neu zu uns zurückkehrte? Der sein Leben unter Salven auszuhauchen schien, als da einem Herrn in den Hintern gepiekt wurde? Dem ich mit der Stechuhr nachmaß, wieviel Sekunden die Schrift da oben auf der Stelle zittern muß, bis auch endlich ihm das Lachen kam?

Waren Sie nicht auch der Herr, den ich unter der Partei traf, die in der Protestversammlung „gegen Schund im Kino" für Boykott die Stimme gab? Ah, ich erkenne in Ihnen auch den Verfasser jenes Eingesandt, das auf Einführung von Kinoabonnements drängt. Ich habe sehr wohl im Café Oper am Tisch nebenan vernommen, wie Sie eine emphatische Tirade für Kommunalisierung hielten. Es sei eine Schweinerei und ein Skandal, und man könne so schon überhaupt sich nicht mehr darin sehen lassen.

(Ah, mein Herr, welch erhabene Grundsätze. Ich bewunderte Sie. Ich war stolz, unter meinen Mitbürgern solchen Scharfblick zu finden, unter so spartanischer Gesinnung zu weilen. Aber nachher mußte ich erkennen, daß die Ordnerinnen noch im halben Dunkel Sie bereits auf Vorzugsplätze lockten.)

Und waren Sie es nicht, der dann anderen Tags das Parterre

aufzuputschen suchte? Das Publikum solle es sich nicht gefallen lassen; immer breche der Akt ab, wenn im Vorraum des Schlafzimmers dem Mädchen aus dem Mantel geholfen sei. Jetzt das vierte Mal schon, aber man habe sein Geld bezahlt und Anspruch auf alles, und es gehe gegen den Mädchenhandel und werde überdem der Volksaufklärung geschuldet.

Als ich aber, ich, der ich mit Sabotage gegen das Langweilige und Dumme und den Schwindel überall vorzugehen habe, im romantischen Spiel die „Verfügungen der Badedirektion gegen Triton" mit Tenor wie der Vorsänger in der Schule zu der elegischen Melodie der Celli abzusingen anhub, waren Sie es, der nach der Direktion rief.

Nun, ich werde nicht aufhören, allzu unerhörte Leistungen allzu anonymer Stars mit dem Schatten meines Hutes, der am Stock bis in den Lichtkegel gereckt wird, auf sonderliche Art zu krönen. Sie aber erregen sich, wenn ich, den Film auslegend, mit schönen Worten noch von meinem Geist hinzublitze; denn es stört Sie in der Andacht der Musik, und Sie brauchen Stille, um im Bilderbuch zu lesen. Ich werde nicht abbrechen, so sehr Sie sich räuspern und ärgerlich sich drehen.

Sollte einmal in den Zwischenakt ein Redner gestellt werden! Sollte er einmal versuchen, wenn es hell ist, sich hindurchzuringen! Gäbe es wohl einen, der imstande wäre, mit Wort, Metapher, und noch so tief aus der Brust heraus jene gigantische Vergrößerung in den Gehirnen zu erzielen, wie hinter ihm die Leinwand, die alle Augen aufspreizt? Daran mögen Sie begreifen, weshalb die Zuschauer in den Pausen stumm sind oder nur zu flüstern wagen. Sie befürchten, dem Vergleich nicht standzuhalten.

Und so haben auch Sie, Herr, keinen Dunst von des Kinos Sinn und seiner tieferen Bedeutung. Freilich bin ich, wie es meine Art ist, über der Sache in Rage gekommen, habe viel gefordert, mit dem Kopf vorstürzend in Phantasie. Nie aber ist man kühn genug in den Zielen, nie unerbittlich genug in Bewertung. Liebt man eine Sache, muß man sich schon um sie auch schlagen. Überall aber sehe ich bloß Dilettantismus am Werke im Urteil und im Programm. Keiner, der je den Kern attackierte. Die Feuilletons sind voll von Reformen, die Pädagogen von Amt entfalten eilfertig ihre Rezepte, Filmkritik führt sich ein, ohne daß ein Maß da ist, nach dem gerichtet werden könnte. Au wei, geraten nun die Reporter, denen Kritik heißt, Inhalt erzählen, über den vorbeischießenden Schauplätzen und durcheinanderplatzendem Geschehen in die Klemme!

Unterdes pfuschen die Regisseure darauf los. Übel wird einem, wenn konjunkturgerissene Kujons das Phantastische bereits als Schlagwort im Munde führen. Das ist nicht besser als „Gespensterschiff" und „Orchideengarten" – ein Ragout mehr auf dem Menu. Die Menschen sind irrsinnig zu glauben, es bedürfe bloß des Rezeptes, etwa: Unheimlichkeit mit obligater

Dosis Schmalz, und basta. Es wird lustig darauflos produziert. Nur immer Ware auf den Markt, die Kunden dazu werden sich schon finden.

Die Tumulte über den Kinoschmutz sind verrauscht. Es war ein spaßiges Turnier. Jedermann war auf seinem Stecken erschienen, Quäker und puritanische Dickköpfe, zerbrochene Sexuale, die aus Sterilität Tugendsamen und die dank Hysterie Keuschen. Die Parlamentarier ritten die Zensur zur Schau. Sie hielten sich wacker fest. Hasenclever hatte das Referat und plädierte für Fern Andra. Ein Antrag auf versuchsweise Einführung des gotischen Films in den Staatstheatern ging an einen dreigliedrigen Unterausschuß zur Begutachtung. Alle Resolutionen wurden einstimmig gefaßt.

Summa: niemand ist sich klar über das Entscheidende. Überall dieselbe Direktionslosigkeit. Auch die Zensur ist nur ein Abwehrmittel. Sie kann sich vor Jugendliche stellen, sie kann Unfläterei den Garaus machen, – Gutes hervorbringen kann sie nicht.

Die drittgrößte Industrie des Landes floriert, die Dividenden schnellen in die Höhe, niemand getraut sich, da anzupacken. Niemand macht sich diese fabelhaften Möglichkeiten dienstbar. Die Unternehmer haben konzerniert, die Filmstadt ist gemacht. Nun liegen alle Zonen handgerecht auf Speicher. Und was ist erreicht? Kulisse. Der Film aber ist doch die Wirklichkeit. Die Wirklichkeit. Sie erweist sich am unendlichen, unbegrenzten Horizont. Die Leinwand verkleinern, nur Ausschnitt vom Schauplatz zeigen, geht nicht an. Man stutzt. Es ist ja gestellt. Photographiertes Theater. Darauf verzichten wir. Könnt nur im Zimmer ihr exotisch spielen, muß es erst aus Pappe und Prospekt geleimt werden, dann laßt es lieber ganz. Ein schwarzer Leopard, aus Dschungeln hervorgähnend, ist mehr als die bombastische Massenregie. Seid auch vorsichtig mit Perücken und Kostümierungen. Hantiert nicht zuviel damit. Es ist riskant. So leicht glaubt man das Biedermeier nicht. Es riecht immer antiquiert.

O unerschöpflich reicher Kinoheld. Lasset ihn doch in Bügelfalten stehen, von den geschickten Schneidern fabelhaft geplättet, mit dem Parfüm Amerikas, und er wird gut sein.

Bemüht Euch, wie Ihr wollt, das Fazit bleibt, zuletzt besticht doch nur die Leistung, nicht das Prinzip. Ha, als die polnische Schauspielerin der Martha glich aufs Haar, schön wie junger Jaguar. Als Wegener, Oberst, die Virginia im Maul, fechtend wie ein Vieh, mit unerhört gefletschter Visage endlich zuhieb. Da funkt es elektrisch in uns. Als wir unter dem ersten amerikanischen Film saßen und der Expreß uns ratternd überfuhr! Zuckte das und fegte mit Tempo dahin. Wie verblaßtet ihr da und wurde alles *boche* an Euch. Unsere Fäuste tanzten vor Entzücken. So etwas steckt im Blut, ist nie erlernbar auf der Filmakademie. Und gibt es irgendwo einen Stoff, toll und grandios geballt, von einem Kerl wie Balzac oder Strindberg*, einen Stoff, einen Vorwurf, eine Geschichte, einen Konflikt, eine Anekdote, dramatisch, spannend, echt, kühn, wo das Dasein zwischen Zangen gepackt ist – macht Euch nur darüber her, so etwas verhunzt auch Ihr nicht.

Schon aber scheint es, ich wäge wieder bloß ästhetisch, bin zufrieden mit Qualität, nicht mehr als ein Zuschauer von Urteil, der die Welt mit Ernst behandelt. Damit kommt man ihr nicht bei. Laßt uns nicht vor lauter Gravität und Tiefsinn kreuzlahm werden. Was soll Qualität. Sehet bloß das Glück im Kitsch. Gewißlich Bioskop. Stil, Ausdruck der Zeit? Kitsch, so meint Wedekind, ist die heutige Form von Gotisch, Barock, Rokoko.

Wahrlich, so zu Ende wie diese, war noch keine Zeit. Aber die Menschen begreifen es erst immer, wenn auf Schlachtfeldern sie zerstückt werden oder die Valuta schwankt. Propheten wurden nicht müd zu künden, daß sie Katastrophen sähen. Aber man war immer zu sehr beim Geschäft, oder die Zeichen zu dunkel, um verstanden zu werden. Damit die Menschen etwas aufnehmen können, was über Bier und Specksalat hinausgeht, muß in sie erst ein neuer Sinn gepflanzt sein. Auf jegliche Art sind sie zu zwingen, endlich einmal sich die Augen auszuputzen und vor dem Trommelfell die Verstopfung zu lösen. Dann vernähmen sie wohl eines Tages allerhand, was ihnen sehr neu vorkäme, daß noch andere Dinge in der Welt passieren, als jemals zu träumen ihnen einfiel. Daß sich da allerhand Figuren, Köpfe und Käuze um der Welt Lauf bemühen, geschult oder ungeschult, um beobachtend teils wie Meteorologen bloß Prognosen zu stellen, teils auch, da sie den augenblicklichen Kurs mittels besserer Fernrohre und auf Grund genauerer Seekarten gegen Sandbänke gerichtet sehen, sie mit allerlei Instrumenten, Magnetnadeln, Warnungshupen, Leuchtraketen, Donnerschlägen und Notbremsen in eine andere Richtung zu werfen.

He – ich muß mich hinüberlehnen und es Euch ins Ohr schreien – eh Ihr schnarcht, merkt, worauf es ankommt.

Das Schicksal der Welt hängt daran, daß rasch manövriert wird. Die Befehle sind in alle zu donnern. Niemand darf entweichen. Was soll noch der Kotau vor diesem oder jenem? Sie müssen alle drahtlos angeblinkt werden.

Generalinstruktion an jedermann.

Hätte ich doch das Kino. [1920]

---

\*) „Rausch". Was soll das Geschrei. Ich sah nie einen besseren Film, nie eine geschicktere Übertragung in Bild.

Edna Purviance, Charlie Chaplin, Eric Campbell in „Der Abenteurer" (1917)

Mildred Davis, Harold Lloyd in *„Safety Last"* („Ausgerechnet Wolkenkratzer", 1923)

# Rudolf Leonhard

*Expressionistischer Lyriker, der von sich selber sagte: „Ich habe Dutzende von Vorträgen über den Expressionismus gehalten und weiß genau, was Expressionismus ist, ich weiß aber nicht zu sagen, ob ich Expressionist bin." Geboren am 27. Oktober 1889 in Lissa (Posen); 1914 Kriegsfreiwilliger, später Kriegsgegner; nahm 1918/19 als Anhänger Liebknechts an den Kämpfen in Berlin teil. Zahlreiche Gedichtbände. Zu seinem Sonettzyklus „Theater" (1919) gehört ein „Kinosonett". Verfaßte außer einem Roman auch Drehbücher („Das Haus zum Mond", Karl Heinz Martin, 1920; „Tagebuch einer Verlorenen", G. W. Pabst, 1929) und Hörspiele. War 1927 nach Paris übergesiedelt, wo er in den dreißiger Jahren den „Schutzverband deutscher Schriftsteller im Exil" mitbegründete. Bei Kriegsausbruch interniert, entkam er aus dem Auslieferungslager und schloß sich der französischen Widerstandsbewegung an. Kehrte 1950 nach Ost-Berlin zurück; am 19. Dezember 1953 dort gestorben. In Hasenclevers nachgelassenem Roman „Irrtum und Leidenschaft" (1969) ist Leonhard unter dem Namen Ludwig geschildert als der „Typus einer Generation, die mit den besten Vorsätzen begann und eine so heillose Verwirrung in Deutschland anrichtete."*

*Die „Bemerkungen zur Ästhetik und Soziologie des Films", die 1920/21 in der „Neuen Schaubühne" erschienen, decken sich nur zu einem geringen Teil mit dem Aufsatz „Zur Soziologie des Films" in Hugo Zehders „Der Film von morgen" (1923).*

## Bemerkungen zur Ästhetik und Soziologie des Films

I

Einige kamen, des Theaters in den Theatern müde, zum Film; und sie hatten ein Gefühl moralischer Beseligung in der Erkenntnis dessen, daß der Film der ehrlichste Schwindel sei, den es heute gäbe. Das Theater (von dem sich ihr Blut nie losreißen wird) tut entsetzlich feierlich; der Film ist heute auch moralisch um so ernster zu nehmen, als er gar nicht tut. Warum soll das Spiel nicht sich zum Geschäft biegen, da es diese Notwendigkeit nicht verheimlicht, während die priesterliche Bühnenkunst, die sie verheimlicht, sich bis zu Krämpfen schon gebogen hat? Wer das nicht glaubt, sehe eine Aufnahme: der Operateur steht schon, der Regisseur, mit längst unnötig überschriener Stimme, ordnet die lustigen und ungeschickten Komparsen, während hinten noch ein Dekorateur die Pappfassade dunkel streicht. Da aber, wo heute seine Tempelwand steht, war gestern Strand und Garten. Zwischen Nordpol und Ganges, unter Tage und über dem Sirius gibt es nichts, was dem Film unmöglich ist. Die Gefahr aber, die Karl Kraus „Technoromantik" benennt (und die natürlich heute ein unausrottbarer Seelenbestandteil, vielleicht unsre letzte Rettung, in eine verzweifelte Bejahung, ist), wird hier ins Spiel, ins Lösende, ins Ungefährliche umgebogen. Wie die sonst in „Schundliteratur" sich bergenden Instinkte, die wir – machen wir uns doch nichts vor! – alle haben, hier in unerhört heiterem, unglaublich freiem Spiele sich und uns retten können. Noch ehe an einen künstlerisch wertvollen Film zu denken war, gab es Dichter und Genießende und Genossen, die den Film – und nicht nur um der Lustigkeit seiner „Tragödien" willen – leidenschaftlich liebten. Sie hatten dort das kulturell und individuell unerhört wertvolle Erlebnis dessen, was es alles gibt, und die Sensation, wieviel es gibt. Tut nichts, daß auch Kitsch darunter war, und nur wer das Böse erlebte, kann den Entschluß fassen, die Welt zu ändern, und nur Monumente des Bösen ermutigen zum Guten. Was es alles gibt, muß man erlebt haben, um zu wissen, daß es noch mehr geben soll und daß es einiges nicht geben darf. Was gegen den Film in seinen Anfängen so erbitterte, war die falsche Auffassung, der Film habe etwas mit dem Theater zu tun. Diese Verwechslung lag nahe, weil in beiden Schauspieler auftraten, und weil außer den besten Schauspielern niemand wußte, daß zwischen Leinwand und Objektiven ein ganz anderes Spielen ist als auf der Bühne. Aber es wurde nicht einmal erkannt, daß eine Filmkulisse etwas anderes ist als eine Theaterkulisse. Freilich verlassen sich auch die Filmleute zu sehr darauf, daß auf dem Bildstreifen alle Gegenstände schwarz werden. Blaues Leinen gibt aber ein anderes Schwarz als grüner Samt. Wenn der Film kein Drama ist, so ist er, wenn auch der Epik näher (es konnten Romane eher „verfilmt" werden als Dramen), doch keine Epik. Der Film ist eine Bilderfolge. Seine Handlung ist in Bildern schon erdacht. Er bewegt sich nicht in Handlungen und nicht einmal in Schicksalen, sondern – eben in Bildern. Seine Dynamik ist vielleicht stärker noch als die der andern Kunstformen, aber sie ist passiv. Es ist die *dynamis* einer anonymen Kraft; und der Inhalt des Films ist, für den Helden, getrieben zu werden. Alfred Kerr hat in einem seiner erleuchtetsten Augenblicke gesagt, das Wesen des Films sei darin ausgedrückt, daß in ihm nicht gesprochen werde. Psychologie können wir nur treiben, da wir aus den Äußerungen des andern die Regungen erschließen, welche zu denselben Äußerungen uns selbst nötigen werden. Was ergeben diese beiden Sätze für einen Schluß? Der Film ist zwar nicht durchaus unpsychologisch, aber beschränkt auf diejenigen Psychologika, die schon körperlich auszudrücken und zu übermitteln sind – auf die vorwörtlichen Seelenbeziehungen also, auf die vor der Existenz der Sprache vorhandnen Beziehungsmittel, auf Hunger und Liebe und das übrige Primitive. Rapidität der Vorgänge, äußerste, hastigste, zu Ende technisierte bei einer auf ewigem Grunde ebenfalls bis zur Hast direkt gemachten Primitivität der seelischen Vorgänge – das ist der Film. Warum, Ihr Autoren, wenn Ihr schon „verfilmt", ist das herrlichste Filmwerk noch nicht geschaffen, der Robinson? Und wann werden wir den Heißgeliebten unserer unvollständigen Knabenjahre, Lederstrumpf und den Irokesen (aber ohne militaristische Ideologie, bitte!) auf der Leinwand begegnen? Der Filmschauspieler mag das Sprechen als Behelf brauchen. Wann wird aber der Filmdichter aus der Erkenntnis, daß dem Film der Mangel der Sprache wesentlich ist, die Folge ziehen, und nicht nur vom üblen Behelf der Filmtitel absehn, sondern es auch vermeiden, den Schauspieler sprechen, nämlich stumme Bewegungen der Mundmuskulatur machen zu lassen? Iwan Goll meint, der Film sei dramatisch; Paul Kornfeld meint, er sei nicht dramatisch; Hans Valentin schreibt, er sei dramatisch; ich halte ihn für nicht dramatisch. Wollen wir abstimmen? Als die Elektrizität stärker in Gebrauch kam, haben die Juristen lieber die vorhandenen Begriffe zu Tode strapaziert, daß sich der Diebstahl an elektrischer Kraft unter sie begreifen lasse, als daß sie einen neuen Begriff gebildet hätten. Müssen wir die Begriffe episch und dramatisch hin- und herwenden, statt anzuerkennen, daß hier etwas Neues ist? Die Filmindustrie ist heute die drittgrößte Industrie Deutschlands. Das ist in ökonomischer Hinsicht phänomenal und in jeder andern Beziehung erschütternd. Der dritte Teil der Lebenskraft wird darauf verwendet, durch die Verwandlung des Lebens in Spiel über das Leben hinwegzuhelfen. Was für ein Kreis! Was für eine Kraft des Spiels! Was für eine Kühnheit des Lebens!

II

Eine Banalität, daß die Film-Industrie die „modernste" Industrie ist. Sollte sie aber wirklich auch in ihrer psychischen Organisation schon in die Zukunft weisen, schon Formen, die allgemein erst nach den Auseinandersetzungen möglich sein werden, vorzeichnen? In keinem „Betriebe" sind die Kategorien und Rangklassen der Beteiligten so durcheinander gewirrt wie hier. Kein Darsteller und gewiß keine Darstellerin wird versäumen, dem Operateur die Hand zu schütteln. Der Theatermeister ist für den Direktor anders und näher unentbehrlich als ein Werkmeister für den Direktor eines Montanwerkes. Hier brauchen sie einander, der einzelne den einzelnen persönlich, und nichts nähert wie dies Bedürfnis. Auch im Kriege war bei der Artillerie, wo der Geschützführer den Richtkanonier, diesen Richtkanonier, brauchte, das Verhältnis besser als bei der Infanterie. Je spezialisierter der technische Wert, je weiter die Technik entwickelt, desto näher sind die Beziehungen im Betriebe dem psychologischen Zustande des nachkapitalistischen Systems. In der Tat hat auch die Film-Industrie erst einen wirklich großen Streik zu verzeichnen. Friseur und Arbeiter und Regisseur – ist hier nicht schon die Kommraderie der Arbeit sichtbar?

Mag sein, daß im Film besonders viele vagierende, unsichere und unzuverlässige Existenzen unterschlüpfen. Daß sich Ungeziefer auf ihm sammelt, ist das Schicksal jedes jungen Zweiges; aber jetzt reift er. Verderbtheit gibt es nur in der Jugend, und wenn man es Verderbtheit nennen dürfte, so wäre die Kindheit, nach den Forschungen Freuds, „verderbter" als irgendein Alter. Ein Wunder ist es nicht. Der Film, das Reich neuer Möglichkeiten, braucht intellektuelle Skrupellosigkeit, das Abenteuerland unsrer Zeit; und die Edlen, die intellektuelle Skrupellosigkeit mit moralischer Skrupelhaftigkeit oder der Einfachheit des nachskrupulösen Zustands verbinden, sind selten.

Wie wir, Dichter, unsere tiefsten infantilen Regungen – die, welche in einer schlechten Gesellschaft in den Schundroman auslaufen, deren wir uns aber, anders als dieser ihrer Äußerungen, nicht zu schämen brauchen – in den Film entladen können, so rettet er für den Schauspieler die unersetzlichen und unentbehrlichen Reste eines prähistorischen – vor der jeweiligen bürgerlichen Geschichte der Individualität liegenden – Komödiantentums. Auch das sorgfältigst durchgearbeitete Manuskript erlaubt und entreißt dem Schauspieler fortlaufende Improvisation. Hier ist noch bis zum Zufälligen viel von der notwendigen Willkür in der Notwendigkeit der Kunst. Die Kontinuität des Spiels liegt – heute wenigstens – dem im Vergleich zum Theater unendlich belasteten und beweglichen Gehirn des Filmregisseurs ob.

Aufklärungsfilme? Die genügen uns so wenig wie Aufklärung. Diese Absicht verstimmt uns. Wir möchten Tendenzfilme sehen. Welcher Tendenz? Der richtigen. Welche das ist? Die, welche vorläufig sämtliche Filmgesellschaftsvorstände noch weniger als die Zensur erlauben werden.

Die Zensur, erzählt man, verbietet die Darstellung von Verbrechen im Film. Mag sein, daß hin und wieder ein Bursche, der eine Mordszene sah, auf „die abschüssige Bahn des Verbrechens geriet;" das spricht so viel mehr gegen sein Gehirn als gegen den Film, wie es nicht gegen den Werther spricht, das er eine Selbstmordepidemie zur Folge hatte. Die Filmzensur müßte also auch die zwar weniger suggestiven, aber um so schwelgerischeren Zeitungen verbieten. Und sie müßte, am besten und konsequentesten, die Verbrechen verbieten.

Die „Literatur" war ein Notbehelf, ein fast grenzenloser, aber eintöniger und wenig geliebter Ersatz für die direkte Mitteilung, für Zusage, Rede, Klang, Suggestion, Musik des Menschen zum Menschen. Sollte als neue Dichtungsgattung, für einen Teil des Dichtbaren, der Film die Erlösung vom Buche bedeuten, eine neue Entwicklung von Kern zu Zelle, vom Kreis zum Umkreis, vom Menschen zur Gemeinschaft – mit neuen Mitteln für die alten Sinne?

Am schärfsten ist vielleicht die Paradoxie des Films so auszudrücken: er ist eine Literaturgattung, die in die bildende Kunst gehört.

III

Warum kann man einen Film zu zweien schreiben, während der Versuch, ein Drama zu zweien zu schreiben (vor den Zeiten einer noch nicht ahnbaren Kollektivität), mißlingt und der, ein Gedicht zu zweien zu schreiben, blödsinnig wäre? Weil vier Augen mehr sehn als zwei.

* * *

Warum stören die Dinge, die uns den „Schundroman" unerträglich machen, uns im Film viel weniger? Weil es in ihm auf die Handlung am wenigsten ankommt. Wie in allen Künsten das Lyrische, versteht sich im Film auch das Epische immer von selbst. Er hat neben der (epischen) Individualität des Ereignisses noch die Kollektivität seiner Bedeutung. Ob der Alte oder der Junge, der Gute oder der Böse stirbt, ist lange nicht so wichtig wie das Sterben, das Sterben eines Menschen in Ewigkeit und ewiger Bedeutung. Und der Film kann einen Verzweifelten ganz buchstäblich in eine Sackgasse geraten lassen.

* * *

Einen Film kann nur schreiben, wer einmal gefühlt hat, wie ungeheuer auch die metaphysische Bedeutung der Tatsache ist, daß zwei Menschen eine Treppe heraufgehn – im Film gehn sie immer herauf –, daß ein Mann sein Zimmer betritt, daß ein Mädchen den Handschuh anzieht, daß jemand Licht macht.

* * *

Der Filmstil ist immer präsentisch, und benutzt immer das vor und das hinter den Worten – und dem Wort – Liegende; daß ein Knabe in einer Angst zu einem Mädchen sagt: „Glaube nichts Böses von mir, auch wenn du Schreckliches hörst" – das ist im Film undarstellbar. Diese Situation ist zu allgemein noch für die Unbegrenztheiten des Films. Die Prophezeiung kann er geben und das physische Vorgefühl, aber nicht das metaphysische. Wohl aber wieder das religiöse.

* * *

Am Schlusse des Rosenkavaliers kommt ein Mohrenknabe auf die Bühne gelaufen, hebt ein liegengebliebenes Taschentuch auf und rennt nach der andern Seite. Diese ganz wortlose und ganz unpantomimische Szene (denn sie ist zweidimensional gesehn), deren Gefühlsgehalt in Worten gar nicht wiedergegeben werden kann, ist nicht nur eine typische, sondern eine vollkommene Filmszene. Das Gefühl ist ganz bewegtes Bild geworden (rhythmisch in Bewegung, handlungserfüllter Pause, Bewegung).

Wie es eine ganz unepische, aber filmisch vollkommene Geste ist, daß in Thomas Manns „Königlicher Hoheit" der Großherzog bei jedem Auftreten die Lippen einsaugt.

*  *
 *

In einem „verfilmten" schlechten Roman hält einer, der das Datum seines Todes zu kennen glaubt und ganz neu den Zeitablauf erlebt, den Uhrpendel an. Im Roman ist dieses kaum bemerkbar und wirkungslos, im Film erschüttert es: im Roman ist es eine Phrase, im Film eine Geste.

*  *
 *

Da der Film anders als jede Kunst, anders sogar als die Musik (deren Begleitung dieser Ähnlichkeit wegen für ihn unentbehrlich ist!) auf die Zeit bezogen ist, hat er auch eine ganz neue Beziehung zur Aktualität; kann er in ganz neuer Weise Aktualität und Ewigkeit balancieren. Alle den Zeitablauf und sein Erlebnis betreffenden Themen sind besonders filmgemäß. Die besten Filmthemen sind basiert auf den Gegensatz von Ruhe und Bewegung, etwa in den gegensätzlichen höchsten Ausdrucksmitteln von Starrkrampf und Veitstanz (ich kündige damit einen eigenen Film an, der bereits ausgeführt ist und „die Tänzer von St. Veit" heißt.)

*  *
 *

In einem Film sah ich einen Schauspieler (übrigens fängt es schon an, daß die Filmschauspieler sich im Wesentlichen der Richtung ihrer Begabung von den Schauspielern unterscheiden) einen Buckligen spielen. Der Buckel war nur wenig angedeutet; aber der Mann verstand es, mit dem Gesichte bucklig zu sein. Er verstand, flächig zu spielen.

*  *
 *

Flächig spielen zu können, ist das Hauptproblem des Filmschauspielers – und -regisseurs. Der Schauspieler, der auf den

Zuschauer zu spielt, ist meistens miserabel. Der Filmschauspieler darf gastlich auch nicht auf das Objektiv, diesen unerbittlichen Zuschauer, zu spielen, wie es viele tun; aber er muß vor dem Objektiv spielen, und für das Objektiv, diesen unerbittlichen kollektiven Zuschauer. Sein Raum ist größer als eine Bühne, aber er ist flächig begrenzt.

* * *

Ein berühmter Berliner Filmschauspieler läßt sich, wie es heißt, stundenweise entlohnen, wenn auch mit riesigen Summen. Diese scheinbare Rückentwicklung ist eine Parallele zur Herausbildung einer neuen Rationalwirtschaft. Die „Filmindustrie" ist die sicherste und die empfindlichste der großen Industrien; ein Geschöpf der zugrunde gehenden Zeit, ist sie der stärkste Keim unter den Ausdrucksmitteln der kommenden.

* * *

Was für eine Welt! In Rußland könnten die meisten Nöte durch eine Ausgestaltung der Transportverhältnisse behoben werden – und in Deutschland, dem es ja übrigens auch nicht gerade gut geht, sausen allmorgendlich Hunderte von Autos zu den Ateliers. Grade die, denen der Hungertod am nächsten ist, können den Film nicht mehr entbehren. So viel Kraft braucht der Mensch für die Suggestion, daß die Welt erträglich sei, so stark ist der Spieltrieb im Menschen!

Aber wenn man es schon nicht lassen kann, mit historischen Analogien zu spielen, dann vergleiche man, um das Richtige zu treffen, die Circenses der Römer, unsre Boxkämpfe. Der Film gehört zum Beginn einer neuen, einer direkten, einer kollektiven Kunst.

* * *

Der Film schafft unter der Vielgestaltigkeit seiner Möglichkeiten eine neue Einheit; der Regisseur des Massenfilms schafft eine flächige Architektur aus Menschenleibern.

* * *

Daß im Film nur das Ungewöhnliche – oder das Gewöhnlichste grade, weil es als ungewöhnlich entdeckt wird – Aussicht auf Wirkung hat, liegt höchstens zum Teil daran, daß er dem Sensationismus der Gegenwart (der übrigens, von seinem eignen Standpunkt aus gesehn, durchaus ungenügend ist) entgegenkommt. Es entspricht dem Wesen und den Gesetzen einer Kunst, die mit unerhörter Schnelligkeit die Schauplätze wechseln lassen kann – ja meistens wechseln lassen muß.

* * *

Auf dem Theater geschieht die produktive Tätigkeit der Schauspieler und des Regisseurs im wesentlichen auf den Proben, und hört spätestens mit der Première auf. Was dann kommt, ist zwar nicht Wiederholung, aber Reproduktion. Im Film, dieser erlösenden Verewigung der Improvisation, produziert er – bis zur ewigen Gefährdung seiner komödiantischen Grundexistenz! hier heißt es, dem „Reim dich oder ich freß dich" analog – „spiel oder verdirb!"

* * *

Man soll keine Romane verfilmen, eben weil sie episch und nicht filmisch sind. Ein guter Roman kann nicht verfilmt werden. Natürlich ist es möglich, über das Thema eines Romans auch einen Film zu schreiben, wie man aus einem Dramenthema auch eine Ballade machen kann, nur wird der Film mit dem Roman nichts zu tun haben, genau so wenig ist es möglich, einen Film zu episieren. Ein guter Film, der eine logische Gefühlskette in einer Bilderfolge ablaufen läßt, kann nicht einmal erzählt werden. Man sollte aber einmal einige Filme entfilmen, episieren – schon um die Unterschiede aufzuzeigen. Natürlich kann man über das Thema eines Films auch einen Roman schreiben – nur kann man nicht mehr als das. Wenn man das aber täte, könnte der Film, der einen Teil der Dichtung vom Papier erlösen wird, Schichten, die noch nicht zum Buch gefunden haben, zu ihm bringen. Und eine gewisse Probe Epik wird er entlarven.

* * *

Der Einwand, Film könne nicht Kunst sein, denn Kunst könne nichts sein, was mit einem Apparate gemacht werde, verfängt nicht. Auch der Malerpinsel ist ein Apparat, wenn auch ein primitiver. Schließlich haben alle Künste, wie alle Materiale und alle Stoffe haben, auch Apparate. Auch die Orgel ist einer, nicht erst das Pianola. Und auch hinter dem Aufnahmeapparat stehn Menschen.

* * *

Noch heute gibt es Menschen, die „gegen den Film sind". Wahrscheinlich gab es am Ende des 16. Jahrhunderts auch Menschen, die „gegen die Buchdruckerkunst" waren. Wie er zum

Film steht, kennzeichnet nicht die Gegenwartsbefangenheit, sondern die Zukunftsfreiheit des heute tätigen und schöpferischen Menschen.

IV

Ich habe seit Jahren keinen Kriminalroman gelesen und werde nie wieder einen lesen, wenn er nicht gerade von Stevenson ist und „Der seltsame Fall des Dr. Jekyll" heißt. Warum sehe ich dagegen mit ungeheurer Freude Detektivfilme?

Ich finde Kriminalromane langweilig, weil ich das Schema kenne: weil ich weiß, daß eine der ziemlich gleichartigen Figuren, und zwar eine der anfangs wenig belasteten, als Täter enthüllt werden wird. (stärkster Fall: der Detektiv selbst), und weil es auch, da sie nicht sehr figürlich sind, nicht interessiert, welche es sein wird: weil ich weiß, daß Kriminalromane von hinten gearbeitet sind, und also den Mechanismus knarren höre.

Im Kriminalfilm interessiert nicht mehr das Ergebnis, sondern das Faktum: Tat und Ergreifung. Der Verbrecher ist wieder Figur. Ich sehe sein Ausweichen und bin mit ihm. Ich sehe das Zugreifen des Detektivs, und wenn er den Handschuh auszieht oder die Zigarette anzündet, weiß ich mehr von seinen Operationen als bei den eintönigen Auseinandersetzungen Conan Doyles. Wenn der Verbrecher vom Flugzeug auf den Dampfer springt, ist nicht das Entkommen das Wichtigste, sondern der Schwung: das Ausbiegen und die gegenseitige Entzündung zweier lebhafter Schicksale.

Hinzu kommt noch, daß Kriminalromane meistens schlecht geschrieben sind. Zwar lassen sie der Phantasie des Lesers Spielraum, aber sie machen sie nicht aktiv. Schildert Heinrich Mann eine italienische Nacht zwischen Zypressen und alten Mauern, dann ist sie schon da in mir, jäh aufgewachsen mit nahem rotem Monde und warmem Wind. Schildert der Autor des Verlages Lutz – o, nichts wird, und es lohnt nicht, etwas zu beginnen.

Was von dem Kriminalroman sich vorzustellen nicht lohnt, das sehe ich im Kino. So bin ich zum Zugreifen gezwungen und stärker beteiligt. Den Phantasielosen ersetzt das Kino die mangelnde Vorstellungskraft, den Phantasievollen macht es die Vorstellung willentlich. Das Kino zeugt das bis zum Begehren interessierteste Wohlgefallen, unter allen Künsten.

* * *

Wie interessieren die Personen eines Films, wie und warum werden sie interessant?

Ich kann im Personenverzeichnis zehnmal versichern, der junge Honorio sei ein großer Dichter, ich kann ihn im Film als Dichter nicht glaubhaft machen. Schon im Drama und im Roman, in denen ich, wörtlich, von seinem Schaffen etwas geben kann, gelingt es meistens nicht. Im Film kann ihn höchstens der Schauspieler durch Gestaltung der fast brutalen Naivität seines Phantasiewesens verifizieren. Aber auch den „Mörder" glaubt man mir nach dem Personenverzeichnis nicht, und kaum nach der gezeigten Tat; nicht das Sinken des Opfers entscheidet hier, sondern höchstens die Art, die Zähne aufeinanderzusetzen und die fünffingerige Hand um den Hals des Opfers zu krallen – nicht die gesehne Wirkung auf das Opfer, sondern die suggestive Wirkung der mitgeahmten Geste – der Geste, welche die Mitahmung erzwingt – macht den Mörder glaubhaft.

Warum interessiert einer im Film? Weil er einen langen Bart hat; oder weil er bartlos ist; oder weil er einen Buckel hat; oder weil er schön ist.

Denn man sieht aus, wie man ist. Das Aussehn ist immer glaubhaft – und darauf ruht der Personalismus des Films. Und schön zu sein ist eine Würde, eine Tugend, ein Zwang und eine Aufgabe.

V

Goethe unterscheidet in den Noten zum Westöstlichen Diwan, die mit am bedeutendsten seine ästhetischen Anschauungen – neben vielem anderen – ausdrücken, drei „Naturformen der Dichtung": Epos, Lyrik und Drama. Das sind die drei Naturformen, die er aus einer vorher gegebenen umfangreichen alphabetisch geordneten Aufzählung – von der Allegorie und Ballade bis zur Romanze und Satire – als Grundformen ausscheidet. Wo ist in diesem Kreise Platz für das Gebilde des Filmes. Wenn Goethe und der Film hier im Gegensatz stehn, – wer hat recht?

Es besteht kein Gegensatz, und Goethe selbst würde dem Film recht geben. (Er würde ihn umfassen wie alles. Ob er für ihn arbeiten würde, wissen wir nicht – wahrscheinlich ist, daß er auch dies nicht unversucht lassen würde. Schiller, das glauben wir gewiß, wäre, wenn er heute lebte, Kommunist, und würde, der geschickteste Theatraliker seiner Zeit und mit allen Mitteln bewußt auf Wirkung ins Weiteste aus, Filme schreiben). Ja, die korrekteste Schulästhetik müßte dem Film recht geben. Goethe selbst stellt gleich jede denkbare Vermischung dieser drei Grundformen, die, wie alles ihrer Art, Erkenntnisformen und nicht Gegebenheiten sind, fest, so weit gehend, daß er im einzelnen Theaterstück epische, dramatische und lyrische Akte unterscheidet. Auch wir bemerken beim ersten Blick, daß wir uns allegorische und satirische Balladen und Romanzen denken können.

Der Film aber steht, als eine neue Dichtungsart, als eine neue Naturform sogar, neben den dreien. So sehr er auf der Technik beruht und so künstlich er ist, ist er dennoch, in der Tat, eine neue Naturform. Dies ist kein Widerspruch, denn „Naturform" besagt eine grundsachliche, keine historische Orientierung; und es gab einmal eine Zeit, der auch das Drama neu war. „Naturform" aber wirklich, denn er ist der legale Übergriff der Dichtung in die bildende, in die Bildkunst.

Gewiß tritt er damit zugleich aus der eigentlichen Dichtung heraus. Dichtung im strengen Sinne ist Wortkunst, und die bildnerische Kraft des Wortes nur erzeugt Bilder im Hörer als zufällige und in den höheren Formen bewußt gewollte Wirkung. Der Film bringt direkt Bilder, die schon als Bilder in den Sehenden einmünden. Die Verknüpfung dieser Bilder aber, das statische Moment des Films, ist ganz und gar dichterische Erfindung, ist Dichtung.

Somit ist der Film auch der als „Wortkunst" gefaßten Dichtung nicht etwa entzogen; nur hat das Wort nicht wie in der übrigen Dichtung die rein zeugende, vielmehr ist stärker seine Mitteilungsfunktion betont, oder aber, da wir auch dem Film die Würde des Logos zuzuerkennen gewillt sind, die Zeugungsfunktion ist – höchst mitteilsam grade – auf eine Person konzentriert: auf den Hersteller des Bildes, den Regisseur. Der Filmtext ist also eine dichterisch selbständige und in allen guten Teilen dichterisch starke Entwicklung der Regiebemerkung. Wir wissen, daß schon vor der Aera des Films diese eine Tendenz zur epischen Verselbständigung hatte, bei Rostand etwa, vor allem bei Lautensack, dessen frühe Verdienste um den Film, die schon historisch sind, so in einem neuen Lichte erscheinen, bei Shaw. In Lautensacks Pfarrhauskomödie liegt nicht der geringste Teil der poetischen Akzente auf den sehr ausführlichen Regiebemerkungen. Was so entstand, war, des Gelesen- wie des Gesehn-werdens würdig und bedürftig, kein Drama mehr und doch kein Epos –.

Es war Zeit, daß der Film entstand. In der Tat bemühen sich die guten Filmdichter, mit aller Suggestion, deren nur die akustische Dichtung fähig ist, die Präzision ihrer Vision (von der hier im wörtlichsten Verstande gesprochen werden kann) dem Regisseur aufzunötigen.

Es war Zeit, daß der Film entstand. Das Bindeglied zur Musik gab es, als Lied und Oper (deren Wortfunktion weit mehr musikschaffend als selbständig dichterisch, dem Film also viel näher ist, als man gemeinhin denkt), schon längst; das Bindeglied zur bildenden Kunst gibt es nun auch, in einer Vollkommenheit der Möglichkeiten, von der weder das lyrische „Gemälde" vergangener Zeiten, noch die Pantomime etwas ahnen ließen.

*　*
*

Beim gezeichneten Verhältnis des Filmbildes zur bildenden Kunst versteht es sich, daß seine Kompositionsgesetze von denen des Tafel- und Wandbildes wesentlich verschieden sind. Nichts ist so leicht zu sehen wie dieser Unterschied: Während die Bilder starr sind, ist das Filmbild beweglich (Willy Haas, einer der besten Praktiker der Filmtheorie, spricht von der „Bewegungspointe des Bildes"). Die Bewegtheit, die das Tafelbild in Fülle erreicht, muß das Filmbild durch Bewegung selbst erreichen, sparsam also, in größerer Verteilung. Das Tafelbild darf keine leere Stelle haben, das Filmbild muß sie haben: es braucht Platz für die Bewegungen der Handelnden (einschließlich der vielleicht mithandelnden Landschaft). Es gibt im Filmbild keine Staffage, sondern – Komparserie. Die Filmfläche darf nicht voll sein, sondern muß Platz für die Bewegungslinien lassen. Ein ebenso großer wie häufiger Fehler ist es, das Filmbild zu überfüllen. Die Raumintensität der Bühne besteht in möglichster Leere, die Flächenintensität des Bildes in möglichster Fülle (sei auch die Luft Füllung). Die des Filmbildes steht nicht etwa in der Mitte, sondern variiert nach der Intensität der Bewegungsrhythmen. Da aber die Raumillusion des Filmbildes wirklicher, wirksamer in die Tiefe geht, während die des Tafelbildes ganz ins Wechselspiel von oben nach unten gebannt ist, ergibt sich als Kompositionsschema des Filmbildes eine bestimmte Kurvierung aller der Linien, die im Tafelbilde tragen und bestimmen. Die Einhaltung dieses Gesetzes wird den häufigen unangenehmen Eindruck, daß die Bewegung bedrückt scheint, vermeiden lassen.

Noch an einem Sonderfall sei exemplifiziert: Plastiken nach menschlichen Figuren, die das Stilleben am schönsten beleben und auf der Bühne, auf der die Menschen reden, schöner nur durch Raumgebung wirken, verwirren im Filmbilde, stelle es Zimmer oder Park dar, fast immer. Der Film, der so sehr auf der Bewegung und auf ihrem Widerspruch zur Starrheit ruht, verträgt sie nur, wenn ihr Gegensatz zum beweglichen menschlichen Körper ausdrücklich gemeint ist. Die Feuerprobe ist es, eine Filmszene in einem Wachsfigurenkabinett spielen zu lassen.

*  *
 *

Wie jede Dichtung, kann der Film in einem beliebigen fruchtbaren Momente einsetzen; aber die Bewältigung der Vorgeschichte pflegt das schwerste Problem des Manuskripts zu sein. Auch sie erfordert Raum; darum darf sie nicht zu spät kommen, um nicht zu überlasten, außer wenn ihre Enthüllung grade die Handlungspointe des Films ist. Sie ist leichter als im Drama, etwa so leicht wie im Roman, der Handlung selbst einzuschmelzen; und es ist eine Frage des Takts mehr als der Technik – denn es ist eine rhythmische Frage – wo dies zu geschehn hat. Ungeschickt ist es, sie über mehr als einen Akt auszudehnen – grade weil die Akteinteilung im Film den Sinn hat, der ihr im Drama fehlt, für das sie eigentlich nur eine Notiz des Autors (denn dem Publikum ist nur das Fallen des Vorhangs wichtig, der Szenenschluß also genau wie der Aktschluß akzentuiert) bedeutet.

*  *
 *

Was auf einem Kunstgebiet Kitsch ist, braucht auf einem andern Kunstgebiet nicht Kitsch zu sein: denn beim gleichen Stoff sogar in der gleichen Form, beim gleichen Vorgang kann es einmal auf die Handlung, einmal auf den Gestus ankommen, oder die Relationen sind verschieden betont und verschiedenwertig, Motiv und Erfolg stehn mit verschiedenem Gewicht zueinander und zur Handlung. „Literarische" Malerei wird, wenn wir es genau nehmen, auch nicht wegen ihrer Beziehungen zur Literatur, sondern zur kitschigen Literatur getadelt; abgesehn davon, daß nie der „Inhalt" den Kitsch ausmacht. Scheffel ist gewiß nicht besser als Grützner, Defregger, seit seine schöne Jugend verdorben wurde, nicht besser als Ganghofer. Aber ein Film nach Georg Ebers könnte, da er Realität anstelle der Historie, Sichtbarkeit anstelle des Wissens setzt, und da es auf den bloßen Handlungsverlauf so sehr nicht ankommt, ungeheure Wirkung tun.

Was ist die stärkste Kraft des Films? die, das Märchen zu realisieren.

* * *

Bei einer Verfolgung im Film, beim Suchen und Laufen pflegen die Schauspieler an einer Ecke oder an einer Tür in die Richtung, die sie nehmen werden, zu deuten. Das kann eine ungezogene Übertreibung der Konsequenz dessen, daß sie vor dem Objektiv spielen, sein; es kann aber, auch über eine Bewegungszensur hinaus, eine höchst wirksame nicht nur rhythmische, sondern kraß optische Verbindung der Bilder werden.

* * *

Der Aktschluß im Film, besonders aber der Schluß des ganzen Films ist vom Dramenaktschluß und vom Dramenschluß ganz verschieden. Während, bis auf Ausnahmen, der Vorhang rasch über eine jähe Veränderung oder einen Akzent von solcher Stärke, daß er wie eine Veränderung wirkt, fällt, besteht im Film, gemäß dem ganzen Wesen des Films, eine Tendenz zur Breite, zur Dauer, zur Betonung, zur Wiederholung. Selten kommt noch ein neues Moment, aber in ein breites und bedeutsames Bild oder in eine zarte langsame Nüance wird die Situation, durch Wucht der Gleichheit oder des Kontrastes, zusammengefaßt. Der Filmschluß erinnert nicht an den des Dramas, sondern an den – der Oper.

* * *

Die gleiche Freude wie der Dichter hat am Film der Architekt: die der fast unbeschränkten Möglichkeiten. Auf dem gleichen

Geviert kann er heute den chinesischen Hafen, morgen die Hansestadt, übermorgen das Nomadenlager oder den Tempel der Vorzeit bauen. Was die ökonomischen Zusammenhänge seiner Kunst weit über die sachlichen hinaus immer versagten, hier wird es ihm zuteil: der Wechsel und das Spiel – nicht auf der Fläche in der Zeichnung, die illustrierenden Räume, in der Realisierung des Märchens. Die Zusammenbrüche, die sein tägliches Werk fürchtet, hier können sie Spiel, gewünscht, begrüßt, Feier und Anreiz werden. Die Stabilität seiner Kunst ist in einer freudigen, katastrophenfernen Weise aufgehoben – und es kann geschehen, daß in Grotesken und Märchen auch die Statik seiner Kunst in musikähnlicher Rhythmik gebogen und verflüssigt wird; nicht zur Auflösung der Architektur, aber zu einer Erlösung des Architekten.

* * *

Hungersnöte dörren die Erde, die Wirtschaftskrise schießt wie ein Brand um den Ball – und Milliarden des ursprünglich als Tauschmittel gedachten Wertes gibt die Menschheit für die Herstellung von Filmen her. Ist das Größe oder Kleinheit? Es ist keines von beiden. Es ist der Tribut, den die Menschheit ihrer fanatischen Illusionistik zahlt. [1920/21]

Betty Compson

# Friedrich Sieburg

*Friedrich Sieburg (Dr. phil., 1893–1964) hat auch Erzählungen und Reisebücher geschrieben; man muß es sich in Erinnerung rufen, denn vor allem war Sieburg Kulturkritiker, in den fünfziger Jahren seiner Selbstgespräche auf Bundesebene wegen gefürchtet und bewundert. Ein Mensch, entschlossen, „in der Literatur zu leben", war Sieburg seinerzeit berühmt geworden durch sein Buch „Gott in Frankreich" (1929, in acht Sprachen übersetzt). Über jedem seiner Essaybände könnte der Satz stehen: „Endlich kommt einer und sagt es." So wenn er Kritik übt an den viel zu vielen Theatern in Deutschland, für die Millionen ausgegeben werden, und die doch heute nur noch eine Kulturfassade verkörpern, während ihre einstige Aufgabe längst „auf andere Zweige der öffentlichen Unterhaltung übergegangen" ist. Wenn das für den Tag und die Stunde geschrieben war, dann dauert dieser Tag noch an.*

*Schon 1920 sah sich Sieburg veranlaßt, Betrachtungen anzustellen über die Bedeutung der Begleitmusik bei der Vorführung von Stummfilmen („Die Transzendenz des Filmbildes"), nämlich als sie im Kino einmal ausblieb. Für das Werbeheft zu Cserépys „Fridericus Rex" schrieb er 1922 eine Art Gebrauchsanweisung, „Der historische Film". Und 1923 machte er sich Gedanken über die Ausstrahlung des Filmdarstellers („Die Magie des Körpers"). Sieburg schrieb damals nicht nur über, sondern auch für den Film. „5 Akte von B. E. Lüthge und Friedrich Sieburg" heißt es auf dem Programmheft zu Otto Ripperts „Tingeltangel" (1922); und eine Besprechung des Films „Die letzte Maske" (Emerich Hanus, 1922) im Reichsfilmblatt beginnt mit den Worten: „Dr. Friedrich Sieburg, der auch zuweilen filmästhetische Abhandlungen schreibt, hat das Drehbuch nach einer Idee von Ludwig Nerz verfaßt", wobei der Kritiker (Felix Henseleit) hinzufügt, deswegen sei der Film aber nicht besser und nicht schlechter ausgefallen als mancher andere auch. Übrigens ist Sieburgs Anteil an den beiden Filmen bei Lamprecht nicht vermerkt.*

*In den fünfziger Jahren kam Friedrich Sieburg nochmals auf den Filmdarsteller als Glanz der Welt zurück, in einem Essay, betitelt „Das Glück auf der Leinwand". Das Bemerkenswerte daran ist, daß Sieburg, nachdem jedermann schon längst nur noch vom Film redet, immer noch von dem ausgeht, was sich im verdunkelten Zuschauerraum an Gefühlen regt, also von dem Erlebnis, „Kino" genannt.*

**Die Transzendenz des Filmbildes**

Während der „Fürst der Diebe" im vierten Akt im Auto seinen Verfolgern entbrauste, (sein Shawl flatterte wie eine Standarte, Wind lief unternehmend durchs hohe Gras der fliehenden Landschaft,) – entschlossen sich die Musiker des kleinen Orchesters, Geige und Klavier fürs rote Leben, Harmonium für Todesfälle, plötzlich Abendbrot zu essen. Die Musik brach ab. Stille. Das Filmband surrte. Das Licht zischte. Die Handlung hastete weiter.

Ich sage Ihnen, es war beängstigend. Ich kam mir vor wie ein Begrabener. Nur mühsam ließen sich die Figuren auf der Leinwand von der Handlung durcheinandertreiben. Die Tiefe verschwand, die Landstraßen verloren ihren fernen Schwung, die Handelnden waren wie im Schlaf, lautlos agierten Leichen.

Da ich nicht wußte, was daraus werden würde, entfernte ich mich vorsichtig.

Draußen beruhigte ich mich mit folgenden Erwägungen:

Das Filmbild verliert durch das Verstummen der Begleitmusik jede Beziehung zum zuschauenden Menschen. Das Hin- und Herströmen zwischen Mensch und Bild reißt ab. Das Bild schließt sich, wird absolut, wird unmenschlich, zufällig, – gottlos.

Das Bild ist im Raum, mehr noch, es ist ein Raum im Raum. Seine Geschlossenheit ist undurchdringlich, geradezu ungemütlich abweisend. Beziehungen lassen sich wohl konstruieren, stellen sich aber nicht von selbst ein.

Der Film ist in der Zeit. Oder – ? Doch, logisch Verknüpftes bewegt sich im rasenden Nacheinander. Sollte daher die Beziehungslosigkeit kommen? Wo der Mensch in Beziehung zum Ding gesetzt wird, stellt sich schon Wirklichkeit ein. In diesem Falle sind nur zwei Arten von Wirklichkeit denkbar. Nächstliegend ist die fotografische Wirklichkeit, das Wiedererkennen des Modells. Diese Möglichkeit simpelster Realität ist aber durch die Handlung des Films aufgehoben. Denn im Augenblick, wo die zuschauende Vernunft im freudigen Wiedererkennen die Grunewaldfichten begreift, (das ist die übliche Form bürgerlichen Wirklichkeitssinnes, die Weltfrömmigkeit des kleinen Moritz) schiebt sich auch schon die Handlung dazwischen und verweist den mühsam Erkennenden nach Kanada oder wo sonst tragiert wird. Die fotografierte Wirklichkeit wird also immer wieder durch die frei in die Landschaft gelegte Handlung in Frage gestellt. Ja, so sehr unmöglich ist das Funktionieren jedes primitiven Naturalismus, daß eine eigene Welt der Filmromantik sich ungeheuer und mannigfaltig erbaut hat, jene Welt, wo der Gent zwischen Schlafanzug und Frack taumelt, wo die feinsten Leute die Umschläge der eben erhaltenen Briefe auf die Erde werfen, wo die Visitenkartenschale zu Hause ist. Ich glaube, der erste Schauspieler, der – unausdenkbare Katastrophe – zum ersten Male das Kuvert des schicksalsschweren Briefes, anstatt es auf die Erde zu werfen, fein gesittet auf den Tisch legte, wie es in Raum und Zeit üblich ist, der würde die ganze Filmideologie aus den Angeln heben.

Von der einzigen tiefsten Wirklichkeit, die im Gesetz des künstlerischen Bildes liegt, darf an diesem Punkte erst recht nicht gesprochen werden. Denn wo ist das Erlebnis, mit welchem Material wird formuliert, wo ist die Tat? Nein, diese mystische Assoziation des Gesetzes, die bei dem Begriff „Bild" mitschwingt, muß hier vollends ausgeschaltet werden. Hier könnte allein die menschliche Beziehung erwachsen, aber im Film ist „Bild" keine Formfrage sondern eine Formatfrage.

Das Geheimnis der lautlosen Gespenstigkeit muß also im Wesen der Musik liegen. Musik ist in der Zeit. Damit ist aber nicht alles gesagt. Zum mindesten entnimmt die Musik ihr Gesetz dem logisch ablaufenden Intellekt. Im innersten aber deutet sie ins Transzendente und nimmt Fühlung mit dem Absoluten. Was von ihr ergriffen wird, begibt sich seiner Form und stürzt in uralte Verwirrung.

Wenn nun der Film in der Zeit ist, so wäre es also möglich, durch Aneinanderreihung von Raumvorstellungen den Zeitbegriff zu erzielen und in Tätigkeit zu setzen. Oder doch nicht? Nein, das ist wohl nur möglich im Denkvorgang, freilich auch dort nur unter Preisgabe der Raumvorstellung. Die Summe der räumlichen Vorstellungen hebt sich auf gegen den daraus gewonnenen, in der Zeit laufenden Gedanken.

An Stelle des Denkvorganges im Menschen tritt im Film die Handlung. Sie ist der herausgehobene, projizierte Denkvorgang. Da sie aber durch ihre Absolutierung eine gewisse Allgemeingültigkeit erhält, so rettet sie dem Zeitbegriff die Raumvorstellung. Die Handlung rundet die Zeitkurve zum räumlichen Kreis. Der Raum rast durch die Zeit, sein Faktor ist die Handlung.

Das Beängstigende, Unwahre, Schattenhafte des musiklosen Films, der befremdende Eindruck des Beziehungslosen, Unwirklichen liegt also im Wesen der fehlenden Musik selbst oder vielmehr an der sonderbaren Arbeit, die sie am Bilde verübt. Soll das Filmbild zum Menschen Beziehung haben, so muß es transzendieren, so muß es dauernd gelockert werden, weniger zum Menschen, als – ja, sprechen wir es ruhig aus – zu Gott hin. Ist dies Frevel? Nein, selbst das kümmerlichste Atelierausschnittchen, Treppen und windbewegte Blumenfülle vortäuschend, selbst Holz und Pappe, von bläulichem Scheinwerfer übergossen, müssen mit den Spitzen ihres falschen Prunks in den unfaßbaren Dunst der Sterne rühren. Sagte ich doch: das Gesetz fehlt! Also muß das Filmbild an irgend einer Durchbruchstelle ins Absolute fluten. Und das vermag nur die Musik, magische, unheimliche Beschwörerkraft ausschleudernd. Die Musik, zersprengend und auflösend, entleibend, ins Nichts drängend, muß das Filmbild retten, muß diese letzte Raumvorstellungskraft in die Bestrahlung des Ewigen rücken, wenn anders der Mensch nicht, kalt angewht von den verwesenden Gespenstern seines erstorbenen Weltgefühls, entsetzt fliehen soll aus dem lautlosen Totentanz seiner Welt.

Die figürliche Erlösung aber liegt anderswo. [1920]

### Die Magie des Körpers
BETRACHTUNGEN ZUR DARSTELLUNG IM FILM

Was ist Magie des Körpers? Die Fähigkeit, einen unsichtbaren Vorgang mit körperlichen Mitteln sichtbar zu machen. Die Fähigkeit, ein Geschehnis voll innerer Symptome aus dem Geist in den Raum zu verpflanzen. Sie ist weiterhin die Kraft, eine seelische Bewegung, die an nicht mitteilbare Besonderheiten der Persönlichkeit gebunden ist, mit dem, was alle Menschen gemeinsam haben, – mit dem Körper –, allgemeinverständlich und zwingend einsichtbar zu machen. Der Körper, das ist Gesicht und Auge, das sind die Glieder und das Ganze, schafft das greifbare Gegenbild zum seelischen Bild, er gibt die Ausdeutung des Gedachten im lebendigen Raum.

Was ist ein Filmdarsteller? Ein Typus, der die Öffentlichkeit terrorisiert. Er zwingt einer kulturell unsicheren und zerfaserten Masse seine Erscheinung als Vorbild auf. Er nährt sich nicht von der Gesellschaftsform, die ihn trägt (weil diese Form keine Form ist), er entnimmt seine Geste nicht aus der bestehenden Konvention (weil diese Konvention keine Geste hat), – sondern der Filmschauspieler bestimmt weitgehend die zittrigen und schwankenden Umrisse der gesellschaftlichen „Kultur". Er legt die Mode fest, lanziert Unarten, beeinflußt sogar den Gesichtstypus, – kurz, er übt eine Schreckensherrschaft aus im Reich des Geschmacks. Ist das seine Schuld? Keineswegs, – er greift tastend in die Umwelt, um seine innere Erscheinung auszustatten, und findet nichts. Er späht bei der besitzenden Klasse umher, um Elemente zu finden, mit denen er seine Haltung festlegen könnte, und späht vergebens. Er ist eine zwingende Folgeerscheinung aus dem Zusammenbruch der europäischen Theaterform. Seine Aufgabe ist keine geistige, sondern eine sentimentale: nicht Ausdeutung, sondern Andeutung. Er steht einem neuen Menschenvolk gegenüber, das von ihm nicht Spiegelung, sondern Vervollständigung erwartet. Früher galt es, das Bild des erfüllten Lebens zu geben, heute kommt es auf die Erfüllung des leeren Raumes über dem leeren Leben an. Der Filmdarsteller also bevölkert das sentimentale Wunschbild der flutenden Masse. Er vervollständigt, was das Leben leer läßt. Er ist der Mann, den die arme, aufsteigende Frauenschaft einer verwesenden und erwachsenden Welt sich wünscht. Er ist der Held, den eine nur wirtschaftlich gegliederte und darum zum Heroismus nicht fähige Menge sich vorträumt. Kurz, er befriedigt die heutige schnell aufsteigende und verblasene Romantik auf billige Weise und auf halbem Wege, anstatt sie umzubilden.

Mit welchen Mitteln? Mit den Mitteln des halbverschollenen Theaters. Ein gewisser Bestand darstellerischer Mittel, der beim Bankerott des Theaters übrigblieb, hat sich als geeignet erwiesen, in die Filmdarstellung übernommen zu werden. Dieser Bestand ist klein und enthält nur das Nötigste an Mimik, Bewegung und Gängen. Er deckt sich keineswegs mit den Äußerungen, die im menschlichen Leben bei gewissen Gefühlsäußerungen fast mechanisch eintreten. (Dann wäre ja alles in Ordnung.) Sondern diese Mittel haben schon einen weiten Weg hinter sich. Sie waren schon auf der Sprechbühne Formeln, die durch den Text von Fall zu Fall geartet wurden, sie wurden als solche in den Film übernommen, um dort weiter als Formeln zu wirken: doppelte Entwesung! Aber der Unterschied liegt in der Wirkung. Während auf der Sprechbühne diese Formeln immerhin eine gewisse Konzentration erzielen wollten, wobei die stoffliche Besonderheit der Wortbedeutung zu Hilfe kam, geschieht im Film das Gegenteil. Das Darstellungsschema wirkt rein als Bezeichnung, als Andeutung, als eine Art schauspielerischer Kurzschrift, als Anstoß. Eine bestimmte, stereotyp gewordene Geste, die vom Darsteller meist noch dreifach verstärkt wird, weil er Furcht hat, aus Mangel am Wort nicht „verstanden" zu werden, ruft im Zuschauer die entsprechende Vorstellung hervor. Diese Vorstellung aber wird nicht festgelegt, weil der Ausdruck, der sie erzeugt, viel zu allgemein, erstarrt und unpersönlich ist, um zur Präzision zu zwingen. Vielmehr klingt bei der üblichen Gebärde, die Verliebtheit andeutet, im Zuschauer sofort der ganze, riesenhafte, endlos flutende Komplex von Liebe an. Den tausendfachen Assoziationen, die da blitzschnell aufschießen, ist kein Widerstand geboten. Es ist die äußerste Mechanisierung, die ja immer mit äußerster Sentimentalität zusammen geht: der Schauspieler gibt die Bezeichnung aus seinem Formelvorrat, – und beim Zuschauer geraten die Nebenvorstellungen in wirbelnde Bewegung. Bedeutung strömt in den leeren Raum der Romantik.

Darum auch sind schlechte Filmdarsteller so beliebt. Sie geben dem Publikum die größte Freiheit für seine Fantasie. Sie wirken wie Geigenadagios und Militärmärsche abends in den Biergärten. Eine bestimmte Tonfolge (Geste) bezeichnet flüchtig Traurigkeit oder markigen Schneid, – und der Hörende, knapp davon berührt, irrt von diesem Anstoß (Geste) schnell ab in die Wildnis seiner Vorstellungen. Dem Tongebild (der Darstellung) aber ist er dankbar, daß er nicht gefesselt wird, daß er eigene Wege gehen kann, anstatt auf fremde gezwungen zu werden.

Dies ist neben dem erotischen Moment der Grund für die zähe Dankbarkeit, mit der die Menge an [ihren] Filmlieblingen festhält. Ich spreche von Stars, deren künstlerische Herkunft verworren und dunkel ist. Ihre glatten Gesichter, möglichst unpersönlich, mit den gültigen Merkmalen des Gefälligen, eignen sich am besten zur Hervorbringung unpräziser mimischer Formeln. In solchen Zügen ist nichts, was den Zuschauer irritieren oder persönlich fesseln könnte, – ein mimischer Schnörkel taucht auf und entläßt den dankbaren Beschauer sofort ins Meer seiner Assoziationen. Dutzende von ganz unbegabten und persönlich belanglosen Darstellerinnen, um die sich Millionengelder akkumulieren, bewirtschaften heute auf diese Weise und aus diesem Grunde die Gehirne der Menschen. Und es wäre ungerecht, sie ganz zu verwerfen, denn sie sind wenigstens unbeschwert von zwittrigen Bühnenmitteln, deren Anwendung nicht einmal Gefühlsbewegung aufkommen läßt. Sie gehen zwar auf die Verwirrung des Gefühls, aber sie schaffen doch auch das Gefühl als Voraussetzung. (Die Existenz dieser Stars hat ferner seine wirtschaftliche Seite, die kompliziert und interessant ist. Leider ist hier nicht der Ort, davon zu handeln. So viel nur sei gesagt: ihre hartnäckige Aufrechterhaltung geht, neben privaten Verwicklungen fast in jedem Falle, vom Zwischenhändler aus, von dem im Film fast alles Fragwürdige kommt.)

Wer Grenzen zieht und Ortsbestimmungen vornimmt, ist einseitig. Ich auch. Bei jedem Suchen nach Grundsätzen kommen die Zwischenstufen zu kurz, die immer am umfangreichsten sind. Wir haben in Deutschland die Filmstars, von denen ich eben sprach. Wir haben die großen Filmdarsteller, die alle ihre Kraft aus der Neuordnung des Theaters, aus dem Geistkampf um die lebendige Bühne ziehen. Und wir haben das weite Zwischenreich filmender Schauspieler. Der Star lebt darstellerisch vom alten Theater, von mimischen Restbeständen. Aber er macht den Film volkstümlich, er bindet Gefühl los, wenn er es auch gleichzeitig zerstreut. Er wirkt sentimental. Der filmende Schauspieler bedient sich seiner Bühnenmittel, die sehr gut und lebendig sein können, für ihn ist der Film „fast so wie Theater". Er wird nie stören, nie hemmen. Aber er wird auch nicht ändern. Ihn trägt die Entwicklung, die er nicht beeinflussen kann. Der große Filmdarsteller endlich erzwingt die Niveausteigerung des Films, nicht stofflich, sondern zunächst nur innerhalb der Regie. Aber er wirkt zwangsläufig auch auf das Stoffliche voraus. Er erzwingt die Konzentration des Gefühls, indem er auf die Gestalt konzentriert. Er bindet die Seelenregungen des Zuschauers, indem er sie durch den Maßstab seiner Gestaltung bewertet. Er reinigt das Gefühl, indem er es zu sich heraushebt aus der dumpfen Assoziationsmasse. Während der Star sentimental wirkt, wirkt der große Darsteller moralisch.

Mit welchen Mitteln? Mit der Magie des Körpers. Diese Magie als Gegenwart ist Utopie. Aber der Darsteller erstrebt sie. Dadurch wirkt er. Die Magie des Körpers ist also ein darstellerisches Mittel, das ausschließlich dem Film angehört. Man begreife dies! Die zukünftige, die ideale Filmdarstellung wird allein dem Film angehören, wird in ihm seine Wurzel haben und wird mit andern Raumkünsten (dem Schauspiel, dem Tanz) schwer vergleichbar sein. Das neue Theater wirkt im Material des Wortganzen, der Melodie, die neue Filmdarstellung wirkt im Material des Körpers. Beide wirken aus dem Zentrum des geistigen Kerns an den Umkreis der Äußerung vor. Magie ist Zwang zur Einsicht, die nicht persönlich geartet sein darf, sondern an der dargestellten Erscheinung orientiert ist. Magie ist Zwang zur übereinstimmenden Gesamtvorstellung, ist Zwang zur Klärung des Gefühls von der halbmusikalischen Assoziation weg zur geistigen Erkenntnis. Was erkennt der durch die Magie des Körpers gezwungene Zuschauer? Daß die Darstellung „richtig" ist. Wodurch? Durch die Eindeutigkeit des Gefühls. Der Weg geht also durch die Erschütterung zur Überzeugung. Beim „Star" ging der Weg umgekehrt durch die Erkenntnis zur Erschütterung. Weil der Zuschauer infolge Funktionierens des bestimmten mimischen Schemas wußte, daß dies oder jenes Gefühl gemeint ist, wanderte er von dieser Erkenntnis ab in den Gefühlsbrei.

Die Magie des Körpers ist die Utopie, auf die der große Darsteller immer hinzielt. Wir sehen nun die Möglichkeit, daß ein Darsteller seine Erlebniskraft so stark mit Körpergefühl durchtränkt, daß er, vom Theater kommend, seinen Seelenkern räumlich so stark hinausfühlt, daß er seine geistige Spannung so stark verleibt, bis er der Magie nahe kommt: Asta Nielsen. Vom andren Punkte her sehen wir den Darsteller aufsteigen, der seinen Körper vom Mannigfaltigen zum Überzeugenden steigert, der, vom Varieté kommend, seine zauberhafte Geschicklichkeit unter das Gesetz des Erlebnisses stellt, der den körperlichen Wirbel zum geistigen Hymnus dehnt, der nicht durch die Steigerung, sondern mystische Verwandlung seiner Körperleistung sich der Magie nähert: Charlie Chaplin. Sie stellen die beiden Pole filmischer Darstellung vor, von entgegengesetzten Enden der schauspielerischen Bereitschaft zum gleichen Ziele wandernd. Asta Nielsen und Charlie Chaplin. In ihrer Darstellung umfassen sie die heutige Welt. Asta Nielsen hat die gesamte Tradition Europas in sich. Chaplin ist ohne Tradition, er wirkt als voraussetzungsloser Amerikaner. Bei ihr sind die mimischen Mittel in der Totalität versammelt, sie überwindet diese Mittel immer wieder, um zum körperlichen Ausdruck zu gelangen. Bei ihm fehlt jegliches mimische Mittel, das uns aus der Tradition bekannt wäre. Dafür sind körperliche Mittel um so mehr da. Er überwindet sie immer wieder, um zum geistigen Ausdruck zu gelangen. Die Asta besitzt als europäische Schauspielerin bei höchster geistiger Spannung den sozusagen undurchsichtigen Körper, den ihr Wille durchstrahlt, Chaplin als amerikanischer Exzentrik verfügt über den bis zum Wunder gelockerten Körper, den er in höchster geistiger Spannung formt, festigt, regiert. Beide befreien sich – und uns. Die Nielsen befreit sich vom Gefühl, von dem sie als traditionsbeladener Mensch zu viel hat. Sie macht das Gefühl für uns unschädlich, indem sie es formt und benennt, indem sie es an die darstellerische Situation bindet. Chaplin befreit sich vom Mechanismus seiner Anatomie, indem er seinem Gliederspiel einen bestimmten geistigen Sinn gibt, indem er die Akrobatik ethisch beziffert. Beide geben mit ihrer Darstellung über das darzustellende Gefühl ihr Urteil ab. Das ist die körperliche Sinngebung einer sinnlosen seelischen Spiegelung. Die Asta gibt dies Urteil, indem sie sich körperlich lockert und seelisch versammelt: sie ist traurig – über ihr kaum zuckendes Gesicht geht ein Sturm, der die Augenbrauen schwach bewegt und einen Mundwinkel leicht verschiebt. Charlie nimmt Stellung, indem er sich seelisch loslöst und körperlich bindet: er ist fröhlich – er geht beiseite und macht (vom Rücken gesehen) ein paar Tanzschritte, in denen die Freude zuckt. Er verbirgt sein Gesicht, – die Asta schiebt es als seelisch am unmittelbarsten vor.

Wo stehen die schwedischen Filmdarsteller? Diese naiven Typen sind sehr raffiniert. Ob nun von sich her oder vom Regisseur her, wage ich nicht zu entscheiden. Wahrscheinlich ist das letztere richtig. Einer von ihnen – Lars Hanson – mag hier für alle stehen. Dieser Hanson hat nicht das Format, um als Typ schöpferisch zu sein. Aber eine reinere, reibungslosere Leistung als seine Bauernsöhne läßt sich nicht denken. Woraus setzt sich diese Leistung zusammen? Ich sprach gelegentlich der Filmstars von bestimmten darstellerischen Formeln, die dort allerdings mechanisch eintreten und wirken. Nun, Hanson hat nicht einmal diese. Wenn er mimisch wirken will, versagt er. Aber er hat mehr. Von der Nielsen her weiß er – wie alle –, welche ungeheure Überredungskraft das menschliche Gesicht als solches hat, ja, daß etwas Bewegenderes als das Antlitz in der Großaufnahme mimisch gar nicht gefunden werden kann. Der Schwede nun hält, wenn der Moment der Erschütterung dramaturgisch gekommen ist, „einfach" sein Gesicht hin, erfüllt sich innen bis zum Zersprengen mit dem Gefühl der Situation, – und je langsamer diese Erfülltheit an die Oberfläche dringt, um so stärker ist die Wirkung. Und zwar ist die Wirkung so, daß er mit seinem kaum bewegten Antlitz fast eine Art Lähmung auf den Zuschauer ausübt, daß er ihn gleichsam in dem Gefühl der Szene vereinsamt, so daß eine willkürliche, assoziative Abschweifung des Beschauenden gar nicht möglich ist. Das hat Asta Nielsen gelehrt. Ein weiteres Element von Hansons Leistung ist das Verhalten des ganzen Körpers innerhalb der Handlung. Dies ist der zweite Weg, der zur Magie des Körpers führt. Wir sahen zuerst das Gesicht als

Exponenten der seelischen Konzentration. Wir sehen jetzt den Körper als Exponenten der körperlichen Konzentration. Der Schwede spannt diese beiden Erscheinungen weit auseinander. Er wirkt mit dem Gesicht, – er wirkt mit dem Körper, aber nicht innerhalb des Körpers, nicht mit den Bewegungen der Glieder also, sondern mit „Gängen", mit Verrichtungen innerhalb des Tatsachenraums. Was Chaplin vermag – die körperliche Wirkung innerhalb des Körpers –, das kann er niemals. Er kennt nur die beiden Extreme. Sahen wir ihn bei der Gesichtsmagie von Asta Nielsen stammend, so dürfen wir ihn in der Bewegungsmagie schon deshalb nicht von Chaplin ableiten, weil der Chaplinschen Bewegung die Akrobatik, das Spiel, zugrunde liegt, während der Schwede die Arbeit zugrunde legt. Welch ein Unterschied! Der beschwingte Amerikaner erinnert sich an die glitzernden Gliederkünste und Fangspiele, der schwere Schwede fußt auf der schweren, körperlichen Bauernarbeit seiner Heimat.

Wir sehen also, wie weit die Filmdarstellung, die zur Magie des Körpers strebt, vom Tanz und von der Pantomime entfernt steht, ebenso fern, wie vom Theaterspiel. Das Theaterspiel setzt den Bühnenraum voraus, der die schauspielerischen Bewegungen überhaupt erst sinnvoll macht. Jede schauspielerische Bewegung wird durch den Bühnenraum vervollständigt, weil sie auf diese Abgrenzung angelegt ist. Der Tanz setzt aber einen Raum gar nicht voraus, weil er ja einen seelischen Vorgang nur körperlich wiederholt, nicht ersetzt, weil er ja einfach eine körperliche Parallele schafft, also gar nicht den Wunsch hat, die Seelenbewegung körperlich zu durchdringen. Er verwandelt nicht, er wiederholt nur, wenn auch auf andrer Ebene. Er schafft für das Gefühl kein Bild, sondern eine Allegorie. Das Gesicht aber wird vom verständigen Tänzer nur als Maske betrachtet. Gibt man dem Tanz einen stofflich kausalen Sinn, so rückt er zur Pantomime zusammen. Diese kann nur in der Umschreibung großumrissener Grundgefühle bestehen, soll sie nicht wie ein Taubstummenkongreß wirken. Da ihr Wesen aber in der dauernden figuralen Auflösung dieser Grundgefühle und ihrer stofflichen Verknüpfung besteht, so ist auch hier eine magische Körperwirkung nicht möglich, zumal der Eindruck erst durch das Spiel der Körper gegen- und untereinander, also durch Formvermengung vollständig wird. Der tanzende Körper strebt zum Ornament, also zur Entpersönlichung. Der darstellende Körper aber strebt letzten Endes zur moralischen Wirkung, also genau zum Gegenteil. Werner Krauß als Filmdarsteller hat hier seine Gefahr. Seine körperliche Intensität ist so groß, daß, wenn ihm als Bauelement das Wort nicht verfügbar ist, seine ganze Kraft in die Glieder schießt, wo sie dann einfach pantomimisch sich zur Gesichtsmagie zurückzutasten sucht. So haben wir von ihm neben Leistungen, die nur mit denen der Nielsen verglichen werden können, manchmal Darstellungsmomente, wo er wie ein Elektrisierter von diesem seltsamen pantomimischen Mißverständnis hin und her geschleudert wird, oder wo er – im Extrem – mit dem Körper, vor allem mit den Armen sozusagen Maske macht und als Allegorie herumgeht. Diese Verwirrung ist beinahe genial, da er eine so stählerne Geladenheit besitzt, daß ihm auf falschem Wege Richtiges beinahe, beinahe gelingt. Dieser Reiz ist unbeschreiblich, wenn sich weitgetrennte Welten ineinanderschieben.

Tanz und Pantomime bestehen also ohne Raum. Das Schauspiel braucht den Bühnenraum zur klanglichen und figürlichen Abgrenzung. Die Filmdarstellung hat nur den Tatsachenraum, also den imaginären Raum der Handlung, der nur durch Gesamtgestaltung zu bewältigen ist. Deshalb ist im Film auch die sogenannte Nüance, der schauspielerische Einfall immer Sache des Verfassers oder höchstens des Regisseurs. Denn die Orientierung im Tatsachenraum ist nicht die Angelegenheit des Darstellers, vielmehr muß er ihn vollständig durchgearbeitet vorfinden, wenn er ins Spiel tritt. Die Nüance ist nämlich im Film (der hierin reiner ist als die Bühne) immer stofflich bedingt, immer dramaturgisch verknüpft, ist niemals illustrativ, sondern immer organisch, immer bauend. Der Filmdarsteller, der Einfälle hat, verwirrt den Bau. Er entzieht sich der Stoffgestaltung, er lenkt ab, er ist unkörperlich. Der große Darsteller hat keine Einfälle als Einzelelemente, sondern Körpermagie als Gesamtgestalt. Denn wie kann der Filmdarsteller seine Rolle bauen? Stände er auf der Bühne, so würde er im Wort beginnend zur Melodie aufsteigen und so den Bogen spannen. Hier aber muß er im Körper bauen. Er macht seinen Körper zur Achse des Geschehens. Er geht nicht zeitlich in der Melodie von sich weg und sucht die Momente des dramatischen Schicksals auf, – er bleibt bei sich und versammelt räumlich in sich alle Erschütterungen, die von seiner Magie ausgehen wie Gewitter. [1923]

Lee Parry in „Die Frau mit dem Etwas" (Erich Schönfelder, 1925)

## Hans Siemsen

*"Als Hans Siemsen vor Jahren als erster eine anständige und gebildete Kinokritik forderte, war ihm beizustimmen", erklärte Tucholsky 1928. "Er wird inzwischen selber eingesehen haben, wo die Grenze der Kinokunst liegt." Nämlich da, wo die Vorstellungskraft des Produzenten ein Ende hat.*

*Hans Siemsen, geboren am 27. März 1891 in Mark bei Hamm in Westfalen, hatte einige Semester Kunstgeschichte studiert und war zwei Jahre lang Soldat gewesen, bevor er dann in Berlin an vielerlei Zeitungen und Zeitschriften mitarbeitete. "Auch ich – auch du / Aufzeichnungen eines Irren", sein Erstling, erschien 1919 in der Sammlung "Der jüngste Tag" bei Kurt Wolff. Seine Schrift über "Charlie Chaplin" (Lpz. 1924) beginnt mit dem Kapitel "Erste Begegnung / Zwei Postkarten und ein Buch", übernommen aus "Wo hast du dich denn herumgetrieben?" (Mch. 1920), mit der einzigen Änderung, daß die Postkarten, statt aus der Schweiz, jetzt aus Paris stammen. Weitere Werke: "Paul ist gut / Erlebnisse" (1926), "Rußland, ja und nein" (1931). Siemsen emigrierte Anfang 1934 nach Paris, dann nach New York, war dort am Rundfunk tätig und schrieb eine Erzählung, "Die Geschichte des Hitlerjungen Adolf Görs" (1940). Nach seiner Rückkehr 1948 lebte er im Rheinland und ist in Essen am 26. Juni 1969 gestorben.*

*Über Filme schrieb Hans Siemsen hauptsächlich in der "Weltbühne". Er gehörte wie Mierendorff zu denen, die dem Kientopp nachtrauerten; von Seelenkonflikten, auf der Leinwand ausgetragen, wollte er nichts wissen. Ein "unverbesserlicher Freund des Kinos", brachte er es fertig, in ein und derselben Besprechung von Goliath Armstrong zu sagen, "meinetwegen albern, aber langweilig gewiß nicht", von Carl Mayer hingegen, "hohes Literatur-Niveau, aber abscheulich langweilig." Er war gegen den literarischen Film. "Das Filmmanuskript gehört keineswegs zur Literatur. Es hat mit Literatur genau so viel und so wenig zu tun wie das Kochrezept. Ja, es ist nichts anderes als ein Kochrezept." Kein Wunder, daß Widerspruch und Zustimmung sich stets in zahlreichen Zuschriften kundgab. Sein Artikel über "Die Filmerei" trug ihm Erwiderungen ein von Rudolf Kurtz, Kurt*

*Tucholsky, Ludwig Wolff, Hans Glenk, Bruno Frank. Was dann seinerseits wieder Antwort erforderte. Ein lebhaftes Hin und Her kann man sich gar nicht denken.*

**Zwei Postkarten**

Ich muß von Osnabrück nach Bremen fahren. Und ich habe nicht soviel Geld, daß ich D-Zug fahren kann. Das heißt, vielleicht habe ich doch soviel Geld. Ich darf es nur nicht für den D-Zug ausgeben.

Ich fahre ungern Personenzug. Ich fürchte mich vor dieser langen, langsamen Fahrt durch die dunklen Wiesen und durch die Heide. Ich habe niemanden, der mit mir fährt. Ich bin allein. Und die Wagen der dritten Klasse sind kalt und schmutzig.

Aber ich habe doch eine Art von Begleitung, eine Begleitung, auf die ich mich freue, mit der auf der Fahrt allein zu sein ich mir wünsche. Es sind zwei Postkarten und ein Buch. Die Karten sind Ansichtskarten und kommen aus der Schweiz. Das Buch ist von Emmy Hennings und heißt „Gefängnis". Ich werde wohl gar nicht darin lesen. Ich habe gar nicht das Bedürfnis, darin zu lesen. Ich will nur dasitzen und es in der Hand halten und mich an Emmy Hennings erinnern. Ich habe sie oft gesehen, in Kabaretts, auf der Straße, auf Bildern, ich weiß nicht wo. Ich habe sie vor allem in Paris gesehen. Das war ein Jahr oder zwei vor dem Kriege. Da kam sie zuweilen in unser Café und saß vor einem bunten Apéritif. Sie sah so jung aus. Wie ein kleines Mädchen, das seine Schultasche vergessen hat. Sie malte kleine Bildchen auf Papier, das so groß wie ein ganz kleiner Briefbogen war. Heiligenbilder waren es meistens. Zuweilen reichte sie mit ihrer Hand so ein Bild über den Tisch herüber: den heiligen Antonius oder den heiligen Johannes. „Sieht er nicht aus wie ein süßer kleiner Strich-Junge?" Ja, er sah aus, wie ein süßer kleiner Strich-Junge. Und sie selber sah aus, wie ein süßes kleines Mädchen.

Ich habe nicht hundert Worte mit ihr gesprochen, habe sie immer nur so aus der Ferne – verehrt? Nein, „verehrt" ist ein häßliches Wort. „Lieb gehabt" würde das richtige sein. Jetzt sitze ich da mit ihrem Buche in der Hand, auf dem steht so traurig: „Gefängnis". Schwarz auf Weiß.

Es ist kalt, und ich friere. Ich habe einen Wintermantel an aus schwarzer Wolle und einen bunten seidenen Shawl, einen schwarzen Hut und schwarze Schuhe. Ich klemme das Buch unter den Arm, die Hände tief in der Manteltasche, strecke die Füße weit von mir und denke an die beiden Postkarten aus der Schweiz, die ich in meiner Brusttasche habe. Auf ihnen ist Charlie Chaplin zu sehen. Ich habe schon viel von ihm gehört, aber ich habe ihn noch nie gesehen. Er soll entsetzlich viel Geld verdienen, mehr Geld als alle anderen Schauspieler der Welt. Ich habe viele Anekdoten über ihn gehört. Anekdoten, wie sie Manager erfinden, die für ihren Schauspieler Reklame machen müssen. Aber wenn man meine beiden Photographien ansieht, vergißt man das alles. Sie sind viel schöner und viel sonderbarer als alles, was man über einen Menschen erfinden könnte.

Auf der einen sieht man ganz groß seinen Kopf. Ein von Schminke und Puder ganz weißes Gesicht. Ein steifer Hut, ein schäbiger Anzug, kein Kragen und eine zerrissene Weste. Über ganz herrlichen Zähnen ein kleiner Schnurrbart, schwarz und die Augenbrauen auch schwarz gemalt. Aus diesem weiß und schwarz gemalten Porzellan- und Pierrot-Gesicht sehen zwischen gemalten Brauen, gemalten Schatten und gemalten Wimpern zwei Augen, die man nicht sieht, nach der Seite. Man sieht sie nicht, weil er lacht. Man sieht nur zwischen gemalten Rändern einen schelmischen Schimmer von Schwarz und Weiß. Das ist kaum noch ein Menschengesicht, das ist die Maske eines chinesischen Schauspielers. Die Augen rollen darin wie in ausgeschnittenen Löchern, und der Mund ist sicher ganz giftig rot.

Auf der anderen Photographie sieht man ihn, den Charlie Chaplin, ganz. Er trägt denselben Hut und denselben Anzug. Derbe, etwas zu große Schuhe und eine ganz unmögliche Hose. Er sitzt auf einer Treppe, und neben ihm sitzt ein kleiner Hund. Der Film ist sehr komisch und heißt: „Ein Hundeleben". Aber Charlie sitzt da so armselig und so rührend, daß man nicht weiß, ob man lachen soll oder weinen, und ihn gleich „Charlie" bei Namen nennt. Er sitzt mit hochgezogenen Knien, die Arme über der Brust gekreuzt und die Hände, mit denen er nicht recht weiß, was anfangen, die aus zu kurzen Ärmeln ragen, zu kleinen wehmütigen Fäusten geballt. Das bleiche Gesicht mit dem kleinen Schnurrbart und dem großen steifen Hut darüber ist ihm ein wenig herabgesunken, halb auf die Schulter, halb auf die Brust. Aus dem mondscheinweißen Puder sehen unter hochgezogenen Brauen zwei große, vorwurfsvolle Augen, schüchtern, bekümmert und völlig ratlos. Und neben ihm sitzt sein kleiner Hund. Der sieht genau so aus wie er. Er ist ganz weiß, nur die Augen sind schwarz und die Schnauze ist schwarz, und um das eine schwarze Auge ist ein großer schwarzer Flecken. Er hat sich hingesetzt und lehnt sich an seinen Herrn. Die kleinen Pfoten, die noch ganz weich und jung sind, rutschen ihm etwas zur Seite. Er lehnt sich an. Er sieht ganz aus wie sein Herr. Aber sein Herr ist noch sanfter und hilfloser und sieht mit seinen großen Augen noch hilfloser in die Welt. Möge Gott ihnen beiden helfen!

Es ist eine Szene aus einem komischen Film. Alle Welt lacht darüber. Ich auch. Aber ich lache vor Rührung. Ich könnte auch weinen. So süß, so zart, so sentimental ist diese Photographie. Ein ausgestoßener Mensch, der mit seinem Hund vor einer Tür sitzt. Die ist verschlossen. Ein Vagabund und sein Hund. Weiter nichts. Ich kenne kein Bild von Picasso und kein Gedicht von Jammes und keine Geschichte von Charles Louis Philippe, die zarter und schöner und zärtlicher wären.

Ich habe die beiden Karten schon drei Tage. Ich kenne sie ganz genau. Ich brauche sie gar nicht mehr anzusehen. Aber ich nehme sie aus meiner Tasche und sehe sie doch noch einmal an. Erst die eine. Und dann die andere.

Draußen wird die Landschaft immer flacher. Kein Wald mehr. Nur Wiesen und kleine Gebüsche. Bald sieht man nichts mehr. Es wird schon dunkel. [1920]

## Die Filmerei

I

Vor etwa neun oder zehn Jahren (damals waren wir alle mindestens fünfzehn Jahre jünger als heute) schrieb ich meinen ersten Aufsatz übers Kino. Kein Mensch schrieb damals übers Kino, wenigstens kein ernst zu nehmender Mensch. Wenn ein neuer Film von Asta Nielsen herauskam, so nannte man das nicht „Première", weder Kaiser Wilhelm noch der Kronprinz waren zugegen, und auch der Kultusminister hielt sich fern. Statt dessen waren die heranwachsende Jugend und die Dienstboten zahlreich vertreten. Unter „Gebildeten" galt es nicht für fein. Man ging „wohl mal", aber am liebsten im Dunkeln hin und sprach im übrigen nicht davon. Und die reformerischen Kreise, die sich mit der „Veredlung" des Kinos zu beschäftigen grade anfingen (es waren so etwa die Dürer-Bünde und Goethe-Gesellschaften), kamen zu einem ganz negativen Resultat. Sie hoben die Hände gen Himmel und jammerten über die Verderbtheit der Welt und die gute alte Zeit, wo es keine Kinos gegeben, sie sahen im Film ein Kind des Teufels oder einen unverbesserlichen Feind der Kultur, und ihre Veredlung bestand darin, daß sie nach der Zensur riefen.

Damals schrieb ich meinen ersten Aufsatz übers Kino. Ich rief darin nicht nach der Zensur, sondern nach der Kritik. Ich sagte darin unter anderm, daß mit dem Gejammer über die künstlerische und moralische Wertlosigkeit des Kinos nichts getan sei und mit Gleichgültigkeit noch weniger, daß, aus dem einfachen Grund, weil täglich in allen Ländern der Welt viele Millionen Menschen ins Kino liefen, das Kino ein Erziehungs-, Bildungs- und Beeinflussungs-Mittel von ganz ungeheurer, von fast so großer Bedeutung wie die Presse sei, und daß deshalb alle die, denen an der Änderung und Besserung der Welt gelegen wäre, Ursache hätten, sich sehr intensiv mit ihm zu beschäftigen. Ich versuchte nachzuweisen, daß die Minderwertigkeit der Films nicht notwendig sei und nicht aus dem Wesen des Kinos entspränge, daß man durch den Film vielmehr, genau wie durch die Buchdruckerpresse, Gutes und Schlechtes in die Welt setzen und verbreiten könne, daß also der Film sehr wohl verbesserungsfähig und zu großen Aufgaben berufen sei. Ich fügte hinzu, daß die Besitzer der Film-Fabriken und Kino-Theater nur *ein* Ziel hätten: möglichst viel zu verdienen, daß es ihnen aber einerlei wäre, ob sie ihr Geld mit schlechten oder guten Films verdienten. Und ich sah den Anfang einer Kino-Reform in der Einführung regelmäßiger, unbestechlicher Kritik, die die Aufgabe hätte, den Kino-Theatern das Geschäft mit schlechten Films durch Spott und Ironie zu verderben und das Geschäft mit guten Films durch amüsantes Lob zu fördern.

Dieser mein erster Kino-Aufsatz (und mit ihm ich selber) wurde aus etwa vierundzwanzig Redaktionen hinausgeworfen – oder sagen wir: hinauskomplimentiert. Wenn die Stelle kam, wo ich sagte, daß die Erfindung der Kinematographie eine ebenso große Bedeutung habe wie die der Buchdruckerkunst – so lachte man mich einfach aus. Und wenn ich zum Schluß die Kino-Kritik propagierte, so sagte man mir mit wichtiger Miene: „Aber eine ernsthafte Zeitung kann ihren Raum doch nicht für ‚solche' Dinge opfern."

Na – das war vor acht oder neun Jahren. Heute „opfern" die ernsthaften Zeitungen mit beiden Händen. Mit der einen Hand kassieren sie die Kino-Inserate ein, und mit der andern schreiben sie die Kritiken. Und so ist es gekommen, daß mein Wunsch nach der Kino-Kritik sich zwar erfüllt hat – aber auf eine verdammt andre Weise, als ich mir gedacht hatte. Nicht die Kritik hat Einfluß auf das Kino bekommen, sondern grade umgekehrt: das Kino hat Einfluß auf die Kritik und darüber hinaus auf die ganze Tagespresse. (In der Reichshauptstadt und andern Großstädten ist dieser Einfluß schon ganz bedeutend. In der Provinz aber gibt es gewisse Blättchen, die überhaupt nur von Kino-Inseraten leben.) Das schließt nicht aus, daß hier und da mal der eine oder der andre Film verspottet und verrissen wird. Im großen ganzen aber ist sich die Presse einig in der Lobpreisung und Bewunderung des deutschen Films. Sie streut ihm Rosen auf den Weg – genau so einmütig, wie sie vor neun Jahren ihn in Bausch und Bogen ablehnte.

Mir jedoch sei erlaubt, wie vor neun Jahren die ablehnende, so heute die lobpreisende Einmütigkeit zu durchbrechen und in das harmonische Bewunderungsorchester ein paar sanfte und freundliche Disharmonien auf meiner bescheidenen Flöte zu blasen.

II

„Der deutsche Film", sagen die deutschen Zeitungen, „das ist das Wunnerboorste, was es augenblicklich in der Welt gibt. Er hat eine Höhe der Entwicklung erreicht – da kann kein andres Land dran tippen."

Darauf ist, wenn man der Wahrheit und nicht dem Portemonnaie die Ehre geben will, schlicht und sachlich zu erwidern: „Mitnichten, Ihr Lieben! Der deutsche Film ist, schlagt mich tot, der schlechteste, den es augenblicklich in der ganzen Welt gibt."

Ich weiß, daß es gute deutsche Films gibt, schlechte und sogar sehr gute. Aber ich rede hier nicht von den Ausnahmen, die schlecht, und von den Ausnahmen, die gut sind, ich rede überhaupt nicht von einzelnen Films, sondern von dem „deutschen Film" als von einer besondern Spiel- und Stilart. Wie man von französischer Küche und von, nun sagen wir nicht grade: bayrischer, sagen wir mal: hamburger Küche spricht. „Roastbeef, englisch" – und jeder weiß Bescheid; „Film, deutsch" – und man weiß ebenfalls Bescheid.

Nicht, als ob alles am deutschen Film schlecht wäre. Er hat auch seine guten Eigenschaften. Aber im wesentlichen grade ist er schlecht. Er ist ganz einfach falsch eingestellt. Die deutschen Filmleute marschieren auf einem falschen Weg. Seit zehn Jahren etwa und besonders seit dem Krieg (abgeschlossen von der übrigen Welt) marschieren sie unentwegt dahin, Ernst und Eifer in der Brust, dicke Schweißtropfen auf der Stirn. Von Jahr zu Jahr sind sie weiter gekommen. Aber – es ist der falsche Weg. Die Amerikaner, Italiener, Franzosen sind vielleicht nicht so weit gekommen, man sieht bei ihnen gewiß nicht so viel Ernst und so viel Schweiß, ihr Weg war lange nicht so mühsam, ich weiß auch nicht, ob es „der" richtige war – aber jedenfalls war er unterhaltsamer.

Als ich mit einem Mann vom Bau, einem deutschen Film-Regisseur, ein paar Akte von ‚Judex' sah (das ist ein typisch französischer, für Frankreich mittelguter Verbrecher-Film, in dem keine einzige mögliche oder auch nur wahrscheinliche Situation vorkommt – aber auch keine, die langweilig ist), und als ich mein kindliches Vergnügen äußerte, sah er mich mitleidig von der Seite an: „Aber, Mensch, da waren wir ja vor zehn Jahren!" Recht hat er. Da waren wir (ungefähr wenigstens) vor zehn Jahren. Gäbe Gott, wir wären noch da! Statt dessen haben wir uns „entwickelt", statt dessen sind wir im Schweiße unsres Angesichts die falsche Straße gewandelt. Sie führt? Vom einfachen, harmlosen, kindlichen, sozusagen Jahrmarktsbudenfilm zum – nun, sagen wir: Riesen-Pracht-Monstre-Monumental-Ausstattungs-Film. Der deutsche Film hat nachträglich und im Eilzugstempo die Entwicklung Deutschlands von 1870 bis 1913 durchgemacht, und er sieht jetzt etwa aus wie jene Prunk- und Prachtgebäude aus der wilhelminischen Glanzepoche: mit falschen und echten Säulen, Marmor, Kapitälen, Kuppeln, Türmen, Treppen, Mosaiken – wie die Kaiser-Wilhelm-Gedächtnis-Kirche: protzig und teuer, aber langweilig und hohl. Der deutsche Film hat Geld bekommen – und das ist sein Verderben geworden. Geld ist eine schöne Sache. Aber damit allein ist nichts getan. Und wenn ich höre: Ein Film kostet zwei Millionen – dann weiß ich im voraus: Der Film ist schlecht.

Ein Schauspieler braucht immerhin einen Anzug. „Was heißt Anzug?" sagt der deutsche Film-Regisseur, „was tu ich mit *einem* Anzug? Zwanzig! dreißig kann er haben! Ein Korsett soll er tragen! Und einen Schlafrock für 100000 Mark." Aber schon ertönt die Konkurrenz: „Unser Schlafrock ist von Pechstein entworfen!" Was bleibt dem gehetzten Regiefritzen übrig? Er zieht seinem Helden zwei Schlafröcke übereinander.

Ein Film spielt in den Alpen. Was sollen wir in die Alpen fahren? Künstliche Alpen müssen es sein! Wozu haben wir das Tempelhofer Feld? Sofort bei Poelzig bestellen: 300 000 Kubikmeter Zement-Alpen! Und das Kragenknöpfchen unsres Mönchs ist aus einem alten Reliquienknochen angefertigt, der extra zu diesem Zweck aus den unterirdischen Gewölben des Klosters Santo Moro in Andalusien gestohlen wurde.

Das ist von den zwei Seiten des deutschen Films die eine: die sozusagen falsche Echtheit mit dem Motto: Was viel kostet, ist gut. Die andre: die innere Hohlheit wurde mal vor ein paar Wochen in der ‚Weltbühne' durch eine ganz reizende kleine Geschichte scheinwerferartig beleuchtet. Da sagte ein Film-Regisseur zu seinem Schauspieler: „Also Du kommst hier herein, newa, hier von links kommste rein, un denn machste 'n bisken Pi-Pa-Po, na, Mensch, Du bist doch Schohspieler, un denn jehste wieda raus!"

Das ist der deutsche Film. Außen: der Schlafrock von Pechstein entworfen; innen: 'n bisken Pi-Pa-Po. Es bedeutet, daß die deutschen Filmleute ihre Arbeit und ihren Schweiß an Dinge von gradezu phänomenaler Nebensächlichkeit verschwenden, und daß sie den wirklich wichtigen Dingen ganz ahnungs-, rat- und hilflos gegenüberstehen. Es bedeutet, daß sie vom eigentlichen Wesen des Films keine blasse Ahnung haben. Sonst würden sie es genau umgekehrt machen.

Ausstattung, Aufmachung, Klimbim, Pomposo – das sind fürs Theater immerhin noch, sagen wir: diskutierbare Dinge. Im Film kann man damit auf die Dauer nichts erreichen. Ein Beispiel: tausend eingedrillte Statisten – das ist auch für eine sehr große Bühne immer schon eine dolle Sache, die ihre Wirkung tut. Tausend Statisten auf dem Tempelhofer Feld wirken einfach lächerlich.

Der Film ist abhängig von der Natur. Er kann sie nicht übertrumpfen und darf sie nicht unterbieten. Das ist eine seiner wesentlichen Grundbedingungen und Grenzen, die ihm ganz andre Gesetze gibt, als das Theater sie hat. Sie sind manchmal denen des Theaters glatt entgegengesetzt. Eine natürliche Birke auf der Bühne – entsetzlich! Eine künstliche im Film – noch schlimmer. Das bedeutet aber: Ein Film-Regisseur, der mit den majestätischen, idyllischen, unheimlichen, grauenvollen Landschaften und Szenerien der lebendigen Natur nicht auskommt – der hat keine Ahnung von seinen Aufgaben und Möglichkeiten.

Er wird auch nicht wissen – und die deutschen Regisseure wissen es tatsächlich nicht, denn das hängt mit dem An-die-Natur-gebunden-Sein zusammen – er wird nicht wissen, daß Einfachheit und vor allem Naivität Grundbedingungen eines guten Films sind. Wieder *ein* Beispiel. Tiere und Kinder wirken auf der Bühne immer ablenkend: sie zerstören immer die Arbeit der Regie; je straffer sie ist, umso mehr. Tiere und Kinder wirken im Film immer ungemein angenehm. (Ganz kleine Kinder meine ich natürlich.) Sie sind die allerbesten Filmschauspieler. Woher kommt das? Eben daher, daß Kinder und Tiere naiv sind.

Diese eine Tatsache sollte genügen, dem Film-Regisseur den rechten Weg zu zeigen. Und sie sollte ihm außerdem zeigen, daß der Film noch weit, weit mehr als das Theater auf der Person des Schauspielers ruht. Zwanzig oder zweitausend Automobile, echte Kostüme und eine Zimmerflucht von achtzehn fürstlichen Gemächern: das ist garnichts; ein liebenswürdiger, harmloser, vernünftiger und begabter Schauspieler: das ist alles. Wenn Asta Nielsen sich vorm Spiegel schminkt und pudert: so ist die eine Szene mehr wert als der ganze übrige mühsam aufgebaute Film. Und wenn Charlie Chaplin an sechzehn empörten Theaterbesuchern vorbei, immer liebenswürdig, immer um Entschuldigung bittend, auf seinen Platz in der Mitte sich drängelt und dann merkt, daß er in der falschen Reihe ist und wieder zurück muß, so füllt das einen ganzen Akt und ist dabei charmanter und unterhaltsamer als der Brand von achtundzwanzig napoleonischen Schlössern und die Demolierung eines Zement-Chimborasso.

Die Aufgabe des Filmdramatikers ist nicht: ein kompliziertes Manuskript mit allen Finessen moderner Psycho-Logik aufzubauen, sondern: ein paar lustige, aufregende oder umwerfende Einfälle zu haben, die den Schauspielern Gelegenheit geben, auch für ihr Teil Einfälle zu haben. Die Aufgabe des Regisseurs ist nicht: zwanzig Architekten anzustellen, dreißig Maler und je zwei Kultur- und Kunsthistoriker, sondern: Sinn zu haben für die Gespensterhaftigkeit einer alltäglichen Landschaft, für die Komik einer Visage und für die Tragik einer solchen komischen Visage. Zu deutsch: er muß ein bißchen Geschmack, ein bißchen Humor und sehr viel Takt und Menschenkenntnis haben (freilich lauter Dinge, die man in der Konfektion nicht lernt). Und alles übrige liegt in und an der Person des Schauspielers.

Und das ist, wenn man den deutschen Film betrachtet, der einzige Trost. Das Schauspieler-Material ist zwar teils durch die Bühne für den Film (teils auch durch den Film für die Bühne), am meisten aber durch die Film-Regisseure verdorben, furchtbar verdorben – aber es ist von Haus aus brauchbar, zum Teil sogar sehr viel versprechend. Wenn Valuta- und andre Grenzen endlich eines Tages fallen, wenn gute ausländische, vor allem amerikanische Films zu uns kommen, wenn erst Charlie Chaplins freundliches Grinsen unsre finstern Gemüter erhellt: dann wird man vielleicht auch hier in Deutschland sehen, daß das Filmen eine ganz einfache, harmlose und natürliche Sache ist, viel einfacher, harmloser und leichter, als man hierzulande glaubt. Eine Sache, zu der man keine kubistischen Alpen und keine Schlafröcke von Pechstein anzufertigen zu lassen und Einsteins Relativitätstheorie nicht zu beherrschen braucht. Ein bißchen gesunder Menschenverstand, ein bißchen Geschmack, sehr viel Phantasie, ein bißchen Humor und möglichst viel Natürlichkeit: das genügt.

[1921]

**Deutsch-amerikanischer Filmkrieg**

Der deutsch-amerikanische Friede ist geschlossen. Der deutsch-amerikanische Filmkrieg hat begonnen. Anzeichen sprechen dafür, daß er ähnlich verlaufen wird wie sein militärischer Vorgänger auf den Schlachtfeldern Nordfrankreichs. Einstweilen erfechten wir Sieg auf Sieg. Unser trefflicher Filmverleih-Generalstab hat dafür gesorgt, daß wir gleich mit unsern größten Kanonen beginnen konnten: Madame Dubarry; Anna Boleyn; Dr. Caligari. Diese Kanonen reichen nicht nur von Berlin bis New York, sondern um die ganze Erde – und man soll sich in Berlin vorsehen, daß man nicht von den eignen Schüssen, wenn sie erst mal um die Erde rum sind, in den Rücken getroffen wird. Die drei großen Kanonen haben Erfolg in Amerika: aber was wollen wir hinterherschicken? Werden die kleinern Kaliber auch so weit reichen?

Die Amerikaner beginnen ihren Feldzug ganz anders. Harmlos und einzeln kommen sie angeplänkelt. Von großen Kanonen ist keine Rede. Mit ganz kleinem Kaliber fangen sie an. Trotzdem bringen sie schon Leben in die Bude. Man kann, weiß Gott, wieder in ein Kino gehen, ohne auf Hamlet, Dostojewski, Ibsen, Maeterlinck, Stefan George, Nietzsche, Freud und Schopenhauer zu stoßen. Wahrhaftig: diese Amerikaner verfilmen keine Sonette, keine psychologischen Romane, keine Musikdramen, keine Relativitätstheorien – und der himmlische Vater amüsiert sich doch.

Aber der Deutsche! Aber der deutsche Doktor und Oberlehrer! Er fragt nicht: „Amüsiere ich mich?" Sondern: „Darf ich mich hier amüsieren? Hier, wo keine Spur von Schopenhauer, nichts von Fichte, nichts von Goethe, ja nicht einmal was von Psycho- und andrer Logik, von Grammatik und Rechtschreibung zu merken ist – darf der gebildete Mensch sich hier amüsieren?" Und nachdem er sich amüsiert hat, geht er entrüstet nach Hause. Oder wie mir nach einem schönen amerikanischen Wild-West-Film ein sehr gebildeter, sehr kluger, in Berlin sehr geschätzter Herr Doktor ganz harmlos sagte: „Das ist natürlich unterhaltender als die deutschen Filme. Aber geistige Werte hat es doch garnicht."

Der einfache, nicht gebildete und nicht mit dem Doktortitel verzierte Mensch aber amüsiert sich, ohne zu fragen: „Darf ich?" Er weiß zwar nicht, daß nicht nur das feine Buch und das gebildete Theater, sondern auch der Zirkus, auch die Menagerie, auch eine Reise nach Afrika Reize und Anregungen haben, die sich vielleicht neben den „geistigen" Werten des Theaters und des Buches sehen lassen können, wenn sie einstweilen auch nur sinnlicher Natur sind und erst durch ein gutfunktionierendes Gehirn zu „geistigen" Werten verarbeitet werden müssen (wofern es denn durchaus sein soll). Der einfache Mensch weiß das nicht. Aber er benimmt sich, als ob ers wüßte. Er geht gern in den Zirkus und in die Menagerie und geht auf der Straße lieber spazieren als in den meisten Büchern und sieht sich den ungebildeten amerikanischen Film lieber an als den gebildeten deutschen. Und ich gehe mit ihm und sehe eine Kavalkade schöner Menschen, die herrlich reiten können, eine waldige Schlucht hinunterrasen, ich sehe einen halbnackten Indianer auf kahlem Felsen neben seinem Pferde, ich sehe einen Bären durch das Unterholz trotten, einen führerlosen Wagen mit zwei wilden Pferden einen Steinbruch hinunter stürzen, einen Neger unter Wasser schwimmen, eine fröhliche, aber ganz ernst gemachte Boxerei und Verfolgungen und Wettrennen auf Autos, auf Lokomotiven, Motorrädern, Dampfern, Kanus und zu Pferde und immer wieder zu Pferde. Und selbst wenn das alles nicht in so wundervollen Landschaften vor sich ginge: ich würde es doch noch viel lieber sehen als die ewige Intrigantenfalte um den Mund unsres trefflichen Reinhold Schünzel oder die schwarz umränderten Augen, mit denen Mia May den „geistigen" Werten des erschütternden Satzes: „Nein, Egon, laß das!" mimischen Ausdruck zu geben versucht.

Ich will noch einmal ausdrücklich erklären: Die amerikanischen Filme, die man bis jetzt in Berlin gesehen hat, sind ganz kleines Kaliber – es ist nicht *ein* bekannter Name darunter. Und ein Urteil über das wirkliche Niveau der amerikanischen Filme kann man sich erst erlauben, wenn man Fairbanks, Hart, Hayakawa und Charlie Chaplin mehrere Male gesehen hat. Was bisher in Berlin zu sehen war, ist für Amerika nicht einmal guter Durchschnitt – es gibt nur eine schwache Ahnung von der Art, dem Tempo und der Technik.

Was für einen von diesen amerikanischen Filmen man sich ansieht, das ist ziemlich einerlei. Sie heißen: Caro Aß; Newyorker Schreckensnächte; Goliath Armstrong; Am Marterpfahl. Und ihre „Idee", ihr Manuskript (wenn überhaupt eins da war) erhebt sich niemals über das Niveau des kindlichsten Indianerschmökers: Irgend jemand, der irgendwas geraubt hat, oder dem irgendwas geraubt werden soll, wird von irgend jemand verfolgt. Es ist immer dasselbe. Aber wie reizend werden diese albernen Manuscripte verfilmt! Die deutschen Manuscripte sind gewiß viel besser und ganz sicher viel gebildeter. Aber was nützt mir das herrlichste Manuscript, wenn ein langweiliger Film daraus wird? Langweilig sind die amerikanischen Filme gewiß nie. In ‚Goliath Armstrong', zum Beispiel, taucht immer wieder ein Mann auf, der die geheimnisvolle und alberne Rolle eines *„Phantôme"* zu spielen hat. Er trägt eine Maske und einen malerisch flatternden Mantel. Aber er sitzt nicht, wie in den Romantiker-Romanen, auf einem schwarzen Roß, sondern auf einem eleganten Motorrad, und er macht mit diesem Motorrad Sachen, die kein Reiter mit seinem Pferde riskieren würde. Er fährt die tollsten Abhänge hinunter und hinauf, durch dicksten Wald mit Unterholz, über die Geländer explodierender Brücken, durch Bäche und Flüsse, er springt mit dem Rad von einem Abhang auf einen fahrenden Zug, fährt über die Dächer der Waggons, stürzt in Steinbrüche und erscheint immer doch noch eben grade rechtzeitig in der höchsten Not. Und immer in Maske und wehendem schwarzen Mantel. Das mag meinetwegen komisch, albern, kindisch sein – aber langweilig ist es ganz gewiß nicht.

Und man übersehe bei den technischen, sportlichen, akrobatischen Leistungen nicht die schauspielerischen! In ‚Caro Aß‘, zum Beispiel, einem Film nach dem denkbar dümmsten und albernsten Manuskript, können die Hauptdarsteller, Marie Walcamp und Lawrence Peyton, nicht nur wundervoll reiten, fahren, schwimmen, schießen, boxen: sie sind auch zwei ganz ernst zu nehmende Schauspieler. Da ist eine Liebesszene: sie im Begriff, einen lebensgefährlichen Ritt anzutreten, wirft sich, zum ersten Mal, ihm in die Arme, und er, der ein Hüne und Athlet ist, zieht sie ganz schüchtern, ganz zart und unbeholfen an sich – das machen ihnen nur sehr, sehr wenige deutsche Schauspieler nach. Und aus seinen Schlägereien geht er durchaus nicht als göttlicher und unnahbar siegreicher Held hervor, sondern als keuchender, halb geschlagener, nur grade eben noch sich auf den Beinen haltender armer Junge, der trotz seinem Sieg und seiner Wut eine ganz beträchtliche Portion Angst im Herzen fühlt. Es sind eben keine Götter und keine Filmhelden, sondern – trotz allen „Sensationen", Sport- und Kraftleistungen – ganz einfache und natürliche Menschen. Und dadurch, nicht nur durch die körperlichen Rekordleistungen, Motorräder, Pferde und Landschaften, wirken diese amerikanischen Filme mit den miserablen Manuskripten so angenehm.

Die berliner Kritik hat keinen Sinn für die grenzenlose Naivität eines Films wie ‚Goliath Armstrong‘. Ich meinesteils habe keinen Sinn für die Entgleisungen des vierten Teils, der keine Pferde und Reiter und Boxer, sondern alberne sadistische Maschinen eines vertrockneten Chinesen vorführt. Dieser Teil ist übel und dazu langweilig. Sadismus machen wir in Deutschland besser.

Mit den deutschen Filmen war inzwischen nicht viel los. Man sah Imitationen der Amerikaner. Es wurde auch geritten, gefahren, geschossen, geboxt. Aber wie? Fragt mich nur nicht, wie! Mit Droschkenpferden und halbverhungerten Edelkomparsen kann man keine auf körperliche Leistungen berechneten „Sensationsfilme" machen. Es rächt sich jetzt, daß der junge Mann, der zum Film wollte, in Deutschland immer gefragt wurde: „Haben Sie einen Frack?" statt: „Können Sie reiten, schwimmen, boxen?" Einen Frack haben sie nun alle. Aber damit allein macht man keine Filme. Diese Imitationen heißen: Jagd auf Schurken; Der geheimnisvolle Juwelendieb; Der Held des Tages (mit Breitensträters sympathischer Gestalt) – sie sind alle abscheulich dumm und langweilig.

Ein ganz guter Film ist: Das Haus in der Dragonergasse. Werner Krauß macht darin einen Zuhälter, einen im Grunde gutmütigen Taugenichts. Er macht das mit einigen Mätzchen, aber doch recht gut.

Und es gab noch einen sehr feinen, sehr literarisch aufgemachten Film, wieder mit Werner Krauß in der Hauptrolle. Einen „Film ohne Texte" mit Namen ‚Scherben'. Er hat großen Beifall in der Welt der Doktoren gefunden. Und es war, weiß Gott, der gebildetste und literarischste Film, den ich je gesehen habe. So etwa das Niveau einer nicht grade genialen Milieu-Novelle aus den Jahren des guten alten, halb Haupt-, halb Sudermannschen „Naturalismus". In die friedliche Öde eines Bahnwärterhauses schneit ein junger städtischer Inspektor und verführt die Tochter. Was bleibt der Mutter übrig, als draußen in der Winternacht vorm Muttergottesbilde zu erfrieren? Und der Vater erwürgt den Don Juan und stellt sich, halb meschugge, dem Gericht.

In diesem Film passiert – da ja die Verführungsszene, aus Rücksicht auf Professor Brunner, leider Gottes nicht gezeigt werden kann – außer dem Erwürgungsmord und einem zwei- oder dreimal vorbeiprustenden Schnellzug so gut wie nichts. Nur die Öde, das drohende und das lastende Unheil werden fünf oder sechs Akte lang mit allen Mitteln der Mimik immer wieder und noch mal und noch einmal dargestellt. Das wird durchaus anständig gemacht, mit Seufzen, Vor-sich-hin-stieren, Aufatmen, wieder Seufzen, Herzbeklemmungen, Warten, Zusammenschrecken, Enttäuschtsein, wieder Seufzen, Warten, Warten. Werner Krauß, der den alten, pflichttreuen, fast zur Maschine gewordenen Bahnmeister spielt, ist sogar ganz vorzüglich: langsam, lastend, schwerfällig, eindringlich, unvergeßlich. Aber was ist das Resultat dieser sechs mit Musikillustration sich dahin schleppenden Akte? Kopf-, Leib- und Zahnweh. Und eine nicht zu unterschätzende Herzbeklemmung. Gehe ich deshalb ins Kino?

Nein, dieser Film ist häßlich. Er ist mit viel Mühe und Sorgfalt, mit sehr viel Bildung und Geschmack auf ein für das Genre erstaunliches hohes Literatur-Niveau gebracht. Aber er ist (trotz der prachtvollen Leistung Werner Kraußens) abscheulich langweilig und unerfreulich. Er zeigt durchaus keine neuen Wege, wie Waschzettel und Kritik gleich begeistert versicherten, sondern einen recht ausgetretenen Literatur-Pfad, der immer irgendwie an der ästhetischen Hintertreppe landen wird. Er ist mit seiner, ach, so gesprächig illustrierenden Begleitmusik eine Art Kino-Melodram. Gott soll uns vor der Bildung schützen und vor der Geschmacksvöllerei! Diese ‚Scherben' bringen dem Kino kein Glück. Sie beweisen vielmehr, daß man dem Film nicht mit Hilfe von guten, gebildeten und literarisch wertvollen Manuskripten zu Leibe gehen kann, sondern nur mit Hilfe von Schauspielern und

Regisseuren. Und die wiederum müssen bei uns noch viel von den Amerikanern lernen, nicht nur Reiten und Boxen, sondern Natürlichkeit in den Bewegungen und Einfachheit in den mimischen Mitteln, und vor allem die Tatsache, daß es für den Film nicht genügt, so auszusehen, als wäre man das, was man spielt – kühn, gewandt, stark, schnell –, sondern daß man es sein muß. Bei welchem salomonischen Rat ich keineswegs übersehe, daß auch die Amerikaner noch manches von uns lernen können.

[1921]

## Buster Keaton

Buster Keaton ist den meisten deutschen Kino-Freunden ein alter Bekannter. Sie kennen ihn schon ein paar Jahre und haben ihn Dutzende von Malen gesehen. Aber seinen Namen wußten sie bisher nicht. Und da sie, wie wir Deutschen alle, schlechte Augen haben, und nicht gucken können, so haben sie ihn natürlich nicht wiedererkannt. Obwohl sie hundertmal über ihn gelacht und sich über ihn gefreut haben.

In den guten Fatty Filmen, die uns vor ein, zwei, drei Jahren erfreuten, waren die Hauptrollen immer unter dieselben drei Leute verteilt. Da war der Dicke – das war Fatty. Da war ein sehr gelenkiger, blonder Junge, mit einem reizenden eckigen Jungenskopp und zu stramm sitzenden Hosen, ein hübscher Bengel, der sich immer greuliche rote Süffelnasen, schwarze Zahnlücken und einen unrasierten Bart anmalte, und die besoffenen Rauhbeine spielte. Das war Pickrad. Und dann war ein stiller, schwarzer kleiner Mann mit einem runden Tellerhütchen über einem ernsten, unbeweglichschönen Griechen-Gesicht. Oft in einen Gehrock gehüllt, manchmal in Frauenkleider und Ballettröckchen. Er hatte den schnellsten, beweglichsten kleinen Körper, den man je im Film gesehen hat. Aus der Ruhe eines Hidalgos schossen alle Aktionen mit ungeheurer Heftigkeit. Immer übers Ziel hinaus. Das schöne Gesicht mit den riesenhaften, schwarzen Augen immer todernst, was auch geschah. Ein Fatty-Film ohne ihn, ohne diesen schwarzen, kleinen Mann war wie Soda ohne Whisky, wie ein Boxkampf ohne zweiten Mann.

Das war Buster Keaton.

Er hat sich dann vor etwa zwei Jahren selbständig gemacht. Und man sieht nun, seit etwa einem halben Jahr, auch in Deutschland seine ersten Filme. Er sieht noch genau so aus, wie damals, hat dasselbe kleine Tellerhütchen, dasselbe schöne Griechen-Gesicht, dieselbe Hidalgo-Ruhe und dieselbe Heftigkeit. Er ist noch jung und war, wie ja auch Chaplin und Harold Lloyd, bevor er zum Film kam, Varieté-Artist, Akrobat. Daher die Beherrschung seines prachtvoll trainierten kleinen Körpers, für den der Begriff „unmöglich" nicht zu existieren scheint.

Er liebt das Wasser und die Schiffe. Deshalb spielt die Hälfte seiner Filme auf Motorbooten, Segelschiffen, Dampfern, auf denen er Passagier, Matrose, Kapitän ist.

Sein größter und bisher berühmtester Film heißt: „Das Gesetz der Gastfreundschaft", in Deutschland unter dem albernen Namen „Bei mir – Niagara" bekannt.

Seine Akrobatik ist weniger outriert, weniger absichtlich auf Sensation und Komik eingestellt als die Harold Lloyds, mit dem die Kritik ihn zu vergleichen pflegt. Sie ist pointenloser, in der Absicht stiller, in der Wirkung stärker. Wenn Harold Lloyd Witz hat, so hat Buster Keaton: Humor. Er kommt von allen Film-Komikern Chaplin am nächsten. Auch in der Regie, die er selbst führt.

Der stärkste Eindruck bleibt sein unerhört schönes Gesicht, das er niemals durch Mimik mißbraucht. Er ist darin noch konsequenter und sparsamer als Chaplin. Er trägt es wie eine Maske.

Es ist wahrscheinlich das schönste Gesicht, das man augenblicklich im Film sehen kann. Von erschütternder Schönheit. Es wird, wie die Maske Asta Nielsens alle Gesichter überdauern, die uns heute „hübsch" erscheinen. [1925]


## Eine Filmkritik, wie sie sein soll

Kennen Sie den Film „Metropolis"? – Wenn nicht, dann sehen Sie ihn sich mal an! Sonst glauben Sie das Folgende nicht.

Kritiken über „Metropolis" haben Sie wahrscheinlich verschiedene gelesen. Verschiedene? Sie waren alle ziemlich gleich. Begeistert gepriesen haben ihn wenige. In Grund und Boden verdonnert hat ihn, soviel ich gelesen habe, keiner – Doch! Einer. Aber kein Deutscher, sondern ein Engländer. Der alte H.G. Wells. Ich zitiere ihn in der Übersetzung der ‚Frankfurter Zeitung'. – Und nun passen Sie auf!

„Ich habe neulich", fängt er an, „den dümmsten aller Filme gesehen:

> Ich glaube nicht, daß es möglich ist, einen noch dümmern zu machen. Er heißt Metropolis, kommt von den großen Ufa-Ateliers in Deutschland, und dem Publikum wird bekanntgegeben, daß seine Herstellung ein enormes Geld gekostet hat. Er verabreicht in ungewöhnlicher Konzentration nahezu jede überhaupt mögliche Dummheit, Klischee, Plattheit und Kuddelmuddel über technischen Fortschritt und den Fortschritt überhaupt, serviert mit einer Sauce von Sentimentalität, die in ihrer Art einzigartig ist.
>
> Es ist ein deutscher Film, und wir haben früher ungewöhnlich gute deutsche Filme gesehen, bevor man dort begann, unter dem Schutzmantel einer protektionistischen Quote schlechte Arbeit hervorzubringen. Aber

> wenn er auch möglicherweise unter diesem Prozeß gelitten hat, selbst wenn man darauf jede Rücksicht nimmt, bleibt für den intelligenten Beobachter genügend Stoff zu der Überzeugung, daß der größte Teil seiner Dummheit fundamental sein muß."

Dann stellt Wells sich vor als Kenner und Verfasser utopischer Romane, dem wohl erlaubt sein dürfe, einen utopischen Film zu beurteilen, – und fährt fort:

> "Die Aeroplane über der Stadt zeigen keinen Fortschritt gegen die heutigen Typen, die Automobile sind von heute oder noch älter. Ich glaube nicht, daß eine einzige neuartige Idee, ein einziger Augenblick artistischer Schöpfung in dem prätenziösen Machwerk von Anfang bis zu Ende enthalten ist. Metropolis soll eine Stadt in hundert Jahren sein. Sie wird repräsentiert als außerordentlich hoch, und alles Glück ist oben in der frischen Luft, und die Arbeiter rackern sich ab in der Tiefe und in grauen Uniformen. Diese ganze vertikale Gliederung der Stadt und der sozialen Struktur ist vollkommen veralteter Unsinn. Um das Jahr 1930 herum greifen diese Genies von der Ufa auf Bücher zurück, die über ein Vierteljahrhundert zurückliegen, und in denen diese Dinge schon ausführlich diskutiert waren.
>
> Das ist aber erst der kleinste Teil seiner Altbackenheit. Diese Stadt wird beherrscht von einer einzelnen dominierenden Persönlichkeit. Die englische Übersetzung nennt ihn „Masterman", damit über seine Qualitäten kein Zweifel bestehen kann. Es sind auch ein paar andre reiche Leute da, und die Söhne dieser Leute sieht man sich herumtreiben mit einer Art minderbekleideter Damen und einer Art von Amüsement, wie etwa im Wintergarten eines unternehmenden Hotels um 1890 bei einer Orgie.
>
> Der Rest der Bevölkerung befindet sich in einem abhängigen Zustand der Sklaverei und arbeitet in zehnstündigen Schichten, in die mysteriöserweise die vierundzwanzig Stunden eingeteilt sind, ohne Geld, ohne Eigentum und ohne Freiheit. Die Maschinen produzieren Reichtum; wie, wird nicht gesagt. Man sieht lange Reihen gleichartiger Automobile produziert; den Arbeitern können sie nicht gehören, den „Söhnen" auch nicht. Vermutlich produziert Masterman sie in so endlosen Serien zu seinem Vergnügen. Niemand kann sie gebrauchen, und Masterman wird dabei natürlich immer reicher und reicher."

So viel über „Metropolis". Ich denke, es genügt. Obwohl noch viel zu sagen wäre. Über die popelige Armseligkeit, mit der die phantasielose Idee, von der Wells spricht, in diesem Film durch Regie, Architektur und Darstellung verwirklicht ist. Vier oder sechs oder, wie einige behaupten, gar acht Millionen hat er gekostet. Wo sind sie geblieben? Die „gewaltige" Zentralmaschine, das „Herz" dieser utopischen Fabrikstadt, sieht aus wie eine hundertfache Vergrößerung jener kümmerlichen Klimperkästen, mit denen einarmige Bergleute auf den Jahrmärkten betteln gehen: ein Wägelchen hin, ein Wägelchen her – und in der Mitte dreht sich ein Rad. Gewaltige Hebel müssen die Arbeiter dieser Zukunftsstadt hin und her bewegen. Sie sind so schwer zu bedienen, wie ein Riesenruder römischer Galeeren. Und wie Galeerensträflinge sinken die überanstrengten Arbeiter halbtot zu Boden. Das ist die Technik in hundert Jahren? Während doch schon heute ein Riesenwerk mit Hunderttausenden von Pferdekräften durch zwei, drei Arbeiter bedient und kontrolliert wird, die keine mittelalterlichen Brunnenschwengel hin und her reißen, sondern zuweilen mal auf einen Knopf drücken. – Der unsinnigen Dummheiten sind zu viele, – von der Backfisch-Albernheit der „sozialen Idee" dieses Machwerks (das Klassenkampfproblem wird glatt erledigt, wenn der Arbeitgeber und Kapitalist ein bißchen „nett" ist) ganz zu schweigen! – Die paar Sätze von Wells genügen.

Ich möchte bloß mal wissen, was zu dieser niederschmetternden und unwiderlegbaren Kritik die Hersteller und Verfertiger von „Metropolis", vor allem, was die Filmkritiker dazu sagen, die doch so ganz anders über „Metropolis" geschrieben und grade seine technische Phantasie und phantastische Technik mit himmelhohem Lob beweihräuchert haben. Was werden sie sagen? – Gar nichts.

Sie glauben, es sei belanglos, was irgend ein Engländer über einen deutschen Film denkt, sagt und schreibt? Erstens ist Wells nicht „irgendeiner". Und dann lesen Sie mal die Schlußfolgerungen, die er aus diesem Film-Erlebnis zieht.

> „Mein Glaube an den Unternehmungsgeist der Deutschen hat einen Schock erlitten. Ich bin außerordentlich enttäuscht über den schlauen Schlendrian, der sich hier zeigt. Ich dachte, daß Deutschland selbst in seiner schlechtesten Form sich wenigstens Mühe geben könnte.
>
> Mit den schlechtesten Traditionen des Kinos, monströs von sich selber überzeugt und mit sich selbst zufrieden, gewiß der Macht einer lauten Reklame, die das Publikum schon heranholen wird, ohne Furcht vor ernsthafter Kritik, ohne blasse Ahnung von der Wissenschaft und den Anschauungen außerhalb ihres Gesichtskreises, machten sie sich in ihrem riesenhaften Atelier ans Werk, um Länge auf Länge diesen ignoran-

ten, altmodischen Quatsch zu produzieren und den Markt für jeden besseren Film dieser Art zu ruinieren."

Jedes Wort eine Wahrheit. Und was für eine! „Der schlaue Schlendrian". „Monströs von sich selber überzeugt und mit sich selbst zufrieden". „Ohne blasse Ahnung von den Anschauungen außerhalb ihres Gesichtskreises." – Was ist das? Das ist nicht bloß „Metropolis", das ist nicht bloß der deutsche Film, das ist (in drei Sätzen) das ganze offizielle Deutschland, wie wir es kennen und täglich am eigenen Leibe erleben. „Metropolis" und der deutsche Filmbetrieb im allgemeinen sind nur besonders sichtbare Symptome dafür.

Ganz so schlimm, wie es hiernach aussieht, steht es nun, Gott sei Dank, doch nicht mit Deutschland. Ja, wenn ein Film wie „Metropolis" wirklich Erfolg beim deutschen Publikum hätte, dann wäre allerdings nicht nur der Fall des deutschen Films, dann wäre „der Fall Deutschland" hoffnungslos. Aber „Metropolis" hat nicht den geringsten Erfolg. Kaum jemals ist ein Film, ein mit Hunderttausenden von Reklame-Geldern aufgeplusterter Film so rettungslos durchgerasselt, so schlankweg abgelehnt, wie dieser. Das heißt also: so hoffnungslos wie dieser Film ist nicht einmal das deutsche Kinopublikum.

Die Verantwortung für einen so kostspieligen, schädlichen und blamablen Unfug bleibt sitzen auf denen, die diesen Film gemacht haben, den Kinoindustriellen und den – wie soll man sagen? – den Kinokünstlern, Regisseuren, Architekten, Dichtern und so weiter. Und allerdings auch auf der Filmkritik, die sich so was bieten läßt, ohne es in Grund und Boden zu verdonnern.

Die Tatsache, daß diese Kritik von Wells, dies Musterbeispiel einer entschiedenen, klaren und vernünftigen Filmkritik, in England – und nirgendwo und von niemandem in Deutschland geschrieben wurde, die ist traurig. Die Gründe aber dafür, daß solch eine Filmkritik in Deutschland nicht nur unerwünscht, sondern einfach unmöglich ist und unmöglich gemacht wird, – die sind noch trauriger. Sie sind der Urgrund der deutschen Filmmisere. [1927]


## Asta Nielsen

Erinnern Sie sich noch an jene Zeit, in der das Kino noch nicht „Palast", sondern „Kintopp" hieß? Als es noch keine pompösen, marmorstolzen Kinopaläste gab, als die „Theater lebender Photographien" zwischen Flohzirkus und Panorama noch von Jahrmarkt zu Jahrmarkt zogen? Man hatte noch nicht den Ehrgeiz, der Literatur und dem Theater Konkurrenz zu machen, sondern dem „Panorama". Das Panorama zeigte „Die Verhaftung des Raubmörders Henning" und den „Brand des Hamburger Hafens". Also zeigte das Kino dasselbe. Schauspielerische, künstlerische Leistungen im Kino? Das hielt niemand für möglich.

Da kam Asta Nielsen! Ihr gespensterhaft bleiches Gesicht mit den riesenhaften Augen und dem schmalen, leidverzerrten Mund tauchte aus dem zitternden Dunkel der Leinwand auf. Was war das? Man war aus dem Staunen über die Tatsache, daß man Gehen, Laufen, Radfahren, daß man Bewegung photographieren konnte, noch gar nicht herausgekommen. Sacklaufende Jungens, durchgehende Pferde und eine Kissenschlacht im Kinderzimmer waren die großen Ereignisse des Kinos. Hier aber sah man plötzlich etwas ganz anderes. Keine durchgehenden Pferde, keine Akrobatik, keinen Klamauk. Sondern etwas viel Einfacheres: Einen Menschen. Ohne Klamauk, ohne Akrobatik, ohne Radfahren und ohne Feuerwehr.

Das Erstaunliche und Bewundernswerte war nicht mehr die technische Leistung des neuen Wunderapparates, den man „Kinematograph" nannte, sondern ein menschliches Gesicht und die Suggestion, die von ein paar großen Augen und von ein paar schmalen, zuckenden Lippen ausging. Es stellte sich heraus, daß das einfache, alltägliche menschliche Antlitz wunderbarer, seltsamer und phantastischer sein konnte als der phantastischste Apparat. Nicht mehr der Apparat, sondern der Mensch war die Hauptsache. Die Kunst hatte über die Technik gesiegt. Dieser Sieg hat seit jenem Tag das Kino zu dem gemacht, was es heute in seinen besten Leistungen ist. Es ist Asta Nielsens unvergänglicher Ruhm, daß sie die erste war, die den Film aus der Nachbarschaft des Flohzirkus in die Regionen der Kunst erhob. Nach ihr sind viele gekommen. Aber keiner, der mehr und Besseres gab als sie, keiner der Asta Nielsen übertraf, wenige nur, die sie erreichten. Eine Menschendarstellerin ganz großen Formats. Die erste, die den Unterschied zwischen Bühne und Film erkannte und danach handelte. Viele, viele Jahre früher als die allerklügsten „Fachleute". Asta Nielsen ist nicht bloß eine Filmschauspielerin, sondern eine schöpferische Persönlichkeit, von einer Begabung und Klugheit, wie der Film nur ganz wenige aufzuweisen hat. – Daß diese Frau seit vielen Jahren nicht mehr die Aufgaben findet, die ihr gebühren, das ist eines der beschämendsten Kapitel der an beschämenden Kapiteln so reichen Geschichte der deutschen Filmindustrie. [1928]

Anna Q. Nilsson in „*Vanity's Price*" (R. William Neill, 1924)

# Hugo von Hofmannsthal

*Wenn Hugo von Hofmannsthal (1874–1929) in der „Ballade des äußeren Lebens" fragt, „was frommts, dergleichen viel gesehen haben?", waren damit nicht die Filme der Frühzeit gemeint. Es fällt auf, daß er in seinem berühmten Essay „Der Ersatz für die Träume" das, was er sagen will, einem Freund in den Mund legt, der seinerseits davon spricht, „was die Leute im Kino suchen", also auch nicht mit eigenen Erlebnissen aufwartet. Umständlicher kann man sich nicht absichern.*

*Um so lieber war Hofmannsthal für den Film tätig. Seine Bühnenpantomime „Das fremde Mädchen", 1911 für die Tänzerin Grete Wiesenthal geschrieben, wurde 1913 mit ihr und Gösta Ekman verfilmt von einem damals noch unbekannten Mauritz Stiller, der erst im Jahr zuvor angefangen hatte, Filme zu machen. „Für den Kientopp scheint mir in der ganzen Welt nichts Passenderes gefunden werden zu können", urteilte Alfred W. Heymel, sein Freund und Verleger; das Publikum urteilte anders. Als Robert Wiene 1926 den „Rosenkavalier" verfilmte, arbeitete Hofmannsthal am Drehbuch mit. Mehrmals befaßte er sich auch mit Filmstoffen, aus denen dann nichts wurde.*

*„Der Ersatz für die Träume" folgt hier in der vollständigen Fassung; im „Tage-Buch", wo er zuvor erschien, war der Text (schon im Titel) gekürzt. Ursprünglich abgedruckt in: Neue Freie Presse vom 27. März 1921.*

## Der Ersatz für die Träume

Was die Leute im Kino suchen, sagte mein Freund, mit dem ich auf dieses Thema kam, was alle die arbeitenden Leute im Kino suchen, ist der Ersatz für die Träume. Sie wollen ihre Phantasie mit Bildern füllen, starken Bildern, in denen sich Lebensessenz zusammenfaßt; die gleichsam aus dem Innern des Schauenden gebildet sind und ihm an die Nieren gehen. Denn solche Bilder bleibt ihnen das Leben schuldig. – (Ich rede von denen, die in den Städten oder großen zusammenhängenden Industriebezirken wohnen, nicht von den andern, den Bauern, den Schiffern, Waldarbeitern oder Bergbewohnern.) – Ihre Köpfe sind leer, nicht von Natur aus, eher durch das Leben, das die Gesellschaft sie zu führen zwingt. Da sind diese Anhäufungen von kohlengeschwärzten Industrieorten, mit nichts als einem Streifchen von verdorrtem Wiesengras zwischen ihnen, und den Kindern, die da aufwachsen, von denen unter sechstausend nicht eines im Leben eine Eule gesehen hatte oder ein Eichhörnchen oder eine Quelle, da sind unsere Städte, diese endlosen einander durchkreuzenden Häuserzeilen; die Häuser sehen einander ähnlich, sie haben eine kleine Tür und Streifen von gleichförmigen Fenstern, unten sind die Läden; nichts redet zu dem, der vorüberkommt, oder der ein Haus sucht: das einzige, was spricht, ist die Nummer. So ist die Fabrik, der Arbeitssaal, die Maschine, das Amt, wo man Steuer zahlen oder sich melden muß: nichts davon bleibt haften als die Nummer. Da ist der Werktag: die Routine des Fabriklebens oder des Handwerks; die paar Handgriffe, immer die gleichen; das gleiche Hämmern oder Schwingen oder Feilen oder Drehen; und zuhause wieder: der Gaskocher, der eiserne Ofen, die paar Geräte und kleinen Maschinen, von denen man abhängt, auch das durch Übung so zu bewältigen, daß schließlich der, der sie immer wieder bewältigt, selber zur Maschine wird, ein Werkzeug unter Werkzeugen. Davor flüchten sie zu unzähligen Hunderttausenden in den finsteren Saal mit den beweglichen Bildern. Daß diese Bilder stumm sind, ist ein Reiz mehr; sie sind stumm wie Träume. Und im Tiefsten, ohne es zu wissen, fürchten diese Leute die Sprache; sie fürchten in der Sprache das Werkzeug der Gesellschaft. Der Vortragssaal ist neben dem Kino, das Versammlungslokal ist eine Gasse weiter, aber sie haben nicht diese Gewalt. Der Eingang zum Kino zieht mit einer Gewalt die Schritte der Menschen an sich, wie – wie die Branntweinschänke: und doch ist es etwas anderes. Über dem Vortragssaal steht mit goldenen Buchstaben: „Wissen ist Macht", aber das Kino ruft stärker: es ruft mit Bildern. Die Macht, die ihnen durch das Wissen vermittelt wird, – irgend etwas ist ihnen unvertraut an dieser Macht, nicht ganz überzeugend; beinahe verdächtig. Sie fühlen, das führt nur tiefer hinein in die Maschinerie und immer weiter vom eigentlichen Leben weg, von dem, wovon ihre Sinne und ein tieferes Geheimnis, das unter den Sinnen schwingt, ihnen sagt, daß es das eigentliche Leben ist. Das Wissen, die Bildung, die Erkenntnis der Zusammenhänge, all dies lockert vielleicht die Fessel, die sie um ihre Hände geschlungen fühlen, – lockert sie vielleicht – für den Moment – zum Schein – um sie dann vielleicht noch fester zusammenzuziehen. All dies führt vielleicht zuletzt zu neuer Verkettung, noch tieferer Knechtschaft. (Ich sage nicht, daß sie dies sagen; aber eine Stimme sagt es in ihnen ganz leise.) Und ihr Inneres würde bei alledem leer bleiben. (Auch dies sagen sie sich, ohne es sich zu sagen.) Die eigentümliche fade Leere der Realität, die Öde – die, aus der auch der Branntwein herausführt –, die wenigen Vorstellungen, die im Leeren hängen, all dies wird nicht wirklich geheilt durch das, was der Vortragssaal bietet. Auch die Schlagworte der Parteiversammlung, die Spalten der Zeitung, die täglich daliegt – auch hierin ist nichts, was die Öde des Daseins wirklich aufhöbe. Diese Sprache der Gebildeten und Halbgebildeten, ob gesprochen oder geschrieben, sie ist etwas Fremdes. Sie kräuselt die Oberfläche, aber sie weckt nicht, was in der Tiefe schlummert. Es ist zuviel von der Algebra in dieser Sprache, jeder Buchstabe bedeckt wieder eine Ziffer, die Ziffer ist die Verkürzung für eine Wirklichkeit, all dies deutet von fern auf irgend etwas hin, auch auf Macht, auf Macht sogar, an der man irgendwelchen Anteil hat; aber dies alles ist zu indirekt, die Verknüpfungen sind zu unsinnlich, dies hebt den Geist nicht wirklich auf, trägt ihn nicht irgendwo hin. All dies läßt eher eine Verzagtheit zurück, und wieder dies Gefühl, der ohnmächtige Teil einer Maschine zu sein, und sie kennen alle eine andere Macht, eine wirkliche, die einzige wirkliche: die der Träume. Sie waren Kinder und damals waren sie mächtige Wesen. Da waren Träume, nachts, aber sie waren nicht auf die Nacht beschränkt; sie waren auch bei Tag da, waren überall: eine dunkle Ecke, ein Anhauch der Luft, das Gesicht eines Tiers, das Schlürfen eines fremden Schrittes genügte, um ihre fortwährende Gegenwart fühlbar zu machen. Da war der dunkle Raum hinter der Kellerstiege, ein altes Faß im Hof, halbvoll mit Regenwasser, eine Kiste mit Gerümpel; da war die Tür zu einem Magazin, die Bodentür, die Tür zur Nachbarswohnung, durch die jemand herauskam, vor dem man sich ängstlich vorbeiduckte, oder ein schönes Wesen, das den süßen undefinierbaren Schauder der ahnenden Begierde tief in die dunklen bebenden Tiefen des Herzens hineinwarf – und nun ist es wieder eine Kiste mit zauberhaftem Gerümpel, die sich auftut: das Kino. Da liegt alles offen da, was sich sonst hinter den kalten undurchsichtigen Fassaden der endlosen Häuser verbirgt, da gehen alle Türen auf, in die Stuben der Reichen, in das Zimmer des jungen Mädchens, in die Halls der Hotels; in den Schlupfwinkel des Diebes, in die Werkstatt des Alchimisten. Es ist die Fahrt durch die Luft mit dem Teufel Asmodi, der alle Dächer abdeckt, alle Geheimnisse freilegt. Aber es ist nicht bloß die Beschwichtigung der quälenden, so oft enttäuschten Neugier: wie beim Träumenden ist hier einem geheimeren Trieb seine Stillung bereitet: Träume sind Taten, unwillkürlich mischt sich in dies schrankenlose Schauen ein süßer Selbstbetrug, es ist wie ein Schalten und Walten mit diesen stummen, dienstbar vorüberhastenden Bildern, ein Schalten und Walten mit ganzen Existenzen. Die Landschaft, Haus und Park, Wald und Hafen, die hinter den Gestalten vorüberweht, macht nur eine Art von dumpfer Musik dazu – aufrührend weiß Gott was an Sehnsucht und Überhebung, in der dunklen Region, in die kein geschriebenes und gesprochenes Wort hinabdringt – auf dem Film aber fliegt indessen in zerrissenen Fetzen eine ganze Literatur vorbei, nein, ein ganzes Wirrsal von Literaturen, der Gestaltenrest von Tausenden von Dramen, Romanen, Kriminalgeschichten; die historischen Anekdoten, die Halluzinationen der Geisterseher, die Berichte der Abenteurer; aber zugleich schöne Wesen und durchsichtige Gebärden; Mienen und Blicke, aus denen die ganze Seele hervorbricht. Sie leben und leiden, ringen und vergehen vor den Augen des Träumenden; und der Träumende weiß, daß er wach ist; er braucht nichts von sich draußen zu lassen; mit allem, was in ihm ist, bis in die geheimste Falte, starrt er auf dieses flimmernde Lebensrad, das sich ewig dreht. Es ist der ganze Mensch, der sich diesem Schauspiel hingibt; nicht ein einziger Traum aus der zartesten Kindheit, der nicht mit in Schwingung geriete. Denn wir haben unsere Träume nur zum Schein vergessen. Von jedem einzelnen von ihnen, auch von denen, die wir beim Erwachen schon verloren hatten, bleibt ein Etwas in uns, eine leise aber entscheidende Färbung unserer Affekte, es bleiben die Gewohnheiten des Traumes, in denen der ganze Mensch ist, mehr als in den Gewohnheiten des Lebens, all die unterdrückten Besessenheiten, in denen die Stärke und Besonderheit des Individuums sich nach innen zu auslebt. Diese ganze unterirdische Vegetation bebt mit bis in ihren dunkelsten Wurzelgrund, während die Augen von dem flimmernden Film das tausendfältige Bild des Lebens ablesen. Ja dieser dunkle Wurzelgrund des Lebens, er, die Region wo das Individuum aufhört Individuum zu sein, er, den so selten ein Wort erreicht, kaum das Wort des Gebetes oder das Gestammel der Liebe, er bebt mit. Von ihm aber geht das geheimste und tiefste aller Lebensgefühle aus: die Ahnung der Unzerstörbarkeit, der Glaube der Notwendigkeit und die Verachtung des bloß Wirklichen, das nur zufällig da ist. Von ihm, wenn er einmal in Schwingung gerät, geht das aus, was wir die Gewalt der Mythenbildung nennen. Vor diesem dunklen Blick aus der Tiefe des Wesens entsteht blitzartig das Symbol: das sinnliche Bild für geistige Wahrheit, die der ratio unerreichbar ist.

Ich weiß, schloß mein Freund, daß es sehr verschiedene Weisen gibt, diese Dinge zu betrachten. Und ich weiß, es gibt eine Weise, sie zu sehen, die legitim ist von einem anderen Standpunkte aus, und die nichts anderes in alledem sieht als ein klägliches Wirrsal aus industriellen Begehrlichkeiten, der Allmacht der Technik, der Herabwürdigung des Geistigen und der dumpfen, auf jeden Weg zu lockenden Neugierde. Mir aber scheint die Atmosphäre des Kinos die einzige Atmosphäre, in welcher die Menschen unserer Zeit – diejenigen welche die Masse bilden – zu einem ungeheuren, wenn auch sonderbar zugerichteten geistigen Erbe in ein ganz unmittelbares, ganz hemmungsloses Verhältnis treten, Leben zu Leben, und der vollgepfropfte halbdunkle Raum mit den vorbeiflirrenden Bildern ist mir, ich kann es nicht anders sagen, beinahe ehrwürdig, als die Stätte, wo die Seelen in einem dunklen Selbsterhaltungsdrange hinflüchten, von der Ziffer zur Vision. [1921]

Warwick Ward, Lya de Putti in „*The Informer*" (Arthur Robison, 1929)
Verleihtitel: „Die Nacht nach dem Verrat"

# Willy Haas

*Für das „Lexikon des Films" von Mühsam/Jacobsohn lieferte Willy Haas (geboren am 7. Juni 1891 in Prag) über sich selbst folgende Angaben: „Lebenslauf: Abstammend aus deutschtschechischer Bauernfamilie. Wollte zuerst Rechtsanwaltskanzlei meines Vaters übernehmen. Durch den Krieg (als Offizier der k.u.k. Armee) in den Studien soweit zurückgeworfen, daß nachher nicht mehr hineinzufinden war. Seit 1921 im ‚Filmkurier' und anderswo Filmkritiker; als Essayist Mitarbeiter deutscher literarischer Revuen. 1923 ein Essaybuch ‚Das Spiel mit dem Feuer'. – Filmmanuskripte: ‚Der brennende Acker' (mit Thea v. Harbou), ‚Die freudlose Gasse', ‚Jerusalem' I. und II. (nach Lagerlöf, zusammen mit andern), ‚Karriere'."*

*Am alten Bauerngeschlecht und am k.u.k. Offizier hält er auch in seiner Autobiographie fest, hängt hier aber das Studium schon vor dem Krieg an den Nagel, um bei Kurt Wolff Lektor zu werden. Filme schrieb Willy Haas dann noch eine ganze Anzahl. Von der Tätigkeit eines Drehbuchverfassers nahm die Öffentlichkeit allerdings kaum Notiz; bekannt wurde der Prager Literat als Herausgeber der Wochenzeitung „Die literarische Welt" (1925-1933); so heißen dann auch seine Lebenserinnerungen (1960). Die Jahre des Exils verbrachte Willy Haas in Indien, wo er in der Filmindustrie tätig war; 1947 kehrte er nach Deutschland zurück; schrieb für „Die Welt"; gab Kafkas „Briefe an Milena" (1952) heraus; veröffentlichte außer der bereits genannten Autobiographie Schriften über Bert Brecht (1958) und Hugo von Hofmannsthal (1964). Starb am 4. September 1973 in Hamburg.*

*„Sprechbühne und Lichtbildbühne" (1921): Der Text der Buchausgabe weicht von dem hier wiedergegebenen Erstdruck insofern ab, als am Schluß zwei kurze Abschnitte dazugekommen sind und eingangs aus der göttlichen Lina Lossen eine göttliche Tetrazzini geworden ist.*

## Pola Negri als Sappho

Ich kenne nur die erste Seite des Daudet'schen Romans, nach dem dieser Film gearbeitet ist. Sie enthält eine Widmung an die Kinder des Autors. Ich glaube, Daudet sagt darin etwa, er habe das Buch geschrieben, um seine Söhne vor derlei gefährlichen Frauen zu behüten.

Bücher, die zur Besserung der Menschheit dienen sollen, eignen sich zur Verfilmung. Die Zensurstelle im Zoo sieht das gern, besonders die alten Tanten dort, ohne die kein Film geboren wird. Daß sich gerade der übelste Abhub am dicksten schminkt, wissen die guten Unschuldigen nicht; und den hübschesten Witz hat sich jener Regisseur geleistet, der vor sein etwas bedenkliches Fabrikat einfach die Aufschrift setzte: „Werdet nicht, wie die Heldin dieses Filmes!" Die primitive Kalkulation stimmte: der Film ging glatt durch.

So schlimm steht es natürlich mit diesem Film hier noch lange nicht. Es ist ein sehr nobler Film, ein sehr teurer Film, ein sehr larmoyanter Film, und das Moralische hält sich diskret im Hintergrund, wie sich's gehört.

Die „Dämonische" war Pola Negri. Ein gutes Gesicht: So straff scheint die Natur die breiten, einfachen Flächen der Gesichtshaut über die derb vorspringenden slawischen Backenknochen gespannt zu haben, daß sie ihr den kleinen Mund etwas aufgerissen hat, der, sparsam, fast ohne Lippen, ein winziger tierhaftvieldeutiger Halbkreis, halboffen über den Zähnen klafft. So entstand diese ganz flächige, breite, brillante Medusenmaske, die beinahe fragmentarisch wirkt, beinahe primitiv trotz ihrem Raffinement; man fügt unwillkürlich immer etwas hinzu, ich möchte mich genau ausdrücken: man fügt diesem Flächigen unwillkürlich immer erst das Skulpturelle hinzu. Das ist natürlich das ideale Gesicht für den Film, der, als Flächenkunst, überhaupt gerade diese Ergänzung vom Publikum verlangt . . .

Diese natürliche Maske ist tragisch, einfach, immer irgendwie faszinierend, und – international. Man spürt ihre internationale Giltigkeit. Sie ist mondän; punktum: wenn es überhaupt etwas Mondänes gibt – in Chemnitz wie am Missouri – ist sie mondän. Alle Achtzehnjährigen jeder Lebensstufe und jeden Geschlechtes müssen etwa so „Mondänität" träumen. Man glaubt ihr sämtliche Waggon-lits, sämtliche Transozeankabinen, sämtliche Triumphe über Fracks, Monokels, Lackschuhe, alle Theaterlogen in der Skala, *opéra comique*, Covent Garden, alle Waldorf-Astoria-Appartements, alle Ritz-Carlton-Soupers, alle Carnevale in Nizza, jeden Großherzog. Auch verwöhnte Zuschauer glauben es ihr. Das ist schon etwas. Man denke nur an andere Filmstars, deren Mondänität etwa von Lichtenberg bis Kottbus Giltigkeit hat.

Das Zentrum ihrer mimischen Möglichkeiten ist jener halboffene Mund. Er rattert fast unaufhörlich in Sprechbewegung: eine

Seltenheit bei den größeren Filmkünstlern. Aber dieses Sprechen bedeutet etwas, etwas Mimisches über das gesprochene Wort hinaus, das die schlechten Filmisten und guten Schauspieler meist so dringend brauchen: es ist die Maschine, die den ganzen Menschen in Bewegung setzt. Vom Plappern angefangen, das sich über das ganze Gesicht, über den ganzen Körper fortplappert, über das Jubeln, das sich über sie ausjubelt, bis zum stummen Schmerz, der in einer sehr charakteristischen Verschiebung der Lippen gegeneinander entspringt. Das ist das Besondere an jedem großen Filmkünstler, daß das Maschinelle offenliegt – das Maschinelle und jener Fleck im Kunstwerk, der eben Maschine heißt, der selbst Ausdruckslose, aus dem aller Ausdruck in das Übrige springt. Hier ist's der Mund, der krampfhaft arbeitet, ohne zu wirken, für den ganzen Künstler arbeitet. Bei Asta Nielsen ist es eine Fläche um die riesigen, fast ausgestorbenen Augen, die ich noch an jeder Ansichtspostkarte genau zu begrenzen mich bereit erkläre.

Sie ist kein Genie wie die Nielsen. Sie macht sich immer eindeutig verständlich – aber das ist schon sehr viel, im heutigen Stadium des Films, der erst um das allereinfachste Sich-verständlich-machen kämpft. Die Nielsen ist aromatisch, jede ihrer Gestalten ist von einem besonderen Duft umweht. Die Negri ist nicht aromatisch, sondern nur logisch, folgerichtig, straff, verständlich. Doch blitzen zuweilen aus ihr tragische Funken – fabelhaft. Es gibt (nicht zu oft in diesem Film) Gesten, die vorüberschwirren, wie von der Sehne geschnellt. Sie springt mit einem großen Satz ins Bild; ihre harte Maske klirrt beinahe vor Verve. Diese energievolle Physiognomie trägt noch Augenblicke unglaublicher Gespanntheit: Ein verschmähter Liebhaber hält ihrem Jetzigen den Revolver vor. Sie tritt vor ihn, unbeweglich. Er läßt den Revolver sinken. Widerstandslos läßt er sich die Waffe von ihr wegnehmen. Man glaubt ihr das. Allen Respekt. Und als sie vor einem irren Liebhaber erwürgt wird, hat sie ein Gesichtsspiel, das gar nicht einfach ist: Aha, jetzt kommt das Erwürgen, ich hab's ja immer gewußt, daß es einmal kommen wird. Fast erwartungsvoll lächelt sie . . das grenzt an Wedekind.

Die Regie hatte Dimitri Buchowetzki. Wie immer: Versiert, störungslos und mit einem bemerkenswerten Temperamentsmangel. Die Klippe aller Temperamentlosen im Film: die Massenszenen. Er häuft den Ossa auf den Pelion, baut ein Theater . . , einen wahren babylonischen Turm von Theatersaal, mit Myriaden von Komparsen, und einem schleierigen Schneeflockengestöber von Confetti; – und doch tot, wie ein Hungerturm, Quantitätskünste. Damit wird aber jetzt bald abgewirtschaftet werden, hoffentlich. Die Negri war unter Lubitsch unübertrefflich, unter Paul Ludwig Stein ausgezeichnet, unter Buchowetzki ist sie sehr gut – nichts mehr. Die Intensität ihrer Sappho darf an der „Armen Violetta" nicht gemessen werden – von der Dubarry ganz zu schweigen. Alfred Abel hatte (wie im Dostojewskifilm, als wahrhaft unvergeßlicher Rogoschin) ein paar wunderbare Momente massiver Dumpfheit. Im aktiven Spiel bricht zu viel Bonvivantglätte durch. Entzückend war, in manchen Szenen, die Arbeit des Operateurs. [1921]

## Sprechbühne und Lichtbildbühne
BRIEF EINES FILMWESENS AN EIN THEATERWESEN

Geehrter Herr!

Gott weiß es, Sie dürfen einen Film-Menschen nicht fragen, wie er die Beziehung zwischen Sprechbühne und Lichtbildbühne sieht. Wir leiden alle, zumindest die Besseren unter uns, an einem so leidenschaftlichen Hunger nach der Menschenstimme, wie der verschmachtende Salzhungrige, dem man monatelang dieses lebensnotwendige Gewürz in der Speise entzogen hat. Wirklich, wer seine zweihundert Filme jährlich auf dem Buckel hat, dem ist jede Menschenstimme gleich göttlich, die der göttlichen Lina Lossen wie die irgend eines kleinen Schmierenkomödianten; und bei jedem Theaterbesuch wiederholt sich in ihm der Schauer des Kindes, das die Eltern zum erstenmal „mitgenommen" haben. Wir alle, wenn anders wir ehrlich sind, müssen eigentlich sehr grausam über den Film urteilen.

Mit Unrecht, glaube ich. Diese Dinge können und dürfen vorläufig nur historisch, ich meine in einem höheren Sinne „historisch", gefaßt werden. Jeder Kunst steht ihre gewisse eingeborene Gruppe von Ausdrucksmitteln zur Verfügung: und erst wenn Zeit, Übung und natürlich vor allem: der Geist diese zufällige Gruppe von Ausdrucksmitteln zum harmonisch schwingenden Mechanismus gefügt, zum Ausdrucksinstrument höchstmöglicher Akustik und Resonanz modelliert haben, kurz gesagt, erst wenn die Kunstart zum erstenmale ihre besondere generelle Ausdrucksmöglichkeit gefunden hat, dann erst darf man zum erstenmale mit den Nerven kritisieren. Das ist nun im Film noch nicht der Fall.

Ich glaube, es gibt in jeder Kunst vor der eigentlichen Kunstepoche eine handwerkliche Epoche, in der die Kunstwirkung sozusagen nur nebenher und zufällig entsteht. Das Objekt einer Kunstart in jenem vorkünstlerischen Stadium ist der Mensch, ganz ausschließlich der Mensch, oder, ganz genau gesagt: das verworrene, abenteuerliche, gefahrvolle Tappen nach jenem ganz feinen, heiklen Konstruktionsgesetz, nach dem jenes spezielle, neue Instrument den Menschen, seine Seele, am vollkommensten sich ausschwingen ließe.

Gewiß, diese Arbeit ist niemals wirklich vollendet; und doch gibt es Punkte, Entwicklungspunkte, in denen sozusagen die ephemeren Ausdrucksmöglichkeiten einer Kunstgattung am Objekt Mensch erschöpft sind, erschöpft für einen Augenblick, für jene Entwicklungsminute, in der der Geist dieses Instrument schon erschöpft und noch nicht erneut, umgebildet, konstruktiv fortgeführt hat. Nun denn, diesen kritischen Punkt gibt es in der Filmkunst noch nicht ein einziges Mal, und das halte ich für das entscheidende Moment, warum man den Film unter den Begriff „Kunst" überhaupt noch nicht subsumieren darf.

Denn die Kunst, jede Kunst, gehört dem schöpferischen Individuum; das handwerkliche Vorstadium der Kunst gehört der Werkstatt, der Zusammenarbeit, der Anonymität. Ich möchte sagen, die Gesamtheit aller Ausdrucksbedürftigen, nicht ganz Ausgesprochenen, also annähernd die ganze Menschheit, arbeitet, in einer jeden Kunstgattung, am Bau des Instrumentes, und reicht dem schöpferischen Individuum erst das fertige Instrument hin. Das primitive, unfertige Instrument gehört den (im künstlerischen Sinne) Unfertigen; die ihr eigenes Erklingen suchen, sind magisch zu ihm hingezogen.

Im Filme haben wir noch jene hohe Labilität des Urheberbegriffes, die dieses Vorstadium charakteristisch bezeichnet. Der Manuskriptschreiber mündet unmittelbar in den Regisseur, dieser in den Darsteller, der Darsteller ins Publikum; es gibt kein hier und dort zwischen ihnen; Mitspieler, Regisseur, Dichter ist unbegrenzt jedermann; denn auch diese drei, Autor, Regisseur, Darsteller, sind noch nicht schöpferisch im geistigen Sinne, sie sind nur der intelligentere oder minder intelligente, geschmackvollere oder minder geschmackvolle Exponent jener ganz breiten, unbewußt nach Ausdruck ringenden Masse, die wir als den eigentlichen Hersteller, Autor, Regisseur des Films zu bezeichnen haben. Daher der ungeheure Zudrang zum Film, als wäre keine Grenze zwischen Talent und Untalent, Darstellungsgabe und Unfähigkeit zu überspringen.

Scheuen wir uns nicht, das etwas kühne Wort auszusprechen: der Film ist im Stadium des Volksliedes. Noch der Detektivfilm, noch der Abenteuerfilm, noch der pornographische: und vielleicht gerade sie. Daß uns der Klang schrill und roh ist, dafür müssen wir die Zeit anklagen. Dürfen auch nicht vergessen, wie den verfeinertsten Menschen anderer Zeiten, etwa einem Friedrich dem Großen, einem Voltaire, ja einem Shakespeare, der Gesang des Kleinbürgers, des Bauern, des Handwerkers in den Ohren klang. Unsere Ohren hören nicht historisch, unsere Augen sehen nicht, und unsere Nerven schwingen nicht historisch. Sonst wüßten wir, daß diese Unzufriedenheit, dieses Gefühl der inneren Unausgefülltheit, dieser Hunger nach dem Etwas-mehr an Ausdruck vor dem abrollenden Film ein höchst produktives, höchst zukunftsvolles Gefühl ist.

Hier sehen Sie, durch welche ungeheuren Abgründe der Film von der Bühne, vom Bühnendrama getrennt ist. Im Drama ist schon der Kosmos ausgedrückt, und der kosmische Kampf aller gegen alle ist sein Produktives. Scharf und wohlbegrenzt steht der dramatische Dichter gegen den Regisseur, der Regisseur gegen das Publikum, mit Auflehnung und Bezwingung des Individuums gegen das Individuum. Der Film kennt noch nicht das produktive Individuum, das kämpft, siegt, bezwungen wird, oder das alles zugleich; reine historische Konstellation ist die vorkosmische, die mechanische, die handwerkliche, wenn auch einfallsreiche, die Zusammenarbeit. Wo er entwicklungstechnisch tief eingreifen wird, das wird das Buch sein, das gedruckte Buch. Und wo er auf die Sprechbühne eingewirkt hat, dort sehe ich, ich kann mir nicht helfen, nichts mehr als den gierigen Nervenhunger von dramatischen Sensationssnobs. [1921]

## Warum wir den Film lieben

WEIL ER INTERNATIONAL IST, ABER NICHT INTERNATIONALISTISCH.

Immer hat die Volkskunst eine Zukunft, eine zukünftige historische Notwendigkeit im voraus gefühlt und durch das Gefühl als Tatsache vorweggenommen. Der Politiker war immer ein armer Tropf neben dem Märchen- und Geschichtenerzähler. Es gab eine „griechische Volkskunst", während sich noch die Thebaner und die Athener, die Spartaner und die Athener, die Athener und die Makedonier, die Makedonier und die Spartaner als „Erzfeinde" haßten. Es gab eine „italienische" Kunst, während sich noch Pisa und Florenz gegenseitig abwechselnd in Grund und Boden demolierten. Es gab eine „deutsche Kunst", während noch Rheinländer, Bayern, Sachsen mit heller Begeisterung gegen Preußen und gegeneinander kämpften. Immer hat die Volkskunst zuerst die Zukunft gesehen, und sie mit Realität, mit Farbe, Form, Anekdote, menschlichen Zügen, mit einem charakteristischen Profil und sinnlicher Greifbarkeit ausgestattet – lange, bevor die träge Weltgeschichte funktionierte.

Heute gibt es Menschen, die sich einen mathematisch-materialistischen Internationalismus errechnen. Das ist noch nicht viel (–obgleich es immerhin etwas ist).

Viel, sehr viel aber bedeutet, daß heute eine internationale Volkskunst im Entstehen begriffen ist: der Film.

Er wird das Volkslied, das Volksmärchen eines geeinten Menschheitsvolkes werden, bevor dieses noch da ist. So wie Dante der Volksdichter eines geeinten Italien war – sechshundert Jahre, bevor Italien ein geeintes Volk war.

WEIL ER NOCH KEINE KUNST IST.

Weil er nicht in den noblen Ehrenkodex einer längst abgebauten Geistesautokratie hineinpaßt; weil sich mit sämtlichen bisherigen Kunsttheorien von Aristoteles bis Cézanne, wenn man will, klipp und klar beweisen läßt, daß der Film niemals „hohe Kunst" werden kann. Weil der Film etwas Neues werden muß, was in den bisherigen Begriff der „Kunst" nicht hineinpaßt – wenn er überhaupt etwas werden will. Weil er die Lostrennung der abendländischen Kunst vom Volke nicht mitmacht, nicht mitmachen kann (und soll).

WEIL MAN NICHT LÜGEN MUSS.

Weil alle Menschen in einer klaren, direkten, durch keine Massensuggestion gestörten Beziehung zum Film stehen. Weil keiner sich verpflichtet fühlt, bei einem Film vor Langweile zu sterben und nachher doch zu sagen, er sei „großartig". (Was der Durchschnittsgebildete bei Homer, bei Dante, bei Shakespeare, bei Goethe, bei Racine täglich und stündlich tut.) Weil der Mensch, wenn er einen Film nicht versteht, ruhig sagt: „Den Film habe ich nicht verstanden". (Was er bei Kant, bei Plato, bei Newton, bei Schopenhauer, bei Einstein meist nicht tut.) Weil er sich nicht geniert, die Tränen einer himmelblauen Jungfrau rührend zu finden. Weil er offen der ist, der er ist. Das ist der erste Schritt dazu, daß er einmal mehr wird als er jetzt ist.

WEIL ALSO DER FILM DEN MENSCHEN WIRKLICH GEFALLEN MUSS, UM WEITER ZU EXISTIEREN.

Weil hier noch nicht der Individualitätsdünkel ausgebrochen ist, mit seinem Dogma, das unbeweisbarer ist als das Dogma von der unbefleckten Empfängnis: daß etwas gut ist, nur, weil es originell ist. Weil er die einfachsten, ewigen Schemen der menschlichen Ergriffenheit: Liebe und Haß, Ehrfurcht und Empörung, Gemüthaftigkeit und Trotz immer wieder aufgreifen und behandeln muß. Weil er nicht kalt und erklügelt werden kann, ohne unterzugehen.

WEIL IM FILM DER MENSCH STÄRKER WIRKT ALS DER KÖNNER.

Jawohl; weil das „Können" im Film gar nicht die höchste Pointe ist. Weil hier die Imponderabilien der menschlichen Sympathie entscheiden; nicht die intellektuelle Bewunderung. Weil hier deutlich manifestiert wird: daß die Kunst nicht das Höchste im Leben ist. Und ein künstlerisches Talent nicht der Zweck der Weltgeschichte. Weil sich die Menschheit durch den Film für folgende höchst anerkennenswerte Ideale erklärt hat:

Für schöne Frauen, die gefallen wollen.
Für starke und ritterliche Männer.
Für drollige und kindliche Kinder.
Für die Anmut des Tieres.
Für die Herrlichkeit der Erde.
Für die Schönheit des innerlich Aufrechten – der äußerlich bucklig, krumm und häßlich sein darf (Lon Chaney).
Für die einfache Gutmütigkeit (Jannings); gegen die intellektuelle Verzwicktheit.
Für die Grazie (Douglas).

Für die Unschuld (Lillian Gish, Mary Pickford).

Für die Sünden der Leidenschaft (Pola Negri); gegen die Sünden der Entartung.

Für die moderne Haartracht, den modernen Gesichtsschnitt, die moderne Schminke, den modernen Körper, die modernen Beine, das moderne Kleid (Gloria Swanson); für den Wechsel der erotischen Reize; gegen das Muckertum der erotischen Vertrocknung. Also für die Erneuerung der Lust und die Fortpflanzung des Lebens.

Aber auch für die Schönheit vergangener erotischer Reize.

WEIL DER FILM DEN BILDUNGSDÜNKEL ABBAUT.

Es gibt eine wissenschaftliche, eine philosophische Bildung. Aber keine belletristische. Ich sollte gebildeter sein als ein anderer, nur, weil ich mehr künstliche Reize habe auf mich einwirken lassen? Und doch kommen sich viele gebildet vor, weil sie besonders viel Romane, Verse, Dramen gelesen oder gehört haben! Der Film schafft vernünftigere Zustände. Niemand kommt sich deshalb gebildet vor, weil er mehr Filme gesehen hat als ein anderer.

WEIL DER FILM DIE ALTE KUNST FILTRIERT.

Man spricht oft davon, daß der Film Kunstwerke durch Verfilmung „verkitscht". Wer so redet, beweist, daß er keine Ahnung hat, was überhaupt Kunst ist. Was an einem Kunstwerk transformierbar ist, was an einem Kunstwerk sich irgendwie anders ausdrücken läßt als so, wie es in ihm selbst ausgedrückt ist: das ist eben nicht die Kunst, nicht das Künstlerische in ihm. Das ganz hohe, ganz vergeistigte Kunstwerk ist überhaupt in keiner Weise transformierbar. Niemandem ist es noch eingefallen, das „Symposion" des Plato zu verfilmen, oder ein Gedicht von Goethe oder von Baudelaire oder Shakespearesche Verse. Was an Hamlet verfilmt wurde, ist nicht Shakespeares Genie; was an Faust verfilmt wird, ist nicht Goethes Genie. Nur das Ungeniale ist ganz verfilmbar. (Dafür ist ein Chaplinfilm wieder nicht dramatisierbar oder erzählbar.) Der Film filtriert: er zeigt, was einmalig, unabänderlich, nur so und nicht anders ausdrückbar ist als es im Kunstwerk ausgedrückt wurde; was an einem Kunstwerk Kunst ist. So schafft er anschaulichere und klarere Begriffe von der Kunst, als es jede Theorie vermöchte. Und er ist in dieser Hinsicht von der erquickenden Rücksichtslosigkeit der Praxis, ohne alle atavistische Schonung. Er wird ganze Kunstgattungen als zweifelhaft aufdecken. Um so heller werden die Gipfel leuchten. Der Film macht tabula rasa in der Kunst.

WEIL JEDERMANN, DER GUTEN WILLENS IST, MITARBEITEN KANN.

Der Film ist technisch noch nicht fertig. Das Instrument ist noch lange nicht bis zum letzten verfeinert, wie z.B. eine Geige oder eine Schreibfeder. Es bedarf nicht unbedingt des Geburtsfehlers der Genialität, um an diesem künftigen Menschheitsgedicht mitzuarbeiten. Jeder, dessen Herz offensteht, jeder, der den Willen hat, zu verstehen, zu forschen, sich mit vollem Einsatz seiner Person zu beteiligen, kann an der Entstehung dieses künftigen Menschheitsgedichtes, dieses Volksliedes oder Volksmärchens des gesamten Menschheitsvolkes mitarbeiten. Er wird nicht Christus werden – aber immerhin eine Art Johannes der Täufer, der den Christus vorbereitet.

WEIL ER UNVERLOGEN IST WIE EIN TRAUM.

Weil in ihm ganze Völker laut und vernehmlich träumen. Weil es klar wird, wie sie sich den Himmel auf Erden vorstellen. Ohne alle Hemmungen des Verstandes und einer verlogenen Geschmackssublimierung. Weil wir dieses Baby, genannt Menschheit, bei einem unbeobachteten phantastischen Monolog belauschen können. Weil der Film ganze Nationen demaskiert. Man kann hundert Jahre in Amerika wohnen und weiß von den Geheimnissen der amerikanischen Mentalität nicht so viel, wie wenn man zwanzig amerikanische Filme gesehen hat.

WEIL ES IN IHM „BÖSEWICHTER" UND „GUTE MENSCHEN" GIBT – weil er die einfachen Typen „Gut" und „Böse" als leibliche Personen auftreten läßt und jedermann sofort fühlt, daß das erdacht und erträumt ist, daß die Wirklichkeit diese Typen nicht so eindeutig schafft, daß im wirklichen Leben alles bedingt ist, daß man im wirklichen Leben nicht bloß sehen, sondern auch verstehen muß, kurz, daß das Leben kein Film ist, kein Flächenphänomen, sondern etwas mit Hintergründen.

WEIL HIER DAS HANDWERK NOCH ETWAS GILT – weil Exaktheit, Fleiß, Konzentration, feine Arbeit hier noch ihren Dank finden, wenn schon kein anderer Wert vorhanden ist; anders als in der modernen Literatur, wo die Verwahrlosung und Roheit das letzte Mittel der Talentlosigkeit ist, um die Vermutung einer „wilden Genialität" zu wecken.

WEIL DER FILM PHOTOGRAPHIE IST.

Dies vor allem. Durch den Film werden hoffentlich alle „Weltgeschichten" abgeschafft werden. Man wird nicht immerfort von ruhmreichen Siegen und nationalen Malheurs hören. Sondern man wird sehen, wie Menschen von Granaten zerfetzt werden. Wie sowas ausschaut, wenn Mutters Sohn das halbe Gesicht und das rechte Bein abgerissen wird. Wie sich das macht, wenn Vater im Straßendreck verkommt. Wie hübsch das ist, wenn Sechzehnjährige bataillonsweise im Gas krepieren. Man wird hoffentlich im nächsten Krieg auf die gute Idee kommen, das Gesicht eines an einem Bauchschuß Sterbenden in Großaufnahme zu photographieren, so wie ich es sah; um an dieser Großaufnahme unzweideutig festzustellen, ob sein letzter Gedanke der Ruhm seines Vaterlandes war – oder nicht vielmehr der wahnsinnige, brüllende, keuchende, hilflose Haß gegen seine Schlächtermeister und ihre Helfershelfer.

Dann werden sich die Herren Treitschke, Taine, Macaulay und überhaupt sämtliche genialen Historiker sämtlicher Nationen endgültig begraben lassen können.

SCHON DESHALB, WEIL DAS EINMAL GEMACHT WERDEN MUSS, IST DER FILM DIE WICHTIGSTE ERFINDUNG DER NEUZEIT; viel wichtiger als die Erfindung der Druckerpresse, die ebenso viel Lüge wie Wahrheit verbreiten kann und fast nur Lüge verbreitet.

Ich müßte jetzt eigentlich noch ein ganzes Kapitel darüber hinzufügen, warum ich den Film hasse. Denn von einer wahrhaft großen Liebe ist der große Haß untrennbar. So ist einmal die Welt.

Aber der Film wird von so vielen Idioten auf eine so idiotische Art gehaßt, daß einer, der etwas Vernunft hat, den Hassern des Filmes nichts von seinen Gründen abgeben darf. Ich nehme sie also mit ins Grab. [1926]

Gloria Swanson

# Walter Muschg

*Schweizer Literarhistoriker, lebte von 1898 bis 1965; ab 1936 Ordinarius für Geschichte der deutschen Literatur an der Universität Basel. Hauptwerke: „Kleist" (1923), „Jeremias Gotthelf" (1931/1954), „Tragische Literaturgeschichte" (1948), „Die Zerstörung der deutschen Literatur" (1956). Leitete die Wiederentdeckung Alfred Döblins ein.*

*Für die „Neue Zürcher Zeitung" berichtete Muschg 1922 über einen Besuch auf dem Ateliergelände der Ufa in Neubabelsberg, wo gerade der Nibelungenfilm gedreht wurde („Filmzauber"); dabei konnte er auch Grundsätzliches zur Sprache bringen. Der ganze Betrieb wirkte auf ihn offenbar sehr erheiternd, so daß er schließlich meint, wenn nur der Kinobesucher sich der Künstlichkeit der Paradiese, die da geschaffen wurden, genügend bewußt wäre, „dann sagte man zu allem ja." Und in der von ihm 1927 begründeten Zeitschrift „Annalen" standen im ersten Jahrgang ein Aufsatz von ihm gegen „Kino-Orgeln" und die Besprechung von Pudowkins Meisterwerk „Die Mutter" („Ein Filmwunder"). Ebenfalls von Walter Muschg dürfte die (nicht gezeichnete) Entgegnung auf die Einsendung eines kinofeindlichen Lesers stammen. „Seien wir ehrlich", heißt es da. „Die Wirklichkeit ist schwerer zu ertragen als die Literatur, und der Kino verdient schon deshalb unsern Dank, weil er uns dies mit seltener Augenfälligkeit wieder beibringt." (Jg. 1, H.12, November 1927, S.959)*

## Filmzauber

Zwischen Berlin und Potsdam liegen einige der größten deutschen Filmwerkstätten, und wie echt ägyptisch oder indisch sich nachher der Film gebärden mag, da draußen wurde er gemimt mit ungeheurem Aufwand an Maskeraden und Attrappen. Ob zwischen der Kargheit des Bodens und der hemmungslosen Ausschweifung eines auf den Siedepunkt gebrachten Spekulantenhirns ein Zusammenhang besteht? So viel ist sicher: gerade in dieser Umgebung, eine halbe Bahnstunde von der Börse, steht der Umriß eines schier wahnwitzigen Unterfangens mit unvergeßlicher Grimasse gegen den herb verschlossenen Himmel. Der tollste Einfall wird hier bereitwillig in eine gespenstische Art von Realität und Leben umgesetzt, und solch unwahrscheinliche, zehnfach verdrehte Überspanntheit zwischen Einfall und Durchführung ist das eigentliche Geheimnis dieses unaufhaltsamen Zaubers.

Hinter den scharf bewachten vielfachen Zäunen ist alles eine Welt für sich, und was für eine Welt: man wandert zwischen unabsehbaren Magazinen und fieberhaft betriebenen Werkstätten fast jedes Berufszweiges an den gläsernen Ateliers vorbei nach dem magisch lockenden Kernpunkt der Phantastik: der Filmstadt. In ihren labyrinthisch verschachtelten Straßen, Plätzen und Revieren beginnt den Laien nach einer ersten Weile rastlosen Gaffens ein Etwas in der Kehle zu würgen; er nimmt's zunächst für den Widerstreit zwischen dem Entzücken über ein altdeutsches Architekturbild oder eine wundervolle Nachbildung des Breslauer Rathauses und der Spottlust über einen allzu offenbaren Schwindel, wenn sich ein Indianerdorf mit der Rückseite als pompöser Barockpalast darstellt. Schließlich aber begreift er besser, was er fühlt: er kommt nicht über das groteske Mißverhältnis zwischen solchen Massen und dem unscheinbaren Format der Aufnahme selbst hinweg, die das schließliche Resultat so anspruchsvoller Vorbereitung ist. Unbeirrt bleibt bloß der Respekt vor der unverkennbaren Routine der Farbengebung. Eine für Nachtaufnahmen hergestellte Felspartie nimmt sich im Tageslicht mit violetten, zinnobrigen und giftgrünen Tönen unmöglich aus, ergibt aber bei Scheinwerferbeleuchtung einen glänzenden, genau berechneten Effekt; und da auch bei Tagesaufnahmen das künstliche Licht herbeigezogen, nämlich ein ganzer Wagenpark von Lichtanlagen jedesmal aufs Feld hinausgefahren wird, fehlt es nirgends am imaginären Lokalton. Man bemerkt übrigens sofort, wie günstig sich diesem grenzenlos vielgestaltigen Bild der märkische Sandboden einfügt: seine harten, spärlich im Winde zitternden Halme sind jederzeit Heide und Wildwest, vertraute und fremde Gegend, ein höchst neutrales Requisit.

Und nun denke man sich diese Welt als Schauplatz einer Massenaufnahme. An einem sonnigen Tag wimmeln hier Hunderte von Arbeitern und Komparsen; Autos rattern; vor den Kantinen schlingt ein ganzer Maskenball von Kostümierten und für lange Stunden in Schminke Begrabenen eine halbe Mahlzeit hinunter, und irgendwo weit hinten, kaum sichtbar vor dem dichten Gelaufe, bewegt es sich kompakter, bunter und lauter, wird durch Rohre geschrien und bis zur Ermattung dasselbe Handlungselement wiederholt. An der nächsten Ecke leert ein Kreuzfahrer hoch zu Roß die fünfte Bierflasche, Neger lümmeln gelangweilt an den Wänden herum, zwei Drückeberger vertreiben sich die Zeit mit Boxversuchen – und all das ist aus Berlin herübergekommen, um sich selbst und der Welt wer weiß was vorzumachen. Ist das Wetter günstig und alles endlich einmal beisammen, dann wird der Tag aufs äußerste ausgenützt; der Regisseur, schweißtriefend, zieht eine Bratwurst nach der andern aus der Rocktasche, die Solisten ergeben sich stumpf darein, die Probe an ihrer Bühne zu schwänzen, und das murrende Heer der Namenlosen sucht sich am Gedanken an den Überstundenlohn zu erfrischen. Kein Zweifel: die raffinierte Ausbeutung und Beherrschung des Materials ist ein Grundtrieb des Films. Genaue Beobachtung im Kinotheater müßte zu der Entdeckung führen, die hinter den Kulissen als Voraussetzung ohne weiteres in die Augen springt: daß man auch im luxuriösesten Großfilm ein kaum glaubliches Minimum von Ausstattung zu sehen bekommt. Schwindelnd hohe und in sozialer Hinsicht oft nicht zu verantwortende Summen werden für den Aufbau ausgeworfen; aber an den einzelnen Schauplätzen ist kein Quadratmeter Fläche zu viel gemauert. Da, wo der Schauspieler seine Schritte, ins Weite spähend, anhält, hört auch schon seine Welt auf, und dicht beim Bildrand stehen bereits die Beleuchter, tummeln sich schon die Arbeiter, die Erledigtes niederreißen und Neues aufrichten – davon abgesehen, daß immer mehrere Werke gleichzeitig in Arbeit sind, was dieser Welt vollends ihr einziges Gepräge gibt. Hier ist wirklich jene Fülle des Lebens, die manchen ans Licht verlangenden Stammgast des Kientopp sehnsüchtig stimmt und alljährlich eine Heerschar halbwüchsiger Jugend unwiderstehlich an sich zieht. Die Komödiantenromantik verschollener Zeiten feiert im Film nicht nur eine Auferstehung, sondern eine Steigerung zu unleugbarer Phantastik. Der wahre Höllenspott von Gips und Latten, der in seinen Bezirken fast jeden Tag ein neues Weltbild vortäuscht, mag es noch so schäbig gezimmert sein, besitzt eine starke Gewalt der Verführung. Freilich liegt es auf der Hand, daß sie für die Untergebenen die geringste Wirksamkeit besitzt. Denn ist für sie schon das Treiben hinter dem Vorhang einer Bühne ohne nennenswerte Illusion, so zerfließt ihr Gewerbe hier, jenseits der eigentlichen Vorführung (doch nicht jenseits ihrer Einnahmen), in die ödeste Langeweile. Aber eine Spannung ganz besonderer Art liegt selbst ihrer merkwürdigen Ausdauer zugrunde, und sie erscheint in den leitenden Köpfen, verdeutlicht und manches Rätselvolle erklärend, als eine bewußte Freude am Unmöglichen, die immer entschlossener übrigens auch in der heutigen Operette zutage tritt, und in unserer Zeit, von ihren Gegenständen abgesehen, ohne Zweifel eine der lebendigsten und wahrsten Formen volkstümlich-ästhetischen Verhaltens darstellt (man achte nur auf ihre typenbildende Kraft, die bereits eine ganze Reihe von ständigen Figuren, Situationen und moralischen Werten hervorgebracht hat).

Auf der Niedrigkeit ihrer Gegenstände beruht die derzeitige Verwerflichkeit und auf dem echt künstlerischen Ursprung des Verhaltens die unausrottbare Anziehungskraft dieser Freude auf die Produktiven selbst sehr hohen Rangs. Noch nie sah ich

Mauern so dicht mit Obszönitäten bedeckt wie in der Filmstadt; noch nie ging mir aber auch so gegenwärtig die Vorstellung auf, wie eine Kultur aussehen müßte, wo Produktion einem wirklichen, ungestüm drängenden Bedürfnis entspringt, wo es Meister und Nachfolge gibt und das Geleistete aus der Werkstatt mitten in die Diskussion geschleppt wird. Hier freilich steht die Hast der Hervorbringung im umgekehrten Verhältnis zu Wert und Dauer des Produkts.

Was einem beim Eintritt zuerst und nachher an jedem sichtbaren Vorsprung immer wieder auffällt, ist das kategorische Rauchverbot. Betritt man aber ein Atelier, dann sieht man sogleich: alle qualmen wie die Schlote. Die Zigarette feiert Triumphe, in jedem freien Augenblick; die bemalte Diva genießt sie mit spitzen Fingern und starken Zügen zu den Erfrischungen, die in der Pause herumgereicht werden, und unter jedem Paar rotgefärbter Augenlider hängt sie mit schöner Unfehlbarkeit. Dann aber begibt sich folgendes. „Adolph", ein junger Musiker, sitzt beim Schein der Morgensonne am Spinett; er hat sich soeben von seinem lebenslustigen Freund nicht zu einem Spaziergang verlocken lassen, weil er sein Werk schaffen muß, und hat nun im melancholischen Vollbesitz seiner schönen Eigenschaften einen effektvollen Aktschluß zu stellen. Diesen Jüngling mimt ein herrlichlustiger Komiker des Deutschen Theaters, und er schafft's diesmal so: schon seit Pausenbeginn fingert er nachdenklich auf den Tasten, man weiß nicht recht, tut er's im Ernst oder aus Langeweile; in seinem Mundwinkel steckt, zwei Spannen lang, das obligate Elfenbeinrohr mit brennender Zigarette. Während er noch den Mund schief offen hält und mit den Nasenflügeln zwinkert, weil der Rauch ihn kitzelt, tritt schnell von hinten einer an ihn heran, nimmt ihm das Möbel weg und geht einen Schritt zurück; die Photographen begreifen, und Adolph, ohne seine Haltung zu ändern, auch, und an Stimmung wird's dem Bildchen nicht fehlen. Nachher erhält er seinen Stummel sofort wieder.

Aber diese Rücksicht auf die Laune des Schauspielers ist ebenfalls nur Ausdruck des Bestrebens, überspitzte Werte herauszutreiben. Nur wenigen wird sie zuteil, bei näherm Zusehen sieht man, daß nicht alle rauchen. Nicht jeder hat draußen seinen herrlichen Sechsplätzer stehen, der ihn hierher und nach Hause bringt. Warum haben ihn die Stars? Weil in diesen Kreisen ein ausgesprochener Trieb nach Häufung jeglicher Art von Reichtum am Werk ist und man Unmögliches möglich machen will; die Damen, die den größten Haufen Geld beziehen, verstehen meist einen Teufel von Schauspielkunst, aber die Direktoren bewilligen ihnen, wenn sie sich erst heiser geschimpft haben, schließlich doch lachend das Auto und einen ganzen Kodex blödsinniger Sonderwünsche, und das im letzten Grunde nicht nur deshalb, weil sonst der Kontrakt unweigerlich in die Brüche ginge: Eine ungeschriebene, rätselhafte Übereinkunft begünstigt eigensinnig plötzlich den einen Namen, und diese bizarren Möglichkeiten überschweben alles, was zum Film Beziehung hat, verdeutlichen sich zu einer gespenstischen Schicksalsmacht beim Betreten einer Filmbörse, wo in Winkeln der Weltstadt, irgendwo fünf Treppen hoch, eine dunkle Menge in trostlosen Vorräumen Sommertage vertrauert und verwartet, mit vorgereckten Köpfen sich um den auswählenden Agenten drängt, immer wieder abgewiesen wird und stundenlang zu den lächelnden Porträts ihrer Götter und Götzen emporstarrt. Die Popularität der Stars unter den Arbeitern derselben Werkstätte ist bezeichnend. Kraft und Geld werden in diesem Fall unverhohlen bewundert, Sport und Film stellen die Idole. Daher auch die berühmten guten Beziehungen der beiden zueinander (wie das im einzelnen wohl aussieht?). Beiden ist das Tempo gemein, in dem der Rhythmus der Maschinenzeit verherrlicht wird, beide verlangen seine unbedingte Anerkennung.

Mir scheint, unter diesen beiden Brüdern sei der Film der Usurpator, ein in manchen Dingen unehrlicher und anrüchiger Geselle. Um ihn zu beurteilen, braucht sich kein vernünftiger Mensch erst vom Eindruck des betäubenden Presselärms freizumachen, der in den Weltstädten von unsichtbar zusammenhängenden Instanzen verübt wird, weil ein bloßer Spektakel keinen Eindruck zustande bringt. Komm noch einmal zurück in die Aufnahmehalle: unendliches Hämmern, Schreien, Schlagen und Pfeifen der zahllosen Arbeitsplätze nimmt dich auf, Schlagermusik wird vernommen, Eisenkonstruktionen von amerikanischer Kühnheit schwingen sich mit einem Chaos von Maschinen und schimmernden Bahnen unter dem Glasdach hin, daß du geneigt bist, ein Gleichnis zu sehen und die letzten Dinge und Fragen einer Epoche schmerzlich grübelnd anzurühren; Jupiterlampen gruppieren sich von allen Seiten mit blendender Lichtfülle um die kleinste Szene, hoch oben in den Balken noch stehen welche und senden ihre Kegel zu unverstandenem Zweck herab – und auf dieser Szene agiert (ich spreche von einem Typus) ein braver Adolph, wird mit Mitteln von beängstigender Wucht, mit gedankenloser Trägheit und lauter Geschmackskonzession meist der ewig gleiche, ewig alte Quark erzeugt, dessen geistige Rückständigkeit mit fünfzig Jahren gering veranschlagt wird. Beweis: eines dieser Unternehmen hat kürzlich den Nibelungenstoff in Angriff genommen; am Ufer des bereits zum Teil ausgeworfenen Rheinstrombetts stand ich und berechnete, daß wir in einem Jahr (neun Monate sind allein für die Vorarbeiten in Aussicht genommen) oder noch viel später das Vergnügen haben werden, den Stil der Kinoinserate auch über diese Angelegenheit deutschen Geistes ausgegossen zu sehen – eine Angelegenheit, mit der sich die geistig Gerichteten seit dem Krieg verborgen, schmerzhaft und beinahe schamvoll auseinandersetzen, so daß sie einem Werk wie Wagners Ring fast entsagen, es jedenfalls nur noch innerhalb sublimer Voraussetzungen erfassen. Und nun soll der Wust von Trikot und Heroinenbusen in einer Art und Weise wieder aufgeführt werden, als habe man bis dahin nichts von ihm gewußt? Naturgetreu gefärbtes Wasser soll in Strömen fließen – kann dieser Film jetzt schon etwas anderes sein als eine Schwarte? Die Mehrzahl der deutschen Filmunternehmen ist auf falscher Spur (Charlie Chaplin zeigt die richtige), denn man kann volkstümlich sein, ohne als ewiges Vorgestern zu wirken. So, wie die Dinge liegen, reizen sie auf zu Spott und Mißtrauen. Oder ist das Tempo, das zum Besten gehört, was der Film zu geben hat, etwas anderes als ein äußerliches Verfahren, ein technischer Kniff (die Aufnahme selbst erfolgt wie gesagt höchst mühselig)? Aber es wäre herrlich, wenn das Wissen um seine Künstlichkeit im Zuschauer bestärkt, statt des geschmacklos aufgebauschten Pathos eine gigantische Lustigkeit und Phantastik gegeben würde. Dann sagte man zu allem ja, nähme den Spaß recht ernst und verneinte nicht mit Recht sehr vieles, was heute fauler Zauber ist. [1922]

## Ein Filmwunder

Zur selben Zeit, wo sich die Ufa in Berlin von Hugenberg sanieren läßt – jene Ufa, die mit ihren „Nibelungen", mit „Metropolis" und andern Weltanschauungsmonstren, mit dem überflüssigen Fett ihrer Millionen und dem widerlichen Getobe ihrer Propaganda-Literaten alles getan hat, um die Sache des Lichtspiels auf ein totes Geleise zu stoßen, in denselben Aprilwochen lief der Russenfilm „Die Mutter" in den Kinotheatern des Kontinents, auch in schweizerischen. Dem ersten unzweifelhaften Niedergang des Filmhandwerks begegnete einer seiner ersten Triumphe in der großen Tragödie.

Ich habe keine Worte, um meinen Eindruck von dieser photographischen Dichtung festzuhalten. Natürlich nicht, denn hier hat wirklich das stumme Drama eine reine Form gefunden. Auch äußerlich: die Zwischentexte, über die man in zwanzig Jahren nicht schlecht lachen wird, fehlen hier fast ganz. Alles ist Mimik, herrliche Anschauung, vermittelt durch eine Aufnahmetechnik, die nicht minder selbständig und einfallsreich ist als die innere Form des ganzen Werks.

Zum zweiten Mal nach Charlie Chaplin ist mir hier der Film als Träger einer Idee entgegengetreten, und ich halte nun, im Bann eines mächtigen Eindrucks, mit meiner Meinung nicht zurück: daß die ursprünglichen dramatischen Impulse dieser Zeit sich offensichtlich nicht mehr auf unsern Bühnen zeigen, daß jene tragischen und komischen Erschütterungen, die wir mit Namen wie Molière oder Kleist bezeichnen, heute in seltenen Stunden von der weißen Leinwand auf uns niederbeben.

In der „Mutter" ist aus den Apparaten ein seelisches Wunder hervorgegangen. Jede Szene bringt ein Äußerstes an Ausdruck, an Schönheit oder Grauen. Ein Arbeiter spielt die Hauptrolle des jungen Revolutionärs, eine ganze Welt von unvergeßlichen Gesichtern ist um ihn, von denen keines weiß, was Schminke ist. Offiziere, Richter, eine stillende junge Mutter, Wirtshäusler und Gefangene sind wie aus einem Traum geholt: einem guten oder einem bösen, immer einem unergründlich tiefen. Hier hat ein Volkstum seinen nicht zu erschöpfenden Reichtum gespendet, der Geist den Ungeist überwunden.

Was schert uns alle noch das schlechte Theatergeschäft, wenn mit andern Mitteln eine solche Dämonie der Leistung erreichbar ist? Ich habe ein Dutzend Bilder in mir bewahrt, aber sie sind nicht zu erzählen. Ein Vater wird tot ins Haus gebracht, und seine Arbeiterfrau winkt mit schwindendem Bewußtsein den Trägern, daß sie die Stube verlassen sollen; Sträflinge träumen von der Freiheit, von pflügenden Bauern, wehenden Bäumen und von Pferden in der Schwemme; Schuhe springen durch Morast der Bauernhöfe; ein Mädchen geht über einen Hügel am Horizont davon, irgendwer kommt ihm über den Kamm entgegen, bis beide sich treffen und nun zusammen eilig hinter den Horizont verschwinden: irgendwer, irgendwohin, irgendwarum, in einer namenlosen, geträumten Landschaft.

Vom propagandistischen Furor dieses Bolschewistenfilms ist zu sagen, daß er in einer Weise in Menschentum gebettet ist, die wir seit langem nicht erlebten. Das politische Thema ist aber nach den vielen wirkungsvollen Trauerspielen, die dem herkömmlichen Kino schon gelungen sind, nicht entscheidend. Das Befreiende liegt im Detail, in jener Unfehlbarkeit der Einzelzüge, in der sich das Genie zu erkennen gibt.

Was kümmert uns die ererbte Bühne, was das vergebliche Kunstgerede dieser ganzen Gegenwart, die sich um ihre beste Generation verstümmelt hat und nun ihre Unterhaltungsschriftsteller reklamiert? Was schert es uns noch, nachdem dies vollkommen Neue, dies neue Vollkommene unsere Augen ergriffen hat?

Nicht besonders viel. [1927]

# Robert Musil

*Robert Musil (geboren 1880 in Klagenfurt, gestorben 1942 in Genf), k.u.k. Offizier, Ing., Dr. phil. und Romanschriftsteller, der sein Hauptwerk direkt für die Literaturgeschichte schrieb, ohne den Umweg über eine nennenswerte Lesergemeinde: „Der Mann ohne Eigenschaften" (1931 ff), ein großangelegtes, unvollendet gebliebenes Romanwerk, das vor lauter Erzählen (von Lebensmöglichkeiten) nicht zum Erzählen (einer Handlung) kommt, mit einer Hauptfigur, die vor lauter Anstalten zum Leben nicht zum Leben kommt, kennzeichnend für eine Zeit, „die vom Hundertsten ins Tausendste kommt, ohne eine Einheit zu haben" (Ulrich Schelling), „eine kaleidoskopische Zeit" (Ernst Bloch).*

*Ohne Eigenschaften ist der Mann, weil er sich in keiner Weise festlegen will, weil er sich, um überlegen zu bleiben, stets alle Möglichkeiten offenhält. Etwas aussprechen heißt, es aus dem unendlich Flutenden herausheben, sich für eine bestimmte Form entscheiden. „Sobald wir etwas aussprechen, entwerten wir es seltsam" (Maeterlinck, von Musil den „Verwirrungen des Zöglings Törleß", 1906, als Motto vorangestellt). Was sagt schon ein Steckbrief über die Seelenlandschaft des Gesichts! Eines Gesichts in Großaufnahme.*

*Für den stummen Film mußte Musil noch aus einem andern Grund Verständnis aufbringen. Es entsprach seiner Überzeugung, „daß in jeder Begrenzung ein selbstherrliches Glück haust. Es ist anscheinend das Grundglück aller Kunstwerke, aller Schönheit, des Erdgeformten überhaupt." Ausgeführt hat Musil den Gedanken 1925 in seiner Besprechung von Béla Balázs' erstem Filmbuch („Der sichtbare Mensch"): „Ansätze zu neuer Ästhetik / Bemerkungen über eine Dramaturgie des Films". Als Erlebnisbericht ergiebiger ist allerdings Musils Schilderung eines Kinobesuchs aus dem Jahre 1923.*

## Eindrücke eines Naiven

Es war in Berlin; die Wintertheater waren noch nicht eröffnet, die Kinos schnurrten. Was tun? Ich verleugnete mein Leben und ging ins Lichtspiel. Wenn es zwischen Berlin und Charlottenburg, die Entfernung über Eydtkuhnen-Peking-New York genommen, einen Menschen gegeben hatte, der Chaplin noch nicht kannte, so war ich es. Es machte mir Mut, daß inzwischen alles Bedeutende über das Kino schon längst gesagt ist: denn neben dem geschliffenen Geist der Sachverständigen hat sich die Stimme eines, der aus den Wäldern kommt, noch immer gut gemacht. Chaplin hat mich nicht überrascht, das kannte ich schon. Ich habe Chaplins Vater in der Generation meiner Väter in der Operette gesehn. Den wundervollen, den glänzenden, den gewissermaßen vor die Säue gestreuten Physiognomiker, mit dem Hauch von Resignation darüber in aller Zappelei und Dummheit; den *Knock about* lange bevor es bei uns *Knock abouts* gab, – zu dem sich eine von Gott geschaffene Seele galgenhumorig einrollte. Ja, es gab gute Komiker, und alle waren sie Akrobaten; vielleicht ist Chaplin besser, aber mich packt sofort das Gemeinsame, die zum Erfolg des Kinos aufgestiegene Linie. Der verdrehte hurtige Gang, die Beweglichkeit, welche über Schränke steigt, als wären sie Schemel, das Umrennen und Umgeranntwerden, die Ohrfeigen, die Verwechslungen, Fußtritte, Rollen über das Genick, Stürze, Deckensprünge; war das nicht immer ein Lebenselixier des Schauspielers, in dem er erst zu seinem vollen Glück aufblühte? Es ist eine uralte Tradition, die mit Hanswurst und den neapolitanischen Masken begann, wenn es nicht überhaupt die Lebenslinie des Theaters ist. Aus dem Ernst eines Gottesdienstes, zu dem die Entwicklung des europäischen Theaters den Schauspieler halb widerwillig zwang, flüchtete er in die Operette, und wird nun vom Kino explosiv befreit.

Ich sah dann auch einen weiblichen Chaplin, eine amerikanische Schauspielerin; in Röcken scheinbar belanglos, aber sie zog einen alten Herrenanzug an: beim Kragenknopf gibt es die erste Katastrophe. Der Finger greift von oben, der Knopf geht nicht zu; der Finger greift von unten, es schließt sich nicht; aus gehobenen Ellenbogen tauchen beide Hände in den Hals, schlüpfen von unten an ihm empor, winkeln um die Ecke, während sich der Kragenknopf selbstverständlich nicht schließen läßt und solange nicht, bis das ganze kleine Menschengebilde ein in Krämpfen des Zorns und der Ohnmacht wirbelndes Bündel zusammenprallender und auseinanderrennender Körperteile ist, die sich über, neben, in, unter Betten, Schränken, Ecken und Stühlen treffen, bis – ja nun, bis mit einemal eben der Knopf geschlossen ist, und eine sanfte Brise den glühenden Zuschauer anweht. Das ist amerikanisch in seinem schauspielerischen Präzisionsstil, aber geboren ist es in einem deutschen Busch, der Wilhelm hieß.

Man zeigte mir zwischendurch auch einen Schauspieler, der in einem Sommertheater, also dreidimensional und leiblich auftrat. Er persiflierte dort einen Faustkampf. Auch er stieg über Tische,

Schränke, Rücken und auch er hatte das leise Elegische, das zur Komik des körperlichen Exzesses gehört. Wir waren erst im Augenblick seiner Szene in die Loge getreten und verließen sie mit dem letzten Schlag: so stand er aus einem Nichts herausprojiziert genau so vor uns wie auf der magischen Leinwand, und dennoch blieb er (wenn auch köstlich sanft verdünnt) Limonade. Woran liegt das? Ich glaube, nun vor allem glaube ich allerdings nicht an die dramaturgische Philosophie des Kinos (die allmählich beliebt wird), sondern an seine Technik, und so betrachtet, liegt es wohl an nichts anderem als: Dieser Schauspieler spielt das Gleiche fünfhundertmal, und ich sehe ihn einmal, so daß die Wahrscheinlichkeit, daß ich seine beste Leistung erwische, ein Fünfhundertstel ist; der Filmregisseur dagegen ließe den gleichen Vorgang, wenn es nottäte, fünfhundertmal kurbeln, und die Wahrscheinlichkeit, daß der Besucher den besten Moment sieht, ist bei ihm unter allen Umständen gleich der Gewißheit. Darin liegt Überlegenheit. Ich hatte mir auch eingebildet, schon schwere Raufereien mitgemacht zu haben, aber eine solche, wie ich sie damals im Kino sah, war nicht darunter: selbst wir Zuschauer flogen durch die Luft, so flogen die im Bilde und so sausend war das Tempo; man konnte in sich selbst nicht mehr unterscheiden, ob man der angegriffene menschliche Eber war oder einer der von ihm durch die Luft geschleuderten Schweißhunde. Eine andere Frage ist es ja, wozu das in uns gut sein mag, mit dem diese Technik spielt? Ich weiß es nicht. Aber es ist da.

Ferner wozu Worte? Ich sah einen deutschen Film, der einen elenden Kitschroman verkurbelte. Ein solcher Ablauf von Geschehnissen, der Übelkeit verursacht, wenn man sich ihn – lesend – vorstellen muß, wird geschluckt, wenn er vor einen hingestellt wird. Man sitzt ja schließlich auch stundenlang in Straßenbahnwagen, Wartesälen und Zimmern, mit noch viel langweiligeren Geschehnissen vor Augen und hätte schon längst Selbstmord begangen, wenn nicht eben die Augen viel geduldiger, abgehärteter und dankbarer wären als die Ohren; sie amüsieren sich leichter. Und zwischendurch – in diesem Film – zwischendurch, wo ein Mädel einem Mann sagt, komm mit mir ins Wasser oder –, wo ihre Haare im Wind flattern, ihre Finger sich in seine Ärmel krampfen und ihre Augen schreien, das alles auf einer Düne, im steifen Wind, lächerlich groß vor der kleinen Unendlichkeit der unten rollenden See: zwischendurch gehört es zu den Eindrücken, die man nicht vergißt. Es ist vielleicht gar nicht schlecht, wenn man zu der Frage gezwungen wird: wozu eigentlich Worte? Striche man bloß auf dem Theater alle Worte weg, die nicht mehr sagen, als der Zuschauer auf den ersten Blick errät! Die Theater kämen freilich um ihre bestbezahlten Plätze, die Gemeinplätze.   [1923]

Anny Ondra in „*Blackmail*" (Alfred Hitchcock, 1929)

# Béla Balázs

*Béla Balázs (eigentlich Herbert Bauer, Dr.phil., 1884–1949) – "in Ungarn ein Dichter von Namen, nach Wien gekommen, als in seinem Vaterland die Reichsverwesung begann [1919], mußte sein Brot als Journalist suchen und wurde so unter anderem Filmkritiker", schrieb Robert Musil 1925. Balázs verfaßte auch Novellen („Der Mantel der Träume", 1923) und Märchen („Sieben Märchen", 1921; „Das richtige Himmelsblau", 1925). Jugendbücher hat Balázs auch später noch gelegentlich geschrieben, aber da lebte er bereits in der Sowjetunion, wohin er übergesiedelt war, nachdem er von 1926 bis 1931 in Berlin gearbeitet hatte: Romane („Unmögliche Menschen", 1930) und zahlreiche Drehbücher, darunter „Die Abenteuer eines Zehnmarkscheines" (Berthold Viertel, 1926) und, mit Lania und Vayda, „Die Dreigroschenoper" (G.W. Pabst, 1931). Danach noch „Das blaue Licht" (Leni Riefenstahl, 1932).*

*Nach dem Krieg kehrte Balázs nach Ungarn zurück, drehte dort mit Géza von Radványi einen Film über die verwahrlost umherziehenden Kinderhorden, „Irgendwo in Europa" (1947), und war danach als Dozent an den Kunstakademien von Prag und Warschau tätig. „Die Jugend eines Träumers" (1948), sein letztes Werk, ist Dichtung und Wahrheit.*

*"Mein ewiger Neid, daß die Musiker gar nicht zu sprechen brauchten, und meine ewige Liebe, daß das Nicht-sprechen-müssen auch im Drama möglich sei" – der Dichter, der 1908 so schreiben konnte, mußte im Stummfilm die Kunst des 20. Jahrhunderts erblicken. „Der sichtbare Mensch" (1924) war noch in Wien entstanden. Robert Musil hatte das Buch sogleich besprochen; es fiel ihm auf, daß Balázs den Film „immer gleichzeitig im Erlebnis und in der Reflexion" beschreibt. „Abschied vom stummen Film" hat Balázs dann in Berlin genommen; der so betitelte Aufsatz erschien 1930 im Aprilheft des „Querschnitt", als Auftakt zu seinem neuen Werk, „Der Geist des Films" (1930). Nach dem Krieg erschien, von Alexander Sacher-Masoch aus dem Ungarischen übersetzt, „Der Film / Werden und Wesen einer neuen Kunst" (Wien 1949; in neuer Auflage, angereichert mit Texten aus den früheren Werken, überarbeitet von Edmund Th. Kauer und Tibor Barta, Wien 1961).*

*"Immer hatte Béla Balázs unverrückbar das große Anliegen vor*

*Augen, das 1924 nur einigen wenigen sichtbar geworden war",
schreibt Kauer im Nachwort zur Ausgabe von 1961, „dieses Ziel,
das der Film dann, ins rasende Tempo der technischen Entwicklung gerissen, fast schon erreicht hatte, und das dem Film, im
gleichen Sog der Zeitströmung, wieder entrückt wurde."*

**Die Tragödie der Liebe**

Dieser Film ist das erste große künstlerische Ereignis dieser Saison. Regisseur Joe May, mit Mia May, Erika Gläßner und Jannings als Hauptdarstellern, hat hier die klassische Vollendung eines sehr alten Filmtyps geschaffen. Es ist eigentlich nur eine Kriminalgeschichte in der Fabel, nicht wesentlich verschieden von den anderen. Aber die Bedeutung dieses Films liegt nicht in seiner Originalität, sondern in seiner Reife. Auch in Regie und Photographie bringt er keine Neuerungen, keine genial-verwegenen Versuche. Aber in einer schier unheimlich sicheren Bilderführung zeigt dieser Film eine so unnahbar fehlerlose Vollendung der Technik, wie wir sie noch bei keinem deutschen Film gesehen haben. Es ist ein gutes Zeichen, daß nach so mannigfachen geistreichen und problematischen Experimenten, die Filmkunst von Grund auf neu zu gestalten, Joe May auf die Idee verfiel, einmal die bewährten Mittel richtig zu handhaben. Das scheint gar nicht so leicht zu sein. Sonst würden so gute Filme, wie die Tragödie der Liebe, nicht so selten sein.

Besondere Qualitäten hat dieser Film zweie. Das erste ist sein langsam aufregendes, behäbig spannendes, breit zugespitztes Tempo. Es ist nicht anders als mit diesen Paradoxen zu beschreiben. Die Bilderfolge ist dünnflüssig, hat wenig Bombenszenen, aber die Schicksalswege verschlingen und knoten sich in einem langsam-unaufhörlichen unheimlichen Rhythmus. Dabei fallen die Sensationsszenen der Verfolgung auf den Dächern aus dem Stil und sind viel weniger aufregend als die herrliche lange Verhörszene des Untersuchungsrichters, wo ein richtiges physiognomisches Duell zwischen zwei Männern aufgeführt wird (der eine ist Gaidarow!), wo einer hinter die Maske des anderen kommen will, und wie man mit Worten aus dem anderen ein Wort herauslocken kann, mit Mienenspiel beim Gegner eine verräterische Miene provozieren möchte. Überhaupt ist dies das Moderne und Künstlerische an diesem Kriminalfilm, daß er durchwegs auf die Physiognomie gestellt ist. Die entscheidenden Szenen der Handlung spielen sich zwischen Gesichtern und auf Gesichtern ab. Und noch eines, was diesem Film, so scheint mir, besondere Bedeutung gibt. Joe May unternimmt es, seine Gestalten ausschließlich mit Physiognomie und Mienenspiel zu charakterisieren. Der eine ist ein Einbrecher, der andere, scheint es, ein Mörder. Aber ihre Gesichter sagen, daß sie keine schlechten Menschen sind. Joe May braucht keine Detailszenen, um sie zu charakterisieren. Der Gesichtsausdruck genügt. Dadurch bekommt der Film eine poetische Tiefe, eine Doppelbödigkeit. Denn wenn das Gesicht eines Menschen seinem Handeln deutlich widerspricht, dann entsteht für uns daraus ein Problem, eine Spannung und eine ungeduldige Neugierde darauf, wie sich dieser Widerspruch lösen wird. [1923]

**Verzeiht!**

Es ist ein Jahr her, daß der „Tag", zum erstenmal in Wien, eine ernste Filmkritik eingeführt hat. Ich habe die Empfindung, daß ich als verantwortlicher Anstifter dieser Rubrik an diesem Jahrestag mein Glas ergreifen und einige Worte der Entschuldigung und Rechtfertigung an das Publikum richten muß, denn ich fühle mich fast schuldig vor ihm. Ich komme mir vor, wie die Schlange, die den Kindlich-Unschuldigen vom Sündenbaum des Wissens zu essen geben will. Denn das Kino war ja bis jetzt das glückliche Paradies der Naivität, wo man nicht gescheit, gebildet und kritisch sein mußte, in dessen Dunkel, wie in der Rauschatmosphäre einer Lasterhöhle, auch die kultiviertesten und ernsten Geister sich ihrer verpflichtenden Bildung und ihres strengen Geschmacks ohne Scham entkleiden konnten, um sich in nackter, urnatürlicher Kindlichkeit dem bloßen primitiven Zuschauen hinzugeben. Nicht nur von der Arbeit, sondern auch von der seelischen Differenziertheit hat man sich dort ausgeruht. Man durfte darüber lachen, daß einer auf den Hintern fällt, und durfte (im Dunkeln!) über Dinge dicke Tränen weinen, die man als Literatur mit Verachtung von sich zu weisen verpflichtet war. Man hat sich geniert, an schlechter Musik Gefallen zu finden. Aber das Kino war, Gott sei Dank, keine Bildungsangelegenheit. Es war ein einfaches Genußmittel, wie der Alkohol. Und jetzt soll das auch eine Kunst werden, von der man etwas zu verstehen hat? Jetzt soll man auch da gebildet werden und einen Unterschied erfahren zwischen gut und schlecht, wie nach dem Sündenfall?

Nein, wahrlich, ich bin nicht gekommen, um euren Genuß zu stören. Im Gegenteil. Ich will es versuchen, eure Sinne und Nerven zu größerer Genußfähigkeit zu stimulieren. Denn das Verständnis für den Film ist der unbefangen süßen Kindlichkeit nicht abhold. Denn der Film ist eine junge, noch unverschmockte Kunst und arbeitet mit neuen Urformen der Menschlichkeit. Darum gehört es gerade zu seinem richtigen Verständnis, sich auf das ganz Primitive und Naive einstellen zu können. Ihr werdet weiter lachen und weinen und werdet es nicht als „Schwäche" leugnen müssen.

Und was den Genuß betrifft, muß man den nicht „verstehen"? Auch das Tanzen muß gelernt werden. Ist nicht der Genußmensch auch immer der Feinschmecker und Kenner? Und jeder Wollüstling wird es euch sagen: das bewußte Genießen ist der höchste Genuß. (Vielleicht ist die Theorie auch nur ein Raffinement der Lebenskunst?)

Wenn ihr Schlechtes von Gutem scheiden werdet, geht für euch vielleicht manches verloren. Doch ihr gewinnt dafür den Genuß des Wertes. Ihr kennt ihn wohl, wenn es sich um echte oder falsche Edelsteine handelt. Die Filmfabrikanten kennen ihn auch und darum pflegen sie bei ihren Ausstattungsfilmen mit den Milliardenkosten Reklame zu machen. Denn der Wert der Sache hat einen ganz besonderen Reiz. Aber die Milliarden zeigen nur den Preis und nicht eigentlich den Wert des Films an, der Film aber hat nicht nur Geld, sondern auch Talent, Geist, Geschmack und Leidenschaft gekostet, die alle in ihm glühen und schillern wie das Feuer im echten Edelstein und für den Kenner sichtbarer sind, als das investierte Geld.

Für den Feinschmecker ist es ein besonderer Genuß, im Weine die Traube und den Jahrgang zu kennen. Er analysiert ihn mit der Zunge. Auch die ästhetische Theorie ist nichts weiter als so ein bedächtiges Schlürfen, mit dem man auch das verborgene Werk des inneren Lebens empfinden und genießen will. Der Mensch, der bei der Kunst dazu nicht fähig ist, der kommt mir vor wie jener, der beim Rennen nur den letzten Moment der Ankunft sieht. Jedoch der Weg zum Ziel, der Kampf ums Ziel ist das eigentlich Aufregende. Für den Kenner aber steigert sich jede bloße Tatsache zu einer Leistung, jede Erscheinung zu einem Gelingen, jede Tat zu einem Sieg, an dem noch die lebendige Hitze des Ringens zu spüren ist.

Doch werdet ihr sagen, was die gelehrten Ästheten sagen: der Film ist eben keine Kunst, weil er ja von vornherein auf den unkritischen Geschmack eingestellt ist und auch gar keine Anforderungen an ein besonderes Verständnis stellt. Das im allgemeinen zu behaupten, ist ein Unrecht. Aber, zugestanden, daß es fast soviel schlechte Filme wie schlechte Bücher gibt, und zugestanden, daß die Herstellung eines Films so ungeheuer kostspielig ist, daß die Unternehmer einen Mißerfolg nicht riskieren können und daher unbedingt mit dem bereits vorhandenen Bedürfnis rechnen müssen. Was folgt daraus: Nur, daß es von euch, von eurem Bedürfnis, von eurer Genußfähigkeit abhängt, was für Filme ihr bekommen werdet. Der Film ist, mehr wie jede andere, eine soziale Kunst, die gewissermaßen vom Publikum geschaffen wird. Jede andere Kunst ist doch im wesentlichen durch den Geschmack, durch das Talent der Künstler bedingt. Beim Film wird aber der Geschmack und das Talent des Publikums entscheiden. In dieser Mitarbeit liegt eure große Mission. Das Schicksal einer neuen, großen, unermeßliche Möglichkeiten bietenden Kunst ist in eure Hände gelegt. Ihr müßt erst etwas von guter Filmkunst verstehen, um sie dann zu bekommen, ihr müßt erst lernen, ihre Schönheit zu sehen, um daß sie überhaupt entstehen kann. Und wenn wir sie zu verstehen lernen, so werden wir, wir Publikum, mit unserer Genußfähigkeit zu ihrem Schöpfer.

[1923]

**Musik im Kino**

Warum wird während der Filmvorführungen immer Musik gespielt? Warum wirkt ein Film ohne Musikbegleitung peinlich? Vielleicht ist die Musik dazu da, um den luftleeren Raum zwischen den Gestalten, den sonst der Dialog überbrückt, zu füllen. Auch wirkt jede Bewegung, die vollkommen lautlos ist, unheimlich. Noch unheimlicher wäre es aber, wenn einige hundert Menschen in einem Saal beisammen säßen, stundenlang schweigend, in absoluter Stille.

Denn auffallend ist ja, daß wir nur das Fehlen der Musik sofort merken, ihr Dasein beachten wir gar nicht. Jede Musik wird uns zu jeder Szene passen. Nur wenn sie wirklich dazu gestimmt ist, dann horchen wir auf, und es berührt uns meist komisch oder peinlich. Wenn zu einer Begräbnisszene auf dem Film die Kapelle einen Trauermarsch spielt, empfinde ich das als brutal und irgendwie schamlos. Denn die Musik weckt andere Visionen, welche die des Films nur dann stören, wenn sie zu nah zu einander kommen.

Darum – so lobenswert es auch ist, wenn gute Musik im Kino gespielt wird – scheinen Bach, Beethoven und Mozart doch nicht immer die geeignetste Begleitung zu einem Raubmord oder zu einer Gerichtsverhandlung zu sein. Womit gewiß nichts gegen die Vornehmheit der Filmkunst gesagt sein soll. Aber Musik dieser Art, besonders wenn sie bekannt ist und die Aufmerksamkeit auf sich lenkt, versetzt uns in eine ganz andere Atmosphäre, die nichts mehr mit dem Film zu tun haben kann.

Jedenfalls ist die Musik im Kino noch ein ungelöstes Problem – für den, dem sie überhaupt ein Problem ist. Heute pflegen schon Regisseure eigene Begleitmusik zu ihren Filmen komponieren zu lassen, eine Art Programmusik zur Geschichte mit Leitmotiven der Helden. Damit kann man manche gute Wirkung erzielen. Aber im allgemeinen bekommen dadurch die Gestalten eine von außen angehängte Stimmungsschleppe, in der sie sich schwer und unbeholfen bewegen. Vor allem ist dies darum undurchführbar, weil die Bewegungsstimmung und die musikalische Stimmung ein ganz verschiedenes Zeitmaß und Tempo erfordern. Ein kurzer Blick wird nicht immer in einem entsprechend kurzen Takt zu komponieren sein. Wahrlich, in mancher langen Sonate wurde schon der Inhalt eines kurzen Blickes vertont.

Viel mehr erwarte ich darum von dem umgekehrten Verfahren, das meines Wissens überhaupt noch nicht versucht worden ist. Ich denke an die Verfilmung von Musikstücken. Man könnte den Strom auch ganz irrationeller Visionen, die man beim Anhören eines Musikstückes hat, auf einem Film vorbeiziehen lassen. Vielleicht wird das noch eine eigene, neue Kunstgattung werden?

[1924]

# Arnolt Bronnen

*"Vor 1933 war Bronnen der junge deutsche Dramatiker mit den meisten Uraufführungen", heißt es in einem Werbetext des Rowohlt-Verlags. „Seine Stücke ‚Vatermord', ‚Anarchie in Sillian', ‚Exzesse', ‚Katalaunische Schlacht', ‚Rheinische Rebellen', ‚Ostpolzug' riefen die heftigsten Skandale der neueren Theatergeschichte hervor."*

*Arnolt Bronnen (1895-1959) hat es immer verstanden, sich und seine jeweiligen Lebensumstände zu dramatisieren; sei es, daß er einen Nachruf auf Arnolt Bronnen den Bühnenschriftsteller veröffentlichte, als er 1923 in Berlin mit der Lesung eines neuen Stücks durchgefallen war und andern Tags als Dramaturg in die Decla eintrat; sei es, daß er in seiner Autobiographie („Arnolt Bronnen gibt zu Protokoll", Hamburg 1954) gleichzeitig als Ich und als „hoher und richtender Leser" auftritt und sich so selber in Frage stellt. Überhaupt spielte er gern den wilden Mann. Nachdem er sich mit den Filmleuten binnen kurzem überworfen hatte, verfiel er auf „die erzieherischen Möglichkeiten der Äther-Wellen", wurde Dramaturg der Funkstunde Berlin (1928-33) und beim Reichsrundfunk (1933/34), schließlich Programmleiter beim Fernsehsender (1936-40), machte sich aber mit seinem Nachschlüsselroman „Kampf im Äther oder Die Unsichtbaren" (1935) auch bei seinen neuen Arbeitgebern unmöglich. Den Krieg überstand er als Soldat in Österreich, war von 1945 bis 1950 Kulturredakteur der „Neuen Zeit" in Linz, danach Dramaturg am Scala-Theater, Wien; zuletzt Theaterkritiker in Ost-Berlin.*

*Über sein Verhältnis zum Film hat Arnolt Bronnen sich zu verschiedenen Zeiten verschieden geäußert, meist im Zusammenhang mit seiner Arbeit für den Film, z.B. dem Drehbuch, 1922 mit Bert Brecht zusammen verfaßt, für das ihnen Stefan Grossmann einen Preis zuschanzte; die Verfilmung unter dem Titel „S.O.S. Die Insel der Tränen" (1923) konnte er allerdings nicht mehr als eigenes Erzeugnis anerkennen. Über Bronnen als Kinobesucher gibt sein Aufsatz „Die Stabilisierung des Films" (1926) einige Auskunft. Und dann ist da noch sein Hollywood-Roman „Film und Leben / Barbara La Marr" (1928), die Geschichte einer kleinen Schauspielerin, die, morphiumsüchtig, mit 29 Jahren starb, nachdem sie immerhin fünfmal verheiratet gewesen war. Die Arbeit an dem Roman verschaffte Bronnen „das Erlebnis, Frau zu sein"; er schrieb ihn in einem einzigen, mächtigen Schwall herunter. Noch etwas anderes verschaffte ihm der Roman: dank dem Vorabdruck in der Zeitschrift „Die Dame" kam Bronnen 1927 zu seinem ersten Auto.*

## Arnolt Bronnen †

Mit dem heutigen Tage, an dem er sich einem der großen und aktiven Filmkonzerne Deutschlands verpflichtete, scheidet er als produktiver Faktor für das deutsche Theater endgültig aus.

Legt man nun Wert auf die Feststellung, daß dies nach einem der stärksten Erfolge geschieht, die in diesem Lande zwischen Kulissen erreichbar sind; daß die mangelnde Bereitwilligkeit einem anderen Stücke gegenüber Eindruck zu machen durchaus verfehlt hat; daß die Schnelligkeit, mit der dem Dahingegangenen das gesamte deutsche Theaterwesen beim Hals hinaushing, unabhängig war von der quadratisch ansteigenden Abstiegsgeschwindigkeit der leitenden – Köpfe: so wird der auf die Verworrenheit des Daseins gerichtete Zeigefinger allzu weit ausgestreckt sein und allzu ernst betrachtet die Lage der Greise, die mit bewundernswerter Seßhaftigkeit und weitaus zu kurz geratenen Beinen auf sehr hohen Stühlen sitzen. (Über ihnen ist kein Himmel, sondern es sind Magenkranke.) Vielmehr sind gerade diese Zustände eher geeignet, das Dahinscheiden des Verblichenen noch rätselhafter zu machen.

Vielmehr geht die Feststellung, warum ein Mann, der sich für einen produktiven hält, das Theater verlassen muß, nicht aus von der Passivität der Bühne, sondern von der Aktivität des Films.

Schließlich kamen sie an, Passivitäten zu besiegen und waren auf alles gefaßt. Wo alles stinkt, kann das Theater allein nicht duften. Auch ein Schwindsüchtiger kann einen gesunden Blinddarm haben. Manche wenden sich gleich ab, andere sind gläubig; diese sind zu bedauern. Denn es stellt sich sofort heraus, daß das Theater an einem Überfluß an Talenten leidet, den es einfach nicht erträgt. Sie haben soviel gute Stücke, daß sie auch bessere nur zweimal und soviel Geld, daß sie schlechte überhaupt nicht aufführen. Das Echo ihrer Taten ist ein europäisches und sie wissen genau, was sie wollen. Leider wissen das andere auch: sie wollen das Theater auf den Hund bringen.

Aber haben diese wohlverdienten Männer nicht völlig recht? Haben sie, beim Klang der Kreide und der Autohupen, die Zeit nicht mehr erfaßt als jene, die auf Kosten einer an sich stets unschuldigen Menge den Schrei gestalten und den Sinn des Daseins suchen, zweimal wöchentlich? Berechtigt sprachliches Können zum Losgelassenwerden auf überreizte Instinkte? Wird der Kreis des Theaters nicht täglich enger und kennt man nicht

Dutzende ehrenwerter Männer, die selbst geschenkt in kein Theater gehen? Wäre nicht auch der staatliche Obolus zum freien Besuch der Schauspiele ein Fiasko in dieser Zeit, wo jeder Handlungsgehilfe zweitausend Mark dem Kino hingibt? Lebt nicht auch die beliebte Operette heute schon mehr vom Auge als vom Ohr und ist es nicht bis in höchste Kreise völlig egal geworden, von wem und mit wem wieder einmal gestohlen worden ist?

Seit Poe, seit Rimbaud wird die europäische Sprache aus einer akustischen eine visuelle. Die optische Analogie beherrscht das gesamte Kunstgebiet. Die Expression beruht auf der Notwendigkeit der primären Visionen. Die Phantastik unserer Erscheinungen durchbricht das klanglich geschlossene System.

Es ist kein Zufall, daß im Film Geld ist und im Theater Armut. Jede Zeit bezahlt ihre Essenz. Das Kino ist Extrakt der Epoche, das Theater nur mehr ihr Surrogat. Das Publikum ist nicht so ganz entscheidend, wie man glaubt. Entscheidender ist die Geste, mit der Milliarden hingehaut werden. Entscheidender ist die Brutalität, mit der das Geld wieder hereingeholt wird. Das Wesentliche und Erfreuliche an der Kunst ist seit jeher die Passivität derer, die für sie zahlen. Das pausenlose Kino hat diesen Zustand noch mehr betont. Nicht das Publikum will das Kino; sondern das Kino will das Publikum.

Sie werden hier den Haken bemerken, an dem sich die Theaterlaufbahn des Heimgegangenen aufgeknüpft hat. Es hat ihm auf die Dauer keinen Spaß mehr gemacht, für hundert Leute in Deutschland Stücke zu schreiben und sich dann noch obendrein sagen zu lassen, wie man es besser hätte machen können. Er verzichtet dankend, vom Wohlwollen schlechtbezahlter Dramaturgen abhängig zu sein und von der Konjunktur allzu ehrgeiziger Regisseure. Mit einem milden Lächeln für die Direktoren, mit einem Dank für die Schauspieler verschied er.

Nun wird er in der Hölle sitzen und Filme schreiben. Er wird schmoren; aber der Film, Gott sei Dank, kennt ja keinen literarischen Schmus. Man behauptet, das geht in Amerika nicht und jenes lieben die Japaner. Man weiß, wieviel Geld man nicht hat und welches Sujet man brauchen wird. Die Lebendigkeit einer Kunst ist abhängig von ihren äußeren Hemmungen. Anders ausgedrückt: man ist entweder eine Milchkuh, und dann muß man gemolken werden, aber richtig. Oder sie beschränken sich auf den inneren Drang und dann werden sie zweifellos auf dem Viehhof enden.

Denn dies ist das fleischfressende Zeitalter.

Amen. [1923]

**Die Stabilisierung des Films**

Wenn ein Dramatiker über den Film schreibt, so machen sich die Herren vom jenseitigen Ufer meist auf eine herbe Kritik gefaßt. Kommt man säuselnd mit Flötentönen, so werden sie erst recht unruhig, vermuten die gezückten Manuskripte für ihre allzu gefüllten Archive. Sie werden enttäuscht sein: es soll im folgenden ohne Kritik und ohne Flötentöne zugehen. Aus einem einfachen Grunde: der Film ist heute stabilisiert, die Grenzen zwischen Theater und Film werden allmählich von Kontrollkommissionen abgesteckt, der Kampf eines Jahrzehnts ist vorbei. – Rückblickend muß man sagen, daß in diesem Kampfe der Film durchaus der aggressive Teil gewesen ist. Ausgehend von einigen äußerlichen Merkmalen, gestützt auf ein, vor allem in Deutschland, gleichartiges Material, war die Eroberung der Theater ein offenes, wenn auch nicht offen ausgesprochenes Ziel. Ein Krieg, der die Kinos mit allen Reizen der Aktualität beschenkte, während er die Theater auf nebensächliche Gebiete drängte, schuf bereits eine gleichwertige Stellung zwischen den beiden Gegnern. Bis dann die ersten Jahre der Nachkriegszeit die tatsächliche Stellung des Films zur dominierenden innerhalb unserer Kunstinteressen machte. Unvergessen sind die großen Filme dieser Zeit, vom „Caligari" bis zur „Tragödie der Liebe", bis zur „Austreibung". Sie waren die eigentlichen, die wesentlichen Erlebnisse dieser Jahre.

Es ist kein Zufall, daß den Verfasser dieser Zeilen, als er noch Löffelerbsen ohne Speck bei Aschinger aß, der Eintritt in den Film mehr reizte, als der Eintritt ins Theater. Ein Erfolg auf der Bühne vermochte diese Entwicklung nur zu hemmen, nicht aufzuhalten. Er war nicht der einzige. Die gesamte produktive Jugend Deutschlands kannte damals nur eine wesentliche Ausdrucksform: den Film. Alle liefen wir herum, Filme im Kopf und in der Brusttasche. Wir kannten die Telephonnummern selbst der kleinsten Betriebe, und wir saßen unermüdlich in den Ateliers (sofern man uns hineinließ) mit starrenden Augen. Das war vor fünf Jahren. – Hat uns der Film enttäuscht? Haben wir den Film enttäuscht? Oder sollen jene Leute recht haben, welche der allgemeinen Unproduktivität der Zeit die Schuld an allem (außer an ihrer eigenen Unproduktivität) geben? Der Verfasser dieser Zeilen, der selbst ein Jahr lang Dramaturg der Ufa war, der einen schlechten Film schrieb, der gemacht wurde, und einen anderen, der nicht gemacht wurde, wagt es, der Ansicht zu sein, daß Film und Literatur überhaupt nichts, daß Film und Drama noch weniger miteinander zu tun haben. Das bedeutet, daß die faktische Eroberung der Theater dem Film gezeigt hatte, daß er nichts gewonnen hatte. Und jene Generation, die der Film sozusagen gefangen genommen hatte, entdeckte sehr bald, daß sie unter Neger (bildlich) geraten war. Doch wie hätte sie es nun anstellen sollen, schwarz zu werden? Sie wurde nicht schwarz.

Die Meinungen stabilisierten sich inzwischen. Film und Drama kehrten zu sich selbst zurück. Bald wird auch der Filmdichter der Geschichte angehören. Der natürliche Weg: Film ist dort, wo nicht gesprochen wird. Wenn die Bibel des Dramatikers beginnt: am Anfang war das Wort, so beginnt die Bibel des Filmschöpfers: am Anfang war das Schweigen. (Nämlich jenes Schweigen, das dann Licht und Tat um so lieber erzeugt.) Je mehr das Theater zu seinem natürlichen Quell, dem Wort, zurückkehren wird, um so mehr wird es den Film zwingen, in seinen Grenzen zu bleiben. Denn der Film in seinem jugendlichen Übermut, wird sicher noch manches Mal über die Stränge schlagen wollen. Aber wie ihm diese Grenzerweiterung, schon als er sie bei der Produktion versuchte, mißlang, so wird sie ihm späterhin auch beim Material, nämlich beim Schauspieler, mißlingen. In dem Moment nämlich, wo ein feinfühliger gewordenes Publikum merken wird, daß die Ausstrahlungen von den Brettern und von der Leinwand nicht die gleichen sind, wo die Objektivität der Linse energischer bezweifelt werden wird, und wo schließlich der Schauspieler, wieder mehr erfüllt von der Bühne, vom Theater, seine Leidenschaften nicht mehr dem Bogenlicht preisgibt. Während anderseits allmählich auch in Deutschland jener harte und sachliche Schauspielertypus heranwächst, dessen männlichere oder weiblichere Seele nur bei hunderttausenden Kerzenstärken an die Fläche seiner Haut, an das Licht des Tages und unserer Augen hervorgelockt wird.

Und so möchte man, nachdem man so im rohesten Umriß einige stabilisierte Grenzen gezeichnet hat, wieder Filmschriftsteller werden. [1926]

Carmen Boni, Hans Junkermann in „Scampolo", das Gassengör (Augusto Genina, 1928)
Verleihtitel: „Das Mädchen der Straße"

# Roland Schacht

*Roland Schacht wurde am 13. Februar 1888 in Reichenberg (Böhmen) als Sohn des Schauspielers Eduard Schacht geboren. Studierte in Göttingen, Paris, München, Berlin Germanistik, neuere Sprachen, Kunstgeschichte; schloß 1910 in München mit dem Dr.phil. ab. War dann Mitherausgeber der Jahresberichte für neuere deutsche Literaturgeschichte. Nach dem Krieg im Auswärtigen Amt. Vielfältige Tätigkeit als Kritiker auf dem Gebiet der Literatur, Literaturgeschichte, Ästhetik, Kunstgeschichte, Psychologie, Politik, unter mannigfachen Decknamen: Eugen Quendt, Menenius, Peter Feil, Prospero, Balthasar. Schrieb zwischen 1931 und 1942 zahlreiche Bühnenstücke und Drehbücher. Nach dem Krieg: Novellen, ein Roman („Aufstand der Asketen", 1955) sowie Übersetzungen aus verschiedenen Sprachen. War Vorsitzender des Schutzverbandes Deutscher Autoren (1945) und des Verbandes Deutscher Bühnenschriftsteller (1951). Am 22. September 1961 in Berlin gestorben.*

*In den Angaben für die verschiedenen Nachschlagewerke hat Roland Schacht seine Tätigkeit als Filmkritiker höchstens gestreift; dabei nahm sie einen breiten Raum ein. „Nicht mit zu hassen, mit zu lieben bin ich da", erklärt er von allem Anfang an. Die Liebe ging soweit, daß er die Filmindustrie gegen die Kritik in Schutz nahm: bei Gelegenheit von „Lucrezia Borgia" legt er ein gutes Wort für Richard Oswald ein („Wenn nun Richard Oswald kein Drama wollte?"); er versucht Conrad Veidts „Paganini" (1923) etwas abzugewinnen („unendlich anregend – ein Film zum Weiterdichten"); ja, er hat sogar etwas übrig für den Weltkriegsfilm der Ufa. Oft beginnt er seine Besprechungen mit grundsätzlichen Erwägungen, deren Kehrreim ist, „daß ein Filmwerk nicht der Tummelplatz eines künstlerischen Subjektivismus sein kann, sondern Massen unterhalten soll." Was Schacht stets ablehnte, war, Kunst „in den luftleeren Raum hinein" zu machen. Béla Balázs' „Abenteuer eines Zehnmarkscheines" (1926) veranlaßte ihn zu der Bemerkung, „daß die Wirklichkeit phantastischer sein kann als Gebiete der romantischen Phantasie, die man noch vor einem halben Jahrzehnt als die eigentliche Domäne der Filmkunst anzusehen geneigt war." Seine Abneigung gegen die dämonische Leinwand ging so weit, daß er G. W. Pabsts ersten Film rundweg verwarf, obwohl „Der Schatz" (1923) doch nur dem Drum und Dran nach romantisch, in der Darstellung hingegen durchaus realistisch ist. Literarisch vertretbar brauchte ein Film nach Roland Schacht nicht zu sein, es genügt, daß er sich sehen lassen kann – hier spricht ein Zeitgenosse des Stummfilms, und zwar als Zuschauer.*

**Filme**

Der Film ist drauf und dran, teils in billiges Feuilleton, teils in Lesebuch für sonnige Menschen zu entarten. Es fehlt der Griff in die Zeit. Ihr macht zu viel Literatur und zu wenig Aktualität. Mit Aktualität meine ich nicht Sensation, sondern das menschlich Interessierende, nicht die effektvolle Oberfläche, sondern Darlegung treibender Kräfte. Wenn ich als Stoff einen Wucherer und als Darsteller dafür Werner Krauß habe, so halte ich mich nicht mit völlig gleichgültigen Schneewanderungen und überfahrenen Hunden auf, sondern gebe Wucherer – „am Golde hängt, nach Golde drängt" –, gebe Gobseck, aber in seiner heutigen Erscheinung. Oder, soll demonstriert werden: Der Mensch ist schlecht – dann, bitte, auch her mit der Schlechtigkeit, nicht nur in einem vereinzelten Lumpen, sondern auch in den Guten, denn das ist das Wesentliche. Sagt nicht, das Publikum ertrage keine Wahrheit. Das Publikum liebt allerdings nicht, dafür zu zahlen, daß ihm Unannehmlichkeiten ins Gesicht gesagt werden, und ist viel zu skeptisch, um Sonntagspredigten selbst für zwei Filmstunden Kredit zu gewähren. Aber auch das empfindlichste Publikum hat das größte Interesse für die Aufzeigung neuer Zusammenhänge – und wo gäbe es ein dankbareres Feld für Zusammenhänge als auf dem Gebiete des, ach, so geschmähten, ach, so ersehnten Geldes! Das wäre Literatur? Es könnte Einsicht, Gesicht des Lebens sein und mithin, wenn es wahr, gekonnt und lebendig ist, auch einmal Literatur werden. Aber hütet euch, immer gleich bei allem, was Ihr macht, an Literatur zu denken. Glaubt ja nicht, Literatur sei was Vornehmes, was Schwereres, und alle Welt müßte euch dankbar sein, wenn Ihr den Film auf diese Weise veredelt. Die Welt pfeift euch was. Literatur ist gar nicht schwerer: Literatur ist leichter. Literatur setzt an Stelle des Erlebten, Erschauten das gängige Motiv. Literatur erspart euch die Mühe des Formens. Denn zum Formen gehört, daß man erst einmal den Kern seines Stoffes erfaßt. Formen – das heißt zunächst einmal: wissen, was man eigentlich will.

Die Verfasser des ‚Schatzes' wollten einen literarischen Film machen. So mit „Schtümmung". Liebliches, Humoristisches, Grausliches, Teutsches, Realistisches, Zartes, Effektvolles. Alles. Das heißt: Nichts. Wenn man diese herrlichen deutschen Köpfe hatte: den Halbspießer, Halbkünstler Steinrücks, die

Hausfrau, derb, unflätig, lüstern, schäkerig, gierig, der Grüning, die Jugend Brausewetters und jenen von innern Gewittern zerfurchten, naiven und hinterhältigen, treuen und listigen, offenen und tiefgründigen, zwischen Mystik und Goldgier, Aberglauben und Grausamkeit, Plumpheit und Sensivität hin und her geworfenen Altgesellen des Werner Krauß: so konnte man eine Tragödie vom deutschen Menschen machen. Oder man konnte den Fluch der Nibelungen neu erzählen. Oder Liebe stärker als Gold. Oder die wunderbare Wünschelrute. Aber nur eins von allem und nicht alles durcheinander. Keine überkochenden Milchtöpfe, wo es rascher Steigerung um den Schatz bedarf, keine breite Liebeslyrik, wo es hart auf hart gehen muß. Die Kunst ist, aus wenigem viel zu entwickeln, nicht vielerlei weniges zu einem zuwenigen Zuviel zu häufen. Vor allem gewöhnt euch die Lyrik ab. Film braucht kontinuierliche Handlung. Gewiß auch Ruhepausen. Aber mehr Pausen als Töne gibt eine klatrige Musik. So wie die Jugend hier auf der Treppe, so umarmt sich kein Volk, das ist lyrisches Theater. So ins Gartenhäuschen, als ob die Welt davon abhinge, stiehlt sich kein Pärchen. Das ersäuft alles in Gefühlsbrei, statt sich in Gesten, die dem Leben abgeguckt sind, die natürlich aus innerm Leben kommen, anschaulich umzusetzen. Geschehen darf nicht in Situation verwehen, es muß sich aufbauen, sich steigern, gipfeln. Aber freilich: dazu muß man was wissen, Stoff erlebt haben, Stoff beherrschen. In summa: Macht keine, wenn auch noch so fleißig, sorgfältig und geschmackvoll gemachte Menkenke – sprecht euer Leben aus. Wenn Ihr eins habt. Und wenn nicht, erwartet nicht, daß Publikum euch das Liebste, was es hat, Geld, in die Kasse werfe für Dinge, die keine Beziehung zu seinem Leben haben. [1923]

**Der Film und die Gebildeten**

Sie können noch immer nicht zueinander kommen. Und doch müssen sie es. Nicht nur, weil die deutsche Filmindustrie eine Angelegenheit von nahezu 50 000 Menschen, eines Zehntels etwa der im Ruhrbergbau Beschäftigten ist, weil also gut eine Viertelmillion deutscher Existenzen an ihr hängt, nicht nur weil ihre Erzeugnisse einen nicht unwesentlichen Faktor unserer Gesamtausfuhr darstellen, sondern vor allem, weil es auch kulturell alles eher denn gleichgültig ist, was nahezu eine Million Deutscher allabendlich im Kino zu sehen bekommen. Nur weltfremde Verstocktheit also kann es ablehnen, sich mit diesem Problem zu beschäftigen. Die Schuld aber an der gegenseitiger Abneigung zwischen Film und Gebildeten liegt auf beiden Seiten Die Gebildeten gehören fast immer zu den Saturierten. Einmal im Leben will man besitzen. Und Besitz, auch geistiger, schläfer ein. Die Gebildeten haben von Anfang an das Elementare, das ir der überschnellen Ausbreitung des Kinos lag, verkannt und die

Beobachtung der seelischen Grundlagen des ungeheuren Publikumszulaufs fast durchweg den „zuständigen" Pädagogen überlassen. Aber auch die haben sich, zumal soziale Ursachen mitsprachen, um diese Grundlagen wenig gekümmert, sondern sich mit wenigen Ausnahmen aufs Verbieten, Reglementieren, Schelten verlegt. Sofern aber die Gebildeten durch gelegentlichen Kinobesuch sich für ermächtigt hielten, über den Film zu urteilen, begingen sie den Fehler, entweder unwesentliche Einzelheiten zu verallgemeinern oder verkehrte Maßstäbe anzulegen. Man schalt auf das Kino, weil man hier die aus dem Theater oder dem literarischen Buch liebgewonnenen Eindrücke nicht wiederfand, ohne zu bedenken, daß, wer Äpfel essen will, nicht unter den Birnbaum gehen darf. Wieder andre bekämpfen im Film ein Symbol: den Materialismus des Zeitalters, oder nennen ihn, weil er sich der photographischen Technik bedient, eine rein mechanistische Angelegenheit. Sie vergessen, daß der Film, gerade wenn er Kunst sein will, den Geist der Zeit irgendwie ja spiegeln muß und daß die photographische Technik am Film etwa den gleichen geringen Anteil hat wie die Kupferplatte und der Ätzprozeß an einer Radierung Rembrandts. Man darf nicht vergessen, daß der Film eine Massenkunst ist und sein muß. Ein mittlerer Film kostet heute rund 200 000 Mark, ein großer das Vielfache davon. Danach kann sich jeder ausrechnen, daß ein Film, um ein Geschäft zu sein – und ohne Geschäft keine Produktion – auf die Massen zugeschnitten sein muß. In genau eben dem Sinn wie die Tragödien der Renaissance auf die damaligen Höfe oder die Tragödien Shakespeares mit ihren vielberufenen „Konzessionen" an den Geschmack der Zeit. Daraus folgt nicht notwendig, daß ein Film Schund sein muß, – es sei denn, daß man die Masse des deutschen Volkes ebenfalls als schundig bezeichnet, aber es erklärt, daß man Experimenten den routinierten Rührkitsch, den Gemeinplatz oder die Pikanterie vorzieht. Wer hier bessern, wer den Film „veredeln" will, kann das nur tun, wenn er die Massen zu fesseln weiß, aber nicht dadurch, daß er z.B. „Belehrendes" einflicht, das ihn und die Gebildeten interessiert, aber die Massen kalt läßt.

Andrerseits ist zuzugeben, daß der Film Manieren angenommen hat, die dem Kultivierten auf die Nerven fallen. Das Marktschreierische seines Auftretens, die krasse Unbildung und die stellenweise offenkundig gewordene geschäftliche Bedenkenlosigkeit einiger seiner Vertreter und der viele Schund, der unleugbar in Kinos gezeigt wird, nehmen auch Gutwillige immer wieder gegen ihn ein. Wenn beispielsweise nach vielen schönen Reden über die kulturelle Bedeutung des deutschen Films der größte deutsche Konzern, die Ufa, nichts Besseres zu tun weiß, als ihr größtes Theater am Berliner Zoo mit einem noch dazu gänzlich unbeträchtlichen amerikanischen Film neu zu eröffnen, wenn ein andrer großer Konzern, die Phöbus, in ihrem Theater am Berliner Kurfürstendamm das alberne Schicksal eines Ballettmädchens musikalisch mit Isoldes Liebestod illustrieren läßt, wenn gegenüber sachlicher Kritik mißlungener oder halb gelungener oder verbesserungsfähiger Filmwerke die beteiligten Herrschaften nichts Besseres zu tun wissen, als in dramatischen Lamentationen auf die im Film investierten Kosten und die an Beanstandetes gewendete Mühe zu verweisen, oder wenn die Theaterbesitzer eine sachliche Würdigung der von ihnen gezeigten Filme einfach dadurch unterbinden, daß sie die Verleger mit Entziehung der Inserate bedrohen (wie das gegenüber sehr vielen Provinzzeitungen geschieht!), die Gutwilligen also direkt irreführen, so muß man sich über die immer wieder hervortretende Skepsis und Zurückhaltung der Gebildeten dem Film gegenüber nicht wundern. Im übrigen aber hüte man sich, die angebliche Minderwertigkeit dieser Kunst allzu tragisch zu nehmen. Der Film nimmt heute genau die gleiche Stellung ein wie in früheren Jahrhunderten das löschpapierene Volksbuch, das mündlich umhergetragene Märchen, die Räubergeschichte, die Jahrmarkts-Moritat. Die gleichen unerhörten Schicksale und Liebesabenteuer, die gleiche Sentimentalität, das Ausgehen auf tragische Effekte, und zwischen dem höfisch galanten Ritter und Könige von damals und dem Salonhelden und Nabob unserer Tage, zwischen Odysseus und Malagis (der Volksbücher) und dem Filmdetektiv besteht nur ein Unterschied des Kostüms. Auch in diesen Märchen, Volksbüchern, Moritaten ist neben Vortrefflichem viel Schund und Kolportage (wieviel „Kolportage" ist noch in Shakespeare und Schiller!), aber man hat bis jetzt nicht gehört, daß das Volk früherer Epochen sittlich dadurch entartet sei. Man glaube auch ja nicht, es müsse immerfort belehrt und veredelt werden. Der Schwer-, der Büroarbeiter, das Schreibmädchen haben nach ihres Tages Freudlosigkeit andre Bedürfnisse als der Gebildete, und wer hier bessern will, muß mindestens so viel psychologisches Verständnis und Takt wie Eifer mitbringen, sonst ist seine Mühe vergebens. Denn was nützen die veredelten Filme, wenn sie nicht gespielt werden? Trotzdem sind Kino und Gebildete aufeinander angewiesen. Das Kino, weil es ohne die Gebildeten nicht weiterkommt, die Gebildeten, weil sie durch simple Verwerfung des Films die bedrohliche Kluft zwischen Gebildeten und Masse erweitern. Aus diesem Grund wird von jetzt ab auch an dieser Stelle versucht werden, die Gebildeten im Reich, damit sie sich Enttäuschungen durch Zufallsbesuche ersparen, über die besten, aber auch die charakteristischen Erscheinungen auf dem laufenden zu halten. Dabei sei gleich vorausgeschickt, daß sehr viel Rühmliches in diesem Winter kaum zu berichten sein wird. Die deutsche Industrie steht augenblicklich in härtestem Kampfe gegen die wirtschaftlich weit besser gestellte amerikanische und muß alles darauf anlegen, sich ihre wirtschaftlichen Grundlagen zu erhalten, d.h. Geschäfte zu machen. Daß man in dieser Lage keine Experimente wagen darf, können nur Phantasten verkennen. Wie man aber auch sogenannte Geschäftsfilme künstlerisch machen kann, zeigt der unter Mitwirkung Heinrich Zilles entstandene Film „Die Verrufenen". Im Mittelpunkt eine etwas triviale aber diskret gearbeitete Geschichte von einem gebildeten Zuchthäusler, der nach seiner Entlassung zuerst ausgestoßen wird, dann aber sich, von einer Dirne aufgelesen, wieder ehrlich emporarbeitet. Darum herum Gestalten des Lumpenproletariats, sehr realistisch aber ohne unnötige oder tendenziöse Brutalität. Einzelnes ganz zart angefaßt und dazwischen erschütternde Naturlaute. Andres Beispiel ein französischer Film „Die aus erster Ehe". Eine Kindertragödie mit versöhnlichem Ende. Fast ohne alle Süßlichkeit, mit einem intimen Eingehen auf Kinderseelen und tiefem sittlichen Ernst. Das Ganze gestellt in die schöne Natur der französischen Alpen mit herrlichen Photographien und unter genauer Beobachtung eigentümlicher Volkssitten. Erfrischend und sehr menschlich. Aus beiden Beispielen wird man leicht ersehen können, wessen der Film bei geeigneter Behandlung fähig ist. [1925]

### Das Problem der deutschen Filmproduktion

Ein von der Paramount-Gesellschaft, einer der beiden amerikanischen Assoziierten der deutschen Ufa, in Amerika gedrehter Film, „Hotel Stadt Lemberg", eine handfeste, jedoch nicht unpsychologische und technisch ausgezeichnet gemachte Kolportagegeschichte von einem während des galizischen Feldzuges hinter die russische Front versprengten österreichischen Offizier und seiner Errettung durch ein Stubenmädel, bietet Anlaß zu einigen grundsätzlichen Bemerkungen über deutsche Filmproduktion. Die weibliche Hauptrolle spielt Pola Negri, die bekanntlich in Deutschland gearbeitet hat, ja, von Deutschen entdeckt worden ist. Die übrigen Rollen sind zweckentsprechend, zum Teil vortrefflich besetzt, aber doch nicht so, daß wir sie in Deutschland nicht ebensogut hätten besetzen können. Der Regisseur ist der Schwede Mauritz Stiller, der eine Zeitlang auch in Deutschland engagiert war. Die Oberleitung und sozusagen die Inspiration hatte Erich Pommer, einst Alleinbeherrscher der deutschen Ufa. Obendrein ist unter Erich Pommer die Vorlage, das Buch eines Ungarn, deutsch bei einem der größten und einflußreichsten Berliner Verlage erschienen, bei der Ufa bekannt gewesen, die Verfilmung vorgeschlagen, aber, angeblich auf Betreiben der damaligen Ufa-Dramaturgen, wieder aufgegeben worden. Jetzt, kaum ein Jahr nach Erich Pommers Weggang, kommt sie von drüben und wird, zum mindesten in Deutschland, ein voller, ideell wie geschäftlich gleich großer Kinoerfolg.

Das Bittere dabei ist, daß dieser Erfolg jetzt ein amerikanischer und, obwohl alle Grundbedingungen dafür gegeben waren, kein deutscher geworden ist. Warum nicht? Die damaligen deutschen dramaturgischen Berater Pommers erklärten, der Stoff sei „nicht literarisch genug". Was beweist das? Es beweist – es handelt sich hier nicht um einen Einzelfall, sondern um ein typisches Vorkommnis – es beweist, daß an maßgebenden Stellen der deutschen Filmproduktion noch immer Leute sitzen, die einen Filmstoff oder ein Filmmanuskript nicht nach seiner, in diesem Falle praktisch erwiesenen filmischen Geeignetheit beurteilen, sondern auf Grund von Maßstäben, die aus der Gewöhnung an andere und andersartige, aus ganz andern Grundbedingungen erwachsene Künste genommen sind. Etwa so, als wollte man der Ölmalerei vorschreiben, sie solle sich nach den Gesetzen des Fresko entwickeln. Es ist klar, daß durch solche Einstellung die natürliche Entwicklung der deutschen Produktion gehemmt werden muß.

Worin besteht nun aber eigentlich dieses „Filmische"? Es besteht, kurz gesagt, darin, zu wissen, ob es Leute genug gibt, die, um einen zur Debatte stehenden Film zu sehen, bereit sind, in so großer Zahl bares, selbstverdientes Geld auf den Kassentisch der Kinos zu legen, daß die Kosten des Films mit einem angemessenen Gewinn wieder hereinkommen.

Und das wäre alles? Das ist alles. Und wo bleibt das „Höhere"? Es gibt in Sachen der Kunst nichts Höheres. Es gibt nur die mehr oder weniger geglückte, d.h. überzeugende Erfüllung natürlicher Kunstbedürfnisse, die untereinander sehr verschieden sein können. Der Bauer braucht andre Kunst als der Städter, der unliterarische, also nicht lesegewohnte Mensch andre als der büchergewohnte, die Masse andre als der „gesellschaftlich" Erzogene, und was dem humanistisch Gebildeten eine feine Anspielung bedeutet, ist dem realistisch Gebildeten unverständliches Chinesisch. Es kann sich einmal treffen, daß alle Schichten in dem gleichen Werk Wertvolles für sich finden. Da aber aller lebendige Kunstgenuß Erlebnis voraussetzt, werden es selten im gleichen Werk die gleichen Dinge sein, die verschiedenen Schichten in gleichem Maße Genuß schaffen. In allen Fällen aber liegt der Schwerpunkt nicht beim Künstler, sondern in der Wirkung, nicht in der Existenz des Kunstwerks an sich, sondern darin, daß Leute da sind, denen es Erlebnis und Genuß bedeutet.

Und gerade diese Erkenntnis ist es, die den Produktionsleitern fehlt. Sie denken nicht an die Maxime des ehrbaren und weitsichtigen Kaufmannes, der sich überlegt, daß er dem Mann, der zwei Mark an der Kasse des Kinos bezahlt, etwas und möglichst viel bieten müsse, so viel, daß dieser das Gefühl hat, auf keine andre Weise so gut bedient zu sein, und ein andermal vertrauensvoll wiederkommt und auch seine Verwandten und Freunde mitbringt, sondern sie denken entweder, auf raschen Raffgewinn, unbekümmert um das, was später kommt, erpicht, möglichst viel Geld zu machen (das dann fast regelmäßig an andern Unternehmungen wieder verloren geht), oder sie bemühen sich um den Beifall derer, die gewohnheitsmäßig Bücher lesen oder literarische Theaterstücke besuchen, ins Kino aber höchstens alle Vierteljahr einmal (und dann auf Freikarte!) gehen.

Das eine ist so falsch wie das andre. Das eine, weil auf die Dauer doch nur Qualität sich durchsetzt – es gibt keinen einzigen großen internationalen Filmerfolg auf Grund eines Schundfilmes –, das andre, weil man sich sozusagen darauf versteift, die Kuh mit Beefsteaks, den Löwen mit Heu zu füttern. Das Problem kann nicht sein, das Kinopublikum zu literarischen Theaterbesuchern „hinaufzubilden", sondern ihm seine natürliche, ihm angemessene geistige Nahrung in möglichst qualitätsreicher Form zu bieten. Wobei Qualität bestimmt wird nicht von selbstbewußten Pastetenbäckern, sondern von den guten Köchinnen, die aus alter Tradition wissen, wie man eine nahr- und schmackhafte Minestra bereitet. Filmproduktion ist also letzten Endes ein soziales Problem. Sie erfordert Verbundenheit, Gemeinsamkeit mit dem Volk, und der gute Film wie, im Grunde, alle weitwirkende Kunst beruht auf einem lebendigen Gefühl dafür, was der Mitmensch braucht.

Ein paar Beispiele und Gegenbeispiele sollen das erläutern. „Der heilige Berg" ist von Haus aus ein ganz wundervoller Film mit unübertrefflich schönen Aufnahmen aus dem Hochgebirge und einem Wettrennen auf Schneeschuhen, bei dem dem Zuschauer vor Lust am Tempo des freien Dahinjagens, an der Eleganz der Bewegung, an dem Glanz der Schneefelder das Herz aufleuchtet in ursprünglicher Freude. Aber man hat nicht den Mut gehabt, diese Dinge rein sachlich zu geben wie das auf einem andern Gebiet, nämlich auf einem Segelschiff, weniger sensationell, aber sehr sympathisch durch die frische Originalität einer auf Gegenständlichkeit eingestellten Schilderung, Gunther Plüschow in seiner „Segelfahrt ins Wunderland" getan hat, sondern man wollte sie, was angesichts einer großen Natur immer mißlich ist, durch eine „Handlung" pathetisieren. Zu diesem Zweck erfand man drei Edelmenschen, wie sie in Schundromanen stehen: nämlich den bieder verschlossenen Bergsteiger, den reinen Jüngling und die Tänzerin, die bald ekstatisch in leichter Bekleidung am Meeresstrande, bald zur Erhebung eines eleganten Wintersportpublikums im Theater herumhupft, „ihn" und das Hochgebirge visionär erschaut und den mit der Natur verbundenen Bergsteiger allen Ernstes mit den Worten anschwärmt: „Du bist wie die Natur!" Daß aus solchen parfümierten Unwahrheiten nur Unheil hervorgehen kann, ist klar, aber nun bekommt der Naturmensch vor seinem Ende auch noch Visionen, wie er mit der Geliebten durch einen Eisdom „wandelt", dessen künstliche Architektur selbstverständlich der Großartigkeit des wirklichen Hochgebirges katastrophal unterlegen sein muß. Und das alles nur, weil man die Kontrolle natürlich empfindender Menschen ausgeschaltet hat.

Demgegenüber nehme man „Blutsbrüderschaft". Nach einem berühmten englischen Familienroman hat hier der Amerikaner

Brenon, ein kalter Effekthascher, einen Sensationsfilm von der französischen Fremdenlegion geschaffen. Mit krassen Schilderungen, malerischen Bildern, einer unsäglich albernen Geschichte. Aber wie menschlich ist hier, abgesehen von dem unmöglichen Ausgangspunkt, Heldentum gesehen! Da ist ein Nachtgespräch zwischen Brüdern, zwischen denen der Verdacht aufkeimt, einer von ihnen könnte gestohlen haben; da ist ein Wiedersehen, das ganz unpathetisch in eine kleine Familienbalgerei ausartet; da ist ein Gespräch in Erwartung des gewissen Todes von so unpathetischer und unsentimentaler Natürlichkeit; da sind auf zehn, zwanzig Metern Skizzen menschlicher Charaktere, die sich unmittelbar einprägen, daß immer wieder menschliche Berührungspunkte entstehen.

Da zeigt „Riff und Raff im Weltkrieg", wie die Amerikaner heut den Weltkrieg ansehen: als eine sinnlose, schmutzige und grausliche Angelegenheit, bei der alle Pathetik Bluff war und nur die Armeelieferanten sich bereicherten. Es tut nichts zur Sache, ob wir diese Auffassung billigen, das Wesentliche ist: der Amerikaner bemüht sich, eine von ihm als wahr empfundene Auffassung auszusprechen. Gleichzeitig kommt bei uns der Schünzel-Film „In der Heimat . . . da gibt's ein Wiedersehen" heraus, der mit seinen Kasernenhof- und Latrinenwitzen gewiß unserer Empfindung für das große und grausige Geschehen des Weltkrieges nicht gerecht wird, sondern den Krieg einfach in ein gemütliches Genrebild umfälscht. „Panzerkreuzer Potemkin" bemüht sich (ganz gleichgültig jetzt, ob sachlich mit Recht oder Unrecht), dem Zuschauer begreiflich zu machen: „Eine Grenze hat Tyrannenmacht". Das ist etwas, wofür jeder Mensch lebendigste Empfindung aufzubringen vermag. Bei uns übersieht man das menschliche Problem oder will es nicht sehen, sondern untersucht, ob die Dinge historisch so gewesen sind oder nicht, und dreht, in der Befürchtung, der russische Film könnte die Autorität in Heer und Marine untergraben, einen den Potemkin bis in Einzelheiten sorgfältig nachahmenden Gegenfilm „Unsere Emden", der bei aller anständigen Technik und Gesinnung und bei aller durchaus mitempfundenen Bewunderung für den Heldenmut unserer Marinesoldaten nur das bittere Bedauern hinterlassen kann, daß dieser übrigens nur sehr gleichförmig und schematisch gezeichnete Heldenmut letzten Endes von der stärkeren Technik der Gegner überrannt worden ist. Der russische Film ermutigt, spannt, begeistert, der deutsche entmutigt, demonstriert, betrübt.

Überhaupt zeigt der deutsche Film eine gefährliche Unfähigkeit, die Gegenwart und Wirklichkeit zu sehen und zu erfassen. Das beispiellose Drama der deutschen Inflation hat kein Deutscher, sondern ein Amerikaner, Griffith, zu gestalten versucht. Ein an sich sehr gut gemachter und vortrefflich charakterisierender Film wie „Brennende Grenze" beschäftigt sich mit Zuständen an der polnischen Grenze, die Gott sei Dank sieben Jahre hinter uns liegen, die sympathischen „Sporkschen Jäger" (nach dem Roman von Skowronnek) schildern eine ostpreußische Friedensgarnison, sehr hübsch aber zwecklos. Balzac wird von Deutschen mit Vorliebe verfilmt („Liebe", „Man spielt nicht mit der Liebe"), obwohl gerade Balzacs stark auf damalige Aktualität gestellte Stoffe ins Leben der Gegenwart übertragen unmöglich wären und daher im Film von Gegenwartsmenschen auch nicht mehr als lebendig oder natürlich empfunden werden. Welch romanhaft abstruses Sammelsurium ist der durch Wegeners souveräne Darstellung geadelte und technisch sehr sorgfältig gemachte „Dagfin", und welche Fülle von Gegenwartsbeobachtungen und märchenhafter Empfindung steckt andererseits in den großen Starfilmen „Harold Lloyd als Sportstudent" und „Buster Keaton als Cowboy"! Daß wir technisch und geistig dergleichen zu machen recht wohl imstande wären, beweist das graziöse „Madame wünscht keine Kinder". Aber wie vereinzelt steht so etwas bei uns da! Wie ganz unmöglich wäre bei uns ein Film wie die französische „Carmen", mit einem wirklichen Spanien fern aller Oper und einer wirklichen Zigeunerhexe als Heldin! Wie mager ist dagegen trotz hübscher Einzelheiten, namentlich der so natürlich belebten Straßenbilder, unsere „Dubarry von heute", und wie taktlos würde bei uns ein Film wie der entzükkende „Großfürstin und ihr Kellner" (mit Menjou) ausfallen! Andererseits, damit ich die deutsche Produktion nicht planmäßig herabzusetzen scheine: wie die Amerikaner unser „Variété" gemacht haben würden, kann man aus „Zirkusteufel" entnehmen.

Ich betone ausdrücklich: Wir sind den Amerikanern in nichts unterlegen (es sei denn, daß wir weniger Kapital zur Verfügung haben), wir könnten alles machen, was sie machen, und ein übriges dazu. Wir müßten nur erst einsehen, was eigentlich ein Film ist, und uns entschließen, diese Einsicht planmäßig, energisch und umsichtig in die Tat umzusetzen. Unsern Mitmenschen zu dienen, anstatt uns selbst zu manifestieren. Aber solange wir in so großer Zahl Dilettanten, Narren, Einspänner, Flibustier oder ehrliche und gutwillige Leute, die nur keine Ahnung vom Publikum haben, gewähren lassen, an literarische Phantastereien Hunderttausende und Millionen wenden und unsere wertvollen Kräfte brachliegen lassen oder ins Ausland scheuchen, geht es nicht. Es müßte jedoch gehen, ehe es zu spät ist. [1927]

Greta Garbo in ihrem letzten Stummfilm, *„The Kiss"* (Jacques Feyder, 1929)

# Thomas Mann

*Thomas Mann (1875–1955) hat sich über das Kino stets freundlich herablassend geäußert. Oft bis in den Satz hinein hängt jeweils das Für und Wider schön im Gleichgewicht. Der Aufsatz „Über den Film" (August 1928) ist natürlich bekannter als das, was Thomas Mann kurz vorher in seinem Geleitwort (datiert vom 10. Juni 1928) zu einem Sonderheft „Die Zukunft des Films" der Zeitschrift „ „Erwachen" geschrieben hatte: „Ich habe begriffen, daß humanistische Hochnäsigkeit die linkischste Haltung wäre, die man vor dieser neuen, großen, demokratischen Welt und Macht und Weltmacht einnehmen könnte." Und 1929 bekannte er bei Gelegenheit von Dreyers „Jeanne d'Arc", dieser Film müsse jeden in seinen Bann schlagen, „der an die Vergeistigungsmöglichkeiten des Films allmählich glauben gelernt hat und sich durch ein so bewunderungswürdiges Experiment in diesem Glauben befestigt sieht." Von sechs Filmen, die er 1934 in Beantwortung einer Rundfrage der „Neuen Zürcher Zeitung" namentlich erwähnt, stammen vier aus der stummen Zeit. Noch im Jahre 1954 schrieb Thomas Mann in einem Beitrag zu den Berliner Festspielen an Felix Henseleit: „Darf ich sagen, daß ich es schade fand um den stummen Film, als er vom Tonfilm verdrängt wurde? Er hatte den Vorzug der Musik – und auch des Werkes der bildenden Kunst –, überall verständlich, in der ganzen Welt zu Hause zu sein... Die Entwicklung des stummen Films war noch vielversprechend in dem technischen Augenblick, wo der redende sie abschnitt." Und einen Monat vor seinem Tod gab Thomas Mann in einem Brief an Ludwig Kunz, datiert vom 12. Juli 1955, nochmals Auskunft über sein Verhältnis zum Film: „Tatsächlich hat er als Massenunterhaltungsmittel seine eigenen, unumstößlichen industriellen Gesetze, die man umso weniger mißachten soll, als er, in immer wachsendem Maß, künstlerischen Ehrgeiz damit verbindet, – einen Ehrgeiz, dem er in einigen, garnicht wenigen, hervorragenden Fällen aufs allerreizvollste zu genügen gewußt hat."*

*Das Fragment aus dem „Zauberberg" (1924) brachte der Verlag Friedrich Blau, Gera, 1926 unter dem Titel „Kino" in einem Sonderdruck heraus, an den der hier wiedergegebene Text sich hält.*

**Kino**

In der schlechten Luft, die sich ihnen schwer auf die Brust legte und einen trüben Nebel in ihren Köpfen erzeugte, flirrte eine Menge Leben, kleingehackt, kurzweilig und beeilt, in aufspringender, zappelnd verweilender und wegzuckender Unruhe, zu einer kleinen Musik, die ihre gegenwärtige Zeitgliederung auf die Erscheinungsflucht der Vergangenheit anwandte und bei beschränkten Mitteln alle Register der Feierlichkeit und des Pompes, der Leidenschaft, Wildheit und girrenden Sinnlichkeit zu ziehen wußte, auf der Leinwand vor ihren schmerzenden Augen vorüber. Es war eine aufgeregte Liebes- und Mordgeschichte, die sie sahen, stumm sich abhaspelnd am Hofe eines orientalischen Despoten, gejagte Vorgänge voll Pracht und Nacktheit, voll Herrscherbrunst und religiöser Wut der Unterwürfigkeit, voll Grausamkeit, Begierde, tödlicher Lust und von verweilender Anschaulichkeit, wenn es die Muskulatur von Henkersarmen zu besichtigen galt – kurz, hergestellt aus sympathetischer Vertrautheit mit den geheimen Wünschen der zuschauenden internationalen Zivilisation. Settembrini, als Mann des Urteils, hätte die humanitätswidrige Darbietung wohl scharf verneinen, mit gerader und klassischer Ironie den Mißbrauch der Technik zur Belebung so menschenverächterischer Vorstellungen geißeln müssen, dachte sich Hans Castorp und flüsterte dergleichen seinem Vetter auch zu. Frau Stöhr dagegen, die ebenfalls anwesend war und nicht weit von den dreien saß, erschien ganz Hingabe.

Übrigens verhielt es sich ähnlich mit allen Gesichtern, in die man blickte. Wenn aber das letzte Flimmerbild einer Szenenfolge wegzuckte, im Saale das Licht aufging und das Feld der Visionen als leere Tafel vor der Menge stand, so konnte es nicht einmal Beifall geben. Niemand war da, dem man durch Applaus hätte danken, den man für seine Kunstleistung hätte hervorrufen können. Die Schauspieler, die sich zu dem Spiele, das man genossen, zusammengefunden, waren längst in alle Winde zerstoben, nur die Schattenbilder ihrer Produktion hatte man gesehen, Millionen Bilder und kürzeste Fixierungen, in die man ihr Handeln aufnehmend zerlegt hatte, um es beliebig oft, zu rasch blinzelndem Ablauf, dem Elemente der Zeit zurückzugeben. Das Schweigen der Menge nach der Illusion hatte etwas Nervloses und Widerwärtiges. Die Hände lagen ohnmächtig vor dem Nichts. Man rieb sich die Augen, stierte vor sich hin, schämte sich der Helligkeit und verlangte zurück ins Dunkel, um wieder zu schauen, um Dinge, die ihre Zeit gehabt, in frische Zeit verpflanzt und aufgeschminkt mit Musik, sich wieder begeben zu sehen.

Der Despot starb unter dem Messer, mit einem Gebrüll aus offenem Munde, das man nicht hörte. Man sah dann Bilder aus aller Welt: den Präsidenten der französischen Republik in Zylinder und Großkordon, vom Sitze des Landauers eine Begrüßungsansprache erwidernd; den Vizekönig von Indien bei der Hochzeit eines Radscha; den deutschen Kronprinzen auf einem Kasernenhof zu Potsdam. Man sah das Leben und Treiben in einem Eingeborenendorf von Neumecklenburg, einen Hahnenkampf auf Borneo, nackte Wilde, die auf Nasenflöten bliesen, das Einfangen von wilden Elefanten, eine Zeremonie am siamesischen Königshof, eine Bordellstraße in Japan, wo Geishas hinter hölzernen Käfiggittern saßen. Man sah vermummte Samojeden im Renntierschlitten durch eine nordasiatische Schneeöde kutschieren, russische Pilger zu Hebron anbeten, an einem persischen Delinquenten die Bastonade vollziehen. Man war zugegen bei alldem; der Raum war vernichtet, die Zeit zurückgestellt, das Dort und Damals in ein huschendes, gaukelndes, von Musik umspieltes Hier und Jetzt verwandelt. Ein junges marokkanisches Weib, in gestreifter Seide, aufgeschirrt mit Ketten, Spangen und Ringen, die strotzende Brust halb entblößt, ward plötzlich in Lebensgröße angenähert. Ihre Nüstern waren breit, ihre Augen voll tierischen Lebens, ihre Züge in Bewegung; sie lachte mit weißen Zähnen, hielt eine ihrer Hände, deren Nägel heller schienen als das Fleisch, als Schirm über die Augen und winkte mit der anderen ins Publikum. Man starrte verlegen in das Gesicht des reizvollen Schattens, der zu sehen schien und nicht sah, der von den Blicken gar nicht berührt wurde, und dessen Lachen und Winken nicht die Gegenwart meinte, sondern im Dort und Damals zu Hause war, so daß es sinnlos gewesen wäre, es zu erwidern. Dies mischte, wie gesagt, der Lust ein Gefühl der Ohnmacht bei. Dann verschwand das Phantom. Leere Helligkeit überzog die Tafel, das Wort „Ende" ward darauf geworfen, der Zyklus der Darbietungen hatte sich geschlossen, und stumm räumte man das Theater, während neues Publikum hereindrängte, das eine Wiederholung des Ablaufs zu genießen begehrte. [1924/26]

**Über den Film**

Eine genauere Äußerung über den Film, an die ich zuweilen denke, muß ich mir für ungebundenere Tage vorbehalten. Heute nur soviel, daß mein Interesse für diese moderne Lebenserscheinung in den letzten Jahren bis zu wirklicher Angelegentlichkeit gewachsen ist, ja den Charakter einer heiteren Passion gewonnen hat. Ich besuche sehr häufig Filmhäuser und werde des musikalisch gewürzten Schauvergnügens stundenlang nicht müde; weder dann, wenn es sich um Reisebilder und wilde Welt handelt, noch wenn die lebendige Zeitung, genannt „Wochenschau", vorgeführt wird, noch wenn irgendein trickhafter Spaß, eine packende Schurkerei, eine rührende Liebesgeschichte vorüberzieht, besetzt mit Schauspielern, die ausdrucksvoll, hübsch und angenehm sein müssen und eitel sein dürfen, aber niemals unnatürlich. Was die Geschichte betrifft, so darf sie sogar weitgehend albern sein, falls, wie heute fast immer der Fall, die Albernheit oder Sentimentalität ihres Erfindungsgerüstes eingebettet ist in ein lebenswahres und wirklichkeitsechtes szenisch-mimisches Erfindungsdetail, durch welches das Menschliche in hundert Einzelmomenten über die primitive Unwahrhaftigkeit der Gesamtveranstaltung triumphiert.

Ich sprach von einer „Lebenserscheinung" – denn mit Kunst hat, glaube ich, verzeihen Sie mir, der Film nicht viel zu schaffen, und ich halte es für verfehlt, mit der Sphäre der Kunst entnommenen Kriterien an ihn heranzutreten. Dies ist die Art humanistisch-konservativ gestimmter Gemüter, welche sich dann, verachtungsvoll und trauernd, als von einer niedrig und wild demokratischen Massenunterhaltung von ihm abwenden. Was mich betrifft, so verachte ich ihn auch, aber ich liebe ihn. Er ist nicht Kunst, er ist Leben und Wirklichkeit, und seine Wirkungen sind, in ihrer bewegten Stummheit, krud sensationell im Vergleich mit den geistigen Wirkungen der Kunst: es sind die Wirkungen, die Leben und Wirklichkeit auf den unbeteiligten Zuschauer üben, besänftigt durch die Bequemlichkeit der Umstände und das Bewußtsein des gestellten Schauspiels, verstärkt und aufgehöht durch Musik. Sagen Sie mir doch, warum man im Cinema jeden Augenblick weint oder vielmehr heult wie ein Dienstmädchen! Wir waren neulich alle bei der Erstaufführung der „Großen Parade", auch Olaf Gulbransson, dem wir am Ausgang begegneten. Der lustige, muskulöse Eskimo war tränenüberschwemmt. „Ich habe mich noch nicht abgetrocknet", sagte er entschuldigend, und wir standen noch lange mit feuchten Augen in einfältiger Gelöstheit beieinander. Ist das die Verfassung, in der man von einem Kunstwerk scheidet, einer Malerei den Rücken wendet, ein Buch aus der Hand legt, ein Theater verläßt? Es ist wahr, alte Herren weinen, wenn in „Alt Heidelberg" *O alte Burschenherrlichkeit* gesungen wird, aber bei Shakespeare, bei Kleist, bei Hauptmann tun auch sie es nicht. Die Kunst ist kalte Sphäre, man sage, was man wolle; sie ist eine Welt der Vergeistigung und hohen Übertragung, eine Welt des Stils, der Handschrift, der persönlichsten Formgebung, objektive Welt, Verstandeswelt („Denn sie kommt aus dem Verstande", sagt Goethe) – bedeutend, vornehm, keusch und heiter, ihre Erschütterungen sind von strenger Mitteilbarkeit, man ist bei Hofe, man nimmt sich wohl zusammen. Dagegen ein Liebespaar der Leinwand, zwei bildhübsche junge Leute, die in einem wirklichen Garten mit wehenden Gräsern „auf ewig" voneinander Abschied nehmen, zu einer Musikbegleitung, die aus dem Schmeichelhaftesten kompiliert ist, was aufzutreiben war: wer wollte da widerstehen, wer ließe nicht wonnig rinnen, was quillt? Das ist Stoff, das ist durch nichts hindurchgegangen, das lebt aus erster, warmer, herzlicher Hand, das wirkt wie Zwiebel und Nieswurz, die Träne kitzelt im Dunkeln, in würdiger Heimlichkeit verreibe ich sie mit der Fingerspitze auf den Backenknochen.

Besonders übrigens hat der Film nichts mit dem Drama zu tun. Er erzählt in Bildern; die sinnliche Gegenwärtigkeit seiner Gesichte hindert nicht, daß sein Geist, seine besten Wirkungen episch sind, und wenn irgendwo er sich mit dem Dichterischen berührt, so hier. Um Theater zu sein, ist er viel zu wirklich. Die Theaterdekoration ist auf geistige Illusionierung berechnet; die Szenerie des Films ist Natur, wie die reine Phantasieerregung der Erzählung sie dem Leser einbildet. Auch haben die menschlichen Gestalten des Films nicht die körperliche Gegenwart und Wirklichkeit der Träger des Dramas. Sie sind lebendige Schatten. Sie sprechen nicht, sie sind nicht, sie *waren*, aber genau so waren sie – und das ist Erzählung. Der Film kennt eine Erinnerungstechnik, er kennt psychologische Suggestionen, kennt eine Genauigkeit des menschlichen und dinglichen Details, daß kaum der Dramatiker, aber sehr oft der Erzähler davon lernen kann. Die Überlegenheit der Russen, die niemals große Dramatiker waren, auf diesem Gebiet beruht, für mich ist da kein Zweifel, auf ihrer erzählerischen Kultur.

Als Schriftsteller habe ich mit dem Kino bisher nicht viel Glück gehabt. Man hat „Buddenbrooks" verfilmt, man hat es den Freunden des Buches wohl kaum zu Dank getan. Statt zu erzählen, immer nur zu erzählen und seine Menschen leben zu lassen, hat man ein gleichgültiges Kaufmannsdrama daraus gemacht und von dem Roman beinahe nichts übriggelassen als die Personennamen. Ein hervorragender Berliner Unternehmer hat tatsächlich eine Weile daran gedacht, den „Zauberberg" auf die Leinwand zu bringen, was mich nicht einmal wundert. Kühn angegriffen, könnte das ein merkwürdiges Schaustück werden, eine phantastische Enzyklopädie, mit hundert Abschweifungen in alle Welt, und die um ein episches Zentrum Visionen aller Gebiete, der Natur, des Sports, der Medizin und Lebensforschung, der politischen Geschichte und so weiter ordnen würde. Was wäre allein zu machen aus dem Kapitel „Schnee" und jenem mittelmeerischen Traumgedicht vom Menschen, das es einschließt! Aber man wird verzichten. Die Aufgabe stellt große geistige und materielle Ansprüche. Jetzt nähert man sich „Königliche Hoheit". Das ist leicht und sollte gelingen. Es sind dankbare Rollen da, sogar die unfehlbare eines schönen Hundes, und trotz stofflicher Nähe von „Alt-Heidelberg" könnte bei glücklicher Wahl der Darsteller und reizvoller Inszenierung die freundliche Geschichte auf der Leinwand ihr Glück machen. [1928]

Robert Garrison, Friedrich Kayssler in „Ein Lebenskünstler" (Holger-Madsen, 1925)

# Friedrich Kayssler

*Friedrich Kayssler lebte von 1874 bis 1945. Erinnerungen an seine patriarchalische Gestalt sind zwar solche an Tonfilme, aber es gab ihn auch schon im Stummfilm, nur war er da noch nicht Patriarch. Zunächst 1913 in: „ . . . welche sterben, wenn sie lieben", produziert von einer Gesellschaft mit dem nichts Gutes verheißenden Namen „Literaria-Film"; 1915 in dem Film nach Kellermanns Roman „Der Tunnel", in welchem er zu seiner Überraschung immer nur von hinten zu sehen war; in Cserépys „Fridericus Rex" (1922/23, als Graf Finkenstein); 1924 in „Schicksal" (Felix Basch) mit Lucy Doraine sowie den Henny-Porten-Filmen „Gräfin Donelli" (G.W. Pabst) und „Mutter und Kind" (Carl Froelich); weiterhin in „Ein Lebenskünstler" (Holger-Madsen, 1925); „Eine Dubarry von heute" (Alexander Korda, 1926), und anderen mehr.*

*Kayssler war aber auch schriftstellerisch tätig, hat Gedichte geschrieben („zarte Gebilde einer gottvergnügten Seele" hat man sie genannt); er verfaßte „Schauspielernotizen" (drei Folgen), Reiseberichte, Aphorismen, Bühnenbearbeitungen; er hat auch Märchen und Sagen erzählt. Außer in Schauspielerlexika findet man seinen Namen deshalb auch in Kürschners Literatur-Kalender und in literarhistorischen Werken.*

*Zuerst waren es praktische Gründe, die Kayssler bewogen, „den Schritt zum Kino" zu tun. „Ich habe mir immer gewünscht", schrieb er 1913, „eine Möglichkeit der Distanz zu mir selbst zu finden, mich ‚objektiv' zu sehen, mich selbst sachlich zu kritisieren. Dieses Mittel gibt mir das Kino."*

*Wenn Kayssler sich später über seine Einstellung zum Stummfilm äußerte, geschah es vornehmlich vom Standpunkt des Kinobesuchers aus; er redet von dem, was es damals gab, leitet alles von Erlebnissen ab, die er im Kino hatte, stellt als nachdenklicher Zuschauer Betrachtungen an. Sein Aufsatz von 1925 gehört mit denen von Hardekopf, Polgar und Mayer zu den Zeugnissen der Zeit, die das Traumhafte am Erlebnis Kino hervorheben. Noch 1934 redet Friedrich Kayssler, der Staatsschauspieler, in einem Essay „Hier Bühne – hier Film" hauptsächlich vom Stummfilm, wie mit einem leisen Bedauern, von ihm als etwas Vergangenem sprechen zu müssen.*

**Meine Einstellung zum Film**

Ein naheliegendes und verbreitetes Gesprächsthema ist die Frage, worin im Grunde das Anziehende einer Filmvorstellung beruht.

Die meisten Menschen haben zwei Naturen, eine naive, die sich im besten Falle eine gesunde Kindlichkeit bewahrt, und eine nachdenklichere, für Tieferes empfängliche.

Für alle ohne Ausnahme, für die Naiven wie für die Nachdenklichen, besteht die Anziehungskraft einer Filmvorstellung rein äußerlich zunächst in der mühelos gebotenen Gelegenheit. Man geht vorüber, tritt ein, taucht in ein Dunkel und genießt ohne viel Umstände die Eindrücke der denkbar verschiedensten Art. Ob Anfang, Mitte oder Ende, ist nicht unbedingt wichtig, man beginnt, wo man will, und läßt alles sich abrollen wie – einen Traum.

Hier liegt etwas Entscheidendes, und zugleich die Brücke zu einem Gebiet des Reizes von schon höherer Art, den die Gröberen wie die Feineren teils unbewußt, teils bewußt als etwas eigenartig Anziehendes empfinden.

Es gibt sicherlich wenig Menschen, für die der Traum keinen Reiz hat. Und die Beliebtheit des Traumes hängt sicherlich stark mit der Mühelosigkeit des Genusses zusammen. Man braucht sich nur der Müdigkeit hinzugeben und genießt Träume.

Ganz allmählich, wie wir aus dem Lärmen und Jagen des wachen Lebens in das Dunkel des Schlummers gleiten, um Träume zu suchen und zu finden, so taucht der Passant mitten aus dem Straßengewirr unter in das Dunkel einer Filmvorstellung und gibt sich den Bildern hin, die ihm dort geboten werden. Die geheimnisvolle Lautlosigkeit der sich abrollenden Geschehnisse, begleitet von einer meist unsichtbaren Musik, verstärken den Eindruck des Traumhaften. In dieser Ähnlichkeit liegt für mein Gefühl ein wesentlicher Teil des allgemeinen Zaubers, den der Film als solcher auf die Menschen ausströmt, und zugleich das, was ihn scheidet. Es ist eigentlich sinnlos, von einem Wettkampf zwischen Bühne und Film zu sprechen. Dem Wesen nach sind sie einander völlig fremd. Ihr Wettkampf spielt sich auf rein materiellem Gebiete ab, und ihr einziger scheinbarer, weil ein rein äußerlicher, Berührungspunkt ist die private Identität der Personen, die als Schauspieler heute auf der Bühne und morgen im Film sichtbar sind.

Die geheimnisvolle Tatsache, daß ein Schauspieler an demselben Abend als materielle physische Person auf einer Bühne auftreten und zu derselben Stunde nicht nur in einem, sondern in beliebig vielen verschiedenen Filmen an beliebig vielen Filmbühnen der Welt als immaterielle Lichtperson handelnd sichtbar werden kann, erweitert natürlich den materiellen Machtkreis des Films der Bühne gegenüber ins Unheimliche.

Das Interesse des Schauspielers am Film ist deshalb nicht nur natürlich, sondern tief begründet: der Film bietet der schauspielerischen Leistung die bleibende Daseinsform, vor die der Schauspieler selbst kritisch hintreten und an der er lernen kann.

Abseits von diesen Eigentümlichkeiten und Möglichkeiten des Films, die seine suggestive Macht über die Massen begreiflich machen, gibt es aber noch ein Gebiet, das tief im Innern des Filmwesens verborgen liegt und für den rein seelisch interessierten Künstler eine unwiderstehliche Anziehungskraft besitzt.

Es ist die Unerbittlichkeit und Unbestechlichkeit, mit der die photographische Linse im Film die Seele des Darstellers bloßlegt. Vor ihr können die strahlendsten Augensterne zu leeren Nebeln verblassen gegenüber einem flüchtigen Lächeln, das über das unscheinbare Gesicht einer Nebenperson huscht. Vor solchen Momenten kann ein ganzer Film versinken mit all seinem Aufwand an künstlerischer Kraft und hoher schauspielerischer Leistung. Denn es ist durchaus nicht gesagt, daß jenes Lächeln mit einer starken schauspielerischen Kraft etwas zu tun hatte. Es war eben einfach ein glückliches Zusammentreffen verschiedener Umstände, ein Schnittpunkt unbewußt sich suchender Harmonien, durch den wie durch ein Guckfenster diese Seele uns ihr Schönstes zulächeln konnte, weil sie eben gerade vorüberging.

Ich wähle den krassesten Fall, weil er am erstaunlichsten wirkt. Selbstverständlich gibt es unzählige Momente, wo schauspielerische Kraft seelische Schönheit und Zartheit enthüllt; aber dies ist nicht das Erstaunliche, Instruktive an dem, was ich sagen will; denn es ist ja die Aufgabe des Schauspielers, Seele zu übermitteln. Das Seltsame und Wichtige liegt darin, daß positives Können beim Film nicht notwendig auch immer zur seelischen Übermittlung führt, weil die bewegte Photographie offenbar Dinge mit verrät, die etwa bei einer Bühnenleistung von genau dem gleichen Niveau durch die Kunst der Sprache des einzelnen wie durch die Harmonie der Stimmen und Farben überhaupt verwischt und wieder aufgehoben werden. Eine bewegungslose Photographie hat diese Eigenschaft nicht, nur die bewegte, der Film hat sie.

Hier liegt ein Geheimnis des Films verborgen, in dem für mein Gefühl die künstlerische Zukunft des Films beschlossen ist.

[1925]

„Die Liebe der Jeanne Ney"

Brigitte Helm als Blinde in „Die Liebe der Jeanne Ney" (G. W. Pabst, 1927); die Hände: Hertha von Walther

# Alfred Kerr

„Eine Kritik von Kerr", schrieb Robert Musil 1927, „ist auf zwanzig Schritte Entfernung von der Kritik jedes andern Menschen zu unterscheiden. Das macht die Packung in die bekannten kleinen Pakete Textes mit der römischen Bezifferung darauf."

Daß die vom Theater dem Kino anfänglich spinnefeind waren, hinderte den Theaterkritiker Kerr (eigentlich Kempner, Dr. phil., 1867–1948) nicht daran, sich für den Film einzusetzen, schon früh, 1913, als es noch unvornehm war, und immer wieder, worauf er mit Genugtuung verweist, als er 1926 zusammenfaßt, wie er sich im Lauf der Jahre zum Film stellte: „Das Verhältnis zum Film." Im Theater mußte er soviel Belangloses und Erbärmliches über sich ergehen lassen, daß er sich sagte, wenn schon Schund, dann lieber den neuen, genialen, zukunftsvollen Schund. Das und verschiedenes andere stand wörtlich so schon 1921 im Berliner Tageblatt („Standpunkte zum Film"). Formulierungen, die Kerr unübertrefflich fand, behielt er bei, das übrige wurde dem veränderten Stand der Kino-Kontroverse entsprechend abgewandelt. Jedenfalls gehörte Kerr nicht zu denen, die fürs Kino nur zu haben waren, solange es Neuigkeitswert besaß. Auch in dem Vorwort, das er 1927 zu einem Tafelwerk über den Russenfilm beisteuerte, geht er vom persönlichen Erlebnis aus. Und dem aus dialektischen Gründen aufgestellten Gegner ruft er zu: „Laß ab von kurzatmiger Genäschigkeit als Kinogast. Unterhalten wirst du hier auch."

Genäschigkeit? Was sagte doch Soergel einst von Alfred Kerr? „Es bleibt ein Rätsel, wie der Mann, der in allen Werken nur sich selbst sucht – ein seliges Epikuräertum der Sinne und des Intellekts –, sich doch so selten in der ästhetischen Gesamtwürdigung eines Künstlers oder Werkes vergreift."

Zu den Kinonitern wird man Alfred Kerr kaum rechnen, doch wenn er sich unter sie mischt, macht er gute Figur.

## Das Verhältnis zum Film

I

Soll einmal zusammengefaßt werden, was ich in verschiedenen Lebensphasen über den Film gedacht: so ergibt sich folgendes als fester Kern.

Ich habe für den Film ganz früh gefochten – als es unvornehm war. Ich bin von der Zukunft des Films überzeugt; sogar von seiner Gegenwart. Ich glaube zwar an den Vorzug des gesprochenen Schauspiels vor dem Film – doch an Vorzüge des Films vor dem gesprochenen Schauspiel. Ich leugne die Schädlichkeit des Films für das Sprechstück.

II

Dieser Standpunkt ließe sich genauer in Sätze bringen. Etwa so:

1. Drei Dramengattungen gibt es: Erstens das Sprechdrama. Zweitens das Musikdrama. Drittens das Bilddrama.
2. Das Bilddrama heißt Film – (wofern es nicht Ballett heißt oder Pantomime).
3. Was wäre gegen das Filmstück einzuwenden? – Nichts. Außer, daß es auf einer Frühstufe steht. Es ist eine Gattung wie andre – und lebt ihr Leben für sich. Auch die Oper lebt ihr Leben für sich. Schädigt ihr Dasein das Sprechdrama? Nun also.
4. Schund ist in der Malerei, im gesprochenen Schauspiel, in der Oper genau so Schund wie im Kino . . . Fraglos, daß alles Beste, daß alle seelische Verfeinerung durch das Wort kommt; – während das Lichtbild ja stumm bleibt. Fraglos aber auch, daß drei Viertel von allen in Berlin gegebenen Sprechstücken nicht grade die seelische Verfeinerung fördern – obschon sie sich des Wortes bedienen . . . Mitunter denkt man also vor einem erbärmlichen Sprechstück: wenn ich schon zwischen Schund und Schund wählen soll – dann lieber den neuen, genialen, zukunftsvollen Schund als den abgetakelten, maroden Schund.
5. Das Kino hat gewaltige Überraschungen in der Hinterhand. Seine Erfindung zählt zum Erstaunlichsten, was das spielende Hirn dieser kurzlebigen, tastenden, neugierigen, rasch ins Dunkel sinkenden Erdmenschen ermittelt, ersonnen, erbastelt hat: sichtbares Festhalten lebendig-bewegter Augenblicke; Festhalten eines Daseinsgenossen mit allem Gebärdenwechsel – über den Tod hinaus. (Das muß, zusammenfassend, gesagt sein.)
6. Wenn die Erfindung des Films heute die ersten Krankheiten durchmacht: so bekämpfe man . . . nicht die Erfindung, sondern die Krankheiten.
7. Manchmal erschüttert mich der Film, wo das gesprochne Wort mich unerschüttert ließ. Warum? – Weil jeder sich Worte dazu denken kann, die sein Gefühl ihm einflößt, . . . also wird niemand aus der Stimmung durch ihm Nichtpassendes gedrängt. (Worte können den Zuschauer wecken; den Traum zerreißen.)

8. Gibt es Dinge, worin das Bilddrama dem Wortdrama überlegen ist – obschon es als Ganzes tief unter ihm steht? Ja. Beispielshalber: die Sprechbühne hat nicht das Mittel, Gestalten langsam verbleichen und schwinden zu lassen. Nicht die Möglichkeit, etwas Magisch-Zerrinnendes, Entgleitendes, Verdämmerndes zu bringen – wie der Film. Sie kann auch nicht blitzhaft ein früheres Erlebnis, Erinnerungen sekundenlang auftauchen und versinken lassen – wie der Film. Sie kann endlich nicht eine im Gang befindliche Gegenhandlung (also fast Gleichzeitigkeit verschiednen Geschehens) auf die Dauer eines Wimperzuckens dem Auge liefern – wie der Film.

9. Andrer Vorteil des Films: er zeigt immer die erste Besetzung. Bei ihm ist nicht (wie manchmal auf Sprechbühnen) die erste Aufführung hui, die vierte pfui.

10. Nochmals die Störung durch Worte! Worte können falsch sein . . . aber auch Gebärden können falsch sein. Beim Film sind nur die Gebärden falsch (wenn sie falsch sind). Beim Drama jedoch sind erstens die Gebärden falsch; zweitens die Worte falsch; drittens die Aussprache der Worte falsch . . . Im Ernst: Richard Wagner hat betont, in Worten allein könne das Tiefste, das Ergreifendste, das Ansherzgehende nicht ausgedrückt werden, dazu bedürfe man der Musik. Es genügt aber, scheint mir, das Weglassen der Worte manchmal schon, um verblüffende Gefühlswirkungen zu schaffen. Lacht nicht! Der Wortschauspieler selber weiß es . . . indem er zuweilen auf Gipfeln verstummt. – (Nur mußt du mich auch recht verstehen. Immer liegt Höchstes in dem, was wir Menschen vor dem Fisch voraus haben).

11. Der Vorstoß im Film ist unaufhaltsam; unverkennbar; . . . und unvollkommen. Noch äugt Kinokunst nach den Vielfraßen, statt nach den Schmeckern. Es gilt aber, den Film so zu gestalten, daß der Schmecker wie der Vielfraß, jeder in seiner Art, auf die Kosten kommt.

12. Für das genannte Ziel tut mehreres not. Etwa: Lernt unterscheiden. Aufmachung heißt nicht Aufbau. Mancher Filmregisseur hat Sinn für das Verkürzen und Beschleunigen jedes Bildes; nicht für das Verkürzen und Beschleunigen des Begebnisses. Da liegt der Hund begraben.

13. Ein andrer, tiefliegender Punkt. Welche Bewegungen sollen im Film letzten Endes gemacht werden? – Ich glaube folgendes. Die Entscheidungsworte müßten sein: „ . . . statt" oder „ . . . ohne". Nämlich: sollen es Bewegungen sein statt des Wortes oder nur Bewegungen ohne das Wort? Item: Ersetzt man das ungesprochene Wort durch eine „sprechende" Gebärde? – oder macht man bloß eine Gebärde wie beim Sprechen . . . und redet nur nicht? – Antwort: ein Recht hat beides. Getrennte Gattungen! (Heut' lockt mich die zweite. Nicht weil sie viel schwerer ist. Sondern weil sie verfeint ist; menschlicher. Somit in höherem Grade zukunftsträchtig. Da harrt euer nächstes . . . und wohl fernstes Ziel).

14. Eins von den sonstigen Zielen. Die vervollkommnete reale Spuklinie der verwitternden und irrlichtelierenden Leinwand. Die schwirrende Handschrift einer andren Dimension. Das geisterhaft reale Flimmermärchen. (Die Vollendung des Märchens kommt erst, wenn der farbige Film – nicht wie man ihn bei Pathé vor dem Krieg sah – noch Entwicklungen durchmacht.)

15. Umwälzungen des gesamten Lebensgefühls zeugt künftig der Naturfilm. Lebensblicke von letzter Nachdenksamkeit. Aus ihm wird man erst merken, in welcher Welt man haust und atmet. Alle tollen Schauer vor der Wucht des Daseins im Winzigen und im Verborgenen wachen auf. Wunder an Vielfalt; an wildester Grausamkeit; an rätselhaft erfinderischer Anordnung . . . Wär' ich Minister, ich würde den Kinos die Pflicht aufhalsen: daß auf je soundsoviel Meter Film je soundsoviel Meter Tatsachenfilm aus der Natur kommen muß, muß, muß.

16. Allerhand für den Film ist unterwegs. Morgen wird es da sein. [1926]

„Jujiro" („Kreuzweg")
Teinosuke Kinugasa,
1928

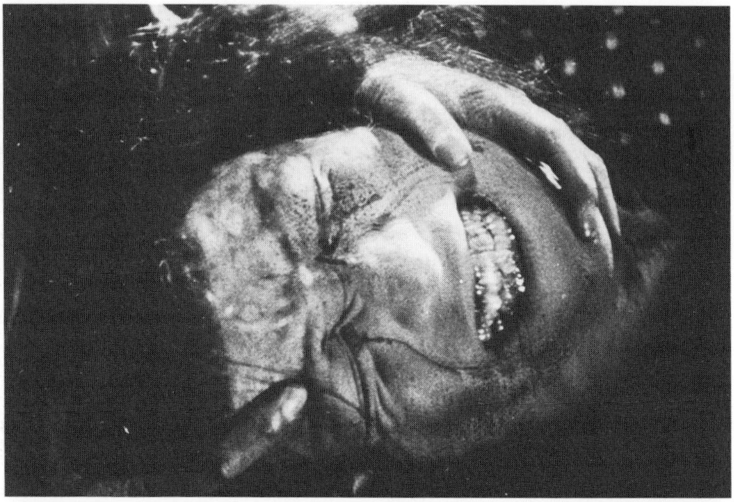
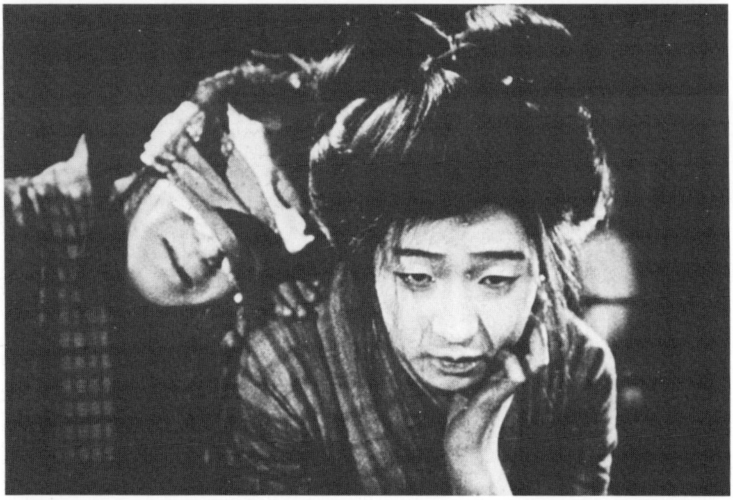
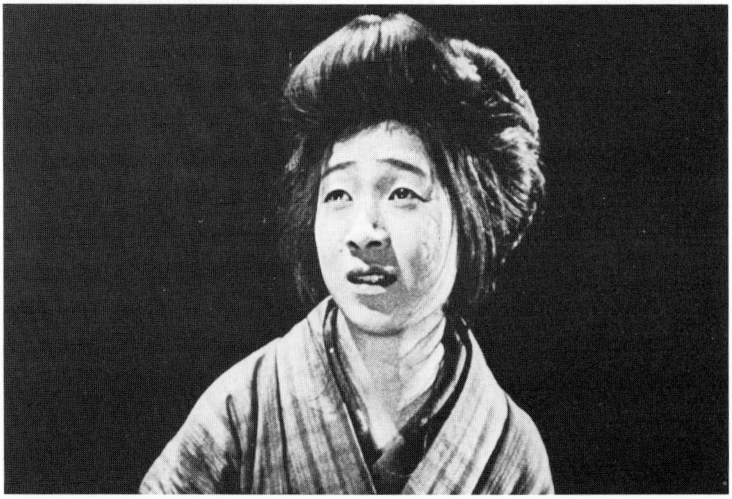

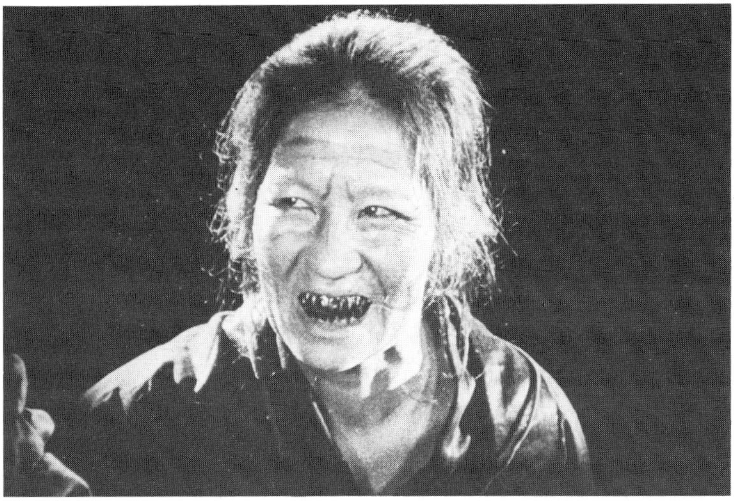

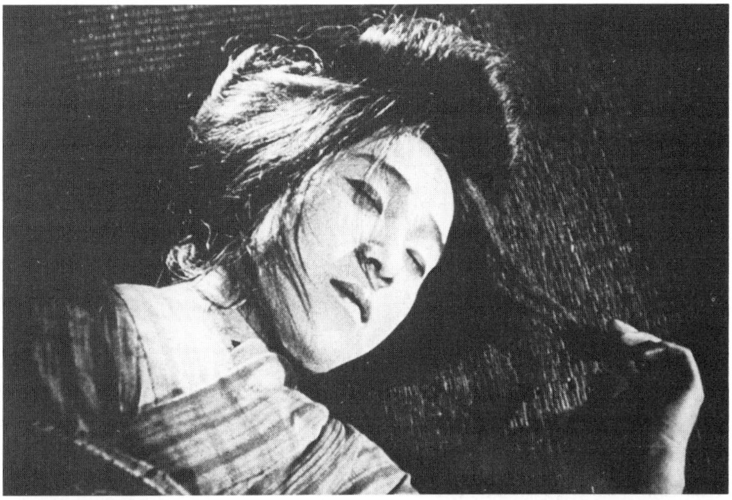

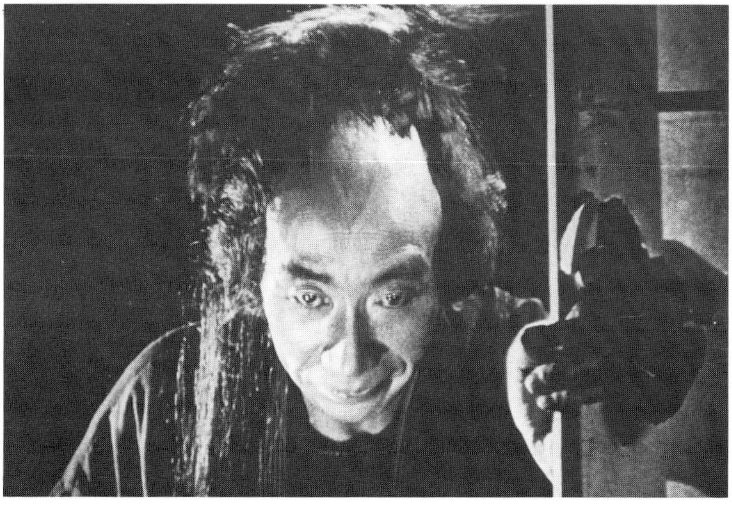

# Klaus Pringsheim

*Klaus Pringsheim, geboren 1883 zu Feldafing am Starnbergersee als Sohn des Mathematikprofessors Alfred Pringsheim, studierte in München und Wien, war Opernkapellmeister an verschiedenen Orten, 1918–1925 musikalischer Oberleiter der Reinhardt-Bühnen in Berlin, danach Musikkritiker am Berliner „Vorwärts". Wurde 1931 an die Kaiserliche Musikakademie in Tokio berufen, wo er bis 1937 Professor und Leiter der Symphoniekonzerte war; 1938/39 wirkte er in Bangkok am Aufbau einer Musikakademie mit, lebte dann bis 1946 wieder in Tokio, 1946–51 in Los Angeles. Kehrte 1951 nach Japan zurück und lehrte an der Musashino Musikakademie in Tokio, wo er 1972 starb, vielfach geehrt als Vermittler zwischen europäischer und ostasiatischer Musikkultur.*

*Pringsheim, der unter anderem die Musik zu Lupu Picks „Sylvester" (1923) schrieb, hat sich auch des öfteren zu Fragen der Kinomusik geäußert. Wobei zu bedenken ist, daß der Berufsmusiker natürlich anders urteilt als das Publikum; er hörte wirklich hin, und dazu ist die Begleitmusik im Kino eigentlich nicht da. Für den Berufsmusiker ist ohnehin nur der durchkomponierte Film annehmbar. Vergleicht man Pringsheims Aufsatz über Filmmusik aus dem Jahre 1926 („Weltbühne") mit dem hier wiedergegebenen Vortrag, den er 1929 in Frankfurt hielt, erkennt man sofort, daß sich seine Einstellung in keiner Weise geändert hat – er verurteilt die im Kino bis dahin übliche Improvisation. Der Vortrag, an der Schwelle zum Tonfilm gehalten, als sich eine Lösung bereits am Horizont abzeichnete, faßt noch einmal alles zusammen, was sich vom Standpunkt des Musikers dazu sagen läßt.*

## Filmmusik

Die Entwicklung der Filmmusik, von der ich versuchen will Ihnen ein kurzes Bild zu geben, diese Entwicklung etwa im Zeitraum eines Menschenalters reicht vom kleinen Kinopianisten bis zum Tonfilm. Im kleinen Kino der Klavierspieler: das war in seiner Art eine Ideallösung der Filmmusik, wie sie vielleicht erst wieder, dann freilich auf höherer Ebene, im Tonfilm gefunden werden kann. Der Musiker saß am Klavier, sah vor sich den Film und spielte dazu, wie Laune und Stimmung es ihm eingaben. Es war eine selbstverständliche Übereinstimmung zwischen dem Bild und der Musik. Künstlerisch war die Musik nicht, künstlerisch war aber auch der Film nicht. Man stellte nicht höhere Ansprüche, aber es bestand auch hier eine vollkommene Übereinstimmung zwischen der Anspruchslosigkeit der Musik und der des vorgeführten Films. Außerdem erfüllte die Musik den Zweck, der ihr zukam. Denn die ganze Filmmusik ist nicht entstanden aus dem künstlerischen Bedürfnis des Films, sondern aus dem Bedürfnis des Theaters, zunächst des kleinen Kinos, eine Übermüdung des angestrengten Auges durch die gleichzeitige Beschäftigung des Ohres zu verhindern und störende Geräusche im Theater zu dämpfen. Lautlose Stille, lautlose Stille gar in einem großen, verdunkelten Raum, in dem Hunderte oder Tausende von Menschen sitzen, ist nicht zu erzielen. Es würde immer eine gewisse Unruhe zu vernehmen sein. Von störendem Geräusch das Ohr abzulenken war die Aufgabe der Filmmusik.

Als dann die Filmtheater in den Großstädten anspruchsvoller wurden, wuchsen auch die Ansprüche an die Musik im Filmtheater. Es kamen die großen Filmorchester auf, im Ufa-Theater in Berlin z. B. saßen bis zu 75 Mann. Damit wurden entsprechende Ansprüche in bezug auf die Musik geweckt. Damit wurde die Aufmerksamkeit auf die Musik gelenkt. Es wurden „bessere" Musikstücke verlangt. Man kam dann allmählich doch darauf, daß die Musik in irgendeiner Beziehung zu dem gesetzt werden müsse, was auf der Leinwand vorging. Es wurde eine oberflächliche Verbindung gesucht. Filmmusik im heutigen Sinne war das noch nicht. Aber das Verständnis dafür, daß die Musik irgendwie zum Film passen müsse, wuchs allmählich. Sie sollte mehr und mehr zur Wirkung des Films beitragen. Die Musik wurde allmählich erkannt als ästhetisch mitwirkender Faktor des Filmwerks.

Damit ist die Musik aus dem Aufgabenkreis des Theaters in den Aufgabenkreis der Filmherstellung selbst gerückt. Aber das Theater behält die Aufgabe, den Film mit Illustrationsmusik zu versehen. Es hat sich da ein System herausgebildet, das in seiner Anwendung bekannt ist. Alle Musik, die in Jahrhunderten geschrieben worden ist, ist da, sie ist für den Film da. Der Film hat nur danach zu greifen. Sie muß nur noch nach Art ihrer Verwendbarkeit in ein System gebracht werden. In Deutschland wird seit einigen Jahren mit einem ungeheuren Aufwand von Kosten Filmmusik gemacht. Aber was geschieht? Es wird Musik aller möglichen Komponisten durcheinandergerührt, zurechtgeschnitten, verstümpert, verstümmelt. Sie kennen das wohl und trotzdem fällt es Ihnen nicht mehr auf. Ich muß sagen: daß unser Land, das seine Musik als höchstes Volks- und Kulturgut pflegt, das sich vor aller Welt das „Land der Musik" nennen läßt, diesen empörenden Mißbrauch und Unfug duldet, das ist wirklich eine

Schande, gegen die immer wieder angegangen werden muß. Ich wiederhole, was in anderem Zusammenhang Genosse Kestenberg gesagt hat: Ich will darum nicht nach dem Gesetzgeber rufen, aber ich möchte doch an eine Macht mich wenden, die bisher gründlich versagt hat, nämlich an die Presse. Wir können es erleben, daß die gesamte Fachpresse über einen Kapellmeister herfällt, der eine Symphonie oder sonst ein Musikstück etwas langsamer oder schneller gespielt hat, d. h. in einer Fachangelegenheit sich vergangen hat. Im Nebenhause aber, im Filmtheater, kann man hören, wie diese selbe Symphonie in der schlimmsten Weise mißhandelt wird, und es sitzt ein Kritiker, ein Musikkritiker, darin, und am nächsten Tag lesen wir, wie er in der Zeitung die Musik lobend erwähnt. Wir haben es erlebt, daß in Berlin zu einem „Faust"-Film Fetzen aus Wagners „Tristan" und aus Mahler-Symphonien durcheinandergespielt wurden. Und dann wurde der Illustrator in einer großen Berliner Zeitung gepriesen, daß er nicht nur den Film vortrefflich illustriert, sondern zugleich ein Stück musikalischer Volkserziehung geleistet habe. Ich brauche wohl nicht länger bei diesem System zu verweilen. Das Ganze eines Films will heute Kunst sein, und wir müssen zugeben, daß oft sehr bedeutende Kunstwerte im Film enthalten sind. Aber er wird niemals als Ganzes eine Kunstwirkung ausüben, wenn nicht alle Teile Kunst sind. Wenn in einem Theater ein schlechtes Stück von guten Schauspielern gespielt wird, dann haben wir keinen Kunstgenuß und bedauern die Schauspieler, die sich für solche Sache einsetzen müssen. So ist es auch umgekehrt bei einem hochwertigen Drama, wenn es von schlechten Schauspielern miserabel gespielt wird. Zu einer künstlerischen Gesamtwirkung müssen allemal alle Faktoren zusammenwirken.

Das Filmtheater braucht Musik, der Film braucht das Filmtheater, also muß er sich mit Musik verbinden. Dann muß sie aber auch so sein, daß man sie ertragen kann. Der einzige Weg, die Filmvorführungen mit Musik künstlerisch befriedigend zu gestalten, ist die Betrauung eines Komponisten mit der Aufgabe, die zu dem Film passende Musik, also Originalmusik, zu schreiben. Es sind zu manchen Filmen zum Vorteil ihrer Wirkung Originalmusiken geschrieben worden, aber sie sind meistens schnell wieder verschwunden, weil die Filmtheaterwelt für ihre Aufnahme und Verbreitung nicht bereit ist.

Gewiß hat das Komponieren von Filmmusik für den Komponisten seine ungewohnten, nicht nur technischen Schwierigkeiten. Es ist ein anderes, eine Oper oder Symphonie zu schreiben, ein anderes, zu einem fertig vorliegenden Film eine Originalkomposition zu geben, die in der Tat ihren künstlerischen Zweck nur dann ganz erfüllt, wenn schließlich sie den Eindruck hervorruft, der Film sei zu dieser Musik gemacht. Es wird für die Komponisten auch Sache langer Übung sein müssen, hier immer das Richtige zu treffen. Aber wo und wie kommt der Komponist dazu, Filmmusik zu schreiben, also Erfahrungen als Filmkomponist zu erwerben? Der Komponist wäre ein Narr, der zu einem Film, den er in einem Filmtheater laufen sieht, hinterher Musik schriebe; denn diese Musik hätte selbstverständlich keine Aussicht mehr, gespielt zu werden. Und ein Narr wäre ebenso, wer sich vornähme, Musik zu einem Film, der nur in seiner Phantasie besteht, zu komponieren; denn um der schon geschriebenen Musik willen wird kein Film gedreht. Der Komponist, mit einem Wort, muß gerufen werden, und er muß rechtzeitig gerufen werden, er muß vor der Uraufführung Zeit haben, zum mindesten vier bis sechs Wochen, seine Musik nach dem Bild der fertigen Musterkopie auszuarbeiten. Aber dann dürfte die Beschaffung der Musik nicht Sache des Filmtheaters sein, sondern müßte in den Verantwortungsbereich der Produktion verwiesen werden.

Es ist ein zweifacher Widersinn, wenn zwar für die Fertigstellung eines Filmwerks in allen Teilen bis ins kleinste, im Schauspielerischen wie in der Ausstattung, Monate hindurch mühevollste, sorgfältigste Vorbereitungsarbeit geleistet wird, dann aber die Musik, die in der Wirkung ein wichtiger Bestandteil des Films werden soll, dem flüchtigen Ungefähr des Theaterbetriebs ausgeliefert wird. Und weiter, wenn zwar der Filmbildstreifen unabänderlich für alle Zeiten und Orte fixiert ist, die Musik aber dem Zufall, den Wechselfällen des Theaters, dem Wechsel von Theater zu Theater preisgegeben wird. Das ist ein widersinniger und unsinniger Zustand. Wir wissen freilich, daß die Industrie an der Musik wenig Interesse hat. Sie betrachtet alle ihre Unternehmungen nach geschäftlichen Gesichtspunkten, aber wir können dennoch sagen, wenn wir die Entwicklung der letzten Jahrzehnte charakterisieren wollen, diese Entwicklung bedeutet die Eroberung des Films durch die Kunst, durch den Künstler. Vertreter der bildenden Kunst, der Schauspielkunst und der Dichtkunst haben an dieser Eroberung teil; nur der schaffende Musiker bleibt ausgeschlossen. Die Musiker sind bereit. Es gibt eine große Anzahl von Komponisten, die ohne Zweifel in der Lage wären, eine hochqualifizierte Komposition für den Film zu liefern, – Komponisten, die ohne Aussicht, aufgeführt zu werden, Werke schaffen und deren Arbeitskraft und Arbeitsertrag also für die Welt verloren gehen. Für die moderne deutsche Musikerschaft wäre es ein Glück – und es wäre eine Kulturtat, wenn man ihr zu diesem Glück verhelfen wollte –, wieder für die Wirklichkeit, für ein unmittelbares Bedürfnis der Gegenwart, für ein großes Publikum, das da ist, zu schaffen, anstatt sich die Hörer, die Konsumenten in Fachzirkeln suchen zu müssen. Daß die Musiker bereit sind, das hat das Beispiel bewiesen, das *Richard Strauß* gab. Er hat seinen „Rosenkavalier" verfilmen lassen und dazu eine neue Partitur geschrieben. Aber es hat sich gezeigt, daß Filmwelt und Musikwelt leider durchaus zweierlei sind. Die Uraufführung in der Dresdener Oper wurde zu einem musikalischen Ereignis gestempelt, anstatt zu einem Filmereignis. Die Filmleute saßen dabei und lächelten über die filmischen Mängel der Vorführung. In Berlin, in einem der ersten Filmtheater, war es umgekehrt, sodaß Richard Strauß nach dem ersten Teil genug hatte. Musik und Film wollten nicht zusammenkommen. Wer ist schuld an diesem Zustand? Einer schiebt es auf den andern. Wo nichts geschieht, kommt nie heraus, wer es gewesen ist. Es fehlt an einer Organisation des gesamten Filmmusikwesens. Dieser Zustand ist in höchstem Maße unwirtschaftlich. Jedes Theater macht sich von neuem Kosten und Arbeit. Ein ungeheurer Fortschritt wäre es, wenn die zu einem Film geschriebene Musik auch überall gespielt würde. Aber es würde sich lohnen, zu einem Film eine Originalmusik komponieren zu lassen, wenn diese Musik nicht nur in Uraufführungstheatern, sondern in allen, auch in allen kleineren Theatern, gespielt würde, und das wäre wiederum nur eine Frage zweckmäßiger Organisation, von der Anlage der Partitur bis zur Vervielfältigung und Verbreitung des Materials. Und es würde sich lohnen, eine Musik überall spielen zu lassen, wenn es sich um die hochqualifizierte Originalarbeit eines ernst zu nehmenden Komponisten handelte.

Mit einem Schlag ist die Situation durch das Aufkommen des Tonfilms verändert worden. Alles wartet auf den Tonfilm und die Wunder, die er uns bringen soll. In diesem Zusammenhang interessiert er in erster Linie als die endlich heraufgekommene Möglichkeit, für die Filmmusik die Bedingungen zu schaffen, die ihr nottun.

Aber für den Musiker und die Musik ist das noch Zukunftsmusik. Wie die Situation der Gegenwart aussieht, habe ich versucht, Ihnen zu zeigen, und diese Situation nötigt, wie ich endlich noch sagen möchte, auch die Arbeiterschaft zu besonderer Stellungnahme. Ich wurde einmal von einer bürgerlichen Zeitungsredaktion gefragt, welche Filmmusik denn die Arbeiterschaft hören wolle. Sie will, antwortete ich, daß Filmmusik auch in ihren Theatern anständig gespielt wird. Man glaubt in der Theaterindustrie, den Arbeitern komme es nicht darauf an. Aber die Arbeiterschaft, die auf ihren Musikfesten die „Missa solemnis" und das „Requiem" von Verdi aufführt – so aufführt, daß sie mit den ersten Konzertinstituten konkurrieren kann, steht in ihrem Musikverständnis und Musikanspruch nicht hinter der Besucherschaft der bürgerlichen Luxuskinos zurück. Wenn der Theaterunternehmer glaubt, das elegante Publikum des Berliner Westens (und was für Berlin gilt, gilt selbstverständlich auch für die anderen Städte im Reich) durch die gute Musik ins Filmtheater locken zu müssen, so ist zu antworten, daß er die Arbeiter aus den Filmtheatern vertreibt, in denen er die Musik vernachlässigt oder minderwertiger in der Aufführung bietet. Das andere, was ich Ihnen sagen möchte: das heutige System bietet verschiedene Möglichkeiten, die leider bis jetzt noch nicht ausgenützt sind. Jedes Theater kann andere Musik spielen. Man stelle sich vor, wie zu einem eleganten Gesellschaftsfilm in einem Kurfürstendamm-Theater mondäne Musik gespielt wird. Filmvorgang, Musik, Publikum – alles paßt zusammen. Aber dieselbe Musik spielt man auch in einem Arbeiterfilmtheater. Das ist empörend. Wenn heute hier gesagt wurde, der Arbeiter geht gerne ins Kino, um solche Kitschfilme zu sehen, so muß ich hinzufügen, daß die Musik ihren Teil Schuld hat, wenn er sich wohl dabei fühlt. Durch die Musik soll aber ausgedrückt werden, was der Arbeiter diesen Filmen gegenüber fühlt. Verlangen Sie, daß ein Arbeiterfilmtheater zu den Filmen die Musikstücke spielt, die der Einstellung des Arbeiters zu den dargestellten Vorgängen gerecht wird. Dann wird vielleicht sich der Unternehmer überhaupt überlegen, einem Arbeiterpublikum solche Kitschfilme vorzuführen. So kann vielleicht von der Musik her ein Stück Filmtheater für den Arbeiter erobert werden. [1929]

Alfred Abel in „Die Feuertänzerin" (Robert Dinesen, 1925)

# George Grosz

„Im Kampf
das tödlichste Geschoß
ist eine Zeichnung
von George Grosz",

hieß es 1923 in einer Annonce der Malik-Buchhandlung, Berlin. George Grosz, geboren als Georg Gross am 26. Juli 1893 in Berlin, aufgewachsen in Pommern, gab seinem Vornamen im ersten Weltkrieg aus Protest englische Form, zur selben Zeit, als aus seinem Freund Helmut Herzfeld ein John Heartfield wurde. Von Theodor Däubler, der als erster über ihn schrieb, wurde Grosz 1916 als „Zeichner und futuristischer Schriftsteller" eingeführt – Grosz machte damals auch dadaistische Gedichte, die er als „Propagandada" mit dem dazugehörigen Schabernack selber vortrug. „Wir wollten kein normales Leben führen", erinnert sich Richard Huelsenbeck 1959, „und sehnten uns doch nach einer Form des Ruhms, die Geld und alle Bequemlichkeit der Welt in sich schloß."

„Der Haß machte ihn zum Porträtisten." Heinrich Mann hat es nicht von Grosz gesagt, für dessen Frühwerk es aber in hohem Maße gilt („Das Gesicht der herrschenden Klasse", 1921; „Ecce homo", 1923; „Der Spießer-Spiegel", 1925). So wie er Bühnenbilder entwarf, für Piscator und andere, wurde er auch für „Stil- und Maskenentwürfe" des Films „Die Weber" (Friedrich Zelnik, 1927) herangezogen (ähnlich wie er viel später nochmals den Hintergrund skizzierte zu „I am a Camera" von Henry Cornelius, einer Verfilmung von Isherwoods Berliner Geschichten).

Als Grosz im Januar 1933 nach Amerika übersiedelte, für das er schon immer eine Schwäche gehabt hatte, sprach Hans Rothe von dem „Cassandra-Schicksal des großen Geistes, der unzähliges Leid hätte abwenden können, wenn man seinen Visionen geglaubt hätte." Grosz selber erklärt allerdings in seiner Autobiographie: "Meine Zeichnungen waren Zerrbilder einer schiefen, krummen, von den pseudo-wissenschaftlichen Gesichtspunkten des Marxismus und Freudianismus aus gesehenen und gedeuteten Welt. Dieses Zeug, fand ich, gehörte mit Recht der Vergangenheit an, und hätten die Deutschen es nicht verbrannt, so hätte ich wohl selbst einen Haufen aufgeschichtet und ein Streichhölzchen darangelegt." Er war mit der Zeit dazugekommen, „die Welt als ein Naturschauspiel aufzufassen", und stellt freimütig fest: „Zum Weltverbesserer macht mich diese meine Entwicklung völlig ungeeignet." George Grosz starb am 15. Januar 1959, kurz nach seiner endgültigen Rückkehr nach Berlin.

## Das feine Milljöh

Ja früher, vor dem Kriege, ging ich gern in den Film. Das ist wirklich kaum noch wahr, so lange her erscheint es mir. Was waren das für stundenlange Programme, es gab ja noch nicht die Original-Autoren-Filme, das Wort Kunst trat noch nicht in jene überhebliche Beziehung zur Filmbranche, wie jetzt üblich. Es waren, so erinnere ich mich, im allgemeinen wunderhübsche Filme, die da gezeigt wurden. Tom Prince, Tontolini, Fritzchen Abélard und Max Linder waren sicher einem Chaplin ebenbürtig. Allerdings hielt sich damals die „vornehme" nach „innen" gerichtete Literatur abseits ... und keinem wäre es beigefallen, etwa Tom Prince oder Max Linder mit dem Erlöser und sozialen Trostbringer zu vergleichen, wie das späterhin dem Chaplin geschah ... von aus den expressionistischen Pantinen gekippten Dichterschwärmern. I wo, kein ernster Mensch kümmerte sich in den Anfängen groß um den Film. Die drehten da lustig und immer munter ihre volkstümlichen Dramen und Komödien. Der Autor und Hersteller prangten noch nicht mit ihrem reklamehaften Drum und Dran, sämtlichen Mitarbeitern, Ausstattern, Bauleitern, Lieferanten usw. auf dem Vorspann. Man war wesentlich bescheidener ... Kino, Sache der kleinen Leute auf den Rummelplätzen ... 20 Nummern keine Seltenheit, Eintritt 10 und 20 Pfennig. Neulich einmal habe ich am Kurfürstendamm, ich glaube im Marmorhaus, eine solche Sammlung alter Filme wiedergesehen ... Komisch natürlich, schon die Moden, gewisse allzu hastige Bewegungen, meist auch zu sehr noch Papp- und Guckkastentheaterprinzip ... und doch muß ich sagen, abgesehen von vielem technisch Unzulänglichen, war der Abstand gar nicht so gewaltig. Der vielgepriesene Fortschritt?? – ist denn der wirklich so enorm? Na ja, sie haben sozusagen das Stilleben im Film entdeckt, fotografieren raffiniert eine Flasche, Blumen, eine Hand, die sich monumental ballt, machen Großaufnahmen ... und machen sich mit der (N. B. nicht aus Rußland kommenden, sondern aus Amerika stammenden) hochtönend benamten „neuen Optik" wichtig. Man fotografiert von oben, von unten, von hinten durch die Beine nach oben, schneidet, montiert ... wenns hoch kommt, bei Strohheim z. B., gelingt es dann wohl auch, vermittels des Apparates tatsächlich eine psychologische Situation zu erfassen (die Mutter, die sich von der Tochter löst, die

Treppe heruntergeht, von unten aufgenommen, so den Begriff des Mütterlichen gebend); das sind Seltenheiten.

Merkwürdig, früher ging ich sehr viel häufiger in ein Kino ... heute bedarf es immer erst der Suggestion von guten Bekannten und Freunden, die einem sehr eindringlich nahelegen, ja nicht diesen oder jenen Film zu verabsäumen. Eigentümlich, obwohl ich nicht zu gewissen snobistischen Elitemenschen gehöre, die immer alles fünf Minuten früher wissen, alles fünf Minuten früher hinrichten ... so muß ich doch eingestehen, ich bin ein wenig filmmüde. Schwer zu sagen, woran das eigentlich liegt. Es ist wohl so, daß neben dem rein technisch Unzulänglichen, es in der Hauptsache das sich ewig gleichbleibende Inhaltliche ist. Grob gesagt, das ständig Verniedlichte, das unentwegt Gezuckerte der Themen. Doch davon später.

Zunächst einmal möchte ich als Filmfreund sprechen ... ich glaube nämlich, was ich schon früher ausgesprochen habe, den Film als einen wirklichen Bild- und Kunstausdruck unserer Zeit anzusehen. So scheint er mir heute als der realisierte Wunschtraum der kleinen Leute, der Millionen Arbeitnehmer jeden Gehaltsgrades. Nur im Film, oder fast nur im Film (mal vom Kriege abgesehen) findet heute der in den Arbeitsprozeß unerbittlich eingeschaltete Mensch, von den unerbittlichen wirtschaftlichen Gesetzen begrenzt, seinen Wunschtraum von leichtem Aufstieg, gesellschaftlicher persönlicher Freiheit und Glück. Der Film schafft ihm nach tagtäglicher mehr oder weniger vernünftiger Arbeit und Sorge die notwendige romantische Entspannung ... Moderne Arbeit an laufenden Bändern, beteiligt an einem strengen Arbeitsprozeß: der einzelne nunmehr höchstens ein winziges Rädchen einer ihm unbegreiflichen Wirtschaftsmaschine, die ihm noch nicht einmal gehört. Das tägliche dunkle Gesetz, diktiert von anonymen Göttern, deren höchste Spitze sich oben im Nebel der Kartelle und Aktiengesellschaften verliert, nur als Gesetz des täglichen Zwanges erkennbar. Ja, diese Millionen emsiger Bienen wollen den Film als angenehme Unterhaltung, als sichtbare Wunschträume ihrer freien Lohnsklaverei. Da auf dem Zelluloidband ist ja Gott sei Dank alles ein bißchen besser, geradezu ideal, von gewissen bolschewistischen und amerikanischen Filmen abgesehen, geht es da so zu, wie es im Leben eben sehr selten zugeht. Da findet sich immer für die kleine Stenotypistin im richtigen Augenblick der hochherzige Chef mit wahrer Demokratie und heiratet sie, da wird wirklich noch das Gute belohnt und das Böse bestraft. Da hat der romantische Harry Piel und andere noch freies Spiel über Tod und Leben ... Und mit einem guten Gedanken an Hochherzigkeit, kolterndes lächelndes Glück in Gestalt einer in jeder Szene neu und hochmodern bekleideten – resp. unbekleideten Diva geht man nach Hause ... Ja, sollen die da ruhig in ihrer neuen schönen Villa glücklich sein, „Donnerwetter, hast du den Wagen gesehen? wie die da vor der Tankstelle hielt? Mensch, scharfe Nummer, war doch fein, was . . .?" So legt man sich zufrieden ins Bett . . . ein Blick, wenn ich so sagen darf, ins Paradies . . ., in die zweifelhafte Kehrseite einer durch und durch materialistischen Welt. Noch im Bild Propaganda für Luxusbedürfnisse, die dem kleinen Mann niemals zugänglich. Frauenbein, Bembergseide, Frack, sportliches Wagnis, hinter jedem Stuhl Kellner mit umwickelter Flasche, Geld in Haufen, Tanzgirls und klotzige Autos. Mit einem Wort die Ideale der Massen unserer Zivilisation.

Es ist ganz dumm, immer nur die Filmverfertiger anzuklagen und zu sagen, ja ihr, ihr verschlechtert den Geschmack. So ist das nicht, es sind ebenso die Massen der Kinobesucher, die diese Filme haben wollen . . . es ist ein Stück Ausdruck dieser ganzen Zeit, auf deren Hintergrund diese platten Phantasien abrollen, eine Zeit, deren höchstes Ziel sinnlose ungeordnete technische Entwicklung ist. Ich bin leider kein Optimist, ich glaube, diese Entwicklung wird zunehmen, je mehr die früheren Ideale abnehmen, und je mehr der Anteil des Menschen am Geschaffenen nur noch in der Lohntüte besteht. Auch bei uns gibt es auf allen Gebieten den *tired business man* . . . und der braucht leichte Kost. Was sollen ihm Probleme da oben, hat er ja am Tage übergenug . . . stört nur unangenehm. Nun, und unten, der Arbeiter will eigentlich auch dasselbe . . . der will, außerhalb der Partei – eben auch seine Ruhe haben, mal was Lustiges, Angenehmes sehen . . . kann mans ihm verdenken? Hier, ich weiß, berühre ich ein heikles Kapitel, viele meiner Freunde werden schimpfen, weil ich den Arbeiter so sehe, wie er in den allerhäufigsten Fällen ist . . . Aber ich denke an Rußland, und es ist sehr typisch, daß gerade dort gewisse amerikanische platte Filme sich großer Beliebtheit erfreuen . . . Wie sollte dies auch anders sein, solange die Maschine den Menschen beherrscht. Ich sehe gelegentlich Filme hier in einem kleinen Kino . . . und es ist so bezeichnend, daß gerade jene, von der zünftigen Literatur als besonders albern bezeichneten Filme, den meisten Zulauf haben. Da stehen die Leute buchstäblich vor der Kasse Schlange; kleine Leute der Gegend und Dienstmädchen. Man soll sich doch da nichts vormachen, so ist es eben.

Zum Schluß noch ein paar Notizen: was ich mir noch vom Film wünsche . . . Nach Vorausgegangenem wird man verstehen, das, was ich fordere oder, bescheidener, mir wünsche, ist nun einmal ohne weiteres nicht möglich. Die Filmindustrie muß mit Massen arbeiten und mit Absatz größten Stils rechnen. Geld ist eben auch noch, scheints, eine unbezwingliche Macht. Ich meine, mir stehen persönlich die Filme, die die Wahrheit verfilmen, am nächsten, unter uns gesagt, tun das die heutigen Kurbelmänner viel zu wenig. Ich könnte mir einen wirklichen deutschen Film denken, der ähnlich, wie ich es mit meinen mittelalterlichen Mitteln tue, ein wahrhaftiges Bild der heutigen Zeit gibt. Einfach, ich möchte gern einmal im Film den Mann sehen, der neben mir wohnt. Aber ihn selbst, nicht als Charge dargestellt, die sich im Bewußtsein ihrer guten Type aufdringlich in den Vordergrund spielt. Auch die Stube von nebenan möcht ich gern sehen, das „Milljöh" sozusagen, nicht erst hervorragend einfallsreich von illustren Architekten aufgebaut ... nein, so nebenbei wie im Leben ... Und dann diese ewig und mit der Zeit wirklich albernen Filmvorstellungen vom Leben der oberen Zehntausend, hat da überhaupt einmal von den Statisten einer einen Bauch? ... Wenn, dann doch auch nur wieder, entweder als Kontrast um einen dicken Liebling des Volkes dünner erscheinen zu lassen ... oder als dämonische Raffkecharge ... aber dieser sanfte mittlere Bauch des Mannes gegen vierzig, wie er bei uns so häufig, den habe ich nie gesehen. Alles ausgeborgte schlechte Statisterie ... jeder von sich träumend übermorgen ein Menjou oder so ... was eben gerade in Amerika modern. Ich denke mir immer, was könnte man hier für schöne Filme drehen ... könnte man nicht im Film etwas von dem rätselhaften unterirdisch bewegten Deutschland zeigen? Immer wenn ich im Ausland einen deutschen Film sah, sah ich eine Schauspielerwelt ... wo sieht man den untersetzten tüchtigen Mann mit dem Eckenkragen, mit der Mappe und Hornbrille, der nebenbei in einem literarischen Verein ist, Musik liebt, und auch sonst seinen Mann steht ... sieht denn wirklich, das Filmmilljöh ausgenommen, so unsere Gesellschaft aus? Ich kenne ziemlich alle Kreise, ich muß sagen, kaum.

Warum diese Veridealisierung des, im Film immer so trauten, Kleinbürgerdaseins mit Balkon und Gießkanne und Kanarienvogel ... vom Arbeiter im Film gar nicht zu reden; den gibts ja nur als neckisch zurechtgemachten Ziehmann oder sächsisch sprechenden Schofför. Warum denn überhaupt alles den Amerikanern abgucken? Deutschland hat so wundervoll filmreife Menschentypen. Denn man vergesse doch eins nicht, der Amerikaner sieht meistens in der Wirklichkeit, jedenfalls was die jüngeren anbelangt, so aus, wie er im Film gezeigt wird, diesen smarten gutrasierten oberflächlichen ewig lächelnden Typ trifft man zu Millionen in U.S.A. ... Bei uns sind solche Typen, falls man ihnen begegnet, entweder Homos oder Filmschauspieler. Wir haben doch auch einen Typ des jungen Mannes, der wohl angenähert, doch ganz anders ist ... und keineswegs schlechter dasteht. Die Russen haben doch in ihren besten Filmen ebenfalls ihre typischen Russenphysiognomien. Toll, bei uns ahmt man nach und imitiert und hätte es eigentlich gar nicht nötig. So kommt es, daß tatsächlich das einzige Stück wirklichen deutschen Lebens ausschließlich den Wochenschaubildern vorbehalten bleibt. Das andere ist meistens Pappe, Dekoration und im besten Falle Märchen für erwachsene Kinder.

Ich bin wieder da angekommen, wo ich begann ... und solange die Menschen im Banne dieser materialistischen Zivilisation unmündig verharren, wird sich auch im großen und ganzen der Film kaum ändern. [1931]

Anna May Wong in „Großstadtschmetterling (Richard Eichberg, 1929)

## Verlag und Herausgeber danken

den nachgenannten Rechtsinhabern für freundliche Genehmigung, die angeführten Texte abzudrucken.

Arche Verlag, Zürich (Franz Blei, Kinodramen, aus: Kurt Pinthus, Das Kinobuch)

Deutsche Schillergesellschaft, Marbach am Neckar (Kurt Pinthus, Quo Vadis – Kino?, Dr. Mabuses Welt I/II, Tragödie der Liebe, Das Zeichen des Zorro)

Frau Elisabeth Edschmid, Darmstadt (Kasimir Edschmid, Auszüge aus: Kerstin und Das Bücher-Dekameron; Carlo Mierendorff, Hätte ich das Kino!)

S. Fischer Verlag, Frankfurt a. M. (Thomas Mann, Kino, aus: Der Zauberberg, Über den Film, aus: Reden und Aufsätze II)

Frau Gertrud Freksa, Berlin (Friedrich Freksa, Vom Werte und Unwerte des Kinos, Die künstlerische und kulturelle Bedeutung des Kinos)

Herr Dr. Elio Fröhlich, Zürich, für die Carl-Seelig-Stiftung (Robert Walser, Kino, Das Kind, Über einen Film I/II)

Estate of George Grosz, Princeton, N. J., vertreten durch Herrn Peter M. Grosz (George Grosz, Das feine Milljöh)

Frau Herta Haas, Hamburg (Willy Haas, Pola Negri als Sappho, Sprechbühne und Lichtbildbühne, Warum wir den Film lieben)

Carl Hanser Verlag, München/Wien (Béla Balázs, Tragödie der Liebe, Verzeiht!, Musik im Kino, aus: Schriften zum Film, Bd. 1, Kritiken und Aufsätze, hg. von Helmut H. Diederichs)

Julius-Hart-Archiv, Berlin (Julius Hart, Kunst und Kino, Der Atlantis-Film)

Frau Edith Hasenclever, Vence, Frankreich (Walter Hasenclever, Der Kintopp als Erzieher)

Frau Ilse Ester Hoffe, Tel Aviv (Max Brod, Kinematographentheater, Kinematograph in Paris)

Herr Michael Kerr und Frau Judith Kneale-Kerr, London (Alfred Kerr, Das Verhältnis zum Film)

Herr Karl August Kutzbach, Bonn (Paul Ernst, Kinematograph und Theater, Möglichkeiten einer Kinokunst)

Verlagsgruppe Langen Müller/Herbig, München (Hanns Heinz Ewers, Auszug aus: Der Zauberlehrling oder die Teufelsjäger)

Luchterhand Verlag, Darmstadt (Georg Lukács, Gedanken zu einer Ästhetik des Kino)

Frau Ingeborg Möller, Mannheim (Paul Wegener, Neue Kinoziele, aus: Kai Möller, Paul Wegener / Sein Leben und seine Rollen)

Herr Dr. Thomas Moor, Basel (Ferdinand Hardekopf, Der Kinematograph)

Verlag Klaus G. Renner, München (Walter Serner, Kino und Schaulust, aus: Das Gesamtwerk, Bd. 1, hg. von Thomas Milch)

Rowohlt Verlag, Reinbek bei Hamburg (Robert Musil, Eindrücke eines Naiven, aus: Ges. Wke Bd. 9; Kurt Tucholsky, Auszug aus: Rheinsberg; Moritz Napoleon, Erotische Films, Deutsche Kinodämmerung, Tragödie der Liebe, alle aus: Ges. Wke Bd. 1; Alfred Polgar, Das Drama im Kinematographen, Klage um einen Abgeschiedenen, aus: Kleine Schriften, Bd. 4)

Frau Alwine Sieburg, München (Friedrich Sieburg, Die Transzendenz des Filmbildes, Die Magie des Körpers)

L. Staackmann Verlag, Linden/München (Theodor Heinrich Mayer, Begleitmusik, Auszug aus: Film/Novellen)

Suhrkamp Verlag, Frankfurt a. M. (Ernst Bloch, Die Melodie im Kino)

Frau Mary Tucholsky, 8185 Kreuth (Kurt Tucholsky, Auszug aus: Rheinsberg, Moritz Napoleon, Erotische Films, Deutsche Kinodämmerung, Tragödie der Liebe)

Walter Verlag, Olten (Alfred Döblin, Das Theater der kleinen Leute)

In einigen Fällen ließen sich die Inhaber der Rechte nicht ermitteln; sie werden gebeten, sich mit dem Deutschen Filmmuseum in Verbindung zu setzen.

# Literaturverzeichnis

Abt, H.; Zur Kinofrage, in: Schweizer Rundschau, Jg. 17 (1916/17), S. 105–112, 185–201

Ackerknecht, Erwin; Das Lichtspiel im Dienste der Bildungspflege, in: Die Bedeutung des Films und Lichtbildes / Sieben Vorträge, Mch. 1917.

– Das Lichtspiel im Dienste der Bildungspflege / Handbuch für Lichtspielreformer, Brl. 1918.

Altenberg, Peter; Kinematograph, in: Die Schaubühne, Jg. 4, H. 17, 23. April 1908.

– Das Kino, in: Wiener Allg. Zeitung, April 1912; danach in: Semmering 1912, Brl. 1913.

– s. auch: Sammelartikel (Erste Internationale Film-Zeitung)

Altenloh, Emilie; Zur Soziologie des Kino, Jena 1914.

Altheer, Paul; Das Kino und die Bühne, in: Die Ähre, Jg. 1, H. 10, 30. März 1913.

– Der Kinowagen, in: Die Alpen, Jg. 7, H. 7/8, März/April 1913.

Alverdes, Paul; Ein Buch und ein Film, in: Der Kunstwart, Jg. 43, H. 3, Dezember 1929.

Arnet, Edwin; Metropolis, in: Neue Zürcher Zeitung, Jg. 148, Nr. 397/411, 10./11. März 1927.

– Der tönende Film, in: Neue Zürcher Zeitung, Jg. 150, Nr. 1574, 16. Aug. 1929.

Arnheim, Rudolf; Die traurige Zukunft des Films, in: Die Weltbühne, Jg. 26, H. 37, 9. Sept. 1930; jetzt in: Kritiken und Aufsätze zum Film, hg. von Helmut H. Diederichs, Frankfurt a. M. 1979.

– Film als Kunst, Brl. 1932.

– s. auch: Sammelartikel (Reichsfilmblatt-Almanach)

Assmus, Walter; Kinofragen, in: Die Hilfe, Jg. 19, H. 1, 2. Jan. 1913.

– Das Kino als Erzieher zum Buch?, in: Die Hilfe, Jg. 19, H. 29, 17. Juli 1913.

Ausleger, Gerhard; Charlie Chaplin, Hambg. 1924.

Avenarius, Ferdinand; Spittelers ‚Bekehrung zum Kino', in: Der Kunstwart, Jg. 29, H. 17, 1. Juniheft 1916.

– Vom Schmerzenskind Kino, in: Der Kunstwart, Jg. 31, H. 19, 1. Juliheft 1918.

Bab, Julius; Die Kinematographen-Frage, in: Die Rheinlande, Bd. 22, H. 9, Sept. 1912; Die Hilfe, Jg. 19, H. 18, 1. Mai 1913.

– Die ‚Veredelung' des Kientopps, in: Die Gegenwart, Jg. 41, H. 47, 23. Nov. 1912.

– Kinodrama und Dramatikerverband, in: Die Gegenwart, Jg. 42, H. 1, 4. Jan. 1913.

– Der Film, in: Die Hilfe, Jg. 26, H. 2, 8. Jan. 1920.

– Film und Kunst, in: Zeitschrift für Ästhetik und allg. Kunstwissenschaft, Jg. 19 (1925), S. 181–193.

Bach, Rudolf; Johanna von Orleans, in: Der Kunstwart, Jg. 42, H. 4, Januar 1929.
– Sturm über Asien, in: Der Kunstwart, Jg. 42, H. 5, Feb. 1929.
Baeumler, Alfred; Die Wirkungen der Lichtbildbühne / Versuch einer Apologie des Kinematographentheaters, in: März, Jg. 6, H. 22, 1. Juni 1912.
– Filmdramatik?, in: März, Jg. 6, H. 51, 1. Dez. 1912.
– siehe auch Sammelartikel (Kinematograph)
Bagier, Guido; Der kommende Film, Stuttg. 1928.
Balázs, Béla; Die Tragödie der Liebe, in: Der Tag, Wien, 28. Sept. 1923; jetzt in: Essay, Kritik 1922–1932, hg. von Gertraude Kühn, Manfred Lichtenstein, Eckart Jahnke, Brl. (DDR) 1973, S. 252/253; Schriften zum Film, Bd. 1 (Der sichtbare Mensch / Kritiken und Aufsätze 1922–1926), Mch. 1982.
– Verzeiht!, in: Der Tag, Wien, 25. Dez. 1923; jetzt in: Essay, Kritik 1922–1932, S. 292–295.
– Musik im Kino, aus: Der sichtbare Mensch, Wien/Lpz. 1924, S. 143/144.
– Der Film arbeitet für uns, in: Film und Volk, Jg. 1, H. 1, März 1928 (Reprint Köln 1975).
– Der Geist des Films, Halle (Saale) 1930.
– Abschied vom stummen Film, in: Der Querschnitt, Jg. 10, H. 4, April 1930; jetzt in: Essay, Kritik 1922–1932, S. 118–122.
– Der Film des Kleinbürgers, in: Die Weltbühne, Jg. 26, H. 33, 12. Aug. 1930; jetzt in: Essay, Kritik 1922–1932, S. 128–136.
Bardolph; Im Kientopp, in: Morgen, Jg. 3, H. 2, 8. Jan. 1909.
Bäumer, Eduard; Kinematograph und Erkenntnislehre, in: Die Zukunft, Jg. 20, H. 1, 7. Okt. 1911.
– siehe auch: Sammelartikel (Kinematograph).
Beer, Max; Film, Theater und Roman, in: Frankfurter Zeitung, Jg. 57, Nr. 180, 1. Juli 1913.
Behn, Fritz; Kino und Naturmord, in: Süddeutsche Monatshefte, Jg. 11, Februar 1914.
Behne, Adolf; Schreibmaschine, Frans Hals, Lillian Gish und Andres, in: Die Weltbühne, Jg. 21, H. 38, 22. Sept. 1925.
– Die Stellung des Publikums zur modernen deutschen Literatur, in: Die Weltbühne, Jg. 22, H. 20, 18. Mai 1926.
Behrendt, Hans; Notschrei eines Filmregisseurs, in: Das Tage-Buch, Jg. 8, H. 50, 10. Dez. 1927.
Behrens, Otto; Das Gesicht des Filmdarstellers, in: Westermanns Monatshefte, Jg. 75/Bd. 149, H. 890, Okt. 1930.
Behrens, Peter; Kino ... quo vadis?, in: Berliner Tageblatt, Jg. 42, Nr. 144, 20. März 1913.
Benjamin, Walter; Gespräch mit Anne May Wong, in: Die literarische Welt, Jg. 4, Nr. 27, 6. Juli 1928.
Bergengruen, Werner; Die Woche im Labyrinth (Roman), Stuttg. 1930.
Beyer, Paul; Das Fantastische im Film, in: Die Neue Schaubühne, Jg. 4, H. 1, Jan. 1922.
– Das Fantastische im Film, in: Der Film von morgen, hg. von Hugo Zehder, Brl./Dresden 1923.
Bierbaum, Willi; Kinematographisches, in: Neue Zürcher Zeitung, Jg. 133, Nr. 308 (1553), 5. Nov. 1912.
– Quo Vadis [Enrico Guazzoni, 1912], in: NZZ, Jg. 134, Nr. 107 (542), 18. April 1913.
– Heimat und Fremde [Joe May, 1913], in: NZZ, Jg. 134, Nr. 259 (1304), 18. Sept. 1913.
– Der sprechende Film, in: NZZ, Jg. 135, Nr. 209, 12. Feb. 1914.

- Gabriele D'Annunzios Film ‚Cabiria', in: NZZ, Jg. 136, Nr. 1361, 13. Okt. 1915.
- Kohlennot und Kino, in: NZZ, Jg. 138, Nr. 1926, 15. Okt. 1917.
- Intolerance, in: NZZ, Jg. 140, Nr. 1484, 29. Sept. 1919.
- Rundschau, in: NZZ, Jg. 141, Nr. 75, 15. Jan. 1920.
- Ein Charlot-Film [The Kid], in: NZZ, Jg. 142, Nr. 1654, 20. Nov. 1921.
- Der Film „Mutter" [Harry Millarde, Over the Hill, 1920], in: NZZ, Jg. 143, Nr. 1491, 15. Nov. 1922.
- Plauderei, in: NZZ, Jg. 144, Nr. 1757, 16. Dez. 1923.
- Jackie!, in: NZZ, Jg. 145, Nr. 1482, 5. Okt. 1924.
- Der Nordpolfilm, in: NZZ, Jg. 146, Nr. 1381, 6. Sept. 1925.
- Der Film „Violantha" [Carl Froelich, 1927], in: NZZ, Jg. 148, Nr. 117, 23. Jan. 1927.
- Zum Nobile-Film, in: NZZ, Jg. 149, Nr. 1723, 24. Sept. 1928.

Blei, Franz; Kinodramen, in: Das Kinobuch, hg. von Kurt Pinthus, Lpz, 1913/14; Neudruck Zch. 1963, Frkft.M. 1983.
- Der Film (Einakter / Pseudonym: Medardus), in: Das Zaubertheater, Lpz. 1915.
- Vorwort zu Dyk Rudenski, Gestologie und Filmspielerei, Brl. 1927.
- Kino, in: Das Tage-Buch, Jg. 9, H. 24, 16. Juni 1928.

Bleibtreu, Karl; Theater und Kino, in: Kinema, Jg. 3, H. 14–18, 5./12./19./26. April / 3. Mai 1913.
- Aus Zürcher Lichtspieltheatern, in: Kinema, Jg. 3, H. 19, 20, 24, 25, 10./17. Mai, 14./21. Juni 1913.
- Filmkritik, in: Die Ähre, Jg. 1, H. 25. 13. Juli 1913 bis Jg. 3, H. 15/16, 17. Jan. 1915.
- Mehr Film, mehr Film . . .!, in: Deutsche Montags-Zeitung, 29. Juni 1914.

Bloch, Ernst; Die Melodie im Kino oder Immanente und transzendentale Musik, in: Die Argonauten, Jg. 1 (1914), S. 82–90.
- Der glänzende Filmmensch, in: Erbschaft dieser Zeit, Zch. 1935.

Bloem, Walter (d.J.); Seele des Lichtspiels / Ein Bekenntnis zum Film, Lpz/Zch. 1922.
- siehe auch: Sammelartikel (Reichsfilmblatt-Almanach)

Bloesch, Hans; Kinematograph gegen Kinematograph, in: Die Alpen, Jg. 6, H. 9, Mai 1912.

B., M.; Bemerkungen eines Kinobesuchers, in: Neue Zürcher Zeitung, Jg. 150, Nr. 107, 18. Jan. 1929.

Böhme, C.; Begleitmusik im Kinematographentheater, in: Zeitschrift für Instrumentenbau, Jg. 30 (1910), Nr. 14.

Brandenburg, Hans; Was ist eigentlich das Kino?, in: Deutsche Rundschau, Jg. 52/ Bd. 208, H. 10, Juli 1926.

Braune, Rudolf; Verschwundene Filme, in: Die Weltbühne, Jg. 26, H. 24, 10. Juni 1930.
- siehe auch: Sammelartikel (Neue Bücherschau).

Brecht, Bertolt; Alkohol und Liebe (29. Okt. 1921), in: Tagebücher 1920–22, hg. von Herta Ramthun, Frkft. a.M. 1975.
- Über Film (5. Sept. 1922), in: Gesammelte Werke, Bd. 18, Frkft. a.M. 1967.
- Weniger Sicherheit!!! (etwa 1926), in: Gesammelte Werke, Bd. 18, Frkft. a.M. 1967.

Brenner, Max; Der Film in Japan, in: Film und Volk, Jg. 2, H. 11/12, Dez. 1929 (Reprint Köln 1975).

Brentano, Bernard von; Filmbesprechungen in der „Frankfurter Zeitung" 1925–1930, zum Teil wiederabgedruckt in: Wo in Europa ist Berlin? (1928), Frkft. a.M. 1981; „A Woman of Paris" in: Klassiker des amerikanischen Films im Spiegel der deutschen Kritik, Deutsche Kinemathek Brl. 1977.

- Film im September, in: Die neue Bücherschau, Bd. 5 (1927), H. 4.
- Fünf neue Filme, in: Die neue Bücherschau, Bd. 6 (1928), H. 2.

Brod, Max; Kinematographentheater, in: Die neue Rundschau, Jg. 20 (1909), Bd. 1, S. 319–320; danach in: Über die Schönheit häßlicher Bilder, Lpz. 1913.
- Kinematograph in Paris, in: Der Merker, Jg. 3, H. 3, 1. Februarheft 1912.
- und Thomas, Rudolf; Liebe im Film, Gießen 1930.

Broesike, Max; Die Kino-Frage, in: Hochland, Jg. 9, H. 11, August 1912.

Bronnen, Arnolt; Arnolt Bronnen †, in: Das Tage-Buch, Jg. 4, H. 19, 12. Mai 1923; leicht gekürzt und mit Änderungen nicht nur stilistischer Art wiederabgedruckt (als „Epitaph") in: Tage mit Bertolt Brecht, Mch. 1960, S. 133–136.
- Die Stabilisierung des Films, in: Neue Zürcher Zeitung, Jg. 147, Nr. 2068, 16. Dez. 1926.
- Film und Leben / Barbara La Marr (Roman), Brl. 1928.

Brunner, Karl; Kinematograph und Drama, in: Der Tag, Nr. 237, Brl. 9. Okt. 1912.
- Der Kinematograph von heute – eine Volksgefahr, in: Der Tag, Nr. 38, Brl. 14. Feb. 1913.

Buchner, Hans; Im Banne des Films / Die Weltherrschaft des Kinos, Mch. 1927.

Burger, Erich; Bilder – Bilder, als Einleitung zu „Film-Photos wie noch nie" hg. von Edmund Bucher und Albrecht Kindt, Gießen 1929.

Busse, Kurt; Film als Kunst, in: Preußische Jahrbücher, Bd. 228, H. 2, Mai 1932.

Coellen, Ludwig; Der Kintopp, der Futurismus und die Philosophie, in: Frankfurter Zeitung, Jg. 58, Nr. 16, 16. Jan. 1914.

D.; Etwas vom Kino in Genf, in: Neue Zürcher Zeitung, Jg. 142, Nr. 730, 19. Mai 1921.

Daussig, Fritz; Filmmusik, in: Velhagen & Klasings Monatshefte, Jg. 40, H. 3, November 1925.

Demeter, Karl; Die soziologischen Grundlagen des Kinowesens, in: Deutsche Rundschau, Jg. 52/ Bd. 208, H. 10, Juli 1926.

Diebold, Bernhard; Expressionismus und Kino, in: Neue Zürcher Zeitung, Jg. 137, Nr. 1453/1459/1466, 14./15./16. Sept. 1916.
- Film und Drama, in: Die neue Rundschau, Jg. 43, H. 9, September 1932.

Döblin, Alfred; Das Theater der kleinen Leute, in: Das Theater, Jg. 1, H. 8, Dezember 1909.
- Film, in: Beilage des Berliner Börsen-Couriers Nr. 431, 14. Sept. 1922.

Droop, Fritz; Kino-Musik, in: Der Türmer, Jg. 16, H. 6, März 1914.

Duenschmann, H.; Kinematograph und Psychologie der Volksmenge, in: Konservative Monatsschrift, Jg. 69, H. 9, Juni 1912.

Eckart, Walter; Das Kinodrama, in: Die Ähre, Jg. 2, H. 2/3/6, 12./19. Okt./9. Nov. 1913.

Edschmid, Kasimir; Kerstin, in: Die weißen Blätter, Jg. 6, H. 9, Sept. 1919; danach im Sammelband „Frauen", Brl. 1922.
- Bilanz, in: Die weißen Blätter, Jg. 7, H. 2, Februar 1920; danach in: Die doppelköpfige Nymphe, Brl. 1920.
- Das Bücher-Dekameron, Brl. 1922, S. 69–72.

Eggebrecht, Axel; Film im März, in: Die Weltbühne, Jg. 22, H. 14, 6. April 1926.
- Film im April, in: Die Weltbühne, Jg. 22, H. 19, 11. Mai 1926.

Ehrentreich, Alfred; Kino- und Radio-„Kultur", in: Die Tat, Jg. 16, H. 10, Januar 1925.

Einstein, Carl; Die Pleite des deutschen Films, in: Der Querschnitt durch 1922, Marginalien der Galerie Flechtheim.

Elsner, Fritz; Das Kinodrama, in: Die Neue Zeit, Jg. 31, Nr. 39, 27. Juni 1913.

– Zur Kinofrage, in: Die Neue Zeit, Jg. 32, Nr. 18, 30. Jan. 1914.

Elster, Alexander; Kino und Theater, in: Reclams Universum, Jg. 35, H. 38, 26. Juni 1919.

Emmel, Felix; Film und Volk / Eine Denkschrift, in: Preußische Jahrbücher, Bd. 208, H. 2, Mai 1927.

Erdmann, K.O.; Das reine Sehen und der Kinematograph als Erzieher, in: Preußische Jahrbücher, Bd. 172, H. 2, Mai 1918.

Erényi, Gustav; Filmzensur, in: Die Gegenwart, Jg. 41, H. 48, 30. Nov. 1912.

– Der kinematographische Geschmack, in: Die Gegenwart, Jg. 51, April 1922.

Ernst, Paul; Kinematograph und Theater, in: Der Tag, Nr. 57, Brl. 8. März 1912.

– Möglichkeiten einer Kinokunst, in: Der Tag, Nr. 49, Brl. 27. Feb. 1913.

Ewers, Hanns Heinz; Der Kientopp, erstmals in: Morgen, Jg. 1, H. 18, 11. Okt. 1907.

– Der Zauberlehrling oder Die Teufelsjäger, Mch. 1909, S. 505–517.

– Kino, in: Deutsche Montags-Zeitung, 12. Dez. 1910.

– Vom Kinema, in: Lichtbild-Bühne, Jg. 3, Nr. 99, 18. Juni 1910.

– Der Film und ich, in: Lichtbild-Bühne, Jg. 6, Nr. 23, 1913.

– Geleitwort zu: Der Student von Prag, Brl. 1930.

– s. auch: Sammelbände (Der Deutsche Kaiser im Film)


Fässler, Oskar; Kino-Zauber, in: Die Alpen, Jg. 7, H. 11, Juli 1913.

Fiedler, Werner; Grundsätzliches vom stummen und tönenden Film, in: Deutsche Rundschau, Jg. 56/Bd. 221, H. 3, Dez. 1929.

– Film-Rundschau, in: Deutsche Rundschau, Jg. 56/Bd. 222, H. 5, Feb. 1930; Jg. 56/Bd. 223, H. 9, Juni 1930; Jg. 57/Bd. 225, H. 3, Dez. 1930.

Fiori, Ernesto de; Der deutsche und der amerikanische Filmschauspieler, in: Die Neue Schaubühne, Jg. 5, H. 1, 1. Jan. 1925.

– Gloria Swanson, in: Die Neue Schaubühne, Jg. 5, H. 2, 28. Feb. 1925.

Flake, Otto; Filmbrief aus Berlin, in: Der neue Merkur, Jg. 7, H. 3, Dezember 1923.

Forch, Carl; Der Kinematograph und das bewegte Bild, in: Hochland, Jg. 9, H. 11, August 1912.

Förster, Franz; Kinokritik, in: Die Neue Zeit, Jg. 30, Nr. 30, 26. April 1912.

– Das Kinoproblem und die Arbeiter, in: Die Neue Zeit, Jg. 32, Nr. 13, 26. Dez. 1913.

Franck, Hans; Die Pest / Ein Film, in: Das literarische Echo, Jg. 23, H. 13, 1. April 1921.

Frank, Bruno; Hintertreppe? Hintertreppe!, in: Die Weltbühne, Jg. 17, H. 50, 15. Dez. 1921.

Fred, W. (Alfred Wechsler); Lichtspiel und Variété, in: Die Schaubühne, Jg. 8, H. 40, 3. Okt. 1912; Jg. 8, H. 41, 10. Okt. 1912.

– Herrenfeldtheater, Zirkus, Kino, in: Die Schaubühne, Jg. 8, H. 43, 24. Okt. 1912.

– Filmpolitik und Filmzensur, in: Die Schaubühne, Jg. 8, H. 47, 21. Nov. 1912.

Freksa, Friedrich; Die künstlerische und kulturelle Bedeutung des Kinos, in: Der Tag, Nr. 267, Brl. 13. Nov. 1912.

– Der Film und der Dramatiker, in: Kinema, Jg. 3, H. 26, 28. Juni 1913.

– siehe auch: Sammelartikel (Frankfurter Zeitung / Kinematograph)

Friedell, Egon; Prolog vor dem Film, in: Blätter des Deutschen Theaters, Jg. 2 (1912), S. 509–511; in gekürzter Form in: Theater- und Kino-Woche, Jg. 1, H. 6, Wien, 16.–22. Feb. 1919.

- Kunst und Kino, in: Freie deutsche Bühne, Jg. 5 (1923/24), S. 156–159.
- Der Turmbau zu Babel, in: Kulturgeschichte der Neuzeit, Mch. 1931, Bd. 3, S. 568/569.

Friedemann, Hermann; Ums Kino: in: März, Jg, 6, H. 15, 13. April 1912.
- Schnaps – Schund – Film, in: Deutsche Montags-Zeitung, Jg. 3, 11. Nov. 1912.

Fulda, Ludwig; Theater und Kinematograph, in: Die Woche, Jg. 14, Nr. 16, 20. April 1912.
- Das bewegte Bild (Erzählung), in: Velhagen & Klasings Monatshefte, Jg. 40, H. 12, August 1926; sodann in: Bunte Gesellschaft / Ernste und heitere Geschichten, Stuttg./Brl. 1927.

Fülöp-Miller, René; Die Phantasiemaschine, Brl./Wien/Lpz. 1931.


Gad, Urban; Der Film / Seine Mittel – seine Ziele, Brl. 1920.

Gaupp, Robert; Die Gefahren des Kino, in: Süddeutsche Monatshefte, Jg. 9/Bd. 2, Juli 1912.

Geller, Oscar; Kino und Pantomime, in: Bühne und Welt, Jg. 15, 1. Juliheft 1913.

Georg, Manfred; Die Hände der Maria Carmi, in: Deutsche Montags-Zeitung, 19. Juni 1916.
- Suzanne (Erzählung), in: Der schöne Ejnar und andere Kino-Novellen, Brl. 1920.
- Sylvester, in: Die Weltbühne, Jg. 20, H. 2, 10. Jan. 1924.

Goldstein, Moritz; Kino-Dramaturgie, in: Die Grenzboten, Jg. 72 (1913), H. 16.

Goll, Claire; Amerikanisches Kino, in: Die Neue Schaubühne, Jg. 2, H. 6, Juni 1920.
- Pathé-Woche, in: Lyrische Films (Gedichte), Basel 1922.

Goll, Iwan; Der Kino-Direktor (Dithyrambe), in: Die Aktion, Jg. 7, H. 51/52, 29. Dez. 1917.
- Apologie des Charlot, in: Die Neue Schaubühne, Jg. 2, H. 2, Februar 1920.
- Das Kinodram, in: Die Neue Schaubühne, Jg. 2, H. 6, Juni 1920.
- Die Chapliniade (Kinodichtung), Dresden 1920.

Goth, Ernst; Pornographische Filme, in: Die Weltbühne, Jg. 19, H. 10, 8. März 1923.

Grabowsky, Adolf; Kinogreuel, in: Das neue Deutschland, Jg. 1917, H. 5.

Graetzer, Franz; Entlarvung des Filmzaubers, in: Die Gegenwart, Jg. 56, Juni 1927.

Grau, Ernst; Um den Film, in: Die Gegenwart, Jg. 51, Okt. 1922.

Gregor, Josef; Das Zeitalter des Films, Wien/Lpz. 1932.

Gregori, Ferdinand; Theater und Film / Eine Warnung, in: Der Kunstwart, Jg. 32, H. 1, 1. Oktoberheft 1918.

Grevenstett, Heinz; Kinematographen, in: Daheim, Jg. 46, H. 30, 23. April 1910.

Grossmann, Stefan; Kino-Katzenjammer, in: Die Deutsche Bühne, Jg. 6 (1914); nachgedruckt in: Die Ähre, Jg. 2, H. 32, 10. Mai 1914.
- siehe auch: Sammelartikel (Reichsfilmblatt-Almanach)

Grosz, George; Das feine Milljöh, in: Der Querschnitt, Jg. 11, H. 1, Januar 1931.
- Ein kleines Ja und ein großes Nein, Hambg. 1955, S. 220/221.

Gurian, Waldemar; Zur Kinofrage, in: Hochland, Jg. 22, H. 1, Oktober 1924.

Gürster, Eugen; „Metropolis" oder der Weltanschauungsfilm, in: Die Tat, Jg. 19, H. 3, Juni 1927; nachgedruckt in: Der Kunstwart, Jg. 41, H. 1, Oktober 1927.
- Der Weg allen Fleisches, in: Der Kunstwart, Jg. 41, H. 5, Februar 1928.
- Filme und solche, die es werden wollten, in: Der Kunstwart, Jg. 41, H. 6, März 1928.
- Filmgespenster, in: Der Kunstwart, Jg. 41, H. 9, Juni 1928.

- Zur Soziologie des Films, in: Die Tat, Jg. 20, H. 3, Juni 1928.
- Film und Theater, in: Deutsche Rundschau, Jg. 55/Bd. 217, H. 1, Oktober 1928.
- Film-Lamento, in: Der Kunstwart, Jg. 42, H. 2, November 1928.
- Die Lage des Welt-Films am Jahresende 1928, in: Der Kunstwart, Jg. 42, H. 5, Februar 1929.

Haas, Willy; Pola Negri als Sappho, in: Das Tage-Buch, Jg. 2, H. 40, 8. Oktober 1921.
- Sprechbühne und Lichtbildbühne, in: Die Neue Schaubühne, Jg. 3, H. 7, Oktober 1921; dann in: Das Spiel mit dem Feuer, Brl. 1923.
- Einwände gegen Chaplin, in: Das Spiel mit dem Feuer / Prosa-Schriften, Brl. 1923.
- Der Filmdichter, ebenda.
- Die Unmöglichkeit des dramatischen Films, ebenda.
- Gedanken zur Soziologie des Kulturfilms, in: Das Kulturfilmbuch, hg. von Beyfuss/Kossowsky, Brl. 1924.
- Warum wir den Film lieben, in: Das große Bilderbuch des Films, Brl. 1926.
- Der Sinn der Filmkritik, in: Die literarische Welt, Jg. 3, Nr. 37, 16. Sept. 1927.
- Notizen über den amerikanischen Film, in: Die literarische Welt, Jg. 3, Nr. 41, 14. Okt. 1927.

Häfker, Hermann; Zur Hebung des Kinematographenwesens, in: Der Kunstwart, Jg. 24, H. 11, 1. Märzheft 1911.
- Kino und Kunst, Lichtbühnen-Bibliothek Nr. 2, M. Gladbach 1913.
- Atlantis, in: Der Kunstwart, Jg. 27, H. 11, 1. Märzheft 1914.
- Der Kino und die Gebildeten, Lichtbühnen-Bibliothek Nr. 8, M. Gladbach 1915.

Halperin, Josef; Das Kinobuch, in: Neue Zürcher Zeitung, Jg. 135, Nr. 1327, 18. Sept. 1914.

Hardekopf, Ferdinand; Der Kinematograph, in: Nord und Süd, Jg. 34/Bd. 134, H. 412, 2. Augustheft 1910.

Harms, Rudolf; Philosophie des Films, Lpz. 1926.
- Kulturbedeutung und Kulturgefahren des Films, Karlsruhe 1927.

Hart, Jullius; Kunst und Kino, in: Der Tag, Nr. 257, Brl. 1. Nov. 1913.
- Der Atlantis-Film, in: Der Tag, Nr. 301, 24. Dez. 1913.
- Zum Kampf um das Kino, in: Der Tag, Nr. 90, 18. April 1914.

Hasenclever, Walter; Der Kintopp als Erzieher, in: Revolution, Jg. 1, H. 4, 1. Dez. 1913.
- Kriminal-Sonette, in: Frankfurter Zeitung, Jg. 58, Nr. 339, 7. Dez. 1913.
- Fern Andra, in: Die Neue Schaubühne, Jg. 1, H. 10, 1. Okt. 1919.
- Begegnung mit Greta Garbo, in: Der Querschnitt, Jg. 11, H. 4, April 1931.
- Irrtum und Leidenschaft (Roman), Brl. 1969, S. 39/40, 164–177.

Haubach, Theodor; Der Kinokampf, in: Das Tribunal, Jg. 2 (1920), H. 1.

Hauptmann, Carl; Film und Theater, in: Die Neue Schaubühne, Jg. 1, H. 6, 1. Juni 1919; sodann in: Der Film von morgen, hg. von Hugo Zehder, Brl./Dresden 1923.

Heilborn, Ernst; Die Physiognomie spricht, in: Die Literatur, Jg. 31, H. 5, Februar 1929.
- Menschendarstellung im Film, in: Die Literatur, Jg. 31, H. 7, April 1929.
- Tonfilm und Magie, in: Die Literatur, Jg. 31, H. 11, August 1929.
- Kino-Novellen, in: Die Literatur, Jg. 32, H. 5, Februar 1930.
- siehe auch: Sammelartikel (Frankfurter Zeitung).

Heimann, Moritz; Der Kinematographen-Unfug, in: Die neue Rundschau, Jg. 24/ Bd. 1 (1913).

Heinemann, Franz; Das Dämonische im Film, in: Neue Zürcher Zeitung, Jg. 144, Nr. 1764, 16. Dez. 1923.

Hellwig, Albert; Schundfilms, Halle (Saale) 1911.

– Schundfilm und Filmzensur, in: Die Grenzboten, Jg. 72 (1913), H. 16.

– Lichtspiel und Politik, in: Der Türmer, Jg. 21, H. 3, 1. Nov. 1918.

Herrigel, Hermann; Erlebnis und Naivität und das Problem der Volksbildung in: Die neue Rundschau, Jg. 30 (1919).

Hess, Gottfried; Kunst und Kino, in: Schweizer Rundschau, Jg. 29 (1929/30).

Hesse, Hermann; [„Die zehn Gebote"], in: Der Steppenwolf (1927), Frkft. a. M. 1961, S. 186–188.

Heuss, Theodor; Metropolis, in: Die Hilfe, Jg. 33, H. 4, 15. Feb. 1927.

Hirsch, Leo; Der platonische Film, in: Neue Schweizer Rundschau, Jg. 23, Bd. 38/39, Januar 1930.

Hoffmann, Karl; Das Kino, in: Die Tat, Jg. 5, H. 10, Januar 1914.

Hofmannsthal, Hugo von; Der Ersatz für die Träume, in: Gesammelte Werke, Frkft. a. M. 1955, Bd. 6, Prosa IV; zuvor, gekürzt (schon im Titel), in: Das Tage-Buch, Jg. 2, H. 22, 4. Juni 1921. Erstdruck in: Neue Freie Presse, 27. März 1921.

Holzer, Marie; Kinoglosse, in: Die Aktion, Jg. 4, H. 18, 2. Mai 1914.


Jacques, Norbert; Kino-Pornographie, in: Die Schaubühne, Jg. 10, H. 5, 29. Jan. 1914.

– Der Nibelungenfilm, in: Neue Zürcher Zeitung, Jg. 145, Nr. 315, 2. März 1924.

Jahn, Heinz; Lichtspielerei, in: Frankfurter Zeitung, Jg. 57, Nr. 143, 25. Mai 1913.


Kahn, Harry; Rembrandttheater, in: Die Schaubühne, Jg. 6, H. 43, 27. Okt. 1910.

– Das dynamische Drama, in: Der neue Merkur, Jg. 7, H. 6, März 1924.

Kaibel, Franz; Die Wohltat des Kinos, in: Der Tag, Nr. 180, Brl. 3. Aug. 1912.

Kaiser, Isabella; Kinobrief, in: Kinema, Jg. 8, H. 33, 17. Aug. 1918; wiederabgedruckt in: Ernst Prodolliet, Die Filmpresse in der Schweiz, Freiburg/Schweiz 1975.

Kaus, Otto; Das Kino, in: Summa, Jg. 1 (1917), H. 2.

Kayssler, Friedrich; Meine Einstellung zum Film, in: Deutsche Filmwoche, Jg. 1925, H. 12, 17. Juli 1925.

– Hier Bühne – hier Film (1934), in: Wandlung und Sinn, Potsdam 1943.

Kern, Walter; Der Film als Kunstmaterial, in: Neue Zürcher Zeitung, Jg. 149, Nr. 420, 8. März 1928.

Kerr, Alfred; Kino, in: Pan, Jg. 3 (1912/13), S. 553/554.

– Standpunkte zum Film, in: Berliner Tageblatt, Jg. 50, Nr. 72, (Ausgabe B, Nr. 30), 12. Feb. 1921; jetzt in: Das wandernde Bild / Der Filmpionier Guido Seeber, Brl. 1979.

– Das Verhältnis zum Film, in: Das große Bilderbuch des Films, Brl. 1926.

– Vorwort zu: Russische Filmkunst, Brl. 1927.

Kersten, Kurt; Heiteres Flimmerspiel, in: Die Aktion, Jg. 4, H. 1, 3. Jan. 1914.

Kienzl, Hermann; Der Kientopp, in: Die Hilfe, Jg. 18, H. 14, 4. April 1912.

– Der ‚literarische' Film, in: Der Türmer, Jg. 15, H. 10, Juli 1913.

– Die Goldprobe der Schauspieler, in: Neue Zürcher Zeitung, Jg. 143, Nr. 98, 23. Jan. 1922.

– Das gefilmte Hannele, in: Neue Zürcher Zeitung, Jg. 143, Nr. 526, 21. April 1922.

Kinomastix; Die deutschen Dramatiker und das Filmtheater, in: Bühne und Welt, Jg. 15, Dezember 1912.

Kipper, P. E.; Unser Theater und das Wort, in: Bühne und Welt, Jg. 16, H. 15, 1. Maiheft 1914.

Klaren, Georg; Oper und Film, in: Der Merker, Jg. 12, H. 23, 1. Dez. 1921.

Kleinpeter, Otto; Künstlerische Geschmackszentrale, in: Der Merker, Jg. 7, H. 9, 1. Mai 1916.

Klemperer, Victor; Das Lichtspiel, in: Velhagen & Klasings Monatshefte, Jg. 26, H. 8, April 1912.

– siehe auch: Sammelartikel (Kinematograph).

Klinenberger, Ludwig; Ein Filmdrama von Hugo von Hofmannsthal, in: Bühne und Welt, Jg. 15, 2. Septemberheft 1913.

Koelsch, Adolf; Die Mimik der Kinoschauspieler, in: Berliner Tageblatt, Nr. 616, 1912.

– Kinoverdruß, in: Neue Zürcher Zeitung, Jg. 139, Nr. 913, 11. Juli 1918.

– Der angefochtene Film, in: Neue Zürcher Zeitung, Jg. 151, Nr. 574, 26. März 1930.

Köhrer, Erich; Literarische Films, in: Die Gegenwart, Jg. 42, H. 47, 22. Nov. 1913.

Korger, Hans; Das lebende Bild, Bülach/Zch. 1940.

Korrodi, Eduard; Paul Wegener im Kino, in: Neue Zürcher Zeitung, Jg. 136, Nr. 978, 29. Juli 1915.

– Golem – Wegener – Poelzig, in: NZZ, Jg. 142, Nr. 151, 30. Jan. 1921.

– „Kleider machen Leute" im Film, in: NZZ, Jg. 143, Nr. 796, 18. Juni 1922.

Kracauer, Siegfried; Der heutige Film und sein Publikum, in: Frankfurter Zeitung, 30. Nov./1. Dez. 1928; sodann in: Fazit, hg. von Ernst Glaeser, Hambg. 1929.

– Kino / Essays, Studien, Glossen zum Film [1926–1951], hg. von Karsten Witte, Frkft. a. M. 1974.

Krebs, Carl; Film und Musik, in: Der Tag, Nr. 123, Brl. 28. Mai 1914.

Kreisler, Emil; Kino, in: Die Wage, Jg. 16, H. 39, 27. Sept. 1913.

Kretzer, Max; Theater und Kino, in: Illustrierte Filmwoche, Jg. 6, H. 35, 31. Aug. 1918.

Krott, Harry K.; Vom Kinetophon, in: Die Wage, Jg. 17, H. 2, 10. Jan. 1914.

Kruse, Georg; Neue Wege des Films, in: Der Kunstwart, Jg. 42, H. 1, Oktober 1928.

Kurtz, Rudolf; Kampf ums Kino / Wider Hans Siemsen, in: Die Weltbühne, Jg. 17, H. 6, 10. Feb. 1921.

– Expressionismus und Film, Brl. 1926.

Laemmel, Hans; Zur Tonfilmfrage, in: Neue Zürcher Zeitung, Jg. 150, Nr. 1864, 29. Sept. 1929.

Land, Hans; Lichtspiele, in: Die Schaubühne, Jg. 6, H. 38, 22. Sept. 1910.

Lang, Fritz; Kitsch – Sensation – Kultur und Film, in: Das Kulturfilmbuch, hg. von Beyfuss/Kossowsky, Brl. 1924.

– Wege des großen Spielfilms in Deutschland, in: Die literarische Welt, Jg. 2, Nr. 40, 1. Okt. 1926.

Lange, Konrad; Bühne und Lichtspiel, in: Deutsche Revue, Jg. 38, Oktober 1913.

– Die ‚Kunst' des Lichtspieltheaters, in: Die Grenzboten, Jg. 72 (1913), H. 24.

– Die Zukunft des Kinos, in: Bühne und Welt, Jg. 16, 2. Märzheft 1914.

– Das Kino in Gegenwart und Zukunft, Stuttg. 1920.

Larsen, Egon; Tonfilm-Dämmerung, in: Der Zwiebelfisch, Jg. 22 (1928/29), H. 8.

Lentz, Heinrich; Film, Kunst und Zivilisation, in: Hochland, Jg. 22, H. 11, August 1925.

Leonhard, Rudolf; Bemerkungen zur Ästhetik und Soziologie des Films, in: Die Neue Schaubühne, Jg. 2, H. 9, 10; Jg. 3, H. 2/3, 4, 8/9; Sept. 1920 bis Dez. 1921.
– Zur Soziologie des Films, in: Der Film von morgen, hg. von Hugo Zehder, Brl./ Dresden 1923.
Lienert, Meinrad; Für ein schweizerisches Filmunternehmen, in: Neue Zürcher Zeitung, Jg. 146, Nr. 202, 8. Feb. 1925.
Lorm, J.; Das Theater der Illusionen, in: Die Woche, Jg. 14, H. 52, 28. Dez. 1912.
Lukács, Georg; Gedanken zu einer Ästhetik des Kino, in: Frankfurter Zeitung, Jg. 58, Nr. 25, 10. Sept. 1913, jetzt in: Schriften zur Literatursoziologie, Neuwied 1963.
Ludwig, Hans; Deutscher Film oder: Erziehung zum Antinationalismus, in: Der Zwiebelfisch, Jg. 19 (1926), H. 1.
Lux, Joseph August; Die Muse des Films, in: Velhagen & Klasings Monatshefte, Jg. 27, H. 11, Juli 1913.

Mann, Alfred; Kino-Rezensionen in der Tagespresse!, in: Ethische Kultur, Jg. 21, H. 14, 15. Juli 1913.
Mann, Heinrich; Film und Volk, in: Film und Volk, Jg. 1, H. 2, April 1928 (Reprint Köln 1975).
Mann, Thomas; Kino, aus: Der Zauberberg (1924), Gera 1926.
– Über den Film, in: Schünemanns Monatshefte, August 1928; danach in: Die Forderung des Tages, Brl. 1930.
– Zum Geleit! (datiert 10. Juni 1928) in: Erwachen / Sonderheft „Die Zukunft des Films"; jetzt in: Das Kino und Thomas Mann / Eine Dokumentation, Stiftung Deutsche Kinemathek, Brl. 1975.
– Brief an Felix Henseleit, als Beitrag zu den Berliner Filmfestspielen 1954, wiederabgedruckt: ebenda.
– Brief an Ludwig Kunz, datiert 12. Juli 1955, als Beitrag zum Heft 6/7 (Film en roman) der Schriftenreihe „de Kim", Amsterdam 1956. (Eine Zusammenstoppelung beider Briefe brachte die „Deutsche Filmkunst", Brl.-DDR 1957, H. 6, unter dem Titel „Der Film – ein Phänomen unserer Zeit".)
– siehe auch Sammelartikel (Neue Zürcher Zeitung).
Mayer, Theodor Heinrich; Lebende Photographien, in: Österreichische Rundschau, Bd. 31, H. 1, 1. April 1912.
– Film (Novellen), Lpz. 1921.
Medina, Paul; Der deutsche Film in Frankreich / Zur Psychologie der Mißverständnisse, in: Der Querschnitt, Jg. 11, H. 6, Juni 1931.
Mehring, Walter; Bei Pharaos, in: Die Weltbühne, Jg. 17, H. 37, 15. Sept. 1921.
Meyerfeld, Max; Roman – Drama – Film, in: Neue Zürcher Zeitung, Jg. 141, Nr. 772, 10. Mai 1920.
– Der Figaro-Film, in: NZZ, Jg. 141, Nr. 1331, 12. Aug. 1920.
– Kinotauros, in: NZZ, Jg. 143, Nr. 1404, 27. Okt. 1922.
– Der Faust-Film, in: NZZ, Jg. 147, Nr. 1693, 20. Okt. 1926.
Michel, Wilhelm; Chaplin, der Held des Untermenschlichen, in: Der Kunstwart, Jg. 41, H. 8, Mai 1928.
– Noch einmal Chaplin, in: Der Kunstwart, Jg. 42, H. 2, Nov. 1928.
Mierendorff, Carlo; Hätte ich das Kino!, in: Tribüne der Kunst und Zeit, Nr. 15, Brl. 1920; Vorabdruck (unvollständig) in: Die weißen Blätter, Feb. 1920.
– Über die Grenzen von Film und Bühne, in: Das deutsche Theater der Gegenwart, hg. von Max Krell, Mch./Lpz. 1923.
Moeschlin, Felix; Vom Film, in: Neue Zürcher Zeitung, Jg. 141, Nr. 20, 6. Jan. 1920.

Möller, Marx; Film und Schauspielkunst, in: Die Gartenlaube, Jg. 1913, Nr. 13.

Molo, Walter von; Im Kino, in: Velhagen & Klasings Monatshefte, Jg. 26, H. 8, April 1912.

– Besinnung!, in: Filmkunst, Ufa Monatsschrift, H. 1, 10. Dez. 1920.

– siehe auch: Sammelartikel (Reichsfilmblatt-Almanach)

Mungenast, E. M.; Asta Nielsen, Stuttg. 1928.

Muschg, Walter; Filmzauber, in: Neue Zürcher Zeitung, Jg. 143, Nr. 997, 30. Juli 1922.

– Kino-Orgeln, in: Annalen, Jg. 1 (1927), S. 151–153.

– Ein Filmwunder, in: Annalen, Jg. 1 (1927), S. 554/555.

Musil, Robert; Eindrücke eines Naiven, in: Die Muskete, Bd. 36, H. 14, Juni 1923; jetzt in: Musil-Forum, Jg. 1, 1. Halbjahresheft 1975.

– Ansätze zu neuer Ästhetik / Bemerkungen über eine Dramaturgie des Films, in: Der neue Merkur, Jg. 8, H. 6, März 1925; danach in: Tagebücher, Aphorismen, Essays und Reden, hg. von Adolf Frisé, Hambg. 1955.


Neumann, Robert; Jüdisches Matrosen-Kino, in: Das Tage-Buch, Jg, 8, H. 51, 17. Dez. 1927.

Neye, Karl; Das Kinematographen-Theater, in: Eckart, Jg, 1909/10, H. 11, August 1910.

– Die neue ‚Literatur', in: Das literarische Echo, Jg. 15, H. 4, 15. Nov. 1912.

Noack, Victor; Der Kientopp, in: Die Aktion, Jg. 2, H. 29, 17. Juli 1912.

– Der Kino, Gautzsch bei Leipzig 1913.

Nörrenberg, C.; Fremde Gebärden im Kino, in: Der Kunstwart, Jg. 27, H. 18, 2. Juniheft 1914.

Nowy-Wallberg, Gustav; Ein Beitrag zur Filmdramaturgie, in: Der Merker, Jg. 10, H. 20, 15. Okt. 1919.


Oesterheld, Erich; Wie die deutschen Dramatiker Barbaren wurden, in: Die Aktion, Jg. 3, H. 9, 26. Feb. 1913. = Die Kinopest (Inhaltsverzeichnis H. 9) = Die Kinoseuche (Register des 1. Halbjahres 1913).


Pander, Hans; Zwischentitel, in: Der Bildwart, Jg. 1, H. 1, Jan./Feb. 1923.

– Kulturfilm und Spielfilm, in: Das Kulturfilmbuch, hg. von Beyfuss/Kossowsky, Brl. 1924.

Pander, Oswald; Kinokritik, in: Der Türmer, Jg. 22, H. 7, April 1920.

Pater, Fritz; Verstaatlichung der Kinematographentheater, in: Der Friede, Jg. 1919, H. 77; nachgedruckt in: Die Neue Schaubühne, Jg. 1, H. 9, 1. Sept. 1919.

Paulsen, F.; Theater und Kino, in: Die Grenzboten, Jg. 72 (1913), H. 45.

Petzet, Wolfgang; Der Stand des Weltfilms, in: Der Kunstwart, Jg. 42, H. 2, November 1928.

– Nach altem Muster, in: Der Kunstwart, Jg. 42, H. 3, Dez. 1928.

– Ein guter Film, in: Der Kunstwart, Jg. 43, H. 3, Dez. 1929.

– Jenseits der Ufa, in: Der Kunstwart, Jg. 43, H. 5, Feb. 1930.

– Verbotene Filme / Eine Streitschrift, Frkft. a. M. 1931.

Pfemfert, Franz; Kino als Erzieher, in: Die Aktion, Jg. 1, Nr. 18, 19. Juni 1911.

Pick, Lupu; Vorwort zu Carl Mayer, Sylvester / Ein Lichtspiel, Potsdam 1924; Neudruck Venedig 1967.

Pinthus, Kurt; Quo Vadis – Kino?, in: Leipziger Tageblatt, 25. April 1913.

- Das Kinostück, in: Das Kinobuch (Hrsg. K.P.) Lpz. 1913/14; Neudruck Zch. 1963, Frnkft.M. 1983.
- Ethische Möglichkeiten des Films, in: Der Film von morgen, hg. von Hugo Zehder, Brl./Dresden 1923.
- Dr. Mabuses Welt, in: Das Tage-Buch, Jg. 3, H. 18, 6. Mai 1922.
- Nochmals: Dr. Mabuses Welt, in: Das Tage-Buch, Jg. 3, H. 22, 3. Juni 1922.
- Tragödie der Liebe I, in: Das Tage-Buch, Jg. 4, H. 41, 13. Okt. 1923.
- Tragödie der Liebe II, in: Das Tage-Buch, Jg. 4, H. 48, 1. Dez. 1923.
- Das Zeichen des Zorro, in: Das Tage-Buch, Jg. 7, H. 24, 12. Juni 1926.
- Joe May, der Universalmensch, in: Phoebus-Magazin, Nr. 27, 1926.
- Die Film-Krisis, in: Das Tage-Buch, Jg. 9, H. 14, 7. April 1928 (Entgegnungen von: Willy Haas, Béla Balázs, Carl Laemmle).
- siehe auch: Sammelartikel (Reichsfilmblatt-Almanach).

Pohl, Gerhart; Grotesk-Filme, in: Film und Volk, Jg. 2, H. 7, Aug./Sept. 1929 (Reprint Köln 1975).
- siehe auch: Sammelartikel (Neue Bücherschau).

Polgar, Alfred; Das Drama im Kinematographen, in: Der Strom, Jg. 1, H. 2, Mai 1911; gekürzt und überarbeitet in: Das Tage-Buch, Jg. 8, H. 44, 29. Okt. 1927.
- Belehrender Film, in: Die Schaubühne, Jg. 13, H. 43, 25. Okt. 1917; wiederabgedruckt in: Sperrsitz, hg. von Ulrich Weinzierl, Wien 1980.
- Chaplin, in: Die Weltbühne, Jg. 20, H. 27, 3. Juli 1924.
- Kino in Paris, in: Der Tag, 7. Dez. 1924; wiederabgedruckt in: Sperrsitz, Wien 1980.
- Der Kuß, in: Orchester von oben, Brl. 1926.
- Klage um einen Abgeschiedenen, in: Bei dieser Gelegenheit, Brl. 1930; zuerst unter dem Titel „Zum Thema: Tonfilm" in: Die Weltbühne, Jg. 25, H. 31, 30. Juli 1929.
- siehe auch: Sammelartikel (Neue Zürcher Zeitung).

Pöllmann, Ansgar; Der Kinematograph, in: Historisch-politische Blätter für das katholische Deutschland, Bd. 146/2, H. 6, 16. Sept. 1910.

Pordes, Victor; Das Kino und der Krieg, in: Die Wage, Jg. 18, H. 46/47, 27. Nov. 1915.
- Das Lichtspiel / Wesen, Dramaturgie, Regie, Wien 1919.

Pringsheim, Klaus; Die Stellung der Musik zum Kulturfilm, in: Das Kulturfilmbuch, hg. von Beyfuss/Kossowsky, Brl. 1924.
- Filmmusik, in: Die Weltbühne, Jg. 22, H. 17, 27. April 1926.
- Filmmusik, in: Film und Funk / Sozialistischer Kulturtag in Frankfurt a. M., 28./29. Sept. 1929, Brl. 1929.

Putlitz, Joachim zu; Der dramatische Schriftsteller und das Kinodrama, in: Der Greif, Jg. 1, H. 1, Oktober 1913.


Rath, Willy; Zur Kino-Frage, in: Der Kunstwart, Jg. 25, H. 23, 1. Septemberheft 1912.
- Kino und Bühne, Lichtbühnen-Bibliothek Nr. 4, M.Gladbach 1913.

Rau, Sigismund; Kino-Moral, in: Der Tag, Nr. 252, Brl. 26. Okt. 1912.
- Snob im Kino / Provinzler-Gedanken, in: Der Kunstwart, Jg. 26, H. 23, 1. Septemberheft 1913.

Rauscher, Ulrich; Kinematographische Unsterblichkeit, in: Frankfurter Zeitung, 25. Sept. 1912.
- Die Welt im Film, in: FZ, 31. Dez. 1912.
- Das Kintop-Epos, in: Die Schaubühne, Jg. 9, H. 4, 23. Jan. 1913.
- Der Bassermann-Film, in: FZ, 6. Feb. 1913.

- Dumas père im Kintop, in: Die Schaubühne, Jg. 9, H. 11, 13. März 1913.
- Die ersten Christen in Berlin, in: Die Schaubühne, Jg. 9, H. 13, 27. März 1913.
- Die Kino-Ballade, in: Der Kunstwart, Jg. 26, H. 13, 1. Aprilheft 1913.
- Kintop, in: FZ, 26. Aug. 1913.
- Allerhöchster Filmzauber, in: FZ, 11. Feb. 1914.
- Die ‚Eva‘, in: FZ, 14. Mai 1914.

Reichwaldau, Franz; Das ideale Kino, in: Die Weltbühne, Jg. 16, H. 29, 15. Juli 1920.

Reimann, Walter; Einiges über die Bedeutung des Films und der Filmindustrie, in: Neue Zürcher Zeitung, Jg. 144, Nr. 1663, 1. Dez. 1923.
- Filmregie, in: NZZ, Jg. 145, Nr. 510, 6. April 1924.
- Filmbauten und Raumkunst, in: Das große Bilderbuch des Films, Brl. 1926.

Richter, Hans (1888–1976); Filmgegner von heute – Filmfreunde von morgen, Brl. 1929.

Richter, Hans (1889–1941); Kinobriefe, Brl. 1919–1922 (1920 vorübergehend: Kientopp, bzw. Kino).
- Der Spielfilm / Ansätze zu einer Dramaturgie des Films, Brl. 1920.
- Das Kinojahrbuch, Brl. 1919–1921.

Riemann, Ernst; Kino oder Theater?, in: Die Gegenwart, Jg. 49, Oktober 1920.

Ritscher, Wolf; Über die Grenzen von Theater und Kino, in: Bühne und Welt, Jg. 16, H. 19/20, Juli 1914.

R., K.; Max Linder, der Zweite!, in: Neue Zürcher Zeitung, Jg. 136, Nr. 862, 6. Juli 1915.

Rosegger, Peter; Der Kinematograph, in: Heimgarten, Jg. 36, H. 9, Juni 1912.

Rosenthal, Friedrich; Afterkunst / Einige Betrachtungen zum Kinetophon, in: Frankfurter Zeitung, Jg. 58, Nr. 126, 7. Mai 1914.

Roth, Joseph; Amerikanisiertes Kino, in: Frankfurter Zeitung, Jg. 69, Nr. 744, 4. Okt. 1924.
- siehe auch: Sammelartikel (Neue Zürcher Zeitung).

Rothe, Hans; Filmprobleme, in: Die literarische Welt, Jg. 1, Nr. 4, 30. Okt. 1925.
- Asta Nielsen, in: Blätter des Leipziger Schauspielhauses 1925/26, H. 3.

Rutra, Arthur Ernst; Kino, in: Die Neue Schaubühne, Jg. 2, H. 8, August 1920.


Sammelartikel: Ist das Kinematographen-Drama ein Kunstwerk?, in: Erste Internationale Film-Zeitung, Jg. 6, Februar/April 1912 (mit Beiträgen von Peter Altenberg, Hans Benzmann, Alexander Girardi, Ludwig Gurlitt, Emanuel Reicher, Frank Wedekind, u.a.).
- Vom Werte und Unwerte des Kinos, in: Frankfurter Zeitung, 10. Mai, 30./31. Mai 1912 (Oskar Bie, Friedrich Freksa, Ernst Heilborn, Alfons Paquet, Walther Rathenau, Wilhelm Schäfer, u.a.).
- Das Kino im Urteil bekannter Zeitgenossen, in: Der Kinematograph, Nr. 300, 25. Sept. 1912 (Bertha von Suttner, Frank Wedekind, Lothar Meggendorfer, Friedrich Freksa, Raoul Auernheimer, Ludwig Bauer, Victor Klemperer, Alfred A. Baeumler, Leo Gilbert, u.a.).
- Zum Reichskinematographengesetze, in: Erste Internationale Film-Zeitung, Jg. 7, Nr. 51, 20. Dez. 1913 (Beiträge u.a. von Albert Bassermann, Paul Lindau, Heinz Tovote, Fedor von Zobeltitz).
- Hätten wir das Kino!, in: Die neue Bücherschau, Bd. 7, H. 2–4, Februar/März/April 1929 (Rudolf Braune, Hans Georg Brenner, Hermann Kesten, Joseph Breitbach, F.C. Weiskopf, Ernst Glaeser, Klaus Herrmann, Erich Kästner, Gerhart Pohl, u.a.).

- Das Schrifttum an die Filmwelt, in: Reichsfilmblatt-Almanach, hg. von Felix Henseleit, Brl. 1933 (Herbert Eulenberg, Waldemar Bonsels, W. von Molo, Fedor von Zobeltitz, Rudolf Presber, Kurt Tucholsky, Walter J. Bloem, Stefan Grossmann, Rudolf Arnheim, Kurt Pinthus, u. a.).
- Eine Filmrundfrage („Welches halten Sie für den besten Film?") in: Neue Zürcher Zeitung, Jg. 155, Nr. 1271, 15. Juli 1934 (Rudolf Binding, Knut Hamsun, John Knittel, Käthe Kollwitz, Selma Lagerlöf, Thomas Mann, Alfred Polgar, Joachim Ringelnatz, Joseph Roth, u. a.).

Sammelbände: Der Deutsche Kaiser im Film, Brl. 1912 (mit Äußerungen von Hanns Heinz Ewers, Carl Hagemann, Rudolf Presber, Felix Salten, u. a.).
- Die Bedeutung des Films und Lichtbildes / Sieben Vorträge, Mch. 1917 (Erwin Ackerknecht, Franz X. Schönhuber, Maximilian Pfeiffer, Paul Jacob, A. von Gleichen-Russwurm, F.C. Endres, Georg Römer).
- Zehder, Hugo (Hrsg.); Der Film von morgen, Brl./Dresden 1923 (Carl Hauptmann, Willy Haas, Friedrich Sieburg, Franz Schulz, Hans Siemsen, Eugen Tannenbaum, Balthasar, Rudolf Kurtz, Rudolf Leonhard, Kurt Pinthus, Hugo Zehder, A. von Dungern, Paul Beyer, Ernst Rothschild).
- Greve, Ludwig / Pehle, Margot / Westhoff, Heidi (Hrsg.); Hätte ich das Kino! / Die Schriftsteller und der Stummfilm, Ausstellungskatalog des Schiller-Nationalmuseums, Mch./Stuttg. 1976.
- Kaes, Anton (Hrsg.); Kino-Debatte / Texte zum Verhältnis von Literatur und Film 1909–1929, Tübingen 1978.

Sayn-Wittgenstein, A. Fürst von; Der Kinematograph, in: Menschenmarkt, Jg. 1 (1914), S. 366–374, 406–412.

Schacht, Roland; Filme, in: Die Weltbühne, Jg. 19, H. 4, 25. Jan. 1923 / H. 19, 10. Mai 1923 / H. 23, 7. Juni 1923.
- Amerikanischer Film, in: Die Weltbühne, Jg. 19, H. 30, 26. Juli 1923.
- Die Dekoration, in: Der Film von morgen, hg. von Hugo Zehder, Brl./Dresden 1923.
- Probleme des deutschen Films, in: Die Hilfe, Jg. 31, H. 16, 15. Aug. 1925.
- Der Film und die Gebildeten, in: Der Kunstwart, Jg. 39, H. 2, November 1925.
- Filme, in: Der Kunstwart, Jg. 39, H. 3, Dez. 1925/ H. 5, Feb. 1926 / Jg. 40, H. 4, Jan. 1927.
- Deutsche und amerikanische Filme, in: Der Kunstwart, Jg. 39, H. 4, Jan. 1926.
- Filmtypen, in: Der Kunstwart, Jg. 39, H. 6, März 1926.
- Filmdeutschland und Filmamerika, in: Der Kunstwart, Jg. 40, H. 2, Nov. 1926.
- Das Problem der deutschen Filmproduktion, in: Der Kunstwart, Jg. 40, H. 6, März 1927.
- Russische Filme, amerikanische und deutsche, in: Der Kunstwart, Jg. 40, H. 7, April 1927.
- Grundlagen der Filmkritik, in: Der Kunstwart, Jg. 40, H. 9, Juni 1927.
- Filmsaisonende, in: Der Kunstwart, Jg. 40, H. 10, Juli 1927.
- Künstlerische Filmprobleme, in: Der Kunstwart, Jg. 40, H. 11, Aug. 1927.

Schamoni, Victor; Kino, in: Hochland, Jg. 21, H. 12, Sept. 1924.
- Filmkrisis, in: Hochland, Jg. 26, H. 9, Juni 1929.

Schickele, René; Die Elegie vom Kientopp, in: Die Schaubühne, Jg. 4, H. 1, 2. Jan. 1908.

Schlechtriem, Wilhelm; Filmkritik, in: Hochland, Jg. 11, H. 9, Juni 1914.

Schmidt, Erich K.; Die Madonna des Films (Erzählung), in: Die Gegenwart, Jg. 44, H. 29, 17. Juli 1915.

Schmidt, Leopold; Film und Musik, in: Der Kunstwart, Jg. 27, H. 17, 1. Juniheft 1914.

Schmitt, Franz Xaver; Sie veredeln den Kino, in: März, Jg. 7, H. 6, 8. Feb. 1913.

Scholz, Wilhelm von; Kinematographen-Zensur!, in: Der Kunstwart, Jg. 21, H. 9, 1. Februarheft 1908.
– Noch einmal: Kinokunst, in: Der Tag, Nr. 58, Brl. 9. März 1913.
Schultze, Ernst; Der Kinematograph als Bildungsmittel, Halle 1911.
Schulz, Franz; Das Kino, der Bürger und der keusche Privatdozent, in: Die Neue Schaubühne, Jg. 3, H. 4, August 1921.
– Definitionen zum Film, in: Der Film von morgen, hg. von Hugo Zehder, Brl./Dresden 1923.
Schuster, August; Zur Kinoreform, in: Hochland, Jg. 10, H. 6, März 1913.
Schwarzschild, Leopold; Heroenkult im Film, in: Frankfurter Zeitung, Jg. 57, Nr. 244, 3. Sept. 1913.
– „Professor-Max-Reinhardt-Film", in: März, Jg. 7, H. 49, 6. Dez. 1913.
– Der sprechende Film, in: Frankfurter Zeitung, Jg. 58, Nr. 22, 22. Jan. 1914.
Schwerz, F.; Das Kinotheater, in: Wissen und Leben, Jg. 25, H. 5, 15. Dez. 1921.
Sellmann, Adolf; Literatur und Kinematograph, in: Eckart, Jg. 1912/13, H. 4, Januar 1913.
Serner, Walter; Kino und Schaulust, in: Die Schaubühne, Jg. 9, H. 34/35, 28. Aug. 1913.
Servaes, Franz; Das Kino und der Schauspieler, in: Der Tag, Nr. 47, Brl. 25. Feb. 1913.
S., H.; „Die Kino-Krankheit", in: Neue Zürcher Zeitung, Jg. 141, Nr. 2098, 19. Dez. 1920.
Shaw, Bernard; *The Cinema as a Moral Leveller,* in: *The New Statesman and Nation,* 27. Juni 1914; wiederabgedruckt in: *Sight & Sound,* Bd. 22, Nr. 2, Okt.–Dez. 1952.
– Das Drama, das Theater, der Film / Ein Dialog zwischen Bernard Shaw und Archibald Henderson, in: Die neue Rundschau, Jg. 35 (1924).
Sieburg, Friedrich; Die Transzendenz des Filmbildes, in: Die Neue Schaubühne, Jg. 2, H. 6, Juni 1920.
– Der historische Film, in: Programmheft zu: Cserépy-Film Fridericus Rex, Brl. 1922.
– Die Magie des Körpers, in: Der Film von morgen, hg. von Hugo Zehder, Brl./Dresden 1923.
– Das Glück auf der Leinwand, in: Die Lust am Untergang, Hambg. 1954.
Siemsen, Hans; Zwei Postkarten, in: Wo hast du dich denn herumgetrieben? Mch. 1920; Vorabdruck in: Die Weltbühne, Jg. 16, H. 11, 11. März 1920.
– Die Filmerei, in: Die Weltbühne, Jg. 17, H. 4, 27. Jan. 1921.
– Deutsche Filme, in: Die Weltbühne, Jg. 17, H. 9, 3. März 1921.
– Deutsch-amerikanischer Filmkrieg, in: Die Weltbühne, Jg. 17, H. 35, 1. Sept. 1921.
– Noch immer Kino, in: Die Weltbühne, Jg. 17, H. 47, 24. Nov. 1921.
– Die lehrreiche ‚Hintertreppe', in: Die Weltbühne, Jg. 18, H. 3, 19. Jan. 1922.
– Kino-Elend, in: Die Weltbühne, Jg. 18, H. 33, 17. Aug. 1922.
– Deutsches Kino, in: Der Querschnitt durch 1922, Marginalien der Galerie Flechtheim.
– Das Filmmanuskript, in: Der Film von morgen, hg. von Hugo Zehder, Brl./Dresden 1923.
– Charlie Chaplin, Lpz. 1924.
– Buster Keaton, in: Die Neue Schaubühne, Jg. 5, H. 2, 28. Feb. 1925.
– Eine Filmkritik, wie sie sein soll, in: Die Weltbühne, Jg. 23, H. 24, 14. Juni 1927.
– Gibt es pazifistische Filme?, in: Film und Volk, Jg. 1, H. 1, März 1928 (Reprint Köln 1975).

– Asta Nielsen, in: Film und Volk, Jg. 1, H. 2, April 1928 (Reprint Köln 1975).

Siretean, Paul; Lichtspieltheater und Schaubühne, in: Die Wage, Jg. 15, H. 14, 6. April 1912.

– Kinogegner, in: Die Wage, Jg. 16, H. 22, 31. Mai 1913.

Spitteler, Carl; Meine Bekehrung zum Cinema, in: Luzerner Tagblatt, Nr. 71, 22. März 1916; verbesserte Fassung in: National-Zeitung (Basel), Jg. 75, Nr. 259, 11. April 1916; unvollständig abgedruckt in der Gesamtausgabe von Spittelers Werken, Bd. 9, Zch. 1950.

Staub, Hans; Kino, in: Neue Zürcher Zeitung, Jg. 146, Nr. 140, 28. Jan. 1925.

Stefan, Paul; Films mit Musik, in: Die Schaubühne, Jg. 8, H. 19, 9. Mai 1912.

– Der Rosenkavalier als Film, in: Neue Zürcher Zeitung, Jg. 147, Nr. 75, 16. Jan. 1926.

Stindt, Otto; Das Lichtspiel als Kunstform, Bremerhaven 1924.

Stoessl, Otto; Der Kinematograph (Erzählung), in: März, Jg. 5, 3./17./24. Oktober 1911.

Storck, Karl; Theater und Kino, in: Der Türmer, Jg. 21, H. 2, 2. Oktoberheft 1918.

Storz, Gerhard; Ergiebige Enttäuschung / Anmerkungen zum Thema Film und Pantomime, in: Die Gegenwart, Jg. 8 (1953), Nr. 20; danach in: Figuren und Prospekte, Stuttg. 1963.

Stresau, H.; Film und Drama, in: Die Tat, Jg. 18, H. 12, März 1927.

Strobl, Karl Hans; Der Kinematograph, in: Die Hilfe, Jg. 17, H. 9, 2. März 1911.

Stümcke, Heinrich; Kinematograph und Theater, in: Bühne und Welt, Jg. 14, 1. Maiheft 1912.

Süsskind, W.E.; Kino in München, in: Das Tage-Buch, Jg. 7, H. 43, 23. Okt. 1926.

– Der epische Beruf des Films, in: Die Literatur, Jg. 31, H. 4, Januar 1929.


Tannenbaum, Eugen; Das patriotische Kino, in: März, Jg. 8, H. 38, 26. Sept. 1914.

– Der Großfilm, in: Der Film von morgen, hg. von Hugo Zehder, Brl./Dresden 1923.

Tannenbaum, Herbert; Kunst im Kino, in: Kunst im Kino, Jg. 1, (1912), H. 1.

– Kino und Theater, Mch. 1912.

Thiess, Frank; Kino / An Paul Wegener (datiert 12. Mai 1921), in: Das Gesicht des Jahrhunderts / Briefe an Zeitgenossen, Stuttg. 1925.

Thoma, Ludwig; Das Kino, in: März, Jg. 9, H. 12, 27. März 1915; Gesammelte Werke, Mch. 1968, Bd. 1.

– Kino, in: Simplicissimus, Jg. 21, H. 9, 30. Mai 1916; danach in: Die Dachserin und andere Geschichten aus dem Nachlaß, Mch. 1923; Gesammelte Werke, Mch. 1968, Bd. 4.

– Bildung und Fortschritt, in: Simplicissimus, Jg. 24, H. 34, 10. Nov. 1919; danach in: Die Dachserin; Gesammelte Werke, Mch. 1968, Bd. 4.

Troll (aber nicht Thaddäus); Kinodämmerung, in: Die Weltbühne, Jg. 15, H. 29, 10. Juli 1919.

– Möglichkeiten des Kinos, in: Die Weltbühne, Jg. 15, H. 33, 7. Aug. 1919.

– Filmodramatische Abende, in: Die Weltbühne, Jg. 15, H. 39, 18. Sept. 1919.

– Kino-Reklame-Unzucht, in: Die Weltbühne, Jg. 15, H. 42, 9. Okt. 1919.

Tucholsky, Kurt; Rheinsberg (1912), Gesammelte Werke, Hambg. 1960, Bd. 1, S. 39/40.

– Impressionistische Kritik, in: Die Schaubühne, Jg. 9, H. 19, 8. Mai 1913.

– Moritz Napoleon, in: Die Schaubühne, Jg. 9, H. 32/33, 14. Aug. 1913.

– Erotische Films, in: Die Schaubühne, Jg. 9, H. 37, 11. Sept. 1913; Ges. Wke. Bd. 1, S. 85–87, hier allerdings ohne den ersten Satz und mit neun anderen kleinen Textänderungen.

– Verbotene Films, in: Die Schaubühne, Jg. 9, H. 40, 2. Okt. 1913.

- Deutsche Kinodämmerung, in: Die Weltbühne, Jg. 16, H. 31, 29. Juli 1920; Ges. Wke, Bd. 1.
- Kampf ums Kino / Für Hans Siemsen, in: Die Weltbühne, Jg. 17, H. 6, 10. Feb. 1921.
- Tragödie der Liebe, in: Die Weltbühne, Jg. 19, H. 43, 25. Okt. 1923; Ges. Wke, Bd. 1.
- Alte Filme, in: Die Weltbühne, Jg. 22, H. 11, 16. März 1926.
- Chaplin in Kopenhagen, in: Die Weltbühne, Jg. 23, H. 23, 7. Juni 1927.
- siehe auch: Sammelartikel (Reichsfilmblatt-Almanach).

Turszinsky, Walter; Der ‚Kientopp‘, in: Die Schaubühne, Jg. 3, H. 7, 14. Feb. 1907.
- Kinodramen und Kinomimen, in: Die Schaubühne, Jg. 6, H. 39, 29. Sept. 1910.

Ullmann, Regina; Kino (Erzählung), in: Hochland, Jg. 27, H. 4, Januar 1930 (Erstdruck); Neue Zürcher Zeitung, Jg. 151, Nr. 394/424/431 vom 2./6./7. März 1930 (Urtext); unter dem Titel „Wäschermädchen" in: Der Apfel in der Kirche und andere Geschichten, Freiburg i.B. 1934; ebenso in Bd. 2 der Gesamtausgaben (Einsiedeln 1960 und Mch. 1978).

Vetter, Adolf; Das Filmdrama als Kunsttypus, in: Der Kunstwart, Jg. 38, H. 1, Oktober 1924.

Viertel, Berthold; Im Kinematographentheater, in: März, Jg. 4, H. 20, 18. Okt. 1910.
- Das Kino, in: Der Strom, Jg. 2 (1912/13), S. 62/63.

Volkmann, Ludwig; Dante im Kino, in: Der Kunstwart, Jg. 26, H. 15, 1. Maiheft 1913.

Wallner, Franz; Filmmusik-Rundschau, in: Film-B.Z., 17. Mai / 7. Juni / Aug./Sept. 1927; Berliner Tageblatt, 13. April / 5. Mai / 15. Juni / 28. Juli / 11. Sept. 1928, 11. Jan. 1929; jetzt in: Herbert Birett, Stummfilm-Musik / Materialsammlung, Brl. 1970.
- Lob der Filmmusik, in: Berliner Tageblatt, 8. Dez. 1927.

Walser, Robert; Kino, in: Die Schaubühne, Jg. 8, H. 21, 25. Mai 1912; Gesamtwerk, hg. von Jochen Greven, Bd. 1.
- Könnemann, in: Neue Zürcher Zeitung, Jg. 136, Nr. 1046, 12. Aug. 1915; Gesamtwerk Bd. 6.
- Das Kind (II), in: Neue Zürcher Zeitung, Jg. 137, Nr. 727, 7. Mai 1916; Gesamtwerk Bd. 6.
- Napoleon und die Gräfin Walewska, in: Neue Zürcher Zeitung, Jg. 145, Nr. 1998, 31. Dez. 1924; Gesamtwerk Bd. 7.
- Über einen Film, Gesamtwerk Bd.7 und (Stück ohne Titel/II) Bd. 9.
- Gräfin Maritza, in: Prager Presse, August 1926; Gesamtwerk Bd. 8.
- Die leichte Hochachtung, in: Berliner Tageblatt, 12. Nov. 1927; Gesamtwerk Bd. 9.
- Burschen, in: Berliner Tageblatt, 27. Sept. 1928; Gesamtwerk Bd. 9.
- Exposé, in: Prager Presse, 2. Dez. 1928; Gesamtwerk Bd. 8.

Warschauer, Frank; Filme, in: Die Weltbühne, Jg. 20, H. 50, 9. Dez. 1924.
- Phantastisches im Film, in: Die Weltbühne, Jg. 21, H. 8, 24. Feb. 1925.

Warstat, W.; Vom ‚Geschmack‘ der Völker / Studien vor der Lichtbildbühne, in: Die Grenzboten, Jg. 71, H. 6, 7. Feb. 1912.
- Zwischen Theater und Kino, in: Die Grenzboten, Jg. 71 (1912) H. 23.

Wegener, Paul; Schauspielerei und Film, in: Berliner Tageblatt, Nr. 27, 15. Jan. 1915; nachgedruckt in: Illustrierte Filmwoche, Jg. 6, H. 39, 28. Sept. 1918.
- Neue Kinoziele (Vortrag vom 24. April 1916), unter dem Titel „Die künstlerischen Möglichkeiten des Films" abgedruckt in: Kai Möller, Paul Wegener / Sein Leben und seine Rollen, Hambg. 1954.
- Von den künstlerischen Möglichkeiten des Wandelbildes, in: Der Kunstwart, Jg. 30, H. 7, 1. Januarheft 1917.
- Die Zukunft des Films, in: Der Spiegel, H. 24, 15. Feb. 1920.
Weilenmann, Hermann; Untergang und Kino, in: Neue Zürcher Zeitung, Jg. 144, Nr. 964, 15. Juli 1923.
Weltmann, Lutz; Der epische Beruf des Films, in: Die Literatur, Jg. 31, H. 4, Januar 1929.
- Die Physiognomie spricht, in: Die Literatur, Jg. 31, H. 5, Februar 1929.
Wiener, Richard; Erziehung zur Skrupellosigkeit, in: Das literarische Echo, Jg. 24, H. 4, 15. Nov. 1921.
Wolf, August; Kino, in: Die Neue Schaubühne, Jg. 2, H. 2, Februar 1920.
Wolf, Dr.; Ein musikalisches Kinogenie, in: Kinema, Jg. 3, H. 45, 8. Nov. 1913.
Wolfradt, Willi; Die Verrufenen, in: Die Weltbühne, Jg. 21, Nr. 43, 27. Okt. 1925.
- Kino und Pantomime, in: Neue Zürcher Zeitung, Jg. 150, Nr. 2177, 3. Nov. 1929.

Yahü; Sokrates und die Filmschauspielerin / Ein Dialog, in: Die Neue Schaubühne, Jg. 2, H. 6, Juni 1920.

Zehder, Hugo; Zum Film, in: Die Neue Schaubühne, Jg. 2, H. 8, August 1920.
- Die unbegrenzten Möglichkeiten, in: Der Film von morgen (Hrsg. H.Z.), Brl./Dresden 1923.
Zentner, Wilhelm; Film und Musik, in: Hochland, Jg. 24, H. 11, August 1927.
Zobeltitz, Fedor von; Film-Literatur, in: Das literarische Echo, Jg. 13, H. 15, 1. Mai 1911.
- s. auch: Sammelartikel (Erste Internationale Film-Zeitung; Der Deutsche Kaiser im Film).
Zweig, Arnold; Der Golem, in: Die Schaubühne, Jg. 11, H. 10, 11. März 1915.
- Theoretische Grundlegung des Films in Thesen, in: Das Tage-Buch, Jg. 3, H. 10, 11. März 1922.
Zweig, Stefan; Die Welt von gestern, Stockholm 1942, S. 244/245.
Zwicky, Victor; Das Kino und die Tagespresse, in: Kinema, Jg. 6, H. 30, 29. Juli 1916.
- Das Kino ein Frauenspiegel, ebenda, Jg. 6, H. 38, 23. Sept. 1916.
- Der Text im Film, ebenda, Jg. 7, H. 11, 17. März 1917.

## Personenregister

Abeilard, Bébé (Fritzchen) 242, 520
Abel, Alfred 453f.
Abt, H. 336
Alfieri, Vittorio Graf 237
Altenberg, Peter 52, 63f.
Ambrosio, Arturo 258, 264f., 279
Andersen, Hans Christian 365
Andra, Fern 281, 378
Angelus Silesius 323
Anschütz, Ottomar 357
Arbuckle, Roscoe "Fatty" 439
Aristoteles 456
Armstrong, Goliath, s. Lincoln, Elmo
Arnim, Achim von 199
Avenarius, Ferdinand 336, 356ff.
Avenarius, Ludwig 356
Avenarius, Richard 309, 356, 368

Bach, Johann Sebastian 68, 316, 318, 477
Bachofen, Johann Jakob 105
Baeumler, Alfred 105ff., 119, 327
Bahr, Hermann 288
Balázs, Béla 469, 473ff., 484
Balzac, Honoré de 381, 398, 493
Bang, Hermann 139
Barta, Tibor 473
Basch, Felix 501
Bassermann, Albert 140ff., 150, 253, 261, 271, 288, 291, 380, 387
Baudelaire, Charles 458
Beaumarchais, Pierre-Augustin Caron de 146
Beethoven, Ludwig van 68, 174, 317ff., 389, 392, 477
Behrens, Peter 177, 298
Benedetti, Vincent Graf 262
Bennett, James Gordon 177
Benoît, Pierre 323
Berger, Grete 263
Bernhardt, Sarah 233, 236, 244
Bertini, Francesca 338f., 365
Biebrach, Rudolf 376
Biensfeldt, Paul 27, 165

Bierbaum, Otto Julius 177
Bierbaum, Willi 177ff.
Birch-Pfeiffer, Charlotte 229
Birinski, Leo 306
Bismarck, Otto Fürst von 262
Bizet, Georges 316
Blau, Friedrich 495
Blei, Franz 309ff.
Bleibtreu, Karl 207ff., 286
Blériot, Louis 14
Bloch, Ernst 313ff., 469
Blümner, Rudolf 323
Böcklin, Arnold 348f.
Boese, Carl 297, 324
Boileau, Nicolas 224
Bolten-Baeckers, Heinrich 241f.
Bonn, Ferdinand 252f.
Borelli, Lyda 272, 277, 338f., 365
Brahm, Otto 209, 215
Brausewetter, Hans 486
Brecht, Bertolt 9, 451, 478
Brenon, Herbert 492
Brod, Max 32ff., 356
Brod, Otto 33
Bronnen, Arnolt 9, 478ff.
Bruck, Karl Ludwig Freiherr von 118
Bruckner, Anton 317
Brunner, Karl 438
Büchner, Georg 383
Buchowetzki, Dimitri 453
Bulwer-Lytton, Edward George 258
Byron, Lord 212, 267, 269

Callot, Jacques 151, 272
Carmi, Maria 352ff.
Cézanne, Paul 317, 456
Chaney, Lon 457
Chaplin, Charles Spencer 56, 162, 305, 333, 422ff., 427, 428ff., 434, 436, 439f., 458, 467, 470, 520
Clewing, Carl 27
Colonna, Vittoria 269
Cook, Thomas 15
Corneille, Pierre 75

545

Cornelius, Henry 519
Cserépy, Arzen von 87, 416, 501
Czelechowsky, Maria 118
Czibulka, Alfons 314
Czinner, Paul 280

Dante Alighieri 196, 457
Danton, Georges-Jacques 135
Däubler, Theodor 519
Daudet, Alphonse 228, 255, 452
d'Aurevilly, Barbey 394
Defregger, Franz von 413
Delavigne, Casimir 244
Deppe, Hans 201
Destinn, Emmy 28
Dickens, Charles 148, 229
Diederichs, Helmut, H. 527
Dieterle, Wilhelm 186
Dietrich, Marlene 352
Dietrich, Robert A. 28
Dinesen, Robert 132, 518
Döblin, Alfred 39 ff., 462
Dönniges, Helene von 268
Doraine, Lucy 501
Dostojewski, Fjodor 68, 229, 346, 435, 453
Doyle, Sir Conan 275, 409
Draws-Tychsen, Helmut 189
Dreyer, Carl Theodor 495
Dumas, Alexandre, d.Ä. 15, 148, 227, 251
Düntzer, Heinrich 269
Dürer, Albrecht 73
Durieux, Tilla 27
Duse, Eleonora 196, 244, 255, 277, 372
Dwan, Allan 154

Ebers, Georg 413
Edison, Thomas Alva 15, 212 f., 239, 251, 254, 259
Edschmid, Kasimir 377 ff., 383 f.
Eichberg, Richard 247, 524
Einstein, Albert 434, 457
Ekman, Gösta 446
Elisabeth I., Königin 233, 236, 244
Ermatinger, Emil 364
Ernst, Otto 50
Ernst, Paul 9, 66 ff.
Essex, Robert Devereux, Graf von 244
Eulenberg, Herbert 210
Ewers, Hanns Heinz 11 ff., 50, 132, 142 f., 149, 151 f., 259, 263 f., 272, 274 f., 289, 340, 348

Fairbanks, Douglas 308, 436, 357
Fall, Leo 151
Fatty, s. Arbuckle, Roscoe „Fatty"
Fehér, Friedrich 187

Ferdinand I., Zar von Bulgarien 283
Feyder, Jacques 494
Fichte, Johann Gottlieb 435
Flaubert, Gustave 68, 238, 279
Fleck, Jacob und Luise 285
Ford, John 355
Frank, Bruno 428
Franz Joseph I., Kaiser 49, 89 f.
Freksa, Friedrich 97 ff.
Freksa, Gertrud 97
Freud, Sigmund 335, 404, 435
Friedell, Egon 9, 114 ff.
Friedrich II. der Grosse, König von Preussen 381, 455
Friedrich Wilhelm III. 236
Fritzchen, s. Abeilard, Bébé
Froelich, Carl 186, 501
Fulda, Ludwig 75

Gad, Urban 114, 201, 255, 266
Gaidarow, Wladimir 165, 307 f., 474
Galeen, Henrik 30
Gandersheim, Roswitha von 140
Ganghofer, Ludwig 413
Garbo, Greta 172 f., 281 f., 309
Gaumont, Léon 15, 212, 227, 241 f., 249, 251, 254 ff., 358 f., 271 f.
Genina, Augusto 483
Georg, Manfred 32, 352 ff.
George, Stefan 435
Giampietro, Josef 288
Gish, Lillian 458
Glässner, Erika 164 f., 307 f., 474
Glenk, Hans 428
Gobineau, Graf von 211
Goethe, Johann Wolfgang von 191, 211, 232, 251, 269, 371, 410, 435, 457 f., 498
Goetz, Hermann 316
Goll, Iwan 403
Gotthelf, Jeremias 462
Grabbe, Christian Dietrich 211, 237
Grandais, Suzanne 249, 261
Green, Anna Katharine 226
Greve, Ludwig 540
Greven, Jochen 168
Griffith, David Wark 55, 279, 307, 320, 492
Grillparzer, Franz 210
Grossmann, Stefan 56, 478
Grosz, George 11, 519 ff.
Grune, Karl 298
Grüning, Ilka 486
Grützner, Eduard Ritter von 413
Guazzoni, Enrico 177, 298
Guillaume, Ferdinand (Tontolini, Polidor) 219, 277, 520
Gulbransson, Olaf 498
Gumppenberg, Hanns von 201
Gutenberg, Johannes 12, 431

Haas, Willy 9, 32, 411, 451 ff.
Hackländer, Friedrich Wilhelm 148
Hanson, Lars 423
Hanus, Emerich 416
Harbou, Thea von 451
Hardekopf, Ferdinand 43 ff., 119, 309 f., 501
Hardt, Ernst 210
Hart, Heinrich 286
Hart, Julius 118, 286 ff.
Hart, William Surrey 436
Hasenclever, Walter 281 ff., 398, 401
Hasselmann, Karl 27
Hatzfeld, Gräfin von 268
Haubach, Theodor 383 f.
Hauff, Wilhelm 148
Hauptmann, Carl 9, 309, 368 ff.
Hauptmann, Gerhart 9, 97, 181, 201, 209 f., 230, 258, 286, 292 ff., 346, 368, 380 f., 438, 498
Hayakawa, Sessue 436
Heartfield, John 519
Hebbel, Friedrich 210 f., 326
Heer, Jakob Christoph 364
Heidemann, Paul 398
Heine, Heinrich 155, 251, 269
Hennings, Emmy 428
Henseleit, Felix 87, 416, 495
Herzfeld, Guido 165
Herzl, Theodor 352
Hesse, Hermann 327
Heymel, Alfred W. 177, 446
Heyse, Paul 75
Hiller, Kurt 44
Hindenburg, Paul von 359
Hipleh, Alexander und August 265, 272
Hitchcock, Alfred 472
Hoffmann, Carl 301, 305
Hoffmann, Ernst Theodor Amadeus 11, 151 f., 199, 272, 347, 394
Höflich, Lucie 27, 345
Hofmannsthal, Hugo von 210, 258 f., 290, 446 f., 451
Hogarth, William 13
Hölderlin, Friedrich 167
Holger-Madsen 368, 500 f.,
Hollaender, Felix 258
Holz, Arno 286
Holz, Hans Heinz 194
Homer 251, 457
Homolle, Théophile 37
Huch, Ricarda 381
Huelsenbeck, Richard 208, 519
Hugenberg, Alfred 467
Hugo, Victor 46, 210, 227 f., 249, 273
Huysmans, Joris Karl 45

Ibsen, Henrik 209 ff., 253, 326, 435
Irving, Henry 227

Isherwood, Christopher 47, 519

Jacob, Georg 76, 84
Jacobi, Hansres 321
Jacobsohn, Egon 451
Jacobsohn, Siegfried 155
Jacoby, Georg 253
Jacques, Norbert 301 f., 306
Jammes, Francis 429
Jannings, Emil 162 ff., 307 f., 457, 474
Jonson, Ben 214

Kadelburg, Gustav 254
Kaes, Anton 540
Kafka, Franz 32 f., 63, 356, 451
Kahn, Ferdinand 327
Kainz, Josef 220, 272
Kaiser, Isabella 364 ff.
Kaiser-Titz, Erich 281
Kant, Immanuel 457
Kauer, Edmund Th. 473 f.
Kayssler, Friedrich 119, 501 ff.
Keaton, Buster 439 f., 493
Keller, Gottfried 321, 323
Kellermann, Bernhard 501
Kennedy, Margaret 47
Kerr, Alfred 9, 402, 505 ff.
Kinugasa, Teinosuke 509
Kisch, Egon Erwin 32
Klein-Rogge, Rudolf 302
Kleist, Heinrich von 462, 467, 498
Klemperer, Victor 75 ff., 119
Klöpfer, Eugen 87
Kneif, Tibor 313
Koch, Robert 15
Kodis-Krzyzanowska, Josepha 368
Kopisch, August 13
Korda, Alexander 501
Korff, Arnold 165
Kornfeld, Paul 403
Korrodi, Eduard 321 ff., 340, 364
Kraus, Karl 402
Krauss, Werner 30, 302, 438, 485 f.
Kretzer, Max 286
Kühne, Friedrich 179
Kunz, Ludwig 495
Kürschner, Joseph 286
Kurtz, Rudolf 427

Lagerlöf, Selma 172, 451
Lamprecht, Gerhard 201, 312, 416
Land, Robert 205 f.
Lang, Fritz 302 f., 305
Lang, Josef 264 f.
Lania, Leo 473
Lantz, Adolf 306
L'Arronge, Adolf 112
Larsen, Viggo 258, 276
Lassalle, Ferdinand 268 f., 389

Lautensack, Heinrich 411
Lehár, Franz 151
Lehmann, Else 345
Leni, Paul 162f.
Leonhard, Rudolf 39, 401ff.
Le Queux, William 226
Lerch, Eugen 76
Lessing, Gotthold Ephraim 231f., 292
Lessing, Madge 254
Liebknecht, Karl 401
Lienhard, Friedrich 207
Liliencron, Detlev von 177
Lincoln, Elmo (Goliath Armstrong) 427, 436f.
Lind, Alfred 132
Lindau, Paul 75, 140f., 146, 149, 226, 286, 387
Linder, Max 520
List, Friedrich 87
Lloyd, Harold 439f., 493
Loerke, Oscar 56
Longfellow, Henry Wadsworth 276
Loos, Theodor 28, 354
Lossen, Lina 451
Lothar, Ernst 47
Löwitt, Wilhelm 165
Lubitsch, Ernst 30, 97, 161, 453
Ludwig II., König von Bayern 269, 272
Lueger, Karl 118
Luise, Königin von Preussen 234ff., 260, 389
Luitpold, Prinzregent von Bayern 90
Lukács, Georg 194ff., 313
Lumière, Auguste und Louis 89, 92
Lüthge, Bobby E. 416

Macaulay, Thomas Babington 460
Mack, Max 86, 132
Maeterlinck, Maurice 116, 435, 469
Mahler, Gustav 514
Mann, Heinrich 9, 394, 409, 519
Mann, Thomas 9, 194, 406, 495ff.
Marat, Jean-Paul 135
Marc, Franz 374
Marconi, Guglielmo 15
Martin, Karl Heinz 401
Marx, Wilhelm 329
Masséna, André 234
Matkowsky, Adalbert 220
Maupassant, Guy de 163
May, Joe 162ff., 246, 306f., 474
May, Karl 283, 394
May, Mia 307, 396, 436, 474
Mayer, Carl 427
Mayer, Theodor Heinrich 118ff., 501
Meffert, Paul 259
Menichelli, Pina 338ff.

Menjou, Adolphe 493
Messter, Oscar 92, 268f., 276
Meyer, Alfred Richard 340
Meyer, Johannes 87
Meyrink, Gustav 323
Michelangelo 44, 371
Mierendorff, Carlo 9, 377, 383ff., 427
Milch, Thomas 189
Mirabeau, Honoré Gabriel Riqueti, Graf von 135
Mistinguett 338
Moest, Hubert 50
Moissi, Alexander 27, 150, 288, 291
Moja, Hella 378
Molière 467
Molo, Walter von 87ff.
Moltke, Helmuth Graf von 262
Montesquieu, Charles de Secondat 45, 75
Moor-Wittenbach, Emmy 43
Moritz, s. Prince, Charles
Morena, Erna 393, 395
Mozart, Wolfgang Amadeus 316f., 319, 477
Mühsam, Kurt 451
Müller, Hedwig 155
Münzer, Kurt 50
Murnau, Friedrich Wilhelm 47, 176, 368
Muschg, Walter 462ff.
Musil, Robert 469ff., 473, 505
Musset, Alfred de 152, 211

Nadler, Josef 63
Napoleon I., Bonaparte 46, 157f., 207, 211, 227, 234, 236, 251f., 263, 268f., 273
Napoleon III. (Louis-Napoleon) 263, 272
Negri, Pola 395, 452f., 458, 489
Neill, R. William 445
Nero, römischer Kaiser 178, 189, 228, 240, 300f.
Newton, Sir Isaac 457
Neye, Karl 132
Nielsen, Asta 223, 251, 253, 255ff., 266f., 272, 278, 338, 345, 365, 388, 396, 422ff., 430, 440, 444, 453
Nielsen, Ida 266
Nietzsche, Friedrich 105, 267, 274, 435
Nobile, Umberto 178
Novelli, Amleto 253
Novelli, Ermete 14

Obal, Max 27f.
Onésime 277
Orkzy, Baroness 229
Orloff, Ida 293, 296
Orth, Marion 47

Ossian (James Macpherson) 251
Ossietzky, Carl von 155
Oswald, Richard 50, 484

Pabst, Georg Wilhelm 401, 473, 485, 501, 504
Palermi, Amleto 367
Pasquali, Ernesto 249, 258, 264 f.
Pathé, Charles und Emile 15, 19, 33, 45, 225, 249, 251, 255, 270, 273
Pechstein, Max 433 f.
Pergolesi, Giovanni Battista 317
Peter I., König von Serbien 38
Petronius, Gajus 178, 300 f.
Peyton, Lawrence 437
Pfemfert, Franz 43
Pfenninger, Hans 265
Philippe, Charles-Louis 429
Picasso, Pablo 429
Pick, Lupu 512
Pickford, Mary 458
Picratt, s. St. John, Al
Piel, Harry 521
Piloty, Karl von 317
Pinthus, Kurt 32, 97, 177, 281, 298 ff., 368
Pirandello, Luigi 367
Piscator, Erwin 519
Plato 457 f.
Plüschow, Gunther 491
Poe, Edgar Allan 11, 72, 199, 253, 347, 394, 480
Poelzig, Hans 323, 325, 433
Polgar, Alfred 9, 56 ff., 63, 114, 119, 501
Polidor, s. Guillaume, Ferdinand
Pommer, Erich 489
Porten, Henny 185 f., 258, 261 f., 267, 271, 276, 278, 338, 365, 378 ff., 384, 393, 395, 501
Prince, Charles (Rigadin, Moritz) 157, 219, 249, 276, 520
Prince, Tom, s. Prince, Charles
Pringsheim, Alfred 512
Pringsheim, Klaus 512 ff.
Puccini, Giacomo 392
Pudowkin, Wsewolod 462

Raabe, Paul 43
Rachel 277
Racine, Jean 224, 457
Radványi, Géza von 473
Raffael 322
Rameau, Jean-Philippe 143
Ramthun, Herta 529
Ramuz, Charles-Ferdinand 43
Rath, Willy 9, 201 ff.
Rauh, Sigismund 97
Rauscher, Ulrich 32, 132 ff., 356
Reger, Max 318, 374

Reicher, Emanuel 179 f., 261
Reicher, Ernst 179, 261, 278
Reille, André Charles Victor, Graf 263
Reinhardt, Max 58, 68, 97, 209 ff., 216, 258, 261, 271, 323, 352
Rex, Eugen 165
Riefenstahl, Leni 473
Rimbaud, Arthur 480
Ringelnatz, Joachim 340
Rio Jim, s. Hart, William S.
Rippert, Otto 416
Robespierre, Maximilien 136
Robinne, Gabrielle 338, 365
Robison, Arthur 450
Rodin, Auguste 370
Röntgen, Wilhelm Conrad 15
Rostand, Edmond 411
Roth, Stephan Ludwig 118
Rothe, Hans 519
Rychner, Max 43, 167, 194
Rye, Stellan 24, 28

Sacher-Masoch, Alexander 473
St. John, Al 439
Salmonowa, Lyda 29
Salomon, Ernst von 87
Sardou, Victorien 211, 223, 228, 307
Sauer, Fred 104
Schacht, Eduard 484
Schacht, Roland 484 ff.
Schad, Christian 188 f.
Schäfer, Wilhelm 381
Scheffel, Joseph Victor von 413
Schelling, Ulrich 469
Schiller, Friedrich 209, 215, 232, 284, 322, 410, 488
Schlaf, Johannes 286, 289, 291
Schmidtbonn, Wilhelm 210
Schmidthässler, Walter 74, 135, 258
Schnitzler, Arthur 232
Schönfelder, Erich 426
Schönthan, Franz 254
Schopenhauer, Arthur 435, 457
Schröder, Rudolf Alexander 177
Schröter, Manfred 105
Schultz, Ludwig 287 f., 290
Schumann, Wolfgang 356
Schünzel, Reinhold 436, 492
Schweikart, Hans 87
Scipio Africanus 337
Scott, Sir Walter 267 f.
Seeber, Guido 27 ff.
Seelig, Carl 167 f.
Selig, William Nicholas 219, 251
Serner, Walter 188 ff.
Shakespeare, William 13, 209, 211, 215 f., 223 f., 229, 232 f., 237, 239, 278, 322, 325 f., 455, 457 f., 487 f., 498

Shaw, George Bernard 210, 411
Shelley, Percy Bysshe 233
Sieburg, Friedrich 416ff.
Siemsen, Hans 9, 427ff.
Sienkiewicz, Henryk 178, 300f.
Silva, Toni 270
Skowronnek, Richard 493
Smollett, Tobias 275
Soergel, Albert 63, 286, 505
Speck, Jean 267
Spielhagen, Friedrich 75, 229
Spitteler, Carl 9, 119, 335ff., 365
Stauffacher, Werner 335
Stein, Paul Ludwig 453
Steinhoff, Hans 321
Steinlen, Théophile Alexandre 46
Steinrück, Albert 485
Sternheim, Carl 352
Stevenson, Robert Louis 227, 409
Stiller, Mauritz 168, 446, 489
Stoss, Artur 293f.
Strauss, Richard 515f.
Strindberg, August 210, 213, 322, 326, 346, 398
Strobl, Karl Hans 50ff.
Stroheim, Erich von 520
Stucken, Eduard 210
Sudermann, Hermann 215, 230, 258, 387, 438
Sue, Eugène 228, 271
Swanson, Gloria 458

Taine, Hippolyte 460
Terwin, Johanna 179f., 261
Tetrazzini 451
Thackeray, William Makepeace 229
Thiess, Frank 340
Thoma, Ludwig 327ff.
Thomas, Rudolf 32
Tilke, Max 28
Tolnaes, Gunnar 393, 395
Tontonlini, s. Guillaume, Ferdinand
Treitschke, Heinrich von 460
Trelawny, Edward John 275
Treumann, Wanda 256, 258
Tucholsky, Kurt 9, 11, 155ff., 427, 428f.
Twain, Mark 72
Tzara, Tristan 188

Ullmann, Regina 9
Usinger, Fritz 384
Utzinger, Rudolf 336

Vajda, Ladislaus 473
Valentin, Hans 403
Vallentin, Hermann 165
Veidt, Conrad 30, 484
Verdi, Giuseppe 516

Viebig, Clara 278
Viertel, Berthold 47ff., 473
Vollmoeller, Karl Gustav 210, 352
Voltaire 115, 381, 455
Voss, Richard 270
Vossler, Karl 75

Wagner, Cosima 269
Wagner, Richard 51, 215, 268f., 317ff., 466, 514
Walcamp, Marie 437
Waldteufel, Emil 314
Walser, Martin 313
Walser, Robert 9, 167ff., 309, 364
Weber, Werner 321
Wedekind, Frank 399
Wegener, Paul 9, 11, 27ff., 66, 150, 152, 272, 291, 322ff., 340ff., 356, 374, 395, 398, 493
Weinzierl, Ulrich 56, 538
Weiss, Josef 29
Wells, Herbert George 440ff.
Wenzler, Franz 11
Wereschtschagin, W.W. 234
Werfel, Franz 32
Werner, Zacharias 43
Wesendonck, Mathilde 269
Wettergren, Ragna 252
Wetzstein, Konsul 84
Wiene, Conrad 166
Wiene, Robert 446
Wiesenthal, Grete 27, 150, 290, 446
Wilbrandt, Adolf 75
Wilde, Oscar 249
Wilhelm I., Kaiser 260, 263
Wilhelm II., Kaiser 38, 41, 48, 150, 281, 430
Wilhelm von Preussen, Kronprinz 132, 150f., 430
Witte, Karsten 535
Wohlbrück, Olga 263, 267
Wolff, Kurt 298, 427, 451
Wolff, Ludwig 428
Wolter, Charlotte 255
Woringen, Paul von 65
Wright, Wilbur 44
Würth, Joseph 384
Wüst, Ida 165
Wyss, Hans A. 39

Zacconi, Ermete 243f.
Zahn, Ernst 184f.
Zehder, Hugo 368f., 401
Zeiske, Erich 27
Zelnik, Friedrich 519
Zeppelin, Ferdinand Graf von 15
Zille, Heinrich 489
Zola, Emile 46, 228